LES

MARIS DE VALENTINE

SCEAUX. — IMPRIMERIE CHARAIRE ET FILS

LES

MARIS DE VALENTINE

PAR

XAVIER DE MONTÉPIN

PARIS

F. ROY, LIBRAIRE-ÉDITEUR

RUE SAINT-ANTOINE, 185

1883

LES DRAMES DU MARIAGE

LES

MARIS DE VALENTINE

PAR

XAVIER DE MONTÉPIN

F. ROY, Libraire-Éditeur, rue Saint-Antoine, 185.

LES DRAMES DU MARIAGE

LES

MARIS DE VALENTINE

I

Il y a vingt et un ans, les journaux parisiens n'avaient pas encore inauguré ce système des *Petites annonces,* imité des feuilles anglaises et américaines et mettant une immense publicité au service des *correspondances* les plus intimes, des *avis* les plus bizarres, des *demandes* les plus singulières et des *offres* les plus scabreuses.

Cependant, en 1858, on put lire, à la quatrième page de la *Patrie*, de la *Presse*, du *Constitutionnel* et du *Siècle*, les lignes suivantes, reproduites de semaine en semaine pendant un mois :

« *Un jeune homme de vingt-six ans, de figure agréable, de manières élégantes, d'origine étrangère et de famille distinguée, ayant pour l'avenir des espérances de fortune et occupant à Paris une position honorable autant que lucrative, épouserait une jeune fille difficile à marier pour quelque raison que ce soit, mais possédant une grande fortune. — Discrétion absolue; — indulgence illimitée. — Rien des agences matrimoniales. — Écrire, poste restante, aux initiales X. Y. Z.*, 2,149. — »

Les mots : *difficile à marier, pour quelque raison que ce soit;* et ceux-ci : *indulgence illimitée*, rendaient parfaitement clair le sens de cette annonce.

Un aventurier sans scrupule, voulant s'enrichir à tout prix, était prêt, moyennant une grosse dot, à passer l'éponge du mariage sur une faiblesse impossible à cacher et dont, à défaut du vrai coupable, il endosserait le résultat. — Personne ne pouvait s'y tromper.

Les honnêtes gens haussèrent les épaules avec mépris, et les autres se dirent :

— Voilà, certes, un gaillard habile!... Il fera son chemin dans la vie!!

La réussite, néanmoins, semblait se faire attendre, et les héritières imprudentes ne s'empressaient guère de mettre à profit une si séduisante ouverture, puisque la note textuellement empruntée par nous aux journaux de l'époque reparaissait tous les huit jours.

Le surlendemain de la quatrième apparition de cette note, un peu avant neuf heures du matin, un facteur de la poste entra dans la loge d'une grande et belle maison de la rue de la Pépinière et remit au concierge un paquet de lettres pour les locataires soumis à sa loi.

Ce concierge commença tout aussitôt le triage de cette correspondance, en prononçant à haute voix les noms des destinataires.

L'une des lettres portait cette adresse : — *Monsieur Hermann Vogel, caissier de la banque Jacques Lefebvre et Cie* .

— Mets celle-là dans la case de M. Hermann... — dit le concierge à sa femme en interrompant sa besogne.

— Pourquoi dans la case? — demanda la compagne du fonctionnaire privé. — Est-ce que tu ne vas point monter tout de suite sa lettre à M. Hermann?

— Il n'est pas chez lui...

— C'est ce qui te trompe... — Il est rentré très tard, ou plutôt de grand matin, mais il est rentré...

— Je n'ai rien entendu...

— Parbleu! Je le crois bien! Tu dormais comme une souche, et tu ronflais plus fort qu'un trombone! — Quatre heures sonnaient au coucou de la loge... — M. Hermann a frappé trois petits coups... c'est son habitude... — Il sait bien que j'ai le sommeil léger et qu'une souris m'éveillerait en trottinant. — J'ai tiré le cordon... — M. Hermann a dit son nom et il a passé...

— A quatre heures du matin!! — murmura le concierge avec une admiration mêlée d'envie. — En voilà un qui se paye de l'agrément!! — Quelle existence de polichinelle! — Des soupers toutes les nuits!! du champagne!! des cartes!! des demoiselles!! Ah! il se la passe douce! — Et son patron qui le croit un petit saint!! — S'il savait tout ça cependant, le patron...

— Mais il ne le saura pas!! — interrompit vivement la femme...

— Ah! point de danger! — M. Hermann paye assez cher notre silence pour que nous soyons sourds et muets... — Sapristi!! le brave jeune homme! — Il n'a que huit cents francs de loyer, et nous rapporte autant à lui seul que tous les grands locataires ensemble!! — Pour un oui, pour un non, la main à la poche, et le porte-monnaie bien garni! — Il ne regarde pas à une pièce de vingt francs, celui-là, comme les *rats* du premier étage! — Sans compter les trois louis qu'il te donne mensuellement pour faire son ménage... — je lui porte sa lettre *illico*... — Je m'occuperai des autres ensuite. — Achève le *tri*... je vais revenir...

Et le concierge, traversant la cour, gravit l'escalier du second corps de logis, fit halte à l'entresol, ouvrit une porte à l'aide d'un passe-partout qu'il tira de sa poche, et entra.

L'appartement de garçon, situé à l'entresol sur la cour, très bas de plafond et un peu sombre, se composait d'une antichambre grande comme la main, d'un petit salon et d'une chambre à coucher.

L'antichambre était nue. — Le mobilier vulgaire du salon ne valait certainement pas mille écus. — Ni un tableau, ni un objet d'art. — Du damas laine et soie, du faux palissandre, une pendule et des candélabres d'occasion, un tapis montrant la corde. — Rien de plus.

La moindre petite blanchisseuse, courtisée par un monsieur mûr, — pour le mauvais motif, — aurait refusé dédaigneusement une si piteuse installation.

Le concierge ne s'arrêta point dans le salon et frappa doucement à la porte de la chambre à coucher.

Une voix demanda :

— Qui est là?

— Moi, monsieur Hermann... — J'apporte une lettre...

— Entrez, père Rémy...

La chambre dont le concierge franchit le seuil ne se recommandait ni par son luxe ni par l'ampleur de ses proportions.

Un lit de fer à rideaux de cretonne, une commode-toilette, une armoire à glace et deux ou trois sièges suffisaient pour l'encombrer...

Le locataire, debout devant l'armoire à glace, assujettissait à l'aide d'une épingle d'or, sur le plastron bombé de sa chemise, les bouts d'une cravate longue en satin bleu saphir.

C'était un jeune homme de vingt-cinq ou vingt-six ans, d'une taille un peu au-dessus de la moyenne, très beau garçon et paraissant le savoir à merveille.

Une épaisse chevelure d'un blond pâle, ondée naturellement et relevée *à la Bressant* — (coiffure fort à la mode en 1858), — découvrait un front dont certaines protubérances auraient impressionné désagréablement un disciple du docteur Gall.

Les yeux, très grands et fendus en amandes, avaient des prunelles d'un bleu d'acier.

Une barbe longue et soyeuse, de la même nuance que les cheveux et disposée en éventail, encadrait un visage ovale, un nez droit et des lèvres rouges et fortes d'un dessin très pur, découvrant dans le sourire des dents blanches admirablement rangées.

Chose singulière! — Cet ensemble correct et plein de séduction offrait je ne sais quoi d'inquiétant.

Les prunelles mobiles regardaient rarement en face. — Les lignes de la bouche décelaient un appétit de jouissances poussé presque jusqu'à la brutalité.

Enfin l'expression générale de la physionomie était en même temps hypocrite, sensuelle et méchante, — toutes les fois, bien entendu, que le jeune homme ne se sentait point observé et ne veillait point sur lui-même.

— Une lettre de Paris, monsieur Hermann... — dit le concierge. — Elle arrive à l'instant... — Vous êtes servi le premier...

— Très bien... — Posez cette lettre sur la cheminée, s'il vous plaît...

— Il n'y a rien de plus pour votre service, monsieur Hermann?

— Non, père Rémy... — Merci... — J'achève ma toilette et je pars.

— Alors je vas présentement distribuer la correspondance aux locataires...

Le concierge sortit et le jeune homme blond, ayant fixé son épingle de cravate, prit la lettre et la regarda distraitement avant de l'ouvrir.

L'enveloppe carrée, grise et commune, portait le nom et l'adresse tracés d'une écriture régulière et commerciale qu'Hermann Vogel ne connaissait pas; mais toutes les écritures de commis et d'employés se ressemblent.

Méthodique par habitude, il fendit l'enveloppe avec son canif, en tira une feuille de papier d'un ton bleuâtre et une carte.

II

L'en-tête imprimé de la lettre dont le caissier s'occupa d'abord était ainsi conçu :

AGENCE ROCH ET FUMEL

Rue Montmartre, 131

(Près la Bourse et le boulevard.)

Suivaient ces quelques lignes, de la même écriture que celle de l'adresse :

« MM. Roch et Fumel présentent leurs salutations empressées à M. Hermann Vogel, et le prient de vouloir bien passer à l'agence sans le moindre retard.

« MM. Roch et Fumel ont à faire à M. Vogel, *dans son intérêt*, une communication DE LA PLUS HAUTE IMPORTANCE. »

Le premier membre de phrase : « *dans son intérêt* » était souligné; — le second : « DE LA PLUS HAUTE IMPORTANCE », l'était deux fois.

— Je n'ai jamais entendu parler de MM. Roch et Fumel... — murmura le jeune homme. — Qu'est-ce que c'est que ces gens-là?

La carte jointe à la lettre, et sur laquelle il jeta les yeux, répondit à cette question. — Voici ce qu'il lut :

« *M. Roch (ancien avoué), — homme de loi, receveur de rentes. — Affaires litigieuses, contentieux, recouvrement de créances irrécouvrables. — Visible tous les jours excepté le dimanche, de 9 à 11 heures du matin, et de 2 à 6 heures du soir.* — RUE MONTMARTRE, 131 (près la Bourse et le boulevard).

« AGENCE ROCH ET FUMEL. — *Affaires* PARTICULIÈRES ET SECRÈTES. — *Recherches de débiteurs et d'héritiers. — Renseignements* DE TOUTE NATURE *dans l'intérêt des familles et du commerce. — Enquêtes sur projets de mariage. — Communications confidentielles aux personnes guidées par des raisons sérieuses et désirant recevoir des indications officieuses sur la* CONDUITE *et la* POSITION *de certains individus qui leur inspirent de l'intérêt ou de la défiance.*

« *Tous les jours, de 9 heures du matin à 6 heures du soir.* — MÊME MAISON. »

— Ah! çà, mais, — se dit Hermann Vogel presque à voix haute, — c'est une succursale de la Préfecture, cette agence!!... — Comment ces policiers marrons savent-ils que j'existe, et que peuvent-ils me vouloir? — Une communication dans mon intérêt! une communication de la plus haute importance!! — Que signifie cela? — Cette banale et vague formule déguise-t-elle un piège? Cache-t-elle une tentative de chantage? — Irai-je au rendez-vous qu'on me donne, ou jetterai-je la lettre au panier?

Le jeune homme réfléchit pendant quelques secondes, puis il ajouta :

— Dans la situation où je me trouve il ne faut négliger rien!... — L'homme qui se noie se raccroche à toute branche... — Et puis, qu'est-ce que je risque après tout?... — J'irai dès aujourd'hui...

Le siège de la maison de banque Jacques Lefebvre et Cie, où Hermann Vogel était caissier, se trouvait rue Saint-Lazare.

A quatre heures le jeune homme ferma sa caisse, mit les clefs dans sa poche, alluma un cigare, se rendit de son pied léger rue Montmartre, et s'arrêta devant l'immeuble portant le n° 131, où nous avons déjà conduit nos lecteurs dans *les Tragédies de Paris* et dans *Sa Majesté l'argent* [1].

— MM. Roch et Fumel? — demanda-t-il au concierge.

— Au premier... la porte en face...

Hermann Vogel monta.

Quoique la maison fût d'honnête apparence et proprement tenue, le jeune homme s'attendait à voir une officine suspecte, meublée sordidement, encombrée de paperasses poudreuses, sentant la crasse et le renfermé.

Une plaque de cuivre luisante portait ces mots en lettres noires : *Tournez le bouton S. V. P.*

Il obéit à cette recommandation et franchit, non sans surprise, le seuil d'une vaste antichambre bien éclairée, bien cirée, bien époussetée, et munie de ban-

1. F. Roy, éditeur.

quettes d'attente recouvertes en moleskine rouge, à l'usage des clients de pacotille.

Un petit vieillard chétif, assis devant un étroit bureau dans l'embrasure d'une fenêtre et transcrivant des actes sur du papier timbré, souleva sa calotte de velours à l'aspect du visiteur et demanda :

— M. Roch, personnellement, ou l'agence Roch et Fumel, monsieur, s'il vous plaît?

— Ces messieurs m'ayant écrit en leur nom collectif, je suppose que je dois les voir tous les deux... — répondit le caissier.

— Ah! vous avez une lettre?

— Oui.

— Vous l'avez sur vous?

— Oui.

— Donnez-la moi et entrez là, monsieur, s'il vous plaît...

Le petit vieillard, ayant pris la lettre, avait quitté son siège. — Il introduisit Hermann dans une pièce où se trouvaient déjà quatre ou cinq personnes attendant leur tour d'audience, et il referma la porte derrière lui.

Le luxe artistique et la sérieuse richesse de ce salon d'attente redoublèrent l'étonnement d'Hermann Vogel.

De belles copies anciennes de tableaux de maîtres italiens couvraient les murailles. — Les sièges étaient en bois sculpté garni d'imitation de tapisserie des Gobelins. — Des bandes de tapisserie du même style coupaient le velours grenat des rideaux et des portières. — Deux grands meubles et une table de milieu genre Boulle, écaille et cuivre. — Un lustre garni de ses pendeloques et muni de ses bougies; une garniture de cheminée d'un goût inattaquable, et un tapis d'Aubusson, constituaient un mobilier confortable et même élégant.

Les clients de M. Roch trouvaient sur la table du milieu des journaux quotidiens, des feuilles judiciaires et des *Magazines illustrés*, qui les aidaient à tuer le temps jusqu'à ce que leur tour d'audience fût arrivé.

L'homme de loi se donnait sur ses en-tête de lettres le titre d'*ancien avoué*.

Il en avait incontestablement le droit, ayant été titulaire d'une charge à Paris.

On vantait alors son intelligence brillante, son esprit retors, subtil, fécond en ressources, et l'adresse prodigieuse avec laquelle il savait faire naître des incidents imprévus et multipliés.

La notoriété de son étude était grande et sa clientèle considérable.

Malheureusement maître Roch poussait trop loin l'*habileté*.

Certains faits, — dont le détail n'intéresserait point nos lecteurs, — se produisirent et motivèrent des réclamations d'abord, puis des plaintes adressées au parquet.

Une enquête eut lieu, à la suite de laquelle il parut à qui de droit que la con-

L'ex-employé de la préfecture salua le caissier en attachant sur lui un regard investigateur. (Page 12.

duite de l'avoué n'était assurément point correcte, mais que cependant il n'y avait pas lieu de le renvoyer en police correctionnelle.

Les *considérants* désagréables qui accompagnaient cette *ordonnance de non-lieu* éveillèrent la susceptibilité légitime des confrères de Mᵉ Roch.

Le président de la chambre des avoués le mit dans l'alternative de se défaire de sa charge ou de devenir l'objet de mesures disciplinaires de la plus fâcheuse nature.

Mᵉ Roch ne pouvait hésiter : — il vendit immédiatement son étude et se fit *homme de loi.*

Les hommes de loi sont aux avoués ce que les coulissiers marrons sont aux agents de change. — Ils jouissent rarement d'une grande estime, et — (sauf quelques honorables exceptions qui confirment la règle), — ils la méritent rarement.

Nombre de gens malgré cela, — (ou peut-être à cause de cela), — s'adressent à eux de préférence dans les cas difficiles.

Cette apparente anomalie a sa raison d'être.

Grâce à l'interprétation judaïque de quelque article de loi, certaines mauvaises causes, perdues devant l'équité, peuvent se soutenir avec de vagues chances de succès devant un tribunal, et les hommes de loi portent à ces causes véreuses un intérêt tout particulier.

Instinctivement d'ailleurs on redoute les conseillers d'une moralité trop austère, quand il s'agit de confesser certains secrets douteux qu'on dévoile sans honte et sans gêne à des hommes à conscience large.

La réputation d'habileté de M. Roch était solidement établie dans le monde des affaires suspectes. — Son cabinet, à peine installé, fut très suivi. — *Il y fit de l'or*, comme on dit dans le langage populaire.

Bientôt d'ailleurs il ajouta une nouvelle corde à son arc.

Après *Vidocq*, le créateur du genre, et avant *Tricoche et Cacolet* ses ingénieux continuateurs, Mᵉ Roch, s'associant à M. Fumel, ex-employé de la Préfecture de police, — (remercié pour des agissements qui ne lui faisaient aucun honneur), — fonda parallèlement à son cabinet une agence de renseignements confidentiels, et lança dans Paris et dans les principales villes de la province et de l'étranger deux ou trois cent mille prospectus dont la carte envoyée à Hermann Vogel reproduisait presque textuellement la rédaction.

III

Il résultait de ce prospectus que MM. Roch et Fumel, ayant organisé une petite agence d'espionnage fort bien comprise, offraient aux maris de leur vendre des renseignements sur leurs femmes, aux femmes de leur céder au plus juste prix des renseignements sur leurs maris, et aux protecteurs soupçonneux de leur apprendre le nombre de coups de canif donnés quotidiennement par leurs gracieuses protégées dans le contrat signé de la main gauche.

Le cabinet Roch était lucratif.

L'agence Roch et Fumel le fut bien davantage encore, et pour cause. — La femme arrivait très souvent une heure après le mari, s'inscrire parmi les clientes de M. Fumel, et dans ce cas l'heureux et habile directeur, laissant de côté la double enquête doublement payée, et touchant des deux mains le prix des renseignemements qu'il se gardait bien de prendre, disait au mari satisfait : — *Votre femme est un ange!!...* et à la femme enchantée : — *Votre mari ne pense qu'à vous!!...*

Ce jeu de bascule, si simple et si facile, enrichissait l'agence et rendait tout le monde heureux.

Hermann Vogel se trouvait depuis cinq minutes dans le salon d'attente. — Il avait pris un journal sur la table pour se donner une contenance, mais au lieu de lire il examinait ses compagnons, qui paraissaient de modestes négociants préoccupés d'une échéance difficile et songeant aux moyens d'éviter la faillite.

Le petit vieillard chétif entra dans le salon, s'approcha du caissier de la maison Jacques Lefebvre, et lui dit à l'oreille :

— N'ayez pas l'air... — Le patron vous recevra le premier, mais il faut des précautions, car un passe-droit trop évident ferait crier... — Attendez encore deux minutes et venez me trouver dans l'antichambre... — Je vous conduirai...

Les deux minutes écoulées, Hermann Vogel quitta le salon, suivit le petit vieillard et fut introduit par lui dans le cabinet de M. Roch. — Un beau cabinet, de fort grand air.

Tenture en papier velouté vert sombre, avec baguettes d'ébène dans les angles. — Rideaux de velours vert. — Sièges d'ébène recouverts en velours pareil. — Tapis de moquette verte. — Bibliothèque d'ébène, remplie de livres de jurisprudence admirablement reliés. — Bureau d'ébène couvert de dossiers.

A côté du bureau, à trois pas du siège magistral où trônait l'ex-avoué, un immense et moelleux fauteuil attendait le client.

M. Roch faisait à merveille dans ce cabinet d'une richesse ample et sévère. — L'important personnage était de tout point correct et poussait l'élégance jusqu'à la coquetterie.

Ce petit homme un peu gras, d'apparence poupine, semblait avoir quarante et quelques années. — De longs favoris en nageoires encadraient sa figure ronde et molle, rasée de près. — Le nez était bien fait, la bouche gourmande, les yeux remplis de vivacité et de finesse sous les lunettes à montures d'or.

Le col rabattu de la chemise laissait voir un cou de chanoine. — La redingote noire découvrait le gilet blanc, qui découvrait lui-même le plastron éblouissant de la chemise, ne faisant pas un pli sur le torse dodu de l'homme de loi.

M. Roch, au moment de l'entrée du caissier, se souleva à demi, sourit avec bienveillance, salua de la main, — une main blanche dont il semblait tirer vanité — désigna du geste le fauteuil placé près de son bureau et dit :

— Monsieur Hermann Vogel, je suppose?...

— Lui-même.

— Soyez le bienvenu, cher monsieur... et prenez la peine de vous asseoir.

— Vous m'avez écrit... — commença le jeune homme.

— Parfaitement, — interrompit l'ex-avoué, — et je ne vous ai point fait faire antichambre... il s'agit d'une affaire de haute importance...

— Je ne puis deviner, je l'avoue, de quelle nature est cette affaire, et je suis curieux de savoir...

— Rien de plus naturel et de plus légitime... — Je ne vous laisserai pas languir; mais, l'affaire en question regardant à la fois l'agence et le cabinet, la présence de mon associé Fumel est indispensable... — Soyez sans inquiétude d'ailleurs, il ne s'agit que de le prévenir... — il est là... — Un gaillard bien malin, Fumel!! Vous verrez, cher monsieur! vous verrez!!

M. Roch saisit une embouchure d'ivoire qui s'ajustait à un tube de caoutchouc, l'approcha de ses lèvres et fit entendre un appel.

Une porte latérale s'ouvrit presque aussitôt et Fumel parut.

— Cher monsieur, — dit l'homme de loi, du ton dont on répète une phrase stéréotypée dans la mémoire, — j'ai l'honneur de vous présenter un autre moi-même, mon associé, dirigeant spécialement l'agence des renseignements confidentiels... — Un chercheur tout à fait de premier ordre... — Quand Fumel prend à cœur une affaire, il est bien rare, il est à peu près sans exemple, qu'elle n'aboutisse pas dans le plus bref délai... — Fumel, M. Hermann Vogel à qui nous avons écrit...

L'ex-employé de la Préfecture de police salua le caissier en attachant sur lui un regard investigateur.

Les deux directeurs de l'agence Roch et Fumel étaient fort mal appareillés sinon au moral du moins au physique.

M. Roch avait la mine et la tenue d'un agent de change ami du plaisir et des petites dames.

Le bureaucrate exact, méticuleux, économe et de mœurs rigides, s'incarnait dans la personne de Fumel.

Très grand, prodigieusement maigre et perché sur de longues jambes fluettes pareilles aux pattes d'un héron, il montrait, sous les mèches plates de cheveux poivre et sel, un visage glabre et blafard où n'apparaissaient nuls vestiges de favoris ou de moustaches.

Une cravate blanche à l'ancienne mode serrait autour de son cou démesuré un gigantesque faux-col à la Garnier-Pagès, lui montant jusqu'aux oreilles.

Il était habillé de noir de la tête aux pieds, et portait non la redingote mais l'habit classique, trop large et à pans carrés. — Ses vêtements, d'une irréprochable propreté, offraient çà et là des places blanchies outre mesure.

Ses pieds plats, d'une dimension surprenante, s'étalaient à l'aise dans des souliers bien cirés, à cordons de filoselle. — Le pantalon, un peu court, laissait à découvert des bas de laine noire.

Des lunettes montées en acier bleuâtre éteignaient les regards perçants des petits yeux vifs de Fumel.

— Maintenant que les présentations sont faites, — dit l'homme de loi, — asseyez-vous, mon cher associé et, sans perdre une minute, occupons-nous de l'affaire qui nous réunit... — *Le temps est de l'argent!* — Je trouverais malséant d'abuser de la patience de notre nouveau client, monsieur Hermann Vogel, dont j'ai là le dossier sur mon bureau...

— Vous avez un dossier me concernant! — s'écria le jeune homme.

— Parfaitement, cher monsieur... — Un dossier très complet et bien curieux qui pourra vous donner une juste idée de la puissance des moyens d'investigation dont notre agence dispose...

— Mais à quel propos? dans quel but? — reprit le caissier.

— Vous connaîtrez ce but dans quelques instants... — répliqua M. Roch. — Laissez-moi procéder par ordre et ne m'interrompez point à chaque mot, sinon nous nous attarderons fatalement, de la façon la plus lamentable...

— Soit, monsieur... — fit Hermann Vogel. — Ce mystère, incompréhensible pour moi jusqu'à présent, cache sans doute quelque chose de sérieux... — Parlez, j'écoute...

L'ex-avoué prit un journal dans le dossier ouvert devant lui et le déplia, de manière à avoir la quatrième page sous les yeux.

— Depuis un mois environ, — fit-il — le *Constitutionnel*, le *Siècle*, la *Presse* et la *Patrie* ont inséré quatre fois la note suivante...

Et il lut à haute voix les quelques lignes reproduites au commencement du premier chapitre de ce récit :

« *Un jeune homme de vingt-six ans, de figure agréable, de manières élégantes, d'origine étrangère et de famille distinguée, ayant pour l'avenir des espérances de fortune et occupant à Paris une position honorable autant que lucrative, épouserait une jeune fille difficile à marier pour quelque raison que ce soit, mais possédant une grande fortune. — Discrétion absolue. — Indulgence illimitée. — Rien des agences matrimoniales. — Écrire, poste restante, aux initiales X, Y, Z,* 2,149. »

« La quatrième insertion de cette note date d'hier... — ajouta l'homme de loi.

Hermann Vogel, au début de la lecture, n'avait pu contenir un mouvement de stupeur, mais il s'était promptement remis et il dit d'un air indifférent, quand Mᵉ Roch eut achevé :

— Je comprends de moins en moins... — Que signifie cela?...

L'ex-avoué sourit avec bonhomie.

— Cher monsieur, — répliqua-t-il, — pourquoi jouer au fin avec nous?... Je vous assure que c'est inutile... — Le jeune homme de vingt-six ans, de figure agréable, de manières élégantes, d'origine étrangère et de famille distinguée, c'est vous!!

IV

Hermann Vogel, en face de cette affirmation formulée d'une façon très nette et très calme, devint pourpre et s'écria :

— Monsieur, vous êtes dans l'erreur ! !

— En aucune façon, cher monsieur...

— Quel motif avez-vous de croire?...

— Je ne crois pas, je suis sûr... — Il ne s'agit point d'une supposition plus ou moins vraisemblable, mais d'une certitude absolue...

— Sur quoi repose cette prétendue certitude?

— Vous tenez à le savoir?...

— Énormément !

— Ce sera du temps perdu, mais je consens à vous satisfaire... — Il est bon de vous apprendre que, pour des raisons que vous connaîtrez bientôt, Fumel et moi nous cherchons un gaillard, un garçon bien trempé, désireux de s'enrichir vite...

— Il me semble que cela ne doit pas être rare... — interrompit Vogel.

— Je vous demande pardon, cher monsieur... Dans les conditions où il nous le faut c'est moins commun que vous ne pensez... — Or, il y a un mois, le jour où je lus la première note, je dis à Fumel :

« — *Eh! Eh!* — *Cet X. Y. Z. est peut-être le gaillard qu'il nous faut...* »

Fumel répliqua : — *Peut-être...* — *Il faudra voir...* » — Deux jours après nous savions à quoi nous en tenir sur l'individualité d'X. Y. Z...

— Mais, comment?... — balbutia Vogel.

— Oh ! cela, c'est élémentaire, et je vous prie de croire que nous ne tirons pas vanité de si peu de chose... — Un de nos employés, un maigriot très futé, qui se nomme Stanislas Picolet, et par abréviation Sta. Pi., alla tout bonnement monter la garde rue Jean-Jacques Rousseau, bureau de la poste restante, et quand un beau jeune homme vint demander si l'on avait des lettres aux initiales : X. Y. Z., 2,149, il suivit le beau jeune homme... — Ce n'est pas plus malin que ça...

Le caissier ne songeait plus à nier.

Fort embarrassé de sa contenance, il essaya de le prendre de très haut.

— Je suis étonné, messieurs, — fit-il, — de l'impudence naïve avec laquelle vous avouez votre espionnage ! — De quel droit vous êtes-vous permis de vous mêler de mes affaires?...

Fumel s'offrit une prise en haussant un peu les épaules et maître Roch se mit à rire.

— Je pourrais emprunter le langage des dieux, — dit-il ensuite, — et répliquer avec le poète :

« Du droit qu'un esprit juste et ferme en ses desseins
« A sur l'esprit grossier des vulgaires humains ! ! »

« Mais cela ne signifierait pas grand'chose... La véritable et l'unique raison de notre ingérence indiscrète dans votre vie privée, c'est que nous avions sinon le droit du moins la volonté de savoir si nous trouvions en vous le *gaillard* vainement cherché jusqu'alors... — Constater votre identité était le premier anneau d'une chaîne... — Connaissant votre nom, nous pouvions travailler à votre dossier... — Nous avons marché d'un bon pas... — Nous savons ce que nous voulions savoir... — Vous êtes bien l'homme qu'il nous faut...

— En vérité? — s'écria le caissier avec ironie.

— Ma parole d'honneur ! — répliqua Roch sérieusement.

— Ainsi donc, il s'agit d'un mariage?...

— Peut-être.

— Vous oubliez, messieurs, que quatre mots de ma note coupent court à vos prétentions, ceux-ci : — *Rien des agences matrimoniales.* »

— D'abord nous ne sommes point une agence matrimoniale, — reprit l'ex-avoué, — et nous ne faisons concurrence à M. de Foy que dans des circonstances tout à fait exceptionnelles. — Ensuite je vous demande la permission de vous faire observer, cher monsieur, que, par le fait du petit dossier dont je vous parlais tout à l'heure, vous devez voir en nous les maîtres de la situation...

— Encore ce dossier ! ! — murmura Vogel, pris d'un commencement d'inquiétude.

— Oui, pardieu ! encore ce dossier ! ! toujours ce dossier ! !... — Il est très curieux, je vous le répète, très complet, très intéressant, et quand je vous aurai donné connaissance de quelques-unes des notes qu'il renferme, vous conviendrez sans la moindre peine que le meilleur parti à prendre, pour ne pas dire le seul, est de vous joindre franchement à nous et de travailler de votre mieux dans l'intéret commun...

— Prouvez-moi cela, et nous verrons.

— Vous le prouver est bien facile... — Il suffit de feuilleter les notes. — C'est ce que je vais faire... — Vous êtes né à Berlin le 10 octobre 1832, de négociants fort bien posés, morts de chagrin après avoir perdu leur fortune quand vous étiez encore tout enfant... — Une sœur plus âgée que vous, mariée et dans l'aisance, avec laquelle aujourd'hui vous êtes brouillé, vous a fait donner une excellente éducation... — Vous êtes venu à Paris, à seize ans, étudier le commerce... — Vous avez travaillé beaucoup, avec infiniment de courage, luttant contre les obstacles, triomphant des difficultés, faisant peu à peu votre position, et enfin aujourd'hui vous êtes caissier de la maison Jacques Lefebvre et Cie, avec douze mille francs d'appointements... — Est-ce exact?

— Parfaitement exact, monsieur, — répliqua le jeune homme en relevant la tête; — mais il me semble que dans ce que vous venez de dire il n'y a rien que d'honorable pour moi...

— Parbleu ! — s'écria Me Roch. — Vous êtes le modèle des employés parfaits !... Un jeune homme truffé de vertus, entouré de la considération générale ! — Votre patron vous tient en haute estime ! — Voilà ce que tout le monde sait... — Nous allons maintenant, cher monsieur, nous occuper un peu, s'il vous plaît, de ce que tout le monde ignore...

Hermann Vogel baissa la tête et pâlit.

Maître Roch essuya tranquillement les verres de ses lunettes à monture d'or et les remit sur son nez, tandis que Fumel, immobile, laissait ses lèvres minces ébaucher le sourire silencieux de Bas-de-Cuir.

— Douze mille francs d'appointements, à votre âge, sans compter les gratifications, — reprit l'ex-avoué, — c'est très joli, cher monsieur, et beaucoup s'en contenteraient qui ne manquent point d'ambition... — On peut avec une pareille somme, étant célibataire, mener une existence assez large, et réaliser tous les ans d'assez gentilles économies...

Hermann Vogel ébaucha un geste de dénégation.

— Oh ! je sais bien que la vie est chère... — poursuivit l'homme de loi. — Faire ce que je dis, cependant, n'est point impossible, et vous ne l'ignorez pas puisque vous l'avez fait... — Mais les temps sont changés ; aujourd'hui le caissier fidèle, l'employé modeste aux goûts simples, se doublent d'un viveur à outrance dont les coûteuses fantaisies n'ont point de limites ! ! — Vous habitez en apparence un entre-sol de huit cents francs, mesquinement meublé, rue de la Pépinière, mais ce logis est un trompe-l'œil, et sous le pseudonyme ronflant de baron de Précy, vous occupez, rue de Boulogne, un appartement de mille écus dont le mobilier vous a coûté quinze mille livres chez Lebel-Girard, le tapissier... — Sommes-nous bien renseignés ?... — Qu'en dites-vous ?

Le jeune homme ne répondit pas.

L'associé de Fumel se frotta les mains et continua :

— Vous passez, rue de Boulogne, pour un gentlemann millionnaire menant la vie à grandes guides... — Vous avez valet de chambre et cuisinière, laquelle paraît-il est un cordon bleu... — Votre cave est montée comme je voudrais bien que le fût la mienne... — Vous donnez des soupers fertiles en primeurs et dont les recrues du monde interlope et les nébuleuses des théâtres à femmes sont les gracieux ornements... — Après ces petites fêtes de famille, vous jetez le mouchoir tantôt à l'une, tantôt à l'autre de ces dames... — On vous connait cinq ou six favorites... Toutes exaltent la libéralité de vos façons d'agir avec elles, et disent que vous puisez sans compter dans une caisse intarissable... — Aux journées de travail succèdent les nuits d'orgie... — Ma parole d'honneur, cher monsieur, il faut que vous ayez un corps d'acier et une organisation d'une trempe phéno-

— Jamais ! s'écria Clotilde, en quittant brusquement son siège. (Page 22.)

ménale, pour résister à la vie que vous menez !... — Or, vous y résistez et vous avez bonne mine !! — Mes compliments !!...

Pendant la longue tirade de l'homme de loi, Vogel avait pris un parti.

— En admettant, monsieur, — dit-il, — l'exactitude de vos informations...

— Contestez-vous cette exactitude ? — interrompit maître Roch.

— Peu importe que je l'admette ou que je la conteste, car, dans tous les cas, il me semble que ma manière de vivre me regarde seul.

— Croyez-vous cela ?

— Je vous répondrai ce que vous me répondiez vous-même tout à l'heure : — Ce n'est pas une croyance, c'est une certitude...

L'ex-avoué se mit à rire.

— Demandez donc à votre patron, Jacques Lefebvre, si telle serait son opinion... — reprit-il. — L'honorable banquier, j'en suis bien convaincu, serait désireux de connaître le procédé merveilleux qui vous permet, gagnant chez lui douze mille francs, d'en dépenser, bon an mal an, soixante mille, et tiendrait infiniment à savoir d'où vient la différence... — Ce serait indiscret peut-être, mais que voulez-vous ? Ces gens d'argent sont si curieux...

— Il ne manque rien dans ma caisse, et ma comptabilité est en ordre... — balbutia le jeune homme.

— Tant mieux pour vous, mais Jacques Lefebvre, n'en doutez pas, cher monsieur, aurait quand même le mauvais goût de se priver des services d'Hermann Vogel, le jour où un billet anonyme, accompagné de preuves irrécusables, lui viendrait apprendre qu'Hermann Vogel est à ses heures le baron de Précy...

V

Le caissier allemand jeta sur son interlocuteur un indéfinissable regard où la menace et la stupéfaction, l'épouvante et la haine, se mêlaient à doses égales.

— Vous voulez donc me perdre ? ? — s'écria-t-il. — Je ne vous ai rien fait cependant ! !

— Vous perdre ! ! — répéta maître Roch. — Mais c'est de la folie toute pure ! ! — Qu'est-ce que ça nous rapporterait de vous perdre, mon jeune ami, je vous en prie ?... — Nous ne portons pas le moindre intérêt à votre patron, n'ayant aucun de nos capitaux dans sa maison. — Vous nous intéressez vivement, au contraire, en votre qualité d'instrument futur et très utile, et nous avons résolu de vous enrichir...

— Pourquoi me menacez-vous, alors ?

— C'est votre situation qui est menaçante, et non pas nous, cher monsieur ! ! — J'ai voulu vous faire comprendre cela, pour éviter toute velléité de résistance et vous rendre docile à nos combinaisons.

— Vous parlez de faire ma fortune... — Pourquoi résisterais-je ?

— Voilà une parole très logique et dont je prends acte... — Je me résume avant de conclure. — Par des moyens habiles, que je n'ai point à apprécier, et avec la collaboration d'un prétendu comte de Lorbac, votre ami intime, qui, sous son vrai nom de Charles Laurent, a été condamné trois fois en police correctionnelle pour escroquerie, vous avez trouvé le moyen de vous procurer de fortes sommes tout en sauvant les apparences ; — or, vous le savez aussi bien que moi, la corde casse lorsqu'elle est trop tendue... — En ce moment nous la sentez craquer, cette corde, prête à se rompre... — La catastrophe est proche... — La mine va sauter, et vous avec, si quelque circonstance inattendue et invraisemblable ne vient vous sauver...

« En de telles circonstances, ne sachant plus à quel saint ou à quel diable vous vouer pour éviter la crise imminente, vous avez envoyé aux journaux la petite note à laquelle nous devons le plaisir de votre connaissance...

« Ainsi vous êtes décidé, moyennant une dot sérieuse, à épouser soit une fille-mère dont vous reconnaîtrez l'enfant... soit une courtisane enrichie rêvant le mariage... soit un monstre de laideur et de difformité...

— Eh ! — répliqua violemment Hermann Vogel, — puisque vous devinez si bien dans quelle impasse je me trouve, vous devez comprendre que je sois décidé à tout !

— Oui, pardieu ! nous le comprenons, — répondit l'ex-avoué, — mais, depuis un mois, votre note a paru quatre fois, dans quatre journaux ; — au total seize insertions. — Elle a passé sous les yeux d'un nombre énorme de lecteurs et de lectrices, et vous n'avez néanmoins reçu, poste restante, aucune réponse...

— C'est vrai...

— Vous auriez tort de vous en étonner... — Si les filles séduites et les vieilles courtisanes se rencontrent à chaque pas, les millions sont rares !... — Donc tout espoir de mariage honteux et lucratif me semble notablement compromis... — Le pensez-vous comme moi ?

— Hélas !

— Ne vous désolez pas de votre insuccès, mon jeune ami ! réjouissez-vous, au contraire ! — Nous sommes là... — Nous cherchons un mari pour une personne digne d'intérêt et, si vous savez vous y prendre, vous serez ce mari...

— Vous avez sans doute à m'offrir une créature effroyablement tarée et perdue!! — murmura le caissier avec amertume. — S'agit-il d'un monstre au moral, ou d'un monstre au physique ?

— Il s'agit, — répliqua tranquillement maître Roch en jouant avec ses lunettes d'or, — il s'agit d'une jeune fille de dix-sept ans, orpheline, jolie comme les amours et chaste comme les anges.

— Quoi ! — s'écria Vogel stupéfait. — Pas une faute ?

— Pas une !...

— Compromise cependant par quelque imprudence ?

— L'ombre même d'un soupçon ne l'effleura jamais. — Le diamant sans tache est moins pur...

— Sa famille a donc une bien étrange hâte de se débarrasser d'elle en la mariant ?...

— Elle est orpheline et vit seule avec sa sœur, une enfant de huit ans...

— Et sa fortune ?...

— Une rente de douze cents francs, dont la moitié appartient à sa sœur...

— Elle supplée tant bien que mal, par un travail artistique faiblement payé, à ces ressources insuffisantes...

— Six cents francs de rente ! — répéta Vogel en haussant les épaules. — Alors, vous vous moquez de moi !

— Laissez-moi donc achever, mon jeune ami... — reprit l'homme de loi. — Il faut ajouter à l'actif de la personne qui nous occupe un héritage à courte échéance...

— Considérable ?

— Six millions... — Moitié pour elle, moitié pour sa sœur... Que pensez-vous du chiffre ?

— Il m'éblouit, mais que m'importe un héritage futur?... — C'est tout de suite ou jamais qu'il faut que je sois riche... — Je ne peux pas attendre...

— J'ai dit : *à courte échéance.*

— Le possesseur des six millions vit encore ?

— Oui.

— Eh ! peut-on sans folie compter sur les souliers d'un mort ! — On a vu des malades, que les médecins déclaraient finis, en rappeler et s'éterniser !!

— Tel n'est point ici le cas, je vous le démontrerai sans grande peine. — D'ailleurs il me semble que, pour sortir de l'impasse où vous êtes engagé, vous n'avez pas le choix des moyens... — Voulez-vous être franc avec moi ?...

— Pourquoi non ?

— Dites-moi donc alors, — (la poste restante s'obstinant à n'apporter aucune réponse), — quel parti vous comptiez prendre si nous ne vous avions pas écrit...

— Je comptais tenter un suprême effort afin de gagner du temps et, si cet effort n'aboutissait point, me faire sauter la cervelle...

— Il vous restera toujours, en désespoir de cause, la brutale ressource dont vous parlez... — Le suicide est une solution... — Gagnez du temps, morbleu, gagnez-en par tous les moyens ! — Votre patron ne soupçonne rien... — Allongez la courroie, remontez-vous le moral et agissez... — Avant deux mois vous pouvez être riche...

— Soit ! mais enfin donnez-moi le mot de l'énigme... — Pour conclure ce mariage, pour conquérir cette fortune, que faudrait-il faire? — L'obscurité m'entoure... — Éclairez les ténèbres...

— C'est trop juste... écoutez-moi donc...

— Je vous écoute... — répliqua Vogel...

— Je vais vous dire les faits, — commença l'ex-avoué, — mais vous comprenez à merveille que je ne vous livrerai pas les noms, ou du moins les noms de famille, avant que nous soyons absolument d'accord...

— C'est trop juste...

— L'histoire d'ailleurs est simple et ne sera pas longue, — poursuivit maître

Roch. — Il y a vingt ans environ, un peu plus ou un peu moins, un frère et une sœur très unis se trouvaient à la tête d'une importante fabrique de bronzes dont le siège était au Marais...

« Le frère se nommait Maurice. — Il atteignait sa trente-cinquième année, il était d'apparence malingre, de santé faible, de nature jalouse, d'esprit entier, absolu, tyrannique et violent.

« La sœur s'appelait Clotilde. — Plus jeune de dix ans que son frère, aussi jolie qu'il était laid, aussi vivace qu'il était faible, aussi douce qu'il était dominateur, mais douée cependant d'une volonté ferme, elle s'accordait bien avec lui, l'aimait tendrement et lui laissait la haute main dans la maison, s'effaçant de son plein gré devant son autorité, quoique leurs parts et leurs droits fussent identiques.

« Maurice avait un ami d'enfance, un ami très intime, comme lui fabricant de bronzes, comme lui célibataire et comme lui fort riche.

« Cet ami, dont le nom importe peu, lui dit un beau jour :

« — Je suis amoureux de ta sœur et mon vœu le plus ardent serait de l'épouser.

« — C'est au mieux, — répliqua Maurice, — et ton désir m'enchante ! Nous étions déjà presque frères, nous le serons bientôt tout à fait... — Tu rêves d'épouser Clotilde, tu l'épouseras !

« — Consentira-t-elle ?

« — Pourquoi non ?...

« — Je ne sais si elle m'aime...

« — Il faudrait, pour ne pas t'aimer, qu'elle fût bien difficile ! D'ailleurs je donne mon consentement, et je suis le maître au logis. — Ainsi mets-toi l'esprit en repos et ne crains nul obstacle... — Tu épouseras ma sœur...

« — Cependant il faudrait la consulter avant tout, ce me semble... — murmura l'amoureux.

« — On la consultera, mais rien que pour la forme, la chose étant d'avance arrangée entre nous. — Donc, encore une fois, sois tranquille. Tu l'épouseras, je t'en donne ma parole d'honneur...

« — Quand lui parleras-tu ?

« — Tu es pressé ?

« — Autant qu'on le puisse être...

« — Eh bien ! mordieu ! je ne te laisserai point languir et je lui parlerai tout de suite... — Va faire un tour et reviens à six heures te mettre à table avec nous, sans façon ! — Ce sera le dîner des fiançailles ; nous prendrons jour pour signer le contrat et pour aller voir monsieur le maire et monsieur le curé...

VI

« Cinq minutes après cet échange de paroles, — continua l'homme de loi, — Maurice entrait dans une petite pièce où sa sœur était assise devant un bureau chargé de registres et de papiers, car, malgré la fortune considérable de la maison, mademoiselle Clotilde tenait les livres elle-même et faisait fonctions de caissier.

« Un beau garçon de vingt-sept ou vingt-huit ans, — le premier commis, — debout de l'autre côté du bureau, dictait à Clotilde les articles d'une facture.

« — Léon, — dit Maurice à ce commis, — laissez-nous, je vous en prie... — J'ai besoin de causer avec ma sœur...

« Le jeune homme sortit aussitôt, non sans échanger un regard expressif avec sa jolie patronne.

« — Qu'y a-t-il, cher frère? — demanda celle-ci. — Je te trouve une figure toute singulière...

« — On l'aurait à moins, petite sœur... — Je t'apporte une énorme nouvelle... — Avant quinze jours nous serons de noce...

« — Qui donc se marie?

« — Toi, parbleu!

« La jeune fille devint un peu pâle.

« — Moi! — murmura-t-elle. — Tu plaisantes!...

« — Je suis, au contraire, très sérieux... — Tu épouses un brave garçon que tu connais bien, épris de toi depuis longtemps, et qui s'est déclaré tout à l'heure...

« Et il nomma son meilleur ami.

« — Jamais! — s'écria Clotilde en quittant brusquement son siège. — — Jamais! — répéta-t-elle, — jamais!!

« — Hein? tu dis? — demanda Maurice stupéfait.

« — Je dis que ton ami est un honnête homme à qui je rends pleinement justice... — Je suis honorée de sa recherche, mais je ne serai point sa femme...

« — Pourquoi cela?

« — Je ne l'aime pas...

« — Mauvaise raison!... — On se marie d'abord et l'amour vient ensuite... — D'ailleurs il ne s'agit pas de discuter, mais d'épouser... — J'ai promis...

« — Tu as eu tort de disposer de moi sans savoir si je ratifierais ta promesse...

« — J'ai peut-être eu tort, mais la chose est faite...

« — Elle se défera...

« — J'ai donné ma parole!!

« — Tu la reprendras.

« — C'est impossible!... — J'aurais l'air d'un homme qui n'a point d'influence au logis et qui s'engage à la légère!... Je serais ridicule!...

« — Et moi je serais victime? — C'est cela qui est impossible!!

« Maurice se mordit les lèvres, fronça les sourcils, et pendant quelques secondes resta silencieux.

« Évidemment un orage de colère grondait sous son crâne déprimé. — Néanmoins il se contint et reprit avec un calme plus apparent que réel :

« — Voyons, petite sœur, tu es une bonne fille et je t'ai toujours connu l'esprit très juste et le sens très droit... — Raisonnons un peu, veux-tu?

« — Raisonnons tant qu'il te plaira, mon frère...

« — Je tiens à ton bonheur, tu le sais, et personne au monde, j'en suis sûr, ne peut l'assurer mieux que mon ami...

« — C'est ton opinion ; ce n'est pas la mienne.

« — Es-tu en mesure d'articuler quelques griefs contre ce brave garçon?

« — Aucun... — Je te répète que je l'estime et que j'ai pour lui beaucoup d'amitié, mais je ne puis lui donner que cela...

« — Il a cinq ans de plus que toi, ce qui est une disproportion d'âge infiniment correcte... — Il est très bien de sa personne et jouit d'un charmant caractère... — Contestes-tu?...

« — Nullement. — Nous sommes d'accord...

« — Son industrie est en pleine prospérité... — Sa fortune égale la nôtre... — Enfin je tiens tant à ce mariage que, bien résolu à ne me marier jamais, j'assurerai par contrat tout mon bien à vos enfants à venir...

« Clotilde fit un geste de dédain.

« — Eh! mon frère, — répliqua-t-elle, — que m'importe l'argent! — On m'offrirait des millions sans rien obtenir...

« — Si je te suppliais? — Si je te disais que ton obstination me cause un profond chagrin?

« — Je regretterais de t'affliger, mais tu me supplierais en vain, je ne céderais pas...

« — Sauve-moi du moins l'amertume d'un refus immédiat et définitif, qui est un soufflet pour mon ami... — Ajourne ta réponse... — Prends un peu de temps pour réfléchir...

« — A quoi bon temporiser? — Dans huit jours comme aujourd'hui, dans un mois comme dans huit jours, dans une année comme dans un mois, je répondrai : Jamais!!

« Maurice hors de lui, frappa du pied. — Habitué à trouver chez sa sœur une soumission d'enfant, nne obéissance passive, l'énergie de la résistance contre laquelle il se heurtait lui causait une exaspération inouïe.

« — En vérité, — s'écria-t-il, — c'est de la folie pure!! — Tu ne parlerais pas autrement si tu avais donné ton cœur à un autre!!

« Clotilde regarda son frère bien en face, soutint résolûment l'éclair qui jaillissait de ses yeux aux paupières rougies, et répondit avec un complet sang-froid :

« — Finissons-en donc tout de suite et pour toujours avec des obsessions qui recommenceraient demain... — Eh bien ! oui, tu es dans le vrai ! — Je pourrais hésiter, réfléchir et céder, si j'étais libre, mais je ne le suis point !! — C'est toi-même qui viens de le dire, je ne m'appartiens plus ! j'ai donné mon cœur à un autre !...

« Maurice bondit

« — C'est un prétexte cela ! C'est une défaite ! — fit-il d'une voix sifflante. — Tu mens et je ne te crois pas !!

« — Ce brutal démenti donné à une femme, à ta sœur, est-il d'un galant homme ? — demanda Clotilde avec ironie.

« — Pourquoi sembles-tu prendre à tâche de m'irriter ?... Je m'emporte et j'ai tort, mais tu es plus coupable que moi !! — Est-il vraisemblable, cet amour inventé pour les besoins de ta cause ?... — S'il existait, l'aurais-tu caché ? — Je te mets au défi de nommer l'homme que tu prétends aimer !!

« — Certes, je le nommerai et je n'hésiterai pas !! Me supposes-tu capable d'une tendresse dont il faudrait rougir ? — Celui que j'aime, celui dont je serai la femme, c'est Léon...

« Maurice en entendant ce nom chancela. — Une pâleur livide s'étendit sur ses traits. — Sa figure, naturellement laide, devint brusquement hideuse.

« — Léon ! — répéta-t-il avec une indicible fureur. — Ce gentilhomme manqué !! — Ce commis à ma solde !... Ce salarié qui mange mon pain et qui courtise ma sœur !! — Ah ! par exemple, c'est trop fort, et voilà qui passe les bornes !! — Hors de chez moi l'intrigant !! A la rue, le misérable !!... il ne restera pas une heure de plus dans ma maison, et je vais le chasser, oui, mordieu ! le chasser ! comme on chasse un gredin qui vous dépouille et qui vous bafoue !!

« Et Maurice écumant se précipita vers la porte.

« Clotilde l'avait devancé. — Il la trouva sur le seuil, froide, résolue, les bras croisés, le regard étincelant.

« — Laisse-moi passer ! — commanda Maurice.

« — Tu ne passeras pas ! — répliqua la jeune fille. — Il me faut une explication ! Il me la faut tout de suite !!

« — Eh bien, soit ! Expliquons-nous donc !! Expliquons-nous à l'instant !... J'ai soif d'en finir avec ce monsieur !!

« — Tu chasseras Léon, disais-tu ?

« — Je l'ai dit et je le ferai !...

« — Je te défie de le faire !...

« — Qui m'en empêchera ?

« — Moi.

« Maurice haussa les épaules, en s'écriant :

Il prit à pied le chemin du bois de Boulogne, entra dans un taillis et se logea une balle dans la tempe. (Page 28.)

« — Tu oublies que je suis le maître !

« — Je me souviens, au contraire, que si tu es le maître, je suis la maîtresse. — Cette maison m'appartient comme à toi, et ton autorité ne prime point la mienne !! — Nos pouvoirs sont égaux, mon frère !! — Oui, Léon est ton employé, mais il est en même temps le mien ! — Tu prétends le chasser; je veux qu'il reste et il restera !! — Ah ! mon langage t'étonne... — Il faudra désormais en prendre l'habitude... — Je m'effaçais volontairement devant toi... Je te laissais mener la maison à ta guise, parce qu'il s'agissait d'affaires et que notre prospérité commerciale me semblait en jeu... — Et puis je croyais à ta tendresse, je croyais à ton dévouement... — Je vois aujourd'hui mon erreur... — Tout en toi n'était qu'égoïsme et tu faisais de moi ta servante!! — Je me révolte à la fin!! — N'espère plus m'imposer tes volontés, dominer ma vie, contraindre mes affections et me voir courber la tête!... — Je réclame mes droits et j'entends qu'ils soient respectés!! — Je ne dépends ni de toi, ni de personne! — Je puis disposer librement de ma fortune et de ma main... — J'en dispose! — je n'épouserai pas l'homme que tu voudrais m'imposer sous prétexte qu'il est ton ami!! — J'aime Léon et je serai la femme de Léon!...

VII

« — Ah! c'est ainsi!! — balbutia Maurice avec rage.

« — Oui, c'est ainsi, et tu n'y changeras rien!!

« — Mon commis serait maître autant que moi dans cette fabrique où, depuis la mort de mon père, j'ai commandé seul!! — il deviendrait mon associé, mon égal!!...

« — Pourquoi non? il n'y a rien là, ce me semble, qui puisse t'étonner et te blesser... — Cela se voit partout.

« — Cela ne se verra pas ici, du moins!! — Puisqu'un misérable subalterne, sans mérite et sans avenir, me supplante et prend ma place dans ton cœur, je brise les liens qui nous unissent, ceux d'intérêt aussi bien que ceux de famille... — Je ne suis plus pour toi qu'un étranger, prêt à te rendre des comptes, et je tiens à ta disposition la moitié de ce qui nous appartenait en commun... — Notre association est dissoute et la liquidation commencera demain, puisqu'il est trop tard pour la commencer aujourd'hui...

« — Eh bien, soit! — répondit Clotilde irritée. — Séparons-nous puisque tu le veux!!

« — Séparons-nous!... — répéta Maurice. — Mais, c'est toi qui l'auras voulu!...

« Tel fut le point de départ d'une rupture entre le frère et la sœur.

« Les choses auraient pu s'arranger le lendemain à l'aide de quelques concessions réciproques, mais ni le vieux garçon ni la jeune fille ne consentirent à faire un pas l'un vers l'autre, et à se tendre mutuellement la main.

« La liquidation eut lieu. — Clotilde toucha pour sa part une somme de six cent mille francs et épousa le commis Léon.

« Maurice jura de ne lui pardonner jamais son mariage. — Il tint parole, et, résolu à oublier qu'il avait une sœur, non seulement il ne prononça plus son nom, mais encore il prit à tâche d'éviter tout rapport avec les gens qui, l'ayant connue, pourraient lui parler d'elle.

« Il abandonna complètement l'industrie des bronzes, mit ses capitaux dans des opérations de Bourse et de banque, et fut tellement favorisé par des circonstances que ses six cent mille francs grossirent dans des proportions étonnantes.

« Je connais son banquier et son notaire, je sais le chiffre exact de sa fortune. — Il possède au bas mot six millions aujourd'hui.

« Dans sa querelle avec sa sœur, Maurice avait traité le commis de *gentilhomme manqué*. — Léon descendait en effet d'une famille noble, mais ruinée complètement depuis deux ou trois générations ; il ne tirait d'ailleurs aucune vanité de son origine patricienne.

« Lorsqu'un mariage inespéré l'eut placé brusquement à la tête de trente mille livres de rente, il se remit à attacher une sérieuse importance à sa particule, et, grisé tout à la fois par le bonheur et par la fortune, il résolut de prendre une éclatante revanche des privations de son passé modeste, et de vivre dans le luxe et le *farniente*, selon les us et coutumes des gens de plaisir et d'élégance.

« Sa jeune femme l'adorait ; elle ne fit aucune objection et, pleinement confiante, lui livra les clefs de la caisse.

« Le nouveau marié était un beau et bon garçon, d'une intelligence très ordinaire, qui ne soupçonnait point ce que coûte à Paris la haute vie. — Il eut un appartement fort vaste, par conséquent fort cher. — Le mobilier somptueux absorba tout d'abord une somme assez ronde. — Il acheta des chevaux, — donna des dîners, — fit à Clotilde des cadeaux de bijoux et de toilettes, — suivit les spectacles et les courses, — passa deux mois chaque saison aux stations thermales à la mode. — Bref, il dépensa sans compter, entamant gaillardement le capital quand le revenu ne suffisait pas... — Excellent mari, d'ailleurs, et tout à fait irréprochable au point de vue des coups de canif dans le contrat...

« Clotilde se trouvait très heureuse...

« Une petite fille vint au monde au bout de deux années de mariage, puis une autre, neuf ans après... — L'aînée s'appela Valentine... On nomma Claire la seconde...

« A peu près au moment de la naissance de Claire, Léon s'aperçut avec effroi que l'énorme brèche pratiquée dans le capital par des emprunts toujours grossissants rendait les revenus effroyablement anémiques.

« Comment faire ?

« Supprimer toute dépense superflue ; — se restreindre ; — habiter au cinquième étage ; — inaugurer une période d'économie à outrance ; — c'était dur ! d'autant plus que ces modifications radicales rendaient indispensable un aveu de mauvaise administration. Or, l'amour-propre de Léon reculait devant cet aveu...

« Un ami fort expert en ces sortes de choses, consulté discrètement, répondit :

« — C'est bien simple ! — Au lieu d'immobiliser un argent qui vous rapporte tout au plus cinq, spéculez, mon très cher, et cet argent vous rapportera vingt... — La Bourse peut d'ailleurs vous rendre d'un seul coup ce que vous avez perdu... elle peut même le doubler et, si vous êtes adroit, elle le doublera...

« Léon remercia le donneur de conseils, prit les fonds, joua à la Bourse, timidement d'abord, et gagna ; — c'est la règle. — Stimulé par ces premiers succès, il devint hardi, puis imprudent, puis fou, perdit, grossit ses mises, perdit encore, s'entêta contre la malechance et, par une laide après-midi, se trouva sur le boulevard, à pied et sans parapluie par une pluie battante, ayant vaporisé jusqu'au dernier billet de cent francs de la fortune de sa femme.

« Il lui restait un louis en poche.

« Il acheta un pistolet qu'il fit charger à balle. — Il entra dans un café, but un grand verre d'eau-de-vie, écrivit à Clotilde un court billet qu'un garçon du café fut chargé de remettre; puis il prit, toujours à pied, le chemin du bois du Boulogne, entra dans un taillis et se logea une balle dans la tempe.

« Inutile n'est-ce pas, cher monsieur, de vous parler du désespoir de la pauvre femme qui non seulement perdait un mari très aimé, mais passait en une minute de la fortune à la misère?...

« Qu'allaient devenir les orphelines ?...

« Clotilde songea à son frère Maurice.

« Plus d'une fois elle avait entendu parler de lui. — Elle le savait énormément riche. — En présence du coup effroyable qui la frappait, pouvait-il ne point pardonner ? — Sa vieille rancune n'était-elle point d'ailleurs depuis longtemps éteinte ?...

« Elle écrivit ces lignes : — « *Mon frère, je suis veuve, je suis ruinée et j'ai deux enfants. — Ne me rendras-tu pas ton cœur ? ne m'ouvriras-tu pas tes bras ?...*

« Un commissionnaire porta cette courte missive. — Il revint avec une enveloppe que Clotilde déchira d'une main tremblante.

« Elle y trouva sa lettre, en travers de laquelle Maurice avait tracé ces mots d'une longue et ferme écriture : — *Je n'ai plus de sœur.* »

« La pauvre femme poussa un soupir et tomba sans connaissance. »

Maître Roch s'interrompit.

— Je vous demande la permission, cher monsieur, — dit-il, — de me reposer pendant quelques secondes, car voilà, montre en main, tout près d'une demi-heure que je parle ; — en outre, — pour éviter la monotonie. — je dramatise, ce qui est fatigant... — Fumel, mon digne ami et excellent associé, je vous saurai un gré infini de votre complaisance si vous voulez bien me préparer un verre d'eau sucrée...

Hermann Vogel répondit par un geste d'adhésion, et Fumel exécuta sans retard le breuvage demandé.

— Ajoutez-y un peu de jus de citron et quelques gouttes de rhum, s'il vous plaît, — fit l'homme de loi, — ce sera plus tonique... — La valeur d'un petit verre à peu près... pas davantage...

L'ex-avoué dégusta avec un plaisir manifeste le breuvage réconfortant, et reprit :

— Certes la ruine était complète, mais pas tout à fait autant néanmoins que Clotilde devait le croire dans le premier moment.

« Léon avait englouti la fortune, mais laissait peu de dettes.

« La vente des sept huitièmes du mobilier, celle des chevaux et des voitures, suffit pour les payer, et au delà, car une somme de vingt-quatre mille francs resta à la disposition de la veuve.

« Douze cents livres de rente et quelques meubles ! — Il était possible avec cela, sinon de vivre du moins de ne pas mourir de faim, et de ne point coucher à la belle étoile.

« Clotilde loua, dans un endroit qui vous sera désigné plus tard, un logement de quatre cents francs, s'y installa avec ses deux filles et se livra courageusement à des travaux de broderie dont le prix, si humble qu'il fût, augmentait cependant un peu les ressources du pauvre intérieur.

VIII

« La veuve de Léon, malgré tout son courage, ne pouvait s'habituer sans peine à cette vie de travail incessant et de privations quotidiennes, si différente de l'existence large et facile dont elle avait l'habitude.

« Le chagrin ne lui accordait point de trêve. — Ses inquiétudes ou plutôt ses angoisses au sujet de l'avenir de ses filles minaient lentement sa constitution vigoureuse. — Une sorte de consomption morale et physique s'empara d'elle, et bientôt la rendit méconnaissable.

« Elle lutta néanmoins pendant des années, s'obstinant à sa tâche et refusant de s'avouer vaincue, jusqu'au jour où, terrassée par sa faiblesse grandissante, elle s'alita et ne se releva plus.

« Quand elle s'éteignit, sa fille ainée, Valentine, avait quinze ans.

« Cette enfant courageuse se dit que Claire, sa petite sœur, retrouverait en elle la mère qu'elles venaient de perdre. — Elle conserva le logement où Clotilde était morte, et travailla comme avait travaillé Clotilde.

« Telle est la jeune fille, qui — (si son oncle venait à mourir sans testament) — hériterait de trois millions...

« Il ne me reste désormais qu'à vous parler un peu de cet oncle.

« L'ex-fabricant de bronzes est âgé aujourd'hui de cinquant-quatre ou cinquante-cinq ans, mais il a l'apparence d'un vieillard, et véritablement certains vieillards de quatre-vingts ans peuvent compter bien plus que lui sur un avenir de quelque durée.

« Quand les hasards des jeux de Bourse l'ont rendu tout d'un coup colossalement riche, un phénomène imprévu s'est produit en lui brusquement, et des passions de toute nature, qu'il ne connaissait point jusque-là, se sont éveillées dans son cerveau de quadragénaire et dans son corps chétif... — Il est devenu libertin, joueur et buveur, non comme un millionnaire menant la haute vie et semant autour de lui les billets de banque avec désinvolture, mais comme un petit bourgeois débauché qui ouvre à ses vices un crédit restreint, et trouve qu'il n'a jamais assez de plaisir pour son argent.

« Bien loin d'entamer sa fortune, ce singulier viveur n'en dépense même pas les revenus. — Ses favorites d'un jour ne sont point inscrites au livre d'or de la galanterie ; elles appartiennent au personnel des bals publics où, chaque soir, on le voit étaler sa décrépitude dans des costumes d'une élégance voyante et ridicule. — Il passe les nuits en soupers avec des jeunes gens et des drôlesses ; — il boit jusqu'à l'ivresse, quoique son ivresse soit lugubre ; — il joue au baccarat, mais quand il a perdu cent louis il abandonne la partie, et quand il en a gagné deux cents il fait Charlemagne.

« N'ayant ni maîtresse attitrée, ni ami très intime, personne ne possède la moindre influence sur lui, et le danger de dispositions écrites au profit d'un tiers ne me paraît en aucune façon redoutable...

« L'oncle de Valentine et de Claire, je vous l'ai dit, n'a plus que le souffle. — La flamme tremblotante de sa vie jette ses dernières et faibles lueurs. — Il y a neuf cent quatre-vingt-dix-neuf à parier contre un qu'il s'éteindra sans avoir testé. — Dans ce cas les jeunes filles seront indiscutablement les héritières de leur oncle, et le mari de Valentine aura des millions.

« Vous connaissez présentement la situation aussi bien que moi.

« Voulez-vous être ce mari ?

— J'admets avec vous, — répliqua Hermann Vogel, — qu'il existe neuf cent quatre-vingt-dix-neuf chances favorables, mais il en reste une mauvaise..

— Que concluez-vous de là ? — demanda maître Roch.

— Que si le mari de Valentine a contre lui la mauvaise chance, il se trouvera sans un sou, avec une femme sur les bras.

L'ex-avoué haussa les épaules.

— Qui ne risque rien, n'a rien ! — s'écria-t-il. — L'enjeu est éblouissant et le gain de la partie mille fois probable... — Que pouvez-vous désirer de plus ? — Avez-vous le droit d'hésiter ? — En dehors de la combinaison que je vous offre, où sont vos chances de salut s'il vous plaît ? — Je puis d'ailleurs vous glisser dans la main un atout supplémentaire...

— Lequel ?...

— J'ai le moyen de vous mettre en relation avec le personnage qui nous occupe... — Vous êtes un garçon adroit et de formes séduisantes... — Vous plairez certainement au vieux viveur... Rien ne vous empêchera de vous insinuer très avant dans son intimité et d'exercer sur lui une surveillance occulte au sujet du testament...

En disant ces paroles, l'homme de loi eut un jeu de physionomie auquel on ne pouvait se méprendre, et qui signifiait de façon très claire:

— Rien ne vous empêchera même de supprimer cet acte au besoin...

Le caissier de la maison Jacques Lefebvre le comprit ainsi et n'hésita plus.

— Au fait, — se dit-il, — qu'est-ce que je risque en jouant le tout pour le tout ? — Entre la perspective d'un suicide inévitable, et l'horizon doré qui miroite devant moi si j'adhère à la combinaison de cet habile homme, il serait par trop naïf de choisir le suicide...

— Eh bien? — demanda maître Roch au bout de quelques secondes. — Avez-vous réfléchi?

— Oui.

— Et le résultat de vos réflexions ?...

— Est que je consens...

— Bravo! — J'étais certain d'ailleurs que vous entendriez raison...

— Il s'agit maintenant des conditions que vous prétendez m'imposer.

— Oh! mon Dieu, elles sont bien simples... — J'ai préparé un petit projet d'acte dont je vais vous donner lecture... — Aussitôt qu'il sera dûment approuvé et signé par vous, je remplacerai les blancs par des noms et vous aurez la clef de l'affaire...

— Voyons l'acte...

L'homme de loi prit un papier sur son bureau et lut à haute voix:

— « *Entre les soussignés, d'une part MM. Roch et Fumel, etc., etc., et d'autre part M. Hermann Vogel, etc., etc., il a été convenu ce qui suit:*

« *1° MM. Roch et Fumel s'engagent* à *faciliter le mariage de M. Vogel avec mademoiselle Valentine***.*

« *2° M. Hermann Vogel, voulant reconnaître par une juste rémunération les bons offices à lui rendus dans cette affaire par MM. Roch et Fumel s'engage, aussitôt que mademoiselle Valentine***, devenue madame Vogel, aura pris possession de sa part, évaluée à trois millions, dans l'héritage de son oncle, M. Maurice***, à remettre aux intermédiaires soussignés une somme de cinq cent mille francs.* »

— Cinq cent mille francs ! — s'écria Vogel, — y songez-vous!

— Parfaitement bien.

— Un chiffre pareil!!

— Est des plus modestes... Fumel le trouvait insuffisant... — Nous demandons le sixième de l'héritage, nous aurions pu demander le tiers... — Ma parole d'honneur, cher monsieur, vous m'étonnez !... Je m'attendais à vous voir surpris de la modestie de nos prétentions...

— Cependant... — commença le caissier.

— Oh ! — interrompit maître Roch d'un ton sec, — inutile de discuter... — Les choses se feront ainsi ou ne se feront pas... — Et, — ajouta-t-il d'une façon expressive et agressive, — si elles ne se font pas, tant pis pour vous...

Hermann, dompté par cette menace à peine déguisée, et se sentant à la discrétion d'adversaires plus forts que lui, baissa la tête.

— Soit, — murmura-t-il, — je signerai l'acte et je payerai la somme...

— Vous la payerez d'autant plus certainement, — répondit l'homme de loi avec un sourire, — que nos mesures seront prises pour vous ôter toute fantaisie de laisser protester votre signature...

Vogel jugea convenable de se draper dans une attitude de dignité blessée.

— Messieurs, — fit-il, — cette parole est de trop ! — Je suis homme d'honneur ! !

— Pardieu ! — répliqua l'ex-avoué. — Personne n'en doute ! — Nous aussi, cher monsieur, nous sommes gens d'honneur, mais l'estime réciproque n'empêche pas les précautions... — Vous savez le proverbe : *La prudence est la mère de la sûreté*... — Je copie le présent acte en double, sur timbre, et nous le signerons immédiatement...

IX

Tandis que maître Roch écrivait, Hermann demanda :

— Est-il en votre pouvoir de contraindre la jeune fille à ce mariage ?...

— Nullement, répondit l'homme de loi. — C'est de vous seul que dépend le succès... — Il faut plaire... — La chose d'ailleurs vous sera facile, soit dit entre nous et sans compliments...

— Si cependant je ne plaisais point ?

— C'est que vous auriez été maladroit, et nous n'y pourrions absolument rien...

— Au moins, vous me présenterez ?

— Mademoiselle Valentine ne nous connaît pas... — Vous vous présenterez vous-même...

— Est-ce possible ?

— Possible et facile.

— Sous quel prétexte ?...

— Sous un prétexte bien simple, que je vous indiquerai tout à l'heure...

— Ainsi, messieurs, — s'écria Vogel avec aigreur, — vous toucherez cinq cent mille francs si je réussis, et vous ne vous serez mêlés de rien ! ! — Votre part de collaboration est en vérité trop restreinte !

— C'est à mademoiselle de Cernay que j'ai l'honneur de parler? demanda le nouveau venu, en saluant respectueusement. (Page 39.)

— Récrimination absurde! — répliqua maître Roch. — Notre part de collaboration est énorme!! — Il n'y a dans tout Paris que Fumel et moi sachant quels liens de famille unissent les orphelines pauvres au vieillard millionnaire... Dans les circonstances où nous sommes, le nom de l'oncle et celui de la nièce, jetés dans l'oreille d'un beau garçon qui songe à se brûler la cervelle, valent bien cinq cent mille francs, je suppose...

— Une question encore... — fit Vogel, — une seule...

— Voyons cette question...

— Il doit y avoir un tuteur?...

— Un tuteur nommé légalement, oui.

— Si je tombe d'accord avec la jeune fille, consentira-t-il au mariage?...

— Quand un mari honnête se présente pour une orpheline sans fortune, on est trop heureux de l'accepter... — Je réponds du tuteur, qui se soucie d'ailleurs fort peu de sa pupille... — Voilà les actes prêts. — Signons.

Hermann Vogel et les associés apposèrent successivement leurs signatures au bas de deux feuilles de papier timbré.

— Nous sommes en règle maintenant, — reprit Me Roch, — et vous allez savoir les noms : — Les jeunes filles s'appellent Valentine et Claire de Cernay, — l'oncle se nomme Maurice Villars...

— Maurice Villars !! — s'écria Vogel. — Mais je le connais !!

— Voilà qui se trouve à merveille et ce hasard est d'un heureux augure !! — répondit l'homme de loi. — Apprenez-nous, cher monsieur, comment la connaissance s'est faite...

— J'ai rencontré souvent M. Villars dans un certain monde, où il se montre ainsi que moi fort assidu... — J'aurais même dû le connaître au portrait si ressemblant que vous avez tracé de lui, mais j'étais loin de le croire six fois millionnaire...

— Il se garde bien de s'en vanter... — Ces demoiselles du Casino-Cadet et de Valentino deviendraient exigeantes !! — Vous venez de parler du monde où l'on s'amuse... J'en conclus que, pour Maurice Villars, vous êtes le baron de Précy !...

— Oui, et pas autre chose... — Il ignore jusqu'à l'existence du caissier Hermann Vogel...

— C'est à merveille, car, le mariage devant avoir lieu nécessairement sous votre vrai nom, il sera plus facile de le lui cacher, chose très importante... — Eh bien ! mon jeune ami, vous ai-je trompé sur l'état physique et moral de votre oncle futur?... Pouvez-vous m'accuser d'exagérer les choses?... Que pensez-vous de Maurice Villars?...

— Je pense comme vous qu'il n'a pas trois mois à vivre.

— Et n'êtes-vous point d'avis que quelques petites *imprudences* abrégeraient notablement ce délai de trois mois?

— Sans doute... — Il suffirait de fort peu de chose pour éteindre une lampe dont la dernière goutte d'huile semble consumée depuis longtemps déjà...

— Vous êtes dans les meilleurs termes avec Maurice Villars? — demanda maître Roch.

— Certes!

— Vos rapports, en conséquence, pourraient facilement devenir intimes?...

— Je n'aurais qu'à le vouloir...

— Eh bien! veuillez-le donc et, même avant la célébration du mariage, profitez de votre légitime influence sur cet ami du plaisir pour le pousser à de galants excès... — Vous hâterez ainsi l'ouverture de la succession et vous n'aurez rien à vous reprocher... — Ferez-vous cela?

— Pourquoi non?...

— Nous sommes d'accord... — Parlons d'autre chose... — Mesdemoiselles Valentine et Claire de Cernay demeurent au bout du monde, à Passy, rue Mozart. — Voilà l'adresse écrite... — Il importe de ne pas perdre de temps, et de commencer dès demain votre cour discrète et respectueuse à la future madame Vogel...

— C'est entendu, — répondit le caissier, — mais il me faut avant tout un prétexte pour me présenter chez elle, et, ce prétexte, vous avez promis de me le donner...

— Le voici...

Nous verrons Hermann Vogel à l'œuvre; — il est donc inutile de mettre sous les yeux de nos lecteurs la conclusion de son entretien avec les deux associés de l'agence Roch et Fumel.

*
* *

En 1858, les quartiers qui touchent au Trocadéro n'existaient qu'à l'état d'ébauche, ou plutôt de chaos. — L'avenue d'Eylau était seule terminée parmi les grandes voies qui conduisent aux environs du parc de la Muette. — La rue de la Pompe, illustrée par le chalet de Jules Janin, passait à travers champs. — Passy semblait *au bout du monde*, comme nous venons de l'entendre dire à maître Roch, et l'on rééditait fatalement des plaisanteries lourdes sur la nécessité d'un testament préalable, quand on entreprenait le voyage de long cours nécessaire pour rendre visite au feuilletonniste des *Débats*.

A cette époque la rue Mozart, voisine du boulevard Beauséjour et de la gare du chemin de fer de ceinture, n'était point comme aujourd'hui bordée en grande partie de luxueux hôtels. Elle longeait, sur un espace de deux ou trois cents mètres, un vaste terrain planté de vieux arbres, entouré d'une palissade que trouait une porte à deux battants, ouverte toute la journée, et fermée le soir par un concierge à deux fins qui parcourait les environs, du matin à la nuit, en criant à tue-tête sur une mélopée monotone :

— V'là l'carreleu d'souliers...

Cet enclos renfermait une demi-douzaine de maisonnettes disséminées comme au hasard, sans la moindre symétrie, en pleine verdure; pas beaucoup plus grandes que les cabanes du Jardin des plantes, et entourées de jardinets que des treillages rustiques séparaient les uns des autres.

Chacune de ces maisonnettes, économiquement construites avec des matériaux à bas prix, mais gentilles et coquettes sous l'ombrage épais des tilleuls et des marronniers quasi séculaires, se louait quatre cents francs par an.

Aucune ne restait jamais vide.

Une demi-douzaine d'amateurs étaient inscrits pour le cas où quelques vacances viendraient à se produire parmi les titulaires de la location.

C'est qu'outre l'appât d'un bon marché réel, l'ensemble de ces bicoques enfouies sous la verdure, et de ces jardinets pleins de fleurs éclatantes, offrait le plus charmant coup d'œil.

— C'est un Éden ! — disaient les visiteurs en entrant dans l'enclos.

Un Éden à quatre cents francs la tranche ! !

Franchement on ne saurait avoir un Éden à plus bas prix.

Trois artistes qui sont devenus célèbres, un écrivain, un peintre et un compositeur, habitaient alors trois des maisonnettes, qu'ils n'ont quittées depuis lors qu'à regret pour des logis bien autrement amples et luxueux.

Clotilde de Cernay, à la suite des catastrophes que nous connaissons, s'était réfugiée avec ses deux filles dans une de ces Thébaïdes dont le prix modeste et l'isolement presque absolu lui paraissaient doublement précieux.

Nous savons déjà que Valentine, après la mort de sa mère, avait conservé cette humble demeure et qu'elle y vivait en compagnie de sa sœur.

X

Traversons le petit jardin où l'air est embaumé par les roses et franchissons le seuil de la maisonnette, composée d'un rez-de-chaussée et d'un premier étage.

Au rez-de-chaussée une cuisine large comme la main et une pièce un peu plus grande servant tout à la fois de salle à manger et de salon, ou plutôt, comme on dit en Angleterre, de *parloir*.

Au premier étage, deux chambres de dimensions égales.

L'ameublement du parloir, résultant des épaves de l'ancien mobilier, n'était plus à la mode, mais ne décelait point la gêne. — Des rideaux de toile perse aux nuances douces se drapaient à l'unique fenêtre qu'encadraient au dehors les grappes des liserons et des volubilis. La même étoffe, un peu passée, recouvrait le divan, les deux fauteuils et les quatre chaises.

La petite table sur laquelle les orphelines prenaient leur repas se pliait et trouvait sa place contre la muraille.

Une corbeille de terre cuite pleine de roses pendait au plafond, et tenait lieu de lustre.

Sur la cheminée, à droite et à gauche d'une toute petite pendule ancienne, s'épanouissaient des touffes de roses dans des vases en vieille faïence.

Un vase pareil, posé sur une console, contenait encore des roses, mais d'un ton différent.

Les roses étaient le grand luxe de cet intérieur, remarquable par une propreté flamande.

Valentine n'avait ni servante, ni femme de ménage, et suffisait à tout. — Une fois par semaine seulement, un frotteur venait donner en quelques minutes le brillant de la glace au parquet du salon.

Au moment où nous prions nos lecteurs de pénétrer avec nous dans la maisonnette, le salon se trouvait transformé en atelier, ainsi d'ailleurs que cela lui arrivait chaque jour en dehors des heures des repas.

Valentine, assise devant un guéridon placé sous la vive lumière tombant de la fenêtre, peignait à l'aquarelle avec une rapidité merveilleuse et une remarquable sûreté de touche.

Nous avons entendu l'homme de loi dire à Hermann Vogel que la jeune fille suppléait à l'insuffisance de ses ressources par un travail artistique.

Ce travail était la peinture.

Nous ne voulons point affirmer que Valentine produisît des chefs-d'œuvre, et la chère enfant ne se faisait à cet égard aucune illusion, mais elle excellait à jeter *de chic*, au milieu d'une feuille de Bristol, tantôt un moulin à vent dont les ailes blanches tranchaient vivement sur un ciel brumeux de Hollande ; tantôt une roche de granit rongée par les mousses et les lichens et servant de piédestal à des bergers bretons ; tantôt une ruine couverte de lierres ; ou des saules aux troncs noueux reflétant leur silhouette baroque dans l'eau paisible d'un petit étang.

La jeune fille ne variait guère ces motifs d'aquarelle, tous d'une extrême simplicité. — Elle en traçait l'esquisse en quelques coups de crayon, et le pinceau faisait le reste.

L'habileté de l'exécution et la fraîcheur du coloris rendaient séduisantes ces ébauches qu'elle signait : *Valentin*, en masculinisant son nom, et qui devaient tenir une place honorable dans des albums sans prétention.

Elle pouvait produire sept ou huit aquarelles par semaine. — Deux marchands d'estampes, l'un du quai Malaquais, l'autre de la rue Vivienne, les lui payaient un prix ridiculement modique et, grâce à cette exploitation impudente, réalisaient des bénéfices usuraires en traitant avec elle.

Valentine avait dix-sept ans, — nous le savons ; — il était impossible de rêver une plus gracieuse, une plus adorable créature. — De grands yeux candides, lumineux et doux, dans lesquels l'azur profond du ciel semblait se refléter, éclairaient son visage d'ange souriant.

Sa merveilleuse chevelure, d'un blond cendré très pâle, formait au sommet de sa tête une lourde torsade difficilement contenue par les dents du peigne d'ivoire, et s'ébouriffait sur son front en courtes mèches soyeuses et dorées.

Une robe noire sans ornements, mais bien ajustée, mettait en relief sa taille mince et souple, encore un peu frêle. — Son petit col blanc tout uni faisait valoir la pureté idéale de son teint de camélia.

Une jeune duchesse aurait été fière des mains fines et patriciennes, dont l'une soutenait le châssis, dont l'autre maniait le pinceau ..

Une petite fille de huit ans environ, assise sur un tabouret aux pieds de sa sœur, gravait dans sa mémoire quelques lignes d'un cours d'histoire élémentaire, et le sérieux de son attitude, la légère contraction de ses sourcils, l'involontaire agitation de ses lèvres, indiquaient la conscience prodigieuse qu'elle mettait à s'acquitter de sa tâche.

Claire ne ressemblait point à Valentine.

Aussi belle que sa sœur, elle l'était d'une façon toute différente.

Elle avait des yeux noirs, des sourcils noirs, un teint de créole, et sa chevelure libre, d'un brun fauve, frissonnant à chaque mouvement de sa jolie tête, ruisselait sur ses épaules en mille boucles épaisses.

La physionomie de l'enfant, comme celle de la jeune fille, exprimait la douceur, la bienveillance, et cette gravité précoce résultant de l'habitude des luttes prématurées contre les difficultés de la vie.

Cette expression particulière faisait paraître la sœur de Valentine un peu plus âgée qu'elle ne l'était réellement.

Neuf heures du matin sonnaient à la petite pendule Louis XVI placée sur la cheminée entre les deux vases de vieille faïence remplis de roses.

En même temps retentit la clochette un peu fêlée de la porte du jardin.

Valentine tressaillit et Claire, laissant tomber son livre, prêta l'oreille.

— Qui peut venir ?... — murmura la jeune fille. — Je n'attends âme qui vive...

— Garde-toi bien de te déranger ! — fit Claire en se levant d'un bond.

— Oui, va, petite sœur, mais regarde avant d'ouvrir, et si la personne qui vient de sonner nous est inconnue, demande ce qu'elle veut, et n'ouvre pas...

— Sois tranquille... je suis prudente... et j'ai peur des voleurs...

Vive et légère comme une gazelle, et ravie d'ailleurs de quitter pour un instant l'abrégé d'histoire universelle, l'enfant s'élança hors du salon.

Ceci se passait le lendemain du jour où avait eu lieu l'entrevue d'Hermann Vogel avec les directeurs de l'agence Roch et Fumel, entrevue suivie d'un traité d'alliance conclu par ces honnêtes gens.

Au bout de quelques minutes Claire rentra d'un air important.

— Eh bien? — interrogea Valentine.

— Eh bien ! petite sœur, c'est un monsieur... un beau monsieur... — J'ai regardé à travers la palissade... — il n'est pas vieux... — il est bien habillé... — je crois que ce n'est pas un voleur...

— Il se trompait de porte, sans doute?

— Du tout, car il a demandé tout en me voyant : — *Mademoiselle, est-ce ici que demeure mademoiselle Valentine de Cernay?* » — Je lui ai répondu que oui, en le priant de m'apprendre son nom... — il a répliqué que tu ne le connaissais pas... — je me suis informée de ce qu'il voulait... — il a dit qu'il venait te parler pour affaires. — Alors je l'ai prié d'attendre un moment parce que tu m'avais défendu d'ouvrir...

— Et il attend? — fit Valentine avec un sourire.

— Oui, petite sœur... de l'autre côté de la porte...

La jeune fille posa sur le guéridon son châssis, son pinceau, et quitta son siège.

— Je ne me connais aucune affaire... — dit-elle; — mais il est imposible de laisser ce monsieur se morfondre dehors...

Elle sortit de la maisonnette, traversa le jardinet et, à son tour, regarda par une fente de la clôture.

Le visiteur était un beau garçon de vingt-six ans, blond, de physionomie très douce, et d'une remarquable élégance.

Valentine, obligée de s'avouer à elle-même que l'inconnu n'avait rien de suspect, tira le verrou et ouvrit la porte.

— C'est à mademoiselle de Cernay que j'ai l'honneur de parler? — demanda le nouveau venu, en saluant respectueusement.

— Oui, monsieur, — répondit la jeune fille. — Pardonnez-moi de vous avoir ainsi fait attendre, — ajouta-t-elle, — mais je ne reçois jamais personne... — c'est une règle absolue et qui ne souffre pas d'exception...

XI

— Je ne suis point un visiteur, mademoiselle... — répliqua l'inconnu. — Je viens vous entretenir d'une affaire commerciale...

— Une affaire commerciale ? — répéta Valentine.

— Et artistique, oui, mademoiselle... — Je désire me rendre acquéreur d'une certaine quantité de vos aquarelles, et traiter avec vous, si c'est possible, de manière à m'en assurer le monopole pour l'avenir...

Valentine rougit de plaisir et d'orgueil.

On voulait traiter avec elle ! S'assurer le monopole de ses œuvres ! — Elle avait donc positivement du talent... un talent reconnu et apprécié...

— Mais alors, monsieur, c'est très différent ! — s'écria-t-elle ; — La consigne n'a plus de raison d'être... — Entrez vite...

Elle introduisit le nouveau venu dans le salon, lui avança un siège, le pria de s'asseoir et lui dit en souriant :

— Excusez ma curiosité, monsieur, mais comment avez-vous su que j'étais l'auteur des aquarelles signées : *Valentin !*

— Je l'ai su, mademoiselle, parce que j'avais intérêt à le savoir... — Je débute dans la partie ; je fonde une maison pour la vente des tableaux modernes et des objets d'art de toute sorte ; je fréquente mes collègues afin d'acquérir à leur contact un peu de l'expérience qui me manque ; ils me prennent pour un simple amateur, ne se défient point, et me livrent à leur insu quelques-uns des secrets du métier...

« C'est de bonne guerre, n'est-ce pas ?

« Or j'ai vu chez Gabé, quai Malaquais, et chez Duvart, rue Vivienne, de petites pochades dont l'allure vive et la touche spirituelle m'ont plu beaucoup... — Je me suis adroitement informé, et l'indiscrétion d'un commis, à qui j'ai glissé un louis dans la main, m'a bien vite appris le vrai nom, le véritable sexe et l'adresse du prétendu Valentin... Une fois renseigné, je suis venu et me voilà...

« Maintenant que vous savez qui je suis, mademoiselle, voulez-vous me permettre une question?

— Assurément... — fit Valentine.

— Combien Gabé et Duvart vous prennent-ils d'aquarelles chaque mois?

— Vingt-huit ou trente...

— Et combien vous les payent-ils?

— Mais, monsieur...

— Je comprends votre embarras... — Il vous répugne de dévoiler la cuistrerie de ces drôles... — Eh ! bien, ne répondez pas... — Ce que je vous demande, je le sais aussi bien que vous... — Gabé et Duvart vous payent vos pochades quatre francs la pièce... — C'est absolument dérisoire et, tranchons le mot, c'est honteux !...

— Mais, — balbutia Valentine, — j'ai été très heureuse, je vous assure, de trouver ces messieurs, si modestes que soient leurs prix ! — Quand je me suis présentée pour la première fois chez les marchands, on ne consentait pas même à me laisser ouvrir mon carton, ou bien on me répondait après avoir regardé distraitement ; — *Nous ne voulons pas de ça !... — Ça n'est pas de défaite !* »

— Les marchands se trompaient, mademoiselle... — Vos pochades trouvent des acheteurs le plus facilement du monde... — Ma démarche vous le prouve de façon surabondante...

— Enfin, monsieur, que me proposez-vous?

— Vous gagnez cent vingt francs par mois avec trente aquarelles, et ce travail exorbitant vous fatigue à coup sûr... J'offre un prix deux fois plus rémunérateur pour un travail diminué de moitié... — Deux cent vingt-cinq francs pour quinze aquarelles, ce qui mettra chacune d'elles à quinze francs...

Valentine, stupéfaite de cette fortune inattendue, inespérée, qui dépassait toute prévision, ne pouvait en croire ses oreilles.

Elle restait muette.

— Acceptez-vous, mademoiselle? — lui demanda le visiteur.

— Sans hésiter, monsieur... — lui répondit-elle.

— Ainsi, nous sommes d'accord, et sur le nombre, et sur le prix?

— Oui, monsieur, parfaitement d'accord...

— Vous prenez l'engagement de ne travailler que pour moi pendant une année?

— Je le prends bien volontiers... Voulez-vous que j'écrive cet engagement et que je le signe?

Valentine reconduisit le prétendu commissionnaire, et rentra vivement dans la maison. (Page 43.)

— En aucune façon. — Je m'en rapporte absolument à votre parole... — Quand commencerez-vous à exécuter nos conventions ?...

— Mais aujourd'hui même... tout de suite... si toutefois l'aquarelle ébauchée ce matin vous plaît...

— Voyons un peu...

Le jeune homme s'approcha du guéridon et, se penchant de manière à effleurer presque de ses lèvres les cheveux de Valentine, il murmura :

— Un moulin à vent... — Très joli !... — Très réussi !... — Charmant !... —

Nous ne pouvons débuter ensemble d'une façon plus heureuse... — Le moulin est à moi...

Il se releva et, tirant de sa poche un porte-monnaie gonflé d'or, il reprit :

— Voulez-vous me permettre, mademoiselle, de vous offrir une avance d'un ou deux mois ?

Valentine devint pourpre.

— Vous être trop bon, monsieur, — balbutia-t-elle, — mais je refuse...

— Pourquoi donc ?

— Parce que cette avance me serait inutile ; — je n'ai pas besoin d'argent.

— Enfin, mademoiselle, si quelque dépense imprévue vous rendait nécessaire une somme plus ou moins forte, disposez absolument de moi... — Un mot à la poste, et vous me verriez accourir. — Voici ma carte...

Valentine prit le carré long de carton porcelaine, et lut ce nom en cette adresse :

HERMANN VOGEL

Rue de la Pépinière, n° 128.

— Un mot encore, mademoiselle, — reprit le visiteur, qui maintenant nous est connu. — Tout en admirant, chez Duvart, vos charmantes pochades, j'ai constaté non sans regret quelque monotonie dans les sujets que vous traitez d'habitude... — Vous tournez dans un cercle de sept ou huit motifs... — C'est insuffisant... — Je souhaiterais un peu plus de variété...

Valentine rougit.

— Mon Dieu, monsieur, — répondit-elle, — ce que vous désirez semble bien facile, et cependant c'est presque impossible pour moi...

— Me permettez-vous de vous en demander la raison?...

— Je n'ai rien vu, monsieur, et je ne sors guère ; je ne puis donc ni m'inspirer de mes souvenirs, ni travailler d'après nature... — J'en suis par conséquent réduite à reproduire avec des variantes les quelques motifs que ma maîtresse d'aquarelle a mis sous mes yeux, lorsqu'elle me donnait des leçons.

— Je comprends cela, mademoiselle, mais l'obstacle peut disparaître.

— Comment?

— Je vais me procurer une collection de gravures anciennes... des sujets simples... des paysages peu compliqués... Je vous les apporterai et vous en ferez, non des copies, mais des imitations.

Les yeux de la jeune fille brillèrent de joie.

— Ah ! monsieur, — s'écria-t-elle, — combien je serai reconnaissante ! ! — Le travail me semblera mille fois plus attrayant lorsqu'il ne me faudra plus, ainsi que vous me le disiez tout à l'heure, tourner dans un cercle monotone...

— C'est entendu... — Achevez le moulin à vent si bien commencé, et vous entrerez ensuite dans une voie nouvelle. — Dès demain sans doute j'aurai les gravures dont il s'agit, et je les mettrai à votre disposition...

— Je vais les attendre avec impatience.

— Il me serait agréable, mademoiselle, de prendre livraison d'une aquarelle tous les deux jours... Cela se peut, n'est-ce pas?

Valentine hésita.

— Voyez-vous quelque inconvénient à ce que je vous demande? — poursuivit Hermann.

— La rue de la Pépinière est bien loin d'ici... — murmura la jeune fille en regardant la carte d'Hermann. — Comment faire tous les deux jours un pareil voyage?

— Que Dieu me préserve de vous causer une telle gêne, mademoiselle! Je ne songeais à rien de pareil... — C'est moi qui viendrai...

— Un si grand dérangement!...

— Il est nul pour moi... — J'ai des relations qui m'amènent à Passy plusieurs fois par semaine... J'en profiterai pour passer chez vous... — Vous recevrez, entre sept et huit heures du soir, mes visites intéressées.

— Vous serez le bien venu, monsieur, et je ferai de mon mieux pour que vous soyez satisfait de mon travail...

— J'en suis certain d'avance, et je pars très heureux des conventions arrêtées entre nous.

Ces mots terminèrent l'entretien.

XII

Valentine reconduisit jusqu'à la porte du jardin le prétendu commissionnaire en tableaux et objets d'art, referma cette porte derrière lui et rentra vivement dans la maisonnette.

Elle prit Claire entre ses bras, la souleva, la pressa contre sa poitrine et la couvrit de baisers en balbutiant :

— Plus de privations pour toi, ma chérie! plus de gêne! entends-tu? — Il paraît que j'ai du talent. — Je deviendrai célèbre et je gagnerai l'argent qu'il faudra pour te faire une dot quand tu seras grande! Souviens-toi d'aujourd'hui, ma chérie... C'est un jour de bonheur!...

Un jour de bonheur!

Pauvre Valentine!

Cette journée dont elle recommandait à Claire de garder le souvenir devait être, entre toutes, marquée d'une pierre noire par l'adorable jeune fille...

Le malheur venait d'entrer dans sa vie en franchissant le seuil de sa maison!

— Déjeunons vite! — reprit-elle en dénouant sa joyeuse étreinte. — Je ne travaillerai plus ce matin... — Voilà qu'il est dix heures passées... — Il faut nous apprêter pour la messe de midi...

. . . .

Rejoignons Hermann Vogel.

Tout en traversant l'enclos semé de villas économiques parfaitement semblables à celles des orphelines, le caissier de la maison Jacques Lefebvre se frottait les mains; une expression triomphante illuminait son visage; il se disait tout bas :

— Je crois que maître Roch, digne associé du sieur Fumel, sera content de moi! — Personne au monde n'aurait su mettre à profit, comme je l'ai fait, ses renseignements! — J'étais marchand de tableaux des pieds à la tête! La défiance la plus farouche eût été désarmée! — J'ai mes grandes entrées au logis!... — Je puis, sans paraître suspect, y venir trois fois par semaine, et plus souvent si bon me semble... — L'idée des vieilles gravures est une trouvaille qui légitimera demain une longue visite et une interminable causerie... — En de telles conditions l'intimité viendra par un train de grande vitesse... — L'homme de loi m'avait dit vrai! —Elle est ravissante, cette petite! — Quelle fraîcheur! Quelle pureté! — Un bouton de rose qui n'attend que mon souffle pour éclore! — J'ai vu le moment où, penché sur elle, j'allais appuyer mes lèvres sur les cheveux follets de sa nuque blonde... — La tentation était vraiment trop forte!... J'ai failli succomber... — Posséder ce trésor avec une dot de trois millions, c'est un beau rêve! — Un rêve que je saurai changer en réalité! — Il le faut! Je le veux!

En monologuant ainsi Vogel avait atteint la porte donnant sur la rue, et près de laquelle la voiture de remise qui l'avait amené l'attendait.

A côté de cette voiture un jeune homme à cheval, immobile et dominant la palissade de l'enclos, attachait un regard fixe, dont l'expression n'était nullement bienveillante, sur Hermann qu'il avait pu voir sortir de la chaumière de Valentine.

Ce jeune homme était un grand et beau garçon de vingt-sept ou vingt-huit ans, très brun, très élégant, et d'une distinction absolue.

Ses cheveux coupés court, ses moustaches longues et soyeuses, le ruban de la Légion d'honneur noué à la boutonnière supérieure de sa redingote, lui donnaient un cachet militaire très prononcé.

Il ressemblait à un officier en bourgeois.

Son cheval, — un admirable cob irlandais dont la robe noire avait des reflets de satin, — valait, au bas mot, six mille francs.

Vogel se connaissait en chevaux, ou croyait s'y connaître.

Au moment de monter en voiture il examina le cob et, après avoir détaillé les formes irréprochables de l'animal, ses yeux se tournèrent distraitement vers le cavalier.

Il fut surpris de la fixité du regard de l'inconnu et de l'expression quasi menaçante de ce regard. — Il en éprouva quelque agacement.

— Voilà, — se dit-il, — un officier de cavalerie qui, s'il me rencontre jamais, n'aura point de peine à me reconnaître! — J'ai presque envie de lui demander ce qu'il trouve de particulièrement curieux dans mon visage ou dans ma personne...

Une ou deux minutes de réflexion changèrent le cours de ses idées.

— Ce serait absurde! — murmura-t-il avec un léger mouvement d'épaules. — Une sotte querelle sans l'ombre d'un prétexte, au moment d'entamer la grosse partie dont ma fortune et ma vie sont l'enjeu. — Allons donc!! — Roch et Fumel riraient à mes dépens, et ils auraient, ma foi, raison! — Ce monsieur, d'ailleurs, a bien le droit de me regarder et même de me trouver déplaisant... — C'est une affaire d'appréciation...

Puis il monta dans la voiture en disant au cocher:

— Boulevard Montmartre, au coin de la rue Montmartre.

Il allait rendre compte à maître Roch de l'entrevue qui venait d'avoir lieu.

Le cavalier, toujours immobile à la même place, suivit des yeux le véhicule jusqu'à l'angle de la rue voisine.

Son visage était sombre. — Un pli profond se creusait entre ses sourcils. — il pensait:

— Cette jeune fille ne recevait personne... On me l'a affirmé du moins... — Pourquoi cet homme sort-il de chez elle ?... — Je n'aime pas sa figure... — Ses traits assurément sont beaux, mais l'astuce et l'hypocrisie les marquent de leur griffe... — Est-ce la première fois qu'il vient?... — Reviendra-t-il?... — Je le saurai...

Pendant cinq ou six minutes l'inconnu contempla de loin, avec une sorte de recueillement, la maisonnette à demi cachée sous les grands arbres...

L'horloge de la gare, sonnant onze heures, le fit tressaillir.

Il rassembla son cheval, puis lui rendit la main.

Le cob docile encapuchonna sa souple encolure et partit au petit galop dans la direction de la grande rue de Passy.

Les orphelines avaient déjeuné rapidement, et non moins rapidement terminé leur toilette dominicale.

La parure de la sœur aînée consistait en une robe de soie noire bien fanée, bien élimée, mais que la grâce exquise de Valentine faisait paraître encore élégante.

Un chapeau de paille commune orné d'un ruban de velours, posé sur sa splendide chevelure blonde, et un mantelet pareil à la robe, complétaient le costume.

Claire était entièrement vêtue de blanc; luxe modeste dont Valentine faisait seule tous les frais, car, par économie, elle lavait et repassait elle-même les vêtements de la petite fille.

A midi moins dix minutes, toutes deux, tenant à la main des livres d'heures qui venaient de leur mère, quittèrent la maisonnette dont Valentine emporta la clef, et se dirigèrent vers l'église de Passy où elles s'agenouillèrent l'une près de l'autre.

Le jeune homme brun aux moustaches noires et au ruban rouge les avait devancées.

Blotti dans l'angle d'une chapelle, il édifiait les fidèles par un recueillement dont nous n'oserions affirmer la sincérité, car son regard, au lieu de se tourner vers l'autel, ne se détachait point de Valentine...

XIII

Une quinzaine de jours avant les faits que nous venons de raconter, et vers les dix heures du matin, un phaéton très élégant, attelé de deux chevaux bais, stationnait quai Malaquais non loin de la nouvelle entrée de l'Ecole des beaux-arts, et à quelques pas de la boutique où le sieur Gabé vendait des tableaux anciens et modernes, des aquarelles, des dessins et des gravures.

Le jeune homme brun et décoré que nous avons laissé dans une chapelle de la petite église de Passy, beaucoup moins préoccupé de la sainteté du lieu que de la grâce de mademoiselle de Cernay, sortit d'une grande maison d'apparence aristocratique, tira de son porte-cigares un londrès qu'il alluma, et se disposait à prendre possession du coussin de guides du phaéton, quand la vue d'une jeune fille qui s'avançait dans sa direction sur le trottoir l'arrêta net et lui causa une émotion singulière.

Cette jeune fille, — disons-le tout de suite — était Valentine.

Elle venait de faire au marchand d'œuvres d'art du quai Malaquais sa visite de chaque semaine et se rendait rue Vivienne, chez Duvart, pour y toucher la faible rémunération de son travail hebdomadaire.

Entièrement vêtue de laine noire, serrant avec ses coudes autour de sa taille son étroit mantelet, et tenant de la main gauche le carton qui renfermait les pochades, elle marchait à petits pas pressés, légère comme une gazelle, idéalement gracieuse, ne regardant personne et filant droit devant elle sans heurter jamais un passant, tant elle manœuvrait adroitement au milieu des groupes.

L'incomparable beauté de Valentine, et le caractère essentiellement distingué de cette beauté sur laquelle une expression de touchante mélancolie jetait comme un voile, formaient un frappant constraste avec son costume si simple, pour ne pas dire si pauvre, qui était celui d'une ouvrière reportant son ouvrage.

— Quelle admirable fille !! — pensa le jeune homme brun. — Comment ce type patricien pur et charmant, cette démarche naïvement savante, cette élégance souveraine qui s'ignore elle-même, peuvent-ils se rencontrer si complets en une condition évidemment modeste !... — Je crois me connaître en jolies femmes, et jamais, dans aucun monde, je n'ai rien rencontré de plus merveilleux !... — Cette enfant qui trottine, indifférente et fière, sous sa robe de vingt-cinq francs, serait une maîtresse adorable... — Faut-il la suivre et tenter l'aventure ?

Il réfléchit pendant le quart d'une seconde et se répondit en hochant la tête :

— A quoi bon? — D'abord elle est sans doute honnête et puis, vraiment, elle est trop belle !! — Si je parvenais à lui plaire je sens qu'elle me rendrait fou, et alors adieu la liberté de mon cœur et l'indépendance de ma vie !... Non !... Non !... Mieux vaut cent fois la fuir avec prudence et ne garder qu'un souvenir de cette divine figure entrevue au passage...

Ayant ainsi conclu, le jeune homme remonta dans son phaéton, prit les rênes et rendit la main à ses chevaux qui partirent au grand trot.

Malheureusement, au lieu de tourner le dos à Valentine, l'inconnu se rendait comme elle du côté du pont des Saints-Pères.

Il eut regagné bien vite la faible avance qu'elle avait prise sur lui ; il se trouva de nouveau tout près d'elle, mais un peu en arrière, et alors, — (peut-être à son insu) — il mit ses chevaux au pas afin de ne la point dépasser.

Certes sa conduite s'accordait mal avec la résolution sage que nous venons de parler, mais *l'homme propose et le Diable dispose!*

Or, le diable avait décidé que l'inconnu reverrait la taille souple de Valentine, son petit pied, ses cheveux cendrés, ses mains mignonnes; qu'ayant revu tout cela il voudrait le revoir encore, et qu'il n'aurait plus le courage de chercher le salut dans la fuite...

A l'angle de la rue des Saints-Pères la jeune fille fit halte sur la bordure du trottoir, et rassembla dans sa main droite les plis de sa jupe que d'un geste gracieux elle souleva légèrement, découvrant ainsi, sans le vouloir et sans le savoir, ses fines chevilles et la naissance d'une jambe de Diane chasseresse !

Une averse était tombée le matin, mouillant le macadam un peu plus que de raison.

Valentine ayant pris ses mesures pour se garer de la boue, attendit qu'il se fît une éclaircie parmi les voitures, toujours nombreuses en cet endroit, franchit la chaussée sans éclabousser d'une seule tache ses bottines de satin turc, et s'engagea sur le pont des Saints-Pères.

Le jeune homme brun, tournant à droite, suivit aussitôt la blonde enfant qui lestement arpenta le pont en jetant à peine un coup d'œil aux bateaux amarrés le long du quai, traversa le guichet du Carrousel, puis la place, puis la rue de Rivoli, parcourut la courte rue de Rohan, passa devant la façade du Théâtre-Français, et entra dans le Palais-Royal par la porte située en face de la galerie d'Orléans.

Le jeune homme se garda bien de réfléchir en ce moment comme il l'avait fait une première fois, quai Malaquais, avec les résultats qui nous sont connus.

Il rangea sa voiture au bord du trottoir, remit les guides à son domestique, sauta sur l'asphalte, franchit la porte à son tour et vit Valentine marchant de son pas léger dans la longue galerie Montpensier, très peu fréquentée le matin.

— Vais-je l'aborder ? — se demanda-t-il. — C'est de bien mauvais goût, je le sais, et j'en suis tout honteux d'avance... Mais la logique a ses exigences... — Si je lui parle pas, pourquoi la suivre ?... La sottise étant commencée, au moins qu'elle aboutisse !... — Je ne saurais trouver nulle part endroit plus favorable que cette solitude relative... — En avant, morbleu !... Et comme disait ce gredin de Danton : — De l'audace ! de l'audace ! et encore de l'audace !...

Certes la hardiesse ne manquait point à notre inconnu qui, d'habitude, traitait cavalièrement les femmes en général et les grisettes en particulier...

Or Valentine, par l'humilité de son costume, semblait appartenir à la catégorie des jolis bipèdes sus-nommés...

Si ce n'était une grisette, c'était à coup sûr une ouvrière faisant partie d'une caste bien au-dessous de la moyenne.

Pourquoi donc le trouble inconscient du hardi jeune homme ? — Pourquoi son respect involontaire ? — Pourquoi son hésitation instinctive et pour ainsi dire son angoisse au moment d'entamer un bref entretien avec cette petite fille mesquinement vêtue, à qui sa beauté seule donnait nne importance ?...

Il se railla de sa faiblesse, il éperonna sa défaillance, et mettant à profit un court temps d'arrêt de Valentine, dont quelques gouaches anciennes exposées dans une vitrine sollicitaient l'attention, il hâta le pas et la rejoignit sans qu'elle fît attention à lui.

— Mademoiselle... — murmura-t-il tout près de son oreille, en mettant le chapeau à la main.

Valentine tressaillit au bruit inattendu d'une voix, et naïvement promena ses yeux autour d'elle, cherchant à qui s'adressait cette voix.

— C'est bien à vous que je parle, mademoiselle... — reprit l'inconnu.

— A moi !... — répéta sans embarras la jeune fille, regardant en face son interlocuteur, dont le trouble grandit lorsqu'il sentit ce regard limpide et ferme, exprimant à la fois la candeur et la fierté, s'arrêter sur le sien.

Valentine ignorait le mal et ne le soupçonnait point. — Elle était trop véritablement innocente pour être prude. — Elle ne savait pas d'ailleurs que le seul fait d'aborder dans un lieu public une jeune fille est un commencement d'offense.

Elle fut surprise, mais non point offensée, et continua :

— Que pouvez-vous avoir à me dire, monsieur ? — Je ne vous connais pas...

Ces derniers mots offraient au jeune homme une entrée en matière qu'il se garda bien de laisser échapper.

Un jeune homme, à cheval, attachait un regard fixe sur Hermann, qu'il avait vu sortir de l'enclos. (Page 44.)

— Vous ne me connaissez pas, mademoiselle, — répliqua-t-il, — mais, moi, je vous connais...

— Je crois, monsieur, que vous vous trompez... Sans doute une ressemblance...

— Non... non... mademoiselle ! — Aucune femme au monde ne peut vous ressembler ! — Je ne me trompe pas... — Je vous ai rencontrée souvent...

— Où donc?

— En mainte endroit, et tout à l'heure encore... quai Malaquais...

— Eh bien, monsieur, vous me connaissez, soit !... — Parlez donc... — Que me voulez-vous ?...

XIV

Le jeune homme parut hésiter.

— Que me voulez-vous ? — répéta Valentine.

— Vous dire ceci, mademoiselle : — Chacune des rencontres dont je vous parlais fait naître en moi l'ardent désir de rencontres nouvelles... Les rares instants où je puis vous entrevoir me paraissent trop courts... — Je deviens ambitieux... — Je souhaite de toutes les forces de mon âme une entrevue plus longue et surtout plus intime... — Me l'accorderez-vous ?...

Valentine attacha de nouveau sur le jeune homme le clair regard de ses yeux ingénus et reprit :

— Une entrevue ! — Vous me demandez une entrevue ? — Pourquoi ?...

— J'ai tant de choses à vous apprendre... — Oh ! ne craignez rien de moi... — Si des précautions sont nécessaires, je les prendrai... — Ma discrétion sera sans égale... — Peut-être avez-vous une famille... — Elle ne soupçonnera rien... — J'ai l'habitude des situations délicates et vous pouvez vous fier à moi sans courir l'ombre du danger d'être conpromise...

— Je vous entends, monsieur, — interrompit Valentine, — mais je ne vous comprends pas du tout...

Le jeune homme eut un moment d'hésitation.

La candeur étincelant sur la figure angélique qui se tournait vers lui le déconcertait fort et l'intimidait presque...

Mais cette candeur était-elle sincère ?...

Les filles d'Ève sont expertes en l'art des fourberies transcendantes, et ce sont parfois les plus rouées qui jouent le mieux la comédie de l'innocence...

La blonde enfant ne l'avait point arrêté dès les premiers mots. — Elle l'écoutait ; — elle répondait ; — il fallait oser !...

— Eh ! quoi, mademoiselle, — reprit l'inconnu avec feu. — Est-ce vrai ? Est-ce possible ? — N'avez-vous pas compris ? N'avez-vous pas deviné ? — Je vous aime...

Instinctivement Valentine devina l'outrage caché sous ces paroles entendues pour la première fois.

Elle devint pourpre, et détournant la tête, cette fois sans répondre, elle reprit sa marche rapide.

Déconcerté, mais non découragé, l'inconnu se remit en chasse en réglant son pas sur celui de la jeune fille...

— Il faut pourtant que je sache à quoi m'en tenir... — pensa-t-il. — En avant les grands moyens...

Et tout haut il continua, parlant d'une voix basse et saccadée, et se penchant vers Valentine :

— Peut-être ne me croyez-vous pas, mademoiselle ? — Peut-être me prenez-vous pour un de ces désœuvrés dont c'est l'habitude et le plaisir d'accoster dans la rue les jolies femmes, et de les assaillir de propos galants... — Je n'ai rien de commun avec ces gens-là, et je professe à leur égard le plus complet dédain... — Ce que je vous disais tout à l'heure est absolument vrai... — Depuis longtemps déjà je vous aime et, si je n'ai point parlé plus tôt, c'est que vous m'inspirez autant de respect que de tendresse, et je craignais de vous offenser... — Ma hardiesse aujourd'hui vient de la crainte qu'une occasion favorable ne tarde trop à se présenter... — Je vous connais et je vous adore, mais j'ignore votre nom et votre demeure, et je vous supplie de m'apprendre l'un et l'autre... — Il ne s'agit ni d'un caprice, ni d'une aventure, mais d'une passion sérieuse et durable... — Ne me repoussez pas sans savoir au moins qui vous repoussez... — Il y va de votre avenir... — Si vous êtes ambitieuse, il est en mon pouvoir de satisfaire et de dépasser vos rêves... — Je suis très riche, mademoiselle, et très généreux... — La femme aimée peut me demander tout, avec la certitude de tout obtenir...

Valentine et son interlocuteur passaient devant une boutique de joaillier.

Le jeune homme poursuivit :

— Ce ne sont point là de vaines paroles... — En voulez-vous la preuve?... — Arrêtez-vous et jetez un regard sur ce magasin où l'or et les pierreries étincellent sous toutes les formes... — Choisissez parmi ces richesses... — Dites un mot, et je serai trop heureux de mettre à vos pieds des bijoux qui ne pourront vous rendre plus belle, mais dont vous rehausserez l'éclat... — Ouvrez-moi dans votre cœur un crédit et disposez de ma fortune... — Est-ce chose entendue?... Acceptez-vous l'échange?

Valentine s'arrêta, se tourna vers l'inconnu qu'elle foudroya d'un regard dont il eut peine à soutenir la dignité méprisante, et répliqua :

— Vous m'insultez, monsieur ! — Si vous êtes un honnête homme n'ajoutez pas un mot, et laissez-moi, je vous l'ordonne...

Puis, sans attendre la réponse de son persécuteur, elle se remit à marcher si vite qu'elle paraissait courir.

Le jeune homme, stupéfait d'abord, fit un geste de colère.

Engagé sottement dans une poursuite qui ne tournait point à son avantage, il était furieux contre lui-même et furieux contre cette enfant fière et dédaigneuse qu'il sentait lui échapper.

— Tudieu ! — murmura-t-il — Quel regard de princesse offensée ! ! — Quel accent de commandement ! ! — Ma parole d'honneur, cette petite était presque imposante!... — Un autre se découragerait... Moi je me pique au jeu... — Je n'en aurai pas le démenti... Je vous suivrai malgré vous, la belle, et je saurai du moins qui vous êtes...

Valentine venait d'entrer dans l'étroit couloir qui se nomme le passage du Perron.

Quand l'inconnu atteignit ce passage à son tour, la jeune fille, à vingt pas de lui, filait sur le trottoir de la rue Vivienne.

Il ne tenta nullement de se rapprocher d'elle et se contenta de ne point la perdre de vue.

Persuadée qu'elle n'était plus suivie, Valentine entra dans la boutique de Duvart, le marchand de tableaux qui, concurremment avec Gabé, lui achetait ses aquarelles.

Le jeune homme s'installa de l'autre côté de la rue, sous une porte cochère, s'arma de patience et attendit.

Valentine sortit au bout d'un quart d'heure.

Elle jeta un regard à droite et à gauche et, ne voyant rien de suspect, elle se dirigea d'un pas vif vers la place de la Bourse.

L'inconnu quitta l'abri de la porte cochère et prit la même direction.

On sait qu'une station d'omnibus existe sur la place, en face de l'entrée du restaurant Champeaux.

Là se trouve la tête de ligne de la Bourse à Passy.

L'une des voitures allait partir. — L'employé de la compagnie recevait les correspondances.

Valentine grimpa lestement dans cette voiture.

— Le conducteur fit sonner son timbre. — L'attelage se mit en mouvement.

Un retardataire se présenta.

— Complet! — lui cria le conducteur.

— Que faire? — murmura l'inconnu resté sur le bitume. — Lutter de vitesse avec les chevaux est parfaitement impossible, quoique mes jambes soient solides, et je veux cependant que le diable m'emporte si je renonce...

Une victoria de régie passait à vide.

Le jeune homme en prit possession.

— Où allons-nous, bourgeois? — lui demanda le cocher.

— Suivez d'aussi près que vous pourrez l'omnibus de Passy, — répondit-il — et, chaque fois qu'il s'arrêtera, ralentissez un peu...

— *Sufficit!*

Cette phase nouvelle de la poursuite obstinée de l'inconnu ne fut signalée par aucun incident.

La lourde voiture fit halte vingt fois dans son long trajet pour déposer et pour prendre des voyageurs, mais Valentine allait presque jusqu'au point extrême, et ne descendit qu'au moment où l'omnibus, quittant la rue de la Pompe, tournait à gauche dans la grande rue de Passy.

Le jeune homme paya son cocher et, certain désormais qu'il ne pouvait plus perdre la trace de la jolie fugitive, lui laissa gagner une avance de cinquante pas pour ne point l'inquiéter.

Valentine prit à droite dans la direction de la Muette, passa devant la gare du chemin de fer de ceinture, s'engagea dans la rue Mozart et franchit le seuil de l'enclos pittoresque que nous avons décrit.

L'inconnu, caché par les palissades tenant lieu de mur d'enceinte, la vit tirer une clef de sa poche et ouvrir la porte à claire-voie du jardinet de la maisonnette.

Cette manière de s'introduire semblait prouver jusqu'à l'évidence que la jeune fille était là chez elle.

Pour ne conserver aucun doute à cet égard, il suffisait de s'informer adroitement.

XV

Presque en face de l'enclos se trouvait une sorte d'échoppe, moitié cabaret et moitié boutique, tenue par une vieille femme qui vendait du vin aux terrassiers et des ustensiles de ménage aux bonnes du quartier.

L'inconnu mit cent sous dans la main de la vieille et prit des renseignements; — au bout de cinq minutes de conversation il savait que la jeune fille se nommait Valentine de Cernay, qu'elle était orpheline, très pauvre, absolument honnête, et qu'elle vivait seule avec sa sœur.

— J'ai fait un *impair*... — pensa-t-il. — Séduire cette enfant que je ne peux épouser serait une mauvaise action... — N'y pensons plus... Mais c'est dommage...

Il revint sur ses pas en poussant un soupir, prit une voiture près de la gare et se fit conduire au Palais-Royal où son phaéton l'attendait depuis deux heures.

Ce jeune homme, avec lequel il est temps de faire plus ample connaissance et qui doit jouer dans le véridique récit que nous écrivons un rôle capital, se nommait Lionel, Louis, Stanislas, comte de Rochegude.

Il avait vingt-six ans; il appartenait à une grande famille dont le blason historique se trouve à Versailles dans la salle des Croisades.

Son père, le général comte de Rochegude, était mort trois années auparavant, lui léguant deux millions.

Sa mère devait lui laisser un jour, en sa qualité de fils unique, une fortune encore plus considérable.

Au moment où nous présentons le jeune comte à nos lecteurs, il appartenait au 2e régiment de hussards avec le grade de lieutenant, et il attendait à bref délai les épaulettes de capitaine.

Son oncle, le marquis de Rochegude, sénateur, très bien en cour et colossalement riche, lui destinait la main de sa fille unique Esther, une belle enfant de seize ans et demi, qui terminait son éducation au couvent des Oiseaux.

Lionel avait la promesse d'être nommé officier d'ordonnance de l'Empereur à l'occasion de ce mariage arrêté depuis longtemps entre les deux branches de la même famille, et Leurs Majestés devaient signer au contrat.

Le 2e hussards tenait garnison à Provins.

Lionel se trouvait à Paris en congé de semestre, et il habitait un pavillon du magnifique hôtel que posssédait sa mère dans l'avenue des Champs-Elysées.

Ce pavillon, isolé du corps de bâtiment principal et jouissant d'une entrée particulière, assurait au jeune homme une indépendance absolue, et lui permettait d'aller et de venir à toutes les heures de nuit, sans causer à sa mère de dérangement ou d'inquiétude.

Le jeune comte, — est-il besoin de l'affirmer à nos lecteurs? — profitait amplement de cette liberté.

Nous avons esquissé en quelques lignes rapides son portrait sur lequel nous ne reviendrons pas.

Au moral, Lionel de Rochegude était un bon garçon, fort aimé de ses camarades qu'il ne cherchait à éblouir ni par son titre, ni par sa fortune, ni par l'influence que lui donnaient ses relations de famille.

Très viveur, amoureux du plaisir sous ses mille formes, il adorait les femmes, mais d'une manière fort peu romanesque, car il les aimait toutes, pourvu seulement qu'elles fussent jolies, et parfois même la beauté du diable lui suffisait.

Souvent il se croyait éperdument épris, et de la meilleure fois du monde. — Ces grandes passions duraient huit jours.

Il nous suffira d'ajouter qu'à la bravoure d'un soldat Lionel joignait la générosité d'un prince et la loyauté d'un chevalier, et nous aurons dit à peu près tout...

*
* *

Rejoignons Hermann Vogel que nous avons vu monter en voiture, — après son entrevue avec Valentine, — pour se rendre, rue Montmartre, au siège de l'agence Roch et Fumel.

L'entretien du caissier allemand et de l'ex-avoué ne dura qu'un quart d'heure.

Hermann, fidèle aux habitudes d'apparente économie qui inspiraient à son patron une si grande confiance, déjeuna dans un restaurant à prix fixe du passage de l'Opéra, prit ensuite l'omnibus de l'Odéon aux Batignolles, descendit au boulevard de Clichy, et demanda au concierge d'une grande maison neuve :

— Monsieur Charles Laurent est-il chez lui?...

— Voyez-voir... — répondit le concierge. — Nous ne l'avons pas vu sortir...

Vogel escalada courageusement cinq étages et s'arrêta, tout en haut de la maison, devant une porte auprès de laquelle pendait une vieille cordelière de robe de chambre métamorphosée en cordon de sonnette.

Il agita cette cordelière avec force, produisant ainsi un véritable carillon, mais sans résultat.

Aucun mouvement ne se fit entendre ; l'huis demeura clos.

Le caissier, changeant de système, frappa contre la porte quatre petits coups espacés d'une façon maçonnique.

L'effet produit fut immédiat.

Une voix demanda depuis l'intérieur :

— Qui est là?

— L'ami de la rue de Boulogne... — répondit le nouveau venu.

— Très bien...

Une clef tourna dans la serrure, et la porte fut entre-bâillée de manière à laisser au visiteur un passage suffisant.

Il franchit le seuil, et s'écria :

— Que de précautions ! !...

— Je travaillais, mon cher, — répliqua le maître du logis, — et, vous savez, je n'aimerais pas beaucoup être surpris par un indiscret... — Ce serait malsain... — En agissant avec la prudence du serpent, je me donne la possibilité de faire disparaître, en cas de besoin, mon petit outillage... — Venez dans ma chambre, s'il vous plaît...

Nous avons entendu maître Roch, au début de ce récit, dire au caissier textuellement ceci :

— « Par des moyens habiles, que je n'ai point à apprécier, et avec la collaboration d'un prétendu *comte de Lorbac*, votre ami très intime qui, sous son vrai nom de *Charles Laurent*, a été condamné trois fois en police correctionnelle pour escroqueries, vous avez trouvé moyen de vous procurer de fortes sommes, tout en sauvant les apparences... »

Au boulevard de Clichy l'ex-condamné ne s'appelait pas plus *comte de Lorbac* que Vogel lui-même ne se nommait *baron de Précy*, rue de la Pépinière.

Ces deux honorables personnages gardaient les noms d'emprunt et les titres de fantaisie pour le côté mystérieux de leur existence en partie double.

Charles Laurent était un homme de trente ans, qui paraissait en avoir plus de quarante, tant une vie de misère et de débauche où les excès de tout genre succédaient aux privations, — et *vice versa*, — l'avait prématurément usé.

Il avait été très joli garçon et ses traits flétris gardaient certaines traces de leur distinction primitive.

Ses cheveux châtains s'éclaircissaient notablement au sommet du crâne et grisonnaient sur les tempes.

Ses yeux aux paupières rougies, aux prunelles ternes, avaient un regard sans chaleur.

Une multitude de petites rides fines et profondes rayaient l'épiderme livide, taché de plaques d'un ton de cuivre.

La lèvre inférieure pendait avachie, découvrant des dents noires

Charles Laurent portait des moustaches de sous-officier de cavalerie, effilées comme des aiguilles grâce à la pommade hongroise, et de longs favoris très soignés.

Tel que nous venons de le décrire, ce visage pouvait encore produire une certaine illusion, et paraître beau, lorsque le pseudo-comte de Lorbac revêtait la grande tenue d'homme du monde, abusait de la veloutine, et faisait son entrée dans quelque salon interlope, en habit noir, en cravate blanche, en gilet à un seul bouton, arborant le gardénia de rigueur, et tenant sous le bras gauche son claque doublé de satin blanc, portant les initiales et la couronne aux neuf perles imprimées en or au fond de la coiffe.

Au moment où il recevait Hermann Vogel, sa toilette consistait en un pantalon à pieds de flanelle bleue, une chemise de nuit toute fripée, un veston liséré de rouge, et des pantoufles ou *savates* éculées en maroquin rouge.

La chambre dans laquelle il introduisit son visiteur offrait l'image d'une incurie et d'un désordre bien plus complets que ceux signalés par nous rue de la Pépinière.

Le lit, sans rideau, semblait n'avoir pas été fait depuis quinze jours.

Des vêtements poudreux ou crottés, des bottes boueuses, des chapeaux hors d'usage, encombraient les sièges.

Deux ou trois statuettes de plâtre, d'une nudité libertine, jouaient le rôle d'objets d'art sur la cheminée.

Quelques gravures anciennes, dont l'indécence frisait l'obscénité, pendaient le long des murs dans des cadres dédorés et souillés par les mouches.

Mais ce qui tout d'abord attirait le regard, c'était une grande table de bois blanc placée devant la fenêtre, et chargée de l'outillage dont Charles Laurent avait parlé en ouvrant la porte à Vogel.

XVI

L'outillage de Charles Laurent consistait en un grand nombre de papiers oblongs d'un blanc gris ou d'une teinte bleuâtre, ornés de vignettes gravées finement, au centre desquelles se lisaient, en caractères variés, des noms entourés d'arabesques et étrangers pour la plupart.

Ces papiers oblongs, — nos lecteurs l'ont déja compris, — n'étaient autre chose que des traites, les unes entièrement remplies, sauf les dates ; d'autres auxquelles manquaient les chiffres et les signatures ; d'autres enfin ayant évidemment circulé, et portant l'acquit de la Banque.

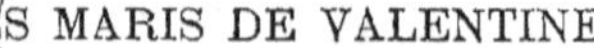

L'inconnu mit cent sous dans la main de la vieille et prit des renseignements.

A côté de ces traites se voyaient une multitude d'objets disparates : — Des plaques d'acier, des burins de graveur, une presse en miniature, des paquets de plumes d'oie, des boîtes de plumes de fer, des tampons à encre d'imprimerie, des timbres pareils à ceux dont font usage les employés de l'administration des postes et portant des noms de ville : *Londres*, *Vienne*, *Berlin*, etc... des fioles d'encre rouge, d'encre noire et d'encre bleue, et cent autres choses dont l'énumération serait trop longue.

Charles Laurent débarrassa l'une des chaises du fatras qui l'encombrait et la plaça près de la table de bois blanc pour son visiteur.

— Voulez-vous voir mon dernier travail? Celui dont je m'occupais au moment où vous avez frappé? — demanda-t-il ensuite.

— J'allais vous le demander, — répliqua Vogel.

Le maître du logis prit parmi d'autres papiers une traite entièrement remplie, signée, endossée, couverte de timbres et de signes hiéroglyphiques apposés en apparence par diverses maisons de banque.

La date de la *création* et celle de l'*échéance* manquaient seules.

Charles Laurent présenta ce mandat au caissier de Jacques Lefebvre, en même temps qu'il lui tendait une loupe fortement grossissante.

Vogel prit l'un et l'autre, et à l'aide de la loupe il étudia les timbres et les signatures, comme un connaisseur émérite étudie une toile de grand maître quand il soupçonne des repeints.

— Eh bien? — demanda Laurent, lorsque l'examen se fut prolongé pendant deux ou trois minutes.

— Donnez-moi le modèle... — répondit Hermann au lieu de formuler une opinion soit louangeuse soit critique.

Le maître du logis choisit une des traites portant des traces de circulation et la mit sous les yeux du visiteur qui se livra à un second examen, non moins minutieux que le premier, comparant les écritures, les timbres et les signatures.

En même temps son visage s'illuminait.

— Eh bien? — répéta Charles Laurent.

— Ma foi, mon cher, — s'écria Vogel, — je n'ai que des compliments à vous adresser, et vous savez par expérience que je n'en suis pas prodigue... — Vous devenez positivement très fort! — Cette traite est un chef-d'œuvre... — Les intéressés seraient les premiers à reconnaître leurs signatures si on leur présentait ce chiffon de papier...

— Ainsi, vous êtes content?

— Absolument content...

— Alors, pourquoi ne pas adopter l'idée dont je vous ai parlé déjà bien souvent?

— L'idée de la fabrication des billets de banque français et étrangers sur une grande échelle?...

— Oui. — Je ne comprends rien à votre hésitation... — Avec les fausses traites nous végétons... — Les difficultés sont sans nombre et les dangers énormes... Avec des billets de banque, au contraire, nous ferions rapidement une grosse fortune, et nous pourrions quitter les affaires et mener la vie joyeuse sans craindre chaque matin que deux agents de la Préfecture, escortés d'un commissaire, viennent carillonner à notre porte sans égard pour notre sommeil, ce qui constituerait, selon moi, un réveil fort maussade...

— Combien vous faudrait-il de temps pour graver trois billets des banques de France, d'Angleterre, et d'Allemagne?...

— Je me charge, en un an, de mener à bonne fin les trois planches... — répondit le pseudo-comte de Lorbac.

— Un an... — répéta le caissier. — C'est trop long... — Nous verrons plus tard... — En ce moment nous sommes pressés... — Il faut parer tout de suite à de grosses échéances... — C'est pour cela que je suis venu ce matin...

— De quoi s'agit-il?

— Je vais vous le dire...

Les explications fort longues données par Hermann Vogel à Charles Laurent, les détails infinis dans lesquels il entra, seraient sans intérêt pour nos lecteurs et nous nous garderons bien de les reproduire.

— Est-ce compris? — demanda-t-il en achevant.

— C'est compris... — répondit le pseudo Lorbac.

— A l'œuvre, donc! — reprit le caissier.

Il tira de sa poche un petit paquet de traites acquittées et de chèques en blanc, qu'il étala sur la table en ajoutant :

— Prenez des notes... — Il nous faut, pour le 27 courant, une traite de dix-huit mille francs de la maison Veil-Picard, de Besançon; une traite de douze mille francs, de la maison Jules Courcelle, de Vesoul; une de dix mille de la maison Echalié, de Dijon, toutes les trois à vue et au porteur, sur la maison de mon patron. — Voici les vignettes des mandats ; — voici les modèles des signatures des banquiers et de celles des fondés de pouvoir pour les lettres d'avis... — L'imitation des têtes de lettres sera facile; elles sont simplement estampées avec des timbres secs... — Il nous faut en outre dix mille francs de chèques fractionnés par somme de mille à quinze cents francs sur la *Société Générale*, et sur celle des *Crédits et Comptes courants*... —... Voici les chèques en blanc, et la note ci-jointe vous apprendra comment ils doivent être remplis. — Quant aux signatures elles vous sont connues, vous les avez déjà pratiquées...

— Tout cela, c'est bien de l'ouvrage... — murmura Charles Laurent, — mais enfin on sera en mesure, puisque vous dites qu'il y a nécessité...

— Nécessité urgente, impérieuse... — appuya Vogel.

— Comptez donc sur moi...

— J'y compte.

— Des cinquante mille francs que je vais créer, — reprit le faussaire, — que nous restera-t-il dans les mains?

— Dix mille.

— Moitié pour chacun de nous, comme d'habitude?...

— Naturellement.

— Ne trouvez-vous pas, cher ami, que ce partage n'est pas équitable?

— Il ne saurait l'être davantage, puisque nous avons part égale... — répliqua le caissier.

— Pardon ! Je devrais avoir les deux tiers, en bonne justice, puisque tout le travail m'incombe...

— Oui, mais faute de mes indications votre travail serait impossible, et si je ne m'occupais du placement des traites, elles n'auraient pas même la valeur du papier timbré que leur confection nécessite...

— Vous avez réponse à tout...

— Parbleu !

— Donnez-moi du moins un acompte sur les cinq mille francs de ma part?

— Combien vous faut-il?

— Le plus possible... — Je suis absolument *à la côte...*

— J'avais prévu cette requête, et, quoique très gêné moi-même en ce moment, je me suis mis en mesure de vous satisfaire.

Hermann Vogel, ouvrant son portefeuille, en tira des billets de Banque, qu'il tendit à Laurent.

— Voici deux mille francs... — fit-il.

— Grand merci...

— Vous toucherez le reste contre remise des mandats et des chèques, le 27 courant...

— Très bien, et croyez-moi, pensez à notre grande affaire... Cela vaudra mieux que ces *brocantes* qui ne nous donnent pas d'eau à boire...

— J'y penserai, je vous le promets... — J'y pense déjà, mais, je le répète, le temps nous manque et le moment n'est pas opportun ! Un peu de patience, que diable ! — Autre chose, mon excellent bon : — Un de ces soirs, on soupera... J'aurai soin de vous écrire un mot la veille, et vous serez des nôtres... — Est-ce entendu?

Charles Laurent répondit en riant :

— C'est entendu ! — Le comte de Lorbac n'aura garde de décliner la gracieuse invitation du baron de Précy...

XVII

Après un cordial échange de poignées de main, Vogel quitta le logement de son honorable collaborateur.

Quelques lignes au sujet de ce dernier nous paraissent indispensables.

Le gredin qui se nommait Charles Laurent et qui, dans le monde interlope, se faisait appeler comte de Lorbac, avait mené, quoique jeune encore, une existence effroyablement accidentée.

Il appartenait à une honnête famille de Normandie, et son père, un ancien greffier de justice de paix, possédait une modeste aisance.

Emerveillés de l'intelligence précoce de leur fils, les parents résolurent de faire de lui un personnage considérable et, après l'avoir envoyé au collège, s'imposèrent des sacrifices pour l'entretenir à Paris où il entra dans une étude de notaire, en même temps qu'il faisait ou du moins qu'il était censé faire son droit.

En réalité, il fréquentait beaucoup plus les estaminets du quartier latin que les cours de l'école.

La vie de café, les parties de billard, les bocks, les mazagrans, et les étoiles chorégraphiques du jardin Bullier, coûtent cher !

Charles Laurent avait persuadé à ses camarades de l'étude qu'il possédait en Normandie de bons biens au soleil, et il leur empruntait de l'argent qui, joint aux petites sommes arrachées à sa famille, lui permettaient de se procurer un certain crédit.

Au bout d'un an, ses dettes de toute nature atteignaient un chiffre relativement énorme.

Doué d'une facilité déplorable pour imiter les écritures les plus difficiles et les signatures les plus compliquées, le jeune homme, que ses instincts poussaient au mal, entrevoyait vaguement, dans ce talent en germe, un avenir de vie large et de plaisirs faciles.

Un jour arriva où, les réclamations surgissant de tous côtés, et les clercs de l'étude se voyant dupes de leur camarade, le notaire avisa la famille du jeune homme de ce qui se passait.

Le père accourut, désolé, paya les dettes et voulut emmener son fils au pays.

Charles Laurent feignit de se soumettre, joua la comédie du repentir, saisit une occasion, mit la main sur le portefeuille paternel qui contenait encore quelques billets de banque, et disparut si bien que malgré les plus actives recherches il fut impossible de le retrouver.

Pendant un an il resta blotti dans les bas-fonds de Paris.

L'idée dont nous avons vu naître en lui le germe grandissait.

Le jeune homme rompit momentanément avec ses habitudes de paresse, et se mit en apprentissage chez un graveur ornemaniste où ses progrès furent si rapides qu'il se trouva bientôt en état de gagner largement sa vie par un travail honnête.

Le futur associé d'Hermann Vogel avait d'autres visées.

Il voulait exploiter les maisons de banque et le commerce parisien en fabriquant de fausses traites et en les mettant en circulation.

Mais, lorsqu'il fut assez habile pour agir, il s'aperçut que les moyens d'action lui faisaient défaut, et que, faute de l'appui d'un homme lancé dans les affaires, il n'arriverait à aucun résultat sérieux.

Il chercha ce complice sans le trouver d'abord, recourut à l'escroquerie, cotoya la cour d'assises, échoua sur les bancs de la police correctionnelle, fut condamné trois fois, fit quelques mois de prison, se promit d'être plus habile et recommença sur nouveaux frais.

Nous ne raconterons point par le menu les hauts et les bas de cette existence ténébreuse, prodigieusement vulgaire en somme.

Après des années de misère abjecte, un coup très adroitement combiné mit un capital assez important dans les mains de Charles Laurent.

Il changea de sphère, prit le nom de comte de Lorbac, se lança dans le monde interlope où il rencontra Hermann Vogel sous le pseudonyme que nous connaissons et, grâce à son apparence d'homme du monde, à son titre d'emprunt, à l'élégance de sa tenue, il trouva le moyen de négocier bon nombre de traites fausses.

Un jour, présentant une de ces traites au guichet de la maison Jacques Lefebvre, il reconnut à n'en pouvoir douter, dans la personne du caissier, le prétendu baron de Précy.

Il se préoccupa sans retard de tirer parti de sa découverte. — La vie en partie double de l'employé cachait à coup sûr quelque chose de suspect, donc il serait possible d'opérer avec lui tout au moins un peu de chantage.

En conséquence il alla trouver Hermann qui, se sentant menacé dans sa position et voyant à quel homme il avait affaire, jugea que cet homme était fort à craindre ou pouvait devenir fort utile.

Il importait non seulement de l'éviter comme ennemi, mais de se l'attacher comme allié.

Le traité d'alliance fut bien vite conclu.

Nous en connaissons les résultats.

Une fois sur le trottoir du boulevard de Clichy, après la visite à son associé, Hermann Vogel gagna pédestrement les hauteurs de la rue d'Amsterdam et sonna à la porte d'un très petit hôtel qui n'existe plus aujourd'hui.

Cette porte lui fut ouverte par un domestique en gilet rouge, en culotte de panne noire et en guêtres grises.

— Monsieur Maurice Villars? — demanda Vogel.

— Monsieur est rentré tard, — répondit le domestique, — je crois qu'il est encore au lit et, dans tous les cas, je doute qu'il reçoive ce matin...

— Pouvez-vous faire passer ma carte à M. Villars ?... — reprit le caissier en tirant de son portefeuille une carte élégante au nom du baron de Précy.

— Je vais la porter au valet de chambre qui la remettra si mon maître est éveillé... — Monsieur veut-il venir par ici ?...

Et le domestique, faisant traverser au visiteur une étroite cour au fond de laquelle un palefrenier lavait un coupé, l'introduisit dans une pièce servant de salon d'attente et le laissa seul.

Nous savons déjà qu'Hermann Vogel connaissait l'oncle de Valentine, mais il venait chez lui pour la première fois.

Il examina donc curieusement le salon d'attente où il se trouvait.

C'était une pièce de dimensions moyennes, meublée avec luxe mais absolument dépourvue de ce cachet artistique qui donne tant de valeur aux moindres choses et, en matière de décoration, vaut mieux que la richesse.

Les tentures, les rideaux, les tapis et les sièges avaient coûté beaucoup d'argent, et leur principal mérite était d'être fort chers.

Ni un tableau, ni une statue, ni un bronze ne relevaient la monotonie d'un ensemble aussi correct que glacé.

Un tapissier consciencieux, libre d'agir à sa guise et de grossir le montant de sa facture, s'était donné carrière en fournissant de belles étoffes et d'irréprochables ébénisteries. — Nulle part le maître de la maison n'avait mis quelque trace de son goût personnel.

C'est que Maurice Villars tenait essentiellement à ce qu'autour de lui tout fût *cossu*. — (nous soulignons avec intention ce mot de son vocabulaire habituel), — et il ne se souciait point du reste.

L'ex-fabricant de bronzes du Marais, après le soudain accroissement de sa fortune, avait acheté le petit hôtel où nous le trouvons.

Il y vivait d'une façon relativement simple, eu égard à l'énormité de ses revenus.

Une cuisinière de premier ordre, un valet de chambre, un valet de pied, un cocher et un palefrenier composaient tout son état de maison, plus que suffisant d'ailleurs pour un homme seul, recevant peu, et vivant beaucoup hors de chez lui.

Un coupé et une victoria servaient à tour de rôle, selon la saison et selon le temps.

Trois chevaux, plus solides qu'élégants, s'engraissent à l'écurie.

— Si véritablement Maurice Villars possède six millions — pensa Vogel, — et si la moitié de ces millions tombe dans mes mains, je ne me contenterai point d'un train si mesquinement bourgeois, et je ferai sauter les écus du bonhomme !!

Le caissier de Jacques Lefebvre achevait à peine de formuler cette réflexion quand un domestique vêtu de noir, — le valet de chambre du millionnaire, — entra et dit :

— Monsieur Villars avait défendu sa porte pour tout le monde, mais il aura l'honneur de recevoir monsieur le baron... — Je prie monsieur le baron de me permettre de le guider...

XVIII

Hermann gravit, à la suite du domestique si bien stylé, un escalier garni de fleurs et dont un tapis de moquette pourpre couvrait les marches.

Il traversa deux salons du premier étage, magnifiquement mais vulgairement meublés.

Le valet de chambre ouvrit une porte et s'effaça, en annonçant d'une voix sonore et quelque peu emphatique :

— Monsieur le baron de Précy...

L'oncle de Valentine vint aussitôt au-devant du visiteur et lui tendit les mains en s'écriant :

— Ah ! mordieu ! cher baron, que c'est aimable à vous d'être venu me voir dans mon logis modeste dont vous n'aviez, jusqu'à ce jour, jamais franchi le seuil ! — La consigne générale ne pouvait exister pour vous... — Vous en avez la preuve... — Vous m'excuserez, n'est-ce pas, de vous recevoir comme je le fais dans ma chambre à coucher et en tenue plus que négligée ?... — C'est pour ne point vous faire attendre... — Je suis rentré fort tard, ou plutôt de très grand matin... — Un petit souper, prodigieusement gai d'ailleurs, qui n'en finissait pas... — Nous étions au Café Anglais une demi-douzaine de bons vivants et autant de personnes aimables... — Bref, je me suis couché à plus de cinq heures et demie, et depuis mon réveil je n'ai pris que le temps de donner à ma toilette quelques soins...

— Et vous allez bien, cher monsieur, cela se voit du reste ? — fit Hermann en serrant les mains de Maurice Villars.

— Vous trouvez que j'ai bonne mine ?

— Ah ! certes, oui !

— Ma mine n'est pas trompeuse... — Je me porte à merveille, et cent fois mieux que dans ma jeunesse...

— Les fatigues et les plaisirs glissent sur vous ! !

— Ils me fortifient !... — La vie à outrance est positivement nécessaire à ma constitution. — A trente ans, je me cloîtrais comme un anachorète au fond d'un maussade intérieur, aussi j'étais malingre, et ma santé chancelante inquiétait mes amis... — Aujourd'hui, retrempé dans ce que les gens à vues courtes, appellent des excès, je suis d'acier, cher baron, je plie et ne romps pas !

— Mes compliments sincères...

— Je les accepte comme vous me les faites, de tout cœur ! — Venez-vous déjeuner avec moi ?

— J'ai déjeuné.

— Tant pis ! — Une autre fois, soyez à jeun.

— Je vous le promets...

Il mit la main sur le portefeuille, qui contenait encore quelques billets de banque, et disparut.

Laissons Hermann Vogel engager une conversation à bâtons rompus qui devait l'amener, un peu plus tôt ou un peu plus tard, au but véritable de sa visite, et disons quelques mots de la chambre à coucher de Maurice Villars, et de Maurice Villars lui-même.

Cette chambre était le triomphe du fameux tapissier Lebel-Girard que nos lecteurs connaissent par un autre récit dans lequel il jouait un rôle important[1].

1. *Le mari de Marguerite*, F. Roy, éditeur.

Très vaste, et capitonnée, murailles et plafond, en satin couleur bouton d'or, elle ressemblait à l'intérieur d'un gigantesque coffret à bijoux.

Le lit, aussi bas qu'un divan et large de trois mètres, était capitonné comme les tentures et comme les sièges bas, profonds et arrondis. — On ne voyait nulle part ni une ligne de bois, ni un angle. — Une jolie femme aurait pu s'y rouler, en proie à une crise nerveuse, pendant plus d'une grande heure, sans venir à bout de meurtrir sa chair délicate.

Le tapis, d'un jaune vif semé de fleurs rouges, était d'une si grande épaisseur que le pied, en se posant sur sa laine souple, croyait fouler un gazon anglais.

Une glace énorme, encadrée de satin jaune, occupait toute la largeur du lit, entre les rideaux.

Trois autres glaces de la même dimension répétaient et multipliaient les objets.

Un parfum singulier, capiteux, saturait l'atmosphère de cette chambre et, pour qui n'en avait pas l'habitude, devait au bout de quelques minutes rendre l'air presque irrespirable.

Rien ne se pouvait imaginer de plus étrange, de plus invraisemblable, de plus effrayant en quelque sorte, que la personne de Maurice Villars dans le cadre de cette couleur d'or éblouissante.

L'oncle de Valentine portait une chemise de foulard rouge et un vêtement complet de flanelle écarlate.

Sous ce costume de bourreau moyen âge panaché de forçat, le corps chétif du vieux viveur semblait d'une maigreur fantastique, et le contraste de la nuance ardente de l'étoffe avec le ton blafard et parcheminé de la peau donnait à son visage osseux un caractère quasi-spectral.

Maurice Villars n'avait que cinquante-quatre ou cinquante-cinq ans, mais il paraissait centenaire, ou du moins on ne pouvait faire sur son âge véritable que des conjectures vagues et erronées.

A aucune époque, l'ex-fondeur en bronzes n'avait semblé de constitution vigoureuse et de santé robuste.

Maintenant il offrait la navrante image de la décrépitude dans ce qu'elle a de plus repoussant, — la décrépitude parée, maquillée, voulant à tout prix s'embellir.

Une perruque brune, accommodée à la dernière mode et emboîtant le crâne absolument chauve, simulait une coiffure de *gandin*, comme on disait en 1858, avec raie médiane commencée au milieu du front et se prolongeant jusque sur la nuque.

Un râtelier du grand faiseur s'ajustait aux machoires dégarnies qu'agitait un tremblotement perpétuel.

Des poches boursouflées se formaient sous les yeux dont les paupières rougies n'avaient plus de cils. — Quelques touches d'un crayon spécial indiquaient l'emplacement des sourcils qu'elles devaient suppléer, — mission de confiance dont elles s'acquittaient d'ailleurs fort mal.

Les joues creuses de Maurice Villars étaient rasées de près.

La couleur terne et d'un noir brutal de ses moustaches courtes décelait l'emploi d'une teinture, de même que le ton cramoisi des lèvres trahissait l'usage d'un opiat chargé de carmin.

Le vieux garçon mettait du rouge comme une cocotte hors d'âge, et croyait le dissimuler sous une couche de veloutine, mais la veloutine et le rouge n'adhérant point de façon suffisante à son épiderme parcheminé, s'écaillaient par places ainsi que le crépissage d'une muraille rongée par la pluie et le soleil.

Tel était le spectre vivant dont Hermann Vogel contemplait avec une joie profonde la sinistre décrépitude.

— Vous me permettez d'agir avec vous sans cérémonie, n'est-ce pas, cher baron, — dit l'oncle de Valentine, — et de faire apporter le déjeuner dont vous refusez votre part ?

— Je vous en prie... — répliqua Vogel.

Maurice Villars sonna et le valet de chambre, obéissant à cet appel, entra portant une petite table servie qu'il plaça devant son maître.

— Vous voyez, — reprit ce dernier, — que mon menu, si simple qu'il soit, pourrait cependant à la rigueur suffire à deux convives... — Des huîtres, des crevettes, des côtelettes, un perdreau froid truffé, une terrine de foie gras et du vin de Madère. — Je ne bois le matin que du vin de Madère et je m'en trouve bien... — C'est un tonique... un réconfortant. — Celui-ci se recommande d'ailleurs par des mérites de premier ordre... — Il a quarante ans de bouteille... A votre santé, cher baron...

Et Maurice Villars, remplissant son verre mousseline du liquide couleur de topazes fondues, le vida jusqu'à la dernière goutte.

L'oncle de Valentine mangeait peu, mais il buvait avec un entrain superbe.

— Morbleu ! cher baron, — fit-il, — vous me rendrez cette justice que je me conforme fidèlement au précepte du vieil adage :

« Vide ton verre plein,
« Remplis ton verre vide,
« Ne laisse jamais dans ta main
« Ton verre, ni vide, ni plein !... »

A mesure que Maurice Villars absorbait le contenu du flacon poudreux, un changement s'opérait en lui. — De faibles tressaillements secouaient son pauvre corps usé. — Ses prunelles ternies reprenaient un éclat factice. — Le sang lui montait à la tête. — Une tache pourpre, parfaitement visible même sous la veloutine et le rouge végétal, se dessinait sur ses pommettes.

Quand il eut achevé sa bouteille, la respiration lui fit brusquement défaut;

— Une violente quinte de toux sembla le conduire à deux doigts de l'apoplexie ; — il étouffait, il devenait bleu comme un homme suffoqué.

— Sapristi ! — pensa Vogel. — Mon oncle futur est bien bas !... — A le voir se débattre ainsi, on jurerait qu'il va trépasser !! — Aujourd'hui ce serait trop tôt.

XIX

La crise de Maurice Villars dura cinq minutes.

Lorsqu'elle fit place à un calme relatif, le vieux garçon, encore haletant et plus que jamais violet, murmura d'une voix éteinte :

— C'est moins que rien... — Je me suis enrhumé quelque peu la nuit dernière... Il n'y paraîtra plus ce soir...

— Ah ! cher monsieur, — s'écria Vogel, — je vous admire !... — Vous êtes un gaillard bâti à chaux et à sable !! — Les hommes de votre trempe deviennent rares !!

— Vous ne me cédez en rien, cher baron... — reprit Maurice Villars de sa voix expirante.

— Je fais de mon mieux, mais je ne vous vais à la cheville sous aucun rapport... — Vous entendez la vie comme pas un !!

— Personne n'ignore que vous l'entendez aussi bien que moi... — répliqua le vieux garçon. — On m'a parlé de certaines fêtes, vénitiennes selon les uns, Pompadour selon les autres, mythologiques selon quelques-uns...

— Mon Dieu, — reprit Vogel, — les soirées presque intimes auxquelles je convie mes amis, rue de Boulogne, sont sans prétention aucune, mais on veut bien les trouver amusantes...

— Vous y réunissez, dit-on, des femmes merveilleusement jolies.

— Des minois chiffonnés... la beauté du diable... un peu de grâce et de fraîcheur...

— Et, si drôles, à ce qu'on assure...

— Pas du tout bégueules, j'en conviens... — fit Hermann en souriant ; puis il poursuivit : — C'est à propos de ces petites fêtes que je suis ici, cher monsieur, et vous allez connaître le but intéressé de ma visite...

— Ah ! ah ! — murmura le célibataire endurci.

— Les occasions infiniment trop rares dans lesquelles il m'a été donné de me rencontrer avec vous, — continua le caissier, — m'ont permis d'apprécier le charme de vos relations, et m'ont inspiré le vif désir de les rendre plus fréquentes.

Maurice Villars s'inclina d'un air enchanté.

— Dans le milieu folâtre où nous vivons tous deux, — poursuivit Hermann,

— on fait au plaisir beaucoup de concessions... plus peut-être qu'il ne faudrait, et l'on donne sa main à des gens à qui l'on refuse son estime...

Le vieux garçon répondit par un signe affirmatif.

Le caissier continua :

— J'ai soif d'avoir un ami solide sur qui je puisse compter comme il pourrait compter sur moi... — Vous comprenez cela ?

— C'est un rêve que j'ai fait plus d'une fois sans le réaliser...

— Je suis très riche...

— De mon côté j'ai quelque fortune...

— Je suis célibataire.

— Exactement comme moi...

— Je n'ai point de parents... — dit Vogel.

— Je n'ai pas de famille... — appuya l'oncle de Valentine.

— Cette similitude de position est frappante, qu'en pensez-vous ?

— Frappante et surprenante autant qu'on le puisse être...

— Vous m'allez infiniment, cher monsieur, je l'avoue...

— Vous m'êtes absolument sympathique, cher baron, j'en conviens...

— Eh bien, puisqu'il en est ainsi, faisons un traité d'amitié... — Devenons inséparables... — Soyons l'Oreste et le Pylade du monde où l'on s'amuse ! ! — Cela vous va-t-il ?

— Pouvez-vous me le demander ??

— Alors, c'est chose entendue ?...

— Et cent fois plutôt qu'une ! !

— Liberté complète, le jour, pour chacun de nous, et le soir, vie commune, fraternité dans le plaisir... — Voilà comment j'entends l'association que je vous propose...

— C'est ainsi que je la comprends...

— Une poignée de main pour sceller le pacte...

— De tout cœur, et joyeusement...

— Plus de cérémonies entre nous... — Mettez mon titre de côté... — Nommez-moi simplement *Gustave*...

— A condition que vous m'appellerez *Maurice*, à la bonne franquette...

— Oui, mon cher Maurice...

— Oui, mon bon Gustave...

— Vous deviendrez l'hôte assidu des réunions de la rue de Boulogne... — Je vais donner prochainement, en votre honneur, une fête anacréontique qui, je l'espère, vous semblera galante... — Je vous présenterai mes petites amies...

— Dont je deviendrai le grand ami...

— Autant que vous voudrez, Maurice... — fit le caissier en riant. — Je ne suis pas jaloux...

— A charge de revanche, Gustave! — répliqua le vieux garçon. — Chassez à votre aise sur mes terres ! ! — Êtes-vous libre ce soir ?

— Entièrement, et tout à vos ordres...

— Alors je vous invite à dîner...

— Ici ?

— Non... — Chez Bignon... — A sept heures précises... — Je suis connu dans la maison, vous n'aurez qu'à demander mon cabinet...

Un quart d'heure après l'invitation faite et acceptée, Hermann Vogel quittait le petit hôtel de la rue d'Amsterdam, non sans un nouvel échange de poignées de main ultra-chaleureuses.

Le jeune homme était, à bon droit, enchanté des résultats de sa visite.

Il venait de jouer avec l'habileté d'un maître une partie difficile, et de la gagner.

Il avait pénétré du premier coup, et très avant, dans l'intimité de l'homme dont il convoitait l'héritage. — Il lui devenait possible et facile de pousser de plus en plus dans la voie des excès ce viveur déjà presque mort, et de commettre ainsi sans danger un de ces crimes contre lesquels la justice humaine est impuissante.

Cependant une parole de Maurice Villars lui causait quelque inquiétude.

L'oncle de Valentine avait dit : — *Je n'ai point de famille !*

Quoi de plus significatif et de plus clair?

Ou le vieux garçon ne se souvenait véritablement pas que sa sœur était morte en laissant deux enfants, ou l'ostracisme qu'il avait prononcé jadis subsistait plus que jamais, et s'étendait aux filles de Clotilde devenues pour lui des étrangères.

Dans l'un comme dans l'autre cas, il paraissait certain que Maurice Villars ne ferait aucune disposition en faveur de ses nièces.

Mais on pouvait conjecturer avec une certitude presque aussi grande que, n'éprouvant pour âme qui vive un attachement sérieux, et ne croyant pas le moins du monde à sa fin prochaine, il s'éteindrait sans avoir testé.

L'intimité future du vieillard et d'Hermann donnant d'ailleurs à ce dernier ses grandes entrées au logis, lui permettrait de s'assurer de l'existence d'un testament et de le supprimer au besoin.

Enfin le caissier de Jacques Lefebvre comptait sur son étoile.

*

Lionel de Rochegude, après avoir appris que la jeune fille poursuivie avec une si grande obstination se nommait Valentine de Cernay, qu'elle était orpheline, de bonne famille, très pauvre et très honnête, avait pris le parti de s'éloigner, en se disant :

— Séduire cette enfant serait une mauvaise action, et je ne peux pas l'épouser... — N'y pensons plus...

Certes la bonne foi du jeune comte, tandis qu'il se parlait ainsi, ne pouvait se révoquer en doute...

Il se promettait, *très sincèrement*, de ne plus penser à Valentine, mais, en ces matières délicates, les projets les mieux arrêtés et les plus solides en apparence sont d'une surprenante fragilité, et les résolutions vertueuses croulent comme des châteaux de cartes sous la chiquenaude d'un enfant...

« *L'homme propose et Dieu dispose,* » dit un vieux et sage proverbe auquel il convient, toutes les fois que l'attraction féminine se trouve en jeu, de substituer cette variante : « *L'homme propose et le cœur dispose.* »

Lionel de Rochegude, jusqu'au moment où le hasard venait de jeter sur son passage la nièce de Maurice Villars, avait pris pour l'amour le caprice, la fantaisie, l'entraînement sensuel, ces contrefaçons de l'amour qui sont à la passion vraie ce que le strass est au diamant...

Il se croyait incapable d'aimer d'une façon différente et plus sérieuse.

La preuve de son erreur ne se fit guère attendre.

Sa volonté ferme était d'effacer de sa mémoire l'image de Valentine. — Pour arriver à ce résultat il tenta de réels efforts que le succès ne couronna point.

Plus il s'obstinait à chasser la gracieuse vision, plus cette vision s'imposait à lui. — L'idée qu'il voulait bannir devenait une idée fixe.

L'enfant blonde qu'une seule fois il avait vue, et qu'il se jurait de ne plus revoir, le suivait partout, aussi longtemps que durait le jour... — La nuit elle revenait dans ses rêves... — En vain il lui criait : — *Va-t-en!* — Elle répondait avec un sourire : — *Je reste... — Pourquoi m'éloigner, puisque tu m'aimes?*

XX

Il est un point sur lequel nous ne saurions trop insister.

Le comte de Rochegude, absolument loyal, cédait sans résistance à tous les entraînements sensuels, mais ne transigeait pas lorsque son honneur était en jeu.

Or, si facile et si tolérante que fût sa morale à l'endroit des femmes et du plaisir, il regardait comme indigne d'un galant homme de séduire une jeune fille qui voulait sincèrement rester honnête.

De là ses combats contre lui-même et sa lutte obstinée contre la passion grandissante qu'il subissait.

Il essaya de tous les moyens.

Il se jeta plus que jamais et à corps perdu dans l'existence échevelée dont il avait l'habitude.

Ses nuits se passèrent en soupers bruyants avec les pécheresses à la mode, mais il ne trouva que lassitude et écœurement dans ces orgies où il espérait rencontrer l'oubli.

Une étonnante métamorphose s'était produite en lui à son insu.

L'entrain factice, la gaieté de commande des courtisanes ne l'amusaient plus. — Les baisers des lèvres vénales lui inspiraient un profond dégoût.

Vaincu dans la lutte, il cessa de résister et fit à son amour une première concession.

— Puisque je ne puis vivre sans voir cette enfant, — se dit-il, — je la verrai mais de loin; — je ne lui parlerai jamais, et, ne pouvant être son mari, je ne ferai nulle tentative pour devenir son amant...

A partir du jour où cette décision fut prise, Lionel de Rochegude passa les deux tiers de sa vie à errer dans les environs de l'enclos de la rue Mozart, entrevoyant de loin parfois Valentine, la suivant à distance quand par hasard elle sortait, — (et nous savons combien les sorties de la jeune fille étaient rares), — mais se tenant fidèlement parole et ne cherchant ni à se rapprocher d'elle, ni à attirer son attention.

Il se trouvait là, nous l'avons dit, au moment où Hermann Vogel quittait la maisonnette dont le prétexte fourni par maître Roch lui avait permis de franchir le seuil, et nous n'ignorons pas qu'un sentiment de vague défiance, quelque chose qui ressemblait à un soupçon jaloux, s'était emparé de lui pour la première fois.

L'officier de hussards voulait bien respecter l'innocence de la vierge qu'il aimait, mais il n'admettait pas la pensée de céder la place à un rival plus hardi et plus heureux, dont aucun scrupule n'entraverait la liberté d'action.

Le visiteur était-il un rival?

Voilà ce qu'il fallait savoir à tout prix.

Mais comment s'y prendre?...

Lionel décida qu'il redoublerait de surveillance.

Si les visites se renouvelaient, il ferait suivre le jeune homme afin de connaître son nom; et, quand il serait renseigné d'une façon suffisante, il aviserait.

Un peu avant neuf heures, le lendemain matin, M. de Rochegude s'installait à son poste d'observation, à pied cette fois, et caché par un angle des palissades de l'enceinte.

Il vit un fiacre s'arrêter devant la porte à claire-voie.

Le visiteur de la veille descendit de cette voiture, portant sous son bras un de ces grands cartons verts inélégants, dans lesquels on enferme généralement de vieilles gravures.

Cette circonstance, insignifiante en apparence, rassura beaucoup Lionel.

Ses renseignements lui avaient appris que mademoiselle de Cernay peignait à l'aquarelle, et que le produit de son travail, joint à ses modestes ressources, la faisait vivre, elle et sa sœur.

Sans doute le jeune homme au carton vert venait prendre livraison de quel-

L'oncle de Valentine mangeait peu, mais il buvait avec un entrain superbe.

que commande ; — c'était possible et presque probable, quoique sa tenue fut bien soignée pour celle d'un courtier en œuvres d'art, ou même d'un marchand de tableaux ; mais un amoureux ne se présente guère chez une jeune fille à une heure aussi matinale, et surtout n'y vient pas muni d'un immense et poudreux portefeuille fermé par des ficelles vertes...

Tandis que Lionel de Rochegude formulait ces réflexions et faisait un calcul de probabilités, Hermann Vogel traversait l'enclos et sonnait à la petite porte, qui lui fut ouverte aussitôt et se referma derrière lui.

— Cet homme est bien heureux!! — pensa le comte. — Il va la voir... il va lui parler!! — Que ne donnerais-je pas pour être à sa place!!

— Bonjour, belle mignonne... — dit le caissier à la petite Claire, qui venait de l'introduire dans le jardinet. — Mademoiselle votre sœur est-elle visible?

— Oh! oui, monsieur... — répliqua l'enfant. — Elle vous attendait un peu ce matin et elle sera bien contente de vous voir... — Elle travaille... — Quand vous avez sonné, elle m'a dit : — *Va, ma chérie, mais n'ouvre que si c'est le monsieur d'hier*... — J'ai regardé à travers la porte, et j'ai ouvert parce que je vous ai reconnu... — Venez vite...

Hermann Vogel suivit Claire. — L'enfant le précéda dans la maison et ouvrit le salon-atelier en s'écriant d'un ton joyeux :

— C'est lui, petite sœur... c'est le monsieur d'hier...

Valentine posa sa palette de porcelaine, quitta son siège, accueillit le visiteur avec un sourire et lui dit :

— Soyez le bienvenu, monsieur, vous et ce grand carton qui doit être rempli de merveilles... — Vous le voyez, je travaille... — Hier, je n'ai pas perdu mon temps... — Encore quelques coups de pinceau et le moulin à vent sera terminé... — Vous l'emporterez si bon vous semble...

— Peut-on voir? — demanda Vogel.

— Mais je le crois bien, qu'on peut voir! — Je me remets au travail et j'achève...

Le caissier se débarrassa de son carton en l'appuyant contre une chaise, et reprit avec empressement sa pose de la veille, c'est-à-dire qu'il se plaça derrière la jeune fille et se pencha sur elle, situation singulièrement appréciable qui, sous le spécieux prétexte d'un examen attentif de l'aquarelle, lui permettait d'effleurer presque de ses lèvres les nattes blondes et soyeuses de Valentine et de respirer à son aise le frais parfum qui s'exhale d'une chevelure de seize ans,

Comme il s'absorbait un peu plus longtemps qu'il n'aurait fallu dans cette occupation pleine de charme, Valentine, inquiète de son silence, murmura :

— Vous ne dites rien, monsieur... — Est-ce que vous êtes mécontent du moulin?...

— Bien loin de là, mademoiselle... — répliqua vivement Hermann, — J'admire, au contraire...

— Vrai?... Vous trouvez que ce n'est pas mal?

— Je trouve que c'est ravissant!! — Ah! vous êtes en bonne voie! — Je n'ai rien vu de vous qui me séduise autant!... — La finesse des tons, la spirituelle vigueur de la touche satisferaient les plus difficiles!...

— Si vous saviez, monsieur, comme vous me rendez heureuse!!

— Soyez heureuse, mademoiselle, et soyez fière! — Un jeune talent qui débute ainsi doit aller loin... — Votre avenir est plein de promesses... — C'est une grande joie pour moi d'en entr'ouvrir le premier les portes devant vous, car vous m'êtes profondément sympathique, et non pas seulement comme artiste... Votre lutte courageuse contre le mauvais sort, vous à qui la plus brillante fortune semblait destinée... — Votre abnégation touchante... votre dévouement à votre sœur, dont vous êtes devenue la mère... Cela est grand, cela est beau... et je ne vous marchande, croyez-le bien, ni mon admiration légitime, ni mon respect sans bornes...

Valentine devint pourpre.

— Eh! quoi, monsieur, — balbutia-t-elle, — vous savez?

— Je sais tout ce qui vous concerne, mademoiselle... la ruine complète de votre père... la mort prématurée de votre mère tuée par le chagrin et les regrets...

— Mais, comment?

— Rien n'est plus simple... Je suis lié avec quelqu'un qui connaissait et appréciait votre famille...

Deux ou trois minutes de silence suivirent ces paroles.

La jeune fille, penchée sur son châssis, donnait les dernières touches, et la vivacité presque fébrile de sa main semblait augmenter.

Avec la pointe fine d'un pinceau trempé dans l'encre de Chine, elle signa : *Valentin*, puis elle s'écria :

— C'est fini!!...

— Et bien fini!! — ajouta Vogel. — Ce moulin me plaît à tel point que je ne le mettrai pas dans le commerce... — je le garde pour moi... — J'ai dans mon humble logis de garçon une collection de jolies choses parmi lesquelles il aura sa place au meilleur endroit...

— Prenez garde, — monsieur, fit Valentine en souriant, — vous allez me rendre orgueilleuse...

— Pourquoi non? Vous avez le droit de l'être... — La vanité est un sentiment vulgaire, mais l'orgueil grandit le courage... il augmente la force des âmes bien trempées comme la vôtre...

XXI

— Maintenant, monsieur, — reprit l'orpheline, que ces phrases élogieuses d'Hermann Vogel embarrassaient un peu, — en ma qualité de fille d'Ève, je suis curieuse... — Je vous en prie, ne me faites pas languir... — Je brûle du désir de voir les trésors que vous m'apportez...

Vogel prit le grand carton, l'ouvrit, et étala son contenu sur le guéridon.

C'étaient des gravures, anciennes pour la plupart, d'après les paysagistes et les peintres de marine flamands et hollandais.

Très habilement choisies, elles offraient toutes, dans leur ensemble ou dans leurs détails, des motifs simples et pittoresques dont l'artiste débutante pouvait s'inspirer.

Elle frappa joyeusement ses mains l'une dans l'autre.

— C'est à présent, — s'écria-t-elle, — que le travail va devenir un amusement!! — Je voudrais me mettre tout de suite à l'œuvre! Et savez-vous par où je commencerai, monsieur? — Par cette vieille arcade moussue donnant accès dans une rue étroite pleine de jolis effets de lumière!! — Je sens que je réussirai ça!! — Vous verrez!

— J'en suis sûr d'avance...

A partir de ce moment la conversation devint exclusivement artistique, et d'ailleurs ne se prolongea guère.

Il fallait que Vogel fût, avant dix heures, rue Saint-Lazare, à la caisse du banquier Jacques Lefebvre.

— Emportez-vous le moulin, monsieur? — demanda la jeune fille.

— Certainement, puisqu'il est fini... — J'ai hâte de prendre possession, — répondit Hermann.

Valentine détacha prestement du châssis l'aquarelle terminée, la fixa par quatre pains à cacheter sur une feuille de beau papier blanc, et la mit dans un petit carton qu'elle présenta, souriante, au caissier.

— Me voici votre débiteur, mademoiselle... — fit ce dernier, — Permettez-moi d'acquitter ma dette...

— Non! non! — s'écria Valentine. — Pas aujourd'hui... — Rien ne presse... je vous assure que je ne manque point d'argent... — Nous réglerons nos comptes à la fin de la semaine... — Cela me sera plus agréable...

— Comme vous voudrez, et je vous remercie de votre confiance

— Quand reviendrez-vous, monsieur

— Demain soir, si vous y consentez.

— J'y consens de grand cœur et vous trouverez l'arcade bien avancée...

Le jeune homme prit congé et se retira, après avoir serré la main que lui tendait Valentine.

— En vérité, — pensa la jeune fille, — il est très bien, ce monsieur Hermann Vogel... — Comme il ressemble peu à Gabé et à Duvart, qui ne paraissaient jamais contents et dépréciaient toujours mon travail pour le payer moins cher... — Celui-ci n'a pas du tout la mine d'un marchand de tableaux... — Sa conversation m'intéresse... — Il me paraît venir en ami autant qu'en acheteur, et j'attends sa prochaine visite avec impatience...

Lionel de Rochegude était toujours à son poste d'observation.

Le grand carton qu'apportait le visiteur l'avait rassuré déjà. — Le petit carton qu'il emportait le rassura plus encore.

— Décidément, — se dit-il, — ce n'est point un rival, mais un marchand qui fait des commandes et qui vient en prendre livraison... — Je n'ai rien à craindre de lui...

* *
*

Laissons s'écouler un intervalle d'un peu plus d'une semaine.

Hermann, allant droit à son but avec cette habileté funeste dont il était doué si amplement, avait fait des progrès rapides dans l'intimité de Maurice Villars d'un côté, et dans celle de Valentine de l'autre.

Il partageait ses soirées entre le vieux viveur de la rue d'Amsterdam et l'orpheline de la rue Mozart.

Aujourd'hui à l'oncle, demain à la nièce, et souvent même, en quittant Passy où ses visites ne pouvaient finir bien tard, il allait rejoindre son compagnon de plaisir et l'entraînait à quelque orgie, d'où Maurice sortait plus chancelant, plus anéanti, plus moribond...

Certain désormais de son empire absolu sur le célibataire, il savait qu'un acte de sa volonté suffirait pour le plonger dans des excès mortels où s'éteindrait son dernier souffle de vie.

Vogel se croyait non moins sûr de son influence sur mademoiselle de Cernay.

Fort peu fat de son naturel, et nullement amoureux d'ailleurs, il ne supposait point la jeune fille éprise de lui; mais, de jour en jour et presque d'heure en heure, il voyait grandir la confiance et la sympathie qu'il avait su lui inspirer...

Quand le moment serait venu de dire à Valentine : — « *Je vous aime !* — *Voulez-vous être ma femme?* » il ne doutait pas que la réponse ne fût affirmative.

Or il comptait bien se déclarer sans retard, car ses derniers doutes au sujet de l'énorme fortune de Maurice Villars étaient dissipés.

Le vieux garçon, questionné adroitement, avait balbutié dans les épanchements de l'ivresse le chiffre de six millions...

En de telles conditions Vogel pouvait aller en avant sans crainte.

Il jouait une partie splendide et il la jouait presque à coup sûr.

La seule éventualité redoutable était celle d'un testament écrit par le vieillard et n'instituant point ses nièces légataires universelles.

Mais si menaçante que fût cette chance, Hermann n'y croyait guère et la redoutait peu.

Maurice Villars n'avait ni ami intime, ni maîtresse en titre. — Son égoïsme et la sécheresse de son cœur l'isolaient de toute affection...

En faveur de qui aurait-il testé?...

Vogel, d'ailleurs, se promettait d'explorer minutieusement le secrétaire de la chambre à coucher aussitôt que l'oncle de Valentine serait mort dans ses bras, et, s'il découvrait un acte testamentaire, d'en prendre connaissance et de le détruire au besoin, de manière à rendre la fortune aux héritières naturelles, dont l'une serait devenue sa femme.

Les choses suivaient ainsi leur cours, et rien ne semblait devoir entraver l'exécution des plans si bien combinés d'Hermann, lorsque brusquement tout changea de face.

Un soir, en arrivant à la maisonnette de Passy, le caissier de Jacques Lefebvre trouva l'accueil de la jeune fille entièrement différent de ce qu'il avait été l'avant-veille.

Valentine n'était plus reconnaissable.

Une sorte de raideur, involontaire peut-être, mais indiscutable, remplaçait sa cordialité habituelle, si franche, si ouverte, si gracieusement familière.

Très étonné, très déconcerté, mais croyant d'abord à quelque caprice résultant de l'humeur versatile des jeunes filles, Vogel essaya de rompre la glace.

Il n'y réussit point ; une contrainte visible, une gêne manifeste, avaient remplacé l'intimité.

A coup sûr, il s'était produit depuis quarante-huit heures quelque chose d'anormal dans l'existence de Mlle de Cernay.

Mais quoi ?

Pour le savoir, Hermann n'avait qu'une ressource ; — celle de questionner...

Il le fit, n'obtint que des réponses évasives, et sentant bien que, ce soir-là, sa présence était importune, il se retira très inquiet.

Plus heureux que le jeune homme, nous savons ce qui s'était passé et nous allons l'apprendre à nos lecteurs.

Les sentiments du comte de Rochegude avaient pour la seconde fois changé de nature.

Pris d'une instinctive jalousie lors de la première apparition d'Hermann Vogel à la maisonnette de la rue Mozart, il s'était rassuré d'abord en croyant acquérir la preuve que l'inconnu traitait avec Valentine des affaires artistiques et commerciales.

Mais la fréquence des visites du jeune homme ne pouvait manquer d'éveiller de nouveau ses soupçons et n'y manqua pas en effet.

— Il vient trop souvent ! — se dit-il. — Ce n'est point un marchand, c'est un rival ! ! — Je veux absolument savoir à quoi m'en tenir...

Un espionnage direct répugnait à Lionel, mais il avait un valet de chambre investi de toute sa confiance et qu'une longue pratique rendait fort expert en l'art de suivre une jolie femme pour le compte de son maître, ou de dépister un mari jaloux.

Il amena ce valet de chambre à Passy et, lui montrant Hermann, lui donna l'ordre de ne point le perdre de vue, de connaître son nom, de découvrir sa demeure, et d'obtenir enfin sur lui les renseignements les plus étendus.

XXII

Le domestique du jeune comte s'acquitta de sa mission avec un zèle et une adresse couronnés par un prompt succès.

Dès le lendemain M. de Rochegude apprit que le visiteur s'appelait Hermann Vogel, qu'il habitait la rue de la Pépinière et qu'il était caissier de la maison de banque Jacques Lefebvre et Cie.

Donc, il s'agissait bien d'un rival!!

Cette pensée mit Lionel hors de lui-même.

Pour la première fois de sa vie — (nous le répétons), — il éprouvait un amour violent, impérieux, exclusif...

Une rivalité, par conséquent un obstacle, surgissant tout à coup entre lui et la jeune fille à laquelle il s'était promis de ne jamais déclarer sa passion, surexcita cette passion jusqu'au délire, jusqu'à la folie.

En un instant le comte oublia ses résolutions, qu'il croyait inébranlables.

— On ne me volera pas Valentine!! — se dit-il impétueusement. — Je l'aime plus que ma vie et plus que tout, et je sens bien que l'existence me serait impossible sans elle! — J'ai fait serment de la respecter, et je tiendrai parole... — Elle ne sera point ma maîtresse... mais elle est pure, elle est de naissance honorable, pourquoi ne serait-elle pas ma femme?...

Il tressaillit en entendant ces derniers mots, prononcés par lui presque à voix haute; puis, au bout d'une ou deux secondes, il reprit :

— Oui, pourquoi non?... — La distinction la plus exquise s'unit à sa radieuse beauté... — Ce jeune front de patricienne attend une couronne... — J'y poserai les neuf perles de la mienne, et jamais comtesse de Rochegude n'aura brillé d'un plus vif éclat!... — Elle est pauvre... — Qu'importe? — Je suis riche, moi! Je suis trop riche! — Et d'ailleurs, pour un homme de ma race, la question d'argent ne peut être un obstacle!...

Le visage de Lionel rayonnait d'extase...

Brusquement, ses traits illuminés par l'amour et par l'espérance s'assombrirent.

Le jeune homme venait de penser à sa mère; il se souvenait du projet de mariage arrêté entre lui et sa jolie cousine Esther, fille du sénateur marquis de Rochegude.

Ce projet, dont la réalisation paraissait certaine, la comtesse douarière le caressait depuis des années comme une de ses plus chères espérances...

Quel coup terrible elle allait recevoir en apprenant les nouvelles amours de son fils!! — Quelle déception!! — Quelle douleur!!

Ouvrirait-elle ses bras à cette inconnue, à cette orpheline, à cette enfant isolée, sans famille et vivant de son travail?

Certes, au point de vue légal, Lionel pouvait se passer du consentement maternel. — Ayant vingt-cinq ans accomplis, il était en droit de suppléer à ce consentement par un *acte respectueux;* mais l'idée d'envoyer à la comtesse des hommes noirs porteurs de sommations épouvantait et révoltait le jeune homme.

Il chassa loin de lui cette pensée néfaste.

— Je me jetterai aux pieds de ma mère... — balbutia-t-il. — Je lui dirai que mon bonheur et ma vie dépendent d'elle; car sans Valentine je ne puis être heureux et je ne puis vivre... — Elle n'aura pas le courage de me désespérer par un refus... — Elle est bonne... elle m'adore... elle consentira!!

Lionel de Rochegude se dit ces choses avec l'enthousiasme d'un amoureux qui croit toucher à la réalisation de son rêve.

Mais cette fièvre d'espérance se calma presque aussitôt.

Il réfléchit bien vite qu'avant de s'adresser à la comtesse et de tenter d'obtenir à force de supplications et d'éloquence persuasive, qu'elle devînt favorable à ses desseins, il fallait s'assurer d'un autre consentement, plus indispensable encore, celui de Valentine.

Un petit frisson passa sur sa chair. — Quelques gouttes d'une sueur froide mouillèrent la racine de ses cheveux.

La situation était difficile en effet.

Lors de son unique rencontre avec Mlle de Cernay, dans les galeries du Palais-Royal, Lionel avait poussé la hardiesse jusqu'à l'insolence; il avait mis en jeu des moyens de séduction qui ne peuvent réussir qu'avec les créatures perdues auxquelles il semblait assimiler la jeune fille. En conséquence, et sans aucun doute, elle conservait de cette rencontre un souvenir pénible et une impression déplorable...

Comment s'y prendre pour effacer ce souvenir, pour détruire cette impression?

Comment obtenir un entretien qui lui permît de plaider sa cause?

Valentine, offensée, n'accueillerait-elle pas avec un dédain profond, avec une indignation méprisante toute tentative de rapprochement? — En agissant ainsi elle serait dans son droit...

Sa dignité lui commandait d'être impitoyable, car la conduite de Lionel ne méritait aucune indulgence...

Tout en déplorant l'acte de folie dont les conséquences l'entravaient fatalement, tout en se maudissant lui-même, l'officier de hussards ne désespéra pas néanmoins et prit une décision que nous allons connaître par ses résultats.

Un coup de sonnette retentit dans la matinée à la porte du jardinet de la rue Mozart, et la petite Claire reçut des mains d'un commissionnaire une lettre qu'elle remit à sa sœur.

Valentine examina, non sans quelque surprise, l'enveloppe carrée, d'un papier satiné très fort et très brillant, et l'adresse tracée d'une écriture élégante et ferme.

Il amena ce valet de chambre à Passy, et lui donna l'ordre de ne point le perdre de vue, Hermann.

Elle retourna l'enveloppe et vit un large cachet de cire rouge offrant l'empreinte profonde d'un écusson surmonté d'une couronne.

La jeune fille ignorait le blason — (il est presque superflu de l'affirmer,) — mais elle conservait comme une relique un vieux cachet d'argent, unique héritage de son père ; — elle savait que les armoiries ont un sens nobiliaire et que la couronne aux neuf perles indique le titre de comte

— Qui peut m'écrire ? — se demanda-t-elle en déchirant l'enveloppe.

Le papier déployé portait en tête un écusson pareil à celui dont la cire rouge reproduisait l'empreinte.

Valentine alla droit à la signature.

— *Comte Lionel de Rochegude*... — murmura-t-elle. — Ce nom m'est inconnu... — Ma mère ne l'a jamais prononcé devant moi... — Oue me veut ce monsieur?

Pour le savoir, il fallait lire.

Voici ce qu'elle lut :

« Mademoiselle,

« C'est un coupable qui s'adresse à vous... un coupable repentant, humilié, « sollicitant à genoux son pardon et ne désespérant pas de l'obtenir, car vous « avez certainement l'indulgence infinie des anges, comme vous en avez le « visage...

« Lorsque vous aurez compris quel est l'homme qui ose vous écrire, ne jetez « pas ma lettre avec dédain, avec mépris... — Allez jusqu'au bout, je vous en « supplie...

« J'ai commis, mademoiselle, la faute inqualifiable de vous aborder au « Palais-Royal, de vous poursuivre, de m'imposer à vous malgré vous, et de « prononcer à votre oreille des paroles irrespectueuses.

— Ah! — s'écria Valentine en interrompant sa lecture, — l'insolent, c'était lui!... Et il ose m'écrire!! — Quelle audace!!

Elle fit un mouvement pour déchirer la lettre; — le papier craqua sous ses doigts ; mais elle n'acheva pas le geste commencé...

Ève la blonde goûtant, au paradis terrestre, la pomme défendue, *pour savoir*, a transmis ses instincts curieux à toutes ses descendantes. — S'il existe des exceptions à cette règle générale, il n'en existe guère.

La curiosité, chez Valentine, l'emporta sur la colère.

Elle défripa machinalement les cassures du papier, et continua :

« Si sévère que puisse être votre jugement, le mien, mademoiselle, est plus « sévère encore... — Je déplorerai toute ma vie l'erreur d'une minute... — Si « la honte pouvait tuer, certes, je serais mort, en connaissant l'étendue de mon « crime, en apprenant à quelle créature d'élite, modèle de courage et de vertu, « j'avais eu l'impudeur odieuse d'adresser de grossiers hommages...

« Il faut me pardonner une action dont je ne suis pas responsable... — Enivré « par votre vue, j'étais fou... — J'avais tout oublié, même ce qu'un homme du « monde doit n'oublier jamais : le culte épuré de la femme, le respect de la jeune « fille.

« Je vous l'affirme et je vous le jure, entre le gentilhomme qui vous écrit

« aujourd'hui et l'insolent qui s'est trouvé sur votre chemin, il n'y a de commun « qu'un moment de délire... Je désavoue ce malheureux... je ne le connais plus... « je ne le comprends pas...

« Maintenant, comment arriver à ce qu'il me reste à vous dire! Par quel « moyen triompher de votre défiance bien légitime? — Je n'en veux chercher « d'autre que la franchise et la loyauté... — Donc, j'irai droit au but, et que Dieu « vous permette de m'entendre, que Dieu vous inspire de me croire... »

XXIII

La lettre de Lionel continuait ainsi :

« Un péril vous menace, mademoiselle, un péril d'autant plus sérieux, d'au- « tant plus redoutable que, ne le soupçonnant point, vous ne pouvez vous tenir « en garde contre lui.

« Mon devoir est de tenter au moins de vous ouvrir les yeux; — mon devoir « est de vous dire : — *Voilà le danger! — le piège est là!*

« Caché sous de fausses apparences, un homme s'est introduit chez vous... « — Il a pris une place dans votre intimité, et cette place grandit tous les jours.

« L'homme de qui je parle vous abuse, mademoiselle. — La raison par « laquelle il motive ses assiduités est une raison mensongère; — il poursuit « par des voies tortueuses un but que l'honneur désavoue, et votre candeur « imprudente facilite ses entreprises...

« Vous ne savez rien de cet homme, excepté peut-être son nom. — Vous « ignorez ce qu'il est. — Vous ne soupçonnez point ce qu'il veut.

« C'est tout cela que ma conscience m'ordonne de vous révéler.

« Ne voyez point en moi un dénonciateur, mademoiselle, c'est-à-dire un être « vil et lâche. — Je suis pour vous le plus passionné comme aussi le plus res- « pectueux des amis inconnus. — Je me suis promis de racheter, par le dé- « vouement sans bornes de toute ma vie, cette faute que votre âme angélique « oubliera peut-être un jour, mais que moi je n'oublierai jamais!!

« Daignez me recevoir, mademoiselle, pendant le temps nécessaire pour vous « donner la preuve des faits que je viens d'alléguer...

« Ne vous hâtez pas de vous écrier : — *Jamais!* — Ne vous méprenez pas au « sens de ma demande... — Je ne prétends point à une confiance dont à coup « sûr je vous parais indigne... — Je ne sollicite point un tête-à-tête... — Je « réclame de vous une courte entrevue, en présence de tels témoins qu'il « vous semblera nécessaire de lui donner...

« Je prévois tout, vous le voyez, et mon entière bonne foi ne peut vous sem-
« bler suspecte...

« Ne refusez pas de m'accueillir et de m'écouter, je vous le demande à mains « jointes.

« Aussi vrai que je suis un honnête homme, un galant homme, un officier « dont personne au monde n'a jamais suspecté la loyauté, votre avenir et votre « bonheur, je l'affirme, dépendent d'une façon absolue des révélations que je veux « vous faire...

« Deux heures après le moment où cette lettre vous sera remise, j'aura « l'honneur de me présenter chez vous...

« Ne me réduisez pas au désespoir en m'enlevant le moyen de réparer ma « faute ! — Consentez à me recevoir... — Consentez à m'entendre...

« COMTE LIONEL DE ROCHEGUDE,

« *Lieutenant de hussards.*

« Avenue des Champs-Élysées, n° 70. »

Valentine avait lu jusqu'au bout et, tandis qu'elle lisait, les émotions les plus vives et les plus diverses s'étaient réflétées sur son visage.

Ses traits si purs avaient exprimé tantôt le doute et l'étonnement, tantôt l'angoisse et la colère.

Quand elle eut achevé, la lettre s'échappa de ses mains et tomba sur le parquet.

— Une entrevue !! — murmura-t-elle. — Il demande une entrevue !! — Il ose croire que je l'accorderai ! — Allons, cet homme a perdu la raison, ou son impudence dépasse encore tout ce que j'avais supposé ! — Le recevoir ! jamais ! — Il parle de mensonge, de piège et de danger ! — Le danger... le mensonge... le piège... c'est sa lettre !!

Pendant une ou deux minutes la jeune fille resta muette, irritée, absorbée en elle-même, puis sa pensée se modifia.

— Elle est bien humble, pourtant, cette lettre, et semble bien sincère... — balbutia-t-elle. — Celui qui m'écrit juge sa conduite avec sévérité et ne marchande point les expressions de son repentir... — S'il ne me trompait pas ? — Si véritablement un grand péril planait sur moi, et s'il s'était imposé la tâche d'éloigner ce péril?...

« L'homme qui s'est glissé dans mon intimité, l'homme désigné clairement, c'est Hermann Vogel...

« Je ne connais de lui que son nom, c'est vrai... — Je ne sais que ce qu'il m'a dit, mais qu'y a-t-il en lui de suspect? — N'est-il point marchand de tableaux? — L'acquisition de mes aquarelles, qu'il me paye, j'en suis sûre, au delà de leur valeur, serait-elle un prétexte pour s'introduire ici et pour y revenir souvent?...

« C'est possible, cela, mais le but?... — Je ne vois pas le but... — Comment le deviner? — Quelles ténèbres! et qui les dissipera?...

« Ce jeune comte offre de le faire... — Il ne sollicite, après tout, qu'un entretien de quelques instants, et devant témoins si je veux... — Pourquoi refuser ce qu'il demande, puisque de lui seul peut venir la lumière?... Et, d'ailleurs, qu'ai-je à craindre?.... — Je n'entendrai que ce qu'il me plaira d'entendre...

« M. de Rochegude peut venir... — Je suis prête à le recevoir... »

Nous n'entreprendrons point de décrire l'agitation de Lionel, son trouble et ses angoisses, pendant les deux heures qui séparèrent la remise de sa lettre à un commissionnaire et le moment où il voulait se présenter lui-même à la maison de la rue Mozart.

Il est des sentiments plus faciles à comprendre qu'à analyser. — Ceux du jeune homme étaient de ce nombre...

Quand M. de Rochegude avait pris un parti, rien ne le faisait dévier de la ligne conduisant à son but.

Aussi, lorsque fut écoulée la dernière minute de la deuxième heure, il traversa l'enclos résolûment, quoique avec un immense battement de cœur, et sonna sans hésiter, mais d'une main un peu tremblante, à la porte du jardinet.

Valentine attendait ce coup de sonnette. — Il vibra cependant d'une façon presque douloureuse dans sa poitrine et dans son cerveau.

— Ouvre, mignonne, — dit-elle à Claire, — et fais entrer ici la personne que j'attends...

La petite fille obéit avec la joyeuse hâte des enfants pour qui tout mouvement est un plaisir, et à la question de Lionel : « — *Mademoiselle de Cernay me fera-t-elle l'honneur de me recevoir?* » — elle répliqua :

— Ma sœur vous attend, monsieur... Venez avec moi, s'il vous plaît...

Lionel suivit Claire.

Un apaisement très grand, quoique encore incomplet, se produisait en lui.

Valentine ne refusait point de l'admettre en sa présence...

C'était certes un pas en avant d'une importance capitale et d'un heureux augure ; mais la jeune fille consentirait-elle à lui pardonner sa conduite insolente et presque brutale lors de leur première rencontre? — Parviendrait-il à lui inspirer la confiance nécessaire pour qu'elle voulût bien, non seulement l'écouter, mais le croire?

L'officier de hussards se posait ces questions quand il franchit le seuil du salon, à la suite de Claire.

Valentine était debout. — Son attitude calme et hautaine, son visage impassible, ne trahissaient rien de l'émotion intérieure qui l'agitait

— Reste auprès de moi, mignonne... — dit-elle tout bas à sa sœur.

Puis à voix haute, elle demanda :

— Vous êtes le comte de Rochegude, et c'est vous, monsieur, qui m'avez écrit ?

— Oui, mademoiselle... — balbutia le jeune homme en s'inclinant respectueusement. — Je viens solliciter un pardon que j'ose à peine espérer, tant je sens bien la grandeur de ma faute...

Il allait continuer

Valentine l'arrêta.

— Je n'ai point à vous pardonner une offense qui ne peut m'atteindre, — fit-elle. — Vous outragiez une inconnue... — Tant pis pour vous... Que m'importe à moi? — Ce n'est pas dans le but d'entendre vos excuses que je vous ai reçu... — Je n'ai qu'indifférence pour le repentir, de même que je n'avais que dédain pour l'insulte... — Si votre lettre n'avait exprimé que des regrets, vous ne seriez pas ici... ma porte serait restée close!... — Mais cette lettre contenait autre chose... — Elle parlait d'un danger...

— Oui, mademoiselle...

— Ce danger existe-t-il en réalité, ou l'avez-vous mis en avant pour me causer une inquiétude et me contraindre à vous recevoir?

— Vous me faites payer bien cher un moment d'erreur, mademoiselle!! — s'écria Lionel. — Votre question implique un mépris que j'ai conscience de ne point mériter! — Je ne suis ni menteur, ni lâche! — Je n'ai rien inventé, — le danger est réel...

XXIV

— Alors, expliquez-vous, monsieur, — reprit Valentine... — Faites-le sans détour... Allez droit au but... Cette entrevue doit être courte. — De qui viendra le danger? — Qui désignez-vous dans votre lettre?

— Eh! mademoiselle, vous le savez bien! — répliqua le comte.

— Je ne sais rien... — Nommez l'homme...

— Hermann Vogel.

— Qu'ai-je à craindre de lui?

— Tout.

— Ce n'est pas répondre... — Une accusation vague et générale est pour moi sans valeur... — Précisez donc, si vous voulez que je vous croie...

— Soyez tranquille, je préciserai; mais, d'abord, permettez-moi de vous adresser une question, et daignez y répondre : — Sous quel prétexte Hermann Vogel s'est-il introduit dans votre maison, et que vous a-t-il dit qu'il était?

— Je n'ai rien à cacher... — Ma sœur et moi nous sommes pauvres... J'ajoute à nos faibles ressources le modeste produit d'un travail artistique... — M. Vogel est marchand de tableaux... Il a su mon adresse chez Gabé et

Duvart, mes acheteurs ordinaires, et il est venu me trouver pour traiter avec moi, en offrant de payer mes aquarelles un peu plus cher que je n'avais l'habitude de les vendre... — Voilà tout, et vous voyez que c'est bien simple...

— Ce serait bien simple, en effet, — répondit Lionel, — si tout ce petit édifice, d'apparence si vraisemblable, ne reposait sur un mensonge...

— Un mensonge! — répéta Valentine.

— Oui, mademoiselle.

— Lequel?

— Hermann Vogel ne s'occupe de peinture ni au point de vue artistique, ni au point de vue commercial, et n'est pas marchand de tableaux...

— Qu'est-il donc?

— Caissier de la maison de banque Jacques Lefebvre et Cie ...

— Vous êtes certain de cela, monsieur?

— Absolument certain, mademoiselle... — Rien n'est plus facile, d'ailleurs, que de contrôler par vos propres yeux l'exactitude de mon renseignement... — La maison Lefebvre se trouve rue Saint-Lazare, n° 21... — Passez à la caisse de dix à trois heures, vous y verrez Hermann Vogel dans l'exercice de sa profession de caissier.

— Eh bien! c'est une profession honorable...

— Incontestablement, mais pourquoi vous l'a-t-il cachée?... — Pourquoi s'est-il prétendu marchand de tableaux? — C'est que ce titre pouvait lui donner accès chez vous, l'événement l'a prouvé; tandis que le caissier n'avait nulle chance d'être reçu... — Est-ce vrai, mademoiselle?

— C'est vrai... — murmura Valentine.

— Or, dans la vie, — continua M. de Rochegude, — quiconque porte un masque en disant : *Voilà mon visage!*... quiconque s'introduit dans une maison à l'aide d'une fausse clef, d'un faux nom ou d'une profession simulée, a de mauvais desseins... Est-ce clair?...

— Vous avez raison, je le sens bien... — répondit Mlle de Cernay. — Certes, ce qui se passe est suspect, mais comment expliquer un tel mystère?... — Quels peuvent être les mauvais dessins de M. Vogel?... — La maison n'est pas riche... il n'y a rien à voler ici...

— Il y a votre honneur, mademoiselle!!... — s'écria le comte.

— Mon honneur!! — répéta Valentine d'une voix émue en regardant Lionel avec un étonnement profond. — Comment M. Vogel pourrait-il voler mon honneur?...

En ce moment la jeune fille offrait une surprenante beauté.

L'expression d'une candeur divine illuminait son visage et lui donnait quelque chose d'angélique.

Le nimbe d'or des vierges célestes semblait fait pour ses cheveux blonds.

— Oh! sublime innocence!! — pensa Lionel, dont l'admiration devint de l'extase. — Comment expliquer à cette enfant ce qui n'existe point pour elle!

— Vous vous taisez! reprit Valentine. — Pourquoi ne me répondez-vous pas!

— Parce que la réponse est difficile... — murmura le comte. — L'homme dont il s'agit peut voler votre honneur en vous compromettant par des assiduités que rien ne justifie, que rien n'explique aux yeux du monde, une intimité quasi-quotidienne entre mademoiselle de Cernay et le caissier Vogel n'ayant aucune raison d'être... — La réputation des jeunes filles est bien fragile, une parole mal comprise, une démarche imprudente suffisent pour en ternir l'éclat... — Pardonnez-moi cette question nouvelle, et daignez encore me répondre : — Hermann Vogel vous a-t-il quelquefois parlé de mariage?...

— De mariage? — A moi? s'écria la jeune fille; — jamais!!

— Que veut-il donc alors? et puisque les achats de peinture ne sont qu'un prétexte, que vient-il faire ici?... qu'espère-t-il?...

— Je ne me l'explique point... pas plus d'ailleurs que je ne devine comment l'idée vous est venue que M. Vogel pouvait me parler de mariage...

— Qu'y aurait-il d'étonnant à ce qu'il le fît?...

Valentine haussa les épaules.

— Je suis bien jeune, — répliqua-t-elle, — et je connais à peine la vie... — Je la connais assez cependant pour savoir qu'on n'épouse pas une orpheline, sans fortune dans le présent, sans espérance dans l'avenir...

Ces paroles offraient au comte l'occasion désirée par lui avec tant d'ardeur, attendue avec tant d'impatience.

Il la saisit.

— Vous blasphémez en parlant ainsi, mademoiselle, — s'écria-t-il, — et vous voyez la vie trop en noir!! — Beaucoup d'hommes, j'en conviens, sont avides, intéressés, et mettent l'argent au-dessus du bonheur... — Mais il en est d'autres, je vous l'affirme, pour qui l'argent n'est rien... pour qui le cœur est tout...

— Êtes-vous bien sûr de cela, monsieur? — murmura Valentine avec un sourire d'incrédulité.

— Si j'en suis sûr? — répéta Lionel. — Écoutez-moi, mademoiselle, et quand j'aurai parlé, je vous défie de douter encore! — Je connais un homme... un jeune homme... d'une grande famille et possédant une grande fortune... — il aime ou plutôt il adore une angélique enfant, orpheline et pauvre comme vous, blonde comme vous, belle comme vous, et son rêve le plus cher, son plus ardent désir, son unique ambition, sont de la nommer sa femme...

Valentine, en vraie fille d'Ève, s'intéressait de façon très vive à ce petit roman d'amour.

— Eh bien! monsieur, — demanda-t-elle, — qui donc empêche ce jeune homme d'épouser celle que vous appelez une *angélique enfant?*

Le comte de Rochegude s'attendait à la question de Valentine, et son but, en

Valentine fit un mouvement pour déchirer la lettre, mais elle n'acheva pas le geste commencé.

disant ce qui précède, avait été de provoquer cette question ; aussi s'empressa-t-il de répondre :

— Eh ! mademoiselle, si ce mariage ne dépendait que de mon ami, il s'accomplirait demain.

— De qui dépend-il donc?... — demanda la jeune fille, — Votre ami n'est-il point libre?...

— Personne ne peut se flatter d'être absolument libre ici-bas... — répliqua

Lionel, — et, presque toujours, plus la situation est élevée, plus la liberté est restreinte...

— Je ne vous comprends pas très bien... — murmura Valentine.

— Vous me comprendrez mieux tout à l'heure, mademoiselle... — Permettez-moi d'expliquer mes paroles... — J'ai dit que mon ami aimait de toute son âme, mais je n'ai pas dit qu'il fût aimé...

— Ne l'est-il point?

— Comment le serait-il!... L'angélique enfant qu'il adore le connaît à peine et ne sait pas qu'elle est adorée...

— Ne peut-il le lui apprendre?

— Il n'ose.

— Pourquoi?

— Parce qu'en présence de cet ange il devient timide... Parce qu'il tremble au moment de balbutier un aveu... — Songez, mademoiselle, à ce qu'il souffrirait en tombant du haut de son rêve dans la réalité, s'il était accueilli par un refus...

— Il se consolerait...

— Jamais!

XXV

Le mot : *Jamais!* fut prononcé par le jeune homme avec tant de feu, avec un tel accent de conviction, qu'un sourire vint aux lèvres de Valentine.

— Au risque de recevoir une réponse défavorable, — reprit-elle, — il faudra bien cependant que votre ami se décide à rompre le silence, à moins qu'il ne prenne le parti d'éterniser son incertitude...

— Certes il n'hésiterait pas à parler s'il pouvait dès le début, comme le doit faire un homme loyal, accompagner l'offre de son cœur de l'offre de son nom... — Malheureusement il existe des obstacles...

— Insurmontables?

— Non, grâce au ciel... — Mon ami est même certain de les aplanir, seulement il lui faudra pour cela beaucoup de patience et d'efforts...

— Je n'ai jamais lu de romans, — dit Valentine avec un nouveau sourire, — mais si les romans ressemblent, comme je l'imagine, à ce que vous me racontez, ils doivent être pleins d'intérêt... — Pardonnez-moi mon indiscrétion, monsieur; je suis un peu curieuse... — De quelle nature sont les obstacles dont il s'agit?

— Depuis longtemps déjà mon ami a perdu son père, — répliqua Lionel, — mais il lui reste sa mère, une mère excellente, qu'il aime tendrement et de qui il est tendrement aimé...

— Eh bien?...

— Eh bien! la comtesse, — (je vous demande la permission de la désigner ainsi, puisqu'il ne m'est point permis de prononcer son nom), — la comtesse, dis-je, a formé d'autres projets et se persuade, bien à tort, que le bonheur de son fils dépend de la réalisation de ces projets... — Commencez-vous à me comprendre, mademoiselle?...

— La mère de votre ami veut le marier?

— Oui...

— La femme qu'elle lui destine est déjà choisie, n'est-ce pas?

— Depuis longtemps, et voilà le malheur! La comtesse s'est habituée à regarder comme sa bru la fille unique de son beau-frère...

— Une charmante enfant, j'en suis sûre...

— Oui, charmante en effet...

— Et votre ami ne l'aime pas?

— Il l'aime beaucoup, au contraire, d'une tranquille affection de proche parent... — Peut-être, à la longue, la nature de cette tendresse se serait-elle modifiée; peut-être l'amitié aurait-elle cédé la place à l'amour, mais mon ami a rencontré celle qu'il adore... — Du premier regard, et sans le savoir, elle s'est emparée de lui... — Il lui appartient désormais!... Il lui appartient corps et âme! — Il lui appartiendra jusqu'à la mort!

— Elle est pauvre, cependant, et d'humble famille, vous l'avez dit!... — reprit Valentine.

— Très pauvre, — répondit Lionel, — mais d'une famille absolument honorable... Son père était un gentilhomme de vieille race...

— Comme le mien... — murmura l'orpheline, — Mais à quoi sert un nom que n'accompagne pas la fortune?

Elle ajouta tout haut :

— La jeune fille dont vous parlez est fort riche sans doute?...

— Oui, mademoiselle, énormément riche...

— Et la mère de votre ami veut joindre ces millions aux millions de son fils... C'est naturel... C'est d'une tendre mère... — Elle ne renoncera point à des projets si sages et conçus depuis longtemps...

— Il faudra bien qu'elle y renonce cependant, car ces projets ne peuvent s'accomplir...

— Votre ami, qui est un bon fils, aura-t-il le courage de désoler sa mère?

— Quelle que soit sa piété filiale, il ne saurait immoler sans folie le bonheur de son avenir pour éviter à la comtesse un chagrin passager... — En acceptant le sacrifice il serait deux fois coupable, car ce n'est pas lui seulement qu'il condamnerait, mais encore l'innocente fille épousée sans amour.

— Pour éviter ce double malheur, que peut-il faire?

— Aller franchement à la comtesse, ne lui rien cacher, employer pour la convaincre cette éloquence entraînante qui vient en aide aux causes justes, obtenir enfin qu'elle renonce à ses rêves irréalisables et qu'elle ouvre ses bras maternels à la fiancée du cœur de son fils...

— Obtiendra-t-il cela?

— Il l'obtiendra, mais à force d'instances... — La comtesse résistera dans le premier moment, il est impossible d'en douter... — Elle tentera de prouver à mon ami qu'il est dupe de quelque illusion et qu'il se lance comme un insensé dans une aventure déplorable... — Elle appellera les larmes et les supplications à son aide... — puis, quand elle verra que la résolution taxée par elle de démence est inébranlable ; quand elle aura la preuve que l'enfant dont on veut faire sa fille est digne de le devenir ; quand, enfin, elle comprendra que la vie de son fils dépend de son consentement, elle ne le refusera plus ; les sourires remplaceront les larmes et toutes ses tendresses iront à l'orpheline repoussée d'abord...

— Vous croyez à ce résultat?...

— J'y crois, car il n'est pas douteux, seulement, vous le comprenez mademoiselle, pour l'obtenir il faut un peu de temps...

— Peut-être ; mais pourquoi votre ami ne commence-t-il pas sans retard ses démarches auprès de sa mère?

— Il les commencerait dès aujourd'hui s'il était certain que celle qu'il aime est libre de tout engagement et pourra l'aimer un jour...

— L'unique moyen de le savoir est de le lui demander... — fit Valentine en souriant.

— Je vous ai dit qu'il n'osait pas, — répliqua Lionel, — et je vous ai dit aussi les motifs de sa timidité...

— Assurément ils sont légitimes, mais rien n'empêche votre ami, ce me semble, avant de faire un aveu décisif, d'expliquer sa situation à celle qu'il aime, comme vous venez de me l'expliquer à moi... — Lorsqu'il aurait accompli ce devoir d'une façon nette et précise, indiquant les obstacles et se montrant prêt à les combattre, douter de sa bonne foi serait impossible...

— Donc, selon vous, mademoiselle, mon ami doit parler sans crainte?...

— Si j'avais un conseil à lui donner, ce serait celui-là. — On ne saurait s'égarer dans un mauvais chemin quand on a pour guides la conscience et la vérité...

— Me permettez-vous de vous adresser une question, mademoiselle?...

— Assurément...

— Eh bien! si vous étiez à la place de la jeune fille qui nous occupe, et si mon ami venait de vous parler comme je l'ai fait, que répondriez-vous?...

— Comment pourrais-je résoudre une énigme insoluble? — répliqua Valentine. — Comment me serait-il possible de hasarder même une conjecture sur les sentiments d'une inconnue?... Mieux vaut le silence qu'une parole absurde ou futile... — C'est à celui que la réponse intéresse d'interroger celle qui peut répondre...

— Quand on a pour guides la conscience et la vérité, on ne saurait s'égarer dans un mauvais chemin ! — reprit le comte de Rochegude avec une sorte de solennité. — C'est vous qui l'avez dit, et non seulement c'est très juste, mais c'est très beau!... — Cette simple phrase dicte mon devoir... — J'irai donc droit au but, avec la loyauté d'un gentilhomme, avec la franchise d'un soldat, avec le respect profond d'un honnête homme pour une créature absolument parfaite... — Je parlerai sans hésiter...

Lionel, profondément ému, s'interrompit pendant quelques secondes.

Il venait de dire : — *Je parlerai sans hésiter!* — et néanmoins, au moment de prononcer les paroles décisives, malgré lui il hésitait.

Ce temps d'arrêt involontaire fut d'ailleurs de courte durée.

Le jeune homme fit un appel à toute sa force de volonté; il éperonna son courage et reprit :

— Quoi qu'il puisse advenir d'un aveu si brusque, si peu prévu, si maladroitement amené, je ne vous cacherai rien!... — Tout à l'heure je ne mentais pas, mais je déguisais la vérité... — Je laisse tomber le masque et voici mon visage... — L'ami dont je parlais, c'est moi, Lionel de Rochegude... — La comtesse, c'est ma mère, une femme sainte et noble entre toutes... — L'orpheline, belle et charmante, l'angélique et pure enfant, c'est vous, mademoiselle de Cernay, c'est vous, Valentine, et je vous aime!!

XXVI

Valentine, saisie d'un trouble inouï en entendant ces paroles si complètement inattendues, ces paroles d'amour qui pour la première fois résonnaient à son oreille, voilait de ses mains mignonnes son doux visage empourpré.

Son cœur bondissait dans sa poitrine comme un oiseau captif qui veut s'échapper de sa cage.

Elle croyait sentir le parquet du salon chanceler et se dérober sous ses pieds.

Cet état bizarre, qui paraissait devoir aboutir à une défaillance absolue de l'âme et du corps, n'avait cependant rien de pénible... — On éprouve parfois dans les rêves des sensations à peu près pareilles.

Au bout de quelques secondes de silence, Lionel reprit d'une voix très basse et brisée par l'émotion :

— J'ai parlé loyalement. — Pas une des paroles échappées de mes lèvres n'a pu vous offenser... — J'ai dit que je vous aimais, mademoiselle, et c'est vrai, mais mon respect pour vous égale mon amour, je l'ai dit aussi, et ma plus chère espérance est de faire de vous la comtesse de Rochegude. — Pourquoi donc ne me répondez-vous pas?

Ces quelques mots rappelèrent comme par enchantement Valentine à elle-même.

Elle releva la tête, elle écarta ses mains et regarda Lionel sans colère.

— Non, monsieur, — balbutia-t-elle, — vous ne m'avez point offensée. — Je vous crois sincère et je sens bien que je n'ai rien à craindre de vous, mais jamais surprise ne fut égale à la mienne!! — Je doute que je sois éveillée... — Je me demande si j'ai bien entendu et si j'ai bien compris!! — Vous qui me connaissez à peine... vous que je n'aurais pas reconnu si vous n'aviez par votre lettre ravivé et précisé mes souvenirs, vous m'aimez, dites-vous, et vous m'offrez d'être votre femme!! — Est-ce vrai? est-ce possible? Est-ce croyable?...

— Oui, — s'écria Lionel, — c'est possible et c'est vrai, je vous le jure et il faut le croire... — Répondez-moi donc, Valentine... je vous en supplie, répondez-moi!

— Que puis-je vous répondre?

— La vérité...

— C'est un mot vague... — De quelle vérité s'agit-il? — Que voulez-vous savoir?

— Je ne vous demande pas si vous avez de l'amour pour moi... — Une telle question serait absurde... — Je vous demande si vous êtes libre, si vous ne vous êtes point promise, si vous sentez enfin que vous pourrez m'aimer un jour... — C'est cela, et cela seulement, que je vous conjure de m'apprendre...

Valentine rougit de nouveau.

— Certes je suis libre... — répliqua-t-elle timidement, avec simplicité, sans la moindre nuance de coquetterie. — A qui aurais-je promis mon cœur que personne ne me demandait? — Je n'ai jamais pensé ni à l'amour ni au mariage... — Si jeune que je sois, j'ai charge d'âme... Ma petite sœur fait de moi une véritable mère de famille, et le travail de toutes les heures ne me laisse pas une minute pour les rêveries romanesques...

— Eh! — fit Lionel impétueusement, — il ne s'agit point d'un roman, mais d'une réalité!! La passion vraie est contagieuse!... L'amour se gagne! Je vous adore... Donnez-moi l'espérance que vous me payerez de retour...

Valentine sourit avec une charmante ingénuité, de même qu'elle avait rougi quelques secondes auparavant.

— Je ne puis vous donner aucune espérance de ce genre, à moins de m'engager au hasard... — répondit-elle. — Vous parlez de passion, et je sais à peine ce qu'on appelle de ce nom... — Si la passion est une tendresse profonde, infinie, un dévouement sans bornes, elle doit se baser sur une estime mutuelle, sur une sympathie réciproque, et vous étiez tout à l'heure encore un étranger pour moi...

— Vous avez raison, mademoiselle... toujours raison! — s'écria le comte, — mais au moins rien ne vous empêche de me laisser comprendre que je ne vous suis point odieux... et, si peu que ce soit, je m'en contenterai...

— Assurément non, vous ne m'êtes pas odieux...

— Bien vrai?

— Et la preuve, — continua la jeune fille, non sans une pointe de malice innocente, — la preuve c'est que je veux oublier notre première rencontre où vous ne parliez guère de respect...

— Je ne l'oublierai jamais, moi, cette rencontre, — murmura Lionel, — et je me reprocherai toujours ma méprise odieuse!... Mais les anges pardonnent au repentir, et vous êtes un ange...

— Un ange auquel vous trouviez bon, ce jour-là, d'offrir les plus beaux bijoux des joailliers du Palais-Royal, — fit Valentine avec un nouveau sourire.

— Ayez pitié de moi!!... — Ne m'accablez point!!... — Aujourd'hui c'est mon nom que je vous offre avec mon cœur et ma fortune... — Un beau nom... une grande fortune... un cœur qui est à vous absolument, et qui resterait vôtre même si vous en repoussiez l'hommage... — Mais vous ne serez pas si cruelle... — Vous daignerez accepter tout ce que je mets à vos pieds... — Vous accepterez, n'est-ce pas?... Je vous le demande à genoux...

Et le comte de Rochegude, joignant l'action aux paroles, ploya le genou devant la jeune fille, en étendant vers elle ses deux mains que l'émotion rendait tremblantes.

Le visage angélique de Valentine prit une expression d'incomparable dignité, tandis que ses grands yeux candides brillaient d'un vif éclat.

— Puis-je espérer?... — reprit Lionel suppliant.

— Relevez-vous d'abord... — répliqua mademoiselle de Cernay.

— J'obéis... mais, au nom du ciel, dites-moi que je puis espérer...

— Je suis touchée, — commença l'orpheline, — et profondément reconnaissante que vous ayez la pensée d'élever jusqu'à vous une enfant vivant de son travail et ne connaissant rien du monde!! — Si je devais porter un grand nom comme le vôtre, je m'efforcerais de le porter dignement, et, avec l'aide de Dieu, j'y parviendrais peut-être, mais le plus légitime orgueil m'oblige à refuser ce que vous voulez bien m'offrir...

Lionel devint pâle.

— L'orgueil vous impose un refus... — balbutia-t-il.

Valentine fit un signe de tête affirmatif.

— Pourquoi? — continua le jeune homme. — Je ne vous comprends pas... — Comment un légitime orgueil vous défendrait-il de devenir comtesse de Rochegude et la plus adorée des femmes?...

— Aucune considération humaine, — poursuivit l'orpheline, — ne me déciderait à entrer dans une famille malgré cette famille!... — La pauvreté ne me semble pas lourde et le travail me plaît... — J'aimerais mieux cent fois la gêne et la misère que l'humiliation de savoir qu'on dit ou qu'on peut dire : — « *Cette petite fille est une intrigante adroite et l'a bien prouvé par son brillant mariage... — Hier encore elle n'était rien! Elle s'est imposée et la voilà comtesse!* » Oh! cela voyez-vous, jamais!!...

— Qu'avez-vous à craindre de semblable? — murmura Lionel.

— Tout, et vous le savez bien... — Madame de Rochegude, votre mère, rêvant un mariage entre vous et une parente qu'elle aime, ne pourrait accepter sans un amer chagrin, sans un dédain profond, l'alliance de son fils et de la pauvre Valentine de Cernay, peignant des aquarelles à deux écus la pièce pour gagner son pain et le pain de sa sœur!!

— C'est-à-dire, — répliqua violemment le comte, — que ma mère vous dédaignerait parce que vous êtes héroïque!! — Comment donc la jugez-vous?

— Comme une grande dame qui, malgré la noblesse de son cœur, est imbue fatalement de tous les préjugés de sa caste... si toutefois il faut admettre que ses opinions soient des préjugés...

— Valentine, vous êtes cruelle!!

— En quoi?

— Vous abusez durement de ma franchise!! — Sans l'excessive loyauté de mes paroles, vous ignoreriez encore ce mariage ébauché qui n'aura jamais lieu.

— Un peu plus tôt ou un peu plus tard n'aurait-il pas toujours fallu que je l'apprenne?...

— Assurément non, puisqu'avant de me déclarer à vous j'aurais triomphé de l'opposition de ma mère, comme j'en triompherai après...

— Ai-je sur vous quelque influence?... — balbutia Valentine.

— Vous me le demandez!!

— Eh! bien, je vous en conjure, ne causez point à madame de Rochegude une douleur poignante... ne chassez pas ses rêves... ne changez rien à ce qui est convenu...

— En d'autres termes, selon vous, je ferais bien d'épouser ma cousine?...

— Ce serait plus sage...

— C'est-à-dire, que vous me conseillez le sacrifice de mon bonheur!!

— Vous serez heureux autrement...

— Jamais, puisque je vous adore!!

— Ne me voyant plus, vous m'oublierez bien vite...

— Vous oublier, ce serait mourir... et je veux vous voir... et je veux vivre!... — Ayez confiance en moi, Valentine!... Non, vous n'entrerez point dans ma famille par une porte dérobée, mais par la porte d'honneur ouverte à deux battants!... — Avant peu la comtesse de Rochegude, ma mère, debout à cette place où me voilà, vous pressera sur son cœur et vous dira : — « *Mon fils a mis en vous toutes ses joies, tous ses espoirs... — Chère enfant, voulez-vous être ma fille?...*

Valentine secoua la tête.

— Ne me croyez-vous point? — demanda vivement Lionel.

— Pas beaucoup, je l'avoue.

Le comte de Rochegude joignant l'action aux paroles ploya le genou devant la jeune fille.

— Mais enfin, si ma mère venait vous tendre les bras en prononçant les paroles mêmes que vous venez d'entendre, que répondriez-vous?...

— A quoi bon songer à cela??... — Elle ne viendra pas.

— Pourquoi cette obstination, Valentine? — Admettez un moment l'impossible, puisque c'est pour vous l'impossible!! Si elle venait, que répondriez-vous?

L'orpheline baissa les yeux.

— Vous voulez que je parle? — balbutia-t-elle.

— Je vous en prie... je vous en conjure...

— Eh bien! je répondrais : — « *Ma mère, votre fille heureuse et reconnaissante vous aimera de toute son âme...* »

Lionel, poussant un cri de joie, saisit les mains que dans son trouble Valentine ne songeait pas à lui disputer, et les couvrit de baisers fous...

XXVII

La jeune fille fut la première à reconquérir un peu de sang-froid, et rougissante de pudeur elle retira ses mains, en balbutiant :

— Qu'avez-vous donc, monsieur? et qu'ai-je dit qui puisse ainsi vous exalter?

— Chère Valentine, — répliqua Lionel d'une voix suppliante, — ne me marchandez point le bonheur qu'à votre insu vous m'avez donné!!! Laissez-moi croire que je ne me trompais pas en prenant vos paroles pour un aveu..

— Un aveu! — répéta l'orpheline. — Vous vous trompez, monsieur, je n'en ai fait aucun!... — Vous m'avez priée d'admettre un moment l'impossible, et j'ai consenti, mais ma réponse n'aurait de valeur à mes yeux, et ne pourrait en avoir aux vôtres, que si cet impossible se réalisait un jour.

— Il se réalisera, je le jure! — s'écria le comte avec feu.

Valentine était redevenue complètement maîtresse d'elle-même.

— Soit! mais il sera temps d'en reparler alors!... — répondit-elle en souriant d'un air incrédule, puis elle ajouta : — Et maintenant, monsieur, il me reste à vous témoigner ma gratitude au sujet du motif ou plutôt du prétexte de votre visite. — Vous m'avez ouvert les yeux sur M. Vogel, dont la conduite en effet, ne me semble pas franche... Je ferai mon profit de vos bons avis..

— Vous fermerez votre porte à ce caissier déguisé en marchand de tableaux? — demanda vivement Lionel.

— C'est probable...

— N'est-ce donc point certain?... — murmura le jeune homme avec inquiétude.

— Après de sérieuses réflexions, j'agirai selon ma conscience...

Ceci fut dit d'un ton très calme, mais d'une façon si nette et si ferme que M. de Rochegude n'osa point insister.

La dignité simple de la jeune fille intimidait de nouveau ce viveur émérite habitué de longue date à ne pas respecter les femmes.

Un moment de silence suivit les dernières paroles de l'orpheline, et ce silence était embarrassant.

Valentine, pour y couper court, tendit la main au jeune homme.

— Adieu, monsieur... — fit-elle en même temps.

— Vous me renvoyez? — demanda tristement Lionel.

— Sans doute...

— Déjà!!

— Vous êtes chez moi depuis près d'une heure et nous n'avons plus rien à nous dire...

— Je vais vous prouver mon obéissance en me retirant, mais apprenez-moi du moins quand vous me permettrez de revenir ici?

— Je ne vous le permettrai pas.

Lionel tressaillit.

— Quoi, — s'écria-t-il, — vous refusez de me recevoir?

— Absolument.

— Mais pourquoi?

— Parce que la place du comte de Rochegude n'est pas chez une orpheline pauvre, vous le savez aussi bien que moi, monsieur, et vous savez aussi que l'orpheline, en accueillant le comte, compromettrait irrémédiablement le seul bien qu'elle possède, sa réputation de jeune fille...

— Mais je vous aime!

— Raison de plus! — Si vous m'aimez comme vous le dites, vos visites seraient doublement dangereuses, et j'ai peur du danger...

— Doutez-vous de mon honneur?...

— En aucune façon, mais je ne veux pas qu'on puisse douter du mien...

— Songez que dès demain, dès aujourd'hui peut-être, je parlerai de vous à ma mère... Je lui révélerai loyalement mes désirs et mes espérances...

— Démarche imprudente, qui sera pour vous, j'en ai peur, une source d'amertume et de déceptions...

— Vous vous trompez, chère Valentine... — Je connais le cœur de ma mère... — La lutte sera courte et je triompherai... — Il faudra bien alors que je vous voie pour vous apprendre que j'ai réussi...

— Le jour du succès je vous recevrai, mais ce jour-là seulement!

— M'autorisez-vous à vous écrire?...

— Oui, mais très rarement...

— Au revoir, Valentine!... à bientôt!!

— Je ne vous dis pas : *Au revoir!* moi... — Je vous dis : — Adieu!!

Lionel pressa contre ses lèvres la main que l'orpheline lui tendait de nouveau; il souleva et embrassa la petite Claire qui lui rendit littéralement la monnaie de son baiser, puis il quitta la maisonnette de la rue Mozart.

Le comte de Rochegude, malgré l'extrême froideur de la jeune fille pendant la dernière partie de l'entretien, s'en allait ivre d'amour et d'espérance. — Il connaissait trop bien les femmes pour n'avoir point compris que cette froideur était de commande, que Valentine luttait contre elle-même, cachait de son mieux le trouble naissant de son cœur, et qu'enfin à bref délai il serait aimé.

Mais, en dépit de l'extrême confiance qu'il venait d'afficher, la pensée du grave entretien qu'il devait avoir avec sa mère lui causait une sérieuse inquiétude, ou pour mieux dire une véritable angoisse.

Tandis que Lionel embrassait Claire et sortait du salon, Valentine n'avait point cessé de sourire.

Mais quand le jeune comte eut refermé la porte derrière lui, l'orpheline se laissa tomber sur un siège, cacha son visage dans ses mains, et ses sanglots éclatèrent brusquement.

Claire, stupéfaite et effrayée de cette crise soudaine que rien ne pouvait faire prévoir et que rien ne semblait justifier, accourut auprès de sa sœur, grimpa sur ses genoux, prit ses mains qu'elle écarta de force et, collant ses lèvres sur ses joues humides, demanda :

— Petite sœur, qu'est-ce que tu as donc?

— Je n'ai rien, ma mignonne... — balbutia Valentine.

— Alors, pourquoi pleures-tu?

— Je ne sais pas...

— Personne ne t'a fait de chagrin?

— Personne...

— Et tu n'es pas malade?...

— Non, chérie...

— Bien vrai?

— Oui, bien vrai...

— Alors, ne pleure plus, je t'en prie...

— Regarde, mignonne, c'est fini...

La crise, en effet, touchait à son terme. — Les larmes ne coulaient plus. — Le sourire avait reparu.

Nous venons d'entendre la jeune fille répondre : *Je ne sais pas!* — à sa sœur qui lui demandait : *Pourquoi pleures-tu?*

C'était vrai, absolument vrai, quoique invraisemblable en apparence.

Non, Valentine ne savait pas.

Elle ignorait la source de ses pleurs et la cause de ses sanglots. — En son ingénuité complète, en sa candeur naïve, elle devinait à peine qu'un naissant, qu'un premier amour, s'emparait de tout son être, et la crainte instinctive que cet amour inconscient n'eût point de lendemain oppressait son cœur virginal.

— Tu souris, à présent! — s'écria Claire. — Je suis contente... — Tout à l'heure je me figurais que le monsieur qui sort d'ici t'avait fait de la peine...

Valentine secoua la tête.

— Je l'aime beaucoup le monsieur qui sort d'ici... — reprit la petite fille. — Il est gentil, n'est-ce pas?...

— Sans doute...

— Bien plus gentil que M. Vogel...

— En quoi?... — demanda Valentine.

— M. Vogel ne regarde jamais en face... On dirait qu'il cache ses yeux comme s'il allait toujours mentir?

— Tu as remarqué cela, mignonne?

— Oui, sœur chérie...

— Il est bon pour nous cependant, M. Vogel... Il paraît t'aimer beaucoup...

— Il est très bon, il paraît m'aimer, et c'est peut-être mal de ma part, c'est peut-être de l'ingratitude, mais je ne peux faire autrement que de ne pas l'aimer du tout...

— Ah! — pensa Valentine, — l'instinct de cet enfant l'avertit... — Le comte de Rochegude a dit vrai... Je dois me défier de cet homme à double visage mais il ne faut accuser qu'à coup sûr... Je veux savoir... — Je saurai demain...

C'est le soir de ce jour qu'Hermann Vogel se présenta, comme il avait l'habitude de le faire trois fois par semaine, à la maisonnette des orphelines, et nos lecteurs doivent maintenant comprendre à merveille l'accueil embarrassé que lui fit mademoiselle de Cernay.

XXVII

Valentine, cette nuit-là, dormit d'un sommeil fiévreux.

Pour la première fois de sa vie, des figures masculines passèrent dans ses rêves agités.

Tantôt elle voyait Hermann Vogel et tantôt Lionel de Rochegude, puis ce dernier disparut complètement. Hermann resta seul, sombre et silencieux, avec une expression étrange sur sa blonde figure allemande...

Il souriait à Valentine, mais son sourire était effrayant comme une menace.

Il saisissait la main de la jeune fille et, malgré sa résistance, il l'entraînait vers les bords indécis d'un abîme de ténèbres...

L'orpheline sentait alors le sol se dérober sous ses pieds ; elle roulait dans le vide, puis, réveillée brusquement par la secousse imaginaire, elle se dressait glacée de terreur, pour se rendormir un instant après et pour recommencer le même rêve.

Cela dura jusqu'au point du jour.

L'aube naissante chassa les fantômes de la nuit; le souvenir des songes devint de plus en plus vague, et enfin tout à fait indistinct, mais en s'effaçant il laissa dans l'esprit de Valentine une impression persistante de tristesse et d'inquiétude.

La jeune fille était matinale.

Elle quitta son lit et, avant huit heures, elle eut terminé non seulement sa toilette, mais celle de Claire, et donné à la petite fille son premier déjeuner.

Quand ceci fut fait, elle attacha sur ses beaux cheveux un chapeau couvert d'un grand voile, prit un mantelet! hélas! bien fané, et mit des gants noirs, notablement blanchis au bout des doigts par un long usage.

— Tu sors, sœur chérie ? — s'écria Claire, très surprise de cette dérogation im-prévue aux habitudes de Valentine.

— Oui, mignonne...

— Si matin!!

— Une course pressée...

— Seras-tu longtemps dehors?...

— Je vais un peu loin, mais cependant j'espère être de retour pour dix heures... En mon absence, n'ouvre à qui que ce soit...

— Si on sonne, cependant?...

— Laisse sonner et ne te montre pas... Tu me le promets?

— Oui, sœur chérie...

Valentine quitta la petite maison, fit cent cinquante pas, franchit le seuil de la gare et prit un billet de seconde classe pour Paris.

Elle allait rue Saint-Lazare.

Lionel de Rochegude, la veille, lui avait indiqué la banque dont Hermann Vogel était le caissier comme ayant son siège au numéro 21 de cette rue.

Vers neuf heures moins un quart, après avoir eu soin de baisser son voile, elle entra chez le concierge du numéro 21, s'informa et obtint cette réponse :

— La banque Jacques Lefebvre et Cie, ma petite dame, oui, c'est bien ici, mais les bureaux ne sont pas ouverts... — Les employés ne viennent qu'à neuf heures... — c'est-il pour toucher de l'argent?...

— Non, c'est pour parler au caissier...

— Alors vous avez le temps d'attendre... — M. Hermann Vogel n'arrive qu'à neuf heures et demie... — Voulez-vous vous asseoir un peu dans la loge? c'est à votre service...

— Merci, monsieur, je reviendrai...

— Il n'y a rien à dire de votre part à M. Vogel?.

— Non... rien... Il ne me connaît pas...

Valentine sortit de la loge.

Elle savait ce qu'elle voulait savoir.

Lionel de Rochegude ne l'avait point trompée. — Le prétendu courtier en tableaux et objets d'art ne s'était introduit chez elle qu'en cachant sa situation véritable... — Dans quel but? — Elle l'ignorait, mais le mensonge et la duplicité couvrent rarement des intentions avouables.

La jeune fille reprit le chemin de Passy et rentra chez elle avant dix heures.

En son absence personne n'avait sonné.

A neuf heures et demie Hermann arriva, comme de coutume, à la maison de banque.

Le concierge qui le guettait, l'arrêta au passage par ces mots :

— Monsieur Vogel, on est venu vous demander tout à l'heure.

— Qui ça !

— Une petite dame...

Le caissier tressaillit. — Les jeunes personnes aimables qu'il honorait de sa bienveillance ne le connaissaient que sous le nom de baron de Précy ; donc la visiteuse ne pouvait être l'une d'elles.

— Quelle petite dame? demanda-t-il.

— Elle avait un voile sur la figure, — répondit le concierge, — mais malgré qu'on ne lui vît pas le bout du nez, elle paraissait, ma foi, bien gentille !... — Une blondinette toute jeunette, toute fluette, pas bien riche, à en juger par la toilette, mais bonne tournure dans sa vieille robe noire, et très comme il faut... — Ça n'est pas une baladeuse, non !... Je lui ai proposé d'attendre dans la loge; je lui ai offert de vous dire ce qu'il faudrait ; elle a répondu qu'elle reviendrait et que vous ne la connaissiez point...

Hermann très préoccupé, et pour cause, gagna sa caisse et s'installa machinalement derrière le grillage percé d'un guichet.

Il croyait savoir à quoi s'en tenir sur le compte de la petite dame inconnue.

Au portrait esquissé par le concierge, il lui semblait reconnaître Valentine...

Lui aussi il avait passé une mauvaise nuit, se demandant sans résultat, dans son insomnie, pourquoi tant de froideur et de contrainte venaient de remplacer l'expansion habituelle de la jeune fille.

Maintenant il ne cherchait plus ; du moins de ce côté...

Quelqu'un, — cela sautait aux yeux, — avait trahi le secret de sa position réelle, éveillant ainsi tout naturellement la défiance de Valentine.

L'énigme changeait de nature...

Quelqu'un se faisait son espion et s'était servi contre lui du renseignement obtenu par l'espionnage...

— Qui donc ? et dans quel intérêt ?

Hermann s'adressa ces questions et se répondit :

— C'est un rival...

Rien de plus vraisemblable en effet, mais la solution du problème n'en restait pas moins incomplète.

Quel était ce rival, et quel qu'il fût, comment avait-il pu savoir, — (à moins d'être reçu par Valentine), — que le caissier se faisait passer pour un acheteur d'aquarelles ?

A force d'interroger sa mémoire, Hermann Vogel se souvint de ce beau jeune homme aperçu quelques jours auparavant, à cheval et immobile, auprès des palissades de l'enclos.

Il lui sembla se rappeler en outre que deux ou trois fois, depuis lors, il avait entrevu de nouveau cette même tournure militaire aux environs de la rue Mozart.

— Le doute est impossible... — pensa-t-il. — C'est lui...

Mais ce monosyllabe : *lui!* était effroyablement vague et ne mettait aucun nom sur la figure suspecte...

Or, pour combattre ce rival, par conséquent cet ennemi, il fallait savoir...

Comment savoir ?

La journée s'écoula sans que la dame voilée reparût. — Ceci confirmait les soupçons d'Hermann Vogel, ou pour mieux dire les changeait en certitude. — La visiteuse matinale était bien Valentine.

L'employé de la maison Jacques Lefebvre et Cie attendit avec une fiévreuse impatience le moment de fermer sa caisse.

Sitôt que l'horloge des bureaux eut sonné l'heure réglementaire, il abaissa d'un mouvement brusque la porte mobile du guichet ; il opéra la clôture du coffre-fort à combinaisons et à secret ; il plaça les grands livres dans leurs casiers ; endossa son paletot, mit son chapeau, puis, sans même prendre le temps d'allumer un cigare, — (ce qui dénotait chez lui une bien poignante préoccupation,) — il quitta son cabinet, sortit de la maison et, marchant si vite qu'il semblait courir, prit le chemin de la rue Montmartre.

Il ne ralentit point son pas impétueux en arrivant au numéro 131 de cette rue ; s'enfonça comme une trombe dans le couloir et gravit ou plutôt escalada l'escalier conduisant à l'agence Roch et Fumel.

XXIX

Le petit vieillard chétif, assis à une petite table près de la fenêtre, et grossoyant automatiquement comme de coutume, parut stupéfait lorsque Vogel s'élança dans l'antichambre en faisant claquer la porte derrière lui.

— Miséricorde, qu'est-ce qui se passe ? — murmura-t-il en voyant la physionomie bouleversée du jeune homme, qu'il reconnut d'ailleurs pour un client de l'agence. — Est-ce que le feu est à l'escalier, mon cher monsieur ?... Est-ce que vous êtes poursuivi ?... Est-ce que les gardes du commerce sont à vos trousses ?...

— Rien de tout cela... — répliqua le caissier, — mais introduisez-moi sur-le-champ, je vous prie...

— Impossible !

— Pourquoi ?

— M. Roch a du monde dans son cabinet. — Il est en affaires... M. Fumel aussi...

— Ce sera-t-il long ?

— Je n'en sais rien...

— Mais vous pouvez entrer, vous ?.

Valentine prit un billet de seconde classe pour Paris.

— Oh ! moi, je peux toujours entrer...

— Prévenez M. Roch que je suis ici, et ajoutez qu'il s'agit de quelque chose de très pressé...

— Je vais faire cela, monsieur, mais passez, s'il vous plaît, dans le salon d'attente. — Vous vous y trouverez tout seul. — Les deux derniers clients sont dans le cabinet.

Au bout d'un quart d'heure, qui parut interminable à Vogel, l'ex-avoué lui-même ouvrit une portelatérale et dit :

— Je suis libre... — Venez...

Hermann entra vivement.

Maître Roch reprit, en donnant une poignée de main à son visiteur :

— On m'a prévenu que vous étiez très pressé.

— Ce n'est pas moi qui suis pressé. — C'est la situation qui est tendue...

— Il y a du nouveau ?

— Oui.

— Bon ou mauvais ?

— Mauvais, j'en ai peur...

— C'est donc cela qui vous met la figure à l'envers ! — Je vais appeler Fumel; vous nous raconterez ce qui vous taquine, et ce sera bien le diable si nous ne remettons point les choses en bon état.

L'ex-avoué approcha de ses lèvres l'embouchure d'un tube de caoutchouc, et héla son associé.

Le ci-devant employé de la préfecture de police ne se fit point attendre et salua gravement Vogel.

— Allez droit au fait maintenant... — dit maître Roch à ce dernier. — De quoi s'agit-il ? — D'où vient l'anicroche ? — Est-ce à Passy que ça ne va pas ?

— C'est à Passy... — répliqua le caissier... — Tout marchait sur des roulettes... — J'avais dans la maisonnette de la rue Mozart mes grandes et mes petites entrées... — Mademoiselle Valentine m'accueillait à merveille et me témoignait une sympathie grandissante, une confiance illimitée... — Bref, je me considérais déjà comme maître du terrain... Il me semblait que je n'avais plus qu'à me déclarer... Je me croyais certain d'être accueilli favorablement...

— Eh bien ? — demanda maître Roch.

— Eh bien ! tout est changé...

— Depuis quand ?

— Depuis vingt-quatre heures... — Hier au soir on m'a reçu comme un étranger dont on se défie et dont la présence semble importune... — L'embarras et la contrainte de Valentine étaient manifestes... — Elle avait hâte de me voir partir...

— L'avez-vous interrogée sur les motifs d'un si brusque changement ?

— Je m'en suis bien gardé ! Toute question m'eût paru maladroite... — Je n'avais d'ailleurs nulle chance d'obtenir une réponse sincère...

— Est-ce tout ?

— Non pas ! et voici le plus sérieux : — Valentine sait que je ne suis pas le moins du monde commissionnaire en tableaux et objets d'art... — Elle connaît ma situation véritable...

— Elle vous l'a dit ?

— Nullement, mais une jeune fille voilée, qui ne peut être qu'elle, est venue me demander ce matin à la maison de banque avant mon arrivée... — Le concierge m'a décrit cette jeune fille et je suis absolument certain que c'est mademoiselle de Cernay...

Maître Roch, après avoir réfléchi pendant un instant, répliqua :

— En somme, ça ne me paraît pas bien grave... — Vous expliquerez sans peine à la petite que, très épris de sa personne, vous avez saisi pour vous rapprocher d'elle le seul prétexte de nature à vous faire recevoir... — Un mensonge de ce genre est péché véniel pour un amoureux, et ne saurait offenser même une vestale quand le bon motif est en jeu... — Une seule chose me préoccupe et m'inquiète... — Comment et par qui la jeune fille a-t-elle été renseignée... — Voilà le logogryphe... — Fumel, en devinez-vous le mot?

— Un enfant le devinerait ! — répliqua le policier émérite.

— Et c'est ?...

— Un amant sous roche, parbleu ! ! — Un rival !...

— Ah ! diable !... — murmura l'ex-avoué ; puis s'adressant au caissier, il demanda : — Est-ce aussi votre avis, cher monsieur Vogel ? — Croyez-vous au rival ?

— Absolument, — répondit Hermann. — C'est ma ferme croyance comme celle de monsieur Fumel...

— Cette croyance se base-t-elle sur des conjectures ou sur quelques faits matériels ?

— Les faits matériels existent...

— Quels sont-ils ?

Vogel parla de l'élégant cavalier dont il avait constaté la présence aux alentours de l'enclos, puis il ajouta :

— Mon instinct m'avertit que ce jeune homme est le rival en question... — Il m'a épié ou fait épier, c'est certain, et il est reçu chez Valentine puisqu'il a pu la mettre au courant de ses découvertes sur mon compte, mais je ne sais rien de lui, et il m'est matériellement impossible de le surveiller, mes fonctions de caissier me clouant, de neuf heures et demie à quatre heures du soir, dans mon cabanon de la maison Jacques Lefebvre ! ! — C'est désolant...

Maître Roch eut un bon sourire.

— Cher monsieur, — répliqua-t-il, — ne vous faites pas de mauvais sang pour si peu de chose ! — Le mystère qui vous intrigue sera percé à jour avant peu...

— Et comment ?

— Adressez-vous à Fumel... — Il s'agit d'une enquête... Ça rentre dans sa spécialité.

Hermann Vogel se tourna vers l'ex-policier et l'interrogea du regard.

— Sta. Pi fera l'affaire... — dit Fumel.

— Qu'est-ce que Sta. Pi ? — demanda curieusement le caissier. — Vous avez prononcé déjà devant moi, ce me semble, cette appellation bizarre...

— C'est un de nos employés... Un petit jeune homme bien malin, qui certainement irait loin dans la partie s'il n'avait du vice... Mais il est libertin, joueur et gourmand... Ça lui fera du tort... — Il mange en quinze jours ses appointements du mois... — Il a toujours besoin de vingt francs... — Mon cher associé, s'il vous plaît, hélez Sta. Pi...

M. Roch saisit le porte-voix de caoutchouc.

Fumel poursuivit :

— Ce garçon se nomme en réalité Stanislas Picolet... — On a pris l'habitude de l'appeler Sta. Pi.

On frappa doucement à la porte du cabinet.

— Entrez ! — dit Fumel.

Le jeune Picolet parut sur le seuil et s'y tint immobile, dans une attitude qui réalisait le problème d'être à la fois humble et effrontée ; puis, caressant de la main droite un de ses accroche-cœur pommadés, il attendit qu'on lui adressât la parole.

Stanislas Picolet est trop connu de nos lecteurs habituels pour qu'il nous semble utile de tracer un portrait qui serait une redite.

On a vu Stanislas Picolet, dans les *Tragédies de Paris* [1], collaborer à son insu avec Jobin, le fameux agent de la sûreté, pour l'arrestation de Frédéric Muller, l'assassin mystérieux du baron Worms ; — on l'a vu, dans *Sa Majesté l'Argent* [2], chercher et trouver les traces du rapin Hector Bégourde, le futur *Prince Totor*, héritier sans le savoir de sept ou huit millions, et de puits de pétrole en Pensylvanie d'une valeur incalculable.

— Sta. Pi, — reprit Fumel, — tout à l'heure je vantais votre intelligence et votre habileté à M. Vogel, que voici... — Une occasion de vous distinguer se présente... — Nous allons vous expliquer ce qu'on attend de vous... M. Vogel, dont la libéralité m'est connue, n'hésitera pas à vous remettre, après réussite, une gratification de dix louis...

Les yeux du jeune homme étincelèrent de convoitise.

— Dix louis ! — répéta-t-il d'une voix enrouée et traînante, — ils arriveront fort à propos, m'sieu Fumel... Vous savez, j'ai toujours bien besoin de dix louis...

XXX

— Nous désirons, — reprit Fumel, — connaître le nom et l'adresse de certain jeune homme qui tourne autour d'une mineure habitant à Passy une maisonnette fort isolée, et nous voulons savoir en outre si ce jeune homme est reçu chez cette mineure...

1. F. Roy, éditeur.
2. Idem.

— Possible... — répliqua Sta. Pi — Quelles indications S. V. P. ?...

— Rien de positif... — des conjectures... — Des suppositions... — Voilà tout...

— Hum !... c'est maigre !... — Il faudra donc deviner le particulier ?...

— Vous aurez son signalement très exact. — D'ailleurs il est probable que le jeune homme en question est le seul échantillon masculin rôdant autour de la maisonnette dont il s'agit... — Je vous mets à la disposition de M. Vogel... —Vous l'accompagnerez à Passy dès que la nuit sera venue, et vous vous entendrez avec lui sur la marche à suivre pour n'éveiller aucune défiance tout en faisant le guet avec zèle... — L'affaire étant d'importance capitale, vous êtes dispensé provisoirement de venir à l'agence... — Vous vous ferez une tête insignifiante, une de ces têtes qu'on ne remarque point.

— Facile... — L'endroit est désert, avez-vous dit, m'sieu Fumel?...

— Sinon désert, du moins peu fréquenté...

— Je pourrais avoir une brouette de fruitier ambulant, et promener des légumes si défraîchis que personne ne les achèterait; mais il faudrait une médaille de la préfecture et un livret, sinon le premier *sergot* venu serait en droit de me déclarer une contravention et de me conduire au poste...

— Vous aurez, demain matin, la médaille et le livret... — Je sais où les prendre, et je vais m'en occuper dès ce soir...

— En outre, — poursuivit Sta. Pi — j'aurai besoin d'une petite avance... Oh ! toute petite. — Quatre ou cinq pièces de cent sous me suffiront... en attendant...

— Une avance ! Pourquoi faire ? — demanda Fumel.

— Pour ne pas me trouver dans l'embarras faute de monnaie, donc !... — répliqua l'employé. — Il sera peut-être nécessaire, d'un moment à l'autre, de prendre un fiacre afin de filer le jeune homme, et d'allonger un fort pourboire qui donnera des jambes à la rossinante, ou de payer le café et tout ce qui s'en suit à quelque larbin qu'il s'agira de rendre bavard, si le jeune homme est de la *haute*... Et ça coûte de l'argent, tout ça...

— Eh bien, — répondit Fumel, — si vous avez des frais, vous me présenterez votre note... — Je rembourserai...

Sta. Pi, tout à la fois lamentable et comique, frappa sur ses goussets qui ne rendirent aucun son.

— Les toiles se touchent... — s'écria-t-il. — Débine en Compagnie !!...

— Vous êtes sans le sou ?

— Toujours.

— Mais vos appointements ?...

— Parlons-en, de mes appointements ! — fit le jeune homme en ricanant, —Vous savez bien qu'ils sont anémiques, m'sieu Fumel... — Si je n'avais la veine d'inspirer quelque confiance à la patronne de mon gargot, je me serrerais le ventre plus souvent qu'à mon tour... — Aussi je la solderai rubis sur l'ongle, cette patronne, dès que j'aurai touché les dix louis de la prime !...

Fumel allait discuter sans doute la prétention de Sta. Pi à une avance.

Mais Hermann Vogel coupa court à toute discussion en ouvrant son porte-monnaie.

— Voici quarante francs... — dit-il à l'agent de Roch et Fumel.

Le jeune homme empocha les deux pièces d'or sans se faire prier, et s'écria :

— Grand merci, m'sieu !... — Me voila gardé à carreau... — Allons-y gaiement...

Le caissier ne tenait pas du tout à se montrer en public avec Sta. Pi, que le débraillé de son costume, son chapeau mou déformé, son linge douteux, son soupçon de moustaches sous les narines, et ses accroche-cœur, faisaient ressembler à un voyou rôdeur de barrières beaucoup plus qu'à un employé.

Prétextant une course importante, il donna rendez-vous au jeune homme à la gare de Passy où le chemin de fer de Ceinture pourrait l'amener, et où il se trouverait lui-même à huit heures.

L'endroit indiqué, — nous le savons déjà, — n'était qu'à une faible distance de l'enclos de la rue Mozart.

Au moment où huit heures sonnaient, Hermann descendit d'un fiacre à l'angle de la rue de la Pompe.

Aucun train n'arrivait en ce moment.

La petite place située devant la gare était presque déserte ; on n'y voyait qu'un joueur d'orgue chétif et bossu tournant impitoyablement la manivelle de son instrument, et le contraignant à *moudre* le fameux air d'*Ay Chiquita,* très en vogue à cette époque :

« On dit que l'on te marie...
« Tu sais que j'en vais mouri i i ir !..
« Ton amour c'est ma folie,
« Hélas ! je n'en puis guéri i i ir !

Vogel se mit à marcher de long en large, fumant un londrès et guettant le policier-marron.

Cinq minutes s'écoulèrent.

Après avoir moulu d'un bout à l'autre l'air d'*Ay-Chiquita,* l'orgue venait d'entamer la mélodie non moins connue et non moins populaire d'*Il Baccio.*

De nos jours, il aurait indubitablement égréné « *Perruque blonde* ou » *Forte en gueule* de la » *Fille de Madame Angot.*

Hermann commençait à s'ennuyer et mâchait nerveusement le bout de son cigare.

La nuit était complètement venue, mais une nuit étoilée et transparente.

D'ailleurs les becs de gaz de la station éclairaient la place.

Le joueur d'orgue s'approcha du caissier en nasillant avec un fort accent auvergnat :

— Un petit chou, ch'il vous plaît, mon bon mochieu...

— Au diable!... — répliqua Vogel avec impatience, en s'éloignant de quelques pas.

Une voix enrouée et moqueuse répéta :

— Au diable!... — Nous irons donc ensemble, m'sieu! Ça fait que nous nous tiendrons compagnie chemin faisant...

Hermann se retourna stupéfait.

Il se trouvait, plus que jamais, absolument seul avec le joueur d'orgue.

Ce dernier se mit à rire et poursuivit :

— Décidément, m'sieu Vogel, paraît que vous ne me reconnaissez pas...

— Sta. Pi!... — s'écria le caissier. — Quoi, c'est vous ! !...

— Un peu, mon neveu ! ! — Vous voyez qu'on se grime, au besoin, assez proprement... — J'ai voulu vous offrir un échantillon de mes talents ; je me faisais du bon sang pendant que vous vous en faisiez du mauvais, et que j'exécutais en votre honneur, des morceaux choisis de mon répertoire... — Présentement, la farce est jouée... *N, i, ni,* c'est fini! et nous donnerons un coup de pied où et quand vous voudrez.

— Venez, — dit Hermann, — mais laissez-moi prendre un peu d'avance...

— Soyez paisible... — Ça paraîtrait drôle de voir un joueur d'orgue aller de pair à compagnon avec un *gandin* de votre acabit... — C'est compris!... — Allez de l'avant, je vous emboîte!...

La rue Mozart, aujourd'hui fort peu animée après la chute du jour, l'était bien moins encore en 1858.

Elle n'existait alors, nous le répétons, qu'à l'état d'ébauche au milieu de terrains vagues ; — elle ne conduisait à rien ; — les candélabres municipaux y brillaient par leur absence.

Hermann Vogel atteignit la palissade de l'enclos sans avoir rencontré âme qui vive.

Il fit halte.

Sta. Pi. le rejoignit et demanda :

— Nous sommes arrivés?

— Oui.

— Les renseignements alors, et la consigne?..

Le caissier connaissait de longue date le secret très facile de la fermeture. — Il ouvrit sans peine la porte à claire-voie et conduisit l'employé de Roch et Fumel jusqu'auprès de la maisonnette qu'il lui désigna.

Il lui fit ensuite le portrait du rival mystérieux qui — (nos lecteurs ne l'ignorent point), — n'était autre que Lionel de Rochegude.

Voilà pour les renseignements.

Quant à la consigne, elle pouvait se résumer ainsi : — Découvrir le nom et l'adresse de l'homme ; — savoir si mademoiselle de Cernay le recevait chez elle; — intercepter enfin, si faire se pouvait, toute correspondance adressée à la jeune fille...

— *Sufficit!* — répliqua Sta. Pi. — On tâchera de gagner la prime...

Le lendemain matin, vers dix heures, un jeune homme médaillé, d'aspect malingre et contrefait, poussait devant lui, tout le long de la rue Mozart, une petite voiture à bras garnie de légumes fanés et, lorsqu'il voyait venir un passant, criait d'une voix grasse, sur une mélopée traînante :

— Des choux !... des panais !... des carottes !... Des beaux navets???

C'était Sta. Pi.

XXXI

Lionel de Rochegude était un homme de décision prompte.

En quittant la maisonnette de la rue Mozart il avait résolu d'en finir le plus tôt possible avec l'état d'intolérable incertitude dans lequel il vivait et, pour arriver à ce résultat, de parler sans retard à sa mère.

En conséquence, aussitôt après l'entrevue dont nous avons été les témoins, il regagna l'hôtel de l'avenue des Champs-Élysées.

Mais l'homme propose et Dieu dispose.

Une demi-douzaine de voitures de maîtres stationnaient dans la cour et lui rappelèrent que, ce jour étant un jeudi, madame de Rochegude recevait.

Chaque jeudi la comtesse restait chez elle et donnait, à sept heures, un dîner de quinze ou seize personnes, suivi d'une réception qui se prolongeait jusqu'à minuit ou une heure du matin.

Les causes les plus futiles exercent bien souvent une considérable influence sur les grands événements de la vie.

Le jeune comte ne pouvait enlever sa mère à ses relations mondaines pour avoir avec elle un entretien sérieux.

Il remit forcément au lendemain la grave démarche dont la seule pensée ralentissait les battements de son cœur, car, s'il se croyait certain de la réussite finale, il ne se dissimulait point que la résistance serait obstinée et qu'il ne triompherait pas sans peine.

A coup sûr madame de Rochegude, luttant de toutes ses forces contre la ruine de ses espérances les plus chères, combattrait énergiquement un projet d'alliance que ses opinions, ou, si l'on veut, ses prégugés de grande dame, lui feraient trouver déplorable.

Il importait beaucoup de disposer favorablement la comtesse.

Lionel, absorbé par les entraînements du plaisir à outrance, et trouvant d'ail-

La petite place était déserte, on n'y voyait qu'un joueur d'orgue, tournant impitoyablement sa manivelle.

leurs fort ennuyeux les amis de sa mère, n'assistait presque jamais aux dîners du jeudi.

Ce jour-là, par exception, il prévint le maître d'hôtel qu'il fallait le compter parmi les convives et, vers six heures et demie, en costume de soirée, il fit son entrée dans les salons, à la grande surprise et surtout à la grande joie de madame de Rochegude qui trouva moyen de s'approcher de lui et de lui demander à voix basse :

— Est-ce que tu dîneras avec nous, cher enfant?...

— Oui, ma bonne mère.... — répondit-il.

— Tu es charmant!...

— Je veux l'être toujours désormais... — J'ai résolu de modifier absolument certaines habitudes de ma vie...

— Que Dieu t'entende!...

— Il m'entendra, soyez-en convaincue...

— Tu as d'autant mieux fait de commencer dès aujourd'hui cette heureuse réforme que nous allons avoir ton oncle et ta cousine...

Puis la comtesse, serrant d'une façon significative la main de son fils, le quitta pour s'occuper exclusivement de ses visiteurs.

— Mon oncle et ma cousine vont venir!! — se répéta Lionel en fronçant le sourcil. — Quelle mauvaise chance... Ah! si j'avais su!! — Enfin, je suis pris!... Il s'agit de faire contre mauvaise fortune bon cœur... mais ceci va fournir, et fort mal à propos, un nouvel aliment à l'idée fixe de ma mère...

Un quart d'heure plus tard le valet de chambre annonçait :

— M. le marquis de Rochegude et mademoiselle de Rochegude...

L'oncle de Lionel, marquis, sénateur, général de division, commandeur de la Légion d'honneur, était un homme de soixante-huit ans environ, de physionomie imposante et de grande mine, quoiqu'il fût de petite taille et plutôt laid que beau.

De ses nombreuses campagnes en Afrique il avait rapporté un teint presque pareil à celui d'un Indien O-Jib-bé-Was.

Sur la peau tannée et d'un rouge brique de son visage tranchaient bizarrement les yeux noirs, aussi vifs que ceux d'un jeune homme, les sourcils noirs très épais, les cheveux d'un blanc de neige, taillés en brosse et formant cinq pointes comme la perruque de Polichinelle, et les longues moustaches hérissées, non moins blanches que les cheveux.

Même sans le large ruban de moire pourpre porté en cravate, et sans la brochette de petites croix diamantées scintillant à la boutonnière de l'habit, on comprenait, dès le premier regard jeté sur le général, qu'on se trouvait en présence d'un personnage.

Ce vieux gentilhomme offrait un type de vigueur herculéenne. — Ses épaules massives semblaient de force à soutenir un monde. — Il devait vivre cent ans, à moins qu'une attaque d'apoplexie ne le terrassât sournoisement en un quart de minute.

Sa fille unique, Esther, âgée de seize ans et demi et sortie depuis quelques jours à peine du couvent des Oiseaux, était une gracieuse enfant vivace et pétulante, encore un peu pensionnaire peut-être, mais adorable déjà.

Comment Lionel avait-il eu le mauvais goût de ne pas devenir amoureux de sa cousine?...

Nous posons ce problème sans entreprendre de le résoudre.

La seule raison plausible de l'indifférence du jeune comte à l'endroit de cette jolie parente était qu'on la lui destinait pour femme...

De petite taille comme son père, mais admirablement bien faite, mignonne et fine autant qu'on le puisse être, avec des pieds de Cendrillon et des mains de duchesse, Esther avait l'épiderme couleur d'ambre. — On pouvait lui appliquer ces vers des *Orientales* :

« Tu n'es ni blanche ni cuivrée,
« Mais il semble qu'on t'ait dorée
« Avec un rayon du soleil... »

Une étonnante profusion de cheveux soyeux d'un noir brillant, à reflets bleuâtres, couronnait son visage souriant, dont, à la moindre émotion, un sang généreux empourprait les joues veloutées.

Les sourcils et les prunelles étaient noirs comme les cheveux.

Des moineaux gourmands auraient voulu lui becqueter les lèvres, les prenant pour des cerises mûres, et ces lèvres en se soulevant découvraient de petites perles dans un écrin de corail rose.

Il est impossible de décrire le rayonnement de vie et de santé, le je ne sais quoi de franc, de joyeux, de sympathique, qui s'échappait de ce visage. — Les yeux étincelaient d'esprit candide. — La bouche exprimait la bonté.

En regardant marcher cette jeune fille, souple, élastique et vibrante, il était impossible de ne point se dire :

— Voilà le printemps qui passe...

Esther portait ce soir-là une robe de soie d'un rose pâle, presque montante.

Un collier de perles, — son unique bijou, — mettait une note d'une blancheur opaline sur la peau dorée de son cou. — Deux bracelets pareils s'attachaient à ses poignets délicats.

Dans les masses de ses cheveux noirs, négligemment tordus sur sa tête élégante, elle avait piqué deux roses du même ton pâle que sa robe.

L'ensemble et les détails de cette créature exquise et de cette simple toilette offraient un charme si touchant qu'un petit murmure d'admiration se fit entendre au moment de l'entrée d'Esther.

La jeune fille, dans l'heureux équilibre de sa nature, ne pêchait ni par excès d'aplomb ni par excès de timidité. — Elle traversa les salons avec une modestie de bon goût mais sans la moindre nuance d'embarras, et courut embrasser madame de Rochegude, puis elle prit en souriant la main que lui tendait Lionel et la serra d'un air *bon garçon*, en disant au jeune homme :

— Bonsoir, cousin...

Elle ajouta confidentiellement :

—Vous savez que je ne suis plus au couvent... — Me voici tout à fait grande fille et papa m'a promis de me conduire demain au manège pour ma première leçon d'équitation... — Je suis sûre que je serai solide et hardie comme un page... — Vous monterez à cheval avec moi, n'est-ce pas, cousin?

— Je serai très heureux et très fier de vous servir de cavalier, chère cousine, vous n'en doutez pas... — répondit le comte.

Madame de Rochegude enveloppait d'un regard tendre et charmé son fils et sa nièce.

Lionel surprit l'expression de ce regard, et fronça le sourcil pour la seconde fois.

A table on plaça les deux jeunes gens l'un à côté de l'autre...

Esther fut d'une gaieté presque enfantine et fit tout au monde pour animer son cousin qu'elle trouvait, et de beaucoup, plus sérieux qu'il n'aurait fallu.

Elle y parvint à peu près, non sans beaucoup de peine, et Lionel à la fin, chassant de son mieux ses préoccupations, lui donna tant bien que mal la réplique.

De temps en temps il se disait :

— Elle est délicieuse, ma petite cousine... — Ah! que je l'aimerais de tout mon cœur si personne ne voulait me la faire épouser...

La soirée parut interminable à l'amoureux de Valentine.

Esther s'était emparée de lui et l'enveloppait de ses naïves et inconscientes coquetteries de pensionnaire émancipée la veille.

Enfin, un peu après minuit, les salons se dépeuplèrent et le marquis demanda sa voiture.

— Adieu, chère fille... adieu, *ma fille*... — dit madame de Rochegude à Esther en la pressant dans ses bras avec un véritable transport de tendresse maternelle.

Puis, quand elle se trouva tout à fait seule avec le jeune comte, elle reprit :

— Oh! oui, c'est ma fille... ma chère fille! — Tu auras une adorable femme, mon enfant!... Tu seras bien heureux!...

— Ma mère, — répliqua Lionel, — j'ai à causer demain avec vous, très longuement, de choses très graves...

XXXII

Madame de Rochegude regarda son fils avec un peu d'étonnement et répéta d'un ton interrogatif :

— Tu as à causer avec moi demain, très longuement, de choses très graves?...

— Oui, ma mère... — répondit Lionel.

— Sais-tu que tu m'inquiètes!... — Pourquoi ne parles-tu pas à l'instant?

— Il est tard, ma bonne mère... Vous êtes fatiguée...

— Qu'importe?

— Je vous répète que l'entretien sera long; et, pour moi presque autant que pour vous, je préfère le remettre à demain.

— Soit! mais dis-moi tout de suite qu'il ne t'est rien arrivé de fâcheux, au moins?...

— Rien absolument.

— Bien vrai?...

— Je vous en donne ma parole d'honneur...

— Ceci me rassure un peu, car je sais que tu n'as jamais menti, et cependant, j'en suis certaine, je ne dormirai pas cette nuit d'un calme sommeil...

— Permettez-moi d'espérer le contraire... — Une insomnie provoquée par moi me causerait un chagrin trop vif... — A quel moment voulez-vous me donner audience?

— Aussitôt que possible... — Je t'attendrai à neuf heures...

— A neuf heures j'entrerai chez vous...

— Et tu déjeuneras avec moi ensuite?...

— Oui, ma mère...

— C'est que tes amis des deux sexes t'accaparent étrangement quand tu es à Paris!! — poursuivit la comtesse. — Ah! la vie de garçon!! quel fléau pour les mères qui adorent leurs fils!! — Comme il me tarde que tu sois marié!! — Comprends-tu cela?

— Je le comprends et je partage votre hâte...

— Voilà une bonne parole... elle me fait du bien... — Allons, cher enfant, à demain...

— A demain, ma bonne mère...

Lionel embrassa la comtesse et regagna son pavillon.

La nuit s'écoula.

Madame de Rochegude, très occupée de l'entretien mystérieux dont elle ne pouvait deviner le sujet, dormit mal.

Le jeune homme ne dormit pas du tout.

A neuf heures précises il franchissait le seuil de l'appartement de sa mère et frappait à la porte de sa chambre à coucher.

Une femme de chambre parut.

— Madame la comtesse attend monsieur le comte dans son oratoire... — dit-elle...

L'oratoire avait été jadis un boudoir

Aussitôt après la mort de son mari, madame de Rochegude s'était empressée de changer l'ameublement et la destination de ce boudoir.

Des tentures sombres, un prie-Dieu gothique, des tableaux pieux de l'école italienne, faisaient de la petite pièce une retraite d'apparence sévère et presque monastique.

La comtesse, malgré les exigences de la vie élégante, avait toujours été pieuse.

Depuis son veuvage elle l'était devenue plus encore; mais sa piété, douce, tolérante, éclairée, se manifestait surtout par une grande sévérité pour elle-même, par une grande indulgence pour les autres, et par une inépuisable charité.

Elle admettait les plaisirs du monde et, dans une certaine mesure, ne se faisait aucun scrupule de les partager.

Agée de cinquante ans à peu près au moment où nous la présentons à nos lecteurs, madame de Rochegude conservait mieux que des restes d'une beauté jadis éclatante. — Elle pouvait passer pour belle, même à côté des jeunes femmes, dans ses toilettes sérieuses d'une simplicité riche et d'où les nuances claires étaient absolument bannies.

C'est à peine si quelques fils d'argent se glissaient dans les masses toujours opulentes de ses cheveux bruns encadrant un visage un peu pâle. — Ses grands yeux, d'un bleu très sombre, gardaient leur éclat, et sa taille, encore svelte, n'avait rien perdu de sa noblesse et de sa grâce.

Vêtue de velours noir, assise dans un grand fauteuil du seizième siècle, au dossier sculpté et armorié, ses mains patriciennes, d'une blancheur de cire, jointes sur ses genoux, elle attendait.

Lionel entra.

— Pourquoi es-tu si pâle, mon enfant? — s'écria la comtesse en le voyant.

— Parce que je suis ému, ma mère... — répondit-il.

— Voilà que tu m'effraies comme cette nuit, et plus encore!... — De quoi donc s'agit-il?

— De mon avenir...

— Est-il en jeu?

— Oui, ma mère... Mais, grâce au ciel, il dépend de vous seule...

— Je ne te comprends pas...

— Vous allez me comprendre, car, ainsi que je fais toujours, j'irai droit au but, franchement, résolument... comme j'irais au feu un jour de bataille...

Lionel s'assit à côté de la comtesse, prit ses mains qu'il baisa l'une après l'autre avec une tendresse respectueuse, et poursuivit :

— Vous m'aimez bien, ma mère... Vous m'aimez de toute votre âme...

— Tu le demandes!!

— Je ne le demande pas... Je l'affirme...

— Tu as cent fois raison! — Je t'aime plus que tout!...

— Vous m'aimez tant, j'en suis certain, que vous feriez sans hésiter le sacrifice de vos désirs les plus caressés, de vos plus chères espérances, s'il le fallait pour assurer mon bonheur...

Le jeune homme s'interrompit.

Madame de Rochegude, tressaillant, attacha sur son fils un regard qui décelait un commencement d'angoisse, et murmura :

— Qu'y a-t-il? Pourquoi donc me dis-tu ces choses? — Je serais prête à tous les sacrifices, Dieu le sait! Mais de quel sacrifice parles-tu?... — Ton bonheur est-il menacé?...

— Il l'est...

— Comment? — Par qui?...

— Ma mère, armez-vous de courage...

— J'en ai...

— Cependant, vos mains tremblent...

— Que veux-tu, j'ai peur malgré moi... — Mais, va!... — Mieux vaut savoir...

— L'une des choses de ce monde que vous désirez le plus ardemment, c'est mon mariage avec ma cousine...

— Ce n'est pas une des choses... c'est la chose... — interrompit la comtesse. — Quand mon rêve sera réalisé, j'aurai vécu...

— Eh bien! ma mère, pardonnez-moi de vous causer une douleur... pardonnez-moi de vous enlever une espérance... pardonnez-moi, je vous en supplie! Ce mariage est impossible...

— Tu dis?...

Lionel répéta la même phrase.

Madame de Rochegude frissonna de tout son corps.

— Impossible? — s'écria-t-elle. — Pourquoi?

— Parce qu'il ferait le malheur de ma vie.

La comtesse haussa les épaules.

— Ah çà, tu es insensé!! — reprit-elle. — Devenir le mari d'une adorable enfant ne peut être un malheur, et ta cousine est adorable...

— Croyez-vous que je l'ignore?

— Esther n'a pas seulement la beauté d'un ange, elle en a le cœur...

— Personne au monde n'en est plus convaincu que moi!... — Esther peut choisir... — Celui, quel qu'il soit, qu'elle acceptera pour mari, sera un homme heureux...

— Mais ce mari, tu le sais bien, ce sera toi...

— Non, ma mère...

Madame de Rochegude s'était levée.

D'un mouvement brusque elle saisit à son tour les deux mains de son fils, et le regardant bien en face, avec une sorte d'effarement, elle reprit d'une voix brisée :

— Voyons, que signifie cela?... — Il me semble que je fais un mauvais rêve ou que je deviens folle!! — J'entends bien tes paroles, mais à coup sûr je les comprends mal... — Tu dis que tu n'épouseras point ta cousine?...

— Je le dis; oui, ma mère...

— Depuis des années cette union est convenue! — Tu connaissais les paroles échangées entre le marquis et moi et tu les as ratifiées librement ! — Esther ne demande qu'à t'aimer... — Sans le savoir, elle t'aime déjà... Je le lisais hier dans ses beaux yeux candides... — Il faut que ce mariage s'accomplisse...

— Il ne s'accomplira pas, cependant... — Il existe un obstacle...

— Lequel?

— Le plus insurmontable de tous... — Je serais déloyal en enchaînant Esther à ma vie! ... — J'aime la douce enfant d'une affection de frère, mais j'ai donné à une autre femme tout mon cœur et tout mon amour!...

XXXIII

L'admirable visage de madame de Rochegude prit une expression de stupeur douloureuse si poignante que Lionel baissa la tête.

— Ma mère, je vous en supplie... — commença-t-il.

La comtesse l'arrêta dès les premiers mots.

— Tu aimes une autre femme!! — s'écria-t-elle.

— Oui, ma mère...

— C'est un caprice, une éphémère et frivole tendresse, un feu qui flambe et qui va s'éteindre!... — Combien de fois, depuis ta vingtième année, t'es-tu figuré que tu aimais?... — Au bout de quelques jours, de quelques semaines tout au plus, tu reconnaissais ton erreur! Tu avais pris une fantaisie pour de l'amour...

— C'est vrai! — répliqua le jeune homme. — Oui, je me suis trompé souvent, mais l'expérience m'est venue, rendant une nouvelle erreur impossible... — J'aime aujourd'hui véritablement... — Je me suis donné tout entier, et pour toujours...

— Tu as répété cela cent fois!

— Je ne le répéterai plus...

Madame de Rochegude joignit les mains.

— Mon Dieu, — balbutia-t-elle, — devais-je m'attendre à recevoir un coup si cruel, et surtout à le recevoir de la main de mon fils?

— Je suis au désespoir de vous affliger, ma mère? — répliqua le jeune comte, — mais ma conscience ne me reproche rien. — On ne commande point à son cœur... quand l'amour ordonne, il faut obéir...

Après un instant de silence, la comtesse reprit :

— Mais enfin cette femme que tu dis aimer, que tu crois aimer, qui est-elle?

— Pourquoi es-tu si pâle, mon enfant? s'écria la comtesse en le voyant entrer.

— Une toute jeune fille... — Elle a dix-sept ans à peine, comme ma cousine...

— De grande famille?

— Non, ma mère, mais de bonne famille.

— Ses parents habitent Paris?

— Elle n'a plus de parents et vit seule avec sa sœur, une enfant de huit ans...

— Son nom?

— Valentine de Cernay...

— Ce nom m'est inconnu... Il me paraît de petite noblesse...

— Qu'importe cela, ma mère?

— Cette jeune fille est-elle très riche?...

— Elle est très pauvre, mais je suis assez riche pour deux, moi...

— Où l'as-tu connue? — Qui t'a présenté à elle?

Lionel, déjà fort pâle, le devint plus encore.

Il devinait l'effet que ses paroles allaient produire, mais nous savons qu'il avait l'horreur du mensonge, et il répondit sans hésitation :

— Personne ne m'a présenté... — J'ai rencontré mademoiselle de Cernay à la porte d'un marchand de tableaux... Elle venait de livrer des aquarelles commandées par lui, car elle est très pauvre, je le répète, et travaille pour vivre et pour faire vivre sa sœur... — Dès mon premier regard jeté sur elle j'ai compris que je l'aimais...

— Et tu l'as abordée?...

— Je l'ai abordée, oui, ma mère...

— Et, dans la rue où tu lui parlais, elle t'a répondu?...

— Elle m'a répondu pour me traiter avec le dédain que méritait mon impertinence...

— Et toi, sans te décourager, tu l'as suivie?...

— Je l'ai suivie, oui, ma mère, à son insu. — Je voulais connaître sa demeure; mais sans arrière-pensée, je le jure, car je m'étais promis ce jour-là de ne plus la revoir... — Pendant un peu de temps j'ai lutté contre moi-même, puis j'ai été vaincu...

— Alors, touchée de ta persévérance, mademoiselle Valentine de Cernay t'a reçu chez elle?...

— Une seule fois; et encore m'a-t-il fallu recourir à un prétexte pour me faire ouvrir sa maison.

— Cette jeune fille sait-elle que tu es le comte de Rochegude, et que tu possèdes une grande fortune?...

— Elle le sait... — Je me devais à moi-même de ne lui rien cacher, ni mon nom, ni ma situation réelle...

— Tu lui as dit que tu l'aimais?

— Je le lui ai dit.

— Et cela dès la première entrevue?...

— Il le fallait bien... — Savais-je si j'en obtiendrais une seconde?...

— Tu lui as parlé de mariage?...

— Oui...

— Qu'a-t-elle répondu?

— Qu'elle ne consentirait jamais à devenir ma femme sans l'assentiment de ma mère, et que rien au monde ne la déciderait à entrer dans une famille qui ne l'accueillerait qu'à regret...

— Mademoiselle de Cernay a-t-elle au moins payé l'aveu de ton amour par un aveu pareil?...

— Non, ma mère... — A cette heure, je ne sais encore si elle m'aime, mais je suis sûr qu'elle m'aimera...

Madame de Rochegude souri..

— Mon cher enfant, — dit-elle, — tu m'avais fait d'abord une horrible frayeur, mais je vois à présent que ma grande épouvante était exagérée... — Ce que tu viens de me raconter est une histoire plate et vulgaire, comme les romanciers de pacotille en inventent pour la plus grande joie des grisettes qui rêvent d'épouser des princes! — Rien de tout cela n'est sérieux... Tu seras le premier à le comprendre avant qu'il soit longtemps... — Une seule chose en ton récit m'étonne, c'est que toi, Lionel de Rochegude, avec ton expérience de la vie, avec tes mœurs faciles de viveur émérite, avec ton scepticisme élégant et ton habitude, hélas! trop grande, du mauvais monde féminin, tu te sois laissé prendre comme un jouvenceau candide, comme un bachelier fraîchement sorti du collège, aux finesses presque naïves d'une petite aventurière!!!...

Lionel tressaillit et son visage se décomposa.

— Une aventurière!! — répéta-t-il douloureusement. — Est-ce de mademoiselle de Cernay que vous parlez, ma mère?

— Et de qui donc? — Dieu me garde des jugements téméraires, mais en vérité, mon pauvre enfant, les roueries de cette fausse ingénue sont tellement visibles que pour t'empêcher de les voir il faut un bandeau bien épais!! — Quand ce bandeau tombera, tu ne comprendras plus toi-même ton aveuglement...

— Oh! ma mère, ma mère, — reprit le jeune homme avec l'accent de la supplication, — ne dites point de telles choses... je vous le demande à genoux!... Vous me croyez aveugle et dupe, et votre immense tendresse pour moi justifie à mes yeux votre injustice et votre cruauté, mais vous calomniez la créature la plus parfaite... Vous accusez d'instincts cupides et de méprisables habiletés l'incarnation touchante du désintéressement, du dévouement, de la charité, du courage, de toutes les vertus qui font les anges!... — Écoutez-moi, ma mère... — Je ne vous demande qu'un peu d'attention et de patience, et je ne désespère point de vous prouver que ce qui vous semble en ce moment une folie coupable, est en réalité le seul acte de raison de mon existence entière...

— Parle donc, puisque tu le veux, — murmura la comtesse, — mais je te défie de me convaincre...

Sans se laisser décourager par ces paroles qui semblaient prouver un parti pris irrévocable, Lionel parla longtemps avec une chaude éloquence partie du cœur pour aller droit au cœur.

Il n'avait fait jusque-là que répondre brièvement aux brèves questions de sa mère, et chacune de ses réponses, il le sentait bien, semblait fournir un argument contre lui. — Il raconta, sans rien oublier, tout ce que nos lecteurs savent déjà, et il mit dans son récit tant de flamme, un tel accent de sincérité, que par instants madame de Rochegude, sentant chanceler ses convictions, était obligée de se roidir contre l'émotion grandissante.

— Enfin, ma mère, — s'écria Lionel en terminant, — je suis sûr que Valentine est digne d'être aimée, et je l'aime d'une passion ardente, mais ma déférence pour vous égale mon amour pour elle, et, quoi qu'il arrive, je ne vous désobéirai jamais!... Vous entendez : JAMAIS ! ! — Si vous m'ordonnez de renoncer à mon bonheur, j'y renoncerai sans un murmure, mais je renoncerai en même temps à la vie... — Vous ne m'aurez emprisonné dans ma respectueuse obéissance que pour me perdre... — Sans Valentine je ne puis vivre!... Sans elle je ne veux pas vivre, et je ne vivrai pas! !...

XXXIV

Madame de Rocheduge regarda son fils avec épouvante.

— Quoi? — balbutia-t-elle, — tu mourrais! !...

Lionel baissa la tête affirmativement.

— Ma mère aurait été sans pitié pour moi... — répondit le jeune homme. — Je ferai jusqu'au bout mon devoir de fils respectueux et soumis, je le promets, mais je ne puis promettre que cela...

Un silence pénible suivit ces paroles et dura quelques minutes.

La comtesse, les yeux baissés, les sourcils contractés, la respiration inégale, le cœur battant à coups rapides, semblait se livrer à elle-même un terrible combat.

Lionel attendait, très ému, en s'efforçant de paraître calme.

— Cher enfant, — dit enfin madame de Rochegude avec une décision soudaine, — de tous les arguments qui pouvaient, sinon me convaincre, du moins me contraindre, tu a trouvé le seul infaillible... — Si tu ne m'avais parlé que de ton bonheur, j'aurais essayé de te prouver qu'en fait de bonheur on se trompe presque toujours quand on regarde l'avenir à travers les mirages de la passion... — Mais ta vie est en jeu... Je ne puis hésiter... Je suis vaincue... — Je cède...

— Oh! ma mère... ma mère... — balbutia le jeune homme transporté de joie en saisissant les mains de la comtesse et en les couvrant de baisers, — que vous êtes bonne! !

Madame de Rochegude retira doucement ses mains.

— Oui, je cède, — répéta-t-elle, — et je ne te refuserai point le consentement que tu sollicites; mais de ton côté tu consentiras, je l'espère, à adoucir autant que cela dépendra de toi l'amertume de mon sacrifice...

— Ah! vous n'en doutez pas??

— Non, je n'en doute pas, car en affirmant tout à l'heure que tu es le meilleur des fils, tu as dit la vérité...

— Que faut-il faire? — Je suis prêt!...

— Depuis des années, tu le sais, — reprit la comtesse, — ton mariage avec Esther était le rêve et l'espoir de ma vie... — Rien au monde, je le croyais fermement, ne pouvait tromper cet espoir et entraver la réalisation de ce rêve... — Je m'abusais... — il a suffi des beaux yeux d'une jeune fille et du hasard d'une rencontre imprévue pour tout anéantir... — Je te demande de m'accorder un peu de temps pour m'habituer à ce grand désastre, pour prendre mon parti de cet irrémédiable écroulement...

— Je n'ai ni le droit ni la volonté, ma bonne mère, de vous refuser du temps... — répliqua Lionel.

— Sois tranquille d'ailleurs, mon enfant... — poursuivit madame de Rochegude. — Je devine ton impatience... — Je ne te contraindrai pas à t'irriter de mes lenteurs...

— Ah! — s'écria le comte, — rien ne pourrait m'irriter, venant de vous...

— Je le crois... Mais ce n'est pas l'unique chose que je désire...

— Parlez, ma mère, je suis prêt à tout...

— Je l'ai dit et je le répète, mon consentement t'est d'avance acquis, et, quoi qu'il advienne, je ne le retirerai point, mais je n'abdique pas cependant le droit de conseil... — Je désire connaître la jeune fille que tu veux épouser et je ne te cacherai point l'impression qu'elle produira sur moi... Il est bien entendu que, dans le cas même où cette impression serait défavorable, tu resteras le maître absolu de passer outre après m'avoir entendue...

— Eh! ma bonne mère, — fit le comte rayonnant, — ce que vous me proposez, je le désirais avec ardeur! — Dès que vous connaîtrez Valentine vous l'aimerez, et vous me direz en m'embrassant après l'avoir vue : « — *Tu avais bien raison! Elle est digne d'être ma fille!!...* »

Madame de Rochegude eut un sourire un peu triste, vaguement incrédule, et murmura :

— Que Dieu le veuille...

— Mais, — reprit Lionel avec quelque embarras, — je ne puis vous amener mademoiselle de Cernay. — Non seulement sa présence ici ne vous semblerait pas convenable, mais encore je n'oserais lui proposer de m'accompagner, tant je suis certain d'un refus...

— L'obstacle est facile à tourner... — répliqua la comtesse.

— Comment?

— Mademoiselle de Cernay fait des aquarelles, m'as-tu dit, pour suppléer à l'insuffisance de ses ressources, — et je trouve ce travail et ce courage parfaitement honorables. — J'irai chez elle comme on va chez une artiste pour une commande, et voilà le prétexte tout trouvé...

— Je ne vous accompagnerai donc pas? — demanda vivement Lionel.

— Non.

— Pourquoi?

— Ta présence à l'entrevue embarrasserait nécessairement mademoiselle de Cernay et me gênerait moi-même... — Je souhaite être seule avec celle dont tu veux que je devienne la mère...

— Valentine ne reçoit personne.

— Une jeune fille peut toujours recevoir une femme.

— Saura-t-elle qui vous êtes?

— Oui.

— Comment?

— Je le lui dirai moi-même... — Je n'ai pas du tout l'intention de m'entourer de mystère, et je ne t'interdis point d'annoncer ma visite à mademoiselle de Cernay, qui te reçoit certainement...

— Vous vous trompez, ma mère... — La porte de Valentine est close pour moi comme pour tout le monde, et, je vous le répète, je n'en ai franchi le seuil qu'une seule fois...

— Tant mieux...

— Cette démarche, à laquelle j'attache une si grande importance... cette démarche que je souhaitais de toute mon âme, mais que je n'aurais osé solliciter, quand la ferez-vous ?

— Dans quelques jours. — Aussitôt que Dieu m'aura donné la force de me résigner tout à fait au coup imprévu qui me frappe... — Si je me hâtais trop, je craindrais de subir malgré moi l'influence de mon chagrin et de ne pouvoir me former une opinion impartiale...

— Ah ! — s'écria Lionel, — Valentine n'a rien à craindre, même de votre partialité !... — Sa grâce exquise, son charme rayonnant dissiperont vos préventions comme le soleil dissipe les brumes du matin...

— Tu m'as promis d'être patient... — murmura la comtesse.

— Et je le serai...

— J'y compte, cher fils... — Dès que j'en aurai le courage, je te demanderai l'adresse de mademoiselle de Cernay... — Maintenant nous n'avons plus rien à nous dire... — Embrasse-moi, et laisse-moi seule... — J'ai besoin de pleurer et je veux te cacher mes larmes... — Nous nous retrouverons dans une heure, à déjeuner, et je tâcherai de sourire...

Ainsi se termina l'entretien.

Lionel, en sortant de l'oratoire de madame de Rochegude, était au comble de la joie.

La lutte entre sa mère et lui avait été beaucoup moins acharnée et surtout beaucoup plus courte qu'il n'aurait osé le croire et l'espérer..

La comtesse cédait, — avec certaines restrictions, il est vrai, — mais enfin son consentement n'avait rien de conditionnel.

Les circonstances poussaient en outre madame de Rochegude à la démarche décisive qu'exigeait Valentine dans son juste orgueil de fille pauvre.

L'orpheline ne pourrait craindre désormais de s'imposer presque par surprise à une famille riche et haut placée qui ne l'accepterait qu'à regret, puisque la grande dame elle-même viendrait la chercher dans son humble logis...

Bref, le bonheur de Lionel semblait absolument certain et le moment de ce bonheur, — du moins en apparence, — était proche.

Le jeune comte regagna son pavillon, s'assit à son bureau, prit une feuille de son papier le plus armorié, le plus parfumé, et commença une lettre pour mademoiselle de Cernay.

Tandis qu'il écrivait, madame de Rochegude, agenouillée sur le prie-Dieu de son oratoire et cachant dans ses deux mains son visage inondé de larmes, balbutiait d'une voix brisée :

— Mon Dieu, donnez-moi la résignation, donnez-moi le courage et la force dont j'ai tant besoin !! — Daignez permettre, mon Dieu, que la femme choisie par mon fils ne soit point indigne de lui !!...

XXXV

La lettre de Lionel était relativement courte

La voici :

« Chère et bien-aimée Valentine,

« Ne vous étonnez point si je vous écris si vite... — J'ai à vous apprendre « une bonne nouvelle, et, dans l'espoir que vous partagerez ma joie, je ne « veux pas tarder un instant à vous mettre au courant de ce qui se passe...

« Je viens d'avoir avec ma mère un long et sérieux entretien... Je lui ai dit « que je vous adorais, que mon plus ardent désir était de l'entendre vous « nommer sa fille, et sans doute j'ai trouvé dans mon amour l'éloquence né- « cessaire pour toucher et pour convaincre, car je ne pouvais espérer une réus- « site aussi prompte et aussi complète.

« La comtesse de Rochegude rêvait pour moi l'union dont je vous ai parlé... « — Elle n'a pu, vous le comprenez, renoncer sans quelque chagrin à des pro- « jets caressés longuement, — (ceci n'a rien de blessant pour vous, puisqu'elle « ne vous connaît pas encore...) — mais elle m'a donné une preuve éclatante « de sa touchante bonté, de son inépuisable tendresse, en sacrifiant sa volonté « à la mienne, en immolant ses désirs à mes désirs...

« Ma mère consent à notre mariage... — Elle vous ouvrira ses bras...
« — Elle vous aimera comme vous méritez d'être aimée... — C'est elle-
« même d'ailleurs qui vous en donnera l'assurance... — Elle a résolu
« d'aller vous chercher dans votre retraite de la rue Mozart. — Vous l'ac-
« cueillerez avec cette grâce et cette simplicité qui ne sont pas vos moindres
« charmes, et vous l'entendrez vous dire : — « *Mon enfant, voulez-vous être ma*
« *fille ?...* »

« Vous le voyez, chère Valentine, vos légitimes exigences recevront ainsi
« une satisfaction absolue...

« Je ne sais encore quel jour vous devrez attendre la visite de la comtesse
« de Rochegude, mais ce jour ne tardera pas, et pour vous éviter toute surprise,
« sinon toute émotion, j'aurai soin de vous prévenir.

« Et maintenant, chère bien-aimée, maintenant que l'avenir n'a plus de
« secret, maintenant que rien au monde, sauf votre volonté, ne peut empêcher
« que vous deveniez ma femme, ni même éloigner l'époque de notre mariage,
« ne reviendrez-vous point sur une défense qui me désole et dont la raison
« d'être a cessé d'exister ?... Ne consentirez-vous pas à me recevoir quel-
» ques fois ?...

« C'est un fiancé qui sollicite l'entrée du logis de sa fiancée... — Ne soyez
« pas assez cruelle pour la lui refuser, je vous en supplie...

« Vous voyez jusqu'à quel point je pousse la soumission... — Ce que je
« vous écris j'aurais pu vous le dire, et je vous l'aurais dit cent fois mieux,
« mais la consigne est là, et j'obéis comme un soldat...

« Ce n'est même pas moi qui porterai cette lettre, ou, si je la porte pour me
« rapprocher un instant du paradis où vous vivez, ce n'est pas moi qui la re-
« mettrai dans vos mains ou dans celles de votre sœur, tant je pousserai jus-
« qu'au bout le respect de la consigne...

« Je mérite une récompense, n'est-ce pas, et vous me l'accorderez, j'en suis
« sûr...

« Répondez-moi : — Venez ! — Indiquez le jour, ajoutez l'heure, et le
« plus épris, le plus heureux des hommes, accourra près de l'ange qu'il aura
« bientôt le droit de ne plus quitter...

« Répondez-moi, je vous en prie, j'ai soif de connaître votre écriture... Je
« vis dans l'espérance de recevoir un mot de vous... — Valentine, chère
« Valentine, ma fiancée, ma femme, tâchez d'aimer un peu celui qui vous aime
« plus que sa vie...

« Comte Lionel de Rochegude

« Avenue des Champs-Élysées, 70. »

Le jeune homme relut sa lettre et n'en fut pas mécontent. — Elle lui parut

Madame de Rochegude, agenouillée dans son oratoire, balbutiait d'une voie brisée.

toutefois moins éloquente qu'il n'aurait voulu et légèrement ampoulée, mais Lionel, en somme, était un parfait gentleman, un brillant officier, et point du tout un styliste.

Il ajouta en post-scriptum ces quelques mots :

« *Pour l'amour de moi fermez votre porte à ce personnage ambigu qui se nomme Hermann Vogel.* »

Il mit l'épître sous une enveloppe qu'il scella d'un large cachet de cire rouge armorié, et il écrivit l'adresse :

« MADEMOISELLE VALENTINE DE CERNAY

« Rue Mozart. »

Il achevait à peine, quand son valet de chambre vint le prévenir que madame de Rochegude l'attendait au salon.

Lionel rejoignit aussitôt sa mère.

La comtesse, ainsi qu'elle l'avait promis, l'accueillit avec un sourire, mais ses paupières encore rougies, quoiques baignées d'eau fraîche à plusieurs reprises, prouvaient jusqu'à l'évidence qu'elle venait de verser des larmes abondantes.

Le jeune homme lui donna le bras pour la conduire à la salle à manger.

Malgré son profond égoïsme d'amoureux il se sentit véritablement désolé de causer, sans le vouloir, un si cuisant chagrin à la meilleure des femmes.

Le repas fut triste.

La présence des gens commandait de façon impérieuse un silence absolu sur l'unique sujet qui préoccupât la mère et le fils.

Ni l'un ni l'autre d'ailleurs, — (on doit le comprendre), — ne tenait à répéter des choses déjà dites... — En conséquence ils se taisaient, ou, pour interrompre momentanément un silence pénible, parlaient de choses insignifiantes.

Le déjeuner fini Mme de Rochegude, se disposant à rentrer chez elle, tendit la main à Lionel.

— Désirez-vous que je vous accompagne, ma mère ? — demanda le jeune homme.

— Non, mon enfant, — répondit la comtesse. — Va à tes affaires ou à tes plaisirs... Tu es libre... — Nous ne nous reverrons plus aujourd'hui... — Hier soir j'ai promis au marquis de dîner chez lui... J'avais même promis à Esther de t'amener... Mais je trouverai quelque raison pour expliquer et justifier ton absence...

Et, sans attendre la réponse de son fils, Mme de Rochegude sortit de la salle à manger.

— Pauvre mère... — murmura Lionel, — elle souffre... cela me brise le cœur !! — Heureusement, — ajouta-t-il, — dès qu'elle connaîtra Valentine elle sera consolée...

Lionel entra chez lui.

— Dites à Williams de seller *Bob*... — commanda-t-il à son valet de chambre.

— Est-ce Williams qui suivra monsieur le comte ? — demanda le domestique.

— Non.

— Daniel alors ?

— Personne… je sortirai seul…

Cinq minutes après, le jeune homme se mettait en selle, montait l'avenue des Champs-Élysées au petit galop et, par l'avenue d'Eylau et la rue de la Pompe, se dirigeait vers la grande rue de Passy.

Il avait son porteteuille dans la poche de côté de sa redingote, et dans ce portefeuille la lettre que nous connaissons.

Avant de gagner la rue Mozart, Lionel poussa jusqu'à la station du chemin de fer de ceinture.

Sous le vitrage de l'auvent stationnait presque toujours un vieux commissionnaire qui, fort peu chargé de commissions, utilisait ses loisirs en faisant le commerce des journaux, des sucres d'orge, des cerceaux, des cordes à sauter et des petits ballons rouges.

M. de Rochegude comptait le charger de porter sa lettre.

Par le plus grand hasard du monde, le brave homme se trouvait en course.

Les petits ballons rouges, les sucres d'orge, les journaux et le reste étaient à leur poste dans l'humble boutique, sous la garde d'une femme âgée, mais de commissionnaire, point.

Lionel, un peu désappointé, descendit au pas la rue Mozart en se disant :

— Ce n'est pas ma faute !… — J'attacherai *Bob* à la palissade, j'entrerai dans l'enclos, je sonnerai à la porte du jardinet de la maisonnette… — La petite Claire viendra voir qui sonne et je lui mettrai la lettre dans les mains, sans dire un mot… — Valentine ne pourra donc me reprocher une involontaire désobéissance.

Le jeune homme approchait de la clôture, qu'il dominait du haut de son cheval.

A sa grande surprise et à sa contrariété vive, un mouvement inaccoutumé se produisait dans l'enclos, si calme d'habitude et presque toujours désert.

Le peintre et l'écrivain, voisins de chalets, avaient eu à déjeuner quelques amis. — Les portes des jardins étaient ouvertes. — On voyait des jeunes gens aller et venir en causant et en fumant.

— Que le diable les emporte ! — pensa le comte. — Impossible de porter ma lettre moi-même !! — Tout ce monde aurait à l'instant les yeux sur moi et Valentine serait compromise !! — Comment faire ?…

Au moment où Lionel se posait cette question, une voix traînante retentit au tournant de la rue, et cette voix glapissait sur une mélopée canaille, moitié déclamation, moitié chant :

— Des choux !… Des panais !.. Des carottes !… Des beaux navets !…

XXXVI

Sta-Pi, portant avec une aisance de comédien émérite son déguisement de marchand de légumes, possédait l'ouïe subtile d'un policier par vocation.

Il avait entendu le pas d'un cheval résonner sur le macadam caillouteux de la rue Mozart et s'arrêter juste à la hauteur de l'enclos.

Devinant la présence du gibier qu'il était chargé de surveiller et de prendre au piège, le jeune homme se rapprochait rapidement en poussant devant lui son éventaire installé sur deux roues...

Aussitôt qu'il aperçut la silhouette élégante et militaire du comte de Rochegude, pareil à une statue équestre sur le cob immobile, ses suppositions se changèrent brusquement en certitude.

Lionel ne pouvait être que l'original du portrait fait en quelques mots par Hermann Vogel et très ressemblant.

— Mazette! — pensa l'employé de la maison Roch et Fumel. — Ce particulier-là est un beau gas tout de même, et le caissier ne gagne point à la comparaison!... — Comment m'y prendre pour empocher dès aujourd'hui les dix jaunets de la prime? — Je ne puis vraiment pas demander à ce gaillard son nom et son adresse... Ça serait trop fort de café, et c'est en me caressant l'échine à coups de cravache qu'il me répondrait... — D'un autre côté, le suivre jusqu'à son domicile, même en prenant une voiture, me paraît peu pratique!... — Il monte un bidet dont les jambes fines rendraient neuf cents mètres par kilomètre à tous les rossards des fiacres de Paris... Je serais distancé haut la patte!... — Il faut cependant que je sache!! il le faut absolument!! — Je n'ai pour le quart d'heure pas une idée en tête, mais le hasard, qui protège les honnêtes gens, me viendra peut-être en aide...

Tout en monologuant de cette façon Sta-Pi continuait à pousser son éventaire et répétait trois fois par minute, de sa voix traînante éraillée par les alcools :

— Les choux! les panais! les carottes!... Les beaux navets!...

Lorsqu'il ne fut plus qu'à quelques pas du comte de Rochegude, le cob, inquiet de ce voisinage insolite, pointa ses oreilles et fit un léger mouvement de recul.

Lionel jeta les yeux sur ce personnage grêle, de mine souffreteuse et légèrement contrefait. — Il vit la médaille de cuivre accrochée à un bouton de la vieille veste de velours à côtes, miroitée et blanchie.

Cette médaille attira son attention.

— Eh bien! mais, — se dit-il, — voilà un pauvre diable qui pourrait à merveille, s'il le voulait, remplacer le commissionnaire absent...

Il fit un signe au prétendu marchand de légumes pour l'engager à s'approcher un peu plus.

Sta-Pi s'arrêta au lieu d'avancer, et, soulevant d'une main son chapeau de paille bossué et défoncé, demanda :

— C'est-il à moi que vous en avez, bourgeois ?

— Oui, — répondit Lionel.

— Peut-être bien qu'il vous faut des choux, des panais, des navets, des carottes ? — J'en ai des beaux et des frais... Vous n'avez qu'à voir... et pas chers... — C'est de la bonne marchandise au plus juste prix... je vous arrangerai pour le mieux...

L'idée de se rendre acquéreur de légumes au milieu de la rue parut si comique à Lionel qu'il ne put s'empêcher de sourire, malgré sa préoccupation ; — il secoua négativement la tête.

— Alors, bourgeois, — reprit Sta-Pi, — si ça n'est point ça qu'il vous faut, qu'est-ce que c'est ? — Je ne vends que des légumes...

— Avez-vous envie de gagner cent sous ? — demanda le comte.

— Cent sous, c'est de l'argent !... — Oui, bien sûr, j'ai envie de les gagner pourvu que ça soye honnêtement... — Je manque de *quibus*, c'est positif, mais j'ai tout de même de la délicatesse à revendre...

— Votre délicatesse n'aura point à souffrir...

— Convenu, alors ! — Qu'est-ce qu'il faut faire ?...

— Porter une lettre...

— Ça me connaît !... — J'ai-z'été commissionnaire au coin du faubourg Montmartre avant d'être négociant ambulant... — A moi le pompon pour couler en douceur un poulet à une petite dame... et le jaloux n'y voit que du feu...

— Vous ne rencontrerez aucun jaloux...

— Tant pis !... Les maris dindonnés, voyez-vous, moi, ça m'amuse... — Dame ! bourgeois, vous comprenez, je suis garçon... — Faudra-t-il aller loin ?...

— A cinquante pas d'ici...

— Et vous payez cent sous la course ! ! — Mazette, vous êtes généreux ! — Enfin, je ne m'en plains point... — Présentement, s'il vous plaît, indiquez l'ordre et la marche...

— Regardez dans l'intérieur de l'enclos...

— Je ne fais que ça...

— Vous voyez le quatrième chalet, au fond, à droite ?...

— Celui qui a un grand rosier couvert de fleurs et grimpant jusque sur le toit ?

— Celui-là même...

— Après ?

— Voici la lettre qu'il s'agit de remettre, et voici les cent sous...

— Grand merci, bourgeois...

— Vous allez vous rendre droit au chalet... — Vous sonnerez à la porte du jardin... — Cette porte vous sera ouverte soit par une jeune fille, soit par une enfant de sept ou huit ans... — On vous demandera ce que vous voulez... — Vous répondrez : — « *J'apporte une lettre pour Mlle de Cernay...* »

— Pour Mlle de Cernay... — répéta Sta-Pi. — Bon!... Je me souviendrai du nom... — Et après?...

— Voilà tout.

— Pas de réponse?

— Non. — Vous reviendrez me dire à qui vous avez remis la lettre, et vous serez libre de vaquer à vos affaires...

— Bourgeois, — fit en riant l'employé de Roch et Fumel, — si vous avez souvent besoin d'un commissionnaire pour des courses du même acabit, je lâche carrément les légumes et je me recommande à vous...

— Allez vite... — Je vous attends là...

— Je vole...

Et Sta-Pi, abandonnant sa brouette au milieu de la rue, s'élança dans l'enclos.

Lionel, toujours à cheval et dominant la palissade, le suivit du regard, mais par moments le commissionnaire improvisé disparaissait derrière des touffes de verdure.

— Oh! mon étoile!! — pensait le policier marron. — Quelle chance de m'être mis en marchand de salade!! — C'est à ma médaille que je dois cette étonnante aubaine! J'aurai gagné les dix louis sans me donner presque de mal, et Fumel conviendra que je suis un malin d'un joli numéro, car évidemment l'épître contient, depuis A jusqu'à Z, tout ce que nous avons besoin de savoir!...

Profitant de l'abri tutélaire d'un massif qui le cachait aux regards du comte de Rochegude, Sta-Pi glissa la lettre dans sa poche et tira de cette poche un morceau de papier jadis blanc, qu'il eut grand soin de tenir à la main, bien en vue, comme il avait tenu la lettre escamotée.

Il atteignit la clôture du petit jardin et mit en branle le cordon de la sonnette.

Au bout de deux ou trois secondes Claire sortit de la maison, entr'ouvrit la porte à claire-voie, montra son gracieux visage enfantin et posa cette question :

— Qui demandez-vous, monsieur?...

— Mam'zelle de Cernay, s'il vous plaît?... — fit Sta-Pi. — Est-ce ici?

— C'est ici... — C'est ma sœur. — Qu'est-ce que vous lui voulez, monsieur?...

— On m'a chargé de ce papier pour elle...

— Donnez...

— Voilà... — il n'y a pas de réponse... — Bonjour, mam'zelle...

Le policier amateur tendit par l'entre-bâillement la feuille blanche à la petite Claire; puis, tournant sur ses talons, rejoignit Lionel.

— A qui avez-vous parlé? — interrogea ce dernier.

— A une enfant de sept à huit ans, tout à fait mignonne, ma foi...

— Elle n'a rien dit?...

— Pardon, bourgeois... Elle a dit : *merci !* en recevant la missive, et m'a fermé la porte sur le nez...

— Voilà cent sous de plus... — reprit Lionel qui glissa dans la main de Sta-Pi un deuxième écu.

Puis, faisant tourner bride à son cob irlandais, il l'embarqua au petit galop dans la direction de la Muette.

— ELLE a ma lettre ! — pensait-il. — En ce moment elle la lit !... Elle est avec moi par le cœur... Elle comprend combien je l'aime et commence peut-être à m'aimer...

A la même minute Sta-Pi se disait :

— Je tiens la lettre ! — Il s'agit présentement d'aller trouver le bon caissier et de toucher *illico* ma prime, car j'ai vraiment bien besoin de dix louis !...

XXXVII

Claire regagna la maisonnette avec le morceau de papier que l'agent de Roch et Fumel venait de lui laisser dans les mains.

— Qui donc a sonné, mignonne ? — demanda Valentine.

— Un individu maigre, mal habillé, pas beau, que je ne connais pas... — répliqua l'enfant.

— Que voulait-il, cet individu ?...

— Il apportait ceci pour toi, petite sœur...

— Donne...

Valentine prit la demi-feuille notablement fripée et salie par son séjour dans la poche de Sta-Pi.

Elle la tourna, la retourna et, n'y voyant rien d'écrit, elle s'écria, très étonnée :

— Mais c'est du papier blanc...

— Il n'y avait pas autre chose, petite sœur...

— Et cet homme a prononcé mon nom ?

— Il a dit : — « *Mam'selle de Cernay ? s'il vous plaît ?* »

— Était-ce un commissionnaire ?

— Je crois que oui... il portait une médaille pendue à sa veste...

— Alors ceci résulte d'une erreur ou d'une mystification... — Je ne m'explique ni l'une ni l'autre... N'y pensons plus...

Et Valentine, reprenant ses pinceaux et se remettant au travail, n'y pensa plus en effet.

*
* *

Immédiatement après le départ du comte de Rochegude, Sta-Pi remisa son éventaire roulant dans une maison en construction dont les travaux étaient momentanément interrompus.

Ceci fait, il s'arma d'un canif à trois lames dont il ne se séparait jamais, et tranquillement, comme s'il faisait la chose du monde la plus simple et la plus légitime, il fendit la partie supérieure de l'enveloppe armoriée, en tira la double feuille de papier vélin, et lut avec une extrême attention et un prodigieux intérêt l'amoureuse épître de Lionel.

En arrivant à la fin de cette épître, en voyant tracés en toutes lettres le nom et l'adresse du jeune homme qu'il était chargé d'espionner, son visage de singe prit une expression joviale et ses petits yeux pétillèrent.

— Voilà donc la besogne faite et bien faite ! — pensa-t-il. — Tu es un fameux malin, mon ami Sta-Pi, mais, soit dit entre nous, tu n'auras pas eu beaucoup de mal à gagner la prime dodue que tu vas empocher !

Après ce court monologue, il réintégra la lettre dans l'enveloppe et l'enveloppe dans sa poche ; il fit disparaître la médaille inutile désormais, puis, se frottant les mains et fredonnant un air en vogue à cette époque :

Oh ! eh ! les petits agneaux,
Qu'est-ce qui casse les verres ?

il gagna la station du chemin de fer.

Un train se dirigeant vers Paris sifflait pour annoncer son approche.

Il prit un billet, et un quart d'heure après il arrivait rue Saint-Lazare.

La maison de banque Jacques Lefebvre et Cie, dont Hermann Vogel était le caissier, se trouvait, nous le savons, au numéro 21 de cette rue.

Sta-Pi, au lieu de tourner à gauche dans la direction de Notre-Dame-de-Lorette, prit à droite, s'engagea dans la rue de Rome, puis dans la rue du Rocher, et franchit le seuil d'un petit café d'apparence assez louche, où d'ailleurs il entrait pour la première fois de sa vie.

Cinq ou six tables, pour le moment dépourvues de consommateurs, garnissaient la première salle. — Une deuxième salle, au fond, renfermait un billard auquel il ne manquait que des joueurs.

L'agent de Roch et Fumel s'assit et commanda magistralement :

— Une absinthe, un cigare et une feuille de papier à lettre munie de son encrier, S. V. P.

Tandis qu'on le servait, il jeta un coup d'œil sur le cartel placé au-dessus du comptoir.

Ce cartel indiquait trois heures.

Sta-Pi prépara son absinthe d'une main savante, ne versant l'eau que goutte à goutte pour obtenir une belle couleur d'opale et un fondu parfait. — Il en savoura la première gorgée avec une satisfaction manifeste ; il alluma son cigare, puis, prenant la plume, il traça rapidement les lignes suivantes :

Sta-Pi portant avec une aisance de comédien émérite son déguisement de marchand de légumes.

« Très honoré monsieur,

« J'ai les renseignements complets et je les tiens à votre disposition.

« Je me fais un plaisir de vous attendre rue du Rocher, n° 9, au café Merle. « — C'est un établissement sans prétention... — Je l'ai choisi tout exprès, pour « que vous ne vous compromettiez pas devant des connaissances, dans un « endroit plus chic, à dialoguer avec un particulier aussi mal nippé que je le

« suis pour le quart d'heure, car j'ai conservé ma défroque de marchand de « salade.

« Si vous n'êtes libre qu'à quatre heures, ça ne fait rien... — Je ne démarrerai « pas d'ici avant que vous soyez venu...

« Recevez, très honoré monsieur, l'assurance des sentiments d'estime et de « dévouement de votre petit serviteur :

« STA-PI.

« *P. S. — N'oubliez pas, S. V. P. d'apporter la prime convenue. — J'en ai « le plus grand besoin.* »

Le policier marron souligna le post-scriptum et écrivit l'adresse :

MONSIEUR HERMANN VOGEL

Caissier de la Maison Jacques Lefebvre et Cie,
21, rue Saint-Lazare.

PERSONNELLE ET TRÈS PRESSÉE.

— Garçon, — fit-il ensuite, — servez-moi un commissionnaire, *illico*... — Il y aura un pourboire de milord anglais...

— Bien, monsieur...

Le commissionnaire demandé ne se fit point attendre...

— Voici trente sous, mon brave... — lui dit Sta-Pi. — Cette lettre à son adresse, en mains propres... — C'est tout près... rue Saint-Lazare... une course de dix minutes...

— Y a-t-il une réponse, bourgeois ?

— Non... ayez bien soin seulement de remettre la lettre au destinataire lui-même...

— Compris... on s'y conformera...

Une heure s'écoula, puis un quart d'heure encore.

L'agent de Roch et Fumel tua de son mieux le temps en absorbant une seconde absinthe, en fumant un deuxième cigare, et en parcourant les journaux de l'établissement.

Enfin, à quatre heures et quart la porte s'ouvrit et Vogel apparut, explorant du regard l'intérieur du café.

Une demi-douzaine de consommateurs étaient assis maintenant sur les banquettes de velours rapé.

Sta-Pi leva la main pour se faire reconnaître et le caissier, s'approchant avec vivacité, se pencha vers lui en disant :

— Eh bien ?...

— Passons au billard... — Il n'y a personne... — Nous serons mieux pour causer... — répliqua le jeune homme, puis il ajouta sans transition : — J'ai deux absinthes et deux cigares, plus la feuille de papier nécessitée par la confection de mon autographe... — Vous payerez ça avec le madère que vous allez m'offrir... — J'adore le madère... — C'est un vin qui me réussit... — Garçon, une de madère au billard, deux verres et d'autres cigares... meilleurs que les premiers, hein !...

Un instant après, Hermann Vogel et Sta-Pi étaient installés dans la salle du fond absolument déserte, et le policier marron dégustait avec volupté un effroyable *madère* apocryphe fabriqué à Cette avec du vin blanc du Gard, du caramel et de l'alcool.

— Ainsi vous savez quelque chose ? — demanda le caissier dont l'impatience nous semble facile à comprendre.

— Tenez pour certain que je sais tout, depuis A jusqu'à Z !...

— Le nom du jeune homme ?

— Son nom ; son adresse ; ses intentions. — Quand je dis *tout*, c'est *tout !...*

— Mais comment ?

— Par le pur et simple effet de la malice à Bibi... — Bibi, c'est moi...

— Mettez-moi vite au fait...

— Eh ! minute, donc, bourgeois !! — Êtes-vous assez pressé !! — N'importe quel agent de la préfecture aurait mis huit jours à mener à bien la besogne que j'ai faite en deux heures. — Avant tout il s'agit de s'entendre, et c'est facile entre honnêtes gens... — Avez-vous apporté la prime?

— J'ai les dix louis dans mon porte-monnaie...

— Quand me colloquerez-vous les jaunets ?...

— Dès que j'aurai la preuve que vous les avez gagnés...

— C'est trop juste...

Sta-Pi tira de sa poche la lettre de Lionel, et d'un geste superbe la tendit au caissier.

— La preuve demandée... — fit-il. — Voilà ! — Et si vous n'êtes pas content, c'est que vous serez difficile !!

XXXVIII

Hermann Vogel prit l'enveloppe que lui tendait Sta-Pi.

D'abord il regarda l'adresse.

— Pour Valentine !... — murmura-t-il.

Puis, après une minute d'examen, il s'écria :

— Mais cette lettre a été ouverte !...

— Naturellement... — répondit l'agent de Roch et Fumel en remplissant son verre qu'il avait vidé déjà trois fois.

— Ouverte par Mlle de Cernay ? — demanda Vogel.

— Oh ! que nenni !

— Par qui donc ?

— Par moi, tiens !...

— Comment, vous avez osé !...

— Très bien ! — Entre nous, la main sur la conscience, ayant subtilisé l'épître j'aurais été trop bête si je m'étais gêné pour la lire.

— Que vous importait son contenu ?

— Il m'importait beaucoup, et la preuve c'est que ce contenu m'a mis au courant de tout ce que je voulais savoir...

— Il fallait m'apporter cette lettre intacte...

Sta-Pi donna sur la petite table de fer battu un vigoureux coup de son poing maigre.

— Ah ! zut, alors ! — fit-il avec impatience. — Est-ce que l'épître en question vous était par hasard adressée plus qu'à moi ! — Vous me faites poser, à la fin !! — Vous figurez-vous que dans mon métier la discrétion est de rigueur ?... — Je suis mouchard, je moucharde !... Et allez donc, Turlurette !... — Au lieu de me chercher une querelle d'Allemand, vous ferez bien mieux de vous assimiler *illico* la prose de M. le comte de Rochegude... — J'ai dans ma folle idée que son style vous intéressera...

— Ah ! — demanda Vogel, — cet homme s'appelle le comte de Rochegude ?...

— Un peu, mon neveu !... — Rien que ça d'*aristo* à la clef !... — Et ce particulier titré, qui d'ailleurs lâche les pièces de cent sous avec un chic suprême, — (il faut lui rendre cette justice !) — offre très bien le mariage à la petite demoiselle de la rue Mozart... — Il paraît même que c'est une affaire arrangée entre eux, et que la maman dont on se méfiait y donne les mains, mais en rechignant...

L'agent de Roch et Fumel aurait pu parler longtemps sans être interrompu.

Vogel ne l'écoutait plus.

Il avait tiré la lettre de son enveloppe et il l'étudiait, pesant la valeur de chaque mot et relisant deux fois et même trois fois de suite certaines phrases.

Evidemment cette lecture lui causait une impression désagréable, car son visage s'assombrissait de plus en plus, ses sourcils se contractaient, des lueurs inquiétantes s'allumaient dans ses prunelles à reflets métalliques.

Aussitôt qu'il eut achevé, sa physionomie redevint impassible comme de coutume.

Il replia la lettre froidement, lentement, sans froisser le papier, la glissa dans l'enveloppe et mit l'enveloppe dans sa poche.

— Eh, bien ! — murmura l'agent de Roch et Fumel, étonné de cette attitude énigmatique. — Vous avez lu ?

— Oui.

— Vous êtes fixé

— Autant qu'on le puisse être...

— Ai-je gagné ma prime ?

— Parfaitement.

— Alors je puis passer à la caisse ?

— Oui...

Et Vogel, ouvrant son porte-monnaie, mit une pincée de pièces d'or dans la longue main osseuse du jeune homme qui, avant d'empocher la somme, eut soin de la compter tout en murmurant :

— Ce n'est point défiance... Oh ! jamais de la vie !... — Mais on peut se tromper, pas vrai ? — Du reste les jaunets sont au grand complet... — Merci, bourgeois, et à votre service...

— Comment avez-vous fait pour vous emparer de cette lettre en l'empêchant d'arriver à son adresse ? — demanda le caissier.

— Vous allez voir, — répliqua Sta-Pi — et vous conviendrez que je sais mon métier pas mal et que je dégote assez bien les malins de la Préfecture...

Après cette entrée en matière d'une si touchante modestie, le jeune homme raconta par le menu ce que nos lecteurs savent déjà.

— Vous êtes habile en effet... — dit Vogel. — Très habile... — Je rendrai bon témoignage de vous à vos patrons Roch et Fumel...

— Quand les verrez-vous ?

— Dans un quart d'heure...

— Donnez-leur donc le conseil de m'augmenter un peu, s'il vous plaît, car à l'agence les appointements sont vraiment trop succincts et les gratifications trop anémiques...

— Je n'y manquerai pas...

Vogel se leva.

— Payez la dépense avant de partir... — reprit Sta-Pi. — Je garde la bouteille... — Je la finirai à votre santé...

Hermann quitta le café Merle et prit à la gare une voiture qui le conduisit en quelques minutes rue Montmartre.

Il monta rapidement à l'agence et fut introduit sans retard dans le cabinet où Roch et Fumel se trouvaient réunis.

— Ah ! ah ! — s'écria l'ex-avoué en lui tendant la main. — C'est vous ! — Soyez le bienvenu, cher client ! — Y aurait-il déjà du nouveau ?

— Il y en a, — répondit le caissier, — et la partie me semble compromise...

— Pourquoi ? — demandèrent en même temps Roch et Fumel.

— Nous avons été devancés...

— Ah, çà ! vous avez donc un rival sérieux ?

— Trop sérieux...

— Un rival qui veut épouser ?

— Parfaitement.

— Vous savez qui il est?

— Je sais du moins son nom, grâce à Sta-Pi ..

— Il s'appelle?

— Le comte Lionel de Rochegude...

— Le comte de Rochegude ! — répéta maître Roch. — Allons donc! !

— Vous le connaissez ? — fit vivement Hermann.

— Je connais tout le monde... — Le gentleman en question est un jeune et brillant officier de hussards, déjà très riche, devant l'être colossalement un peu plus tôt ou un peu plus tard, et passant à bon droit pour un célibataire endurci et un viveur à outrance... — J'admets une amourette dont mademoiselle Valentine pourrait être le gracieux objet, mais il me paraît impossible, complètement impossible que le comte, dans sa position, songe à épouser une petite personne sans famille et sans fortune... D'ailleurs la comtesse sa mère ne consentirait jamais et sous aucun prétexte au mariage...

— Vous croyez cela?

— Fermement...

— Eh bien ! lisez, et peut-être changerez-vous d'avis...

Et le caissier plaça sous les yeux de l'ex-avoué la lettre de Lionel.

Maître Roch mit ses bésicles d'or.

Fumel ajusta ses lunettes d'acier et s'installa de manière à lire par-dessus l'épaule de l'homme de loi.

Les deux associés arrivèrent en même temps l'un que l'autre à la dernière ligne et leurs deux têtes se relevèrent d'un mouvement simultané.

— Diable ! diable ! — dit maître Roch.

Fumel se contenta de tousser.

— Vous en savez maintenant aussi long que moi... — fit Vogel. — Qu'en pensez-vous, messieurs ? — Avais-je tort de m'inquiéter ?...

— Le comte est évidemment de bonne foi... — murmura l'ex-avoué — Il ne s'agit point d'un caprice, comme je l'imaginais, mais d'une passion. — La mère donnera son consentement... — La situation est grave...

— Elle est grave, — répéta Fumel, — oui, mais non désespérée...

— Vous voyez une issue? — demanda vivement maître Roch.

— Certes ! — Il existe dans la missive de M. de Rochègude certaine ligne qui peut et doit devenir pour nos projets une ancre de salut...

— Quelle ligne?

— Celle-ci : — *J'ai soif de connaître votre écriture...* — dit le comte à Valentine ; donc, cette écriture, il ne la connaît pas...

— Eh bien ?

— Eh bien ! l'ignorance du comte nous met fort à notre aise... — Ce n'est pas Mlle de Cernay qui répondra... c'est nous... et c'est notre honoré client, M. Hermann Vogel, fiancé officiel, qui remettra la lettre au rival évincé...

XXXIX

Maître Roch se frotta joyeusement les mains.

— Sapristi! compère Fumel, — s'écria-t-il ensuite avec l'accent d'une sincère admiration, — vous êtes très fort!... Mes compliments!...

Fumel répondit d'un air modeste :

— Trop indulgent ami, vous me rendez confus!... — Vos éloges sont bien au-dessus de mon faible mérite... — J'ai quelque peu l'habitude de tirer bon parti des situations délicates et difficiles, voilà tout, absolument tout, et c'est fort peu de chose...

— Ne vous diminuez pas ainsi! — reprit l'ex-avoué. — La combinaison est un pur chef-d'œuvre... — Impossible de trouver mieux.

Puis, s'adressant à Vogel, il continua :

— Monsieur et cher client, avez-vous bien compris l'excellente idée de Fumel?

— Parfaitement compris... — répliqua le caissier.

— Qu'en pensez-vous?

— Elle me semble ingénieuse... Mais j'avoue que ma confiance dans ses résultats n'est point illimitée...

— Comment l'entendez-vous?

— J'admets que M. de Rochegude ne mette pas en doute l'authenticité de la lettre qu'on lui dira venir de Mlle de Cernay... — Vous connaissez aussi bien que moi l'obstination des amoureux... — Le comte ne se tiendra nullement pour battu... — Il refusera d'accepter un arrêt rendu par défaut. — Il voudra plaider lui-même sa cause... — Est-il possible de l'en empêcher? — Or, il suffira de deux minutes d'entretien avec Valentine pour que croule tout l'échafaudage édifié sur la fausse lettre...

Fumel eut un sourire moqueur et toussa légèrement.

Maître Roch tracassa ses lunettes d'or sur son nez — (c'était, nous le savons, son geste familier) — et répondit :

— Oui, sans doute... — En principe vous avez raison, mais pour que tout disparaisse il suffit de rendre impossible l'entretien en question...

— Comment?

— Par une succession de petits moyens d'un effet sûr, qui vous seront expliqués en temps et lieu et que vous n'aurez qu'à mettre adroitement en œuvre...

— Songez qu'il n'y a pas de temps à perdre!... — s'écria Vogel.

— Nous n'en perdrons pas non plus, soyez tranquille!!... — Mais procédons par ordre... — Il s'agit d'abord de composer la lettre qui sera signée : *Valentine*...

— C'est facile... — murmura le caissier.

— Eh! eh!... pas tant que vous croyez... Cette épître doit être très simple, très naturelle, et justifier par une sorte de candeur virginale son origine prétendue... — Or, nous sommes des gens d'affaires et point du tout des jeunes filles... — Enfin nous ferons de notre mieux... — Relisons la lettre du comte de Rochegude et mettons-nous à l'œuvre sur-le-champ...

Après une heure à peu près de collaboration, Vogel et les deux associés avaient produit le brouillon suivant, raturé en cent endroits et presque indéchiffrable à force de surcharges :

« Monsieur le comte,

« J'ai hâte de répondre à votre lettre, étant trop franche pour ne pas détruire « au plus vite des espérances que mon silence semblerait encourager...

« L'entretien auquel vous faites allusion n'a été de part et d'autre qu'un long « malentendu, car, je dois vous l'avouer, connaissant mon peu de mérite je me « gardais de prendre vos paroles au sérieux et je n'y voulais voir que ces banales « galanteries dont les hommes, paraît-il, sont prodigues avec toutes les femmes.

« Je suis sincèrement affligée que ce malentendu ait été pour madame votre « mère la cause d'un inutile chagrin... — Dites à la comtesse de Rochegude, « je vous en prie, de se rassurer bien vite... — Je ne serai pas un obstacle à la « réalisation de ses projets caressés longuement... — La douloureuse nécessité « de m'appeler sa fille ne lui sera point imposée.

« Vous vous trompez vous-même, monsieur le comte, j'en suis convaincue, « sur la nature du sentiment que je vous inspire... — Vous avez pris pour de « l'amour une sympathie dont, en tout autre circonstance, je m'enorgueillirais, « mais qu'en ce moment je n'accepte pas, ne pouvant la payer de retour... — « D'ailleurs je ne m'appartiens plus... — Je suis depuis une heure la fiancée du « *personnage ambigu*, — (ce sont vos expressions), — à qui vous me donniez le « conseil de fermer ma porte...

« M. Vogel est le plus loyal des hommes... — Il lui a suffi d'un mot pour « réduire à néant vos injustes accusations... — Je l'estime ; dans quelques jours « je serai sa femme, et c'est lui que je charge de vous faire parvenir ce billet, « car il sait tout. — J'ai rempli mon devoir d'honnête fille en lui communiquant « votre lettre, en lui racontant notre entrevue.

« Je n'ai pas besoin d'ajouter qu'il serait désormais inutile de m'écrire ou « de chercher à obtenir de moi un nouvel entretien. — Je ne recevrais point les « lettres, et ma maison resterait close...

« Croyez, monsieur le comte, que mon plus vif désir est de vous voir oublier « la personne et même le nom,

« De votre très humble servante :

« VALENTINE DE CERNAY. »

L'agent de Roch et Fumel aurait pu parler longtemps sans être interrompu ; Vogel ne l'écoutait plus.

Le brouillon que nous venons de mettre sous les yeux de nos lecteurs fut relu à haute voix par maître Roch, pesé et discuté de nouveau, et finalement approuvé.

— Peut-être bien est-ce un peu *carré* dans la forme, — dit Vogel, — mais, en somme, Mlle de Cernay est une jeune fille très résolue malgré sa modestie, et je crois qu'elle ne se gênerait pas pour exprimer nettement sa façon de penser... — Bref une telle lettre, écrite par elle, ne me causerait aucune surprise...

— Ce n'est pas tout! — reprit l'ex-avoué. — Il s'agit maintenant de transcrire, et nous avons besoin d'une jolie écriture indiscutablement féminine... — Où trouver une plume de femme? — Je ne connais que des copistes mâles.

— Ne vous inquiétez pas de cela, cher monsieur Roch... — dit Hermann en souriant. — J'ai ce qu'il nous faut...

— Une ancienne maîtresse, peut-être, dont vous utiliserez *l'anglaise* élégante? — s'écria Fumel. — Prenez garde... c'est dangereux...

— Rassurez-vous... — répliqua le caissier. — Pas le moindre péril... — L'écriture seule sera féminine. — Je possède un ami qui reproduit haut la main, avec une perfection incroyable, tous les types d'écriture connus...

— Et les signatures les plus compliquées, munies de leurs paraphes... — ajouta Fumel. — Parbleu! c'est le comte de Lorbac, de son vrai nom Charles Laurent!... J'aurais dû penser à lui...

— Quoi, vous savez?... — murmura Vogel stupéfait.

— Cher monsieur, nous savons beaucoup de choses... énormément de choses... — répliqua l'ex-agent de la préfecture.

— Charles Laurent fera parfaitement l'affaire, — reprit maître Roch, — et l'on peut être sûr de sa discrétion... — Quand le verrez-vous?...

— J'irai chez lui en sortant d'ici.

— Êtes-vous certain de le trouver?...

— Oui... il s'occupe en ce moment d'un travail très pressé qui le cloue au logis... — J'aurai la lettre ce soir même...

— Parfait!! — continua l'ex-avoué. — Et tandis que le pseudo-Lorbac calligraphiera notre prose, vous vous rendrez sans perdre une minute à la maisonnette de la rue Mozart, et là vous combattrez l'impression produite par les médisances du brillant Rochegude en faisant sur votre propre compte des révélations spontanées... — Vous expliquerez que, si vous avez un peu menti, c'était uniquement par amour, puisqu'il vous fallait un prétexte pour arriver jusqu'à Valentine, mais que désormais vous n'aurez plus rien à cacher, etc... etc... — et vous formulerez, séance tenante, votre requête matrimoniale...

Hermann secoua la tête.

— Qu'y a-t-il? — demanda Fumel.

— Il y a que je suis certain d'un échec, puisque, d'après la lettre escamotée par Sta-Pi, Valentine et le comte sont presque d'accord...

— Ne vous inquiétez pas pour si peu de chose, et ne vous préoccupez point d'un refus... — répliqua maître Roch. — L'essentiel est d'avoir pris date et de vous être posé solidement en épouseur désintéressé... — Aujourd'hui Mlle de Cernay répondra : Non! — c'est inévitable et c'est prévu... — Mais avant la fin de la semaine elle aura répondu : — Oui! — C'est non moins sûr et non moins prévu...

— Croyez-vous?...

— Oui, pardieu, je le crois, et je vous engage à le croire aussi...

— Qui produira ce revirement si brusque?

— Moi.

— Et comment!

— Vous le saurez quand il sera temps...

XL

Après une ou deux secondes de silence et de réflexion, Hermann Vogel reprit en souriant :

— Vous paraissez si convaincu que vous me donnez confiance...

— C'est ce qu'il faut... — répondit maître Roch. — La confiance double les probabilités de succès.

— Tracez-moi donc jusqu'au bout la marche à suivre... — continua le caissier; — après ma visite à Passy et ma déclaration plus ou moins bien accueillie, que faudra-t-il faire?

— Revenir chez Charles Laurent, vous mettre en possession de la lettre, fermer l'enveloppe avec de la cire bleu de ciel portant l'empreinte d'un de ces cachets à emblèmes et à devises d'une innocente banalité, dont les jeunes filles ont coutume de se servir. Il va de soi que l'habile copiste aura tracé de sa main virginale, ou prétendue telle, l'adresse du comte de Rochegude... — Une fois l'épître dans votre portefeuille, regagnez votre logis, couchez-vous et tâchez de dormir d'un calme sommeil. — Demain matin, à neuf heures précises, en tenue correcte et sévère, descendez de voiture aux Champs Élysées, à la porte de l'hôtel de Rochegude, et faites remettre votre carte au jeune comte...

— Me recevra-t-il? — demanda Vogel.

— Ce n'est pas douteux... — Il connaît votre nom puisqu'il vous a dénoncé à Mlle de Cernay... — Votre visite l'intriguera et l'inquiétera prodigieusement... Il aura hâte de savoir ce que vous lui voulez... Tenez pour certain qu'on vous introduira sur-le-champ près de lui... — Peut-être vous accueillera-t-il avec quelque raideur, mais vous ne songerez point, j'imagine, à vous préoccuper des nuances... Vous remettrez la lettre à ce gentleman et, quand il en aura pris connaissance, l'entretien s'engagera... Quel sera cet entretien, je l'ignore absolument, mais je sais qu'il ne peut avoir que deux issues... — Ou M. de Rochegude, reconnaissant en vous le fiancé de Valentine autorisé par elle, renoncera de bonne grâce à ses poursuites amoureuses — (et s'il vous donne sa parole d'honneur, croyez qu'il la tiendra!) — ou bien il prendra mal la chose, et vous le dira vertement...

— Cette deuxième supposition me paraît beaucoup plus vraisemblable que la première... — interrompit Vogel.

— C'est aussi mon avis, — poursuivit l'ex-avoué, — et vous vous trouverez en ce cas dans une excellente situation pour provoquer le comte...

— Un duel, alors?...

— Nécessairement...

— Diable!!...

— Auriez-vous peur, par hasard, monsieur et cher client?... — demanda l'ex-avoué d'un ton railleur.

Hermann se cabra.

— Peur! — répéta-t-il. — Allons donc!... — Pour qui me prenez-vous?? — Je suis prêt à me battre avec le monde entier... — Je réfléchissais simplement que cet officier doit avoir une grande habitude des armes...

— C'est probable en effet, pour ne pas dire certain... — Êtes-vous fort à l'épée vous?...

— J'ai tout au plus six mois de salle...

— Et au pistolet?

— Je casse au moins huit poupées sur dix...

— La partie, j'en conviens, serait inégale à l'épée, mais que voulez-vous... On ne fait pas d'omelettes sans casser des œufs, et qui ne risque rien n'a rien!... Quand j'ai noué l'affaire, j'étais loin de prévoir ces complications... — Voulez-vous renoncer?... — Nous déchirerons notre petit acte sous seing privé et tout sera dit.

— Renoncer!! jamais! — s'écria Vogel. — Quand même je n'aurais qu'une chance pour moi et quatre-vingt dix-neuf contre moi, j'irais de l'avant...

— Et, mordieu! vous auriez raison! — répondit l'ex-avoué, — d'autant plus que, si j'ai bonne mémoire, lorsque les circonstances nous ont mis en rapport vous songiez très sérieusement à vous faire sauter la cervelle... — D'ailleurs il ne s'agit point de tuer le comte de Rochegude, mais de le blesser assez grièvement pour qu'il nous laisse le champ libre pendant quinze jours ou trois semaines... — Or, rien n'est si dangereux qu'un coup de maladroit... — Ce sera notre chance... — Le temps nous talonne... Allez-vous-en! — Vous me trouverez demain matin à la porte de la maison Jacques Lefebvre et Cie et vous m'apprendrez, en quatre mots, le résultat de votre entretien avec le comte...

— Ne vous dérangez pas... — Je vous écrirai trois lignes et, sitôt libre, je viendrai ici...

— C'est convenu!...

En quittant l'agence de la rue Montmartre, Hermann Vogel prit une voiture, se fit conduire boulevard Clichy, à la maison qui nous est connue, escalada de nombreux étages et frappa maçonniquement à la porte de Charles Laurent.

Le pseudo-comte de Lorbac vint ouvrir après s'être assuré, par surcroît de précaution, de l'identité du visiteur.

Ce dernier lui ayant expliqué ce qui l'amenait, exhiba le brouillon que nous avons mis sous les yeux de nos lecteurs.

Charles Laurent était trop *malin* pour ne pas flairer une affaire. — Se sentant indispensable, il essaya d'en abuser.

Il se prétendit mort de fatigue ; il affirma que le travail demandé était excessivement difficile, et que d'ailleurs, une jeune fille se trouvant en jeu, il voyait là quelque chose de blessant pour sa délicatesse d'homme du monde... — La conclusion fut qu'il refusait de copier la lettre.

Vogel le laissa dire, puis, trop pressé pour discuter, lui demanda carrément :

— Combien voulez-vous ?

— Cinquante louis, — répliqua Charles Laurent d'un ton cynique.

— J'en offre vingt-cinq... — Ça va-t-il :

— Non, cher ami, j'y perdrais trop...

— Comme vous voudrez... Je vais charger de la besogne une petite femme de mes amies qui la fera pour rien... j'y gagnerai vingt-cinq louis...

— Et des fautes d'orthographe... Donnez le brouillon.

— Le voilà.

— Et la monnaie ?

— En échange de la lettre...

— Quand vous la faut-il ?

— Je viendrai la chercher dans deux heures...

— Elle sera prête depuis longtemps...

Vogel descendit les cinq étages, remonta en voiture, donna l'ordre de l'arrêter à la porte d'un restaurant, prit un bouillon, mangea un bifteck, but une demi-bouteille de vin de Bordeaux, se fit conduire à Passy et mit pied à terre rue Mozart.

Il était à peu près huit heures du soir.

Nous savons déjà qu'Hermann avait l'habitude de venir tous les deux jours à la maisonnette, sous le prétexte plausible d'examiner les progrès du travail que Mlle de Cernay faisait pour lui.

Valentine, ne l'ayant pas vu la veille, s'attendait à sa visite.

A plus d'une reprise, pendant la journée, elle avait résolu de ne pas le recevoir s'il se présentait ; mais peu à peu, à mesure que passaient les heures, cette résolution s'était modifiée.

— Pourquoi fermer de façon brutale ma porte à ce monsieur Vogel ? — pensait la jeune fille. — En somme je n'ai point positivement à me plaindre de lui... — Son unique tort est de s'être donné pour ce qu'il n'était pas... — Sa déférence et son respect ne se sont jamais démentis... — Si ses intentions secrètes sont coupables, comme on l'affirme, je ne puis que les soupçonner car il les cachait bien... Je veux que ma franchise le fasse rougir de sa duplicité. — Je le recevrai une dernière fois, afin de le prévenir que je ne le recevrai plus...

— Je lui dirai que je sais tout, et que d'ailleurs j'ai cessé d'être libre...

Valentine se trouvait dans ces dispositions quand un coup de sonnette retentit à la porte du jardinet.

Le crépuscule précédait la nuit, noyant l'enclos dans la demi-teinte.

Une lampe à abat-jour, placée à côté des aquarelles commencées, éclairait seule le salon-atelier.

— Petite sœur, on a sonné... — dit Claire.

— J'ai entendu, mignonne ; va voir... — répliqua Valentine, — et n'ouvre pas si c'est un inconnu...

— Mais si c'est M. Vogel?...

— Tu le feras entrer...

L'enfant sortit et reparut au bout d'un instant en s'écriant :

— C'est M. Vogel. — Le voici...

LXI

Hermann Vogel, en entrant dans le cercle faiblement lumineux tracé par la lumière de la lampe, eut soin de se composer une démarche timide et une physionomie embarrassée qui contrastaient de façon très vive avec son assurance habituelle.

— Bonsoir, mademoiselle... — dit-il d'une voix presque tremblante, — j'espère que vous allez bien...

— A merveille, monsieur, je vous remercie... — répliqua Valentine.

Puis, désirant prendre aussitôt le visiteur en flagrant délit d'imposture, elle ajouta :

— Je vous attendais presque ce soir... — J'ai travaillé beaucoup... — Vous venez prendre livraison des aquarelles terminées?

— Non, mademoiselle... — murmura Vogel, à la grande surprise de la jeune fille.

— Mais alors, — s'écria-t-elle, — quel motif vous amène?

— Je viens vous prier d'entendre ma confession...

— Votre confession ? — murmura Valentine stupéfaite.

— Oui, mademoiselle, la confession d'un honnête homme... — Je sollicite une indulgence que vous ne me refuserez pas, car, si j'ai commis une faute, les motifs de cette faute peuvent et doivent à coup sûr me servir de circonstances atténuantes.

— Il m'est impossible de vous comprendre... — balbutia Mlle de Cernay.

— Quelques mots suffiront pour vous expliquer tout... — reprit Vogel. — Je vous ai menti... — Je ne suis point marchand de tableaux... Je suis caissier d'une importante maison de banque...

Vogel s'arrêta.

Il paraissait attendre un mot, une question.

Valentine, la tête basse, resta silencieuse. — Qu'aurait-elle pu dire?

Ce qu'elle venait d'entendre, elle le savait d'avance.

Le caissier poursuivit :

— Vous vous demandez certainement pourquoi ce mensonge... — Eh! mademoiselle, il était indispensable... — Le moment est venu de vous ouvrir mon âme... — Ne vous irritez point d'un aveu que depuis bien des jours le respect profond que vous m'inspirez arrête sur mes lèvres... — Je vous avais vue, mademoiselle, et je vous aimais...

La jeune fille fit un mouvement brusque comme pour imposer silence à son interlocuteur.

— Laissez-moi continuer, je vous en supplie... — dit vivement Hermann — Qu'avez-vous à craindre?... Avant de parler de mon amour j'ai parlé de mon respect... — Il est immense... il est infini... — Je vous adore, mais à deux genoux, et la passion que vous m'inspirez ressemble au culte qu'on a pour les anges... — Je souhaitais avec ardeur arriver jusqu'à vous, franchir le seuil de votre demeure, n'être plus tout à fait un étranger pour vous, obtenir une petite place dans votre intimité, mais le moyen? — Si je m'étais présenté comme le caissier de la maison de banque Jacques Lefebvre, vous n'auriez certes pas consenti à me recevoir, vous qui ne recevez personne... — Est-ce vrai, mademoiselle?...

Valentine répondit, du geste plutôt que de la voix :

— C'est vrai...

— Je cherchai, — continua Vogel, — et, connaissant vos occupations artistiques, je me dis que sans doute la qualité de marchand d'objets d'art réussirait à m'ouvrir votre porte... — Cette idée était bonne puisqu'elle a réussi. — Maintenant, mademoiselle, le déguisement devient inutile, et grâce à Dieu la sincérité m'est permise... J'appartiens à une famille étrangère absolument honorable, qui n'est point noble à la vérité, mais qui possède des alliances dans la haute noblesse allemande... — Des héritages sérieux m'arriveront dans un temps donné et me constitueront une fortune. — En attendant, j'occupe une place de confiance dans une maison de premier ordre... — Je touche douze mille francs d'appointements annuels et je possède des économies... — Je suis d'un caractère facile et d'une nature loyale et confiante... J'ai la certitude de n'avoir jamais volontairement fait de mal à personne, et, quand l'occasion se présente de faire un peu de bien, je ne la laisse point échapper... — Je vous aime, mademoiselle, de toutes les forces d'un cœur qui n'avait pas battu avant le jour où je vous ai vue... — Je me sens capable de vous rendre heureuse et honorée, et, si vous êtes ambitieuse, de vous conquérir dans le monde une position enviable...

Le caissier mit un genou en terre devant la jeune fille, et les mains jointes, la voix vibrante de passion, il finit par ces mots :

— Désormais vous me connaissez... Vous savez ce que je suis... ce que je veux... ce que j'espère... Voulez-vous être ma femme ?...

— Relevez-vous, monsieur... Relevez-vous, je vous en conjure... — dit Valentine très émue...

— Je vous obéis, — murmura Vogel ; — mais songez combien l'attente me semblera pénible après l'aveu que vous venez d'entendre. — Par grâce, par pitié, répondez-moi ! !

— C'est que la réponse est bien difficile à faire... — balbutia Mlle de Cernay.

— Même si cette réponse doit m'apporter une déception, une douleur, je la préfère à l'incertitude... Parlez donc, je vous en supplie...

— Soit... — dit Valentine d'une voix très basse, — vous le voulez... Écoutez-moi donc : — D'abord et avant tout je vous pardonne de grand cœur un mensonge dont vous m'avez prouvé l'innocence presque complète... — Je suis touchée et reconnaissante des sentiments d'affection respectueuse que vous m'exprimez et dont vous me donnez l'irrécusable preuve en m'offrant votre nom...

— L'acceptez-vous ? — s'écria Vogel.

La jeune fille secoua négativement la tête.

— Vous refusez ? — reprit le caissier jouant à merveille la consternation.

— Il le faut, et je me croirais coupable si je vous laissais la plus légère, la plus lointaine espérance !... Je ne serai jamais votre femme.

— Pourquoi ? — Vous me haïssez donc ?...

— Non, certes !

— Eh bien ?...

— Mais j'ai cessé de m'appartenir...

— Vous aimez ! ! et ce n'est pas moi ! !...

Valentine, rougissant jusqu'à la racine des cheveux, fit un signe affirmatif.

Vogel laissa tomber sa tête sur sa poitrine, en murmurant avec un accent tragique que les acteurs en renom des théâtres du boulevard auraient pu lui envier.

— Oh ! malheureux ! que je suis !... — Mon rêve s'envole ! Tout s'anéantit. Tout s'écroule !... Autour de moi le vide... le néant !...

Une autre femme aurait souri de cette phrase mélodramatique. — Valentine, inexpérimentée, naïve autant qu'on le puisse être, ne sachant rien de la vie, la prit au sérieux et se désola sincèrement de causer un si poignant chagrin à ce digne Hermann Vogel ; mais, ne pouvant lui donner aucun espoir, elle ne trouvait pas un mot à dire pour le consoler et se contentait de le plaindre.

— Va voir, mignonne, et n'ouvre pas si c'est un inconnu.

Le caissier reprit la parole au bout d'un instant.

— Je n'imposerai point silence à mon cœur... — dit-il d'une voix lente et sourde, — je ne le pourrais pas... je ne le voudrais pas... — Je refuse d'oublier... l'oubli, pour moi, serait la mort !... Mais je ne vous importunerai point du spectacle de ma douleur.... — Soyez heureuse, mademoiselle !... J'offrirais ma vie sans hésiter, si j'étais sûr, en la donnant, d'assurer votre bonheur !... — Fasse le Ciel qu'il soit digne de vous, celui que vous aimez ! !

— Ah ! — s'écria Valentine, — si vous saviez...

— Je ne veux rien savoir !... — interrompit brusquement Vogel. — Ayez pitié !... Ne retournez point le fer dans ma blessure ! !... N'exaltez pas devant moi ce rival que vous voyez à travers un mirage !... Peut-être vaut-il mieux que moi, mais quel qu'il soit, je l'affirme, il ne peut vous aimer autant que je vous aime ! !...

— Ne dites pas cela ! ! — reprit la jeune fille entraînée presque à son insu, et livrant tout entier le secret de son cœur. — Celui de qui vous parlez et que vous ne connaissez pas me prouve son amour en m'offrant un grand nom, un titre, une fortune.

Vogel hocha la tête en fronçant le sourcil.

— Ah ! c'est un gentilhomme... — fit-il d'un air presque dédaigneux.

Valentine froissée répliqua sèchement :

— Oui, c'est un gentilhomme !...

— Certes — poursuivit le caissier, — vous méritez l'amour d'un prince, et cependant j'ai peur, et cependant je vous dis : « *Prenez garde ! !* »

— Pourquoi ?...

— Ils savent mentir et ne savent pas aimer, ces beaux oisifs, ces riches viveurs, accoutumés aux succès faciles... — Quand un caprice les harcèle, ils ont d'irrésistibles discours et des pièges dorés à prendre les filles d'Ève... — Ils promettent beaucoup et font très volontiers tous les serments du monde... — Cela coûte si peu à donner, une parole qu'on ne tiendra pas ! ! — La fille d'Ève prête l'oreille, ouvre son cœur et succombe. — Le tour est fait... — La colombe est prise... — L'oiseleur se dérobe alors, emportant ses promesses oubliées, et tout est perdu, même l'honneur !... — Défiez-vous ! !

Valentine sentit un frisson, — le frisson du doute naissant, — passer sur sa chair ; néanmoins elle fit bonne contenance et répondit sans hésiter :

— Je ne crains rien...

— Mais je crains pour vous, moi ! ! — s'écria le caissier, — Je pressens le péril que vous ne voyez pas. — Si méconnu, si dédaigné que soit mon amour, il me donne le droit de veiller sur vous !... Je veillerai !...

XLII

L'entretien d'Hermann Vogel et de Valentine ne pouvait se prolonger.

L'orpheline se donna beaucoup de mal pour trouver le moyen de dire sans rudesse à son adorateur évincé qu'il devait désormais s'abstenir de toute démarche faite dans le but de se rapprocher d'elle, car, bien qu'elle lui gardât son estime, il lui serait impossible de le recevoir, même de loin en loin, ses visites n'ayant plus de raison d'être.

— Soyez tranquille, mademoiselle... — répliqua le caissier d'un ton très digne et très ému. — J'avais compris déjà cette nécessité... — Je m'y soumets et je m'y résigne comme on doit se résigner et se soumettre à ce qui est inévitable... — Je ne vous importunerai pas... — J'ai parlé de veiller sur vous, mais ce sera de loin, ce sera dans l'ombre... — Vous ne me verrez plus, et plus jamais vous n'entendrez prononcer mon nom si vous êtes heureuse... — Si, au contraire, les déceptions succédaient aux espérances ; si le malheur fondait sur vous à l'improviste, si enfin vous aviez besoin d'un ami prêt à donner sa vie pour vous éviter un chagrin, vous savez où je demeure... — Appelez-moi, je viendrai... — Adieu, mademoiselle...

— Adieu, monsieur... — murmura Valentine, le cœur gros, les yeux pleins de larmes, en tendant à Vogel sa petite main qui tremblait un peu.

Le jeune homme prit cette main, la pressa contre ses lèvres, puis, détournant la tête et poussant un soupir, il quitta vivement le salon sans ajouter une parole.

Quand la porte se fut refermée derrière lui après cette sortie digne d'un comédien de premier ordre, Mlle de Cernay, très troublée, en proie à une vague et indéfinissable inquiétude, se laissa tomber sur un siège.

Ses pensées prenaient une teinte sombre.

Il lui semblait qu'entre elle et l'avenir un voile de deuil s'étendait brusquement.

— Si cependant il ne se trompait pas !... — se disait-elle tout bas. — Si l'homme en qui j'ai foi n'était qu'un imposteur ! !

Elle cacha son visage dans ses mains et sentit son inquiétude se changer en angoisse.

Claire, étonnée de son attitude et de son silence, grimpa sur ses genoux, lui jeta ses bras autour du cou, et tout en l'embrassant murmura près de son oreille :

— Tu as du chagrin, petite sœur?...

— Non, mignonne... — répondit Valentine en écartant ses mains pour sourire à l'enfant.

— Bien vrai ?...

— Oui, bien vrai...

— Pourquoi donc alors as-tu l'air si triste ?...

— Parce que, sans le vouloir, j'ai fait de la peine à quelqu'un qui ne le méritait pas.

— A M. Hermann Vogel? — demanda Claire.

— Oui...

— J'ai entendu que tu lui disais de ne pas revenir...

— Je le lui ai dit en effet.

— Et il ne reviendra plus ?...

— Non, petite sœur, il ne reviendra plus...

— Eh bien, j'en suis contente, moi... — reprit l'enfant.

— Pourquoi donc?

— Je ne l'aime pas, M. Vogel, tu sais...

— Il ne t'a rien fait cependant...

— Rien du tout et j'ai tort, mais que veux-tu, c'est plus fort que moi... Ses yeux me font peur... — J'aime beaucoup l'autre au contraire... Celui qui est venu hier, tu sais bien... celui qui a des petites moustaches et un si joli nom...

— M. de Rochegude... — balbutia la jeune fille.

— Oui, M. de Rochegude... il reviendra celui-là, n'est-ce pas?...

Valentine baissa de nouveau la tête, sans répondre.

Les paroles du caissier portaient leurs fruits amers.

Le doute et la défiance grandissaient dans l'esprit de l'orpheline.

Décidément Hermann Vogel était un habile homme !...

La voiture prise à l'heure attendait dans la rue Mozart, près de la porte de l'enclos.

Le caissier de la maison Jacques Lefebvre y monta, et donna l'ordre de le conduire au boulevard de Clichy.

— D'où nous venons ! — s'écria le cocher avec un juron. — Tonnerre du diable ! En voilà des rubans de queue !... Si Coco ne crève pas en route, pauvre bête, il aura de la chance !... Hue, Coco !...

Et le fiacre roula, tandis que l'infortuné Coco reprenait dans les brancards son trot piteux et saccadé.

Vogel, très satisfait d'avoir posé un premier et indispensable jalon en excitant la défiance de Valentine à l'endroit de M. de Rochegude, gravit rapidement les nombreuses marches qui le séparaient du logis de Charles Laurent.

— C'est fini... — dit le pseudo-comte de Lorbac en ouvrant la porte au visiteur et en l'introduisant dans la pièce qui renfermait son matériel de faussaire émérite, — et je crois que vous serez content de la besogne... Parole d'honneur, c'est soigné et réussi !...

— Voyons... — répliqua le caissier.

Charles Laurent lui tendit une feuille de papier satiné sur laquelle la courte lettre résultant de la collaboration de Roch, de Fumel et d'Hermann, était copiée de la plus jolie et de la plus aristocratique écriture de femme qu'il fût possible d'imaginer.

— Eh bien ? — demanda l'habile gredin.

— C'est irréprochable... — répondit Vogel.

— Alors, mes vingt-cinq louis ?

— Les voici. — L'enveloppe est-elle prête ?

— Oui, et l'adresse écrite ; — il ne reste qu'à la fermer...

— Il faudrait de la cire d'un bleu tendre et l'un de ces cachets à devises un peu niaises dont les jeunes filles se servent volontiers...

— J'ai de la cire de toutes les couleurs, répliqua Charles Laurent, — et, quant au cachet, nous avons mieux que des devises de pensionnaires... — Regardez ceci...

Et il présentait au caissier, sur un carré de papier blanc, une empreinte de cire rouge offrant les initiales de Mlle de Cernay, un V et un C délicatement entrelacés.

Vogel fit un geste de surprise.

— De quelle façon vous êtes-vous procuré un cachet à ces chiffres ? — s'écria t-il.

— J'ai pensé que vous auriez besoin des initiales en question, — répliqua Charles Laurent, — et j'ai fabriqué le cachet avec de la mie de pain... — Vous voyez que ça donne un fort bon résultat et, soyez paisible, je ne vous demanderai aucun supplément pour ça, bien convaincu qu'un jour ou l'autre vous saurez reconnaître la noblesse de mes procédés...

Cinq minutes plus tard le caissier quittait le boulevard de Clichy, emportant dans son portefeuille la lettre bien et dûment cachetée.

Au grand étonnement du père Rémy, le concierge de la rue de la Pépinière, habitué aux allures ultra-fantaisistes de son locataire, Hermann rentra chez lui vers dix heures du soir et se mit au lit.

Notre respect pour la vérité nous force d'ailleurs à convenir qu'il ne dormit guère, préoccupé comme il l'était de la grave démarche que le lendemain matin il faudrait accomplir et qui, selon toute vraisemblance, se terminerait par une provocation, car il semblait bien difficile d'admettre qu'un lieutenant de hussards, un jeune homme, un gentilhomme, éperdument épris, consentît paisiblement à battre en retraite et à s'effacer pour laisser la place libre à un rival plus heureux.

Cependant, vaincu par la fatigue, Vogel ferma les yeux vers quatre heures du matin, et fit un songe désagréable.

Il rêva que l'épée du comte de Rochegude le clouait contre un tronc d'arbre, et qu'ensuite son adversaire, se servant de lui comme d'une cible dans un tir, lui cassait successivement, à coups de pistolet, les quatre membres, puis la tête.

Le caissier se réveilla baigné d'une sueur froide et tout grelottant d'épouvante.

— Ce rêve est de bien mauvais augure, — pensa-t-il, — mais je n'ai pas le choix des moyens... — Il faut, quand même, aller de l'avant... — Tant pis pour moi si j'y laisse ma peau...

Le jour se levait, terne et blafard.

Vogel sauta en bas de son lit, et commença minutieusement sa toilette. —

Il était prêt un peu avant huit heures et demie, et sa tenue du matin, d'une correction élégante et sévère à la fois, n'offrait aucune prise à la critique.

Il ouvrit alors sa fenêtre pour crier au concierge :

— Une voiture, s'il vous plaît, père Rémy, et tout de suite...

XLIII

Au bout de cinq minutes le portier, dont nous connaissons le zèle surexcité par de nombreuses et larges gratifications, vint triomphalement annoncer à son locataire qu'un coupé de régie l'attendait.

— Avenue des Champs-Élysées, numéro 70... — dit Vogel en montant dans ce coupé.

A neuf heures précises il descendait de voiture en face de l'hôtel Rochegude, traversait la contre-allée et sonnait à la porte qui lui fut ouverte aussitôt.

Comme il pénétrait dans la cour d'honneur encadrée par le corps de logis principal et par deux pavillons, un concierge majestueux, ayant les allures d'un suisse de cathédrale et d'un huissier de ministère, apparut sur le seuil d'une vaste loge meublée comme le salon d'un riche bourgeois, et voyant un jeune homme qu'il ne connaissait pas, mais de bonne mine et vêtu avec élégance, demanda, en daignant ébaucher un salut :

— Monsieur désire ?...

— Je désire voir M. le comte de Rochegude... répondit Vogel.

— Monsieur a-t-il un rendez-vous de M. le comte ?

— Non.

Un vague sourire se dessina sur la farce large et soigneusement rasée du concierge.

— Alors, — dit-il, — je crois que monsieur fera bien de revenir un peu plus tard. — M. le comte ne reçoit jamais avant déjeuner, et il ne déjeune qu'à onze heures... C'est la règle...

— Toute règle comporte des exceptions, — répliqua le caissier en tirant son portefeuille, — M. de Rochegude me recevra certainement.

— J'en doute un peu...

— Et moi j'en suis sûr... — Faites-lui passer ma carte, je vous prie...

Ces paroles dites d'un ton d'autorité qui ne souffrait pas de réplique en imposèrent à l'homme important.

Il fit résonner deux fois de suite un timbre, et presque aussitôt un valet de chambre vêtu de noir se montra sur la plus haute marche de l'escalier du pavillon de gauche que Lionel habitait.

Ce domestique eut peine à contenir un léger tressaillement à la vue du caissier qu'il avait épié à Passy quelques jours auparavant, par ordre de son maître, et qu'il reconnaissait; mais il sut conserver, du moins en apparence, un flegme tout britannique et, s'adressant au concierge, il demanda :

— Qu'est-ce?

— Une carte pour monsieur le comte...

— Donnez...

— C'est la carte de monsieur, et monsieur attend...

— Offrez un siège à monsieur, je reviens...

Et le valet de chambre regagna le pavillon, laissant le visiteur matinal maître d'attendre sur ses jambes dans la cour, ou de s'asseoir chez le concierge.

Hermann ne prit point ce dernier parti et resta debout.

Lionel, à demi étendu sur un large fauteuil de sa chambre à coucher, près d'une fenêtre entr'ouverte, fumait une pipe turque à long tuyau et lisait un journal, ou du moins le tenait déployé sur ses genoux, mais son esprit, tout à Valentine, était bien loin de la politique et des faits divers.

Le valet entra vivement, portant la carte sur un plateau de vermeil, et dès le seuil, au mépris de l'étiquette dont il était le rigide observateur, il dit d'un air presque effaré :

— Ah ! monsieur le comte...

— Qu'y a-t-il ? — demanda le jeune homme étonné.

— Monsieur le comte, il est en bas... il attend...

— Qui donc ?

Pour toute réponse le valet de chambre présenta le plateau.

Lionel prit la carte et tressaillit à son tour...

— *Hermann Vogel!!* — s'écria-t-il.

— Lui-même... désirant être reçu par monsieur le comte...

Pendant quelques secondes un trouble extrême, une confusion inouïe, se produisirent dans le cerveau du lieutenant de hussards.

La visite du caissier de Jacques Lefebvre était pour lui un événement considérable et inexplicable.

Il se trouvait en présence d'un problème insoluble...

Comment Hermann Vogel le connaissait-il? — Pour quelle raison et sous quel prétexte osait-il se présenter à l'hôtel Rochegude ?...

Une seule personne, — Valentine, — pouvait créer un point de contact entre deux hommes placés dans des conditions si différentes. — L'avait-elle fait? — Avait-elle parlé de Lionel à Hermann, ce personnage louche et suspect ?

Le jeune officier se posait ces questions et, ne pouvant y répondre, se perdait dans un dédale inextricable de conjectures.

Enfin il reconquit un peu de sang-froid.

Assurément la démarche incompréhensible du caissier semblait un incident fâcheux et ne présageait rien de bon, mais avant tout il fallait savoir, et Lionel se sentait pris d'une curiosité égale à son inquiétude.

— Où est ce monsieur? — demanda-t-il.

— Dans la cour ou dans la loge du concierge... — répondit le domestique.

— Conduisez-le dans mon fumoir, et priez-le de m'excuser si je le fais attendre un instant...

— Bien, monsieur le comte.

Le valet de chambre redescendit et fit franchir à Hermann Vogel le seuil du pavillon.

Ce pavillon était un véritable petit hôtel, très complet, très confortable, très bien distribué, et tout à fait indépendant du principal corps de logis avec lequel il communiquait par une galerie.

Un jeune ménage pouvait y vivre absolument chez lui, sans avoir à redouter la surveillance parfois gênante et le contrôle incessant des grands parents.

Le premier étage se composait d'un salon assez vaste, d'un autre plus petit servant de fumoir et parfois de salle d'armes, d'un cabinet de travail, de deux chambres à coucher avec leurs cabinets de toilette, et d'une bibliothèque.

Hermann Vogel fut introduit dans le petit salon par le domestique qui répéta textuellement la phrase de son maître :

— M. le comte prie monsieur de l'excuser s'il le fait attendre un instant.

Le caissier, resté seul, promena ses regards autour de lui.

La pièce de moyenne grandeur dans laquelle il se trouvait était décorée de façon très simple.

Des nattes indiennes aux couleurs vives revêtaient les murailles.

Sur ces nattes on voyait des portraits de chevaux de course et de chasse, dans des cadres d'ébène rehaussés d'un filet d'or mat.

Aux deux extrémités, et se faisant face, des panoplies composées de fusils, de pistolets, de revolvers, d'épées et de fleurets; — un arsenal complet de chasse, de guerre et de duel.

Un large divan recouvert en maroquin fauve du Levant, quelques fauteuils profonds et bas, et une sorte de vaste chiffonnier en ébène dont les innombrables tiroirs renfermaient toutes les variétés de cigares des grandes marques de la Havane, composaient l'ameublement.

Le parquet disparaissait sous un tapis de Smyrne, des mêmes tons brillants que les tentures.

Hermann Vogel, en regardant les panoplies, se rappela son rêve; ses yeux cherchèrent machinalement celle de ces épées qui devait lui traverser le corps, celui de ces pistolets qui devait lui casser les membres et lui trouer le crâne... — Un petit frisson courut sur sa chair, mais il se dompta, il contraignit ses lèvres à sourire ironiquement, et il murmura :

— Tout songe est mensonge! — dit un vieux proverbe avec raison...

Lionel de Rochegude avait demandé quelques instants pour modifier sa toilette, ne voulant pas se présenter en chemise de foulard, en veston et en

Lionel, à demi-étendu sur un large fauteuil, près d'une fenêtre, lisait un journal.

pantalon de flanelle à un homme qui venait chez lui pour la première fois, et qui sans doute y venait en ennemi.

Sept ou huit minutes lui suffirent pour compléter une tenue très correcte : pantalon gris poussière, gilet pareil et jaquette noire.

Cette métamorphose achevée, le comte se regarda dans une glace.

Son visage, plus pâle que de coutume, n'avait point son expression habituelle de bienveillance. — Son regard froid était presque dur.

D'un mouvement rapide et nerveux il retroussa les pointes de ses longues et fines moustaches, puis, traversant la bibliothèque, il ouvrit la porte du petit salon.

Le comte Lionel de Rochegude et le caissier Hermann Vogel se trouvèrent en face l'un de l'autre...

XLIV

Tout en venant de sa chambre au petit salon où l'attendait Vogel, M. de Rochegude s'était tracé un plan de conduite, en d'autres termes il avait ébauché le scénario de son entretien avec le visiteur matinal.

En franchissant le seuil il salua, mais jamais acte de politesse banale ne fut accompli d'une façon plus glaciale et plus hautaine.

La physionomie fausse du caissier inspirait à Lionel une répulsion insurmontable, — que d'ailleurs il ne cherchait point à surmonter.

Hermann rendit le salut avec une roideur qui ne le cédait en rien à celle de son hôte.

Pendant quelques secondes les jeunes gens s'examinèrent sans échanger une parole.

Chacun d'eux semblait attendre que l'autre parlât le premier.

Ce silence devenait embarrassant.

M. de Rochegude le rompit.

De la main gauche il tenait la carte que son valet de chambre lui avait remise.

Il prit son lorgnon, parut étudier les caractères imprimés sur cette carte, et dit :

— C'est bien M. Hermann Vogel que j'ai le plaisir inattendu de recevoir chez moi ?

— Oui, monsieur le comte...

— Caissier de la maison de banque Jacques Lefebvre et Cie ? — poursuivit l'officier.

— Oui, monsieur le comte...

— Alors je vous serai reconnaissant de vouloir m'apprendre à quelle circonstance je dois attribuer votre visite, car je ne suis point en relations d'affaires avec la maison Jacques Lefebvre et, jusqu'à tout à l'heure votre nom, monsieur, m'était absolument inconnu...

— Croyez-vous cela, monsieur le comte ? — demanda le caissier.

— Certes, je le crois ! — répliqua Lionel.

— Eh bien ! monsieur, vous vous trompez.

— Vous dites ? — fit le lieutenant avec hauteur.

— Je dis que mon nom vous est moins inconnu que vous ne pensez... —

Non seulement vous l'avez prononcé plus d'une fois, mais vous l'écriviez hier encore...

Lionel devint pourpre et s'écria :

— Ah çà, mais il me semble que vous me donnez un démenti!!!

— En aucune façon!... — Je cherche à rafraîchir votre mémoire, voilà tout...

— Enfin, monsieur, — reprit le comte avec impatience, — il importe peu que je connaisse ou que j'ignore votre nom... Vous avez sollicité une entrevue... — Je l'ai accordée... — Que me voulez-vous?...

— Je veux vous donner une lettre dont je me suis chargé pour avoir la certitude absolue qu'elle arriverait droit dans vos mains...

— Une lettre de qui? — murmura Lionel qui se sentit mordu au cœur par une sérieuse angoisse.

— Ne le devinez-vous point?

— Qu'importe? — Répondez!...

— Une lettre de Mlle Valentine de Cernay...

Lionel devint pâle.

Ses pressentiments fâcheux n'étaient que trop fondés, il le comprenait. — Une effrayante catastrophe menaçait son amour.

— Mlle de Cernay m'écrit?... — balbutia-t-il avec épouvante.

— C'est-à-dire qu'elle vous répond, puisque vous lui aviez écrit hier...

— Comment le savez-vous?...

— La lettre que j'apporte vous l'apprendra...

— Donnez donc!!!...

Hermann ouvrit son portefeuille.

Il en tira l'épître redigée par Roch et Fumel et copiée par Charles Laurent, et il la présenta au jeune comte.

Ce dernier sentit une défaillance s'emparer de lui; un nuage passa sur ses yeux, mais il réagit contre la défaillance, il chassa le nuage et, prenant l'enveloppe d'une main qui tremblait malgré lui, il regarda avec une émotion profonde, avec un attendrissement douloureux, cette élégante et fine écriture féminine qu'il voyait en ce moment pour la première fois, et ce petit cachet de cire bleue portant l'empreinte des initiales de Valentine.

Comme il s'absorbait dans cette contemplation, Hermann pressé par le temps et voulant d'ailleurs en finir, lui dit :

— Lisez, monsieur, je vous en prie...

Lionel rompit le cachet, tira la lettre de l'enveloppe et se retourna pour la lire, car il se défiait de son courage et ne voulait pas que son rival pût deviner d'après l'expression de sa figure ce qui se passait dans son âme.

Mais il avait compté sans une grande glace occupant le panneau auquel il faisait face et réflétant ses traits. — Or, à mesure qu'il dévorait la missive apocryphe, Vogel voyait avec une joie cruelle son visage se décomposer de plus en plus.

Quand M. de Rochegude eut achevé, sa pâleur devenue livide lui donnait l'air d'un spectre.

Ses lèvres mêmes étaient blanches et ses paupières battaient sur ses prunelles dilatées.

Hermann attendit une minute, puis il dit :

— Vous avez lu, monsieur le comte?...

Lionel, anéanti par le coup de foudre de cette effroyable déception, ne se souvenait même pas de la présence du caissier.

La voix d'Hermann le fit tressaillir.

Il se retourna, pris d'une colère sourde et prêt à la faire éclater sur celui qui la provoquait.

— Oui, — fit-il d'une voix railleuse et saccadée, — j'ai lu!! — Ah! c'est un congé bien en règle et donné nettement! — Tudieu! Mlle Valentine n'y va pas de main morte et formule de façon carrée!... Point d'ambiguïtés, point d'ambages!... Elle me faisait l'honneur hier d'agréer ma recherche... — Aujourd'hui c'est vous qui tenez la corde, et je suis consigné... — C'est au mieux!! C'est parfait!! Bravo!!

Et le comte eut un éclat de rire singulier.

— Que dirai-je à Mlle de Cernay relativement à l'accueil fait à sa lettre?... — demanda froidement Vogel.

— Vous lui direz qu'étant maîtresse sans contrôle de son cœur et de sa personne, elle a l'indiscutable droit d'en disposer pour qui bon lui semble, et même de faire un choix ridicule... — Vous lui direz que j'accepte son arrêt et qu'elle ne doit pas craindre d'amoureuses poursuites qui pourraient amener entre nous quelque nouveau *malentendu*... — l'expression n'est pas de moi et, parole d'honneur, je la trouve impayable!... — Vous ajouterez, s'il vous plaît, quant à la lettre elle-même, que j'en apprécie fort le style, coloré, nerveux et concis, mais que lorsqu'une femme écrit certaines choses désobligeantes à un galant homme, elle ne les lui fait point remettre par celui qui les a dictées...

Hermann tressaillit.

— Je ne vous comprends pas... — dit-il.

Lionel eut un second éclat de rire, plus faux encore et plus discordant que le premier.

— Vous me comprenez à merveille, au contraire!... — répliqua-t-il en s'animant davantage à chaque parole. — Vous savez quelle était mon opinion sur votre compte, puisque j'exprimais cette opinion dans une lettre que vous avez lue... — Elle est toujours la même... — Il suffit de vous voir une fois pour vous connaître et pour vous juger... — Vous êtes un être fourbe et rampant, un hypocrite, un homme à deux visages... — Obéissant à des motifs louches que j'ignore, et par la ruse et le mensonge, vous vous êtes emparé du faible esprit d'une jeune fille... — Je ne lutterai pas contre vous pour reconquérir cette enfant... — Le cœur qui vous a préféré, ne fût-ce qu'une minute, est indigne de moi... — Mais vous ne jouirez point en paix de votre victoire effrontée... J'accepte la défaite, je n'accepte pas l'insolence... — C'est par vous et pour vous que Mlle de Cernay me ferme son cœur, et vous venez comme un huissier, parlant à ma personne, me signifier l'arrêt d'expulsion! — Allons donc!... — C'est le procédé d'un cuistre, cela!... C'est d'une insoutenable impudence!! — Monsieur Hermann Vogel, vous êtes un drôle!!

— Vous m'insultez, monsieur!! — s'écria le caissier en perdant son sang-froid.

— Parbleu, je l'espère bien, que je vous insulte!...

— Vous m'en rendrez raison!...

— Quand vous voudrez!... Comme vous voudrez!... Où vous voudrez!...

— Je suis l'offensé... — reprit Hermann... — J'ai le choix des armes... Je choisis le pistolet...

XLV

En entendant Hermann s'écrier : — *J'ai le choix des armes... je choisis le pistolet!...* Monsieur de Rochegude haussa les épaules.

— Pourquoi diable me dites-vous ces choses, monsieur Vogel? — demanda-t-il d'un ton ironique. — Vos préférences ne me regardent pas du tout... C'est l'affaire de vos témoins qui s'entendront à ce sujet avec les miens... Car vous savez, du moins je l'espère, qu'il faut m'envoyer des témoins...

— Ils seront chez vous dans l'après-midi... De quatre à cinq heures si vous le voulez... — répliqua le caissier.

— Très bien... — Ils trouveront à qui parler, car j'aurai prévenu deux amis...

— Nous n'avons plus rien à nous dire... Monsieur le comte, j'ai l'honneur de vous saluer...

Lionel se calma tout à coup.

Le rival qu'il venait de traiter avec un si parfait dédain devenait un adversaire qu'il tuerait le lendemain peut-être, ou par qui il serait tué.

Ceci modifiait entièrement la situation, et le jeune comte reprit à l'instant sa politesse de gentleman; il répondit par le salut le plus courtois aux dernières paroles du caissier qu'il voulut reconduire jusqu'à la porte extérieure du pavillon.

Lorsque cette porte se fut refermée, M. de Rochegude regagna sa chambre à coucher et se laissa tomber sur un siège, la tête basse, les bras inertes, dans l'attitude abandonnée d'un homme anéanti.

Le regard sombre de ses yeux fixes, le pli profond qui se creusait entre ses sourcils, la pâleur de son visage contracté, exprimaient un découragement immense, une incommensurable amertume, une véritable agonie morale.

Il venait de recevoir un coup d'autant plus rude qu'il était inattendu, et maintenant, seule avec ses pensées noires, il ployait sous ce coup comme le bœuf sous la masse du boucher.

Valentine de Cernay, la seule femme qui lui eût inspiré une passion ardente, infinie, prête à tous les dévouements, à tous les sacrifices ; Valentine à laquelle il offrait le plus éblouissant avenir qu'une fille d'Ève ambitieuse ait jamais pu rêver, un grand nom, un beau titre, une fortune immense et l'amour ; Valentine dédaignait et repoussait ces choses et, mise en demeure de se prononcer entre le comte de Rochegude et le caissier Hermann Vogel, choisissait le caissier que, la veille encore, elle paraissait ne point aimer...

C'était inexplicable, invraisemblable, à peu près incroyable, et cependant c'était positif...

Lionel en tenait dans ses mains la preuve matérielle !... Le moyen, en effet, de s'inscrire en faux contre la lettre de Valentine ?

La supposition d'une contrainte morale imposée à la jeune fille ne se pouvait admettre sans absurdité, donc, librement, elle avait communiqué à Vogel la lettre du comte, librement elle avait écrit la réponse et chargé le caissier de la faire parvenir à son adresse...

A la profonde douleur de Lionel se joignait une cuisante blessure d'amour-propre...

Non seulement Mlle de Cernay se refusait à lui, mais encore elle l'humiliait par le choix du rival à qui elle allait appartenir...

— Ah ! que je le hais, cet Hermann !... — murmura tout à coup le comte en relevant la tête avec un geste de menace. — Et comme avec bonheur je le tuerai demain !

L'éclair du regard s'éteignit. — La tête se pencha de nouveau.

— Et puis après ? — poursuivit Lionel. — Si la chance est pour moi, en serai-je plus heureux quand j'aurai tué cet homme ?... — Irai-je de nouveau m'offrir à Valentine et mendier un peu d'amour ? — Jamais !... — Que puis-je attendre et que puis-je espérer ? — La vie ne me garde plus rien... Quand mon cœur cessera de souffrir, c'est qu'il aura cessé de battre... — Il vaudrait mieux en finir tout de suite... — Le caissier Vogel, en me tuant, me rendrait un fameux service...

M. de Rochegude se disait ces choses avec une conviction absolue.

Comme tous les amoureux bien épris dont une déception brise le cœur, il croyait sincèrement sa blessure incurable, et trouvait une sorte de volupté farouche à s'absorber dans sa douleur, à retourner le fer dans la plaie.

Hermann Vogel regagna la voiture qui l'attendait à la porte de l'hôtel

Rochegude, et donna l'ordre de le conduire au n° 21 de la rue Saint-Lazare où se trouvait le siège de la maison de banque Jacques Lefebvre.

Chemin faisant, il se disait :

— Positivement c'était ma destinée de me battre avec cet insolent gentilhomme !! — Quelle hauteur ! quelle impertinence ?... — Ah ! que je lui logerais de grand cœur une balle entre les deux yeux, pour le punir de son dédain !! — Ce n'est plus seulement un obstacle, ce comte !... Depuis tout à l'heure, c'est un ennemi !... — La première insulte est venue de lui, sans qu'une seule parole agressive eût été prononcée par moi... — Mon étoile a voulu cela, puisque le choix des armes en résulte, et qu'au pistolet la partie sera plus égale qu'à l'épée !... — Partie dangereuse à coup sûr, mais le splendide enjeu vaut la peine de risquer sa peau... — Si je tue M. de Rochegude, je tiens Valentine et ses prochains millions... — Si je suis tué, c'est un dénouement...

La voiture s'arrêta.

On était arrivé rue Saint-Lazare.

Vogel tira sa montre.

Elle marquait dix heures un quart.

— Je suis en retard d'un quart d'heure... — murmura-t-il. — On suppose peut-être dans les bureaux que j'ai pris, hier soir, le train des caissiers, et que je déjeune à Bruxelles...

— Bourgeois, me gardez-vous ? — demanda le cocher.

— Oui... — répondit Hermann en entrant dans la maison.

Il alla droit au cabinet de Jacques Lefebvre qui, voyant en lui le parfait modèle des employés passés, présents et à venir, l'accueillit avec sa bienveillance habituelle.

— Monsieur et cher patron, — lui dit le jeune homme — pour la première fois depuis que j'ai l'honneur de posséder votre confiance, je sollicite un congé de quelques heures... — Il s'agit d'une affaire personnelle très urgente et très importante... — Ce n'est point jour d'échéance ; mes fonctions aujourd'hui sont presque une sinécure et, si vous le trouvez bon, je remettrai au fondé de pouvoir la clef de ma caisse en le priant de me remplacer jusqu'à ce soir...

— C'est entendu, — répliqua le banquier, — vous êtes libre...

— Que de reconnaissance !...

— Ne me remerciez pas... — Je suis content de vous être agréable, et j'espère bien que l'affaire dont vous me parlez et qui nécessite votre présence immédiate n'a rien de fâcheux...

— Rien absolument... au contraire...

— Tant mieux alors... — Allez, mon cher Vogel... A demain... — Le fondé de pouvoir me remettra la clef de la caisse à l'heure de la fermeture des bureaux...

Hermann installa son remplaçant derrière le grillage, sur le fauteuil de maroquin vert où d'habitude il trônait lui-même, rejoignit sa voiture, donna l'adresse de la rue Montmartre, descendit, paya le cocher et monta rapidement à l'agence Roch et Fumel.

Maître Roch avait du monde, mais le petit vieillard chétif de l'antichambre alla le prévenir tout bas que M. Vogel attendait.

L'homme de loi expédia bride abattue ses clients d'occasion et vint en personne chercher le caissier à la porte dérobée du cabinet d'affaires.

— Entrez vite ! — lui dit-il.

Puis, aussitôt qu'ils furent en tête à tête, il ajouta :

— Je ne comptais pas vous voir ce matin. — J'attendais un mot de vous...

— J'ai préféré venir...

— Mais votre caisse ?

— Mon patron m'a autorisé à me faire remplacer aujourd'hui.

— Il y a donc du nouveau et du nouveau de grande importance ?

— Oui.

— Vous avez vu M. de Rochegude ?

— Je sors de son hôtel.

— Vous lui avez remis la lettre ?

— Je n'allais chez lui que pour cela...

— Quel effet a produit notre épître sur l'amoureux jeune homme ?

— L'effet d'un obus au picrate éclatant dans un salon...

— Le comte a mal pris la chose ?

— On ne peut pas plus mal...

— Il est furieux ?...

— Un tigre déchaîné !... Il a passé sur moi son accès de colère et m'a dit des choses fort dures...

— Alors, saisissant la balle au bond, vous avez profité de son intempérance de langage pour le provoquer ?...

— Je n'en ai pas eu besoin, la provocation est venue de lui.

XLVI

— Le comte de Rochegude vous a provoqué ! ! — s'écria maître Roch.

— Il m'a du moins insulté, ce qui revient au même... — répliqua Vogel.

— Bravo !... De cette façon vous avez le choix des armes...

— Naturellement.

— Et vous choisissez le pistolet, d'où résulte pour vous un notable avantage puisque vous tirez bien... — C'est d'un heureux augure...

— Je l'espère...

— Quand vous battrez-vous ?

— Vous m'insultez, monsieur, s'écria le caissier en perdant son sang-froid.

— Demain...

— En quel endroit et à quelle heure?...

— Je ne sais encore... — Ce sont des choses à régler entre mes témoins et ceux du comte, et voilà justement pourquoi je suis venu... — Il me faut des témoins, et je n'en ai pas...

— Comment cela?...

— C'est bien simple... — Impossible de recourir aux gens qui voient en moi le baron de Précy... Or les amis, ou plutôt les connaissances du caissier Vogel, appartiennent à un monde où l'on ne se bat guère en duel, et seraient fort en peine de régler une affaire d'honneur... Il faudrait, en outre, donner des explications sans fin, ce que je tiens à éviter...

— Bref, vous avez compté sur moi pour vous procurer les témoins qui vous manquent?

— Oui.

— Je mets à votre disposition un ex-officier en retraite à qui j'ai rendu des services... — Je vais vous donner un mot pour lui... — C'est un homme sérieux et discret qui, sur ma demande, marchera sans faire une question... — il se nomme Aubertin, il est décoré et demeure à deux pas d'ici, rue de la Grange-Batelière...

— Cela fait un témoin parfait... — Quel sera le second?

— Votre ami Charles Laurent...

— Ce gredin!... — murmura Vogel avec une grimace significative.

L'homme de loi se mit à rire et répondit :

— Ce gredin est votre associé... — Il a fort grand air quand il le veut, malgré sa physionomie de viveur éreinté... — Il se présentera sous le nom de comte de Lorbac, ce qui sera d'un excellent effet... — M. de Rochegude, je vous l'affirme, ne songera point à discuter ses titres de noblesse... — Je n'ai d'ailleurs rien de mieux à vous offrir...

— Soit... — Je m'arrangerai de Laurent... J'irai chez lui aussitôt après avoir vu votre capitaine... — Donnez-moi ma lettre d'introduction...

Fumel se mit à son bureau et écrivit quelques lignes qu'il tendit à Vogel.

— Autre chose... — fit ce dernier. — Il faut tout prévoir... Si le comte de Rochegude allait rôder aujourd'hui du côté de la rue Mozart, et s'il rencontrait Valentine, une explication aurait lieu et nos beaux projets s'écrouleraient comme de fragiles châteaux de cartes... — Voyez-vous un moyen d'éviter ce péril?...

— Aucun : mais, à vrai dire, le danger dont il s'agit ne me paraît pas fort à craindre... — Après le congé net et sommaire qu'il a reçu, le jeune comte, blessé au vif dans son orgueil, ne songe certainement pas à revoir la péronnelle qui le dédaigne... — D'ailleurs, aujourd'hui, le temps lui manque.... — Il faut qu'il confère avec ses témoins... — Il faut qu'il attende les vôtres... — il faut qu'il règle certaines affaires, comme on le fait toujours à la veille d'un duel dont on peut ne pas revenir... — Donc, cher client, chassez toute inquiétude... — Pour vous rassurer absolument je vais expédier Sta-Pi là-bas... — Il surveillera l'enclos et si le comte avait paru, il nous le dirait...

Le caissier, en quittant maître Roch, se rendit rue de la Grange-Batelière chez M. Aubertin, et l'ancien capitaine, — (ainsi que l'avait prévu l'homme de loi), — se mit de fort bonne grâce à ses ordres sans demander la moindre explication, et promit de se trouver à trois heures au café Riche, où Vogel lui présenterait son second témoin, le pseudo-comte de Lorbac.

Ce dernier accepta joyeusement la mission de confiance dont son associé le jugeait digne et promit d'avoir une tenue au-dessus de tout éloge.

A l'heure convenue, les trois hommes se rencontrèrent au rendez-vous indiqué.

Charles Laurent, mis avec une irréprochable élégance, avait vraiment l'air d'un gentleman un peu ravagé par les fatigues de la vie de plaisir. — La rosette multicolore d'ordres étrangers qui fleurissait à sa boutonnière était l'unique concession qu'il eût cru devoir faire à ses instincts et à ses habitudes de chevalier d'industrie; mais, à coup sûr, M. de Rochegude ne discuterait pas plus les couleurs de sa rosette que son nom de Lorbac et son titre de comte.

Il fut convenu que les témoins, usant de leur droit strict, réclameraient le pistolet et demanderaient en outre que le duel eût lieu à huit heures du matin et non loin de Paris, Hermann Vogel devant — (s'il n'était pas tué ou blessé), — se trouver à sa maison de banque à dix heures au plus tard.

Ces questions réglées, l'ancien capitaine et Charles Laurent montèrent en voiture et se firent conduire à l'hôtel de Rochegude.

Le caissier les attendait au café où la conférence venait d'avoir lieu.

Vers cinq heures et quart les deux hommes reparurent.

— Eh bien? — demanda Vogel.

— Eh bien, mon cher, nous avons religieusement suivi vos instructions et tout est convenu... — Le duel aura lieu demain à huit heures précises, sur la lisière du bois de Boulogne, dans une allée toujours déserte le matin et qui longe la propriété du baron de Rothschild... Je connais l'endroit... — Vous vous battrez à trente pas, avec des pistolets de tir... — Deux balles seulement seront échangées de part et d'autre.... — Le sort décidera sur le terrain de quelles armes on se servira...

— Je n'ai pas de pistolets de tir... — dit Vogel.

— J'en ai, moi... — répliqua Charles Laurent. — Je les apporterai...

Il fut arrêté que le lendemain matin, à sept heures, Vogel et le pseudo-Lorbac, munis d'un landau de louage, prendraient chez lui M. Aubertin et, après un échange de poignées de mains chaleureuses, l'ancien capitaine s'en alla à ses affaires.

Dès qu'il se fut éloigné, Charles Laurent prit le caissier par le bras, et lui dit en l'entraînant vers un fiacre.

— Vite en voiture! — Il n'y a pas une minute à perdre!

— Où me menez-vous donc?

— Chez moi d'abord, puis au tir de Gastine-Renette, avenue d'Antin, pendant qu'il fait encore grand jour...

— Au tir? Pourquoi faire?... — Je n'ai pas besoin de m'exercer... — Je suis sûr de ma main...

Au lieu de répondre à cette question, le comte apocryphe demanda :

— Mon cher, que donneriez-vous à quelqu'un qui vous rendrait absolument maître de la vie de votre adversaire, en vous mettant vous-même à l'abri de tout danger?

— Eh ! — s'écria Vogel. — Vous savez bien que c'est impossible !...

— Supposons que ce soit possible...

— Je donnerais beaucoup, parbleu ! !

— Iriez-vous bien jusqu'à dix mille francs ?

— Certes !

— Eh bien je vous vends, moyennant dix mille francs, non seulement votre salut, mais la certitude d'abattre le Rochegude comme un lapin, si vous en avez la fantaisie...

Vogel regarda bien en face son interlocuteur pour s'assurer qu'il ne plaisantait point ; Charles Laurent lui parut très sérieux.

— Je ne comprends pas du tout... — reprit-il alors. — Comment feriez-vous ce que vous dites?

— Expliquons-nous... — continua le pseudo-Lorbac. — Je ne suis nullement sorcier et ne prétends en aucune façon disposer du hasard... — Si le sort décide qu'on se servira des armes de M. de Rochegude, je ne puis rien... — Si, au contraire, on fait usage de mes pistolets, je peux tout et le marché tient...

— L'énigme se complique...

— Je vous en donnerai le mot tout à l'heure...

Surexcité par l'espérance d'un fort pourboire, le cocher de fiacre avait contraint son cheval à monter au grand trot le raidillon terrible de la rue Blanche.

Il arrêta le malheureux animal boulevard de Clichy, devant la maison qu'habitait Charles Laurent.

— Attendez-moi, — dit ce dernier à Vogel, — je reviens tout de suite...

Au bout de cinq minutes en effet il reparut, portant une boîte de pistolets, et il remonta dans la voiture.

— Avenue d'Antin... Au tir de Gastine-Renette... — cria-t-il au cocher, — et ne ménagez pas votre bête ! Je triple le pourboire...

XLVII

Le cocher fit tourner bride à son cheval. — Le fiacre roula.

Charles Laurent ne disait mot et regardait avec complaisance la boîte d'ébène à filets de cuivre qu'il tenait sur ses genoux.

Une fort belle boîte, positivement.

L'écusson central portait l'initiale : L, surmontée d'une couronne de comte.

— J'attends l'explication promise... — fit Hermann Vogel.

— La voici : — répliqua le chevalier d'industrie, — Entre vous et moi, mon très cher, tout peut se dire et tout peut s'entendre... — Les périphrases aussi bien que les méandres sont inutiles... — Nous aurions beau nous déguiser en honnêtes gens l'un pour l'autre, nous s'y serions pris ni l'un ni l'autre... — Vous savez à merveille que ma jeunesse fut accidentée et que j'ai fait de nombreux métiers très médiocrement édifiants... Il faut bien vivre, n'est-ce pas ?...

— Oui, sans doute... — appuya Vogel.

Charles Laurent reprit :

— Un moment je vécus du jeu... — Je commandais fort adroitement au hasard, et les cartes obéissantes me donnaient d'agréables résultats... — C'était charmant, car j'aime le monde, et les joueurs sont des gens aimables... — J'aurais continué volontiers, sans désirer de plus amples profits, sachant me contenter de peu, malheureusement je fus dénoncé par un *grec* émérite à qui je faisais concurrence sans le savoir... — On me surveilla, on me pinça en flagrant délit, une *portée* dans la main, une autre dans la manche... — Impossible de nier...

« Ce fut un gros scandale...

« Il fallut changer de milieu et mettre une corde neuve à mon arc

« Je modifiai mon nom, je quittai Paris et j'allai passer quelques mois à l'étranger, en Belgique, à Spa.

« Cette année-là, il était de mode parmi les hommes de high-life de se donner rendez-vous au tir au pistolet, et d'engager des sommes importantes sur la réussite plus ou moins complète des cartons.

« J'étais un agréable tireur. — Je réalisai d'abord de jolis bénéfices, puis je rencontrai des tireurs plus forts que moi et je reperdis en deux jours ce que j'avais gagné en un mois.

« L'idée me vint alors que si l'on parvenait à trouver le moyen de *biseauter* des pistolets comme on biseaute des cartes, on deviendrait maître de la situation sans pouvoir être soupçonné...

« Toutes mes facultés s'exaltèrent; — mon imagination travailla jour et nuit; — je cherchai... je trouvai...

« Immédiatement je partis pour Liège et je fis exécuter sous mes yeux, par un armurier en renom, les pistolets qui sont dans cette boîte... »

Charles Laurent s'interrompit pour ouvrir la boîte d'ébène à filets de cuivre, prit une des armes qu'elle renfermait, la mit sous les yeux de Vogel et continua :

— Vous le voyez, mon cher ami, ces pistolets d'une élégance sobre n'ont rien qui puisse attirer l'attention... Presque pareils à toutes les armes d'une certaine valeur, ils en diffèrent cependant d'une façon essentielle... — Ce sont des *engins de sorcellerie!* — (comme on aurait dit au moyen âge). — Redoutables dans mes mains, ils seraient inoffensifs dans les vôtres qui n'en connaissent pas le secret...

« Ce secret, grâce auquel je pus engager à coup sûr, et par conséquent gagner, des paris très sérieux, je vais vous l'apprendre, et vous verrez que mon invention est très simple comme toutes les inventions de génie...

« L'intérieur du canon, au lieu d'être taraudé régulièrement et de façon mathématiquement perpendiculaire, dévie légèrement, dans le sens de la hauteur, depuis le tonnerre jusqu'à l'embouchure. — Or, cette particularité, insignifiante en apparence et que rien ne décèle à l'extérieur, rend absolument fausses, pour tout tireur non initié, les indications du guidon...

« A une distance de dix mètres, le tir se trouve baissé d'environ un mètre...

« Exemple : — Vous vous battez en duel... — Vous visez à la tête, et — (notez ce point) — VOUS VISEZ JUSTE... — Votre doigt presse la détente...Le coup part, et la balle passe trois pieds plus haut que le but qu'elle devait atteindre...

« Comprenez-vous ?...

— A peu près... — répondit le caissier de Jacques Lefebvre — et je comprendrai mieux encore après l'expérience faite...

— Et nous allons la faire de suite... — s'écria Charles Laurent, — nous sommes arrivés...

Le fiacre s'arrêtait devant l'établissement de tir de l'avenue d'Antin.

Charles Laurent fit charger les armes et placer une poupée, puis il mit un des pistolets dans les mains de Vogel.

— Visez la poupée, — lui dit-il — et visez avec soin...

Le jeune Prussien ajusta longuement et pressa la détente.

La balle fit une tache grise sur la plaque noire, à trois pieds au-dessus de la poupée.

— Vous voyez, — murmura le Lorbac de fantaisie, — juste trois pieds!...

— C'est vrai.

— Prenez maintenant l'autre pistolet, calculez votre distance, et tenez compte de l'écart produit par ce que vous savez.

Hermann visa trois pieds plus bas que le point de mire, mais bien en ligne, et fit feu.

La poupée vola en éclats.

— Bravo! — dit Charles Laurent en battant des mains, — Résultat superbe... — Vous allez bien, vous, mon cher! — Il n'y a qu'à vous montrer le chemin... — Nous allons recommencer ça, n'est-ce pas ?...

Les pistolets furent rechargés quatre fois de suite, et, sur huit balles tirées en quelque sorte *au jugé*, Vogel cassa trois fois la poupée.

Les cinq autres balles ne s'écartèrent de leur objectif que d'un petit nombre de millimètres.

— Parfait ! — reprit le chevalier d'industrie. — Vous en savez maintenant aussi long que moi... — Filons...

En fiacre, la conversation continua :

— L'expérience est faite et vous voilà convaincu...., — poursuivit le prétendu comte.

— Parfaitement convaincu.

— Alors le marché tient?...

— Oui. — Si demain matin le hasard me favorise et si l'on se sert de vos armes, je vous donnerai dix mille francs...

— Comptant?

— Moitié séance tenante et le reste dans quatre jours... — Je ne pourrais me procurer dix mille francs en vingt-quatre heures...

— C'est entendu... — J'ai confiance... — Tenez-vous fort à tuer le Rochegude?...

— Cela me serait agréable, car ce beau gentleman est d'une intolérable insolence...

— Passez-vous donc cette fantaisie, je n'y vois nul obstacle... — Souvenez-vous bien des distances et visez le genou pour atteindre la tête...

— Soyez tranquille... — J'ai le compas dans l'œil... — Où voulez-vous que je vous mène?...

— Laissez-moi n'importe où sur les boulevards... — Je ne travaillerai plus aujourd'hui... Je veux flâner un peu et suivre les jolies filles... — Chargez-vous de la boîte qui m'embarrasserait beaucoup... et à demain matin... — Je serai chez vous à sept heures moins dix minutes...

Hermann Vogel se sépara de son complice à la hauteur du perron de Tortoni.

Il porta les pistolets dans son logement de la rue de la Pépinière; — il passa chez un grand loueur de la rue Basse-du-Rempart et commanda pour le lendemain matin, à sept heures moins un quart, un landau à deux chevaux; — il dîna sommairement, ses préocupations étant de nature, on le comprend, à chasser l'appétit; puis il se rendit à l'agence Roch et Fumel.

L'agence était fermée pour le public, mais certains employés y restaient jusqu'à dix heures du soir, et le caissier savait de quelle façon il fallait sonner pour se faire ouvrir.

Il mit l'ex-avoué au courant de ce qui se passait et il apprit de lui que Sta-Pi venait de rentrer, arrivant de Passy.

Lionel de Rochegude n'avait point paru aux environs de la rue Mozart.

Maître Roch, se frottant les mains, dit avec conviction :

— Tout va bien!! A nous l'héritière et l'héritage!

XLVIII

La matinée du lendemain fut admirablement belle.

Le soleil radieux s'était levé dans un ciel pur, annonçant une journée splendide.

Un peu avant sept heures et demie deux voitures qui se suivaient d'assez près, quoique parties de points différents, gagnaient le bois de Boulogne par l'avenue de l'Impératrice, contournaient le premier des deux lacs, suivaient la route ombreuse et pittoresque qui mène à la cascade, traversaient la plaine de Longchamps, longeaient successivement le moulin et les tribunes des courses, côtoyaient la Seine dans la direction de Saint-Cloud et faisaient halte, à cinquante pas l'une de l'autre, près de l'endroit où se trouve aujourd'hui la grille qu'il faut franchir pour aller à Boulogne en suivant le bord de la rivière.

La première de ces voitures était un landau de louage.

La seconde, une calèche découverte remarquablement attelée.

Hermann Vogel, M. Aubertin et Charles Laurent occupaient l'intérieur du landau.

La calèche avait amené Lionel de Rochegude, deux jeunes officiers de ses amis, le baron de Croixmore et le vicomte de Gillon, et, en outre, un chirurgien militaire fort lié avec ces messieurs.

Tout ce monde mit pied à terre...

Les deux groupes se saluèrent de loin puis, conservant leur distance, s'engagèrent dans l'allée droite plantée de catalpas qui s'étend entre la plaine de Longchamps et le parc du baron de Rothschild.

Ni la grille, ni le poste des douaniers n'existaient à cette époque.

Non seulement l'allée droite, mais la route conduisant d'un côté au pont de Saint-Cloud et de l'autre au pont de Neuilly étaient complètement désertes.

De quelque côté que le regard se portât, solitude absolue

Les trains du chemin de fer de Versailles passant à mi-hauteur des coteaux de Suresnes et du Mont-Valérien, sous leur panache de fumée blanche, animaient le paysage, conjointement avec un remorqueur peint en rouge vif qui remontait la rivière à grand renfort de vapeur, traînant derrière lui tout un convoi de gros bateaux lourdement chargés.

Dans l'épaisse verdure des taillis voisins, de petits oiseaux invisibles chantaient à perdre haleine leurs plus joyeuses chansons.

Rien ne saurait donner une idée du calme profond, de la sérénité de cette matinée d'automne.

On aurait pu se croire à dix lieues de Paris.

Le soleil, émergeant à l'Orient au sommet des collines, éclairait de ses rayons obliques les dessous de l'allée des catalpas où le sang de deux hommes allait peut-être couler.

Le premier groupe s'arrêta et fut presque aussitôt rejoint par le second.

Hermann Vogel et le comte de Rochegude se tenaient un peu à l'écart, comme si les questions qu'il s'agissait de traiter encore ne les intéressaient pas.

Le pseudo-comte de Lorbac et le baron de Croixmore portaient chacun une boîte de pistolets.

Hermann visa trois pieds plus bas que le point de mire.

Un nouveau salut fut échangé courtoisement entre les témoins des deux parties.

— Messieurs — dit le vicomte de Gillon — nous allons, si vous le voulez bien, tirer au sort lequel des adversaires aura le droit de choisir sa place sur le terrain...

Les témoins de Vogel s'inclinèrent en signe d'adhésion.

Le vicomte prit dans sa poche un écu de cent sous et le jeta en l'air.

— Pile! — s'écria M. Aubertin, tandis que la pièce tournait.

Quand elle eut touché terre, on s'approcha vivement.

— Il est *face...* — reprit l'ex-capitaine. — Nous avons perdu...

— Maintenant, — continua le vicomte, — tirons de nouveau pour les pistolets...

Cette fois ce fut Charles Laurent qui lança la pièce, avec un très fort battement de cœur.

— *Face!* — dit le baron de Croixmore.

Tout allait dépendre de la réponse du hasard, la vie de Vogel probablement, et à coup sûr la prime de dix mille francs promise à l'ingénieux inventeur des pistolets *biseautés*.

Aussi ce fut avec un véritable tressaillement de joie que le prétendu Lorbac constata du premier coup d'œil que la pièce offrait aux regards non sa face, mais son revers.

— Cette fois — fit-il — nous avons gagné... — On se servira de nos armes...

Il ajouta :

— La chose d'ailleurs est de peu d'importance... — J'affirme sur l'honneur que M. Vogel n'en a jamais fait usage, et qu'il ne les connaissait même pas...

Il s'approcha d'Hermann, immobile à vingt pas du groupe, et murmura très bas à son oreille :

— A vous la chance! — Vous tuerez votre homme... On va se battre avec nos pistolets...

Puis, tout haut, de manière à être entendu des autres témoins :

— Il aurait mieux valu gagner le droit de choisir sa place, mais en somme cet avantage me semble insignifiant... — Le soleil est encore si bas qu'il ne saurait vous gêner beaucoup...

On compta les trente pas.

Hermann prit position à l'endroit désigné.

Charles Laurent et M. de Croixmore chargèrent les armes, et chacun des adversaires reçut un pistolet.

L'un des témoins devait frapper trois coups dans ses mains.

Au troisième coup le comte et le caissier auraient la faculté de tirer, soit ensemble, soit l'un après l'autre.

L'attitude du gentilhomme et celle du Prussien étaient admirablement correctes.

Offrant le corps de profil, de manière à présenter le moins de surface possible à la balle de l'adversaire, ils avaient les coudes au corps et tenaient leurs pistolets droits, les canons levés.

L'un aussi bien que l'autre paraissaient absolument calmes.

Nous croyons superflu d'admirer le sang-froid de Vogel.

L'aimable gredin savait à merveille que la proportion de ses bonnes chances contre les mauvaises était au moins de quatre-vingt-dix-neuf contre une.

La scélératesse ingénieuse de Charles Laurent mettait à sa discrétion la vie du comte de Rochegude...

Le combat dans lequel il allait jouer un rôle ne serait point un duel, mais un assassinat.

Pas un instant l'idée du meurtre si lâche qu'il était près de commettre ne lui causa le moindre trouble.

— Tant pis pour cet homme !... — se disait-il avec une odieuse conviction. — Il n'avait qu'à ne point se trouver sur mon chemin... Et d'ailleurs il m'a provoqué... — Je ne le cherchais pas... — Il est venu... — C'est sa faute et non la mienne !!...

Lionel, lui, véritablement brave et sachant bien qu'une minute plus tard il pouvait être tué, partageait ses dernières pensées entre la comtesse sa mère, dont il était l'unique amour, et l'ingrate Valentine qui venait, en le dédaignant contre toute vraisemblance, de lui causer une si violente déception, un si incurable découragement...

Une grande, une profonde amertume, débordant de son cœur montait à son cerveau, envahissant son être tout entier et lui faisant presque souhaiter la mort, mais rien de ce qui remplissait son âme ne se reflétait sur son visage.

Lionel ressemblait à un volcan couvert de glace... — Les laves ardentes bouillonnent au fond du cratère dont la neige voile le sommet...

Les témoins avaient pris place sur les deux côtés de l'allée couverte.

Le baron de Croixmore se chargea de donner le signal.

Il frappa une première fois dans ses mains, et en même temps dit à haute voix :

— Un !...

Hermann et Lionel, élevant leurs pistolets perpendiculairement, se tinrent prêts à tirer.

— Deux !... — fit le baron en frappant le second coup.

Le comte et le caissier abaissèrent horizontalement les canons de leurs armes.

Monsieur de Croixmore, non sans émotion, articula le mot décisif :

— Trois !

Les deux coups de feu éclatant à la fois ne formèrent qu'une détonation...

XLIX

Le bruit de la double détonation retentissait encore dans les oreilles des quatre témoins, et la fumée de la poudre montait en petits nuages floconneux vers les feuillages des catalpas.

Hermann, immobile, attendait.

Son attente fut courte.

Lionel de Rochegude, lâchant son pistolet, tourna sur lui-même puis, comme un homme frappé de la foudre, s'abattit de toute sa hauteur, le visage contre terre.

Le caissier avait entendu la balle de son adversaire siffler à plus de deux pieds et demi au-dessus de sa tête.

— Bien travaillé, camarade ! ! — pensa Charles Laurent. — J'ai gagné mes dix mille livres ! !...

Les témoins du comte coururent vers leur ami, soulevèrent dans leurs bras son corps inanimé, et le chirurgien chercha la blessure qu'il trouva facilement.

Le projectile avait atteint Lionel presque au sommet du crâne, traçant un sillon dans la boîte osseuse et produisant l'effet d'un formidable coup de massue, mais sans mettre la cervelle à nu.

Hermann s'approcha.

— Monsieur, — dit-il au chirurgien avec une émotion admirablement jouée, — je serais au désespoir d'avoir tué M. de Rochegude... — Rassurez-moi, je vous en supplie... Permettez-moi d'espérer que la blessure n'est pas mortelle...

— Il m'est impossible, monsieur, de vous donner une telle assurance... — répliqua le docteur. — Si votre balle avait porté plus bas de trois centimètres, le comte serait mort à l'heure qu'il est... — Dans la situation actuelle le salut, quoiqu'il ne soit point impossible, ne me paraît rien moins que certain... — La commotion violente amènera sans aucun doute des complications très graves... — M. Rochegude a tout à craindre des accidents cérébraux qui se produiront... — La fièvre et le délire s'empareront de lui dès que son évanouissement cessera... — Il se peut qu'il succombe sans avoir repris, ne fût-ce qu'une minute, la plénitude de sa connaissance...

— Oh ! mon Dieu, que m'apprenez-vous !!! — balbutia le caissier en joignant les mains d'un air consterné.

Le chirurgien poursuivit :

— Dans tous les cas, si la guérison est possible, ce que je souhaite de toute mon âme, elle sera lente...

Hermann Vogel se tourna vers les témoins de son adversaire :

— L'issue tragique de cette rencontre me cause un profond chagrin... — leur dit-il. — Si quelque chose pouvait adoucir ce chagrin, ce serait la certitude de n'avoir rien à me reprocher... — Je n'étais point le provocateur... — Mon adversaire a voulu ce duel et je ne pouvais, sans être un lâche, refuser de le suivre sur le terrain... — J'aurai l'honneur d'envoyer prendre chaque jour des nouvelles de monsieur de Rochegude à son hôtel...

Ayant ainsi parlé, Vogel s'inclina devant le corps du comte et se dirigea vers l'extrémité de l'allée couverte, après avoir salué le chirurgien militaire, le baron de Croixmore et le vicomte de Gillon.

Ces messieurs lui rendirent son salut et se dirent *in petto* :

— Ce garçon a eu la main malheureuse, mais c'est un bien galant homme...

Hermann, Charles Laurent et M. Aubertin remontèrent dans le landau de louage qui les avait amenés, et qui reprit à la plus vive allure la route de Paris.

Pendant ce temps le cocher du comte amenait la calèche sur le terrain même du duel, et les témoins, avec l'aide du valet de pied, étendaient sur les coussins le corps ou le cadavre de Lionel, car la persistance d'un évanouissement faisait craindre que d'un instant à l'autre le dernier souffle ne s'envolât.

Puis l'élégant équipage, changé peut-être en char funèbre, se remit en route, mais au pas, dans la direction des Champs-Élysées.

Au moment où sonnaient neuf heures et demie à l'horloge de Notre-Dame-de-Lorette, le landau s'arrêtait devant le n° 21 de la rue Saint-Lazare; Hermann en descendait, serrait la main de l'ex-capitaine, glissait des billets de banque dans celle du pseudo Lorbac, et s'installait derrière le grillage de sa caisse de l'air le plus calme du monde.

Personne n'aurait pu se douter que ce comptable blond, à tournure germanique, à physionomie placide, venait d'assassiner un homme en un simulacre de duel.

A peine carrément assis dans son confortable fauteuil de cuir, Hermann Vogel prit une feuille de papier sans en-tête et écrivit :

« Tout s'est passé le mieux du monde...

« Réussite complète...

« Impossible d'en dire plus long. — Aussitôt libre j'irai chez vous et vous « donnerai de vive voix les détails.

« Songez qu'il faut battre le fer pendant qu'il est chaud, et qu'il importe « désormais d'agir sans perdre une heure.

« Je compte que vous me communiquerez ce soir le plan dont vous m'avez « parlé et que vous dites infaillible.

« Votre dévoué,

« Hermann Vogel. »

Le caissier mit sous enveloppe ce billet laconique et point compromettant, traça l'adresse de M. Roch, 131, rue Montmartre, avec cette mention : *Personnelle et pressée*, puis, appelant un garçon de bureau, lui remit la missive et lui donna l'ordre de la faire porter sans retard par un commissionnaire.

Immédiatement après la fermeture de la caisse, le jeune homme se rendit à l'agence Roch et Fumel.

Il était attendu avec impatience.

Les deux associés, très curieux de connaître les détails promis, se trouvaient ensemble dans le cabinet de l'homme de loi.

— Je constate avec joie, cher client, que vous n'êtes pas blessé! — s'écria maître Roch en voyant Vogel.

— Absolument intact... — répliqua ce dernier avec un sourire. — Le comte de Rochegude n'en pourrait dire autant...

— Il est mort?...

— Pas absolument... du moins il ne l'était point ce matin, mais il n'en vaut guère mieux...

— Blessure fort dangereuse, alors?

— Oui, fort dangereuse...

— En plein corps?

— Non, à la tête...

— On prétend qu'on en meurt tout de suite, ou qu'on en guérit très vite... — dit Fumel.

— Oui sans doute, — reprit Hermann, — mais la blessure du comte est si grave que, s'il en réchappe par une sorte de miracle, il ne recouvrera pas de longtemps la plénitude de ses facultés mentales et le sentiment de sa situation... Donc il lui serait impossible, non seulement de se rapprocher de Mlle de Cernay, mais de lui donner de ses nouvelles... — Cela nous met fort à notre aise pour agir... — Que M. de Rochegude vive ou meure, l'obstacle est supprimé, momentanément du moins; mais ne nous endormons pas dans les joies du succès... — Agissons sans retard...

— Soyez paisible... — répondit maître Roch. — Nous ne perdrons pas une minute... — La réussite est sûre... — Vous le verrez bien tout à l'heure quand nous vous entretiendrons des voies et moyens... — Pour le moment, satisfaites notre curiosité, s'il vous plaît; donnez-nous des détails sur la périlleuse aventure de ce matin...

Hermann ne se fit pas prier.

Il raconta le duel en le dramatisant.

Il se garda bien de souffler mot des pistolets prêtés par Charles Laurent et qui diminuaient d'une façon prodigieuse le danger qu'il pouvait courir, si même ils ne le supprimaient tout à fait.

Bref, tel est l'irrésistible attrait des jouissances de vanité, que ce misérable Vogel eut soin de se poser en héros devant les deux gredins qui lui prêtaient l'oreille et dont il ambitionnait l'admiration et les éloges.

Éloges et admiration, d'ailleurs, lui furent prodigués libéralement.

— La petite demoiselle sera ma foi fort heureuse! — s'écria maître Roch. — Elle aura pour mari un vaillant chevalier qui saura la faire respecter!

— Certes je le saurai! — répliqua le caissier. — Mais il faut épouser d'abord, et Valentine ne renoncera point, sans de bonnes raisons, à ce brillant Rochegude dont elle se croit éprise... — Il ne suffit pas d'avoir supprimé le comte... il faut me faire accepter à sa place, et comment m'y prendre?...

— Mon cher client, avez-vous dîné? — demanda l'homme de loi au lieu de répondre.

— Assurément non... — fit Vogel.

— Eh bien! je vous offre, à vous et à Fumel, un petit repas fort simple tout près d'ici, chez Bonnefoy, dans un cabinet particulier... Le verre en main nous causerons...

L

La proposition de maître Roch fut naturellement acceptée par Fumel et par le caissier.

Les trois hommes quittèrent l'agence et n'eurent presque qu'à traverser le boulevard pour s'attabler dans un cabinet du restaurant Bonnefoy, situé, les Parisiens le savent, presque en face du théâtre des Variétés.

L'ex-avoué, qui se piquait non sans raison d'être connaisseur en bonne chère, commanda le menu d'un dîner fin, et fit monter de vieux vins de Bordeaux et de Bourgogne dignes d'arroser des mets délicats.

Ce fut lui qui porta le premier toast et le fit en ces termes :

— Je bois au succès de notre entreprise, et j'ose affirmer que désormais il me paraît certain...

Puis, s'adressant à Vogel, il ajouta :

— Monsieur et cher client, prêtez-moi toute votre attention et, si par hasard vous doutez encore, lorsque vous connaîtrez le plan ingénieux sorti de mon cerveau avec la collaboration de mon honorable associé, vous ne douterez plus...

Et maître Roch développa d'une façon très minutieuse et très claire le plan dont il était question, en ayant soin de faire ressortir son côté pratique et ses multiples avantages.

— Eh bien! — demanda-t-il au caissier quand il eut achevé, — qu'en dites-vous?

— Je dis que c'est très fort, — répliqua Vogel, — et je vous fais mes compliments sincères!... — Ah! vous êtes des malins!

L'homme de loi eut un sourire vaniteux.

— Donc, — reprit-il, — vous êtes satisfait?

— Autant qu'on le puisse être.

— La réussite vous paraît assurée?...

— Comment ne le serait-elle pas?

— Votre rôle dans cette tragi-comédie est facile et à grand effet, vous le voyez... — continua maître Roch.

— Et je saurai le jouer de façon à doubler sa valeur, je vous le promets... — répliqua Vogel.

— J'y compte...

— A quand la représentation?...

— A demain soir... — Il importe de marcher vite, vous l'avez dit vous-même...

— Tout sera prêt si tôt?

— Parbleu!

— Avez-vous donc les comparses sous la main?

— Nous les aurons en moins de deux heures, grâce à notre employé Sta-Pi... Ce jeune drôle est vraiment un garçon très utile... — Il sait sur le bout du doigt les bas-fonds de Paris... Il connaît les viviers à coquins... Il pêchera comme en eau trouble...

— Ne craignez-vous pas que ces auxiliaires de bas étage ne nous trahissent? — hasarda Vogel.

— Au profit de qui? — répondit l'ex-avoué. — Du reste c'est seulement à la dernière minute qu'ils sauront ce qu'ils ont à faire... — Ils croiront contribuer au dénouement d'une intrigue amoureuse dont les héros leur sont inconnus, et pas un d'entre eux ne se doutera qu'il y a des millions en jeu... — Sta-Pi lui-même, — (en qui nous avons cependant une confiance relative), — n'en soupçonnera rien... — Les chances de trahison, vous le voyez, sont nulles...

— J'en conviens; il ne me reste donc qu'une objection à faire...

— Laquelle?

— Si, par hasard, la police intervenait à l'improviste, la situation deviendrait grave et même dangereuse...

Roch et Fumel échangèrent un sourire, puis l'ex-avoué, haussant imperceptiblement les épaules, répliqua :

— Votre objection est enfantine! — L'intervention de la police, à neuf heures du soir, à Passy, dans la rue Mozart où n'apparaît que de loin en loin et toujours en plein soleil l'ombre d'un sergent de ville, me paraît d'une surprenante fantaisie! — Soyez sans inquiétude, cher client... — Nous n'avons rien de pareil à craindre... — D'ailleurs les précautions seront prises, puis enfin, en admettant même l'impossible, si quelqu'un de nos comparses se laissait pincer, le pauvre diable ne pourrait dénoncer personne, n'étant point dans la confidence de ceux qui l'emploient, ne connaissant pas ceux qui le payent, et marchant à tâtons en pleine obscurité... — Si ce pauvre diable devait prononcer un nom, ce ne serait point le vôtre, vous le savez bien...

— C'est juste et je suis rassuré...

Nos lecteurs auraient le droit de nous demander quelques détails sur ce plan, auquel maître Roch et Hermann Vogel venaient de faire allusion dans leur entretien.

Lionel de Rochegude, lâchant son pistolet, s'abattit de toute sa hauteur.

Nous leur donnerions avec empressement toute satisfaction à cet égard, si les faits eux-mêmes ne devaient se charger, — sans le moindre retard, — de répondre pour nous...

Presque au début de ce livre nous avons dit que l'enclos de la rue Mozart était entouré d'une palissade assez haute, faite de planches assemblées d'une façon grossière mais solide, et que la porte à claire-voie, pratiquée dans cette palissade, restait ouverte toute la journée.

Le vieux carreleur de souliers servant de concierge fermait la porte dès qu'arrivait la nuit, se verrouillait chez lui, se mettait au lit et, fatigué de ses courses, dormait sur les deux oreilles sans se préoccuper des allants et des venants, voici pourquoi :

On se souvient que dans un conte de Perrault la bonne vieille grand'mère répond au petit Chaperon rouge :

— Tirez la chevillette... la bobinette chéra...

Il en était à peu près de même rue Mozart.

Les locataires des chalets de l'enclos, et leurs intimes, savaient qu'en passant la main entre deux barreaux, à un certain endroit, et en déplaçant une cheville mobile, la porte s'ouvrait aussitôt. — Il y avait bien un verrou intérieur, de dimensien imposante et très rouillé, mais on le poussait rarement et plutôt par distraction que par précaution.

Le lendemain du jour où Hermann Vogel, après s'être battu en duel le matin et avoir blessé peut-être mortellement le comte de Rochegude, avait dîné chez Bonnefoy avec les directeurs de l'agence Roch et Fumel, la nuit était profonde vers neuf heures du soir et la rue Mozart, fort mal éclairée par deux ou trois réverbères à l'ancienne mode, noyés au milieu des ténèbres, semblait dans toute sa longueur absolument déserte.

Nous disons *semblait*, car en réalité six individus, que le chemin de fer de ceinture venait d'amener et qui paraissaient ne point se connaître, se dirigeaient silencieusement vers l'enclos en rasant les murailles et en étouffant le bruit de leurs pas.

Il y avait cinq hommes et une femme.

Ces six personnages allaient à la file indienne, séparés les uns des autres par un intervalle de deux mètres.

Si quelqu'un avait pu voir les visages et les costumes des nocturnes promeneurs, ce quelqu'un n'aurait point trouvé leur apparence rassurante...

La misère, cette misère abjecte résultant du vice et de la débauche, mettait son empreinte indélébile sur leurs figures pâles, au teint plombé, aux traits avachis.

Les vêtements étaient ces paletots en loques, ces bourgerons déteints et souillés, que l'ouvrier repousserait avec dégoût et qu'on trouve sur les épaules pointues des rôdeurs de barrières.

Sous les casquettes graisseuses aux visières plates on voyait, collés aux tempes, ces accroche-cœur significatifs bien connus au *Bal de la Reine Blanche* et à celui de l'*Élysée-Montmartre*.

Le sixième personnage portait une vieille jupe de laine noire, un caraco pareil, un bonnet de linge. — Deux tire-bouchons de cheveux grisonnants encadraient ses joues flasques et bistrées.

Cette créature, d'âge indécis, rappelait d'une façon frappante ces farceurs aimables qui s'affublent en temps de carnaval d'une défroque féminine pour courir les boulevards extérieurs, et que les gavroches parisiens escortent en criant d'une voix glapissante :

— A la chienlit!...

La ressemblance que nous venons de signaler avait d'ailleurs un sérieux motif.

L'androgyne au bonnet de linge était un homme déguisé en femme...

Le chef de file de la petite troupe assourdissait sa marche de plus en plus à mesure qu'il approchait de l'enclos.

Quand il fut en face de la porte il s'arrêta, se retourna, et fit un geste qui malgré l'obscurité fut compris, car aussitôt ses compagnons s'arrêtèrent à leur tour.

Étonnerons-nous beaucoup nos lecteurs en leur apprenant que ce chef de file dont une épaisse barbe noire cachait le visage aux trois quarts, répondait au nom de Sta-Pi?...

LI

L'employé de Roch et Fumel prêta l'oreille pendant quelques secondes, et de son œil de lynx interrogea les ténèbres.

Le témoignage de ses sens lui démontra qu'aucun bruit, aucune forme suspecte, ne décelaient la présence d'un être vivant dans la rue Mozart.

Or, un habitant de cette rue ou un passant quelconque n'ayant nul intérêt à dissimuler leur approche, on pouvait hardiment conclure que la solitude était complète.

Sta-Pi connaissait ses classiques; il raffolait du théâtre et professait une admiration sincère pour les artistes en vedette.

Mélingue, Dumaine, Paulin Ménier étaient ses idoles.

Paulin Ménier surtout, dans son rôle de *Chopart* du *Courrier de Lyon*, lui semblait tout un monde.

Il prit la voix de ce comédien original et reproduisit avec une sourdine, mais d'une manière très exacte, les intonations de la phrase célèbre :

— *Huist! ici donc, Fouinard!*

Ses cinq compagnons se groupèrent à l'instant autour de lui.

— Attention, mes petits enfants, — leur dit-il tout bas, — nous y sommes...

Puis, glissant sa main dans l'ouverture connue de lui, il manœuvra la cheville dont nous avons parlé, mais ce fut inutilement. — La porte ne s'ouvrit pas...

On avait par hasard, ce soir-là, poussé le verrou intérieur.

— Tonnerre du diable! — murmura Sta-Pi. — Voilà qui complique la besogne, mais on n'est point manchot, n'est-ce pas? Nous entrerons tout de même... — Fil-de-Soie, mon bonhomme, fais-moi la courte échelle.

Le rôdeur qui répondait au gracieux sobriquet de *Fil-de-Soie*, s'adossa aussitôt à la palissade et réunit à la hauteur de ses hanches ses deux mains ouvertes.

Sta-Pi mit son pied gauche sur cet échelon improvisé, posa son pied droit sur l'épaule de l'homme immobile, franchit la clôture, retomba lestement de l'autre côté et tira le verrou.

— Attention... — fit-il ensuite pour la seconde fois. — Il s'agit, en poussant la porte, de la soulever un peu afin de l'empêcher de crier.

Grâce à cette précaution, l'huis massif tourna presque sans bruit sur ses gonds rongés par la rouille.

Les rôdeurs entrèrent dans l'enclos.

Avec la prudence d'un capitaine expérimenté, Sta-Pi s'occupa d'abord de la baraque en planches servant de logis au vieux bonhomme, dont les multiples occupations nous sont connues.

A travers les vitres crasseuses de l'unique fenêtre aucune lueur n'apparaissait. — Le carreleur était au lit. — On l'entendait ronfler.

Sta-Pi, toujours accompagné de sa bande, soumit à des investigations du même genre les chalets disséminés sous les grands arbres, et les trouva sombres et silencieux.

Sans doute les locataires étaient absents ou endormis.

— Voilà qui s'annonce bigrement bien! — fit le jeune homme entre ses dents. — On ne nous dérangera pas et tout ira sur des roulettes!! — Tonnerre de Landerneau, c'est ça une chance!

Il ne restait à observer depuis l'extérieur que la maisonnette des orphelines.

Sta Pi s'en approcha.

Valentine, à la tombée de la nuit, avait fermé comme elle le faisait chaque soir les volets du salon-atelier, mais ces volets joignaient mal; un mince filet lumineux s'échappait par leur entre-bâillement.

Mlle de Cernay ne se couchait jamais avant dix ou onze heures.

En ce moment elle dessinait sous la clarté vive d'une lampe à abat-jour.

Claire, assise auprès d'elle sur un siège très bas, avait succombé au sommeil en travaillant à une robe pour sa poupée.

La jolie tête de la petite fille reposait sur le dossier du siège; les boucles fauves de ses longs cheveux voilaient à demi son visage rose, mais elle n'avait point lâché la poupée que ses deux bras pressaient tendrement contre sa poitrine.

De temps en temps Valentine tournait ses yeux vers sa sœur endormie, et son doux regard prenait alors une expression d'indicible tendresse.

Cependant le chef de l'expédition et ses hommes stationnaient depuis quelques minutes près du jardinet de la maisonnette.

Sta-Pi ne donnait aucun ordre.

Le drôle qui se nommait Fil-de-Soie lui glissa dans l'oreille ces mots, articulés d'une voix grasseyante :

— On se fait vieux, tu sais, à rester comme ça sur ses quilles... — Un bezigue aurait plus de charmes... — Qu'est-ce que nous attendons, hein?

— Ça ne te regarde pas... — répliqua Sta-Pi.

— De quoi?... — On n'est donc plus libre de se renseigner présentement, entre amis? entre bons zigs? Oh! malheur!...

— Je veux bien te dire que nous attendons le patron...

— Quel, le patron?

— Celui qui régale...

— L'homme à la braise?... le particulier très chic dont tu nous as parlé?...

— Oui, ma vieille...

— On ne peut rien sans lui?

— Rien de rien...

— Suffit! — Respect à la monnaie!... — On se fera une raison... — On sera philosophe... On patientera...

L'attente fut courte d'ailleurs.

Un pas rapide et furtif à la fois résonna dans le silence de la nuit. — Ce pas se dirigeait vers la maisonnette.

— Attention!... — murmura Sta-Pi pour la troisième fois.

Au moment d'atteindre le petit groupe absolument invisible au milieu des ténèbres le nouveau venu, qu'on entendait mais qu'on ne voyait pas, s'arrêta.

— Psit! — fit-il.

— Psit! — répéta Sta-Pi comme un écho.

— Vous êtes là? — demanda très bas et très vite Hermann Vogel qu'on a déjà deviné.

— *Ya mein herr...*

— Les rôles sont distribués?...

— Et compris, j'ose le dire... — La farce se jouera sans anicroche... — Du reste ça se présente à merveille, nous sommes les maîtres dans l'enclos...

— Eh bien! faites...

— On y va...

— Et n'oubliez rien de ce qui est convenu... — reprit le caissier. — La dose indispensable de violence, mais rien de plus... — Songez qu'il ne faut ni froisser un doigt, ni arracher un cheveu de cette jeune fille.

— Soyez paisible! — répliqua l'employé de Roch et Fumel avec une sorte de ricanement, — c'est Bibi qui se servira du foulard... — Bibi c'est moi, et le beau sexe, ça me connaît!... — Pour les égards et la galanterie raffinée, je ne crains personne... — Ma réputation est faite... — Les femmes me gobent!... — Allons-y gaiement...— Tout le monde sur le pont!... — *Huist! ici donc, Fouinard!*

La clôture du petit jardin était beaucoup moins haute que la palissade de l'enclos.

Sta-Pi à qui Fil-de-Soie fit de nouveau la courte échelle, escalada cette clôture le plus facilement du monde.

Un des rôdeurs prit le même chemin, et tous deux allèrent s'embusquer à droite et à gauche de l'entrée du chalet.

En ce moment le bandit déguisé en femme et resté dans l'enclos s'approchait de la porte du jardinet et posait la main sur le cordon de la sonnette.

Valentine dessinait toujours.

Un faible soupir de Claire lui fit tourner les yeux vers sa sœur.

L'enfant s'agitait dans son sommeil. — Sa tête ne s'appuyait plus au dossier du siège et roulait sur sa poitrine. — Son visage se contractait et ses bras frémissants serraient la poupée d'une façon presque convulsive.

— Pauvre mignonne, — murmura Mlle de Cernay, — tu n'es pas bien là pour dormir... tu fais un mauvais rêve... — Je vais te mettre au lit... je reviendrai ensuite achever mon travail...

La jeune fille posa son crayon et se leva.

Un violent coup de sonnette retentit à l'improviste et la fit tressaillir.

Claire, réveillée en sursaut, poussa un faible cri.

— Petite sœur, — demanda-t-elle, — tu as entendu?...

— Oui, mignonne...

— Qui peut venir à l'heure qu'il est?

— Quelqu'un sans doute qui se trompe de chalet. — Personne ne se présenterait chez nous si tard.

Un second coup de sonnette résonna dans l'enclos...

LII

— C'est singulier... — murmura Mlle de Cernay avec une invonlontaire émotion, — j'ai comme un pressentiment que celui qui vient, quel qu'il soit, doit être un messager de mauvaises nouvelles...

Et Valentine appuya sa main sur le côté gauche de sa poitrine pour comprimer les battements de son cœur.

Une angoisse tout instinctive, mais très poignante, s'emparait d'elle et la dominait.

— Sœur chérie, — demanda Claire, — veux-tu que j'aille voir?...

— Non, — répondit vivement la jeune fille, — j'irai moi-même.

En disant ce qui précède elle saisit un flambeau dont elle alluma la bougie, et fit un mouvement pour quitter le salon.

— Je vais avec toi, — reprit Claire.

— Non, mignonne... Reste ici... Je reviens à l'instant.

La porte de la maisonnette était — comme chaque soir — fermée à double tour et à double verrou.

Valentine fit tourner la clef dans la serrure, tira le verrou, ouvrit, et, faisant avec sa main une sorte de réflecteur, dirigea la lumière de la bougie vers l'huis à claire-voie du jardinet.

Elle distingua vaguement, de l'autre côté de la clôture, une jupe, un caraco d'indienne, un bonnet de linge.

Donc c'était une femme qui venait de sonner à deux reprises...

La jeune fille se sentit un peu rassurée.

— Qui est là, et que veut-on ? — demanda-t-elle d'un ton presque ferme.

Une voix éraillée, dont le timbre n'avait absolument rien de féminin, répondit par cette question :

— C'est-il ici, sans vous commander, que demeure la demoiselle Valentine de Cernay?...

— Oui, c'est bien ici...

— Pourrait-on lui dire deux mots, S. V. P.?...

— Valentine de Cernay, c'est moi... — Parlez...

— Alors, si c'est vous, mam'selle, j'ai quet'chose à vous remettre en mains propres.

— Quoi ?...

— Une lettre...

— De quelle part?...

— De la part d'un beau garçon que vous connaissez bien...

— Son nom !

— Monsieur le comte... C'est un comte... monsieur le comte de Rochegude...

Valentine, remuée jusque dans les profondeurs de son âme, pâlit et rougit tour à tour en entendant nommer Lionel.

Elle traversa rapidement le jardinet.

Sta-Pi et son acolyte, profitant de la minute où elle tournait le dos, se glissèrent sans bruit dans la maisonnette.

Arrivée près de la porte à claire-voie, la jeune fille tendit la main.

— Donnez... — dit-elle.

— Quoi? — demanda la voix de rogomme.

— La lettre... — Passez-la entre les barreaux...

— Ah! mais nenni!... Il faut une réponse et j'ai assez attendu dehors... — Ouvrez-moi...

Valentine posa la main sur la clef.

Elle allait ouvrir, mais la réflexion l'arrêta.

— Non... — fit-elle, — je n'ouvrirai pas...

— C'est-il que vous avez peur de moi, mam'selle, par hasard?... — s'écria l'androgyne en goguenardant.

— Je n'ai peur de rien... Je ne crains personne, mais, la nuit, je n'ouvre jamais..

— Zut, alors ! — Je garde le poulet...

Mlle de Cernay fut prise d'un grand battement de cœur.

Lui faudrait-il donc ignorer les choses, très importantes peut-être et très pressées, que Lionel lui écrivait?...

— Je vous payerai largement votre course, ma bonne femme... — reprit-elle. — Donnez-moi la lettre...

— J'ai été payée d'avance et *ça m'ostine* quand on se méfie de moi... — Ouvrez, ou je file...

L'effet immédiat de ces paroles fut d'éveiller la défiance de Valentine. — L'inexplicable entêtement du commissionnaire femelle lui parut au plus haut point suspect.

Pourquoi cette créature insistait-elle de si étrange façon pour franchir le seuil de la maisonnette?...

Valentine ne pouvait le comprendre, et flairait vaguement un piège dont elle ne devinait pas le but.

Son parti fut pris aussitôt.

— Décidément, — fit-elle, — je n'ouvrirai pas...

— C'est votre dernier mot?

— Oui...

— *Sufficit!* — Tant pis pour vous... Moi je me sylphide... Bonsoir, mam'zelle...

Valentine entendit un pas lourd résonner sur la terre battue de l'enclos.

La jeune fille poussa un soupir et, quittant le petit jardin, rentra dans la maison.

Au moment où, après en avoir franchi le seuil, elle se retournait pour refermer la porte, elle sentit des bras vigoureux la saisir et la soulever.

Deux hommes à mines de bandit venaient de surgir à côté d'elle comme des diables de féerie.

Folle de stupeur, elle ouvrit la bouche pour appeler à l'aide de toute la force de son épouvante.

Elle n'eut pas même le temps de pousser un cri.

L'un des hommes — celui dont une barbe noire, trop luxuriante pour être naturelle, cachait le visage — lui appliqua un foulard sur la bouche avec une merveilleuse dextérité, et la bâillonna en un tour de main.

Puis les deux bandits la portèrent dans le salon qu'elle avait quitté quelques minutes auparavant.

Le bâillon de soie la contraignait au silence le plus absolu, mais ne l'empêchait ni de voir ni d'entendre.

Ces six personnages se dirigeaient silencieusement vers l'enclos en étouffant le bruit de leurs pas.

On jugera sans peine de son désespoir lorsqu'elle aperçut la petite Claire bâillonnée comme elle et, de plus, solidement attachée sur son siège.

Le bandit barbu — nous savons que c'était Sta-Pi lui-même — suivit la direction de ses yeux et ne se trompa point à l'expression de son visage.

— As pas peur, ma petite mère! — s'empressa-t-il de dire en manière de consolation. — Il ne sera fait aucune misère à la bobêcharde... — Il a fallu la museler un peu et la ligoter pas mal pour la faire tenir tranquille, attendu qu'elle allait brailler comme un veau en bas âge, mais, sitôt nous partis avec vous, on la déficellera... La bonne dame de tout à l'heure — (vous savez, la bonne dame à la lettre) — en aura bien soin cette nuit, et demain matin, si le cœur vous en dit, vous la ferez venir dans le petit paradis terrestre où l'amour vous attend... — Allons, filons! — Le fiacre stationne dans la rue Mozart et, si ça vous taquine de marcher, nous vous porterons parfaitement... — Hop! En route!

Valentine, quoique n'ayant plus la libre disposition de ses bras, se débattit avec l'énergie du désespoir.

Sta-Pi, sans la violenter positivement, la poussait vers la porte d'une façon lente, continue, irrésistible et, tout en manœuvrant ainsi, il répétait du ton insinuant et convaincu d'un avocat d'office plaidant une mauvaise cause et voulant la gagner :

— Eh! donc, la petite mère, soyez paisible!... *I a pas d'bobo!...* Ce qu'on en fait c'est pour votre bien... Vous serez contente après et vous direz : *Merci!...* — La vertu, voyez-vous, n'en faut pas!... — C'est d'un fichu rapport quand on n'a point de rentes... — J'en connais, moi qui vous parle, des jeunes demoiselles très mignonnes, j'en connais même des flottes, qui donneraient pas mal pour être à votre place, je vous en fiche mon billet, et qui ne feraient point *leur Sophie!...* — Il est bigrement beau garçon, m'sieu Lionel... — Il est comte, joliment calé, et généreux comme pas un! — J'en sais quet'chose, peut-être bien... j'ai déjà travaillé pour lui dans l'article *beau sesque...* — Les femmes, voyez-vous, c'est sa folie!... — Basez-vous là-dessus, faites vot' carte vous-même... — Demandez n'importe quoi... Il ne vous refusera rien, j'en réponds... d'autant qu'il a pour vous un solide béguin.... — Ça durera ce que ça pourra, mais pour l'instant c'est corsé... — Profitez-en... — Chacun pour soi, donc!... Allez-y dans les grands prix...

Valentine, en entendant ces choses infâmes, frissonnait de la tête aux pieds...

Hélas! elle n'en pouvait douter, le misérable, qui pour s'emparer d'elle soudoyait ces êtres immondes, c'était l'homme en qui elle croyait, l'homme qu'un instant elle avait aimé... qu'elle aimait peut-être encore... c'était Lionel de Rochegude!...

LIII

En disant ce qui précède, Sta-Pi marchait toujours, et poussait Valentine devant lui.

Quand il atteignit le seuil de la maisonnette il ne prononça plus un seul mot et, soulevant la jeune fille dans ses bras avec une vigueur musculaire dont sa frêle apparence ne permettait point de le supposer capable, il se mit en devoir de traverser le petit jardin.

Le compagnon du jeune gredin avait ouvert de l'intérieur la porte donnant sur l'enclos.

Sta-Pi franchit cette porte.

Le silence était absolu. — Les ténèbres profondes.

Valentine, se croyant perdue sans ressources, allait s'évanouir.

Un incident inattendu la ranima soudain en lui rendant une vague espérance.

Le bruit net d'un pas masculin résonnait sous les grands arbres et se rapprochait rapidement.

Sta-Pi s'arrêta.

A coup sûr le nouveau venu, qu'on entendait sans le voir, n'était plus qu'à une faible distance.

L'employé de Roch et Fumel demanda d'une voix sourde :

— Qui va là?...

Aucune réponse ne lui fut faite.

Il reprit d'un ton menaçant :

— Qui que vous soyez, rangez-vous!... — Nous sommes six, et nous vous passerons sur le corps si vous embarrassez le chemin...

Une voix sonore, et qui certes ne frappait point l'oreille de Valentine pour la première fois, répliqua brusquement :

— Halte! — Si vous faites un pas de plus, tant pis pour vous... Je vous brûle!...

— A moi, mes hommes!... — commanda Sta-Pi.

A ce moment précis un cercle de lumière blafarde enveloppa les ravisseurs. Le mystérieux arrivant venait de démasquer l'âme d'une petite lanterne sourde qu'il tenait de la main gauche.

La crosse d'ivoire et les six canons d'un revolver brillaient dans sa main droite.

— Ah! — cria-t-il, — j'avais tout deviné!... tout compris!... Mais, grâce au ciel, j'arrive à temps et je vous châtierai, misérables!...

Un des rôdeurs bondit sur lui et voulut lui saisir les bras.

Pendant cette courte lutte, la petite lanterne tomba.

L'obscurité redevint complète.

— C'est vous qui l'aurez voulu, bandits!... — reprit l'arrivant.

Et quatre fois de suite il pressa la détente de son revolver.

Un quadruple éclair raya la nuit, une quadruple détonation retentit.

Des gémissements y répondirent.

Sta-Pi lâcha Mlle de Cernay, qui se trouva libre, et il murmura d'une voix enrouée mais parfaitement distincte :

— Ça n'est plus du jeu!... — Nous ne sommes pas payés pour nous faire trouer la peau! — Décarrons, mes petits enfants, et que mossieu le comte de Rochegude s'arrange comme il pourra...

Ces paroles étaient à peine prononcées que déjà la bande des rôdeurs nocturnes s'enfuyait à toutes jambes...

Au bout d'un quart de minute le bruit de leur course rapide s'était perdu dans le lointain.

Alors s'éleva de nouveau la voix que Valentine connaissait déjà.

— Mademoiselle, — disait cette voix, — le péril est passé... — Ces misérables sont des lâches comme tous les gredins... — Ils ne s'arrêteront qu'à Paris... — Je vais avoir l'honneur de vous reconduire à votre maison...

Puis, après une seconde, le sauveur providentiel n'obtenant aucune réponse ajouta :

— Où donc êtes-vous, mademoiselle, et pourquoi vous taisez-vous? — Je suis un ami, moi, et bien sincère quoique méconnu... Je suis Hermann Vogel...

Même silence de Valentine.

Le caissier — (que nos lecteurs avaient deviné déjà) — fit craquer une allumette bougie dont la flamme lui montra Mlle de Cernay pâle comme une morte, un foulard noué sur la bouche et les mains attachées derrière le dos.

— Grand Dieu! — s'écria-t-il avec un accent d'horreur! — Les infâmes!

Et, prenant à son tour Valentine entre ses bras, il la porta presque en courant jusqu'à la maisonnette dont l'huis était ouvert au grand large et, la plaçant sur un siège, dénoua son bâillon et détacha ses mains.

Les premières paroles que balbutia l'orpheline furent celles-ci :

— Monsieur Vogel, déliez ma sœur!... Voyez ce que les scélérats ont fait de la pauvre mignonne!!

Hermann s'empressa de délivrer Claire, qui n'avait d'ailleurs aucun mal, mais dont on comprend sans peine l'émotion et l'épouvante, et qui vint se jeter dans les bras de Valentine où elle se blottit avec des pleurs et des sanglots.

La jeune fille calma et consola de son mieux l'enfant effarée en la couvrant de baisers et de caresses, puis, tendant la main au caissier, elle lui dit :

— Vous m'avez sauvé plus que la vie... Vous m'avez sauvé l'honneur... — Comment acquitter jamais cette dette de reconnaissance?...

Hermann répondit vivement :

— Vous ne me devez rien... — Je suis trop payé par la réussite, et le moment où j'ai pu vous être utile est le plus beau moment de ma vie...

— Il me semble que je sors d'un mauvais rêve... — reprit Valentine. — Ce qui se passe depuis un quart d'heure est-il bien vrai, est-il bien possible?

— Hélas!... ce n'est que trop réel!!

— Que de questions j'ai à vous faire... que d'explications à vous demander...

— Je répondrai à tout... J'éclaircirai ce qui vous semble obscur, mais permettez-moi d'aller d'abord fermer la porte de l'enclos et celle de la maison... Il faut nous mettre à l'abri d'une surprise...

Valentine se remit à trembler.

— Mon Dieu, — balbutia-t-elle, — craignez-vous donc le retour de ces misérables?

— Je suis au contraire convaincu qu'ils se garderont bien de revenir ce soir... — Ils savent que vous avez près de vous un solide défenseur, et nul d'entre eux ne se soucie d'affronter de nouveau les balles de mon revolver... — La plus simple prudence commande néanmoins d'être clos chez soi après une si odieuse tentative...

— Allez donc...

Vogel tourna les clefs et poussa les verrous, puis revint.

— Que voulez-vous savoir, mademoiselle? — demanda-t-il. — Interrogez-moi, je répondrai...

— Avant toutes choses — commença la jeune fille, — apprenez-moi par quel hasard, ou plutôt par quel miracle, vous vous êtes trouvé là ce soir?...

— Ce n'est ni par un hasard, ni par un miracle... — répliqua le caissier. — Vous souvenez-vous des paroles échangées pendant notre dernière entrevue?...

Valentine baissa les yeux en rougissant beaucoup, et murmura :

— Je m'en souviens...

Hermann reprit :

— Je vous ai dit ce jour-là que, même dédaigné, même repoussé, mon amour me donnait le droit de veiller sur vous et que j'userais de ce droit... — Je veillais hier... je veillais ce soir... et j'avais raison, vous le voyez, mademoiselle !... L'instinct de mon cœur m'avait bien servi...

— Vous ne pouviez soupçonner cependant l'action monstrueuse qui vient de s'accomplir, ou qui du moins se serait accomplie sans vous?...

— Certes, je ne pouvais deviner que l'audace de ces bandits irait jusque-là !... Mais ma défiance était surexcitée... tout m'inquiétait... tout me faisait peur...

— Cette défiance si légitime avait une cause?

— Certes...

— Laquelle?

— La réputation d'un homme que je ne veux pas nommer, et qui par malheur n'en est point à son coup d'essai en ce genre d'infamies... — Je connais dans le passé de cet homme nombre de lâches et criminelles aventures... — Lorsqu'une pauvre et pure jeune fille résiste trop longtemps à ce qu'il appelle son amour, il remplace la séduction par la violence, et se croit quitte envers ses victimes quand il leur a donné, ou tout au moins offert beaucoup d'or, en échange de beaucoup de honte...

— Mais cet homme est un monstre!! — s'écria Valentine.

— Assurément, mademoiselle, — répliqua le caissier, — et je croyais vous l'avoir déjà dit...

LIV

Valentine baissa de nouveau les yeux avec une involontaire confusion.

— Hermann Vogel avait raison ! — pensait-elle.

Devinant l'avenir avec une perspicacité quasi-prophétique, il avait dit ce qu'il fallait dire pour mettre la jeune fille sur ses gardes...

Mais Mlle de Cernay, croyant à la loyauté du comte de Rochegude et se sentant entraînée vers lui, s'était obstinée dans son aveuglement ! ! !

Le caissier poursuivit au bout d'une minute :

— Ce jour-là, lorsque vous m'avez fait comprendre qu'il vous serait désormais impossible de me recevoir, je vous ai répondu : « — *Soyez tranquille... j'avais bien compris cette nécessité... — Je m'y soumets et je m'y résigne comme on doit se résigner et se soumettre à ce qui est inévitable... — Je ne vous importunerai pas... — J'ai parlé de veiller sur vous, mais ce sera de loin... ce sera dans l'ombre... Vous ne me verrez plus...* » Et je partis, le cœur brisé...

Valentine, très émue, tendit pour la seconde fois la main à Hermann :

— Pardonnez-moi, — balbutia-t-elle, — pardonnez-moi la peine que je vous ai faite...

— Eh ! mademoiselle, qu'ai-je à vous pardonner ? — s'écria le jeune homme. — Ce n'était certes point votre faute si vous ne m'aimiez point et si vous croyiez en aimer un autre... — Vous aviez été franche avec moi, voilà tout, et j'étais touché jusqu'au fond de l'âme de vos efforts pour m'éviter de trop cuisantes blessures... — Le chien fidèle lèche la main du maître qui le chasse... — Le dévouement, quand il est sincère, n'attend point de récompense...

Un nouveau silence suivit ces derniers mots.

Cette fois encore ce fut Vogel qui reprit la parole.

— J'arrive aux faits... — dit-il. — Averti par un mystérieux instinct que l'homme dont vous m'aviez parlé, et dont j'ignorais encore le nom, tendait un piège à votre candeur, je résolus de connaître cet homme... — J'organisai autour de cette maison une surveillance occulte qui me conduisit à mon but en quelques heures... — J'appris que le comte de Rochegude — (son nom vient de m'échapper malgré moi) — était un don Juan de profession, un débauché sans scrupule et sans frein... — De tels renseignements redoublèrent mes inquiétudes... — Je me jetai jusqu'au cou dans l'espionnage, comme aurait pu le faire un agent de police, et j'acquis bientôt la certitude qu'un valet de chambre, âme damnée du comte, embauchait dans les bas-fonds de Paris une poignée de gredins, par ordre de son maître, pour une expédition ténébreuse... — Il s'agissait d'enlever une jeune fille, une orpheline, dont la séduction à domicile serait trop difficile et surtout trop longue, car elle prenait au sérieux certaine promesse de mariage qui paraissait à ces bandits la chose du monde la plus folâtre... — Cette jeune fille, c'était vous.

— Mais c'est horrible! — murmura Valentine.

— Ces gens trouvaient cela tout simple...

— Et que voulait-on faire de moi?

— Vous conduire dans une villa que le comte possède à Saint-James, au milieu d'un véritable parc... — C'est une demeure somptueuse, pleine d'un luxe princier, et qui continue de nos jours la tradition galante des *petites maisons* des grands seigneurs et des financiers du dernier siècle... — Là vous auriez été prisonnière, et je ne veux pas même appeler votre pensée sur les conséquences fatales et inévitables d'une captivité de ce genre...

— Perdue! j'étais perdue! — s'écria Mlle de Cernay, blanche de terreur.

— Assurément, à moins d'un miracle... et les miracles sont rares aujourd'hui...

— Dieu en a fait un cependant en vous chargeant de me protéger!! — répliqua Valentine. — Et quand on pense que ce fourbe avait trouvé moyen de me faire douter un instant de vous!!

— Il jouait son jeu... — répondit Hermann. — Son premier soin devait être de m'éloigner de votre chemin par tous les moyens... — Je continue : — Bref j'en savais bien long déjà, mais j'ignorais le moment choisi pour la tentative d'enlèvement, et de vagues indices me faisaient croire que cette tentative n'aurait lieu que demain... — Néanmoins je me tenais sur mes gardes, et j'eus soin de me munir d'une petite lanterne et d'un revolver en venant exercer ce soir ma surveillance habituelle... — C'était une inspiration de Dieu!... — Comme j'arrivais près de la porte de l'enclos je vis cette porte tout ouverte, ce qui n'arrive jamais la nuit... — Une sorte de fiacre stationnait à quelques pas, mais ce fiacre était attelé de chevaux de dix mille francs... le cocher portait mal son vieux carrick d'emprunt cachant une livrée... deux hommes à mines étonnantes montaient la garde près des portières... — Ces choses me parurent à bon droit effroyablement suspectes... — J'armai mon revolver et je m'élançai à travers l'enclos où mon heureuse chance m'amenait juste au bon moment... — Vous savez le reste, mademoiselle, et vous avez eu la preuve que je ne me trompais pas dans mes conjectures, puisque les gredins mis en fuite par mes coups de feu ont prononcé tout haut devant vous le nom de leur digne patron, le comte de Rochegude...

Hermann se tut.

Quelques minutes furent remplies par les actions de grâces de Valentine, mais le caissier, avec une modestie du meilleur goût, coupa court le plus vite possible à ces effusions.

— Il se fait tard, mademoiselle... — dit-il. — Après ce qui vient de se passer vous devez avoir un impérieux besoin de repos... — Je vais prendre congé de vous...

Mlle de Cernay tressaillit et la pâleur de son visage augmenta.

— Qu'avez-vous donc? — demanda vivement Vogel.

— J'ai peur...

— De quoi?...

— Je ne songeais point que ma sœur et moi nous allions nous trouver seules pendant les longues heures d'une nuit interminable... — Si ces hommes revenaient!!...

— Ne craignez pas cela... — répliqua le caissier. — La bande est en pleine déroute... — Ils n'agiront certainement pas sans ordres nouveaux... — Je crois d'ailleurs avoir blessé plus ou moins grièvement deux ou trois de ces drôles, car j'ai entendu des gémissements... — Je vous garantis une nuit paisible... — Fermez bien vos portes derrière moi... Gardez de la lumière dans votre chambre... Placez près de vous ce revolver dont vous sauriez vous servir au besoin... — C'est la chose la plus facile du monde... — Voyez...

Et Vogel expliqua d'une façon nette et rapide le mécanisme du revolver.

— Avez-vous bien compris? — demanda-t-il ensuite.

— Parfaitement.

— Tout est donc pour le mieux. — Mettez-vous au lit et dormez d'un bon sommeil...

— Dormir!! — répéta Valentine. — Est-ce possible?

— Pourquoi pas? — N'êtes-vous point tranquille...

— Non... — Je devrais l'être, je le sais bien... mais c'est plus fort que moi... c'est nerveux... je tremble... j'ai peur...

— Eh! bien, mademoiselle, puisqu'il le faut pour vous rassurer complètement, je vais vous dire une chose que je voulais vous cacher...

— Laquelle, monsieur?... — Parlez vite...

— Vous aurez cette nuit, comme autrefois les reines, un garde du corps à votre porte... — Ce sera moi... — Je ne quitterai l'enclos qu'aux premières lueurs de l'aube... et je suis armé... — Vous voyez, mademoiselle, que vous pouvez dormir en paix...

Valentine joignit les mains avec attendrissement.

— Vous ferez cela!!... — s'écria-t-elle.

— Je le ferai, je vous en donne ma parole...

— Ah! monsieur, que vous êtes bon!...

— Est-ce être bon qu'accomplir un devoir?

— En acceptant votre dévouement je suis égoïste et cruelle, je le sens, mais le courage me manque pour le repousser... — Que voulez-vous!... j'ai si peur!...

— Savoir que vous dormez parce que je veille, quelle récompense et quelle

— Vous m'avez sauvé plus que la vie, vous m'avez sauvé l'honneur...

joie, mademoiselle, songez-y donc !... — répliqua le caissier. — C'est moi qui vous devrai de la reconnaissance...

Une teinte rosée avait refleuri sur les joues de la jeune fille ; — cette teinte disparut brusquement...

— Oui, je dormirai cette nuit, grâce à vous, — murmura Mlle de Cernay, — mais le péril, aujourd'hui conjuré, renaîtra demain peut-être...

— Peut-être, en effet... — dit Vogel.

— Et vous ne pourrez veiller sans cesse .. — Les forces d'un homme n'y suffiraient pas... — Un jour viendrait d'ailleurs où votre surveillance serait fatalement en défaut...

— Ce n'est, hélas ! que trop vraisemblable...

— Que deviendrais-je, alors ?

— Avez-vous confiance en moi, mademoiselle? — demanda Hermann après un silence.

— J'ai confiance en vous comme en Dieu...

— Alors, cherchons ensemble un moyen de salut.

LV

— Oui, — répéta Valentine avec une sorte d'exaltation, — cherchons ensemble... Et tout conseil venant de vous me semblera une inspiration du ciel... et tout ce que vous me direz de faire, je le ferai sans hésitation...

Hermann s'inclina pour cacher à la jeune fille l'éclair de triomphe qui s'allumait dans ses prunelles aux regards fuyants.

L'empire que, par un coup de maître, il avait su prendre sur Mlle de Cernay grandissait de minute en minute.

Désormais il était certain du succès autant qu'on le puisse être d'une chose en ce monde.

— Je crois comme vous, mademoiselle, — poursuivit-il, — que le comte de Rochegude, furieux d'avoir vu ce soir l'écroulement de ses abominables projets, ne se tiendrapoint pour battu de façon complète et voudra prendre sa revanche... — D'un moment à l'autre, et très prochainement sans doute, il agira de nouveau, d'une façon toute différente peut-être, mais tendant au même but...

— Grand Dieu ! — balbutia Valentine. — Vous voyez, monsieur, à quel point ma terreur est fondée !...

— Elle le serait, du moins, — répliqua Vogel, — s'il n'existait aucuns moyens de vous soustraire aux tentatives du gentleman débauché...

— Il en existe donc ?

— Certes !

— Vous les connaissez ?...

— J'en connais un, du moins...

— Infaillible ?...

— Oh ! absolument.

— Et vous allez me l'indiquer ?...

— Sans doute...

— Parlez vite, monsieur Hermann, je vous en supplie... vous voyez mon anxiété, mes angoisses...

— Angoisses vaines qu'il faut chasser à l'instant, puisqu'un péril conjuré n'existe plus... — Le comte de Rochegude, s'il s'obstine dans son entreprise infâme, viendra vous chercher ici, n'est-ce pas ?...

Valentine fit un signe affirmatif.

Vogel continua :

— Eh bien ! il faut que le comte ou ses agents fassent buisson creux, et que votre trace soit si bien perdue qu'il leur devienne impossible de la retrouver...

— Est-ce que c'est possible, cela ? — demanda la jeune fille.

— Possible et facile.

L'orpheline secoua la tête avec découragement.

— Je crois bien que vous vous trompez... — murmura-t-elle. — Il me semble que l'expédient proposé par vous est impraticable...

— En quoi ? — demanda le caissier.

— Où trouverais-je un asile sûr, moi qui ne connais personne au monde ? — Comment échapperais-je aux recherches d'un homme à qui sa fortune permet de fouiller tout Paris ?

Hermann Vogel garda le silence pendant quelques secondes.

— C'est à présent, — dit-il ensuite, — qu'il me faut faire appel à cette confiance illimitée que vous m'avez promise...

— Ah ! — s'écria Mlle de Cernay, — elle ne vous manquera pas ! !...

— J'ai une parente très âgée... — poursuivit le caissier, — elle est veuve, sans enfants, possède quelque fortune, m'aime tendrement, me regarde comme son héritier, habite tout près de Paris une maison simple mais confortable, et je doute fort qu'on puisse rencontrer, en ce monde sublunaire, une plus excellente créature...

Hermann s'interrompit.

— Eh ! bien ? — demanda Valentine.

— Eh ! bien, mademoiselle, je m'engage à vous faire disparaître, vous et votre sœur, de manière à déjouer tout espionnage si la rue Mozart est surveillée par les ordres du comte... — Je vous conduirai chez ma vieille parente, et je défierais la police elle-même de vous découvrir dans cette retraite, si la police cherchait vos traces...

— Et, — balbutia l'orpheline, — cette dame consentirait à me recevoir ?...

— Elle vous accueillerait comme sa propre fille... Elle vous entourerait de soins maternels et passerait son temps à vous prouver sa tendresse par tous les moyens, car au bout de vingt-quatre heures ma chère parente serait folle de vous... — La maison n'est pas gaie, je dois vous en prévenir, mais nulle part ailleurs vous ne sauriez trouver d'asile plus sacré, plus inviolable...

— Et vous nous y conduiriez bientôt, Claire et moi ?...

— Demain soir... — Il me faut le temps de prévenir ma tante et d'organiser votre fugue... — Cette nuit, vous le savez, je veille, et demain, tant qu'il fera jour, vous n'aurez rien à craindre...

Valentine jeta autour d'elle un long regard empreint d'une profonde tristesse.

— Et ces pauvres meubles, — murmura-t-elle, — ces humbles et chers souvenirs, ces vieux amis, précieux pour nous malgré leur valeur presque nulle, que deviendront-ils si je pars ?

— Ils resteront ici... — répondit Hermann... — Vous emporterez la clef de cette demeure. — Personne en votre absence n'y pourra pénétrer, et, quand tout péril aura disparu, vous retrouverez vos *vieux amis*, puisque vous les nommez ainsi... — Croyez-moi, mademoiselle, n'hésitez pas... — En mon âme et conscience je ne vois qu'un parti à prendre... celui que je vous offre...

La jeune fille hésita cependant, mais son hésitation ne dura que quelques minutes.

Brusquement elle s'écria :

— Eh bien, c'est dit !... — Au risque d'abuser de votre généreux dévouement, je m'abandonne à vous... J'abdique entre vos mains... — je vous suivrai...

Vogel s'inclina de nouveau.

Une flamme suspecte s'allumait pour la seconde fois dans ses yeux.

— C'est Dieu qui vous envoie la bonne inspiration de vous fier à moi !... — fit-il d'une voix que l'émotion feinte rendait tremblante. — Ah ! vous serez sauvée, je le jure !...

— Sauvée par vous, toujours !!... — répliqua Valentine.

Elle ajouta :

— L'endroit où vous nous conduirez n'est pas loin de Paris ?... il me semble que vous l'avez dit...

— Je l'ai dit en effet, et cet endroit vous est certainement connu, du moins de nom... — La propriété de ma parente se trouve au Bas-Meudon...

L'entretien de Vogel et de la jeune fille ne se prolongea plus qu'un instant.

Il fut convenu que le lendemain soir, un peu après la tombée de la nuit, le caissier viendrait chercher les orphelines qu'il trouverait prêtes à partir, et qu'elles emporteraient une valise contenant le linge et les menus objets indispensables pour un déplacement de quelque durée.

Puis Hermann quitta la maisonnette en laissant à Valentine un de ses revolvers et en annonçant qu'il passerait la nuit entière à monter la garde dans la rue Mozart et dans l'intérieur de l'enclos.

Hâtons-nous d'ajouter qu'il se garda bien de le faire, et que trois quarts d'heure plus tard il sonnait à la porte de l'appartement particulier de maître Roch.

Les deux associés l'attendaient.

Il leur rendit compte du développement donné par lui à l'action dramatique dont ils avaient tracé le scénario ; — il leur répéta de façon presque textuelle sa conversation avec Valentine et, après l'avoir écouté, les directeurs de la ténébreuse agence de la rue Montmartre se frottèrent les mains en disant comme le *Rodin* du *Juif-Errant :*

— Ça marche !... Ça marche !...

Nos lecteurs ont déjà compris que Vogel n'avait point mis en avant sans de sérieux motifs la propriété du Bas-Meudon et la dame hospitalière.

La propriété appartenait à maître Roch qui, l'ayant achetée pas cher à une vente sur saisie immobilière, cherchait à la louer toute meublée, chaque saison, mais n'y réussissait que rarement.

La bonne dame était parente de maître Roch et non de Vogel ; elle ne possédait aucune fortune et n'habitait point la campagne.

L'ex-avoué — (dans la dépendance duquel la mettait sa pauvreté) — comptait l'expédier au Bas-Meudon le lendemain, avec une servante, après lui avoir longuement *seriné* son rôle, très facile à jouer du reste.

. . . .

En quittant Roch et Fumel, Hermann se rendit aux Champs-Élysées.

Il allait prendre des nouvelles du comte Lionel de Rochegude...

LVI

En sonnant à la porte de l'hôtel Rochegude, Hermann éprouvait malgré lui une vague inquiétude.

Tout est possible... — Les choses les moins probables arrivent quelquefois...

Si le docteur dont, à la suite de la rencontre, nous avons reproduit l'arrêt, s'était trompé dans ses conjectures...

Si la blessure, moins grave en réalité qu'en apparence, ne clouait point le comte sur son lit, ou si seulement la guérison devait être prompte, que de difficultés surgiraient, et que d'obstacles, insurmontables cette fois un second duel étant inadmissible !...

Un registre sur lequel s'inscrivaient les visiteurs était ouvert au rez-de-chaussée de l'hôtel.

Hermann y traça son nom et interrogea un valet de pied.

Les réponses de cet homme firent tressaillir de joie le viscère qui tenait lieu de cœur à Vogel.

Les nouvelles, en effet, ne pouvaient être plus satisfaisantes à son point de vue particulier, — ce qui veut dire qu'elles étaient détestables.

Les prévisions du médecin se réalisaient avec une surprenante exactitude.

Dans l'après-midi de la veille, au moment précis où Lionel de Rochegude sortait de son évanouissement, une fièvre ardente accompagnée de délire s'était emparée de lui.

D'heure en heure, et pour ainsi dire de minute en minute, cette fièvre augmentait d'intensité. — Le délire se changeait en une sorte de folie furieuse. — Le cerveau se prenait de plus en plus.

Ces pronostics de fâcheuse nature donnaient lieu de craindre une solution fatale et à bref délai.

Le caissier de la maison Jacques Lefebvre prit une physionomie lamentable, poussa quelques exclamations désolées, quitta l'hôtel, et une fois sur le trottoir de l'avenue des Champs-Élysées se frotta les mains.

Son adresse et les pistolets biseautés de Charles Laurent l'avaient servi à souhait.

Le seul obstacle sérieux qu'il eût à redouter ne se dresserait pas entre le but et lui.

Nous croyons avoir dit que la veille et l'avant-veille Hermann Vogel, obsédé par des préoccupations dont les sujets nous sont connus, avait passé deux nuits presque blanches.

Accablé de fatigue et rassuré d'ailleurs au sujet de l'avenir, il rentra chez lui vers onze heures, dormit d'un lourd sommeil et ne se réveilla que fort tard le jour suivant.

Ce jour étant un dimanche le caissier, maître de son temps, pouvait faire la grasse matinée.

Le soir précédent maître Roch lui avait dit :

— Venez me prendre demain à midi moins un quart, je vous conduirai quelque part...

A l'heure dite, Vogel entrait chez l'ex-avoué.

— Bravo! — s'écria ce dernier. — Vous êtes l'exactitude incarnée... — C'est une excellente chose... — J'ai remarqué cent fois que les gens inexacts ne réussissaient point dans la vie... — Vous êtes allé chez votre adversaire?...

— Hier soir, en vous quittant.

— Comment va-t-il?

— Aussi mal que possible... — Fièvre cérébrale... transport au cerveau, etc... — Il ne s'en tirera pas...

— Tant pis.

— Pourquoi?

— La mort de ce jeune homme nous est inutile... — Qu'il nous laisse le champ libre pendant quinze jours ou trois semaines, et je ne vois aucun inconvénient à ce qu'il se rétablisse ensuite... Mais c'est son affaire et non la nôtre... — Avez-vous déjeuné?

— Oui.

— Partons alors...

— Où allons-nous?

— Au Bas-Meudon... — Il est indispensable que vous connaissiez la propriété de *votre parente*, et votre parente elle-même...

— Cette dame est donc installée?...

— Depuis dix heures du matin... — Elle n'avait d'ailleurs à porter que son bonnet de nuit... — Rien ne manque dans la maison...

— C'est loin, le Bas-Meudon... — Comment irons-nous?

— Par le chemin de fer de ceinture jusqu'à Auteuil, et à Auteuil nous prendrons un fiacre...

La propriété acquise presque pour rien par maître Roch quelques années auparavant, était située à près de quatre cents mètres de la dernière maison du Bas-Meudon ; or les rives de la Seine, dans ces parages, ayant la réputation d'être hantées la nuit par une population dangereuse, son isolement effrayait les locataires, et l'homme de loi se désolait de ne point toucher l'intérêt de son argent.

Il serait inutile de chercher aujourd'hui la moindre trace de ce domaine, complètement dévasté pendant les deux sièges de Paris en 1870 et 1871.

En 1858, une muraille de clôture bien entretenue enserrait environ trois mille mètres de terrain boisé s'étalant en pente douce sur le flanc du coteau et descendant jusqu'au bord de la rivière dont le chemin de halage le séparait seul.

La partie la plus proche de la Seine était surélevée et formait une sorte de terrasse plantée de quatre rangées d'arbres magnifiques, âgés de plus de soixante ans.

A mi-côte, et presque cachée par les feuillages luxuriants des marronniers s'élevait la construction, déjà ancienne, solidement bâtie, confortablement distribuée, mais dépourvue de toute élégance extérieure.

De l'autre côté se trouvait une pelouse étroite, puis un petit bois très touffu.

Prise entre ce bois qui la dominait par derrière et les arbres de la terrasse qui masquaient la vue et ne permettaient point au regard d'arriver jusqu'aux charmants horizons de la Seine, cette maison était triste et paraissait humide quoique bâtie sur la hauteur.

A droite et à gauche de la terrasse s'élevaient deux bâtiments sans grande importance.

Celui de gauche servait de logement au jardinier chargé par maître Roch de la surveillance et de l'entretien.

Celui de droite, toujours inoccupé, était à destination d'écurie et de remise.

Le fiacre pris à Auteuil par l'ex-avoué fit halte devant la grille de l'enclos.

Roch et Vogel descendirent.

Le jardinier, reconnaissant son propriétaire, accourut.

— J'attendais monsieur... — s'écria-t-il en ouvrant la grille. — La tante de monsieur est arrivée ce matin vers les dix heures, avec sa petite bonne, et m'a prévenu de la visite de monsieur, à qui je présente mes salutations...

— Je les accepte, Lambert... — répondit maître Roch, puis sans transition il ajouta en désignant Vogel : — Vous voyez monsieur?

— Dame! à moins d'être aveugle... — fit le jardinier avec un gros rire.

— Vous le reconnaîtrez quand vous le reverrez?

— Oh! j'ai bonne mémoire...

— Eh bien! Lambert, je vous donne la consigne d'obéir à monsieur comme à moi-même. . — Monsieur s'appelle Hermann Vogel — (souvenez-vous de ce nom) — il amènera ce soir une jeune fille et une enfant dont ma parente se charge, et il viendra souvent les voir... — Vous conviendrez avec lui d'un signal qui vous avertira de son approche, et vous lui ouvririez sans retard s'il arrivait à une heure avancée... — Bref, je vous mets absolument à ses ordres...

— Suffit, monsieur...

— Défense absolue, — reprit maître Roch, — de bavarder avec les pupilles de ma parente... — Si l'une d'elles vous questionnait par hasard, vous auriez soin de répondre d'un air bête que vous êtes nouveau ici et que vous ne savez rien... — Est-ce compris?

— C'est compris, monsieur... Ça me connaît et j'aurai l'air aussi bête que si je l'étais...

— Fort bien! — fit l'homme de loi. — Lambert voici vingt francs de gratification...

— Et à ces vingt francs je joins un louis... ajouta Vogel.

Le jardinier-concierge se confondit en actions de grâces auxquelles maître Roch coupa court.

— Ma parente nous attend... — dit-il à Vogel, — venez, je vais vous présenter...

Et il se dirigea vers la triste demeure qui devait être, un peu plus tard, le théâtre d'un drame étrange et terrible.

LVII

Tout en suivant avec Vogel l'allée droite tracée sous les marronniers, l'ex-avoué reprit :

— Ma parente, qui répond au nom prétentieux d'Herminie Cauchepin, veuve Rigal, est âgée de soixante-cinq ans et n'a jamais eu d'enfants. — Son mari, fort honnête homme mais très maladroit négociant mort en faillite, l'a laissée sans un sou... — Je remplis mon devoir et je lui donne de quoi vivre, ce qui vous explique sa docilité... — A la moindre résistance de sa part à n'importe laquelle de mes volontés, je l'abandonnerais... — Il ne lui resterait alors qu'à mourir de faim... — Elle le sait, aussi je puis compter absolument sur elle... — C'est une bonne créature dont l'intelligence ne dépasse point la moyenne, tant s'en faut, mais elle a beaucoup de mémoire et suffisamment de bonne volonté... — Elle excelle à répéter une leçon d'un air très convaincu et

Le fiacre pris à Auteuil, par l'ex-avoué, fit halte devant la grille de l'enclos.

ne me compromettra jamais par une indiscrétion ou par un oubli... — Du reste vous allez la voir, et vous la jugerez du premier coup d'œil...

— Est-elle prévenue de ce qu'elle doit faire ici? — demanda le caissier

— Parfaitement. — Ce matin, avant de l'emballer dans la voiture qui l'amenait céans, je lui ai dit tout ce qu'il importait qu'elle sache...

— Et elle le sait bien?

— Sur le bout du doigt... — Tout à l'heure nous nous assurerons, en la questionnant, que son rôle est solidement entré dans sa tête...

Les deux hommes avaient atteint la maison dont le voisinage trop immédiat des grands arbres rendait verdâtre le crépissage.

Maître Roch poussa une porte vitrée, traversa un vestibule dallé de pierres polies blanches et noires, garni de deux bancs de jardin en guise de banquettes, et entra dans un salon aux boiseries grises, orné d'un meuble du temps de l'Empire en acajou et velours d'Utrecht.

Une petite vieille, assise dans une ample bergère auprès d'une fenêtre et ses lunettes sur le nez, lisait attentivement un volume de roman à couverture jaune crasseuse.

Cette petite vieille, plus ratatinée que ne le comportait son âge, était vêtue avec une simplicité presque pauvre et portait un bonnet de tulle à grandes ruches, vénérable échantillon d'une mode disparue depuis longtemps déjà.

Au bruit de la porte qui s'ouvrait, elle tourna la tête, et reconnaissant l'homme de loi elle se leva, vint à lui en trottinant, lui prit et lui serra les mains et fit ensuite à Hermann une belle révérence de dignité première.

Herminie Cauchepin, veuve Rigal, n'avait vraiment point mauvaise figure. — Ses petits yeux aux paupières molles, ses joues bouffies et plissées comme des pommes de reinette, sa lèvre inférieure un peu tombante, lui donnaient une physionomie à la fois douce et insignifiante.

— Vous trouvez-vous bien ici, tante Rigal? — lui demanda maître Roch.

— C'est-à-dire que cette maison est de point en point un paradis terrestre... — répliqua la vieille dame. — Vous savez que j'adore la campagne... — Mon rêve serait d'y passer ma vie...

— C'est un rêve qui se réalisera peut-être...

— Vrai?

— Pourquoi pas? — Si je suis content, je pourrai très bien vous acheter une maisonnette quelque part... à Courcelles ou à Levallois-Perret...

— Quel bonheur!...

— Mais il faut la gagner, cette maisonnette...

— Je ferai tout pour cela... tout absolument...

— J'y compte... — Tante Rigal, je vous présente votre neveu... — continua l'homme de loi en désignant son compagnon...

— Alors, — reprit la vieille dame avec une nouvelle révérence, — c'est monsieur qui se nomme Hermann Vogel? C'est lui qui est caissier de la maison de banque Jacques Lefebvre?... C'est lui qui désire épouser dans le plus bref délai Mlle Valentine de Cernay, une jolie jeune fille sans le sou?...

— Lui-même... — dit maître Roch en regardant Hermann avec un sourire, puis il ajouta : — Je vois avec plaisir, tante Rigal, que la mémoire est solide au poste...

— Toujours solide... — répliqua la veuve, — solide comme à dix-huit ans... — Ainsi donc voilà mon neveu... un beau garçon, vraiment!... Enchantée de faire sa connaissance... d'autant que je l'admire de toutes mes forces, parole d'honneur!... — Un amour désintéressé comme le sien, c'est superbe, c'est romanesque, ça me rappelle le temps de ma jeunesse... — Oui, c'est ainsi que m'aima feu Rigal, car moi non plus je n'avais pas grand'chose... mais j'étais si gentille... un minois chiffonné qu'on trouvait enchanteur...

La bonne dame essuya une larme d'attendrissement et continua :

— Non, vrai, je vous assure qu'il me tarde de connaître la jolie petite demoiselle... Elle doit être intéressante au suprême degré... A quelle heure l'amènerez-vous, mon neveu Vogel?

— Entre dix et onze heures du soir, ma chère tante, avec sa sœur...

— Je les recevrai à bras ouverts, les doux agneaux, les pauvres anges!... Ah! je n'aurai certes pas besoin de leur jouer une comédie de tendresse... — Je sens que je les aime déjà... — Je suis sentimentale et tendre à l'excès... — Elles seront choyées, soignées, dorlotées, je vous le garantis!! — Une bonne mère ne ferait pas mieux...

— Tout cela c'est parfait, — répliqua maître Roch, — mais ce serait insuffisant... — N'oubliez pas ce qu'il faudra répéter à Valentine, chaque jour et presque à chaque instant...

— Soyez paisible... Je ne tarirai point sur le comte de mon neveu Vogel... — Je ferai à tout propos et hors de tout propos l'éloge de ses vertus, de ses qualités, de ses mérites, de sa générosité, de sa sincérité, de son bon cœur, et cœtera... Je répéterai sur des tons variés que la jeune fille qu'il aimera et qu'il épousera sera la plus heureuse personne du monde... — Et tout ça naturellement, sans en avoir l'air, comme entraînée par la force de mes sentiments pour un pareil et si parfait jeune homme... — Hein! c'est bien ça?...

— Oui, tante Rigal, c'est bien ça... — répondit l'ex-avoué en riant. — Une fois qu'on vous a montré le chemin, on peut vous mettre la bride sur le cou... Vous allez toute seule...

Maître Roch fit visiter la maison entière à Vogel, puis, après quelques dernières recommandations de détail à la vieille dame, les deux hommes reprirent le chemin de Paris.

Le même jour, un peu après la tombée de la nuit, Hermann descendit de voiture à la porte de l'enclos de la rue Mozart et gagna la maisonnette dont Valentine lui ouvrit la porte, non sans s'être assurée de son identité.

— Vous venez nous chercher? — demanda la jeune fille un peu tremblante.

— Oui, mademoiselle... — Ma tante est prévenue... Elle sera heureuse de vous recevoir... Elle vous attend avec impatience...

— Ah! monsieur Vogel... cher monsieur Vogel... que ne vous devrai-je pas?..

— Ne parlons point de cela, mademoiselle, je vous en supplie, et hâtons-nous... — Votre valise est prête?

— Depuis une heure...

— Rien ne vous retient plus ici?...

— Absolument rien...

— Alors partons... — La voiture est là... — Donnez-moi la valise et venez...

— Au moment de quitter cette maison, — murmura Valentine, — voilà que de nouveau la frayeur s'empare de moi...

— A quel sujet?

— Si nous étions suivies... épiées?...

— Ne craignez rien de semblable... — Le cas est prévu... Toutes les mesures sont prises pour dépister les espions que votre persécuteur pourrait mettre à nos trousses... — Je crois sérieusement qu'il n'en fera rien, car il n'a pu soupçonner vos projets de départ et donner des ordres en conséquence...

La justesse de cette observation rassura quelque peu Valentine.

Elle remit à Hermann la légère valise de bois blanc contenant un peu de linge pour elle et pour sa sœur; elle prit la petite Claire par la main, puis, le cœur bien gros, les yeux pleins de larmes, elle sortit de cette humble maisonnette où elle avait vécu si longtemps, et dont elle ferma la porte derrière elle.

En traversant le jardinet, la jeune fille balbutia :

— Personne n'aura soin de mes chères fleurs!... — Personne n'arrosera mes pauvres rosiers que j'aimais tant!... Ils vont mourir!...

Hermann avait entendu.

— Rassurez-vous, — répondit-il, — l'eau ne leur manquera pas. — Rosiers et fleurs seront soignés comme si vous étiez là...

— Par qui? — demanda vivement l'orpheline.

— Par moi, mademoiselle...

— Ah! vous êtes bon...

— Est-ce être bon que d'aimer les fleurs?... — murmura le caissier.

Valentine lui serra la main.

Nos trois personnages arrivèrent à la porte de l'enclos sans avoir rencontré personne.

La rue Mozart était silencieuse.

Vogel installa Mlle de Cernay et sa sœur dans le coupé de louage et referma la portière.

— Vous ne montez donc pas? — lui demanda Valentine très surprise.

— Pardon, je monte, mais sur le siège... — répondit-il. — De là je pourrai m'assurer facilement que personne ne songe à nous donner la chasse...

Hermann prit place à côté du cocher et le cheval partit au grand trot...

LVIII

Le cocher du coupé de louage était absolument à la dévotion de Roch et Fumel.

Il avait reçu l'ordre de se conformer sans mot dire à toutes les indications données par Vogel, même si ces indications lui semblaient bizarres et inexplicables.

Aussi jamais voiture n'eut des allures plus fantaisistes.

D'abord le cheval marcha bon train, se dirigeant, non du côté du Point-du-Jour et par conséquent du Pont-de-Sèvres, comme la logique semblait l'indiquer, mais du côté du bois de Boulogne qu'il gagna par la grille de la Muette, supprimée depuis le siège de Paris.

Une fois dans le bois, le pauvre animal vigoureusement fouetté fut mis au galop et dut parcourir à fond de train près de deux kilomètres.

A l'extrémité de l'allée des Acacias, Vogel commanda de faire halte, puis, sautant à bas du siège il se présenta à la portière après avoir dit, assez haut pour être entendu de Valentine :

— Éteignez les lanternes... vite !...

Le cocher obéit avec empressement et la voiture se trouva plongée dans une obscurité profonde.

— Qu'y a-t-il donc ? — demanda la jeune fille dont une émotion mêlée d'épouvante faisait battre le cœur. — Pourquoi cette course d'une rapidité folle ? Pourquoi ce temps d'arrêt ?...

— Il y a, mademoiselle, que nous sommes suivis... — répondit le caissier...

— Vous en êtes sûr ?

— J'en ai la preuve... — Deux individus, cachés par les palissades de l'enclos, se sont mis en mouvement derrière nous... — Avez-vous remarqué, au bout de la rue Mozart, un cabriolet ?

— Non...

— Les deux hommes y sont montés et le cabriolet a pris chasse ; c'est pour cela que nous avons couru bride abattue pendant vingt minutes... — Heureusement notre cheval est une vigoureuse bête... — Nous avons distancé les espions... — J'ai tout lieu d'espérer qu'ils ont perdu nos traces et je vais faire en sorte d'en acquérir la certitude...

— Comment ?

— En retournant sur mes pas jusqu'à l'angle formé par le point d'intersection de cette avenue et de celle que nous venons de quitter... — Si je ne vois pas le feu des lanternes du cabriolet, c'est que les limiers, désespérant de nous rejoindre, ont repris le chemin de Paris.

— Allez-vous donc nous laisser seules ? — fit Valentine avec angoisse.

— Je vais à cinquante pas d'ici, tout au plus, et je reviens... — répliqua Vogel en quittant la portière.

Au bout d'un instant il reparut.

— Personne derrière nous, — dit-il. — Nous pouvons marcher sans crainte...

Il remonta sur le siège ; les lanternes furent rallumées et le cheval reprit le grand trot.

Nous croyons inutile d'affirmer à nos lecteurs que les détails prodigués par le caissier étaient imaginaires, et que personne au monde ne songeait et ne pouvait songer à espionner les orphelines.

Une seule créature humaine portait à Valentine un intérêt profond, passionné, c'était Lionel de Rochegude, et Lionel, en ce moment, se débattait contre le délire sur son lit de souffrance...

La voiture passa la rivière au pont de Suresnes, longea le parc de Saint-Cloud, celui de Sèvres, traversa le Bas-Meudon et s'arrêta un peu avant onze heures en face de la maison de maître Roch.

— Nous sommes au terme de notre course... — dit Hermann.

Le jardinier-concierge était sur le qui-vive. — Il se précipita pour ouvrir la grille.

— Ah! monsieur Vogel, — s'écria-t-il, — comme vous arrivez tard ! !... — Mme Rigal vous attend, vous et les jeunes demoiselles, avec bien de l'impatience... — Elle commençait à se sentir inquiète, la chère dame... — La bonne est venue plus de dix fois me demander si je n'entendais pas rouler une voiture... — Il n'est rien arrivé de fâcheux en route ?...

— Rien absolument... — répliqua le caissier.

— Y a-t-il des bagages?

— Cette valise, et pas autre chose...

— Coucherez-vous ici, monsieur Vogel?...

— Non... — Je repartirai pour Paris dans un quart d'heure... — Apportez une bouteille de vin au cocher... — Ça vous fera trouver le temps moins long, hein, mon brave ?...

— Ça n'est pas de refus, bourgeois... — répliqua l'automédon.

Hermann offrit son bras à Valentine qui prit Claire par la main, et tous trois, sous la conduite du jardinier porteur d'une lanterne, se dirigèrent vers la maison en passant sous les marronniers.

Herminie Cauchepin, veuve Rigal, malgré son impatience prétendue, dormait aux trois quarts dans la bergère du salon aux boiseries grises.

Ce salon était éclairé, comme pour une petite fête de famille, par une lampe et quatre ou cinq bougies.

Le bruit des pas des nouveaux venus réveilla la bonne dame qui, nous devons le dire, joua le mieux du monde son rôle de parente affectueuse, tendre, dévouée, sentimentale, et quelque peu romanesque.

— Les voilà donc ces belles mignonnes que je vais aimer de tout mon cœur!! — s'écria-t-elle en assujettissant sur son nez ses besicles d'argent. — Ah! qu'elles soient les bienvenues dans ce modeste et simple asile, ces chères brebis du bon Dieu!! — Si pour être bien heureuses il suffit d'être bien aimées, elles y jouiront du parfait bonheur!

— Mademoiselle Valentine, — dit Vogel à demi voix, — vous ferez un vif plaisir à mon excellente tante en l'embrassant... — Vous voyez combien est sincère sa joie de vous recevoir... — Pendant toute la durée de votre séjour ici, elle sera pour vous une mère...

— Je ne sais, madame, comment vous témoigner ma reconnaissance pour votre touchant accueil... — murmura timidement Mlle de Cernay. — Voulez-vous me permettre de vous embrasser?...

— Si je le veux? — répliqua la veuve Rigal avec exaltation. — Mais je le crois bien, que je le veux! — Dans mes bras, trésor!... sur mon cœur!... — Vous le sentirez battre pour vous!...

Elle attira Valentine à elle et couvrit de baisers son front, ses joues et ses cheveux, puis, l'éloignant de deux ou trois pas pour la regarder mieux, elle reprit :

— Qu'elle est jolie!... Qu'elle est bien faite!... Que de grâce et quelle élégance dans la tournure et dans le maintien, avec un air de sagesse et de modestie qui ne saurait être trompeur!!... — Elle a tout pour elle, cette enfant-là! — Positivement, c'est un bijou... Oui, un bijou!... et je m'y connais... Je le disais bien, c'est un trésor!

— Madame... chère madame... — commença Valentine embarrassée par ces éloges trop directs et d'un goût douteux.

La veuve Rigal lui coupa la parole en s'écriant :

— Eh! bien, et l'autre, la gentille et mignonne poulette blanche, est-ce qu'elle ne viendra pas m'embrasser aussi de toutes les forces de son petit cœur?

Et Claire dut à son tour subir comme sa sœur les véhémentes accolades de la bonne dame...

On conduisit ensuite les orphelines à l'appartement qui devait être le leur et qui se composait d'une petite antichambre, d'une très vaste chambre à deux lits et d'un cabinet de toilette.

Cette chambre, la plus belle de la maison, occupait une importante partie du premier étage.

De ses trois fenêtres, donnant du côté de la rivière, on aurait découvert un paysage enchanteur si les cimes des marronniers n'avaient masqué la vue.

Maître Roch ayant acheté la maison toute meublée, s'était bien gardé de changer au mobilier quoi que ce fut.

Les rideaux et les garnitures des sièges offraient des échantillons d'une toile perse démodée depuis vingt ans, et décolorée d'ailleurs par le soleil des étés et par l'humidité des hivers.

Aux murs pendaient de vieux pastels dans des cadres ovales, et ces pastels ressemblaient à des images de spectres, tant leurs teintes primitives avaient disparu l'une après l'autre. — A peine si l'on distinguait çà et là les linéaments vagues indiquant des visages humains...

L'ensemble de ces choses n'était rien moins que gai.

Valentine affirma néanmoins qu'elle et sa sœur se trouveraient à merveille dans cette chambre immense, et en l'affirmant elle était sincère...

Hermann Vogel repartit pour Paris, mais l'on convint avant son départ qu'il viendrait dîner le lendemain au Bas-Meudon et qu'il y passerait la soirée.

— Cher neveu, — lui cria sa prétendue tante au moment où il allait quitter la maison, — n'oubliez pas surtout d'apporter un homard... Vous savez que j'adore le homard... et des crevettes aussi... les crevettes, c'est ma folie...

LIX

Le lendemain, entre cinq heures et demie et six heures, Hermann Vogel arrivait au Bas-Meudon.

Nous croyons presque superflu d'affirmer qu'il n'avait eu garde de mettre en oubli les recommandations gourmandes de madame veuve Rigal, et qu'il apportait non seulement une langouste de première grosseur, mais une livre de magnifiques crevettes roses venues de Dieppe par le dernier train de marée.

La bonne dame, après avoir déballé de ses propres mains ces recommandables comestibles, poussa un soupir de contentement et embrassa sur les deux joues son neveu de fantaisie, qui se prêta de fort bonne grâce à cette accolade dont le régal lui semblait pourtant médiocre.

Valentine ne pouvait faire autrement que d'accueillir d'une façon très affectueuse son prétendu sauveur. — Elle eut pour lui son meilleur sourire, puis elle poussa Claire dans ses bras en disant à la petite fille :

— Embrasse monsieur Vogel, ma mignonne... — Un jour tu comprendras ce que nous lui devons...

Claire obéit, mais sans le moindre enthousiasme.

L'instinct des enfants ressemble beaucoup à celui des chiens; il est irraisonné et se trompe rarement.

Malgré la petite animation résultant de la présence du caissier, le dîner ne fut pas d'une gaieté folle.

Sauf la veuve Rigal que sa gourmandise satisfaite disposait à l'expansion, tous les convives semblaient préoccupés et restaient à peu près silencieux.

La raison en est toute simple.

— Les voilà, donc ces belles mignonnes que je vais aimer de tout mon cœur ! s'écria-t-elle...

Mlles de Cernay, habituées à leur intérieur modeste mais charmant, se trouvaient dépaysées et mal à l'aise dans cette demeure étrangère si différente de la maisonnette de la rue Mozart.

Valentine s'était mortellement ennuyée toute la journée.

L'inaction complète avait été pour elle, jusqu'à ce jour, un supplice inconnu...

Elle regrettait ses pinceaux, ses châssis, sa palette de porcelaine, comme on regrette des amis intimes dont on se trouve brusquement séparé.

Le jardin trop couvert où l'épaisseur des feuillages laissait rarement pénétrer, même en plein midi, un rayon de soleil, lui faisait l'effet d'une prison de verdure.

Elle aurait bien trouvé quelque plaisir à se promener avec Claire sur la berge de la Seine, et à regarder les pêcheurs, très nombreux dans ces parages; mais, dominée par l'idée fixe qu'on la cherchait sans doute et que tout pour elle devenait périlleux hors d'une réclusion absolue, elle n'osait sortir...

La veuve Rigal — (nous devons lui rendre cette justice) — avait offert à la jeune fille de la distraire par sa conversation, mais Valentine — (sans se l'avouer à elle-même, dans la crainte de commettre un crime de lèse-reconnaissance) — trouvait la bonne dame horriblement vulgaire, et la considérait comme faisant partie d'une couche sociale absolument inférieure.

Enfin, et surtout, l'orpheline souffrait du réveil terrible succédant au rêve idéal qu'un moment elle avait pu prendre pour la réalité...

La perte de ses belles illusions mettait au fond de son âme une grande amertume, et son jeune cœur laissait couler goutte à goutte le sang de sa première blessure...

Hermann était bien trop intelligent pour ne pas deviner au moins en partie ce qui se passait dans l'esprit de Valentine, et il parlait à peine de peur de froisser Mlle de Cernay par quelques paroles imprudentes

Quoiqu'on fût presque à la fin de l'automne, la soirée brûlante permettait de croire qu'un orage éclaterait pendant la nuit.

On respirait difficilement tant l'atmosphère chauffée à blanc et saturée d'électricité oppressait les poitrines.

Aussitôt après le repas Vogel proposa aux deux sœurs d'aller chercher dans le jardin un air un peu moins lourd.

En même temps il lançait à la veuve Rigal un regard dont la signification très claire était celle-ci :

— Ne nous suivez pas...

La prétendue tante du caissier comprit et dit tout haut :

— Allez, mes enfants... — J'ai quelques ordres à donner à ma petite bonne... — Je vous rejoindrai tout à l'heure.

A droite et à gauche de la porte de la maison se trouvaient des bancs rustiques.

Vogel fit asseoir Valentine et Claire sur l'un de ces bancs et s'assit lui-même en ayant soin, avec un tact merveilleux, de placer la petite fille entre lui et sa sœur aînée, afin de ne causer à cette dernière aucune inquiétude.

L'obscurité était compacte, la lune ne devant se lever qu'une heure plus tard, et les nuages orageux empêchant d'arriver jusqu'à la terre : *cette pâle clarté qui tombe des étoiles...*

— Mademoiselle Valentine, — dit le caissier après un instant de silence, — vous êtes triste...

— Mais non... — murmura la jeune fille, — non... je vous assure...

— Oh! ne niez pas! — interrompit Hermann. — A quoi bon? — Le témoignage de mes yeux ne saurait me tromper. — Votre tristesse et vos préoccupations sont visibles... — Ne me cachez rien, je vous en prie... — Je crois avoir des droits à votre confiance tout entière... — Parlez-moi franchement... Qu'avez-vous?

— Eh bien, franchement, — répliqua Valentine, — il m'est très difficile, il m'est presque impossible de répondre à votre question...

— Pourquoi?

— J'éprouve, cela est certain, un profond sentiment de mélancolie, mais si complète que soit ma confiance en vous, si grande que soit ma bonne volonté, e ne saurais définir les causes de cette mélancolie. — Je ne les connais pas.

— Nous les trouverons ensemble... — Voulez-vous me permettre, mademoiselle, de vous adresser une question?

— Certes!...

— Ma tante est une excellente femme... — reprit Hermann. — Je rends pleine justice à ses précieuses qualités, mais je connais aussi ses défauts... — Sa nature un peu triviale, ses habitudes ultra-bourgeoises, doivent vous paraître au moins singulières, à vous dont une duchesse envierait la distinction native... — En outre ma tante, depuis son veuvage, vit dans une solitude absolue et n'a rien conservé de la très faible dose d'habitude du monde qu'elle avait autrefois... J'espère cependant que vous n'avez à vous plaindre d'elle sous aucun rapport, et que son accueil du premier moment, cet accueil si rempli de cœur et de tendresse, ne s'est point démenti...

— Ah! certes non! — s'écria Valentine avec conviction. — Mme Rigal est la bonté même... — Nous ne saurions trop nous louer de ses bons procédés, de ses soins de chaque minute, de sa sollicitude incessante, et nous conserverons pour elle une impérissable reconnaissance...

— Alors, — continua le caissier, — c'est la maison qui ne vous plaît pas?...

— Il est certain, — murmura la jeune fille, — que cette maison, je ne sais pourquoi, inspire des idées un peu sombres et que les heures y paraissent interminables... — Rue Mozart, au contraire, dans notre pauvre petite bicoque, les jours filaient comme un éclair... — On arrivait trop vite au soir...

— C'est qu'à Passy vous aviez le travail, ce fidèle compagnon des heures rapides.

— Peut-être, en effet...

— Eh! bien, qui vous empêche de travailler ici?...

— Je n'ai rien de ce qu'il me faut pour cela...

— Il m'est facile de vous procurer ce qui vous manque...

— Est-ce bien la peine? — Croyez-vous donc que notre séjour dans cette maison doive se prolonger, et que le péril qu'il a fallu fuir subsistera longtemps encore?...

— En mon âme et conscience, oui, je le crois... — répondit Vogel d'un ton grave. — J'ai la conviction que votre persécuteur remuera ciel et terre pour vous retrouver avant de se déclarer vaincu...

Valentine laissa tomber sa tête avec découragement.

— Mais, c'est affreux, cela!!!... — balbutia-t-elle. — Et ne pouvoir rien contre cet homme abominable!! Être impuissante!... Être désarmée!!...

— Pardon, mademoiselle, — répliqua Vogel, — vous avez une arme à votre disposition...

— Laquelle?

— Il vous manque malheureusement un protecteur légal assez fort pour vous défendre, tel qu'un frère ou tel qu'un mari, mais vous pouvez, si bon vous semble, vous adresser à la police et lui demander de veiller sur vous...

— A la police! — répéta Valentine. — Mais alors il faudrait raconter la tentative d'enlèvement dont, sans vous, j'aurais été victime?...

— Il le faudrait, c'est clair...

— Jamais! — s'écria l'orpheline. — Il est des violences qui, lors même qu'elles échouent, me semblent laisser une tache sur l'honneur des jeunes filles... — Plutôt que de divulguer ainsi ma honte imméritée, je mourrais!...

— Alors, mademoiselle, puisqu'il en est ainsi, — répondit Vogel, — résignez-vous à vivre quelque temps dans l'asile sûr où vous êtes... — Permettez-moi d'aller chercher demain, rue Mozart, tout votre attirail de peinture, et peut-être, en vous l'apportant, aurai-je du nouveau à vous apprendre...

LX

En entendant prononcer le nom de cette rue Mozart où elle avait été relativement heureuse, Mlle de Cernay tressaillit, ses joues s'empourprèrent, une flamme fugitive brilla dans ses regards, mais ces symptômes d'émotion vive n'eurent que la durée d'un éclair.

La jeune fille reprit son calme habituel et répondit :

— Soyez certain, monsieur Hermann, que j'apprécie comme je le dois l'hospitalité si généreuse de votre tante, et que ma gratitude est profonde... — La tristesse irraisonnée qui m'oppresse est causée par un changement complet d'habitudes, et surtout, je le crois comme vous, par le manque absolu de toute occupation régulière. — Allez donc à Passy demain, puisque vous êtes assez bon pour me l'offrir, et apportez-moi les instruments de ce travail que vous nommiez avec tant de justesse *le fidèle compagnon des heures rapides*... — Apportez en même temps, je vous en prie, le grand carton plein de gravures anciennes... — Vous le connaissez bien, ce carton, — ajouta Valentine en souriant, — puisque c'est vous qui me l'avez donné...

— Tout cela sera fait, mademoiselle, — répliqua Vogel, — mais il me faut la clef de votre maison...

— La voici...

— Il me faut en outre une autorisation écrite d'entrer chez vous et d'en enlever divers objets... — poursuivit le jeune homme.

— Une autorisation écrite?... — répliqua l'orpheline, — à quoi bon?...

— Mais tout simplement à m'éviter d'être pris pour un voleur et conduit au poste si l'on s'étonnait de me voir en possession de votre clef et faisant main basse sur des choses qui vous appartiennent...

— C'est juste... — Dictez-moi donc ce qu'il faut que j'écrive...

Vogel dicta. — Valentine écrivit.

Le caissier mit la clef dans sa poche et glissa dans son portefeuille l'autorisation bien en règle.

Puis, après avoir serré la main de Mlle de Cernay, embrassé Claire et subi une nouvelle accolade de sa prétendue tante, il se dirigea vers la porte.

— Mon cher neveu, — lui demanda la veuve Rigal en l'arrêtant, — viendrez-vous dîner demain?...

— Si vous voulez bien le permettre...

— Je vous le permets et même je vous y engage ; mais surtout n'oubliez pas d'apporter des perdreaux... Vous savez que je les adore... Vous ferez bien d y joindre quelques truffes...

— Ce n'est pas la saison, chère tante...

— Bah! je ne fais point fi des truffes conservées... — Une boîte d'un kilo suffira... — Prenez en même temps un sac de petits fours et une bouteille de fine champagne...

— Et, avec ça ? — demanda Vogel en riant.

La veuve Rigal répondit très sérieusement :

— Pas autre chose pour demain...

La journée du lendemain parut plus longue à Valentine que celle de la veille.

Vogel aurait eu presque le droit de se croire aimé, ou du moins tout près de l'être, s'il avait su avec quelle fièvreuse impatience la jeune fille l'attendait.

Il se serait abusé cependant de façon complète sur les motifs de cette impatience dont une parole prononcée par lui le soir précédent était l'unique cause.

— *Peut-être aurai-je du nouveau à vous apprendre...* — avait-il dit, et Valentine, quoique n'ayant point relevé ces mots, les commentait dans sa pensée.

A coup sûr Hermann Vogel, en s'exprimant ainsi, songeait au comte de Rochegude et à ses agissements.

Quelle tentative nouvelle l'officier de hussards pourrait-il avoir accomplie?...

Voilà ce que Mlle de Cernay se demandait sans cesse, et nulle réponse vraisemblable ne se présentait à son esprit.

Hermann, comme s'il eût pris à tâche d'augmenter l'agitation nerveuse de la jeune fille et de la pousser à son paroxysme, arriva beaucoup plus tard que le jour précédent.

A sept heures passées on allait se mettre à table sans lui, quand il parut enfin, portant d'une main les châssis, la boîte à couleurs, le grand carton de Valentine, et de l'autre un paquet de comestibles variés.

— Heureusement les perdreaux sont tout plumés ! — s'écria Mme Rigal. — On va les mettre à la broche séance tenante... Les truffes serviront demain pour un simple poulet... — Nous dînerons dans un quart d'heure.

Et la gourmande veuve s'élança vers la cuisine.

— Devinez-vous pourquoi je me suis fait si longtemps attendre ? — demanda Vogel à Valentine.

La jeune fille secoua négativement la tête.

— C'est qu'ainsi que je le pressentais hier, il y a *du nouveau*... — dit Hermann.

Mlle de Cernay pâlit, mais n'interrogea point.

Hermann continua :

— Votre départ inexpliqué, incompréhensible pour vos voisins, a mis l'enclos de la rue Mozart en ébullition. — On avait entendu la nuit précédente des coups de pistolet... — Les habitants des maisonnettes, vous croyant enlevée ainsi que votre sœur et peut-être même assassinées toutes deux, allaient s'adresser collectivement au commissaire de police et solliciter une enquête sur les événements mystérieux qui leur troublaient l'esprit... — Mon arrivée et surtout l'autorisation écrite et signée par vous ont rassuré tout le monde et ramené le calme dans les esprits... — J'ai su par le brave homme qui s'acquitte à ses heures des fonctions de concierge, que des gens à mine suspecte rôdaient depuis la veille autour de l'enclos et que l'un d'eux, à plusieurs reprises, avait eu l'impudence de sonner à votre porte, se prétendant chargé pour vous d'un important message...

« Bientôt du reste la preuve matérielle que le concierge n'exagérait rien s'est offerte à moi, car, au moment où après avoir quitté votre gentille demeure je me dirigeais en fiacre vers le chemin de fer, je m'aperçus que j'étais suivi...

« Deux espions me donnaient la chasse, et c'est tout au plus, je vous assure, s'ils se cachaient pour me *filer*...

« Ces gredins, convaincus que j'allais vous rejoindre, comptaient, en ne me perdant pas de vue, arriver jusqu'à vous...

« Il s'agissait de les lancer sur une fausse piste...

« J'employai pour y parvenir des moyens compliqués dont le détail vous semblerait fastidieux et serait d'ailleurs inutile... — Il me suffira de vous dire que j'ai réussi, mais non sans peine et sans perte de temps... — Voilà pourquoi je suis en retard... »

Tandis qu'Hermann Vogel racontait ce qui précède, un tremblement nerveux s'était emparé de Valentine.

— Mon Dieu, balbutia-t-elle d'une voix que la peur rendait presque indistincte, si vous vous étiez trompé cependant... — Si ces hommes ne s'étaient point laissé dépister... S'ils connaissaient ma retraite... Je serais perdue...

— Ne craignez point cela, mademoiselle, — répondit le caissier. — J'ai la certitude absolue de ce que j'avance, et jusqu'à nouvel ordre vous n'avez rien à craindre; mais il est positif que ma visite à l'enclos de la rue Mozart était une imprudence dont il faudra se garder à l'avenir... — J'ai été aujourd'hui plus habile ou plus heureux que les espions... Demain peut-être ils seraient plus adroits ou plus heureux que moi, et surprendraient le secret de votre séjour ici... — D'ailleurs, à quoi bon nous renseigner désormais?... — Nous n'avons rien à apprendre... Nous savons d'avance que le comte de Rochegude, votre persécuteur, ne se tiendra pas de longtemps pour battu et qu'il emploiera tous les moyens, même les plus lâches et les plus infâmes, pour prendre sa revanche d'une première défaite... — Ah! cet homme est un misérable, mais il est fort par sa fortune et par sa position, et puisqu'une délicatesse de sentiment, exagérée peut-être, mais respectable à coup sûr, vous interdit de requérir contre lui l'aide de la police, il vous faudrait, je le répète, pour le défier impunément, le bras autorisé d'un frère ou d'un mari...

Valentine baissa la tête sans répondre.

Elle s'avouait tout bas qu'Hermann disait vrai; mais, hélas! elle n'avait point de frère, et, depuis que pendant quelques heures elle s'était crue la fiancée de Lionel, la seule idée d'un mariage la faisait frissonner.

Mme Rigal rentra dans le salon.

— A table, mes enfants! — s'écria-t-elle. — Les perdreaux sont à la broche!... — Ils vont bien, les perdreaux, et nous allons donner un joli coup de fourchette, je vous en fiche mon billet!!

Hermann pensait, en regardant Valentine silencieuse et sombre :

— Elle cherche une issue et n'en trouvera pas... — Roch a raison... — Avant huit jours cette petite sera trop heureuse de devenir ma femme...

LXI

Il était bien difficile, il était presque impossible que le plan si savamment échafaudé par Roch et Fumel, si adroitement mis en œuvre par Hermann Vogel, n'amenât point, dans un bref délai, le résultat prévu et attendu par le trio d'habiles gredins.

Le caissier de Jacques Lefebvre reconquérait pied à pied la position conquise par lui lors de ses premières visites à la maisonnette de la rue Mozart, et ses chances de succès, momentanément anéanties par l'apparition du comte de Rochegude, grandissaient désormais à vue d'œil.

Chaque jour il arrivait au Bas-Meudon pour le dîner, et ne regagnait Paris qu'à onze heures du soir.

Valentine, bien convaincue qu'elle avait en lui le plus loyal, le plus chevaleresque des amis, l'attendait non sans impatience et l'accueillait avec un bon sourire, avec une franche poignée de main.

Ne lui devait-elle point son salut et ne fallait-il pas se montrer reconnaissante ?

La jeune fille n'éprouvait pour Hermann rien qui, de près ou de loin, ressemblât à de l'amour, mais elle ne lui marchandait ni son estime, ni même une sérieuse affection...

La conscience de ce qu'il avait fait pour elle, la certitude d'un dévouement prouvé non par des paroles, mais par des actes, le lui rendaient profondément sympathique. — Elle prenait l'habitude de passer avec lui toutes ses soirées ; il occupait dans son existence une place considérable ; bref, nous le répétons, elle l'attendait avec impatience, mais quand retentissait le coup de sonnette annonçant son arrivée, le cœur de la jeune fille ne battait pas plus vite et nulle indiscrète rougeur ne venait doubler l'éclat de ses joues.

Il n'en était pas de même lorsque l'image de Lionel de Rochegude surgissait à l'improviste dans la chambre noire de son souvenir...

Valentine alors devenait pourpre, se reprochait comme une faiblesse coupable ces surprises de sa mémoire, et, s'indignant contre elle-même, se répétait qu'elle ne pouvait et ne devait éprouver pour le comte d'autre sentiment que la terreur et le mépris.

Il convient d'ajouter que ces évocations tout à fait involontaires devenaient de plus en plus vagues. — Bientôt, sans doute, elles cesseraient absolument.

La veuve Rigal, fidèle aux instructions détaillées de maître Roch, parlait sans cesse à Valentine de son prétendu neveu et vantait avec un enthousiasme chauffé à blanc les qualités de son cœur et de son esprit, son intelligence, son courage, sa générosité, son humeur égale et douce, et mille autres vertus dont le détail serait trop long.

Ce verbiage incessant de la bonne dame paraissait un peu monotone à l'orpheline, mais en somme il obtenait le résultat voulu en fixant sa pensée sur Hermann Vogel...

Dix jours s'écoulèrent.

Chaque matin, avant de se rendre à la maison de banque de la rue Saint-Lazare, le caissier allait aux Champs-Élysées prendre des nouvelles de son adversaire.

Ces nouvelles n'étaient en aucune façon satisfaisantes pour les amis de M. de Rochegude.

Selon les prévisions du médecin militaire amené sur le terrain par les témoins du comte, la fièvre cérébrale survenue à la suite de l'évanouissement ne diminuait point de violence.

— J'ai su, par le concierge, que des gens à mine suspecte rôdaient depuis la veille autour de l'enclos.

Le danger était permanent.

D'une heure à l'autre la congestion sans cesse imminente pouvait emporter le blessé.

A peine est-il besoin d'ajouter que Lionel battait la campagne sans une minute de trêve, sans un instant de lucidité.

Dans ce délire revenaient deux noms, celui de sa mère et celui de Valentine.

Madame de Rochegude, folle de désespoir, ne quittait ni jour ni nuit le chevet de son enfant adoré.

De même qu'on n'avait pu lui cacher la terrible blessure et ses conséquences redoutables, il avait bien fallu lui apprendre la cause du duel.

En sachant que Lionel s'était battu avec un rival à propos d'une femme, la comtesse avait élevé vers le ciel ses mains jointes en balbutiant :

— Mon Dieu... Seigneur mon Dieu... vous avez mis dans le cœur des mères un infaillible instinct!... — Mes pressentiments ne me trompaient point... — J'étais bien sûre que cette fille porterait malheur à mon fils!! — Ayez pitié de moi, Seigneur... Prenez ma vie et laissez vivre Lionel... et s'il faut un miracle pour cela, mon Dieu, faites un miracle!...

Depuis dix mortelles journées le ciel semblait sourd aux supplications de la pauvre mère qui, dévorée d'angoisses et n'ayant plus de larmes à verser, vivait ou pour mieux dire agonisait dans l'effroyable attente de la crise suprême où l'âme de son enfant abandonnerait le corps...

. . . .

Le onzième jour au matin, le valet de pied chargé de donner des nouvelles n'avait plus sa physionomie lugubre de la veille.

Malgré sa gravité officielle une sorte de sourire à peine ébauché, mais prêt à se dessiner mieux, apparaissait sur ses lèvres...

C'est que pendant la soirée et la nuit précédentes un changement des plus heureux s'était produit dans l'état du jeune comte.

La fièvre cérébrale avait cédé d'une manière presque complète.

Les médecins réunis aussitôt en consultation croyaient pouvoir répondre de la vie du blessé.

Seulement — (toujours d'accord en cela avec le chirurgien militaire) — ils affirmaient que la convalescence serait lente et que la lucidité de M. de Rochegude resterait pendant un temps assez long obscurcie et comme voilée par un nuage, mais que peu à peu le nuage se dissiperait, laissant l'intelligence reprendre sa brillante vivacité d'autrefois.

On comprend que cet oracle des princes de la science avait suffi, malgré ses restrictions, pour rendre madame de Rochegude folle de joie, et pour dissiper aux trois quarts la lourde atmosphère de deuil qui jusqu'alors pesait sur l'hôtel.

— Il est grandement temps d'agir, puisque décidément le comte en reviendra... — se dit Hermann. — Peut-être, un peu plus tard, me causerait-il de grands embarras!... — Avant qu'il soit sur pied il faut terminer tout... — La poire est mûre, d'ailleurs, et doit être cueillie...

Le caissier de Jacques Lefebvre arriva ce soir-là au Bas-Meudon avec un visage défait, avec une physionomie bouleversée.

Ces symptômes de souffrance physique ou morale sautaient aux yeux.

Valentine les remarqua au moment précis où le jeune homme franchissait le seuil du salon.

Elle lui demanda, d'une voix que l'expression du plus vif intérêt rendait tremblante :

— Mon Dieu, monsieur Hermann, qu'avez-vous?... Êtes-vous malade, ou vous survient-il un chagrin?...

— Pourquoi cette question, mademoiselle? — répliqua le caissier.

— Parce que vous êtes pâle et que vous semblez triste...

— Apparence trompeuse, je vous assure... — Je n'ai rien... absolument rien...

— Ah! tant mieux!... J'avais peur...

— Et, — continua Vogel, — je suis mille fois reconnaissant de votre sollicitude bienveillante... Recevez l'assurance de ma profonde gratitude...

Valentine, étonnée de ce langage compassé et cérémonieux dont elle n'avait pas l'habitude, regarda le caissier mais sans l'interroger de nouveau.

Elle n'ajoutait qu'une très médiocre créance à la dénégation d'Hermann ; mais, s'il lui cachait quelque chose, elle ne pouvait insister pour savoir ce qu'il voulait taire.

Le dîner fut silencieux.

Vogel avait la physionomie d'un homme condamné à mort, et cette attitude lugubre glaçait Valentine et causait à la petite Claire une sorte d'épouvante.

La veuve Rigal se conformait docilement au mutisme de son prétendu neveu, et combattait de son mieux l'ennui en mettant les morceaux doubles et en les arrosant de nombreuses rasades...

Aussitôt après le repas Hermann s'assit dans un coin du salon, posa ses coudes sur une table, appuya sa tête sur ses mains et resta muet, immobile, les yeux fixes, le regard vague.

Son visage offrait en ce moment une expression si désolée que mademoiselle de Cernay se sentit émue.

Elle laissa s'écouler quelques minutes puis, voyant que Vogel paraissait décidément métamorphosé en statue de la douleur, elle s'approcha et lui posa la main sur l'épaule.

Le caissier tressaillit et releva la tête.

LXII

— Vous avez quelque chose à me dire, mademoiselle? — demanda le jeune homme.

— Oui... — répliqua Valentine. — Je souhaiterais causer un moment avec vous...

— Je suis absolument à vos ordres...

L'orpheline désigna du geste la veuve Rigal, debout près de la table ronde placée au milieu du salon, — La bonne dame faisait fondre dans son café une demi-douzaine de morceaux de sucre, et n'interrompait cette agréable occupation que pour savourer coup sur coup cinq ou six petits verres de la fine-champagne apportée par Hermann.

Le geste de Valentine signifiait clairement :

— Je voudrais ne parler qu'à vous...

Vogel le comprit ainsi.

Il se leva et, offrant son bras à mademoiselle de Cernay, il lui dit :

— La soirée, je crois, est très belle... — Voulez-vous venir au jardin?

— J'allais vous prier de m'y conduire... — murmura la jeune fille.

Puis, prenant le bras d'Hermann, elle sortit avec lui.

— Décidément, — pensa le caissier, — je suis un malin... — Tout ce que j'avais prévu se réalise de point en point... — Avant que je quitte cette maison le mariage sera décidé...

Quoiqu'on touchât à la fin de l'automne, l'atmosphère était tiède comme aux beaux soirs du mois d'août.

Des myriades d'étoiles étincelaient dans le firmament pur.

La pleine lune émergeait à l'horizon et l'un de ses rayons obliques étalait sous les grands marronniers une traînée de lumière blanche et venait argenter le banc placé à gauche de la porte de la maison.

Vogel conduisit à ce banc mademoiselle de Cernay.

Elle s'assit.

Il y prit place à son tour; mais Claire n'étant point là pour s'installer entre lui et Valentine, comme elle l'avait fait lors d'un précédent entretien, il eut grand soin de se tenir à distance respectueuse de la jeune fille.

Une équipe de canotiers, regagnant Saint-Cloud ou Suresnes avec son embarcation enguirlandée de fanaux multicolores, chantait en chœur dans le lointain les couplets de la *Vie de Bohême*.

On n'entendait pas les paroles ; la mélodie un peu triviale, affaiblie et comme idéalisée par la distance, prenait une douceur singulière, un charme pénétrant.

Valentine prêta l'oreille pendant quelques secondes sans prononcer un mot.

Elle semblait ne plus se souvenir du motif de sa sortie.

Hermann le lui rappela.

— J'attends, mademoiselle, — dit-il, — que vous veuillez bien m'expliquer en quoi je puis vous être agréable ou utile...

— Monsieur Vogel, — murmura la jeune fille, — je vais être indiscrète, je le sens bien, mais je compte que vous aurez beaucoup d'indulgence pour mon indiscrétion...

— De l'indulgence? — répéta le caissier. — Vous ne pouvez en avoir besoin...

— Promettez-moi la vôtre, cependant...

— De tout mon cœur...

— Depuis que nous nous connaissons, — reprit Valentine, — vous m'avez témoigné un intérêt si vif, un attachement si profond... vous avez tant fait pour moi... je vous dois une telle reconnaissance, que j'ai le droit et le devoir de vous rendre attachement pour attachement, intérêt pour intérêt... — C'est une dette que je paye...

Mademoiselle de Cernay s'interrompit, attendant une réplique d'Hermann, mais celui-ci s'inclina silencieusement :

L'orpheline continua :

— Ce soir, au moment de votre arrivée ici, je vous ai demandé : « *Qu'avez-vous? que vous arrive-t-il? Est-ce une souffrance? est-ce un chagrin?...* »

— Je vous ai répondu : — « *Ni l'un ni l'autre...* » — balbutia le caissier.

— Eh ! bien, je ne vous ai pas cru... — répliqua l'orpheline. — Votre franchise habituelle me paraît en défaut ce soir... — Vous avez un souci grave, et comme j'ai la certitude, vous entendez, LA CERTITUDE, d'être pour quelque chose dans vos fâcheuses préoccupations, je viens vous prier, je viens vous supplier au besoin, vous, mon ami, mon unique ami, d'avoir confiance en ma raison, confiance en mon courage, et de ne me rien cacher...

Vogel ne répondit pas tout de suite.

Un rayon de lune éclairait son visage, et ce visage semblait refléter, comme un miroir fidèle, les angoisses et les irrésolutions du jeune homme.

— J'ai supplié... — murmura Valentine, — et cependant vous vous taisez !...

Hermann parut se décider tout à coup.

— Enfin, — dit-il, — vous voulez que je parle... — Peut-être ferais-je mieux de vous désobéir... — Je n'en ai pas la force; — je parlerai donc... — Mais il faudra m'écouter jusqu'au bout... Il faudra surtout vous souvenir que je voulais garder le silence et que je subis de votre part une véritable contrainte morale...

— Soyez tranquille, — répliqua mademoiselle de Cernay, — je ne vous interromprai pas, et je n'oublierai rien...

— Soit! — fit Vogel. — Voici la vérité : — Je suis malheureux... très malheureux...

— Vous! — s'écria Valentine. — Pourquoi?...

— Parce que l'adieu que je vous dirai ce soir doit être un éternel adieu... — Je vais m'éloigner de vous, mademoiselle, et pour ne vous revoir jamais...

— Ne jamais me revoir... un éternel adieu... — répéta la jeune fille atterrée. — Que signifie cela?... — Je ne vous comprends pas... — Quel motif vous empêcherait de continuer à veiller sur ma sœur et sur moi?... — Vous ne songez point à quitter Paris?...

— Avant trois jours j'aurai quitté non seulement Paris, mais la France... — répondit le caissier.

— Mon Dieu ! — balbutia Valentine. — Vous vous expatriez !

— C'est une nécessité fatale...

— Quelle est la cause de cette nécessité?...

— Vous, mademoiselle...

L'orpheline fit un mouvement de stupeur.

— Moi!... — s'écria-t-elle, — moi!... — Mais c'est insensé, ce que vous dites! — Ou je rêve, ou votre raison s'égare...

— Ni l'un ni l'autre... — Écoutez... Vous allez tout savoir, hélas!... et vous comprendrez tout... — Plus que jamais vous êtes menacée... — Cet homme, ce comte de Rochegude, s'obstine dans ses odieux projets... — Il s'est juré que vous seriez sa proie... — Une armée d'agents à sa solde fouille Paris pour vous découvrir et, comme vous restez introuvable, le cercle des recherches s'élargit d'heure en heure, et déjà le filet étend ses mailles sur la banlieue... — Un jour ou l'autre les limiers du comte arriveront ici...

— Et c'est au moment où le péril grandit... C'est au moment où plus que jamais je vais avoir besoin d'un défenseur, que vous parlez de m'abandonner! — balbutia la jeune fille.

— Vous me jugez mal, mademoiselle! — En m'éloignant je ne laisserai point le danger derrière moi... — Mon parti est pris... — Demain je ferai en sorte de me placer sur le chemin de votre persécuteur... — Je l'insulterai sous le premier prétexte venu, je le souffletterai au besoin, je me battrai ensuite avec lui, je le tuerai si Dieu est juste, et vous n'aurez plus rien à craindre...

— Du sang!... — dit Valentine toute frissonnante. — Du sang versé pour moi!...

— C'est l'unique moyen de vous délivrer du persécuteur...

— Mais s'il vous tue?...

— Ah! s'il me tue... Eh, bien! que voulez-vous, j'aurai fait le possible... Vous n'aurez rien à me reprocher...

— Et je serai perdue, moi!

— Non, car vous trouverez un honnête homme que vous accepterez pour mari... — Le mari, même s'il est faible, peut défendre et protéger sa femme contre les plus forts! La société, la loi, la police, sont avec lui! Un comte de Rochegude, malgré sa fortune, doit battre en retraite et baisser pavillon devant l'écharpe du commissaire...

Valentine inclina la tête, et pendant quelques secondes s'absorba dans une rêverie profonde, puis elle reprit :

— Mais, si vous le tuez, pourquoi partir?...

— Pourquoi? — répéta Vogel impétueusement. — Parce que ma patience et mon courage sont à bout... — C'est trop longtemps souffrir un intolérable supplice... Mieux vaut en finir d'un seul coup... — Je vous aime, Valentine, vous le savez bien, ou plutôt je vous adore, et j'en meurs!... — Ah! si vous m'aviez aimé!... Si vous aviez compris ce dont un amour comme le mien me rendrait capable pour votre bonheur!... — Mais vous ne m'aimez pas... vous ne m'aimerez jamais... Tout est dit...

Mademoiselle de Cernay posa sa main sur le bras d'Hermann.

— Donc, si vous étiez mon mari, — demanda-t-elle, — point de duel et plus de danger?...

— Ni l'un ni l'autre... — Qu'auriez-vous à craindre?... Je défierais le monde entier!...

— Eh bien! — reprit Valentine, — si vous voulez m'épouser, monsieur Vogel, je dirai : Oui, sans le moindre chagrin, et je tâcherai de vous rendre heureux...

LXIII

— Enfin! — pensa Vogel qui, tandis qu'il jouait la passion avec un talent de premier ordre, n'avait pas une minute perdu son sang-froid.

Puis, fidèle à son rôle, il poussa une exclamation de joie délirante, balbutia des paroles entrecoupées, comme si le désordre de son esprit ne lui permettait point d'exprimer les sentiments dont son cœur débordait et, tombant à genoux devant mademoiselle de Cernay, il saisit et couvrit de baisers ses petites mains qui tremblaient un peu.

Valentine les lui retira bien vite, et certes en agissant ainsi elle n'obéissait point à un instinct de pruderie, mais les baisers d'Hermann lui rappelaient de façon trop vive que les lèvres du comte de Rochegude avaient touché ses mains.

Quelques secondes s'écoulèrent ainsi.

La jeune fille comprenant bien qu'elle venait de s'engager irrévocablement, se sentait oppressée par une sorte de vague épouvante. — Son cœur se gonflait dans sa poitrine. — Un frisson passait sur sa chair.

— Pardonnez-moi, mademoiselle... — murmura le caissier d'une voix basse et frémissante, en reprenant sa place sur le banc à côté de Valentine. — Je n'ai pas été maître de moi tout à l'heure... Je n'avais plus ma tête... — Si l'excès du bonheur pouvait égarer la raison, assurément je serais fou... Songez-y donc, je n'osais espérer, tant la conscience de votre supériorité m'écrase, et vous avez promis d'être ma femme... Car vous l'avez promis!... Ah!! ma vie toute entière ne sera pas assez longue pour vous témoigner ma reconnaissance à force d'amour...

Ces paroles, si humbles et si tendres à la fois, touchèrent l'orpheline et donnèrent à ses pensées une nouvelle direction.

— Que parlez-vous de ma supériorité? — répondit-elle. — Que parlez-vous de votre reconnaissance?... N'est-ce pas vous seul qui méritez ma gratitude infinie, vous assez généreux pour offrir votre nom à la pauvre enfant sans famille et sans fortune que vous avez protégée, que vous avez défendue, que vous avez sauvée?

Hermann répliqua.

Une lutte de générosité s'engagea entre la vierge angélique et le sinistre gredin, mais ce dernier était trop pratique pour laisser ce débat se prolonger outre mesure, car le temps qu'il donnait à ces marivaudages lui semblait du temps perdu.

— Chère Valentine, — dit-il — (vous me permettrez, je l'espère, de vous nommer désormais ainsi) — en toute autre occurrence j'aurais la délicatesse, croyez-le, de ne point réclamer à trop bref délai l'exécution des engagements pris par vous... — Je comprends bien qu'une jeune fille ne peut envisager sans inquiétude, et peut-être même sans frayeur, un brusque changement d'état... Mais par malheur nous sommes dans une situation exceptionnelle et très grave dont il importe de sortir au plus vite... — Le péril grandit chaque jour, et pour le conjurer il n'est qu'un moyen, le mariage... — Tant que vous ne serez pas ma femme, tant que je n'aurai pas sur vous des droits incontestables et sacrés, je ne pourrai m'opposer à des tentatives déshonorantes qu'au péril de ma vie... et vous ne le voulez pas...

— Non, certes, je ne le veux pas, — répondit la jeune fille, — et comme vous j'ai hâte de sortir d'une atmosphère d'angoisses sans cesse renaissantes!! — Marions-nous vite...

Hermann attendait ces mots.

— Rien ne nous empêche de nous marier dans les délais légaux... — reprit-il.

— Quels sont ces délais?

— Onze jours à partir de la première publication...

— Quand cette publication peut-elle avoir lieu?

— Dimanche prochain... par conséquent après demain...

— Eh! bien, faites le nécessaire...

— Vous me donnez pleins pouvoirs?...

— Assurément...

— Certaines pièces me seront indispensables...

— Lesquelles?...

— Votre acte de naissance... les actes de décès de vos parents... le consentement de votre tuteur...

— Les actes dont vous parlez sont chez moi, rue Mozart, avec les quelques papiers de famille que je possède, dans le tiroir d'un meuble dont la clef ne me quitte pas... — Je vous remettrai tout à l'heure cette clef avec celle de la maison.

— J'irai cette nuit même...

— Rien de plus simple et rien de plus facile, — poursuivit Valentine; —

— J'attends, mademoiselle, que vous vouliez bien m'expliquer en quoi je puis vous être utile ?

quant à ce qui concerne mon tuteur, c'est autre chose... — Il a été nommé, soit par un conseil de famille dans lequel je n'avais aucun parent, soit par les juges du tribunal, je ne me souviens pas au juste... — Je le connais à peine, ce tuteur... Je ne l'ai vu qu'une ou deux fois... C'est tout au plus si je sais son adresse... — Faire une démarche auprès de lui pour obtenir son consentement m'embarrasserait beaucoup, je l'avoue...

— Ne vous inquiétez pas de cela... — dit Hermann, — je me charge de la démarche embarrassante pour vous... Je verrai M. Lacaussade...

— Vous savez son nom! — s'écria Valentine étonnée. — Vous le connaissez donc?

— Personnellement, non, mais j'ai des amis qui sont avec lui dans les meilleurs termes, et qui s'empresseront de me présenter... — Je suis certain d'ailleurs que M. Lacaussade donnera de la meilleure grâce du monde le consentement dont nous ne pourrions nous passer...

— Tout est donc pour le mieux... — reprit la jeune fille. — Le mariage sera célébré ici, mon ami?

— Ici? au Bas-Meudon?...

— Oui.

— C'est impossible...

— Pourquoi?

— Pour des raisons de domicile... des raisons légales dont le détail serait trop long et ne vous intéresserait pas...

— Alors, où nous marierons-nous?

— A la mairie et à l'église de l'endroit où vous êtes domiciliée...

— Il faudra donc retourner à Passy!! — fit l'orpheline avec agitation, — à Passy où vous dites vous-même que l'espionnage est en permanence!!... — Cela m'effraye...

— Rassurez-vous, chère Valentine! — répliqua Vogel en souriant. — Vous n'y retournerez qu'une fois... — Ce sera en plein jour... à l'heure du mariage... Je serai près de vous... Nos témoins nous accompagneront... Vous n'aurez rien à craindre... ni alors... ni plus tard!...

— Que Dieu vous entende!...

Après un silence la jeune fille, saisie tout à coup d'une curiosité presque enfantine, demanda timidement :

— Quand nous serons mariés, où demeurerons-nous?...

— Cela, je ne le sais pas encore... — répondit le caissier avec un nouveau sourire. — J'étais si loin de m'attendre à mon prochain bonheur que je n'aurais pas même osé me poser cette question.

— Mais vous avez un appartement, rue de la Pépinière?... J'ai vu cela sur votre carte...

— Oui.

— Qui nous empêchera...

Valentine s'arrêta court.

— De l'habiter ensemble? — acheva Vogel.

Mademoiselle de Cernay fit, — en rougissant beaucoup, — un signe affirmatif.

— La meilleure de toutes les raisons, — dit Hermann. — Ce modeste logis, à peu près suffisant pour un garçon, est absolument indigne de vous recevoir...

— Je ne suis point accoutumée au luxe, vous le savez, et je n'y tiens guère...

— Sans doute, mais je tiens, moi, à vous entourer sinon de luxe, ce que ma position actuelle m'interdit, au moins de bien-être... — Le luxe viendra plus tard, car je veux être riche, chère Valentine... très riche... pour vous seule... et, croyez-moi, je le serai bientôt... — En attendant nous aurons une installation simple et coquette... — Un nid gracieux où vous vous plairez, je l'espère...

— Nous y vivrons avec ma sœur, n'est-ce pas?

— Bien entendu...

— Vous ne me séparerez point de Claire? Vous ne m'en séparerez jamais?... — J'ai promis à ma mère mourante de veiller sur la chère mignonne comme sur mon enfant...

— Vous tiendrez ce serment, je le jure... — J'aime Claire de toute mon âme et je sens qu'avant qu'il soit longtemps, quand je serai son frère, je l'aimerai davantage encore...

Valentine prit la main d'Hermann et la serra entre les siennes...

Puis, comme il se faisait déjà tard, elle remit au caissier la clef de la maisonnette et celle du meuble; elle lui donna les indications nécessaires pour trouver les papiers dont il avait besoin, et il reprit triomphant le chemin de Paris après avoir pour la première fois appuyé ses lèvres sur le front pur de sa douce fiancée.

Une demi-heure plus tard, Valentine et Claire se trouvaient réunies dans la vaste chambre du premier étage.

La jeune fille assit l'enfant sur ses genoux.

— Mignonne, — lui dit-elle d'une voix mal affermie, — je dois t'apprendre une grande nouvelle...

— Une grande nouvelle... — répéta Claire en fixant sur Valentine ses beaux yeux étonnés.

— Oui... — je vais te donner un frère... je vais avoir un mari...

— Un mari?... Toi, ma sœur!! Qui donc?...

— M. Vogel...

L'enfant devint pâle comme une morte. — Elle jeta ses bras autour du cou de sa sœur aînée, et cachant sa tête sur sa poitrine, elle balbutia avec des sanglots :

— M. Vogel... oh! non!... non!... pas lui!... J'ai peur...

LXIV

Valentine s'efforça de consoler sa sœur, puis, ne pouvant y parvenir, se mit à pleurer avec elle... — Les larmes sont contagieuses...

Les pressentiments noirs dont nous avons parlé revenaient en foule assaillir l'orpheline...

En vain elle tentait de les chasser. — Ils s'obstinaient et ne s'éloignaient pas.

Mais l'instinctive épouvante de l'enfant, les angoisses sans cause apparente de la jeune fille, ne pouvaient modifier les faits près de s'accomplir et dont la nécessité s'imposait, — du moins en apparence.

— Ma tristesse est une faute et ma terreur une folie... — se dit Valentine. — J'ai promis, je tiendrai... et ensuite, que Dieu me protège !! — Je serai une honnête femme, j'en suis sûre... — Serai-je une femme heureuse ?... C'est le secret de l'avenir... — Hermann Vogel est le meilleur des hommes... il m'adore... — En se dévouant pour moi il me l'a prouvé... il le prouve encore mieux en m'épousant quoique je sois pauvre... — Je devrais l'aimer de toute mon âme... Je devrais lui rendre amour pour amour, et cependant il ne m'inspire qu'un sentiment de reconnaissance... — Ah ! je suis bien ingrate et j'ai honte de moi...

Laissons la candide orpheline s'adresser des reproches dont nous connaissons l'injustice, et suivons le caissier de Jacques Lefebvre.

Vogel, en regagnant Paris, éprouvait une des joies les plus vives qu'il lui fût possible de ressentir.

L'ivresse du succès et les chatouillements de la vanité satisfaite causaient à sa nature égoïste une sensation délicieuse.

Il se félicitait de la façon magistrale dont il avait conduit à bonne fin cette difficile affaire.

— Depuis le début, — pensait-il, — depuis ma première visite à la maisonnette de Passy, je n'ai commis ni une faute, ni une maladresse... — Personne au monde n'aurait compris et joué mon rôle comme je l'ai fait, sans hésitation, sans défaillance ! — J'ai été complet !... — Rochegude est supplanté ; Valentine est conquise !... Dans deux semaines elle sera ma femme, et je n'aurai plus qu'à hâter le moment heureux où la pauvre orpheline deviendra sans le savoir une riche héritière... — J'ai négligé Maurice Villars depuis quelque temps, je l'ai même négligé beaucoup, ne jouissant point du don d'ubiquité... — Ce spectre fardé m'en veut, j'en suis certain, mais il me pardonnera... — Je vais lui revenir et ne le quitterai plus... qu'à la grille du Père-Lachaise où je l'aurai conduit...

Vogel rentra tout droit chez lui ; dormit comme peut dormir un homme dont la conscience est absolument nette ; se leva de grand matin ; prit le chemin de fer de Ceinture qui le conduisit en un quart d'heure à Passy ; gagna l'enclos de la rue Mozart ; pénétra dans le logis des orphelines ; ouvrit, grâce à la clef de Valentine, le meuble désigné et trouva sans peine les actes de décès et l'acte de naissance qu'il était venu chercher.

Muni de ces pièces, il se rendit sans perdre une minute à l'agence de la rue Montmartre où il arriva un peu avant neuf heures.

Maître Roch n'était pas encore visible pour les clients ordinaires, mais nous savons qu'Hermann, client exceptionnel, avait ses grandes et ses petites entrées à n'importe quel moment du jour et de la nuit.

L'homme de loi, douillettement vêtu d'une robe de chambre de flanelle bleue à lisérés rouges, déjà cravaté de blanc, bien rasé, coiffé d'une calotte de velours vert brodée d'or — (luxueux présent d'une femme aimante!) — savourait une tasse de chocolat et parcourait les journaux.

Il tendit la main à Vogel en le regardant par-dessus ses lunettes montées en or, et s'écria :

— Ah çà! mais, vous avez ce matin la physionomie d'un victorieux, cher et très honoré client!... — Je vois à votre mine que les choses vont comme vous voulez et que vous apportez de bonnes nouvelles...

— Elles ne sauraient être meilleures... — répondit Hermann.

— La jeune personne a compris enfin que vous aviez été créé et mis au monde tout exprès pour son bonheur?... — continua l'homme de loi.

— Elle a compris cela... — fit le caissier en riant. — Et peut-être ne se trompe-t-elle pas absolument... — Je n'ai point du tout l'intention de la rendre malheureuse...

— On n'a jamais cette intention-là, parbleu!... — répliqua maître Roch. — Mais, entre nous, je manque de confiance en vos aptitudes conjugales... Je vous vois difficilement bon époux et bon père; tout est possible cependant, même l'invraisemblable... A quand le mariage?...

— Les premières publications seront faites demain...

— Bravo!... — Vous êtes muni des pièces nécessaires?..

— Je les ai dans mon portefeuille...

— Vous n'ignorez point que votre qualité d'étranger vous oblige à remplir certaines formalités.

— Je suis au fait... — Tout se passera selon les règles... — Je vous demande seulement de prévenir le tuteur...

— Je verrai Lacaussade dans la journée, — répondit maître Roch, — et je prendrai rendez-vous avec lui pour vous présenter demain... — C'est demain dimanche et vous serez libre... — Je l'ai pressenti déjà... Vous n'aurez aucune opposition à craindre de la part de ce brave homme, à qui tout ça est bien égal, et qui d'ailleurs ne peut qu'être ravi du parti brillant et inespéré tombant du ciel à sa pupille...

— Faudra-t-il un contrat de mariage?

— Nullement... — L'absence de contrat implique le régime de la communauté, et c'est ce régime qu'il vous faut...

— A merveille... — Cela simplifie...

— Avez-vous des témoins?...

— Il me serait facile d'en avoir... Je n'aurais qu'à m'adresser à mes collègues de la maison de banque... Mon patron lui-même, j'en suis persuadé, ne me refuserait point son assistance... Mais il importe, vous savez pourquoi, d'ébruiter mon mariage le moins possible... — Si je n'en parle à âme qui vive il a beaucoup de chances de rester ignoré, personne n'ayant le moindre intérêt à se mettre en quête de mon nom sous le petit grillage... — Il existe en outre à Paris plus d'un *Vogel* et plus d'un *Hermann*...

— Vous avez complètement raison... — Je serai l'un de vos témoins, si vous voulez...

— J'accepte avec reconnaissance...

— Comme second témoin, prenez Charles Laurent... — Impossible de lui cacher ce qui se passe... — D'ailleurs vous lui devez ça, puisqu'il vous assistait dans votre duel...

— Soit!...

— La future madame Vogel ne connaît âme qui vive... — continua l'homme de loi. — Je me charge de lui fournir des témoins de bonne tenue, parfaitement présentables et point trop encombrants...

— Croyez à ma vive gratitude...

— Ça n'en vaut pas la peine... — En sortant de la messe vous nous donnerez un déjeuner très simple dans un modeste restaurant du bord de l'eau, que j'ai découvert et où on mange des matelotes étonnantes... — Nous serons huit... — Vous, votre femme et la petite sœur, les quatre témoins et *notre* tante, la veuve Rigal... — Elle n'est pas drôle, la veuve Rigal, mais je ne vois aucun moyen de l'éliminer... — Nous la gorgerons d'une nourriture abondante et substantielle... Quand la vieille extravagante a la bouche pleine, elle ne songe point à parler...

— Vous traitez bien lestement *notre* tante ! — fit Hermann en riant.

— Bah ! laissez donc ! — Je ne dis pas la moitié du mal que vous pensez d'elle !... — Une question : — Immédiatement après le mariage où comptez-vous vous installer ?

— Je n'en sais rien encore... — Valentine m'a demandé cela hier soir, et je n'ai pu lui répondre...

— Voulez-vous un conseil ?...

— Certes !...

— Eh bien ! gardez pour quelques jours ou pour quelques semaines la maison du Bas-Meudon... — Cela vous donnera le temps d'aviser...

— Diable !... c'est loin, le Bas-Meudon...

— Que vous importe ? — Vous arrivez le soir, vous repartez le matin, et vous êtes absolument certain que personne ne s'occupe de votre femme en votre absence.

— Sans doute, — reprit Hermann, — mais, vous l'avez dit vous-même, la veuve Rigal n'est pas drôle, et l'avoir sur les épaules ce serait un peu raide...

— Eh ! vous ne l'auriez point !... — Sous un prétexte de voyage urgent, votre chère tante déguerpirait le lendemain des noces et vous seriez absolument chez vous, ayant pour faire votre service le jardinier et un jeune domestique que je vous procurerais de confiance... — Est-ce entendu ?

— Nous verrons... je réfléchirai...

— C'est ça, réfléchissez à votre aise, et souvenez-vous que dans tous les cas vous pouvez disposer de mon immeuble...

Neuf heures et demie sonnèrent à la pendule du cabinet de maître Roch.

Hermann serra la main de l'homme de loi et prit le chemin de la maison de banque Jacques Lefebvre, où ses fonctions de caissier réclamaient impérieusement sa présence.

Tout en marchant, il se disait :

— Je n'y comprends rien... — Je ne suis ni superstitieux ni craintif... et pourtant le logis du Bas-Meudon me fait peur !... Que m'arrivera-t-il dans cette maison ?

LXV

Quelques jours après l'entretien que nous avons sténographié dans le précédent chapitre, les habitants des chalets de la rue Mozart eurent une surprise considérable.

Le lendemain de l'expiration des délais légaux, vers les neuf heures du matin, deux vastes calèches de grande remise s'arrêtèrent à la porte de l'enclos.

La première de ces calèches renfermait Valentine et Claire, Hermann Vogel et la veuve Rigal.

Maître Roch, Charles Laurent et les deux témoins fournis par l'homme de loi à mademoiselle de Cernay occupaient la seconde.

Ces quatre personnages restèrent dans leur voiture, mais Hermann ouvrit la portière de la sienne, fit descendre les deux sœurs et la vieille dame, puis, donnant le bras à sa fiancée, se dirigea vers la maisonnette.

La petite Claire et la tante improvisée les suivirent.

Valentine vêtue de soie blanche, portant le long voile de dentelle et le bouquet de fleurs symboliques posé sur ses beaux cheveux blonds, était absolument adorable.

Elle souriait à Vogel qui lui parlait tout bas, mais malgré ce sourire une expression de rêveuse mélancolie ajoutait un charme poétique au charme naturel de son doux visage.

L'aparition inattendue de la jeune fille en costume de mariée fut signalée au moment précis où elle franchissait la porte de l'enclos.

L'écrivain, le peintre et le musicien accoururent sur le seuil de leurs jardinets et saluèrent au passage, avec une respectueuse sympathie, la gracieuse enfant à laquelle ils avaient pensé bien souvent depuis son brusque départ.

— Tout s'explique le mieux du monde... — se dirent-ils. — L'amour était de la partie... — La jolie aquarelliste ébauchait le mariage qu'on célèbre aujourd'hui. — L'homme qu'elle épouse n'est point à plaindre!...

Valentine, les yeux baissés et rougissant un peu, rendait les saluts à ces braves jeunes gens qui ne lui avaient jamais parlé.

Hermann ouvrit la porte du petit jardin.

Fidèle à sa promesse, il s'était occupé des fleurs et des rosiers.

La figure de la jeune fille s'éclaira en les voyant vivaces.

— Merci, mon ami... — murmura-t-elle.

Le caissier, tirant de sa poche une clef, ouvrit la maisonnette comme il venait d'ouvrir le jardin, et s'effaça pour laisser entrer Valentine.

La présence de l'orpheline en son ancien logis, quelques minutes seulement avant l'heure où l'officier de l'état-civil et le prêtre allaient unir indissolublement sa vie à celle d'Hermann, avait une cause.

Cette cause était simple et touchante.

Dans le petit salon qui nous est connu se trouvait un portrait fort médiocre, mais très ressemblant, de madame de Cernay, la sœur de Maurice Villars.

La veille au soir, Valentine avait dit à Vogel en lui prenant la main :

— Mon ami, j'ai une requête à vous présenter... Promettez-moi de l'accueillir avec bienveillance...

— Ah! certes, je vous le promets! — Si vous en doutiez, ce serait mal...

— Aussi je n'en doute pas, sachant combien vous êtes bon...

— De quoi s'agit-il, chère Valentine?...

— Je désire que demain matin, avant d'aller à la mairie et à l'église, vous me conduisiez rue Mozart...

Hermann fit un geste d'étonnement.

— Quoi! — murmura-t-il. — Après ce qui s'est passé?...

— Oui, — reprit la jeune fille, — et croyez bien que ce n'est point un caprice... Le portrait de ma mère est là... — Je veux m'agenouiller devant son image chérie... Je veux lui demander de bénir notre union... — C'est une faiblesse superstitieuse peut-être, mais il me semble que ma mère m'attend là-bas, et que si je n'allais point à elle cela me porterait malheur... — Hermann, je vous en prie, ne refusez pas de m'y conduire... Vous me feriez beaucoup de peine...

— Dieu me garde de vous causer un chagrin, chère enfant bien-aimée! — s'écria Vogel, se prêtant de bonne grâce à ce qu'il regardait au fond comme une absurde sentimentalité. — Nous irons rue Mozart...

Et voilà pourquoi Valentine et son fiancé, Claire et la veuve Rigal, franchissaient le seuil du petit chalet.

Le portrait de madame de Cernay avait été peint à l'époque où elle se nommait encore Clotilde Villars et n'avait guère que vingt-deux ou vingt-trois ans.

Entièrement dépourvu de talent artistique sérieux, l'auteur ignoré de ce

L'orpheline s'agenouilla devant le portrait de sa mère.

portrait savait reproduire ses modèles avec une exactitude de photographie.

La jolie tête de Clotilde semblait celle de Valentine avec quelques années de plus, car la jeune fille était la vivante image de sa mère.

L'orpheline s'agenouilla devant le cadre démodé qu'elle considérait comme une relique précieuse entre toutes.

Elle éleva ses mains et son cœur... — Elle implora la morte, et dans son exaltation elle crut voir les yeux immobiles attacher sur elle un regard plein de douceur et de tendresse ; elle crut entendre les lèvres muettes murmurer :

— Je te bénis, mon enfant... — Sois heureuse !

Valentine se releva, les joues baignées de larmes, mais rayonnante.

— Qu'ai-je à craindre de l'avenir ? — pensait-elle, — ma mère veillera sur moi, elle me l'a promis...

Puis, tout haut.

— Venez, mon ami... — dit-elle à Hermann. — Je suis prête...

Un instant après, les deux sœurs, la veuve Rigal et Vogel, traversaient de nouveau l'enclos et remontaient dans la voiture qui prenait le chemin de la mairie de Passy.

Le maire attendait.

Ce magistrat municipal n'avait aucune raison pour s'intéresser à une inconnue, mais il trouva mademoiselle de Cernay si charmante que, lorsqu'il eut prononcé les paroles sacramentelles, il adressa à la nouvelle mariée une sorte de petit discours plein d'une bienveillance paternelle qui mouilla de nouveau les yeux de Valentine.

Vint ensuite le mariage religieux avec ses solennités aussi touchantes que sont sèches et arides les formes du mariage civil.

Le prêtre était un digne vieillard. — Il connaissait bien les deux orphelines, lui, et il professait une haute estime pour sa jeune paroisienne dont il n'ignorait ni le caractère droit et ferme, ni le courage, ni l'abnégation.

Après avoir donné aux époux la bénédiction nuptiale, il parla brièvement mais avec émotion, et dit à Vogel en terminant :

— C'est un trésor, mon fils, que vous confie le Dieu de bonté, car la vierge chrétienne qui vous donne aujourd'hui sa vie, sera la joie, la sécurité, la dignité de votre maison... — L'immense faveur qui vous est accordée vous impose de grands devoirs... — Aimez-la de tout votre cœur, respectez-la de toute votre âme, cette enfant pure dont vous voilà devenu le soutien et le guide... — Je me porte garant qu'elle sera pour vous une épouse fidèle... — Soyez pour elle un mari sans reproche... — Marchez vers l'avenir appuyés l'un sur l'autre, la main dans la main, le regard tourné vers le ciel, et les chastes bonheurs de l'amour légitime abrègeront le temps d'épreuves qui vous sépare d'un autre bonheur, infini, immortel, dans une patrie céleste où ceux qui se sont aimés dans la vie s'aimeront dans l'éternité...

La messe s'acheva.

Rien, désormais, — rien que la mort, — ne pouvait anéantir l'œuvre de fourberie, de trahison, de ténèbres, qui venait de s'accomplir...

Devant Dieu et devant les hommes Valentine de Cernay était la femme du caissier allemand !...

Tandis que les voitures se dirigeaient vers le petit restaurant des bords de la Seine, indiqué par maître Roch, qui vantait ses matelotes incomparables, Hermann Vogel pensait :

— J'ai réussi... — Je touche au but... — Maurice Villars a déjà un pied dans la tombe, et, s'il faut le pousser un peu pour qu'il y descende, je suis là... — Dans quelques jours, dans quelques semaines, dans quelques mois au plus, j'aurai trois millions et, quand je tiendrai l'héritage, je trouverai un moyen adroit de ne pas payer cinq cent mille francs à Roch et Fumel qui m'ont mis sans pudeur le couteau sur la gorge !...

En même temps Valentine se disait :

— Je n'ai plus rien à craindre... — Hermann est bon et il m'adore... — Je devrais être heureuse... — Pourquoi donc suis-je si triste ?... Pourquoi suis-je triste à mourir ?...

LXVI

Aucun des employés de la maison de banque Jacques Lefebvre, aucune des personnes nécessairement fort nombreuses avec lesquelles le caissier était en relations ne soupçonnait son mariage.

Pour accomplir ce mariage, le jeune homme avait obtenu de son patron un jour de congé, mais en dissimulant le but véritable de sa demande et en donnant pour prétexte une affaire de famille.

Hermann tenait à conserver l'apparence d'un célibataire jusqu'au moment où l'héritage de Maurice Villars tombant dans les mains de Valentine, et par conséquent dans les siennes, lui permettrait de liquider la situation précaire et effroyablement périlleuse qui pouvait le placer à l'improviste et d'une heure à l'autre dans la nécessité de choisir entre la cour d'assises et le suicide.

Une fois les traites fausses retirées de la circulation, il se lancerait dans les jeux de Bourse avec des capitaux importants, il ferait rapporter à son argent de grosses sommes, et, délivré de toute inquiétude au sujet du passé et l'avenir, il vivrait en homme de plaisir et en millionnaire.

Et si quelqu'un de nos lecteurs s'étonnait par hasard que le caissier ait pu si longtemps subvenir aux prodigalités folles de son existence en partie double sans provoquer une catastrophe, nous répondrons que rien n'était plus simple, et que malheureusement pareille chose n'est point du tout rare.

Hermann s'arrangeait pour que les billets fabriqués par Charles Laurent fussent payés à leur échéance.

Il y parvenait en envoyant à l'escompte, presque chaque mois, de nouvelles valeurs de plus en plus fortes, sur lesquelles il prélevait la part du pseudo-comte de Lorbac et la sienne...

Les chiffres grossissants faisaient la boule de neige. — L'abîme se creusait dans des proportions effrayantes...

Déjà la somme représentée par les traites fausses, les mandats et les chèques contrefaits, n'était pas inférieure à trois cent mille francs et forçait

Hermann à tenir, en dehors de ses livres de caisse, une formidable comptabilité.

Il suffirait désormais d'un oubli, d'une distraction, pour saper par la base l'échafaudage édifié si laborieusement, et, nous le répétons, pour forcer Vogel à se brûler la cervelle s'il n'aimait mieux aller au bagne.

Cette parenthèse indispensable ouverte et fermée, rejoignons les nouveaux époux, que nous avons quittés au moment où ils sortaient de l'église.

Nous les retrouvons à table dans le petit restaurant dont maître Roch faisait volontiers l'éloge.

Ce restaurant, situé sur la berge de la Seine tout près du pont de Sèvres, était une champêtre guinguette très fréquentée, le dimanche et les jours de fête, par les promeneurs parisiens, mais à peu près déserte pendant la semaine.

Le propriétaire exerçait la double profession de marchand de vin et de pêcheur.

Sa femme, cuisinière émérite, n'avait point de rivales pour la friture de goujons, la matelote de carpe et d'anguille, et le lapin sauté.

Les grands vins manquaient dans la cave, mais le chablis, le mâcon vieux, et certain petit bordeaux sans prétention, y suppléaient le mieux du monde.

Maître Roch appréciait les mérites modestes de ce cabaret.

Il y déjeunait chaque fois que l'espoir toujours déçu de louer son immeuble l'amenait au Bas-Meudon.

Très au fait des ressources de l'établissement, il avait écrit la veille pour retenir la *grande salle* et commander le menu.

Cette grande salle, garnie de petites tables, pouvait contenir cinquante ou soixante convives.

Un papier peint et vernis, imitant des treillages couverts de fleurs et de papillons multicolores, lui donnait un aspect très gai. — Les fenêtres ouvraient sur la rivière.

On avait, pour la circonstance, empilé les petites tables dans un angle, sauf une demi-douzaine qui, rapprochées les unes des autres et recouvertes d'une vaste nappe, formaient un carré long.

Maître Roch et Charles Laurent ayant entre eux Valentine occupaient un des côtés de ce carré.

En face Hermann Vogel, avec la tante Rigal à sa droite et Claire à gauche.

Aux deux bouts, les témoins fournis par l'homme de loi, comparses sans importance et personnages à peu près muets.

Côtelettes de mouton, friture, matelote, poulets rôtis et salade se succédèrent sur la table avec accompagnement de force bouteilles.

Le déjeuner fut triste malgré les efforts de maître Roch.

Hermann, préoccupé, se disait qu'en somme il avait parcouru seulement la moitié du chemin menant à la fortune, et qu'il s'agissait maintenant de pousser

Maurice Villars dans la voie des excès à outrance pour en finir au plus vite avec lui...

Nous connaissons déjà la disposition d'esprit de Valentine.

La pauvre enfant aurait voulu paraître gaie, mais elle avait beau faire, et, quand elle tentait de sourire, les larmes lui venaient aux yeux. — C'est à peine si elle entendait les galanteries de haut goût et les mots risqués que Charles Laurent ne cessait de murmurer à son oreille, et assurément elle ne les comprenait pas.

La veuve Rigal, — pour nous servir d'une expression de son vocabulaire habituel, — donnait un *joli coup de fourchette...* — Elle faisait le vide sur son assiette et dans son verre avec une telle assiduité qu'on s'étonnait qu'un corps si grêle pût contenir tant de nourriture et absorber tant de liquide.

Les témoins comparses buvaient sec et dévoraient sans souffler mot.

Maître Roch, homme aimable, de nature joviale et même un peu folâtre, paya de sa personne pour animer la réunion.

Il alla même jusqu'à chanter au dessert divers couplets de circonstance d'une gaillardise fort peu voilée.

Tentative inutile!

Les refrains gaulois s'éteignirent sans éveiller d'écho... — Les petits yeux de la tante Rigal brillèrent d'une flamme égrillarde... — Ce fut tout, et la bonne dame n'en perdit pas un coup de dent.

Depuis la mort de sa mère Valentine vivait dans la solitude; elle ignorait le monde, mais elle comprenait instinctivement que, sauf Hermann, les gens qui l'entouraient étaient d'habitudes triviales et de mœurs vulgaires. — Elle se sentait dépaysée parmi eux. — Son oppression morale augmentait.

Si du moins, pour se soutenir, elle avait eu l'amour... Mais, à cette heure elle le comprenait trop, le sentiment de reconnaissance que lui inspirait Vogel ne ressemblait guère à la passion...

Elle en arrivait à se dire :

— Pourquoi ce mariage?... — Suis-je vraiment mariée? — Je rêve sans doute et le réveil va venir?...

Hélas! Elle ne rêvait pas!

Alors la douce enfant, jusqu'à ce jour incapable de haïr, se sentait prise d'une indignation furieuse contre cet ennemi mortel de son repos et de son bonheur, contre cet odieux comte de Rochegude dont les persécutions et les violences l'avaient contrainte à chercher un refuge dans les bras d'Hermann Vogel.

Après le café, Charles Laurent sollicita de Valentine la permission d'emmener son mari fumer un cigare sur le bord de la Seine.

La nouvelle mariée répondit par un acquiescement complet et les deux jeunes gens sortirent ensemble.

— Mes compliments, mon cher! — s'écria le pseudo-Lorbac avec feu. — Mes compliments sincères!!

— A quel propos? — demanda le caissier.

— A propos de madame Vogel, pardieu!! — Ah! vous avez bon goût!.. — Elle est tout simplement adorable, madame Vogel!!..

— Oui, — fit Hermann, — elle est jolie...

— Avec quelle froideur vous dites cela!!

— Froideur respectueuse et de haute convenance... — il ne s'agit point d'une maîtresse...

— Elle était riche, je suppose, mademoiselle de Cernay?...

— Douze cents livres de rentes dont la moitié appartient à sa sœur...

— Et vous avez épousé tout de même!!... Vous, Hermann!!...

— Comme vous voyez... — répliqua le caissier en souriant.

— Ah çà! vous êtes donc éperdument épris?...

— Sans doute...

Charles Laurent secoua la tête et reprit :

— M'autorisez-vous, mon cher ami, à formuler ma pensée tout entière?

— Pourquoi non?...

— Eh bien! ce n'est pas un mariage que vous venez de conclure... C'est une affaire... une grosse affaire...

LXVII

Malgré le sang-froid presque imperturbable dont nous savons qu'il était amplement doué, Hermann tressaillit.

— Une affaire?... — répéta-t-il.

— Sans doute... — répliqua Charles Laurent.

— Je vous ai dit que ma femme ne possédait rien ou presque rien... De quelle affaire pourrait-il être question?...

— D'un héritage, peut-être...

— Madame Vogel est sans famille.

— Dans ce cas, sa beauté lui tient lieu de dot, à vos yeux, et doit un jour ou l'autre vous servir à quelque chose...

— A quoi?

— Eh! mon cher ami, le mari d'une jolie femme est bien fort... Des yeux magiques, un irrésistible sourire sont, en certaines circonstances, un moyen d'action tout-puissant... Bref, vous avez un plan quelconque... — Un violent amour expliquerait à la rigueur votre désintéressement, mais vous n'êtes pas amoureux, donc, en prévision de quelque partie hasardeuse que vous vous préparez à jouer, vous avez pris madame Vogel afin d'avoir un atout dans la main.

— Vous me connaissez mal, mon cher! — répliqua sèchement Hermann. — Je veux arriver à la fortune par des moyens hardis, c'est vrai, mais je suis incapable de spéculer jamais sur la beauté de ma femme, et je repousse vos suppositions que je déclare injurieuses...

Tout en prononçant d'un ton fort digne les phrases que nous venons de reproduire, Vogel pensait :

— Ce drôle vient de m'ouvrir un horizon nouveau... — L'idée est bonne et peut, en un moment de crise, donner de précieux résultats...

— Cache ton jeu, mon bonhomme, je ne suis point ta dupe!... — murmura Charles Laurent, puis tout haut il répondit : — Je ne croyais pas vous blesser, mon cher ami, en parlant d'une chose qui, vous le savez aussi bien que moi, se fait tous les jours dans le monde des gens sans préjugés... — Je retire d'ailleurs avec empressement les paroles qui vous ont paru désobligeantes...

— C'est bien... — Qu'il n'en soit plus question...

— Et pas le moindre nuage sur notre amitié?...

— Pas le moindre... — Nos intérêts communs nous défendent de nous brouiller...

— Avez-vous fait choix d'un appartement à Paris? — reprit le faux Lorbac.

— Le temps m'a manqué... — Madame Vogel, pendant quelques mois encore, habitera la campagne...

— Me permettrez-vous de venir de loin en loin passer une soirée avec vous?...

— Je le permettrais avec grand plaisir, mais notre installation est médiocre, et jusqu'à nouvel ordre nous ne recevrons personne...

— Si pourtant je vous priais de faire une exception en ma faveur?...

— Je le regretterais beaucoup, ayant résolu de n'en admettre aucune...

Ces derniers mots, prononcés avec un redoublement de froideur, ne comportaient pas de réplique, et Charles Laurent fort déconcerté, car le charme de Valentine agissait sur lui de façon très vive, parla de choses indifférentes jusqu'au moment où, leur cigare achevé, les deux jeunes gens regagnèrent la grande salle du restaurant.

La réponse d'Hermann : — « *Madame Vogel, pendant quelques mois encore, habitera la campagne,* » n'était point une défaite.

Le caissier avait réfléchi que toutes sortes de raisons excellentes lui faisaient une loi d'accepter les offres de maître Roch et de prendre à son compte la villa du Bas-Meudon.

Cette villa étant meublée supprimait les frais d'installation et, dans la situation précaire où se trouvait Vogel, l'achat d'un mobilier complet et confortable pouvait lui causer un embarras notable.

En outre, Valentine se trouvant à Paris, il semblait bien difficile, pour ne pas dire impossible, de ne pas sortir avec elle chaque soir et chaque dimanche.

Or, la merveilleuse beauté de la jeune femme attirerait infailliblement l'attention sur elle. — On voudrait savoir, on s'informerait, et l'on finirait par apprendre que le caissier était marié et qu'il cachait son mariage...

On s'étonnerait de cet inexplicable mystère, on en chercherait les motifs, bref on s'occuperait beaucoup de Vogel, et ce dernier tenait énormément à ce qu'on s'occupât le moins possible de lui.

Le séjour au Bas-Meudon jusqu'à la mort prochaine de l'oncle millionnaire supprimait de façon radicale tous ces inconvénients.

Valentine s'ennuierait à coup sûr dans la solitude où elle passerait ses journées, mais l'ennui de la pauvre enfant n'entrait point en ligne de compte dans les calculs égoïstes du nouveau marié.

Elle ne verrait personne et personne ne la verrait, voilà l'essentiel et, quand Vogel aurait besoin de sa liberté le soir, il trouverait un prétexte bon ou mauvais pour ne revenir au Bas-Meudon qu'au milieu de la nuit, ou même pour n'y faire une courte apparition que le lendemain matin.

Des poignantes désillusions et du profond chagrin que ce genre de vie causerait infailliblement à Valentine, Hermann ne prenait aucun souci...

Mademoiselle de Cernay était sa femme. — Le jour où elle hériterait de Maurice Villars, il mettrait sans opposition possible la main sur l'héritage. — Il ne demandait pas autre chose. — Son but était atteint... que lui importait le reste?

Le déjeuner de noces avait manqué d'entrain, nous l'avons dit.

Lorsqu'il fut achevé, l'ennui prit de grandes proportions.

La veuve Rigal, amplement repue et largement abreuvée, s'endormit sur sa chaise et ronfla bientôt comme dans son lit.

Les deux témoins sans importance tournaient leurs pouces en échangeant toutes les trois minutes une parole insignifiante; très désireux de s'en aller, mais n'osant le dire dans la crainte de mécontenter l'homme de loi qui leur avait rendu des services.

Claire, debout près d'une fenêtre, et de ses doigts mignons battant les vitres, enviait le sort des pêcheurs qui jetaient leurs filets au milieu de la Seine, et songeait avec un soupir qu'elle s'amuserait beaucoup sur l'un de ces gros bateaux plats maniés par des avirons pesants.

Maître Roch, essentiellement galantin de sa nature et prenant feu comme un jouvenceau prs d'une jolie femme, profitant de l'absence du caissier pour faire à la nouvelle mariée une petite cour discrète et respectueuse...

Mais Valentine ne lui prêtait qu'une attention si vague, elle accueillait ses marivaudages les mieux tournés avec un sourire si poli, mais en temps avec une indifférence si décourageante, que l'ex-avoué, se sentant incompris ou mal apprécié, perdait son assurance, devenait terne et songeait à battre en retraite.

La réapparition de Vogel et de Charles Laurent fut le signal d'un départ immédiat.

Malgré le sang-froid dont il était amplement doué, Hermann tressaillit.

Les cochers, ayant bien dîné, sifflaient le vieil air du mirliton de Saint-Cloud en attelant aux deux voitures les chevaux gorgés d'avoine.

Hermann paya la note dont le total lui sembla singulièrement mesquin, comparé aux additions du café Riche et de la Maison d'Or, après les soupers fins émaillés de cocottes.

Valentine, Claire, Vogel et la veuve Rigal prirent place de nouveau dans la première calèche qui, sur une indication donnée à voix basse par maître Roch, se dirigea vers le Bas-Meudon, tandis que la seconde voiture, emmenant les quatre témoins, traversait le pont de Sèvres pour regagner Paris.

Charles Laurent désirait savoir où se trouvait la maison de campagne dont avait parlé le caissier, mais il était trop habile pour questionner l'homme de loi...

Il avait un moyen infaillible de satisfaire sa curiosité, et il l'employa.

La voiture déposa maître Roch en face le numéro 131 de la rue Montmartre.

Les deux comparses se firent conduire à leurs domiciles respectifs, boulevard Bonne-Nouvelle et rue Saint-Denis.

Le cocher se retourna sur son siège.

— Où faut-il mener monsieur? — demanda-t-il à Charles Laurent resté seul.

— Au coin de la Chaussée-d'Antin et du boulevard... — répondit le pseudo-Lorbac, qui descendit à l'endroit désigné, mit une pièce de quarante sous dans la main de l'automédon et lui dit :

— J'aurai besoin prochainement de quelques voitures pour une noce... — Je vous prendrai de préférence, mon brave... A quelle administration appartenez-vous ?

Le cocher nomma un loueur de la rue Basse-du-Rempart.

— Comment vous appelez-vous ? — reprit le questionneur.

— Philippe...

— Et votre camarade... celui qui est resté là-bas ?

— Edouard...

Charles Laurent en savait assez.

Une heure plus tard le cocher Edouard palpait cent sous, et en échange donnait l'adresse de la villa du Bas-Meudon.

LXVIII

Le jour où nous avons vu le caissier Vogel venir pour la dernière fois prendre des nouvelles de son adversaire à l'hôtel de Rochegude, les médecins avaient eu raison d'affirmer que le jeune comte se trouvait hors de péril.

A partir de ce moment la convalescence fut rapide en effet, plus rapide même qu'il n'aurait été permis de le croire et de l'espérer.

Au bout de trois semaines, l'officier de hussards commençait à quitter son lit et à faire sans trop de fatigue quelques tours dans son appartement, en s'appuyant sur le bras de sa mère ou sur celui de son valet de chambre.

Aussitôt dans cette voie de guérison complète, ses forces grandirent pour ainsi dire d'heure en heure.

Bientôt un point d'appui lui devint inutile. — Il marcha seul et d'un pas de plus en plus ferme.

A la fin de la quatrième semaine, le médecin attitré du comte lui permit de monter à cheval.

Lionel était d'une constitution si vigoureuse que les souffrances aiguës des premiers jours, les accès multipliés d'une fièvre ardente, le nuits de délire et d'insomnie, avaient glissé sur lui sans presque laisser à leur suite de traces appréciables.

Un peu d'amaigrissement, une pâleur mate qui n'offrait rien de maladif témoignaient seuls du danger auquel le jeune comte n'avait échappé que par une sorte de miracle.

Voilà pour le physique.

Au moral un changement d'une toute autre importance s'était produit.

Lionel semblait un homme nouveau.

On eût dit qu'un affaiblissement de sa mémoire, résultant sans doute de la violence et de la durée du transport au cerveau, étendait une sorte de voile entre le passé et le présent, du moins en ce qui concernait les origines de cette rencontre dans laquelle il avait failli succomber.

Le jeune homme paraissait avoir oublié complètement mademoiselle de Cernay et ce profond, cet impétueux amour, auquel nous l'avons vu prêt à sacrifier sa vie...

Pour le reste, il conservait la netteté habituelle de son intelligence et la plénitude de ses souvenirs.

Madame de Rochegude s'étonnait bien un peu de ce phénomène psychologique inattendu et inespéré, mais elle s'en réjouissait surtout.

La passion folle que Valentine inspirait à Lionel avait été pour la comtesse, nous le savons, la source d'une déception immense et d'un poignant chagrin...

Cette passion s'évanouissant, l'obstacle insurmontable contre lequel venaient se briser les désirs et les espérances de madame de Rochegude disparaissait en même temps.

La plus parfaite des femmes et la meilleure des mères pouvait recommencer son rêve interrompu par une catastrophe...

— Rien, désormais — se disait-elle en tressaillant de joie — n'empêcherait le mariage du jeune comte avec sa jolie cousine Esther...

Et elle ajoutait :

— Une fois ce mariage accompli, j'aurai assez vécu !... — Si, après avoir exaucé mon vœu le plus cher, Dieu me rappelle à lui, je partirai heureuse et reconnaissante...

Elle n'avait pas encore osé cependant reparler à son fils des anciens projets anéantis par lui si brusquement.

Malgré sa confiance en l'avenir elle craignait d'une façon vague de raviver le passé. Néanmoins elle se promettait de ne plus tarder, de saisir la première occasion, et, au besoin, de la faire naître.

Telle était la situation de la mère et du fils le jour où, profitant de la permission du docteur, Lionel donna l'ordre de seller *Bob*, son cob favori.

— Cher enfant, — murmura la comtesse qui se trouvait là, — cette promenade m'inquiète...

— Pourquoi ? — demanda l'officier.

— Es-tu bien sûr d'être assez fort pour monter à cheval ?...

— J'en suis si sûr, — fit Lionel avec un sourire, — que je n'hésiterais point à courir en steeple-chase au besoin.

— Au moins tu te feras accompagner ?...

— A quoi bon ?...

— A me rassurer...

— Alors je n'hésite pas...

Et Lionel fit dire à un groom de se tenir prêt.

— Seras-tu longtemps dehors ? — reprit madame de Rochegude.

— Non, ma mère... — Je me montrerai prudent pour vous plaire, et ma promenade sera courte...

— A la bonne heure ! — Où iras-tu?

— Au bois de Boulogne, naturellement... Je ferai le tour du lac et je rentrerai...

— Je vais t'attendre avec impatience...

Les deux chevaux piaffaient dans la cour de l'hôtel

Le valet de chambre apporta le chapeau du comte, ses gants et sa cravache.

Lionel embrassa sa mère sur le front, descendit et se mit en selle.

Pour un sporstman émérite,pour un homme de cheval, l'équitation est un des plus vifs plaisirs qu'il soit possible de goûter.

M. de Rochegude savoura d'autant mieux cette jouissance que depuis un temps assez long il en était sevré...

Au moment où il embarquait au galop de chasse sur la pente douce des Champs-Élysées son cob nerveux et frémissant, il éprouva une sorte d'ivresse soudaine, pareille à celles que de puissantes vapeurs alcooliques enverraient au cerveau d'un homme affaibli.

Il perdit momentanément la notion exacte de la réalité. — Il lui sembla que quelque fantastique hippogriffe l'enlevait à tire d'ailes dans un rêve de fumeur d'opium.

L'habitude donnant à Lionel la solidité d'un centaure, il s'abandonnait d'une façon passive et délicieuse au mouvement cadencé qui l'emportait, ne s'occupant point de sa monture et ne la dirigeant pas plus qu'un aéronaute, immobile dans sa nacelle d'osier, ne dirige le ballon glissant parmi les nuages.

Or le cob irlandais, complètement livré à lui-même, profita de sa liberté pour suivre le chemin qu'à une époque bien récente encore son cavalier lui avait si souvent fait prendre...

Au lieu de gagner l'*avenue de l'Impératrice*, qui conservera toujours ce nom pour le monde aristocratique, il s'engagea dans l'avenue d'Eylau sans ralentir son allure souple et rapide, la parcourut d'un bout à l'autre en sept ou huit minutes, longea le parc de la Muette, passa devant la station de Passy, et s'arrêta si brusquement en face des palissades de l'enclos de la rue Mozart que Lionel, surpris par ce temps d'arrêt imprévu, faillit être lancé en avant...

Cette secousse violente tira le jeune homme de l'état indéfinisable où l'avait plongé la sensation du grand air et de la vitesse succédant à des semaines de maladive immobilité, et que nous avons comparé plus haut à un alcoolisme soudain.

Il se réveilla littéralement, quoique son corps ne fût point endormi. Il promena ses regards autour de lui ; il reconnut l'endroit où il se trouvait ; il devint livide et son cœur gonflé dans sa poitrine cessa de battre pendant un instant...

Le brouillard qui flottait autour de sa pensée se dissipait comme une vapeur aux premiers rayons du soleil.

Tous ses souvenirs se ravivaient, et avec ses souvenirs cet amour dont il avait oublié jusqu'à l'existence, cet amour que la comtesse croyait mort et qui n'était qu'évanoui...

En une seconde, le passé reparut avec ses joies et ses chagrins et la déception effroyable succédant à de si chères espérances.

— Je n'ai eu de cette enfant trompeuse que mensonge et dédain... — murmura Lionel. — Je devrais la mépriser... je devrais la haïr !... — Je suis lâche et je l'aime encore ! Je veux la revoir, je la reverrai, et maintenant je ne ménagerai plus rien !... — Malheur à quiconque se placerait entre elle et moi !...

M. de Rochegude se retourna.

Le groom sanglé et correct attendait à la distance réglementaire.

Sur un signe de son maître, il accourut.

Lionel lui jeta la bride de son cheval, mit pied à terre et franchit la porte de l'enclos.

LXIX

En pénétrant dans l'enclos de la rue Mozart, Lionel de Rochegude obéissait à un entraînement irréfléchi et plus fort que sa volonté.

S'il avait essayé de battre en retraite il l'aurait fait en vain.

La mystérieuse influence qui le dominait, et à laquelle d'ailleurs il n'essayait point de résister, le poussait en avant...

Le fait d'avoir été conduit à Passy sans le vouloir et par l'instinct de son cheval, semblait au jeune homme une frappante manifestation, non du hasard mais de la destinée.

— C'est à mon insu — pensait-il — que je suis arrivé ici... Donc rien au monde ne pouvait m'empêcher d'y venir, et rien au monde n'aurait la puissance de me faire retourner sur mes pas...

Il se dirigeait vers la maisonnette de mademoiselle de Cernay, bien résolu à franchir le seuil, même si la jeune fille tentait de lui en refuser l'entrée.

Une fois en présence de l'orpheline il s'écrierait :

— Oui, Valentine, c'est encore moi !... — Je suis venu parce que votre bonheur et le mien nous imposent à tous deux cette entrevue ! — Ne me repoussez pas et ne me chassez pas !... Ce serait inutile... — Il faut m'écouter... il faut m'entendre !... Je sors d'une profonde nuit, Valentine, et la lumière s'est faite soudainement dans mon esprit... — Ce n'est point d'un malentendu, comme vous le croyez, que nous avons été les victimes, c'est d'un mensonge, c'est d'une trahison, c'est d'un crime, je le sens, je le devine, j'en suis sûr !... — Un moment vous m'avez aimé, mademoiselle, et votre amour n'est pas de ceux qui se donnent et qui se reprennent, donc je crois fermement que vous m'aimez encore, quoique en une lettre cruelle vous m'ayez dit qu'il n'en était rien, mais, cette lettre, un misérable vous l'imposait, je le comprends trop aujourd'hui, et pas un seul des mots qu'écrivait votre plume ne sortait de votre cœur ! — Je vous aime toujours, Valentine, je vous aime plus que jamais, et ma vie est à vous aujourd'hui comme elle était à vous déjà lorsque j'apprenais à ma mère que je vous avais choisie, que je vous adorais, que vous alliez être sa fille. — On a tenté de nous désunir en me tuant, et l'on a presque réussi, mais les calculs de notre ennemi seront déjoués, puisque me voilà !... — Ce passé de quelques semaines, Valentine, il faut l'oublier comme on oublie un mauvais rêve !... — Je ne veux plus me souvenir d'avoir souffert par vous, et l'avenir radieux se chargera de tout effacer... — Un mot, Valentine, rien qu'un mot... à défaut d'un mot, un sourire, et je pars, et dans une heure vous me reverrez, et je ne serai pas seul... La comtesse de Rochegude m'accompagnera pour vous ouvrir ses bras et vous donner son cœur...

Lionel en était là de ce fiévreux monologue...

Il lui semblait parler à l'orpheline elle-même...

Une sorte de délire produit par la faiblesse passagère du cerveau résultant de la blessure à la tête et de ses suites, lui faisait prendre l'hallucination pour la réalité.

Soudain il s'arrêta, chancelant, pareil à un homme qui vient de recevoir une balle en pleine poitrine...

Son visage, devint livide comme celui d'un mourant et, faisant un geste de stupeur épouvantée, il recula d'un pas.

En ce moment, il touchait presque à la clôture du petit jardin. — Déjà il élevait la main pour agiter et saisir le cordon de sonnette...

Un écriteau cloué au-dessus de la porte à claire-voie frappa ses regards et produisit sur lui l'effet de la classique tête de Méduse chère aux rimailleurs de l'ancien jeu.

L'écriteau portait ces mots, tracés en grosses lettres noires, et terrifiants pour Lionel :

CHALET A LOUER

A louer, la maisonnette des orphelines !!...

Donc, mesdemoiselles de Cernay ne l'habitaient plus...

Donc quelque fait irréparable s'était accompli tandis que le jeune comte se trouvait en péril de mort sur son lit de douleur. Donc un nouvel obstacle, impossible peu-êttre à franchir ou à renverser, se dressait entre lui et Valentine...

Ces pensées désespérantes traversèrent l'esprit de Lionel avec la rapidité de l'étincelle électrique ; et nous avons dit un peu plus haut quelle foudroyante impression elles produisirent sur lui.

Cependant, au bout de quelques secondes, il reprit un peu de sang-froid et redevint capable de réfléchir.

La première question qu'il s'adressa fut celle-ci :

— Que s'est-il passé ?

La réponse semblait malaisée...

Lionel relut pour la troisième fois les trois mots, non moins terribles à ses yeux que le *Mané*, *Thécel*, *Pharès*, du festin de Balthazar, puis, les ayant relus, tressaillit de nouveau.

Il venait de découvrir quatre lignes tracées au bas de l'écriteau, en caractères de dimension moyenne, et qui lui avaient échappé tout d'abord :

« S'ADRESSER POUR LES RENSEIGNEMENTS RUE MOZART, EN FACE L'ENCLOS, AU MAGASIN DE QUINCAILLERIE ET DÉBIT DE VINS DE LA VEUVE LOMBARD, QUI DONNERA L'ADRESSE DU PROPRIÉTAIRE.

Ce prétendu magasin de quincaillerie était une sorte d'échoppe, moitié cabaret, moitié boutique, tenu par une vieille femme, — la veuve Lombard, — qui vendait du vin d'Argenteuil aux terrassiers, et des ustensiles de ménage aux bonnes des environs.

Au début de notre récit nous avons eu l'occasion de parler de cette échoppe, et M. de Rochegude la connaissait bien.

C'était à la veuve Lombard que nous l'avons vu s'adresser, le jour où pour la première fois il avait rencontré et suivi la jolie artiste portant ses aquarelles chez Gabé et Duvart.

Pour cent sous, la vieille marchande s'était hâtée d'apprendre à Lionel tout ce qu'elle savait, c'est-à-dire que la jeune fille se nommait Valentine de Cernay, qu'elle était orpheline, très pauvre, absolument honnête, et qu'elle vivait seule avec sa sœur.

Le comte, sans perdre une minute, quitta l'enclos, traversa la rue Mozart et se dirigea vers l'échoppe, mais avant d'y entrer il attendit un instant afin de reprendre pleine et entière possession de son sang-froid.

Lorsqu'il se crut assez maître de lui pour ne rien laisser paraître sur son visage de l'émotion qui l'agitait, il franchit le seuil.

La veuve Lombard, âgée de soixante-dix ou soixante-douze ans, tricotait un bas de laine, assise derrière une table boiteuse servant de comptoir et sur laquelle se coudoyaient fraternellement les objets disparates formant le fonds du double commerce de vin bleu et d'ustensiles de ménage.

Malgré ses lunettes, la vieille femme n'y voyait pas plus loin que le bout de son nez.

Elle ne reconnut point le jeune homme qui l'avait questionnée quelques semaines auparavant.

— Qu'est-ce qu'il y a pour votre service, mon beau monsieur? — lui demanda-t-elle. — C'est-il pour monter votre ménage en faïence ou en terre de pipe?...

— Non, ma bonne dame... — répondit Lionel. — C'est vous qui êtes la veuve Lombard?... — ajouta-t-il.

— En personne véritable et naturelle...

— Alors, c'est vous que désigne l'écriteau? — C'est à vous qu'il faut s'adresser?...

— Pour la location du chalet?

— Précisément.

— C'est bien à moi... — Il est gentil tout plein, le chalet... — Vous avez idée de le louer, peut-être bien?...

— Oui, ma bonne dame...

— C'était quatre cents francs par an jusqu'à ces temps derniers... Mais le *propiétaire* a décidé une augmentation de cent francs... — Ça vous paraît-il un trop gros prix?...

— Non, ma bonne dame...

— Faudrait dans ce cas aller causer avec le propriétaire... — Il s'appelle m'sieu Desvignes, cet homme, et demeure à Grenelle, rue du Commerce, n° 6... — On le trouve tous les matins jusqu'à midi... Mais j'y pense... peut-être bien que vous seriez content de visiter le chalet d'abord....

— Oui, si c'est possible...

— Oh! très possible... — J'vas vous donner la clef et vous irez sans moi... — Point de crainte des voleurs... Y à rien à prendre... — Plus de meubles... on dirait que le feu y a passé.

— Plus de meubles... — répéta machinalement Lionel.

— Ah! dame, non... — Depuis quinze jours déménagement complet... — V'là la clé... vous me la rapporterez quand vous aurez vu..

Son visage déjà pâle devint livide; faisant un geste de stupeur, il recula d'un pas.

LXX

Lionel de Rochegude prit la clef que lui tendait la bonne femme, mais ne fit point mine de quitter l'échoppe.

Il lui fallait des renseignements complets, même s'ils devaient être pour lui une source d'amertume et de douleur.

— J'ai passé par ici, il y a quelques semaines, — reprit-il — et je suis entré dans l'enclos... — A cette époque, le chalet était occupé, et rien n'annonçait qu'il dût être libre d'un jour à l'autre... — Par quel hasard se trouve-t-il à louer en ce moment?...

— Ça, — fit la veuve Lombard, — c'est une histoire...

— Ne pouvez-vous me la raconter?...

— Pourquoi donc pas?

— Acceptez ceci, je vous prie, ma bonne dame, à titre d'indemnité légitime pour le temps que ce récit vous fera perdre...

Et Lionel mit une pièce de cent sous dans la main ridée de la vieille.

— Ah! — fit vivement cette dernière, — j'aurais bien parlé sans ça, mais je prends les cinq francs tout de même, et grand merci, mon généreux monsieur... — Faut donc que vous sachiez que le chalet avait pour locataire une jeunesse ben gentille et de famille huppée, quoique point riche du tout... — Cette jeunesse s'appelait mam'zelle Valentine de Cernay... — Ah! la brave et bonne demoiselle, et pas fière, et jolie, et sage!... Pas un mot à dire sur son compte... On n'a jamais vu sa pareille... Elle demeurait avec sa petite sœur, une gamine de sept à huit ans, ben gentille aussi, ma foi!... — Figurez-vous qu'une nuit, — il peut y avoir de cela trois ou quatre semaines, un peu plus ou un peu moins, — tout un chacun fut réveillé en sursaut dans le quartier par des coups de pistolet, pif, paf, pif, paf! comme si on fusillait le monde... — Pour sûr, ça venait de l'enclos...

— Et qu'est-ce que c'était? — demanda vivement Lionel.

— On ne l'a jamais su... — répliqua la vieille femme. — On avait peur d'attraper quelque mauvais coup dans la bagarre, vous comprenez ça, et personne n'a mis le nez dehors... — De grand matin, on est allé voir, et on n'a rien trouvé... — Seulement la porte de l'enclos, fermée la veille au soir, était ouverte au grand large...

— Et la jeune fille? mademoiselle de Cernay?... — s'écria le comte.

— Chez elle et tranquille comme Baptiste... — Mais attendez un peu... — La journée se passa, et la soirée, et la nuit... — Le lendemain, patatras! — Le chalet était vide... — Les orphelines avaient disparu...

— Enlevées? — murmura M. de Rochegude avec stupeur.

— Enlevées ou assassinées, voilà ce qu'on a cru d'abord...

— Et ce n'était pas vrai?

— Eh! non, car deux jours après, au moment où on se disposait à faire une déclaration à la police, arriva un particulier très comme il faut, un jeune homme dans votre genre qu'on voyait souvent venir... — Ce particulier avait la clé du chalet et un mot d'écrit de mam'zelle Valentine pour le portier qu'est carreleu de souliers, bien à votre service, si toutefois vous aviez besoin de pièces à vos chaussures... — Ce monsieur prit des objets qu'il venait chercher et s'en alla...

— Pour ne plus revenir, — interrogea le comte, se croyant sûr que le personnage désigné par la vieille femme n'était autre qu'Hermann Vogel.

— Attendez donc! — interrompit la veuve Lombard : — Figurez-vous qu'un matin, il peut y avoir de ça quinze jours, deux belles voitures à deux chevaux s'arrêtent dans la rue devant l'enclos...

« Naturellement je sors sur le pas de ma porte... et devinez un peu qui je vois descendre de la première voiture!.. Mais non, vous ne devineriez jamais et j'aime mieux vous le dire tout de suite...

« Eh bien! c'était mam'zelle Valentine et sa petite sœur, en compagnie du monsieur qui venait souvent lui rendre visite, et d'une vieille dame bien respectable et joliment cossue, avec un châle rouge, un chapeau à plumes, enfin bref un habillement de grande cérémonie...

« Mais voici le beau de l'affaire... — Mam'zelle Valentine habillée de blanc, avait un grand voile sur la tête... une couronne de fleurs d'oranger... et un bouquet pareil...

— Mais c'est un costume de mariée, cela!! — balbutia Lionel avec une indicible émotion.

— Positivement! — Il retournait mariage! — Les témoins étaient dans la seconde voiture...

« La jeune demoiselle et sa compagnie allaient au chalet; ils y restèrent dix minutes ou un quart d'heure, puis ils remontèrent en carrosse, et en route pour la mairie et pour l'église...

— Vous en êtes sûre?... — demanda le comte d'une voix faible comme un souffle.

— Comment, si j'en suis sûre?... — Ah! mais oui, que je le suis!... — J'aime les mariages, moi! ça me rappelle le bon temps et mon pauvre mari, défunt Lombard, qui me battait comme plâtre quand il avait bu un coup de trop, mais qui me chérissait tout de même... — Donc j'ai lâché ma boutique pour aller à l'église, pendant que monsieur le maire faisait sa besogne, et j'ai entendu monsieur le curé dire après la cérémonie un tas de choses attendrissantes qui vous tiraient les larmes aux yeux... — Ah! oui, mam'zelle Valentine est mariée, je vous en réponds, et solidement mariée. Mais on croirait que ça vous chagrine... — Qu'est-ce que vous avez donc, monsieur?...

Le comte de Rochegude, en effet, venait d'enfouir son visage entre ses mains crispées, pour cacher de son mieux l'expression de désespoir qui décomposait ses traits.

Au bout d'une seconde, il écarta ses mains, releva la tête et murmura:

— Je n'ai rien...

— Est-ce que vous connaissiez mam'zelle Valentine?

— Non, je ne la connaissais pas... — Continuez, ma bonne dame...

— J'ai presque fini... — Trois ou quatre jours plus tard, un déménageur arrivait avec un écrit du propriétaire... — Le congé était donné, les termes payés, le chalet à louer, et, comme d'habitude, on me remettait la clef qu'on ne pouvait pas, bien entendu, laisser sur la porte... Voilà pourquoi la maison est vide, et voilà pourquoi, si elle vous convient, vous pouvez emménager tout de suite...— Quand vous aurez visité l'intérieur, vous déciderez ça...

Lionel se dirigea vers la porte, mais avant de l'atteindre il revint sur ses pas.

Le courage lui ferait défaut, — il le sentait bien — pour franchir le seuil de ce chalet maintenant désert où Valentine l'avait reçu...

Pourquoi d'ailleurs s'imposer cette inutile souffrance?...

A quoi bon rendre plus brûlante, par un retour sur le passé, son inguérissable blessure?

Valentine mariée!... Valentine perdue pour lui, au moment où sa passion renaissait avec une ardeur nouvelle, au moment où il voulait à tout prix faire de la jeune fille sa femme!...

Sous ce coup de massue de la destinée, Lionel chancelait.

— Décidément je ne visiterai pas le chalet aujourd'hui... — dit-il à la veuve Lombard en lui rendant la clef qu'il accompagna d'une seconde pièce de cent sous, puis sans écouter les actions de grâce que lui valait sa libéralité, il sortit de l'échoppe, traversa la rue Mozart, reprit des mains du groom la bride de *Bob*, se mit en selle, et lança son cheval au galop dans la direction de l'esplanade du Ranelagh, d'où il gagna le bois de Boulogne.

Après une heure d'une course folle pendant laquelle il essaya, mais sans résultat, d'imposer la fatigue physique comme antidote à l'angoisse morale, il ramena le cob irlandais, blanc de sueur et couvert d'écume, à l'hôtel des Champs-Élysées.

La comtesse attendait son fils avec une grande impatience et non sans un peu d'inquiétude.

— Comme tu es pâle! — s'écria-t-elle en allant le rejoindre dans son appartement. — Bien plus pâle qu'au moment de ton départ! — Il ne t'est rien arrivé?...

— Non, ma mère... — répondit le jeune homme désireux de cacher l'état de son âme à madame de Rochegude.

— C'est qu'alors tu es fatigué?...

— Oui, peut-être...

— Tu présumais trop de tes forces, je le savais d'avance! — Lionel, si tu m'aimes, ménage-toi! Il faut si peu de chose pour amener une rechute...

— Soyez tranquille, ma mère... il suffira d'un instant pour me remettre...

— Repose-toi vite, alors, et reprends ta bonne mine de ce matin... — Ton oncle m'a fait prévenir pendant ton absence qu'il viendrait nous demander à dîner et qu'il amènerait Esther.

— Ils seront les bienvenus... — dit Lionel avec effort.

— Oui, les très bienvenus... — répéta la comtesse. — Et qui sait... — ajouta-t-elle en souriant. — Un jour... bientôt peut-être... mes projets d'autrefois... mes beaux projets... tu sais... se réaliseront enfin...

— De quels projets parlez-vous, ma mère?

— De ton mariage avec ta cousine... mon cher et doux espoir...

— N'y pensez plus, ma mère... — répliqua Lionel d'une voix ferme, — chassez toute espérance... Cela vaudra mieux pour votre repos et pour le mien, car une déception amène à sa suite une douleur... — Quelque charmante, quelque digne d'être aimée que soit ma cousine, je ne l'épouserai pas...

— Eh bien! mon enfant, — balbutia madame de Rochegude, dissimulant de son mieux son chagrin, — si ta détermination est irrévocable, je ne te tourmenterai point... — Nous chercherons ensemble une autre femme.

— Ce serait inutile... — interrompit Lionel. — Je ne me marierai jamais!...

— Cependant...

— Jamais! — répéta le jeune homme avec énergie. — Jamais!...

Il ajouta tout bas:

— Est-ce que j'ai le droit de disposer de ma vie? — Est-ce que je m'appartiens? — Je suis à Valentine... à Valentine mariée et qui semble perdue pour moi, mais que je retrouverai, je le sens, j'en suis sûr...

*
* *

Le comte de Rochegude, dupe d'une passion folle, s'abusait-il en disant, et surtout en croyant ce qui précède? — Devait-il en effet retrouver Valentine un jour, et dans quelles conditions étranges et dramatiques aurait lieu la rencontre nouvelles de ces deux êtres charmants faits l'un pour l'autre, et séparés par des manœuvres infâmes?...

DEUXIÈME PARTIE

LA VEUVE DU CAISSIER

I

Plusieurs mois s'étaient écoulés depuis le mariage de Valentine.

Le printemps succédait à un hiver très rude. — Pendant six semaines on avait vu la Seine charrier des glaçons qui, s'agglomérant et se soudant contre les piles du pont de Sèvres, y formaient des banquises en miniature.

Après les grandes gelées étaient venues des pluies torrentielles ; la rivière grossie outre mesure avait roulé ses eaux mugissantes et boueuses entre les berges trops étroites que partout elles menaçaient de franchir, et qu'elles franchissaient par places, défonçant les rues basses des villages riverains.

On devine sans peine à quel point devait être triste, par un pareil hiver et en des conditions si fâcheuses, le séjour de la maison isolée du Bas-Meudon.

Valentine, devenue madame Vogel, habitait cependant toujours cette lugubre demeure où d'après les affirmations d'Hermann, antérieures au mariage il est vrai, elle ne devait passer que quelques semaines, c'est-à-dire le temps strictement nécessaire pour disposer et meubler le *nid coquet* promis à sa fiancée par le caissier de Jacques Lefebvre.

Avril, ce mois charmant où la terre engourdie sort de son long sommeil, égrenait ses premiers beaux jours.

Le printemps s'annonçait commme devant être radieux.

Les brises tièdes du midi remplaçaient l'aigre vent du nord. — Le soleil voilé si longtemps étincelait dans un ciel sans nuage. — Les bourgeons gonflés de séve éclataient, et les embryons de feuillages commençaient à découper sur l'azur leurs dentelles d'un vert tendre, guettées par les hannetons à peine éclos.

Pas une seule fois pendant l'hiver la jeune femme n'avait quitté le Bas-Meudon.

Vogel, dont l'imagination se montrait d'une fertilité inépuisable, trouvait des prétextes plausibles pour ne jamais la conduire à Paris.

A deux ou trois reprises, dans les commencements, ayant à faire pour sa sœur et pour elle des emplettes indispensables, elle avait exprimé le désir d'accompagner son mari, sauf à revenir sans lui puisqu'il ne pourrait quitter sa caisse et son grand livre et la ramener.

N'obtenant rien, elle s'était résignée et ne parlait même plus d'abandonner pendant quelques heures la morne solitude où elle vivait avec la petite Claire.

Une jeune domestique assez intelligente, recommandée à Vogel par maître Roch, suffisait tant bien qne mal au service.

Le jardinier Lambert donnait parfois un coup de main pour mettre de l'ordre dans la maison.

Au début de son mariage, Valentine avait pris son parti de l'existence singulièrement monotone qui commençait pour elle.

Un calme profond, succédant aux angoisses et aux terreurs des derniers temps, lui semblait constituer une sorte de bonheur relatif.

Elle n'éprouvait pour Hermann, nous le savons, qu'une affection tranquille, faite d'estime et de reconnaissance, mais elle se croyait tendrement aimée et se disait avec conviction qu'elle venait d'épouser le meilleur des hommes.

Hermann d'ailleurs ne lui donnait alors aucun sujet de plainte.

La jeunesse, la beauté, la douceur de Valentine amollissaient un peu la dure argile de son cœur...

Il n'avait garde de dénouer si vite les cordons du masque hypocrite qui cachait son visage, et il daignait continuer une comédie dans laquelle il excellait.

Bref, Valentine ne fut pas à plaindre d'abord, et la vie lui parut facile.

La grande pièce du premier étage était devenue la chambre conjugale. — Le mobilier du chalet de la rue Mozart et quelque sièges confortables envoyés par Vogel avaient remplacé les vieux meubles acquis en même temps que l'immeuble.

Le portrait de Clotilde de Cernay, placé dans un jour favorable, souriait à sa fille bien-aimée.

Valentine s'était remise à l'aquarelle.

Quand elle se sentait fatiguée de peindre elle faisait répéter à Claire ses leçons, et lui apprenait de son mieux tout ce qu'elle savait elle-même de calcul, d'histoire et de géographie.

Elle travaillait ensuite à quelque ouvrage d'aiguille, puis, comme délassement, lisait deux ou trois chapitres des romans de Walter Scott, achetés sur sa demande par son mari.

Dans ces occupations multiples le temps passait et la jeune femme ne trouvait pas trop longues les heures qui la séparaient du moment où Hermann revenait de Paris pour le dîner.

Certes cette existence uniforme, pour ne pas dire entièrement plate, n'offrait aucun des éléments romanesques de bonheur et d'amour rêvés par les jeunes filles, mais, à défaut de la passion, c'était du moins le repos du cœur, la tranquillité de l'esprit, enfin la quiétude absolue.

Au bout de vingt années d'une existence pareille, une femme engourdie dans sa profonde et paisible torpeur n'a pas vécu, mais n'a jamais souffert...

Sans hésiter nous déclarerions Valentine heureuse si telle eut été sa destinée et nous écririons avec joie le mot : FIN, au bas de ce récit.

Il ne devait point en être ainsi...

*
* *

C'était vers la fin de la première semaine du mois d'avril 1859.

Neuf heures du soir venaient de sonner à l'horloge paroissiale du Bas-Meudon.

Une nuit sans lune, mais que des myriades d'étoiles rendaient transparente, étendait ses voiles sur les eaux tranquilles de la Seine et sur ces coteaux charmants qui forment à la grande ville une incomparable ceinture.

Valentine, sans lumière, était couchée à demi sur une chaise longue dans la chambre du premier étage, auprès d'une fenêtre que la température, exceptionnellement douce pour cette époque de l'année, permettait de laisser ouverte.

La forme gracieuse de la jeune femme vêtue d'un peignoir de laine blanche se dessinait vaguement dans le pénombre.

On ne voyait pas son visage. — On entendait seulement le bruit irrégulier de sa respiration agitée.

De temps en temps une de ses petites mains se soulevait pour s'appuyer tantôt sur le côté gauche de sa poitrine et tantôt sur son front.

En bas, dans le jardin, sous les branches entrelacées des marronniers au naissant feuillage, la petite Claire chantait de sa voix fraîche et grêle le refrain d'une vieille ronde enfantine :

« Qu'est-ce qui passe ici si tard,
« Compagnons de la Marjolaine?..
« Qu'est-ce qui passe ici si tard,
« Gai, gai,
« Dessus le quai?...

On frappa doucement à la porte.

Valentine tressaillit.

On frappa de nouveau.

— C'est moi, madame... moi, Mariette... — dit la jeune servante depuis le dehors.

— Je sors sur le pas de ma porte, et devinez qui je vois descendre de la première voiture ?...

— Entrez... — fit madame Vogel.

La porte s'ouvrit.

— Comment, — s'écria Mariette, — madame est sans lumière !... — C'est ça qui n'est pas gai !... A la place de madame, j'aurais peur... — Madame veut-elle que j'allume la lampe ou une bougie ?...

— C'est inutile... — Que me voulez-vous, Mariette ?

— Je viens demander à madame si je peux servir...

— Non, puisque monsieur n'est pas rentré...

— C'est qu'il est neuf heures, et même davantage... — Depuis deux grandes heures je suis prête... — Il ne vaut plus grand'chose, le dîner, et dans un tout petit moment il ne vaudra plus rien du tout...

— Qu'importe? — Monsieur aura été retardé par un incident imprévu, mais il viendra... — Il faut attendre...

— Et puis, — reprit la servante qui ne se tenait pas pour battue, — mam'selle Claire criait la faim il y a cinq minutes... — Elle chante afin de se distraire, la chère petiote, mais ça la rendra malade bien sûr...

— Vous avez raison, Mariette... — murmura Valentine, — ma sœur ne doit pas souffrir... — Si monsieur n'est point revenu dans un quart d'heure, nous nous mettrons à table...

— Bien, madame...

Le chant avait cessé. — Claire entra dans la chambre au moment où Mariette en sortait.

II

— Tu as grand'faim, ma pauvre mignonne ? — demanda Valentine.

— Oui, petite sœur... — répondit Claire, — et ça m'arrive presque tous les jours... — ajouta-t-elle. — M. Hermann est si souvent en retard...

— C'est vrai, mais ce n'est point sa faute... — Nous demeurons trop loin...

— Pourquoi ne nous ramène-t-il pas à Paris?...

— Il nous y ramènera bientôt, je pense... — Pour lui-même il le faudra certainement... — Avec de telles distances l'exactitude est impossible...

— Je croyais que M. Hermann sortait de son bureau juste à quatre heures... — reprit Claire.

— Cela devait être, mais il m'a expliqué et j'ai bien compris que des circonstances fréquentes lui imposent certains travaux supplémentaires auxquels il ne peut se dérober...

— Dans les commencements, il arrivait à l'heure...

— Il le pouvait alors, les travaux dont je parle étant plus rares... — N'accuse jamais Hermann, je t'en prie, chère mignonne... En l'accusant, en te plaignant de lui, tu me ferais beaucoup de peine...

— Je ne l'accuse pas, et je ne me plains point... — Pourvu que tu m'aimes toujours autant que tu m'aimais, je suis contente et je me trouve heureuse...

— Si je t'aime, ma chérie? s'écria Valentine. — Ah! plus que tout au monde !

Claire, pour unique réponse, vint s'asseoir sur les genoux de sa sœur, et lui jetant ses bras autour du cou la couvrit de baisers, mais elle s'interrompit brusquement et balbutia :

— Tu pleures !... — Pourquoi pleures-tu ?... Qui t'a fait du chagrin ?...

— Personne... — répliqua la jeune femme d'une voix brisée... Personne, et je ne pleure pas...

— Je te dis que tes larmes coulent...

— Comment le verrais-tu dans cette obscurité !...

— Je ne puis le voir, mais je le sens bien... ton visage est humide... — C'est très mal de mentir !...

Claire, en disant ce qui précède, quitta les genoux de Valentine, courut à la cheminée et alluma l'une des bougies, puis elle revint auprès de sa sœur.

Vainement Mme Vogel, tandis que ceci se passait, avait à plusieurs reprises appuyé son mouchoir sur ses yeux rougis. — De grosses perles liquides s'échappaient de ses paupières et inondaient ses joues.

— Tu vois bien, sœur chérie, — reprit l'enfant, — tu vois bien que j'avais raison... Ah ! que ça me fait de peine de te voir pleurer comme ça !... Si seulement je savais la cause de tes larmes, je tâcherais de te consoler...

— Ces larmes sont sans cause, je te l'affirme... — murmura Valentine. — Je n'ai pas le moindre motif de chagrin... Je suis un peu souffrante et mes nerfs sont malades... Voilà tout... — Embrasse-moi et je vais sourire...

Claire ne désirait que cela.

Elle se jeta de nouveau dans les bras de sa sœur qui la serra passionnément contre sa poitrine, appuya la tête de l'enfant sur son épaule, et, ne pouvant dominer son émotion débordante, sanglota au lieu de sourire...

Quelques minutes se passèrent ainsi.

Nos lecteurs sont en droit de nous demander ce que Claire demandait à Valentine :

Pourquoi ces larmes? — A quel sujet cette crise de sanglots ?...

Notre réponse à cette question rend nécessaires quelques courtes explications.

Depuis la période absolument calme et relativement heureuse qui suivit le mariage, un changement absolu s'était produit dans les habitudes et dans la manière d'être du caissier de Jacques Lefebvre.

Hermann Vogel, parfaitement régulier d'abord et revenant au Bas-Meudon chaque jour à la même heure, avait perdu peu à peu cette exactitude ; — nous venons d'entendre la petite fille constater le fait.

Il s'attardait maintenant d'une façon presque quotidienne, et trouvait souvent des prétextes pour ne rentrer qu'au milieu de la nuit.

Ce n'est pas tout.

A mesure que passaient les semaines et les mois, le jeune homme se détachait visiblement de Valentine et ne s'inquiétait guère de lui cacher sa froideur grandissante.

La pauvre enfant ne se sentait plus aimée et se demandait quelle faute involontaire, commise à son insu, éloignait d'elle son mari d'une façon si rapide et si complète.

Hermann, sombre et soucieux, semblait en proie à une irritation permanente. — Il paraissait nourrir contre sa femme des griefs mystérieux qu'il s'obstinait à taire, mais qui le remplissaient d'amertume.

Une raideur continuelle, atteignant parfois la brutalité, remplaçait son hypocrisie tudesque.

Il ne maltraitait pas Valentine et ne l'injuriait point, mais il lui parlait avec une sécheresse dédaigneuse et presque insultante ; il raillait impitoyablement ses larmes lorsqu'elle les laissait couler devant lui.

Cette attitude, incompréhensible après les événements qui nous sont connus, remplissait de stupeur l'angélique créature, qui se torturait l'esprit à poursuivre la solution d'une énigme formulée ainsi :

— Puisqu'il ne m'aimait pas, puisqu'une aversion manifeste devait remplacer si vite un semblant de tendresse, pourquoi donc a-t-il fait de moi sa femme?...

Naturellement elle ne pouvait se répondre.

Valentine avait une nature de sentitive.

Quoique s'étant mariée sans amour, elle se croyait en droit de compter sur une paisible affection, pleine de confiance réciproque et d'intimité douce. — Au lieu de cette affection, l'homme à qui elle appartenait pour toujours ne lui accordait qu'une indifférence méprisante et voisine de la haine.

Ces froissements continuels, ces blessures inattendues la faisaient cruellement souffrir, et non point seulement au moral.

Le corps était atteint chez elle autant que l'âme.

Un amaigrissement progressif lui prêtait l'apparence touchante des jeunes martyres peintes par le Giotto et Cimabué, ces maîtres du l'école primitive.

Ses yeux admirables paraissaient agrandis dans son visage dont l'ovale s'allongeait et dont les chairs nacrées prenaient la transparence de l'albâtre et de la cire.

Un cercle bleuâtre, d'une délicatesse extrême, estompait le contour de ses paupières un peu rougies.

L'amertume involontaire de son sourire donnait à sa physionomie toujours virginale une expression navrante.

Valentine éprouvait depuis quelque temps de fréquentes défaillances, auxquelles à aucune époque de sa vie elle n'avait été sujette.

Parfois la respiration lui manquait tout à coup ; son cœur cessait de battre ; des bruissements emplissaient ses oreilles ; des feux follets passaient devant ses yeux.

Un jour, étendue sur la chaise longue près de la fenêtre, elle s'était évanouie complètement et n'avait repris connaissance qu'au bout de dix minutes sous les baisers de Claire épouvantée.

Elle subissait des appétits bizarres et sans cause appréciable, des répugnances soudaines que rien ne justifiait.

Parfois elle se disait :

— Qu'est-ce donc que j'éprouve ?... Je ne me reconnais plus... — Qu'y a-t-il de changé en moi ?... Il me semble que je suis malade... — Ah ! Dieu le sait, je serais heureuse de mourir si ma sœur, après moi, ne devait pas rester seule au monde... — Mais la chère mignonne a besoin que je vive... — Mon Dieu, laissez-moi vivre pour elle !...

Nous ne tarderons point à connaître la cause des souffrances mystérieuses — (au fond nullement inquiétantes) — que Valentine ressentait sans en deviner la nature.

Un quart d'heure s'était écoulé depuis l'entrée de Claire dans la chambre de sa sœur.

La jeune servante cria du bas de l'escalier :

— Si madame veut venir, le dîner est servi... et, ma foi, ce n'est pas dommage !...

— Bien, Mariette... — répondit Valentine en quittant son siège. — Nous voici...

Elle allait descendre avec l'enfant, mais elle s'arrêta dès les premiers pas.

Un violent coup de sonnette venait de retentir, brusque, violent, impérieux.

Il était impossible de s'y méprendre, le maître seul, et le maître irrité, pouvait sonner ainsi.

— C'est Hermann... — murmura Valentine.

Claire se serra contre sa sœur avec un petit frisson.

Le jardinier avait ouvert la grille.

Un pas rapide et saccadé résonna sous les marronniers.

Vogel, — car en effet c'était lui, — entra dans la maison.

Valentine l'entendit demander à Mariette :

— Où est madame ?...

— Dans sa chambre, monsieur... murmura la servante.

Hermann, en trois bonds, gravit l'escalier et franchit le seuil de la grande pièce.

III

Hermann Vogel, lui aussi, avait beaucoup changé depuis le jour où nous l'avons vu recevoir des mains empressés de son concierge la mystérieuse épître qui l'invitait à se présenter *sans le moindre retard* à l'agence de la rue Montmartre pour y recevoir *dans son intérêt* une communication DE LA PLUS HAUTE IMPORTANCE.

A cette époque c'était un beau garçon de vingt-six ans, aux cheveux d'un blond clair, au visage plein et rosé, à la barbe fauve coquettement disposée en éventail.

Rien n'égalait les soins qu'il prenait alors de lui-même, rien ne surpassait la recherche et la correction de sa tenue de gentleman.

Au moment où, après un intervalle de quelques mois à peine, nous le présentons de nouveau à nos lecteurs, il était beau garçon toujours, mais il paraissait avoir vieilli de dix ou quinze ans.

De nombreux fils d'argent se mêlaient à l'or pâle de ses cheveux et de sa barbe.

Deux plis ineffaçables traversaient son front, jadis aussi poli que du marbre.

Un réseau de petites rides, pareilles aux craquelures d'un tableau ancien, rayaient l'épiderme de ses tempes.

La patte d'oie se dessinait aux angles externes de ses paupières marbrées qu'entourait un sillon de bistre.

Les prunelles d'un bleu d'acier avaient perdu leur éclat métallique, ou du moins cet éclat avait changé de nature. — Elles semblaient maintenant ternies et comme voilées, puis soudain elles s'allumaient et brillaient d'un feu sombre qui ne s'éteignait que pour renaître.

Hermann continuait à porter des vêtements du bon faiseur, mais il les portait avec une négligence très nuisible au *chic suprême* dont les avait doués le tailleur à la mode.

Jadis tiré à quatre épingles, ainsi qu'un gentleman anglais ou qu'un baron prussien, et poussant la correction jusqu'à la raideur, Hermann arrivait depuis quelque temps au Bas-Meudon dans une tenue presque débraillée, acceptable pour un bohème *tirant des bordées* — (comme disent les marins à terre) — mais non pour un caissier marié depuis six mois et venant retrouver sa femme à la campagne.

Vogel portait du linge fripé, des chapeaux défraîchis et brossés à rebrousse poil.

Parfois on le voyait sans gants, la cravate dénouée, le devant de la chemise entr'ouvert, comme si ses ongles fiévreux avaient labouré sa poitrine.

Un observateur rencontrant Hermann pour la première fois, et n'ayant sur son compte aucune notion antérieure, pouvait se croire en présence soit d'un viveur épuisé par le libertinage et par les veilles du tapis vert, soit d'un homme accablé de soucis poignants, de préoccupations terribles, d'angoisses meurtrières, usant ses dernières forces à soulever sans cesse un rocher de Sisyphe qui retombe fatalement sur lui et qui l'écrase.

Laquelle de ces suppositions aurait été fondée?

Nous le saurons bientôt.

Le caissier de Jacques Lefebvre, avons-nous dit, entra dans la chambre du premier étage après avoir gravi rapidement l'escalier.

Sans doute il avait marché très vite depuis la station du chemin de fer, car la sueur coulait en grosses gouttes sur son visage dont une pâleur bilieuse remplaçait le coloris autrefois si brillant.

De la main gauche il tenait son chapeau.

De la main droite il tamponnait avec son mouchoir son front, ses joues et ses cheveux.

L'ensemble de sa physionomie exprimait l'humeur exécrable et la disposition d'esprit malfaisante d'un homme décidé à rendre le premier venu responsable des choses qui ne vont point à sa guise.

Mais pour éclater il lui fallait au moins l'apparence, l'ombre d'un prétexte...

Où trouver ce prétexte ?

Comment s'en prendre à Valentine ?

Cependant la colère soulage et détend. — Hermann le savait bien et voulait se mettre en colère.

Il se laissa tomber sur un siège, jeta son chapeau loin de lui et continua à se tamponner le visage, sans prononcer une parole.

— Vous avez chaud, mon ami... — murmura la jeune femme.

— Oui... — répondit Hermann d'un ton sec.

— Vous êtes fatigué?

— Ereinté, c'est le mot.

— Voulez-vous boire quelque chose de frais?

— Croyez-vous qu'on vive d'eau fraîche? — fit le caissier avec un ricanement. — Je veux manger... — Je meurs de faim... — Dites qu'on me serve et qu'on se hâte !...

— Mais, — répliqua Valentine, — tout est prêt... — Nous n'avons pas dîné.

— Ah! Et pourquoi ça? — demanda Vogel.

— Nous vous attendions...

— Et pourquoi m'attendiez-vous, s'il vous plaît?...

— Parce que vous n'aviez pas annoncé ce matin que vous ne rentreriez point... et vous voyez, mon ami, que nous avons bien fait d'attendre à tout hasard...

Vogel se dressa brusquement, comme un fantoche à ressort qui jaillit de sa boîte.

Il trouvait le prétexte souhaité, — exécrable, il est vrai, — mais, faute d'un meilleur, il s'en contentait.

— Tonnerre du diable! — s'écria-t-il. — Se moque-t-on de moi, ici? —

Suis-je astreint par hasard à rendre des comptes dans cette maison? — J'ai donné l'ordre, une fois pour toutes, de ne jamais m'attendre quand je suis en retard, et je trouve mauvais qu'on me désobéisse!!

— Je n'avais pas compris cela, mon ami... — balbutia Valentine.

— Vous l'aviez compris à merveille! — répliqua Vogel. — Mais il vous plaît de vous poser en femme méconnue et délaissée!.. Il vous plaît de vous décerner à vous-même la palme du martyre!... — Ce serait ridicule si ce n'était odieux, et je prétends que cela n'arrive plus...

— Cela n'arrivera plus... — dit la jeune femme d'une voix brisée, en se détournant pour cacher ses larmes.

Claire vit pleurer sa sœur. — Son cœur se gonfla démesurément et, quoiqu'elle fît de prodigieux efforts pour dominer sa douloureuse émotion, ses sanglots éclatèrent.

Hermann frappa du pied et se mit à jurer comme un païen.

Valentine prit la petite fille dans ses bras pour la calmer et pour la consoler.

— Emportez-la! — cria le caissier avec fureur. — Enfermez-la dans la cave ou au grenier, que je ne la revoie pas, et surtout que je ne l'entende plus!! — Si elle continue à me rompre la tête avec ses glapissements, je l'emmène et j'en débarrasse mon logis en la cloîtrant dans une pension, où elle pourra geindre à son aise sans m'assourdir!!!

— Hermann, — dit Valentine avec effarement, — vous ne feriez pas cela!...

— En vérité?... — ricana Vogel.

— Vous m'aviez promis, vous m'aviez juré de ne jamais me séparer de ma sœur... — poursuivit la pauvre enfant.

— Eh bien, je ne tiendrai pas ce que j'ai promis, voilà tout!...

— Ce serait une infamie... ce serait un crime...

— Que de gros mots pour si peu de chose...

— Je ne pourrais vivre sans ma sœur, et ma sœur ne pourrait vivre sans moi...

— On croit cela et on vit tout de même... — Vous en aurez la preuve si cette intolérable morveuse continue!! — Emportez-la! Emportez-la!!...

Claire, au comble de l'épouvante, convaincue qu'Hermann allait l'emmener à l'instant et l'emprisonner, perdait la tête et redoublait ses gémissements et ses sanglots.

Valentine s'enfuit avec elle dans une autre pièce.

Quand au bout d'un quart d'heure la jeune femme revint seule, en essuyant ses paupières rougies, Hermann était à table dans la salle à manger du rez-de-chaussée où Valentine le rejoignit, après avoir recommandé tout bas à Mariette de s'occuper de Claire.

Aucune parole ne fut échangée entre le mari et la femme pendant le triste repas qui ne dura guère qu'une demi-heure.

Valentine, sans lumière, était couchée sur une chaise longue de sa chambre.

Lorsqu'il fut achevé, Valentine se leva et elle s'apprêtait à sortir.

— Restez! — lui dit durement Hermann en tirant de sa poche un papier. — Donnez l'ordre à Mariette d'apporter ce qu'il faut pour écrire. — J'ai besoin de votre signature...

IV

Valentine regarda son mari avec étonnement.

— Vous avez besoin de ma signature!... — répéta-t-elle.

— Oui.

— Pourquoi?

— Je pourrais vous répondre qu'il s'agit d'une affaire, — répliqua le caissier, — et que les affaires ne regardent pas les femmes, mais je veux bien vous donner une explication...

— J'en suis reconnaissante, croyez-le... — murmura Valentine.

Hermann reprit :

— Vous possédez un revenu de six cents livres, représentant un capital d'environ douze mille francs...

— Dont les titres sont dans vos mains... — interrompit la jeune femme.

— Ces titres étant nominatifs, — poursuivit Vogel, — votre signature m'est indispensable pour en opérer la vente...

— Vous voulez vendre?... — s'écria Valentine.

— Sans doute... — Que trouvez-vous d'étonnant à cela?

— Cette humble somme me vient de ma mère... elle constitue mon unique héritage...

— Eh bien?...

— Un revenu de six cents francs, — continua madame Vogel, — est assurément plus que modeste... Néanmoins il peut devenir une ressource en cas de malheur... — Si vous disposez du capital, que me restera-t-il?...

Hermann fit un mouvement d'impatience.

— Me prenez-vous pour un prodigue ou pour un fou! — dit-il avec aigreur. — Me croyez-vous capable de dissiper votre argent?... — Grand merci de la défiance dont vous m'honorez!...

— Je ne me défie pas de vous, Dieu m'en est témoin?... — Vous êtes désintéressé, j'en suis sûre... Vous me l'avez prouvé en m'épousant sans dot... — Mais à quoi bon réaliser quelques milliers de francs placés solidement?...

— Solidement, oui, j'en conviens, mais d'une façon absurde... — A notre époque les capitaux sont improductifs quand ils ne rapportent que cinq... — Je veux avec vos fonds acheter des valeurs beaucoup plus productives, et doubler, peut-être même tripler votre revenu...

— Les femmes n'entendent rien aux affaires, — reprit Valentine timidement, — vous l'avez dit tout à l'heure, et vous aviez raison... mais il me semble que des placements dangereux peuvent seuls produire un si gros intérêt... — Pourquoi courir des risques inutiles?... — Vos appointements sont considérables... Nous n'avons pas besoin d'argent...

Vogel écoutait ces paroles en haussant les épaules.

Quand Valentine eut achevé, il frappa sur le timbre qui se trouvait à portée de sa main.

Mariette accourut.

— Apportez une plume et un encrier... — commanda-t-il.

La petite servante s'empressa d'exécuter l'ordre du maître et se retira.

Le caissier de Jacques Lefebvre posa sur la table la feuille de papier timbré qu'au début de l'entretien nous l'avons vu tirer de sa poche.

— Je suppose que vous avez tout dit... — reprit-il, — et vous me rendez cette justice que j'ai fait preuve de patience en ne vous interrompant pas... — Maintenant il ne s'agit plus de divaguer, mais d'obéir...

Il posa le doigt sur la partie inférieure de la feuille, en ajoutant :

— C'est là qu'il faut signer...

Puis, trempant la plume dans l'encre, il la tendit à Valentine

La jeune femme secoua la tête.

— Non, — fit-elle avec fermeté, — je ne signerai pas...

— Et pour quelle raison, s'il vous plaît? — demanda Vogel, stupéfait de cette résistance invraisemblable, et les yeux étincelants d'une colère difficilement contenue et prête à éclater.

— La vie a ses hasards funestes... — balbutia Valentine. — Votre situation est belle, mais elle peut vous manquer un jour... — Le peu que je possède, je vous le répète, serait une ressource pour vous, pour ma sœur et pour moi... — Je refuse de compromettre cette ressource...

— Ah! vous refusez! — répéta le caissier d'une voix sourde, qui sifflait en passant entre ses dents serrées.

— Oui.

— Vous avez bien réfléchi?

— J'ai bien réfléchi...

— C'est votre dernier mot?

— C'est mon dernier mot...

Hermann donna sur la table un coup violent de son poing fermé. — La vaisselle et l'argenterie s'entre choquèrent avec un formidable tapage.

Valentine, tremblante, crut que l'orage allait éclater.

Il n'en fut rien.

Au lieu de donner un libre cours à sa fureur, le caissier se mit à rire, mais d'un rire tellement étrange que cet accès de soudaine gaieté n'avait rien de rassurant.

— Soit! — dit-il. — Vous êtes libre, ma chère, de substituer votre volonté à la mienne, et d'entraver mes meilleures intentions par une force d'inertie contre laquelle je ne lutterai point; mais je suis le maître absolu, vous m'entendez bien, et la loi m'investit d'une autorité sans contrôle et sans partage dont je prétends user à ma guise... Or, depuis longtemps déjà la présence de votre sœur chez moi me fatigue et m'agace... je la tolérais cependant, par égard pour vous, mais je viens de recevoir une leçon dont je profiterai... Demain matin j'emmènerai à Paris mademoiselle Claire de Cernay, et je la mettrai dans un couvent où ses six cents livres de rente suffiront à payer sa pension...

Madame Vogel, pâle comme une morte, tendit vers son mari ses mains jointes.

— Hermann, — commença-t-elle, — je vous supplie...

Il l'interrompit.

— N'insistez pas ! — fit-il railleusement. — Ce serait du temps perdu et des paroles sans résultat ! Moi aussi j'ai bien réfléchi... — Tout à l'heure vous avez dit votre DERNIER MOT. — Je viens de dire le mien... — Je vous le répète, n'insistez pas !...

Valentine comprit.

Ce qu'elle voulait avant tout, ce qu'elle voulait à tout prix, c'était de ne point être séparée de sa sœur...

Que lui importait le reste ?...

Elle saisit la plume.

— Et, si je signe ? — demanda-t-elle.

Hermann eut un sourire cynique...

— Si vous signez, — répliqua-t-il, — ce sera différent... — je suis l'homme des bons procédés, moi... — Ce qu'on a toléré déjà, on peut le tolérer encore..

— Vous jurez de me laisser Claire ?...

— Parbleu !!

— Vous n'en donnez votre parole d'honneur ?

— J'en fais tous les serments du monde.

— Que faut-il écrire ?

— Ces trois mots : *Bon pour pouvoir* et au-dessous vos noms et vos prénoms : *Valentine Vogel, née de Cernay...*

La jeune femme écrivit et signa.

— Parfait ! — dit Hermann en repliant le papier timbré et en le glissant dans son portefeuille. — Vous garderez l'aimable enfant qui ne peut pas me souffrir, et à qui d'ailleurs, je le rends bien... — Vous voyez, ma chère, qu'avec un peu de gentillesse on fait de moi tout ce qu'on veut... — Je suis une si bonne nature !... Mais plus de révoltes, je vous le conseille, où nous nous fâcherions sérieusement... — Sur ce, je vous quitte ! — Il est dix heures et demie... Je vais me coucher, et je vous engage à en faire autant... — Bonsoir...

— Bonsoir... — murmura Valentine.

Hermann se leva, prit une bougie sur la table, effleura de ses lèvres le front de sa femme et fit quelques pas vers la porte.

Au moment de l'atteindre, il s'arrêta, se retourna et dit :

— A propos, ma chère, puisqu'il vous est particulièrement agréable d'être d'avance renseignée au sujet de mes faits et gestes, je vais me montrer galant jusqu'au bout... — Demain matin vous dormirez sans doute quand je quitterai le Bas-Meudon... — Ne m'attendez pas le soir... — Des travaux importants me forceront à veiller très tard et je finirai la nuit dans mon logement de garçon de la rue de la Pépinière... — Donc vous ne me verrez qu'après-demain, à l'heure du dîner... Je tâcherai d'être exact, mais je ne réponds de rien... Vous ferez bien de vous mettre à table si je tarde de dix minutes...

Sans attendre la réponse de la jeune femme, Vogel tourna sur ses talons, ouvrit la porte et disparut.

Avant de se rendre à la maison de banque Jacques Lefebvre, il avait à prendre certaines mesures pour réaliser, dans la journée, les titres appartenant à Valentine.

Un impérieux besoin d'argent rendait indispensable cette réalisation immédiate.

Hermann Vogel, — ou plutôt le baron de Précy, — donnait le soir, dans son luxueux appartement de la rue de Boulogne, une petite fête galante en l'honneur de Maurice Villars, — qui s'obstinait à ne pas mourir!...

V

Maurice Villars, disions-nous à la fin du précédent chapitre, s'obstinait à ne pas mourir.

Cette obstination — (que beaucoup de gens trouveront parfaitement naturelle) — était l'une des principales causes du complet et triste changement d'Hermann Vogel à l'égard de sa jeune femme.

Le caissier de Jacques Lefebvre, en épousant la nièce du vieux garçon, comptait, nos lecteurs le savent, que Valentine hériterait à bref délai, et que les trois millions de l'héritage lui permettraient de ne pas rouler lui-même au fond de l'abîme dont chaque jour le rapprochait fatalement.

Or, Maurice Villars, ce libertin usé jusqu'aux moelles, ce moribond qui semblait n'avoir que le souffle et qui devait d'une heure à l'autre s'éteindre comme une lampe où l'huile manque, se cramponnait à l'existence avec une invraisemblable énergie.

Vogel le poussait vainement à des excès de toute nature.

Ce spectre fardé ne s'en portait pas plus mal et déjouait les espérances fondées sur sa mort imminente...

La déception paraissait à Hermann d'autant plus cruelle qu'elle était plus inattendue. — Il s'en prenait à sa femme de cette déception ; il l'en rendait responsable en quelque sorte, comme si, pour se faire épouser, elle avait impudemment abusé de sa bonne foi et spéculé sur sa confiance...

De là sa haine grandissante et sa continuelle irritation contre l'angélique enfant...

Le temps pressait...

L'attente devenait impossible...

La situation d'Hermann était pire qu'au début de ce récit puisque — (pour emprunter une expression à maître Roch) — il ne lui restait plus la ressource d'*allonger la courroie...*

Autour de lui, tout craquait.

L'une des traites de la fabrication de Charles Laurent, lancée dans la circulation par la maison de banque Jacques Lefebvre, avait été reconnue fausse avant son échéance et transmise au parquet.

Une enquête commencée à ce sujet suivait son cours.

Hermann Vogel avait été appelé dans le cabinet du juge d'instruction pour donner des renseignements.

Certes on ne l'accusait point encore et son patron croyait plus que jamais à son inattaquable probité, mais d'une minute à l'autre la lumière pouvait jaillir. — Il suffirait d'une circonstance futile pour mettre la police sur les traces du coupable ; alors tout serait perdu, et cette fois il faudrait choisir entre le suicide et le bagne...

Songer seulement, en de telles circonstances, à négocier des valeurs nouvelles pour solder les anciennes eût été folie.

Donc les traites et les mandats revenant impayés à l'échéanee seraient reconnus l'œuvre d'un faussaire. — On s'étonnerait à bon droit que ces faux innombrables aient passé tous par les mains du caissier Vogel, et de l'étonnement au soupçon il n'y aurait qu'un pas bien facile à franchir...

Or, avant trois semaines, arriverait l'échéance formidable.

Hermann croyait entendre déjà sonner l'heure où l'échafaudage si laborieusement construit par lui s'écroulerait, l'entraînant dans sa chute et l'écrasant sous ses débris...

Sans cesse il répétait :

— Je suis perdu mais, si Maurice Villars mourait dans huit jours, je pourrais être sauvé...

Cette idée devenait pour lui une véritable obsession.

Avec une nature aussi foncièrement mauvaise et pervertie que celle du mari de Valentine, il n'en fallait pas plus pour qu'à la pensée du salut s'accouplât la pensée du crime...

« *Quand on a besoin de la mort d'un homme et quand cet homme ne veut pas mourir on le tue...* » — La logique des scélérats a des axiomes ainsi formulés.

Hermann, assurément, n'aurait point reculé devant une telle solution ; mais tuer son prochain est chose assez difficile, lorsqu'on a de sérieuses raisons pour tenir à sauvegarder les apparences.

L'assassinat brutal faisait peur au caissier; et d'ailleurs à quoi lui servirait d'enrichir sa femme s'il devait, le crime commis, porter sa tête sur l'échafaud?...

Il s'agissait d'imaginer quelque moyen ingénieux, non de tuer positivement Maurice Villars, mais de l'*aider* à mourir brusquement...

Donc ni poison, ni coup de couteau ! !

Cela laisse des traces et la police arrive... C'est maladroit et bête... — Il fallait autre chose... — Mais quoi ?...

Le caissier cherchait...

La veille du jour où sous nos yeux il extorquait la signature de Valentine, il s'était dit :

— J'ai trouvé !...

Nous le verrons bientôt à l'œuvre.

En quittant la maison de Jacques Lefebvre à quatre heures, Hermann passa chez son agent de change.

Les titres de Mme Vogel avaient été vendus par son ordre dans la journée. — Il en toucha le prix, douze mille francs, en billets de banque.

Muni de ce viatique il monta dans un coupé de régie, se fit mener tout en haut de la rue des Martyrs et demanda au portier d'une grande maison neuve :

— Mademoiselle Adah Bijou, s'il vous plaît ?...

Le portier, fort occupé à poser un fond neuf au vieux pantalon d'un locataire, regarda le visiteur et répondit par une question :

— C'est-il vous qui êtes venu hier et qui avez laissé une carte avec un mot d'écrit ?

— C'est moi...

— Pour lors, vous pouvez monter... — Mam'zelle Bijou est chez elle et vous attend... — C'est au *cintième*, la porte à gauche... — Il n'y a point de sonnette... Vous cognerez...

— Très bien...

Et Vogel escalada lestement les marches innombrables de l'escalier.

Arrivé au cinquième étage il fit halte pour reprendre haleine, puis frappa trois petits coups contre la porte désignée.

Une voix demanda presque aussitôt depuis l'intérieur :

— Qui est là ?

— Le baron de Précy... — répliqua Vogel...

La porte s'ouvrit.

— Bonjour, baron... — dit la maîtresse du logis. — Entrez vite... — Je prends des précautions ridicules, mais que voulez-vous, il le faut !... — Ces gueux de créanciers ne me laissent pas un moment de repos depuis qu'ils me savent à Paris... — C'est une procession dans l'escalier... — J'ai dû supprimer ma sonnette... Ils cassaient le cordon dix fois par jour en carillonnant à tour de bras !... Ah ! baron, quels raseurs que ces gens-là ! !

— Toujours des créanciers donc, ma pauvre Adah !... — fit Hermann en souriant.

— Toujours et plus que jamais! — Vous savez bien, baron, que je n'ai pas de chance...

— Vous arrivez d'Angleterre, cependant...

— *Yes, milord...*

— Et la chronique affirme qu'Arthur Aldridge, avec qui vous étiez partie, est un gentleman fort sérieux...

— Je ne me plains point de lui... Oui, c'est un homme très chic... ennuyeux comme la pluie, mais très chic... En le quittant, j'avais un portefeuille mignon, gentiment truffé de bank notes... Oh! dix fois plus qu'il n'en fallait pour payer toutes mes dettes si j'étais revenue dans ce moment-là...

— Eh bien?

— Eh bien! malheureusement — (et voilà ma mauvaise chance!) — comme j'allais prendre le train et filer à Douvres, j'ai rencontré un gymnaste de Crémorn Garden's, un Léotard anglais, joli, joli, joli, mais pas sérieux du tout, par exemple... — Vous savez comme je suis, moi... — Le Léotard m'a donné dans l'œil, et, au lieu de monter dans le wagon, je suis restée à Londres, où l'acrobate et moi nous avons volatilisé les bank notes avec un entrain superbe... — Ça a duré tant que ça a pu, jusqu'au dernier shelling... — J'ai vendu ma montre pour revenir, mais je ne regrette rien...... — Parole d'honneur, j'en ai eu pour mon argent... — Vous verrez la photographie de Dick Tomlison (c'est l'acrobate) il est superbe!

— Drôle de fille! — fit Vogel en riant.

Ces paroles s'échangeaient dans une petite antichambre absolument dépourvue de mobilier.

— Entrez donc au salon, baron... — reprit Adah Bijou. — Vous avez écrit sur votre carte que vous aviez quelque chose d'intéressant à me dire, et j'ai hâte de savoir... vous comprenez ça...

VI

La pièce dans laquelle Adah Bijou introduisit Hermann était ce vulgaire salon des cocottes de dixième ordre qui n'ont ni argent liquide, ni compte ouvert chez ces tapissiers aventureux dont la spécialité est d'ouvrir un crédit illimité aux futures étoiles de la galanterie parisienne.

Un canapé, deux fauteuils et quatre chaises en bois noir, recouverts de velours grenat capitonné, une table de milieu en marqueterie, un chiffonnier de Boule apocryphe, un piano en palissandre acheté par abonnement à vingt-cinq francs par mois, une garniture de cheminée jouant la porcelaine de Saxe et s'acquittant fort mal de ce rôle, une jardinière privée de fleurs entre les deux fenêtres, un tapis de moquette anglaise à bon marché, de grands rideaux de velours et de petits rideaux en imitation de guipure, voilà tout.

Valentine, au comble de l'épouvante, s'enfuit avec Claire dans une autre pièce.

Deux objets d'art d'une certaine valeur attiraient cependant l'attention.

C'était un tableau et une statuette.

Le tableau, d'un dessin très solide et d'une admirable couleur, représentait une jeune femme en costume absolument édénique, couchée sur un tapis d'Orient et fumant une pipe turque à long tuyau.

La statuette reproduisait sans le plus léger voile les formes parfaites de la même femme, debout, audacieusement cambrée et croisant ses mains sur sa tête.

Cette personne, peinte et sculptée, n'était autre qu'Adah Bijou, successivement amie d'un peintre bien connu et d'un statuaire célèbre.

De cette double liaison il ne restait que ces deux chefs-d'œuvre dont Adah, même en un moment d'absolue détresse, n'aurait voulu se défaire à aucun prix.

A quelqu'un qui lui offrait du tableau et de la statuette une somme importante, elle avait répondu :

— Jamais ! ! — Quand je serai vieille et ridée, ratatinée et *décatie*, j'aurai du moins la joie, en regardant ma double image, d'être sûre que j'étais belle !...

En disant ce qui précède, Adah ne s'illusionnait aucunement.

Elle ne possédait pas sans doute la beauté régulière et classique qui laisse froids ses admirateurs, mais elle avait au plus haut point ce je ne sais quoi de moderne et de pimenté, ce montant, ce brio, cette allure ondoyante et serpentine, cette grâce frelatée peut-être, mais diabolique et irrésistible, ce *chic* pervers enfin, qui rendent certaines filles du Paris-Cythère vingt fois plus séduisantes et cent fois plus dangereuses que les Vénus de l'Olympe mythologique et démodé.

Mettez sur l'un des plateaux de la balance une Parisienne de race, sur l'autre tout un lot de déesses, et vous verrez qui l'emportera...

Adah Bijou avait vingt-cinq ans.

Elle était grande, fine, mais point maigre, et d'une souplesse de couleuvre.

Ses épaules tombantes, ses bras ronds et superbes, s'alliaient à une taille si mince près des hanches que le bracelet d'une bourgeoise bien en chair aurait pu lui servir de ceinture.

Les pieds étaient irréprochables.

Les mains, très blanches mais sans distinction, trahissaient une origine plébéienne.

Adah Bijou avait été blanchisseuse lors de ses débuts dans la vie.

Une tête de fantaisie, charmante mais surtout piquante et originale, couronnait l'ensemble élégant que nous venons de décrire.

Figurez-vous d'abord une forêt de cheveux fins comme de la soie, d'un ton de cuivre rouge, pas très longs mais prodigieusement épais, et si crespelés par la nature qu'ils se révoltaient de façon victorieuse contre les dents du peigne d'écaille ou d'ivoire et que, malgré tout l'art du coiffeur, des mèches folles s'échappaient de leurs masses lourdes et donnaient à la jeune femme la physionomie mutine d'un gamin ébouriffé.

Sous cette toison cuivrée un front bas, proéminent — (symptôme d'entêtement) — et coupé par des sourcils bruns...

Sous ce front, des yeux noirs, presque trop grands, aux longs cils fauves, aux paupières bistrées.

Pour les yeux magiques d'Adah Bijou semblaient avoir été faits ces quatre vers de Nadaud, chantés jadis par toute une génération :

« Que j'aime à voir, sous ta prunelle noire,
« Ce cercle bleu tracé par le bonheur...
« Liste d'azur, qui garde la mémoire
« Des amoureux effacés de ton cœur !... »

Le nez petit, mignon, retroussé du bout, était dans son irrégularité même un chef-d'œuvre coquet.

La bouche, plutôt grande que moyenne, aux dents de jeune loup, aux lèvres d'un carmin violent, avait à chaque extrémité une fossette exquise qui se creusait pendant le sourire...

Une fossette pareille se dessinait au milieu du menton.

La peau, d'un grain très serré et d'une blancheur mate, offrait çà et là quelques taches de rousseur dissimulées sous la veloutine.

Adah, le soir, et le soir seulement, mettait un peu de rouge pour éviter de paraître trop pâle aux lumières.

Elle adorait les parfums violents et elle en usait outre mesure.

Les émanations des odeurs en vogue s'échappaient de sa chevelure, de son linge, de ses vêtements, de son épiderme, et mettaient autour d'elle une atmosphère irritante et capiteuse.

Au moment où nous présentons la jeune femme à nos lecteurs, elle avait noué sur ses cheveux couleur de flamme un ruban bleu fané, et tant bien que mal elle s'enveloppait dans un peignoir de cachemire blanc, jauni par de trop longs services et reprisé en maint endroit.

Ce ruban terni, ce vêtement hors d'usage qu'une soubrette de bonne maison aurait dédaigné, décelaient la gêne arrivant à sa période aiguë...

Et cependant Adah Bijou était une splendide créature, pleine de séductions enivrantes, et son beau corps dégageait une si puissante électricité amoureuse que le monde des viveurs l'avait surnommée : *La Torpille*, comme la pauvre *Esther*, cette touchante impure dont l'immortel Balzac a raconté la vie et la mort dans l'une de ses plus belles œuvres.

Pourquoi donc Adah, jeune et superbe, passait-elle les trois quarts de son existence à végéter misérablement et à dire : — *Je n'ai pas de chance!* — quand on voit tant de courtisanes chevronnées, blanchies sous le harnais, menant train de princesses, et sur leurs économies achetant des hôtels ?

C'est que Mlle Bijou, fantaisiste à outrance, avait jusqu'à ce jour, par ses caprices extravagants, mis la fortune en fuite.

Chose étonnante à notre époque, cette fille gardait dans ses veines du sang de bohème. — Elle ne savait pas compter. — Elle sacrifiait gaillardement un avenir probable à une heure de plaisir certain...

A plusieurs reprises des hommes sérieux, des millionnaires d'un âge mûr, ensorcelés par sa beauté bizarre et par ses rayonnements de sirène, avaient entrepris de la lancer dans le *high-life* du demi-monde et de la rendre célèbre.

Très docile d'abord, comprenant son rôle à merveille et le jouant d'instinct avec un chic suprême qui remplissait de joie et d'orgueil les vieux cœurs des vieux protecteurs, Adah s'était toujours et brusquement dérobée, juste au moment où on pouvait la croire conquise à la haute vie.

Pour parler son langage, elle se *toquait* du premier venu, artiste ou journaliste, étudiant ou cabotin, et *lâchait* tout, sans hésiter, au profit d'une passion qui n'existait plus avant la fin de la semaine...

On citait d'elle des traits étonnants.

Un jour, à la fête de Saint-Cloud où l'avait conduite un diplomate russe, un vrai grand seigneur, follement épris de cette charmeresse au point de lui donner son bras en public, elle avait carrément quitté le diplomate stupéfait pour emmener souper un *hercule* au maillot sale, aux longs cheveux graisseux, qui soulevait avec ses dents des poids de cent kilos...

Des anecdotes de ce genre, on le comprend sans peine, rendaient Adah Bijou impossible ; aussi les fournisseurs, n'ayant plus confiance en la chance de leur cliente, non seulement refusaient tout crédit nouveau, mais se montraient ultra-farouches dans leurs réclamations incessantes au sujet d'un arriéré, bien modeste pourtant.

La pauvre fille en était réduite, — nous l'avons vu — à supprimer sa sonnette dont les créanciers cassaient le cordon...

Telle était la femme dont Hermann Vogel allait tenter de se faire une complice, ou tout au moins une alliée...

— Ma chère Adah, — dit Vogel en souriant, — vous avez deux mérites...

— Deux seulement, baron ! ! Ce n'est guère !... — interrompit mademoiselle Bijou avec une moue coquette.

— Je parle des deux principaux, — reprit Hermann, — de ceux qui sont tout à fait hors ligne...

— Lesquels?

— Votre incomparable beauté, votre franchise étourdissante.

Adah sourit à son tour.

— Il est certain que je suis jolie, — fit-elle, — et beaucoup moins poseuse que mes petites amies qui mentent à propos de tout et à propos de rien...

— Avec vous, — continua le caissier, — on sait tout de suite à quoi s'en tenir... — Vous ne cachez point à vos bons amis que vous êtes dans le pétrin jusqu'au cou... et vous avez raison d'avoir confiance en eux, car leur premier soin, n'en doutez pas, sera de réparer l'injustice du sort et de vous tirer au plus vite d'une position indigne de vous...

— Vous feriez cela, baron ! ! — s'écria la jeune femme.

— Je ne suis ici que pour le faire...

— Vous saviez donc que j'étais *à la côte?*

— Parfaitement.

— Qui vous l'avait appris?...

— Ma police...

— Et vous me remettrez à flot?...

— Sans le moindre retard.

— Vrai?

— Aussi vrai que je m'appelle le baron de Précy...

— Alors vous êtes un petit Manteau-Bleu d'un réussi parfait, un terre-neuve exceptionnel!... — J'ai bien envie de vous embrasser...

— Je tolérerai cette fantaisie...

Adah jeta ses bras autour du cou de Vogel et lui posa ses lèvres sur les yeux.

Si préoccupé de choses graves que fût le mari de Valentine, il tressaillit sous le courant d'électricité sensuelle qui jaillissait du corps de l'étrange créature et lui avait valu son surnom de la *Torpille*.

Le tressaillement involontaire d'Hermann n'échappa point à mademoiselle Bijou.

Elle dénoua ses bras en riant, et recula d'un pas.

— Ah! çà, — demanda-t-elle, — est-ce que vous êtes amoureux de moi, baron, par hasard?

— Cela vous étonnerait-il énormément?

— Du tout.

— Cela vous contrarierait-il un peu?

— Pourquoi?... — Vous ou un autre, qu'importe? Et mieux vaudrait que ce fût vous, car vous êtes un bon garçon et vous ne me déplaisez pas... — Si vous n'étiez un homme du monde j'aurais peut-être un *béguin* pour vous, mais les hommes du monde, généralement, sont si peu drôles!!

Vogel prit la main de la jeune fille.

— Ma chère Adah, — dit-il, — l'admiration que vous m'inspirez est très vive, mais, je dois vous l'avouer, votre beauté me laisse aussi calme que le ferait la vue d'uue œuvre d'art accomplie... — Il n'y aura jamais d'amour entre nous, pas plus de mon côté que du vôtre...

— Cependant, — s'écria Bijou, — vous avez parlé tout à l'heure de me tirer du pétrin où je patauge...

— Je l'ai promis et je tiendrai parole...

— Vous serez donc un protecteur platonique!... C'est ça qui aurait un rude cachet!... — Mais j'y songe... Peut-être, baron, êtes-vous toqué d'une grande dame en puissance de mari jaloux... — J'ai vu dans la *Fausse maîtresse* de Balzac une situation toute pareille... Cette fausse maîtresse était une écuyère qui se nommait, je crois, *Malaga*... — Ai-je deviné?...

— Pas le moins du monde... — Vous êtes très littéraire, mais absolument dans le faux. — Nous perdons nos paroles et je suis pressé... — Écoutez-moi, s'il vous plaît, sans m'interrompre...

Adah Bijou fit signe qu'elle était tout oreilles.

Hermann continua :

— Vous avez trop d'esprit pour admettre un instant que dans le siècle où nous vivons on donne quoi que ce soit sans rien recevoir en échange... — Si je vous obligeais à titre absolument gratuit, vous me regarderiez, à bon droit, comme un naïf... — Bref, ma chère Adah, je suis ici parce que vous pouvez m'être utile, et je viens vous proposer un marché.

— Très bien... — dit Bijou. — J'aime autant ça... De quoi s'agit-il?...

— De toutes vos dettes payées d'abord, et d'une grosse somme à gagner ensuite.

— A gagner, de quelle façon?...

— En tournant la tête à quelqu'un...

— A un jeune homme où à un vieillard?

— A un vieillard...

— Et en devenant sa maîtresse?

— Bien entendu...

— Pour longtemps?

— Pour le reste de sa vie...

Mademoiselle Bijou fit un brusque haut-le-corps et prit une physionomie comiquement effarée.

— Oh! soyez tranquille! — s'empressa d'ajouter Vogel. — Ça ne sera pas long...

— Comment le savez-vous?...

— Celui de qui je parle est si bas que les plus grands ménagements pourraient à peine prolonger sa vie de quelques jours... or...

Adah Bijou regarda son interlocuteur bien en face.

— Jouons cartes sur table, mon cher... — dit-elle.

— Soit!

— Vous avez un intérêt à ce que le vieillard dont il s'agit meure le plus tôt possible?...

— Si je vous disais : — *Non!* vous ne me croiriez pas...

— Il est riche, ce vieillard?...

— Très riche, oui...

— Vous êtes son parent et vous devez hériter de lui?...

— Ici, ma chère, vous faites de nouveau fausse route... — Aucun lien de sang n'existe entre lui et moi... — Il ne me lèguera pas un sou...

— Alors vous comptez épouser sa veuve?...

— Il est garçon...

— Vous le haïssez beaucoup, dans ce cas ?...

— Je suis son ami le plus intime... — répondit carrément Hermann.

Adah eut un franc éclat de rire.

— Saperlipopette ! — s'écria-t-elle. Vous avez une manière bigrement originale de comprendre l'amitié !... — Mes compliments, baron !! — Enfin laissons de côté vos motifs que je n'arriverai point à connaître, car vous êtes plus mystérieux qu'un quatrième acte de mélodrame... — Arrivons à ce que vous attendez de moi... — il s'agit de collaborer à l'un de ces crimes déguisés que la loi ne saurait atteindre...

Hermann fit un geste de violente dénégation.

— Un crime !! — répéta-t-il — Vous parlez d'un crime ??...

— Parfaitement.

— Ma chère Adah, vous êtes folle !...

— Oh ! que non pas, et vous le savez bien... — J'appelle les choses par leur nom, voilà tout... Je remplace les périphrases hypocrites par le mot propre brutal... — Le crime en question, d'ailleurs, ne m'inspire qu'une médiocre épouvante. La Fornarira, cette égrillarde boulangère, a tué Raphël à force d'amour et personne ne songe à le lui reprocher... — Je puis bien conduire votre antique ami à la gare de Cythère où il prendra son billet pour l'autre monde, train express, grande vitesse... — Je ferai cela volontiers, mais à pris débattu, et je vous préviens que ce sera cher...

Hermann s'attendait bien à quelques exigences de la part de mademoiselle Bijou, mais il se croyait certain d'avance de la ramener sans trop de peine à une modération relative, et il y parvint en effet.

Nous ne mettrons pas sous les yeux de nos lecteurs les clauses du traité longuement débattu entre *la Torpille* et le prétendu baron de Précy, traité qui serait pour eux sans le moindre intérêt.

Il nous suffira de leur apprendre qu'Adah et le caissier étaient d'accord sur tous les points quand ils se séparèrent.

Hermann avait donné des arrhes en allégeant son portefeuille de trois ou quatre billets de banque, indispensables pour adoucir momentanément le plus impitoyablement farouche des créanciers de Bijou, la marchande à la toilette, cette providence moderne qui seule pouvait en moins de deux heures improviser un costume de soirée, adorablement ajusté, et y joindre les menus accessoires sans nombre constituant l'arsenal formidable et coquet d'une jolie fille en tenue de combat.

Il fut convenu qu'Adah, réconciliée à beaux derniers comptant avec madame *Casimir* — (la providence en question) — serait prête à dix heures précises, et qu'une voiture viendrait la prendre à sa porte pour la conduire rue de Boulogne, chez le baron de Précy, qui lui présenterait, séance tenante, Maurice Villars.

VII

On se plaignait déjà, il y a vingt ans, des exigences toujours croissantes de la vie matérielle à Paris, et des prix impossibles des loyers.

Ces prix cependant ne ressemblaient guère à ce qu'ils sont devenus au moment où nous écrivons ce livre.

Hermann Vogel, — sous le pseudonyme de baron de Précy, — payait mille écus, en 1859, un appartement qui se louerait, en 1878, six ou sept mille francs, tout au moins.

Cet appartement situé rue de Boulogne, au premier étage d'une belle maison, était vaste, bien distribué, et décoré avec une élégance relative. — Rien n'y manquait de ce qui constitue le *nec plus ultra* de cette richesse un peu vulgaire que les bons bourgeois définissent par le mot : *cossu.*

Les plafonds peints à l'huile offraient un ingénieux mélange de petits amours et de grands oiseaux volant dans un ciel bleu lapis.

L'or étincelait sur les corniches et ruisselait sur les moulures des portes et des boiseries.

Nous savons que Vogel, avant son mariage, n'habitait point d'une façon régulière cet appartement qu'il avait fait meubler par Lebel-Girard, mais il y venait en bonne fortune, il y donnait des soirées intimes et des soupers fins à ses amis et à ses amies ; bref, voulant s'offrir une revanche éclatante des assujétissements de sa position véritable, il y tranchait du grand seigneur et du millionnaire avec une admirable désinvolture.

Les deux domestiques, — un valet de chambre et une cuisinière, — payés grassement et passant leur vie dans un *far-niente* à peu près continuel, prenaient leur maître très au sérieux, le regardaient de la meilleure foi du monde comme un homme très riche et du plus grand monde, obligé de sauvegarder certaines convenances, et, — (pour parler leur langage), — de *faire ses farces à la sourdine.*

Ils s'accommodaient fort d'une position si enviable, et bénissaient soir et matin leur bonne étoile qui leur procurait ces loisirs.

Hâtons-nous d'ajouter que toutes les fois que *monsieur le baron* avait besoin de leurs services, ils rivalisaient de zèle et se surpassaient.

La cuisinière se montrait alors cordon bleu incomparable.

Le valet de chambre devenait un maître d'hôtel de premier ordre, et sans bruit, sans embarras, se multipliant, faisait à lui tout seul la besogne de trois ou quatre valets de pied.

L'appartement se composait d'un vestibule, d'un grand salon, d'un salon plus petit servant de boudoir et de fumoir, d'une salle de jeu, d'une vaste salle à manger et de trois chambres à coucher avec leurs cabinets de toilette.

— Que faut-il écrire? demanda la jeune femme. Ces trois mots...

Vogel, sans cesse à court, ne voulant pas dépasser une certaine somme et s'adressant à Lebel-Girard, le tapissier à la mode, lui avait recommandé d'éviter le luxe et de chercher la coquetterie.

Lebel-Girard c'était conformé strictement aux indications de son client.

Le logis de la rue de Boulogne, grâce aux formes gracieuses des meubles et aux nuances vives des étoffes sans grande valeur, avait l'air d'un nid de jolie femme, — Toutes les pièces semblaient des boudoirs.

L'une des chambres à coucher, communiquant tout à la fois avec le vestibule et avec le grand salon, était devenue un confortable cabinet de toilette pour les invités du *baron.*

Ces dames y trouvaient des eaux de senteurs, de la poudre de riz, de la velou-tine, des parfums de vingt espèces, du blanc, du rouge, du coheul, des crayons noirs et des crayons bleus, des houppes, des pattes de lièvre, tout ce qu'il y fallait enfin pour donner *le petit coup de fion* à un joli visage maquillé *secundum artem.*

Deux grandes glaces, descendant jusqu'aux tapis, permettaient de réparer avec connaissance de cause le plus petit désordre survenu dans l'ensemble du costume, et la moindre irrégularité dans les plis de la traîne.

Généralement, après souper, les amies du *baron* allaient passer mystérieu-sement dix minutes dans cette pièce spécialement; elles en sortaient aussi *veloutées* qu'au moment de se mettre à table.

On voit que notre ancienne connaissance Lebel-Girard, tapissier du *hig-life* et du monde galant, avait fait preuve de tact et de goût...

Le total de sa facture payée comptant ne dépassa cependant pas quinze mille francs.

Neuf heures du soir venaient de sonner successivement aux trois ou quatre pendules de l'appartement.

Les bougies des lustres, des candélabres, des appliques, allumées partout, éclairaient *à giorno* les diverses pièces.

Vogel en habit noir et en cravate blanche, très soigné, très correct, mais sou-cieux, vieilli, le regard sombre, la lèvre crispée, se promenait seul dans le grand salon, tournant et retournant sur lui-même comme un fauve prisonnier dans sa cage.

Il avait invité une dizaine de gentlemen et autant de femmes.

Personne n'était encore arrivé.

Ceci ne pouvait l'étonner d'ailleurs, et il ne s'en étonnait point; mais il son-geait à sa situation effrayante, à ce cercle fatal au milieu duquel il se sentait captif, et qui n'avait qu'une seule issue, — l'issue terrible que nous connaissons. — Cela nous explique l'agitation de son allure, la contraction de ses traits, l'ex-pression de son regard.

Le valet de chambre Adolphe, aussi correct, non moins bien vêtu que son maître et beaucoup plus calme, attendait sur une banquette en lisant un journal du soir.

Le timbre du vestibule résonna.

Vogel tressaillit en l'entendant.

— Quelqu'un... — murmura-t-il. — Tant mieux... — Je ne serai plus seul... — Cette pensée qui m'obsède et qui m'épouvante fera trêve un instant...

La porte du salon s'ouvrit.

Le valet de chambre annonça :

— Monsieur le comte de Lorbac...

Charles Laurent, le sourire aux lèvres, la main tendue, s'approcha d'Hermann en s'ériant :

— Bonsoir, baron!... — J'avais hâte de vous voir, aussi j'arrive le premier...

— Soyez le bienvenu, cher comte... — répliqua Vogel.

Il était superbe ce soir-là, Charles Laurent. — Il jouait l'homme du monde et le diplomate de manière à produire une illusion complète pour un observateur un peu superficiel. — Jamais comte de Lorbac ne fut plus vraisemblable.

Un habile coiffeur frisant au petit fer les cheveux déjà rares du gredin émérite, les faisant foisonner sur le crâne et les ramenant vers les tempes, avait dissimulé la naissante calvitie et les mèches grisonnantes.

La poudre de riz éclaircissait le teint et cachait les petites rides fines et profondes.

Une légère touche de bistre posée sous la paupière avivait le regard.

Les longues moustaches se retroussaient en crocs victorieux. — Les favoris parfumées s'enroulaient de façon coquette.

Charles Laurent paraissait à peine son âge.

Un habit noir admirablement fait modelait son torse élégant.

Son gilet à un seul bouton découvrait le plastron éblouissant de la chemise que fermaient trois petites perles.

Son pantalon demi-collant ajusté sur des bas de soie noire, dessinait des jambes comme on n'en voit guère depuis que la mode des culottes courtes a disparu.

Charles Laurent tenait à la main un chapeau doublé de satin blanc et portant au fond de la coiffe les initiales de son nom de guerre et la couronne de comte imprimées en or.

Une demi-douzaine de décorations minuscules remplaçaient sa rosette multicolore, et cliquetaient sur le revers gauche de son habit.

Enfin le pseudo-comte de Lorbac portait au cou, soutenue par un large ruban rouge que bordait un liséré jaune imperceptible, la croix de commandeur d'un ordre quelque peu fantaisiste dont il venait de s'offrir le brevet.

Tout cela avait grand air.

Les deux hommes échangèrent une poignée de main, puis Charles Laurent, se penchant vers Vogel, lui dit tout bas :

— Votre domestique ne peut nous entendre?...

— Non...

— Vous en êtes sûr?

— Parfaitement... — Il est à son poste dans l'antichambre... — Ah çà! mon cher, vous avez donc quelque chose de très confidentiel à me dire?...

Le nouveau venu fit un signe affirmatif.

— Eh! bien, parlez sans crainte... — reprit Hermann. — Nous sommes à l'abri de toute oreille indiscrète...

VIII

Hermann Vogel et Charles Laurent, dans l'habitude de la vie se donnaient leurs noms véritables, mais, dans ce milieu particulier où leurs pseudonymes aristocratiques étaient de mise, ils s'appelaient *comte* et *baron* gros comme le bras, même lorsque personne ne pouvait les entendre.

Question d'habitude ou de prudence, comme on voudra. — Nous enregistrons le fait sans le commenter.

Le pseudo-Lorbac prit le bras du maître du logis, et, tout en l'emmenant vers le boudoir qui se trouvait au fond de l'appartement et que les portières relevées n'isolaient plus du grand salon, il lui demanda :

— Serons-nous nombreux ce soir, cher comte?

— Vingt-trois ou vingt-quatre, je pense... — répondit Vogel.

— Jouera-t-on?

— C'est probable... — Vous pouvez voir d'ici que tout est disposé comme d'habitude, table ronde au milieu pour le lansquenet ou le baccara, au gré des joueurs, tables de bouillote et d'écarté dans les angles... — Existe-t-il quelque rapport, mon cher baron, entre la question que vous m'adressez et la communication importante et mystérieuse que vous devez me faire?...

— Un rapport direct... — répliqua Charles Laurent. — Mais agréez d'abord, s'il vous plaît, mes excuses...

— Des excuses? à quel propos?...

— Je me suis permis, sans y être préalablement autorisé par vous, de donner rendez-vous ici à quelqu'un que je vous présenterai ce soir...

— A un homme? — s'écria Vogel.

— Oui.

Les sourcils du baron de fantaisie se contractèrent et sa physionomie exprima le mécontentement le plus vif.

— Ce que vous avez fait là, mon cher comte, — dit-il d'un ton sec, — est d'une inconcevable imprudence! — Une si prodigieuse légèreté m'étonne beaucoup de votre part! ! — A quoi vous servent votre intelligence et votre esprit si vous ne comprenez pas qu'une présentation improvisée est effroyablement dangereuse?? — Vous pouvez tout compromettre, vous risquez de tout perdre, en amenant au *baron de Précy* une connaissance du *caissier Vogel! !* — Aviez-vous réfléchi à cela?

— Très bien... — mais dans le cas présent, le danger n'existe pas...

— En êtes-vous sûr?

— Autant qu'on le puisse être, et c'est pour cela que j'ai pris le parti d'agir à votre insu... — Le temps me manquait pour vous consulter et je voulais saisir par les cheveux l'occasion qui s'offrait à moi...

— Nous avons donc un intérêt à cette présentation?...

— Nous pouvons, tout au moins, en avoir un très grand...

— Expliquez-vous, cher comte, et point de phrases inutiles... — Mes invités, d'un moment à l'autre, couperont court à notre entretien...

— Voici : — Connaissez-vous ce nom?

Charles Laurent, en disant ce qui précède, tirait de sa poche une carte de visite et la tendait à Vogel.

Ce dernier lut à haute voix :

— *Graf von Angélis*... — C'est à coup sûr un nom allemand, — ajouta-t-il, — mais il m'est inconnu...

— Le comte d'Angélis, — reprit Charles Laurent, — gentilhomme pomarien bien élevé, parlant le français d'une façon correcte et presque sans accent, est à peu près de votre âge et beau garçon comme vous; — il vous ressemble même vaguement, sinon de visage au moins de tournure... Ses cheveux blonds, sa barbe fauve en éventail, lui donnent avec vous un air de famille...

— C'est bien de l'honneur pour moi !... — dit Vogel en riant.

— Ces détails, quoique nécessaires, sont d'importance minime... — poursuivit le pseudo-Lorbac. — J'arrive aux choses intéressantes... La situation du Poméranien est celle-ci : — Il a perdu son père et sa mère; il n'a ni frères ni sœurs, ni parents un peu proches... — Il est le dernier de sa race et le seul de son nom... — Il y a six mois, avant de quitter son château vermoulu et son pays natal où il s'ennuyait à périr et où il compte ne jamais remettre les pieds, il a réalisé les sept huitièmes de sa fortune en traites à vue et au porteur sur des maisons importantes de Paris, de Londres, de Milan, de Madrid et de New-York, car ce jeune homme adore les voyages et se propose d'entamer, avant qu'il soit peu, des pérégrinations sans fin... — Il habite depuis trois mois, absolument seul, un petit entre-sol meublé de la rue Basse-du-Rempart, dans le premier corps de logis d'une immense maison portant le n° ***.

— Je vois ça d'ici, — interrompit Hermann, — trois corps de logis, trois grandes cours, et tout au fond des établissements de marchands de chevaux et de loueurs de voitures...

— Juste ! — répondit Charles Laurent. — C'est un immeuble de rapport, mais assez mal famé... — Le comte d'Angélis, n'allant ni dans le monde officiel, ni dans le monde aristocratique, s'est logé là pour y recevoir à son aise les jeunes personnes sans préjugés qui lui font la joie de mettre au pillage son porte-monnaie bien garni, et ces demoiselles sont nombreuses... Ce Poméranien étant un pigeon, c'est pain bénit de le plumer un peu... — Je l'ai rencontré cinq ou six fois dans des tripots demi mondains où mon nom de Lorbac et mon titre de comte me donnent un relief de premier ordre... — Le dernier des Angélis s'est entiché de moi... il m'enveloppe de considération... il me consulte... il m'admire... — C'est un naïf et un joueur... — Il s'emballe dans la déveine et, quand il a perdu la tête, il tire à cinq au baccara... — En aidant un peu le hasard on peut lui gagner de grosses sommes, avec la certitude absolue que le brave garçon n'y verra que du feu...

— Je commence à comprendre... — murmura Vogel.

— L'idée m'est venue, — poursuivit Charles Laurent, — de l'amener sur un terrain propice, où je pourrais agir en toute liberté...

— Et vous avez choisi ma maison?...

— Ai-je eu tort?

— Non pas...

— J'étais sans rival autrefois dans ces *habiletés* auxquelles on donne de vilains noms... — J'ai *travaillé* hier pendant une heure, et je me suis prouvé facilement que je n'avais rien perdu de ma force... Sûr de moi-même désormais, j'ai proposé au Poméranien de le présenter à mon ami bien cher le baron de Précy, homme aimable chez qui l'on rencontre les plus charmantes femmes de Paris et les joueurs les plus sérieux des grands cercles... Cette proposition l'a comblé d'une joie si vive qu'il ne savait comment me témoigner sa gratitude... — Bref, il viendra me demander ce soir, un peu après dix heures, avec un portefeuille bien garni... — De mon côté j'ai dans mes poches d'assez jolis paquets de cartes préparées dont vous me direz des nouvelles... — Présentement vous savez tout, cher baron... — Suis-je excusé?...

— Certes, et s'il devient nécessaire de vous donner un bon coup de main, comptez sur moi... — Il est bien entendu que nous partagerons...

— Je l'ai toujours compris ainsi!... Oui, nous partagerons en frères... — Mais il y a encore autre chose... — J'ai sur le Poméranien certaines idées dont je vous parlerai plus tard..,

— Pourquoi pas tout de suite?

— Il est trop tôt... — Le projet n'est pas mûr... — Je puis vous dire cependant qu'il s'agirait de nous remettre à flot en dépouillant radicalement notre homme, ce qui nous permettrait de mener à bonne fin ma colossale entreprise des billets de banque contrefaits... — Voilà l'objectif... — Les moyens d'exécution me font encore défaut, mais je cherche... Je trouverai... Nous en recauserons.

— Songez que le temps presse! — dit Vogel. — Tout craque autour de nous!! — L'effondrement est proche... — Cette malheureuse traite de mille écus a sonné le tocsin!... On veille...

— Bah! vous êtes un alarmiste... — Nous nous en tirerons, vous verrez!... — A propos, cher baron, donnez-moi des nouvelles de la jolie Madame Vogel...

— Madame Vogel va le mieux du monde... — répondit sèchement Hermann, qui n'aimait point que Charles Laurent lui parlât de Valentine.

— Toujours à la campagne?

— Toujours.

— Présentez-lui, je vous prie, mes hommages...

— Je n'y manquerai pas...

La conversation en était là.

Le timbre du vestibule retentit.

Le valet de chambre ouvrit la porte du premier salon et annonça :

— M. Maurice Villars...

IX

Maurice Villars, — disions-nous au début de ce récit, en présentant l'oncle de Valentine à nos lecteurs, — n'avait que cinquante-quatre ou cinquante-cinq ans, mais il paraissait presque centenaire, ou du moins on ne pouvait faire sur son âge que des conjectures vagues et erronées, tant il offrait la navrante image de la décrépitude parée, maquillée, voulant à tout prix s'embellir.

Depuis cette époque, le célibataire semblait vieilli de vingt ans au moins.

Il entra dans le salon et redressant son échine raidie et en s'efforçant de se donner une allure leste et dégagée, mais cette tentative fut un moment sur le point de lui jouer un mauvais tour, car il chancela dès les premiers pas et se serait abattu certainement si Vogel, qui s'avançait vivement à sa rencontre, ne se fût précipité pour le soutenir.

— Ma parole d'honneur, cher ami, j'ai failli tomber... — dit-il d'une voix caverneuse et chevrotante en se cramponnant au bras de son hôte. — C'est la chose la plus étonnante, la plus inexplicable, cas vous savez si je suis solide...

— Vous aviez fait un faux pas, mon bon Maurice... — répliqua Vogel, — cela arrive à tout le monde...

— Oui, sans doute, mais ça ne m'arrive jamais à moi... — Bonsoir, comte... — ajouta Maurice Villars en donnant une poignée de main à Charles Laurent. — Enchanté de vous voir, enchanté tout à fait...

Le vieux garçon était vêtu avec une recherche, ou pour mieux dire avec une coquetterie prodigieuse et d'un goût contestable. — Le travail de restauration accompli sur son visage méritait de ne point passer inaperçu.

Sa perruque brune à raie médiane offrait les ondulations les plus juvéniles qu'il fût possible d'imaginer.

Une couche épaisse de pastel avait mission de dissimuler les rides et les boursouflures de l'épiderme facial. — Les lèvres étaient d'un rouge violent et les moustaches d'un noir brutal.

Rien ne se pouvait imaginer de plus étrange et de plus grotesque à la fois que cette tête de mort maquillée.

Le col, rabattu très bas sur la mince cravate blanche, laissait voir le cou, plissé rouge et rugueux comme celui d'un dindon.

Maurice Villars portait un gilet en cœur de satin noir à boutons de corail sur un transparent de soie cramoisie. — Trois gros diamants fermaient sa chemise.

Un énorme gardénia fleurissait à sa boutonnière.

Ses pauvres petites jambes en fuseau ballottaient dans un pantalon noir rembourré comme un maillot et dont les mollets postiches avaient tourné légèrement.

Il tenait de la main gauche, avec désinvolture, un *claque* doublé de satin rose et muni d'une passementerie constellée de perles d'acier.

Ce fantôme fardé et chancelant, ce spectre sinistre et comique était, de la tête aux pieds, inondé de parfums.

A ces émanations, où le musc et l'ambre s'unissaient au bouquet de Chantilly, semblait se mêler une sorte de senteur terreuse et sépulcrale.

Toutes les minutes, ou à peu près, Maurice Villars avait un petit accès de toux. — Des flocons d'écume rougeâtre apparaissaient alors aux commissures de ses lèvres peintes qu'il tamponnait délicatement avec son mouchoir, en ayant soin, dans ce geste, de faire étinceler l'énorme diamant d'une lourde bague qu'il portait *par dessus* son gant au doigt annulaire de la main droite.

— J'arrive de bonne heure, cher... — dit-il après une quinte plus longue que les précédentes, — Je veux être des premiers à vous serrer la main...

— Vous avez eu raison cent fois, mon bon Maurice... — répliqua Vogel.

— Serons-nous nombreux ce soir ?

— Une vingtaine...

— Des deux sexes ?

— Bien entendu...

— Aurez-vous de très jolies femmes ?...

— J'espère qu'elles vous paraîtront telles... — Vous en connaissez d'ailleurs quelques-unes...

— Charmantes !... — fit Maurice Villars. — Toutes charmantes, positivement ! Mais je parle du fruit nouveau... — Nous régalerez-vous de fruit nouveau ?

— Ah ! ah ! très cher, il vous faut des primeurs ! — s'écria en riant le prétendu baron de Précy. — Commenceriez-vous donc, par hasard, à vous blaser ?

— Assurément non !... — répondit le célibataire avec une naïveté parfaite et une conviction absolue. — Je suis d'une verdeur à ne point me blaser, même quand je serai moins jeune, mais le piquant de l'inédit me stimule, j'en conviens sans peine... — Pouvons-nous espérer des beautés inédites ?...

— Je vous en promets du moins une...

— Digne d'une attention sérieuse ?...

— Oui.

— Baron, vous êtes un petit Manteau-Bleu d'un réussi parfait; j'ai bien envie de vous embrasser.

— Alors, vraiment jolie ?...

— Mieux que jolie... éblouissante... incomparable... vertigineuse...

— Ah ! diable !... Et comment la nommez-vous, cette merveille ?

— Adah Bijou...

— Connais pas...

— En général on ne la connaît guère... — Elle a vécu, jusqu'à ce jour, plus à l'étranger qu'à Paris... — D'ailleurs elle se prodigue peu... — Une bien drôle de fille, allez !... Un type original !...

— En quoi?...

— Adah Bijou n'est point une vertu, tant s'en faut, mais elle diffère essentiellement des autres courtisanes, surtout et avant tout vénales, traitant l'amour comme une affaire, et tendres à prix débattu... — Sans dédaigner la question d'argent, l'étrange créature ne la place qu'en seconde ligne.... — Pour l'obtenir, il ne suffit pas d'être riche, il s'agit de lui plaire...

Une pâle lueur s'alluma tout au fond des prunelles ternies de Maurice Villars; comme une petite flamme tremblotante derrière les vitres poudreuses d'une lanterne.

Ce squelette égrillard eut un geste d'une adorable fatuité.

Il entreprit, mais sans succès, de pirouetter sur son talon gauche, et retroussa la pointe de sa moustache d'un noir bleu en répétant :

— Il s'agit de lui plaire... — Eh bien ! on tâchera...

Vogel entendit cette exclamation et se mordit les lèvres pour ne pas sourire.

Charles Laurent tourna le dos en riant de tout son cœur.

L'entretien des deux intimes fut interrompu par l'arrivée de quelques personnes, et à partir de ce moment le valet de chambre ouvrit dix ou douze fois de suite, en moins de cinq minutes, la porte du salon.

Maurice Villars, très préoccupé, guettait les femmes. — Quand il connaissait les nouvelles venues, il leur adressait au passage une phrase de triviale galanterie, mais d'un air de distraction manifeste.

Évidemment les paroles du maître du logis avaient produit une impression profonde sur son imagination sénile. — Il attendait avec une fiévreuse impatience.

Enfin, un peu après dix heures, le domestique si correct du baron de Précy fit vibrer toutes les fibres du vieux garçon en annonçant d'un ton plein d'emphase :

— Mademoiselle Adah Bijou !...

En même temps la jolie fille, dont nous avons tracé le portrait dans l'un des précédents chapitres, faisait son entrée triomphale.

L'alliée future de Vogel avait été bien servie par la marchande à la toilette, sa créancière farouche, devenue sa collaboratrice enthousiaste.

Le costume improvisé par Mme Casimir, une robe très simple à corsage décolleté, sans manches, laissant par conséquent les bras nus jusqu'aux épaules, était d'une nuance rose tellement pâle que c'est à peine si l'on pouvait distinguer, à quelques pas, où finissait l'étoffe, où commençait la chair.

Dans ce costume d'un ton si doux, Adah ressemblait à une fleur vivante exhalant autour d'elle un parfum capiteux...

Sa chevelure soyeuse et couleur de cuivre, ébouriffée sur sa tête mignonne dans un désordre exquis, et inondant le front et les épaules de mèches folles, lui donnait un cachet bizarre et une originalité provocante.

Un petit murmure d'admiration s'éleva.

Hermann Vogel avait eu soin de se rapprocher de Maurice Villars.

— Eh, bien! cher, — lui demanda-t-il à demi-voix, — comment la trouvez-vous ?...

Pour toute réponse, le vieux garçon murmura ces deux mots :

— Présentez-moi...

— Venez...

Le prétendu baron de Précy conduisit l'oncle de Valentine à mademoiselle Bijou, et dit à celle-ci en lui serrant la main d'une façon significative :

— Ma belle Adah, je vous présente mon meilleur ami, Maurice Villars... — il vous trouve adorable et veut vous faire sa cour... — Je vous préviens qu'il est dangereux, prenez donc garde à votre cœur!

X

Aussitôt après la présentation de Maurice Villars à mademoiselle Adah Bijou, Hermann Vogel s'éloigna pour laisser l'oncle de Valentine *faire sa cour* à la jeune femme qui, par suite des conventions intervenues entre elle et le caissier, l'accueillit avec la plus encourageante bienveillance.

Charles Laurent saisit au passage le bras du maître du logis.

— Ah çà ! — murmura-t-il à voix basse à son oreille, avec un singulier sourire, — vous avez donc des motifs sérieux de souhaiter à bref délai l'enterrement de ce pauvre Maurice?...

— A quel propos me demandez-vous cela? — fit Hermann en fronçant le sourcil.

— Vous le savez aussi bien que moi, mon cher... — Cette fille étourdissante — (une trouvaille, mes compliments!) — est chez vous dans un but spécial, cela saute aux yeux! — Elle va jouer à votre profit, ce soir, le rôle capital d'une tragi-comédie dont vous êtes l'auteur...

— Et quand cela serait?

Le pseudo-Lorbac n'eut pas le temps de répondre.

Le valet de chambre, qui depuis un instant semblait chercher quelqu'un au milieu des groupes, l'aperçut, s'approcha de lui et murmura d'un ton discret :

— Un gentleman dont voici la carte sollicite l'honneur de parler à monsieur le comte... — Ce gentleman attend dans le vestibule...

— C'est le comte d'Angélis... — dit Charles Laurent à Vogel. — Je vais le chercher et je vous l'amène...

— Allez... — Pour vous être agréable je l'accueillerai comme un vieil ami...

Le faussaire émérite quitta le salon où il revint au bout d'un instant en compagnie d'un jeune homme blond d'apparence distinguée, de tournure élégante, mis avec une recherche de bon goût, et portant sa barbe en éventail.

Ce jeune homme offrait, comme Vogel, le type allemand très accentué. Ainsi que nous avons entendu Charles Laurent l'affirmer, il ressemblait d'une façon vague au caissier; il existait entre eux, tout au moins, un grand air de famille.

En disant que les deux jeunes gens étaient frères on n'aurait à coup sûr étonné personne.

Le mari de Valentine fit quelques pas à sa rencontre et lui serra les mains avec empressement.

— Vous m'étiez annoncé, monsieur le comte, par l'homme du monde que j'estime et que j'affectionne le plus! — dit-il. — La recommandation du comte de Lorbac, notre ami commun, vous donne tous les droits possibles à ma sympathie... — Soyez le bienvenu et désormais regardez, je vous prie, ma maison comme la vôtre...

Le Poméranien, enchanté de cet accueil affectueux, témoigna sa très vive gratitude à son hôte, puis Charles Laurent, s'emparant de lui, le conduisit dans le boudoir métamorphosé en tripot mondain.

La table de baccara était entourée de joueurs et de joueuses qui pontaient faiblement.

— Vous m'aviez parlé d'une grosse partie... — dit M. d'Angélis à son officieux pilote.

— Patience, cher comte, — répliqua ce dernier en souriant. — Cela commence toujours ainsi. — On débute par un petit *bac* de famille, puis on s'anime peu à peu et la partie devient intéressante... — Mais c'est surtout après le souper que les gros joueurs ouvrent leurs portefeuilles... — Vers deux heures du matin, vous verrez se produire très bien des *différences* de cent mille francs...

— Bravo! — s'écria le Poméranien. — Quand on ne fait qu'*amuser le tapis*, comme vous dites, je crois, vous autres Français, cela me porte sur les nerfs...

Il ponta cependant quelques louis et les perdit.

— Je vous propose une partie d'écarté, — fit le pseudo-Lorbac, — Ce sera plus vivant...

— J'accepte... — Combien jouons-nous?...

— Je suis un joueur modeste, moi... — Commençons par cinq louis... — Cela vous va-t-il?

— Parfaitement.

Les deux hommes s'assirent en face l'un de l'autre.

Charles Laurent perdit coup sur coup cinq parties et paya vingt-cinq louis.

— Vous me semblez fort en déveine, cher comte... — dit M. d'Angélis — Continuons-nous?

— Pourquoi non? — La chance me viendra peut-être plus tard...

La petite table des joueurs d'écarté se trouvait dans un angle au fond de la pièce, près d'un large divan inoccupé.

Tout à coup le Poméranien tressaillit d'une façon si brusque et si visible que son adversaire se demanda :

— Qu'a-t-il donc?

Il se retourna en s'adressant cette question et il eut le mot de l'énigme.

Adah Bijou, la main appuyée sur le bras tremblant de Maurice Villars, venait d'entrer dans le salon de jeu, et le vieillard la conduisait vers le large divan dont nous avons signalé la présence.

Tout en marchant d'un pas mal affermi ce squelette fardé attachait sur la jeune femme ses yeux caves dont les prunelles semblaient phosphorescentes, et il balbutiait à son oreille des paroles incohérentes qui témoignaient du soudain et complet détraquement de son cerveau.

La sirène aux cheveux couleur de cuivre, la tête un peu penchée, le regardait de bas en haut, l'écoutait d'un air charmé, semblait le comprendre le mieux du monde, et montrait ses dents blanches dans un adorable sourire capable de damner saint Antoine, dont cependant l'héroïque résistance aux jolies sorcières diaboliques est bien connue.

Maurice Villars, que ses jambes étiques refusaient de porter plus longtemps, se laissa tomber sur le divan.

Adad Bijou s'assit à côté de lui et, par une suite de mouvements d'une grâce féline incomparable, appuya presque son torse éclatant et demi nu contre les épaules du vieux garçon qu'enivraient ainsi doublement la beauté vertigineuse et les parfums capiteux de la charmeuse.

Tous deux se mirent alors à causer à voix basse.

Par instants la jeune femme égrenait les fusées d'un rire frais et sonore et tournait coquettement la tête comme pour dire : *Non!*

Puis, une minute après, afin sans doute d'enlever à ses refus toute signification décourageante, elle laissait ses mèches folles effleurer les lèvres peintes de Maurice Villars.

Ce semblant de caresse produisait chez l'oncle de Valentine une émotion si vive que son vieux corps usé frémissait, agité de tressaillements pareils à ceux que détermine l'étincelle d'une puissante pile de Volta, agissant sur le système nerveux d'un cadavre.

A partir de l'entrée de mademoiselle Bijou dans le petit salon, le comte d'Angélis cessa d'être à son jeu.

Sa distraction grandit lorsque la pécheresse et son antique adorateur eurent pris place à quelques pas de lui.

Il enveloppait Adah d'un long regard ardent, il s'absorbait dans une contemplation extatique, ne sachant plus ce qu'il faisait, entassant faute sur faute, écartant et donnant des cartes au hasard, ne songeant point enfin à marquer le roi, si par hasard il l'avait dans la main.

Charles Laurent, — (à peine avons-nous besoin de le dire) — profita le mieux du monde du déraillement moral de son adversaire, qui ne songeait point d'ailleurs à déserter la table de jeu, puisqu'en la quittant il lui faudrait en même temps s'éloigner de l'inconnue qui le fascinait.

Le pseudo-Lorbac, sans même se donner la peine de recourir aux cartes biseautées dont il s'était muni, gagna haut la main partie sur partie, et comme, aussitôt en bénéfice, il avait pris soin de jouer le paroli, doublant à chaque coup son enjeu, il empocha fort lestement trois ou quatre billets de mille francs, en se promettant bien de ne pas signaler cette aubaine à son excellent ami Vogel.

Et, tout en trichant sans scrupule, il pensait :

— Ou je n'y connais pas grand'chose, ce qui m'étonnerait beaucoup, ou voilà bel et bien une grande passion naissante !... — Qui sait si le hasard ne m'envoie pas fort à propos les moyens d'action nécessaires pour mener à bonne fin le plan que j'ai conçu?... — Il y a là peut-être une idée en germe... je la creuserai, et nous verrons...

Sur ces entrefaites Maurice Villars, agité plus que de raison par son amoureux entretien, et surtout par le voisinage immédiat et galvanisant de *la Torpille*, fut pris d'une quinte de toux plus grave et plus longue que les précédentes.

On put le croire au moment d'étouffer. — Son visage livide s'empourpra sous la couche de pastel qui couvrait l'épiderme, et l'écume qui vint à ses lèvres mit une large tache rouge sur la batiste de son mouchoir parfumé.

— Il vous faudrait un calmant, cher monsieur...— murmura mademoiselle Bijou avec un semblant de vif intérêt, lorsque cette violente crise fut enfin terminée.

— Un calmant... — répéta le vieillard d'une voix sifflante... — Allons donc !... je n'ai besoin que de toniques... — Un verre ou deux de vin de Xérès viendront à bout de ce rhume opiniâtre...

— Allons boire du Xérès alors, puisque telle est votre tisane... — répliqua la jeune femme en riant.

Puis, aidant Maurice Villars à quitter le divan et le soutenant avec énergie, car il faiblissait à chaque pas, elle sortit en sa compagnie du salon de jeu.

— J'ai perdu... — s'écria le Poméranien, sans même achever la partie — Cet argent est à vous, monsieur le comte...

Et il se leva à son tour.

XI

— Nous ne continuons pas? — demanda Charles Laurent.

M. d'Angélis secoua la tête.

— Non... — murmura-t-il, — pas en ce moment.

— Je suis prêt cependant à vous donner revanche sur revanche... — poursuivit l'impudent gredin. — Il est impossible qu'une veine insolente comme celle que je viens d'avoir ne touche pas à son terme... — Je désire reperdre... — Encore une ou deux petites parties, monsieur le comte, voulez-vous?

Le Poméranien fit un nouveau signe négatif.

— Vous ne m'avez gagné qu'une bagatelle... — répliqua-t-il — je vous demanderai ma revanche un autre jour...

— L'écarté vous fatigue peut-être?...

— Oui! c'est cela...

— Vous plairait-il tenir une banque à la table de baccara

— Non... — Je ne jouerai plus cette nuit...

Le prétendu Lorbac feignit une surprise extrême et s'écria :

— Je vous croyais amant très épris de la dame de cœur et de la dame de pique!

— Je le suis en effet...

— Alors, que vous arrive-t-il?

M. d'Angélis parut hésiter avant que de répondre à cette question, puis il se décida brusquement.

— Quoique je n'aie pas l'honneur d'être connu de vous depuis longtemps, — fit-il — je pense, monsieur le comte, que vous êtes mon ami...

— Absolument et très chaudement! — répondit le Lorbac. — Je vous remercie de n'en pas douter... — Faites-moi le plaisir de me mettre à l'épreuve, et vous verrez...

Un échange de poignées de main suivit ces paroles chaleureuses.

Charles Laurent pensait :

— Parbleu! ce qu'il va me raconter, je le sais comme lui!

Le Poméranien reprit :

— Avez-vous remarqué que depuis une demi-heure je n'ai plus du tout ma tête à moi...

— Franchement, je n'ai rien vu de semblable... — Un peu de préoccupation peut-être, mais j'ai pensé qu'au jeu vous étiez habituellement ainsi...

— Non... non... jamais ainsi!... — Toujours maître de moi!... — Mais cette nuit, comme le disait au dernier siècle un de vos écrivains, j'ai *reçu le coup de foudre*...

Charles Laurent joua de nouveau la surprise.

— Le coup de foudre? — répéta-t-il. — Expliquez-vous, cher comte, s'il vous plaît... Que veut dire cela?...

— Cela veut dire que je suis amoureux jusqu'à la folie..

— Et de qui?...

M. d'Angélis étendit la main vers le divan, et répondit :

— De la femme qui, tout à l'heure, était là avec un vieillard...

— Adah Bijou ! ! — murmura Charles Laurent.

— Vous la connaissez?... — demanda le Poméranien avec feu.

— Tout le monde la connaît...

— Qui est-elle?...

— Une jolie femme, assurément...

— Oh! plus que jolie ! ! — s'écria d'Angélis — Plus que jolie et plus que belle ! ! — Je ne croyais point avant ce soir qu'une créature aussi séduisante existât sur la terre ! !... — Je l'aime, et je la veux ! !

— Diable ! — fit le Lorbac. — Vous voulez !... Vous voulez !... C'est bientôt dit... — Mais il faut qu'elle veuille aussi pour que l'aventure soit possible?...

— Est-ce qu'elle ne l'est pas?...

— Dame ! Elle est du moins difficile...

— Pourquoi? — Les invitées du baron de Précy, — vous me l'avez affirmé vous-même — ne sont point des vestales... — L'adorable Adah Bijou est-elle une exception, et faut-il croire à sa vertu?...

— Non pas !...

— Eh bien, alors?... — Songez donc que je suis très riche et que je jette l'or sans compter pour un caprice... à plus forte raison pour une passion...

— Cher comte, vous êtes en déveine !... — répéta l'interlocuteur du Poméranien. — Vous arrivez au mauvais moment !... — Il y a quelques mois je vous aurais dit : — « *La réussite est sûre !* » — Je vous dis aujourd'hui : — « *Le succès est douteux !...* »

— Adah Bijou a-t-elle un amant qu'elle adore?...

— Ceci ne serait rien... — Dans le milieu galant et parisien, plus on adore et mieux on trompe... — Non, Bijou n'aime personne... — A l'heure où je vous parle elle n'a point d'amant, dans le sens que vous donnez à ce mot... — Son rêve, son ambition, sa folie, sont de rattraper son bonnet jeté par dessus des moulins sans nombre... — L'existence joyeuse du monde où nous sommes, la vie de plaisir à outrance, lui portent sur les nerfs... — Elle se figure que ça l'amuserait d'être honnête... — Elle envie les bourgeoises, qui peut-être l'envient à leur tour... — Elle veut un mari...

— Le trouvera-t-elle?

— Elle l'a trouvé déjà...

— Est-il ici ce soir?

— Oui pardieu !... — Sans cela, y serait-elle?

— Ce que vous avez fait là, mon cher comte, dit-il d'un ton sec, est d'une inconcevable imprudence.

- Montrez-le moi...

— Vous l'avez vu...

— Quand?

— Tout à l'heure... là... sur ce divan...

— Quoi! — balbutia le Poméranien stupéfait, — ce vieillard?

— Lui-même...

— Un moribond! Un spectre!! Une momie!!!

— Et voilà justement ce qui fait son mérite... — Le veuvage à bref délai, quelle aubaine, surtout quand le veuvage apporte la fortune...

— Sa fortune? — répéta le comte d'Angélis. — Ce vieillard est donc riche?

— Cinq ou six fois millionnaire, et jaloux autant qu'il est riche... — Il veut bien épouser, mais à la condition d'être aimé et point trompé... — (chacun a sa *toquade*, n'est-ce pas?) — Or, ce futur mari, défiant et malin comme un singe, surveille étroitement Bijou, qui s'y prête d'ailleurs de fort bonne grâce et se laissera tenir en charte privée jusqu'au jour des noces prochaines, sachant bien qu'au moindre soupçon tout serait brusquement rompu... — Or, je vous le répète, Adah veut être mariée, elle veut être riche, elle veut être veuve, et touche à ce triple but... — Croyez-vous qu'elle ira compromettre, par un caprice dont vous seriez l'objet, la réalisation de tant de beaux espoirs caressés? — En échange de l'édifice croulant par votre faute que lui offririez-vous?

— Ma fortune...

— Avez-vous six millions?

Le Poméranien secoua la tête.

— Au moins feriez-vous Adah comtesse?... — poursuivit Charles Laurent.

— Jamais! — tout excepté cela...

— Vous voyez bien que vous n'avez aucune chance... — Croyez-moi, n'y pensez plus...

— N'y plus penser! — répéta M. d'Angélis. — Est-ce que je peux?... — En cinq minutes Adah Bijou s'est emparée de moi comme aucune autre femme ne l'avait fait depuis que j'ai l'âge d'aimer... Il faut qu'elle m'appartienne, il le faut à tout prix, et pour atteindre ce but je ne reculerai devant aucun moyen, quels qu'en soient la folie et le danger!... Si la persuasion échoue, j'emploierai la ruse... Si la ruse est impuissante, j'aurai recours à la force... — En Poméranie, monsieur le comte, quand les femmes nous plaisent et ne sont pas dociles, nous les enlevons carrément...

— En Poméranie, soit, mais nous sommes à Paris... — fit observer Charles Laurent avec un sourire.

— Qu'importe? — En passant la frontière, ai-je oublié les mœurs de mon pays natal?... Quoi qu'il en puisse résulter de fâcheux pour moi, j'arracherai cette fille à ce moribond, je le jure!!...

— Ah! c'est ainsi?

— Oui, foi de gentilhomme, c'est ainsi...

— Alors, puisqu'il s'agit d'une passion sérieuse et prête à tout, je ne vous abandonnerai pas... — Je me fais votre allié et je tâcherai de vous épargner les dangereuses extravagances auxquelles je vous vois prêt... — Moi seul au monde peut-être ai sur Adah l'influence nécessaire pour servir les intérêts de votre amour et plaider votre cause... — Je vais vous présenter d'abord, car il faut que Bijou sache au moins qui vous êtes... — Mais donnez-moi votre parole de gentilhomme qu'une fois la présentation faite vous m'abandonnerez aveuglément le soin de vos intérêts, ne commettant aucune imprudence et n'agissant que d'après mes conseils...

— Cette parole, je vous la donne de tout mon cœur, et permettez-moi d'ajouter, monsieur le comte, que jamais reconnaissance n'égalera la mienne... — Disposez de ma fortune! Disposez de ma vie!!

— Parbleu! — se dit Charles Laurent, — J'y compte bien!!

Il ajouta tout haut :

— Venez...

XII

L'étonnement d'Hermann Vogel fut extrême en voyant Charles Laurent présenter le comte d'Angélis à Mlle Bijou, qui, trouvant le Poméranien fort beau garçon, ne put s'empêcher de lui sourire d'une façon très encourageante.

Maurice Villars surprit ce sourire et sentit un frisson de jalousie courir sur son épiderme parcheminé...

Le mari de Valentine prit à part le pseudo-Lorbac et lui dit :

— Que signifie cela? — Pourquoi, sans me prévenir, mettez-vous cet étranger en rapport avec Adah, après avoir si bien deviné que je fais jouer un rôle à cette fille dans un imbroglio de ma façon?...

— Soyez calme, baron. — Répliqua Charles Laurent. — Quels que soient vos projets, je ne les entraverai pas... — La présentation qui vous intrigue n'aura, quant à présent, nulle suite... Elle se rattache, pour l'avenir, à ce plan grandiose qui mûrit dans ma tête et que vous connaîtrez quand il en sera temps...

— A la bonne heure! Mais songez bien, cher comte, qu'aujourd'hui *la Torpille* appartient à mon œuvre et que rien ne doit l'en distraire!...

— Je n'aurai garde de l'oublier...

La soirée s'acheva sans amener d'incidents qui vaillent la peine d'être mis sous les yeux de nos lecteurs.

En quittant la rue de Boulogne, vers quatre heures du matin, Maurice Villars et le comte d'Angélis étaient, — aussi passionnément l'un que l'autre, — amoureux d'Adah Bijou...

Franchissons un intervalle d'une semaine.

Depuis cinq jours Hermann ne faisait que des apparitions rares et courtes au Bas-Meudon, et, s'il daignait s'y montrer encore, c'était dans la crainte d'un coup de tête de Valentine qui, poussée par l'inquiétude, pourrait venir le demander rue de la Pépinière, ou même à la maison de banque de la rue Saint-Lazare, ce qui le compromettrait fort.

Il ne se donnait plus la peine de justifier par des prétextes, vraisemblables ou non, ses continuelles absences nocturnes.

Peu lui importait que Valentine le crût infidèle et souffrît de cette croyance...

— Il était assailli de soucis trop graves, il avait des préoccupations trop absorbantes, pour songer un instant aux larmes de la pauvre enfant qui portait son nom...

Hermann, — sous son pseudonyme aristocratique. — consacrait toutes ses soirées et une grande partie de ses nuits à Maurice Villars, dont il était devenu l'inséparable compagnon d'orgie, et qui ne pouvait pas plus se passer de sa présence que de celle de la charmeuse aux cheveux couleur de feu.

— Il faut en finir, — se disait Vogel, — et en finir vite!... — La mort immédiate de ce spectre à peine vivant me sauverait peut-être... — Dans quelques jours, il serait trop tard...

La pensée monstrueuse d'abréger par un crime l'interminable agonie de celui qu'il appelait non sans raison : *spectre à peine vivant,* se présentait alors à l'esprit du misérable.

Mais il la repoussait bien loin! il chassait avec une sorte de colère cette tentation dangereuse...

Le poison laisse des traces!...

Il avait peur...

Et il continuait à assassiner l'oncle de sa femme par ces moyens lents que la justice ne peut prévoir et ne saurait punir.

De jour en jour, d'heure en heure, de minute en minute, Maurice Villars se rapprochait de la fosse ouverte sous ses pieds...

Y descendrait-il assez tôt pour que le salut sortit de cette fosse et fût le salaire du crime?

Incessamment Hermann se posait ce problème...

. . . .

Onze heures du soir venaient de sonner.

Nous prions nos lecteurs de franchir avec nous le seuil d'un des cabinets particuliers du premier étage de la *Maison d'Or.*

Maurice Villars et Vogel, ou plutôt le baron de Précy, en compagnie de Mlle Bijou, achevaient un repas commencé à huit heures.

La fenêtre donnant sur le boulevard était close. — Les bougies de deux candélabres entretenaient une température étouffante dans l'étroite pièce surchauffée déjà par la vapeur des mets et la flamme des réchauds.

Une demi-douzaine de bouteilles vides posées sur une des consoles de service et portant les étiquettes du *Château d'Yquem Lur-Saluces,* du *Château Laffitte* et du *Musigny,* prouvaient que les trois convives avaient mis en pratique un vieil adage en forme de quatrain que Maurice Villars se plaisait à citer :

« Remplis ton verre vide
« Vide ton verre plein!
« Ne laisse jamais dans ta main,
« Ton verre ni vide, ni plein! »

La table offrait l'aspect d'un champ de bataille, Vogel n'ayant pas permis d'y mettre de l'ordre.

Les restes du dessert, battu vigoureusement en brèche par la gourmande Adah Bijou, s'y voyaient pêle-mêle avec des verres de toutes les formes, des tasses à café, des liqueurs, des boîtes de cigares, et un rafraîchissoir de plaqué dans lequel se congelait une bouteille de vin de Champagne encore à demi pleine.

Maurice Villars, vautré sur le divan à côté de *la Torpille,* faisait face à Vogel.

Adah Bijou, étendue à demi, adossée à une pile de coussins, la tête renversée, les deux mains jointes sous sa nuque blonde, un pied sur la table, dans une pose d'un laisser-aller tout américain, avait une cigarette aux lèvres et fumait en contemplant le plafond d'un œil atone.

Le vin, qui l'avait animée d'abord, l'étourdissait maintenant... — Elle était un peu grise, très taciturne, fort endormie, lourde de fatigue et d'ennui, songeant que les écuyers des cirques nomades, beaux garçons bien découplés qui font de la voltige en maillot couleur chair et en caleçons de velours scintillants de paillettes, sont absolument irrésistibles, et s'avouant volontiers que si elle soupait en tête-à-tête dans ce même cabinet avec un de ces êtres séduisants, elle ne s'ennuierait plus du tout...

Nous nous garderons bien de donner une nouvelle édition, revue et augmentée, du portrait de Maurice Villars, et nous renoncerons même au désir, légitime cependant, de constater les rapides progrès de sa décrépitude.

L'œuvre de Vogel marchait bon train!...

Il existait désormais de sérieuses raisons d'espérer que l'oncle de Valentine prendrait le sage parti de mourir en temps utile...

Quoique le vieillard eût la tête plus que faible, — ou peut-être à cause de cela, — Hermann, solide comme un Allemand, l'avait poussé à boire en aiguillonnant son amour-propre de viveur émérite.

Maurice Villars était effroyablement ivre, mais des lueurs intermittentes traversaient les ténèbres de sa pesante ivresse.

Alors il se mettait à parler, sans avoir d'une façon nette la conscience de ce qu'il disait, et surtout sans s'inquiéter d'être entendu et d'obtenir une réponse

Puis la très minime parcelle d'intelligence qni surnageait encore sombrait de nouveau sous les fumées du vin, et la langue du squelette animé se paralysait brusquement.

Son visage, dont le rouge et le blanc tombaient par places comme le crépissage d'une vieille maison que dévore le salpêtre, prenait alors une expression bestiale.

Ses yeux vitreux n'avaient plus de regards. — Sa tête se penchait sur sa poitrine, et ses lèvres pendantes suçaient un gros cigare depuis longtemps éteint.

Il rappelait ainsi d'une manière sinistre ces *gâteux* qu'on interne à Bicêtre et qui n'ont presque rien de l'apparence humaine.

Hermann Vogel, bien qu'il ne se fût point ménagé, avait conservé seul son sang-froid tout entier.

Ses yeux fixes, rivés sur Maurice Villars, semblaient fouiller la maigre poitrine où les battements du cœur allaient peut-être s'arrêter enfin.

Sa figure pâle se contracta tout à coup, et son regard devint farouche et menaçant

Sans doute la résolution terrible rayonnant dans ses prunelles produisit un courant magnétique d'une étrange puissance.

L'oncle de Valentine, atteint par ce courant, tressaillit, releva la tête et regarda Vogel...

XIII

Le visage du caissier perdit aussitôt l'expression menaçante que nous avons signalée.

Jamais changement de physionomie ne fut plus rapide et plus complet.

Les yeux devinrent doux et caressants; un affectueux sourire se dessina sur les lèvres.

— Eh! eh! cher Maurice, — dit Hermann, — il me semble que vous venez de faire un petit somme...

L'oncle de Valentine ébaucha un geste de vive dénégation.

— Un petit somme... — bégaya-t-il d'une voix rauque, empâtée par l'ivresse — allons donc!... Jamais, oh! jamais!... — Gustave, tu méconnais ton ami... Gustave, tu me fais de la peine... — Non, mon bon... mon excellent bon, je ne dormais pas... je pensais...

— Et à quoi pensiez-vous, Maurice?...

— A quoi je pensais?... — répéta le célibataire... — Je ne sais plus... C'est bien drôle!... ma parole d'honneur, je ne sais plus...

Les sourcils du vieillard se contractèrent, un grand travail se fit dans son cerveau troublé. — Au bout d'une seconde il ajouta :

— Ah! voilà... Je me souviens... Je pensais que la vie est une douce chose entre l'amour et l'amitié, comme dit la chanson... Car il y a une chanson qui dit cela... J'ai oublié l'air, mon Dieu oui... et les paroles aussi... Mais ça ne fait rien... Tra... la... la... la!... — Sais-tu la chanson, toi, Gustave?... Si tu la sais, tu peux la chanter... Ça me fera bien plaisir... tra... la... la... la... Sois mon ami... chante la chanson...

Et, sans attendre la réponse de Vogel, Maurice Villars continua :

— Que mon sort est digne d'envie!!... J'aime et je suis aimé... J'ai la plus belle femme de Paris... Adah m'adore... N'est-ce pas, petite, que tu m'adores?...

Et le vieux garçon effleura de ses doigts de squelette le bras nu de mademoiselle Bijou.

Ce contact arracha la pécheresse à la somnolence rêveuse dans laquelle passaient les jolis écuyers nomades, debout sur leurs chevaux libres, et crevant les cerceaux de papier au son des cuivres de l'orchestre.

Elle eut un petit frisson de dégoût et se recula vivement.

Maurice Villars ne s'en aperçut pas et poursuivit :

— Elle m'adore et me rend heureux... Le sultan... le sultan lui-même... le sultan de Mahomet, dans son harem embaumé des parfums d'Arabie, est moins folâtre et moins heureux que moi!... Adah, vois-tu, Gustave, c'est Vénus en personne!... Ne le dis pas... j'en suis toqué!... Ça t'étonne de ma part, hein, mon bon?... moi, plus volage que le papillon! Eh bien! je suis fixé... fixé pour la vie... Qu'est-ce que tu veux, mon pauvre ami... l'homme n'est pas parfait... il faut faire une fin, j'épouserai peut-être Adah... Tu seras mon témoin... nous rirons... mais ne le dis pas...

Hermann haussa dédaigneusement les épaules.

L'oncle de Valentine, saisi de ce besoin d'expansion qui s'empare si souvent des gens ivres, lui prit les deux mains et continua :

— Tu es mon ami, Gustave... mon meilleur ami... mon seul ami... un frère pour moi... je voudrais que tu sois mon fils... Veux-tu que je t'adopte?...

— Pourquoi pas? – demanda Vogel en riant.

— L'affaire est entendue... je t'adopterai dans huit jours... Tu es baron... j'aurai un fils baron... ça me fera beaucoup d'honneur... et nous vivrons avec Adah dans une félicité parfaite... — C'est bon, la vie!.. — Il fait chaud ici... j'étouffe.. Si tu savais comme j'ai soif... Gustave, rafraîchis ton ami... Baron, donne à boire à ton père...

— Voulez-vous du vin de Champagne? — demanda Vogel d'une voix dont Maurice aurait remarqué l'altération, s'il avait pu remarquer quelque chose.

— Du vin de Champagne ou d'ailleurs, — balbutia le vieillard, — ça m'est bien égal, pourvu qu'il soit froid... J'ai si chaud... — Donne-m'en un verre, et même deux... Je boirais au besoin toute la bouteille... J'ai si soif...

— Attendez...

— J'attends avec confiance... — Verse, mon ami... — Voilà un ami!! voilà un fils!! — L'amour et l'amitié... — Non!... il n'y a que ça!!... tra... la... la.. la... Tu chanteras la chanson ensuite... Si tu ne la sais pas... tu l'apprendras... Fais ça pour moi... Tu me dois ça, puisque je t'adopte...

Vogel, sans hésiter, prit sur la table une bouteille de forme trapue contenant du kirch de la Forêt-Noire, cette liqueur exquise et terrible où le plus subtil des poisons, l'acide prussique, se trouve en proportions énormes.

Il remplit presque jusqu'aux bords un grand verre avec le contenu de cette bouteille, et le tendit à Maurice Villars, en lui disant :

— Buvez d'un trait... — Cela rafraîchit mieux...

— Tu vas voir... à la régalade!... Tra... la... la... la!...

L'oncle de Valentine, d'une main tremblante prit le verre et, renversant la tête en arrière, lança dans son gosier d'un seul coup toute la dose de liquide...

L'effet produit fut instantané et foudroyant.

Le vieillard usé jusqu'aux moelles, terrassé d'ailleurs par l'ivresse et paraissant incapable de se mouvoir sans aide, se dressa d'un bond comme un jaguar endormi que réveille une balle...

Pendant la vingtième partie d'une seconde il se tint debout, hideux, effrayant, les bras en croix, la bouche entr'ouverte, les yeux sortant de leurs orbites.

L'expression d'une souffrance aiguë, indicible, se peignait sur son masque sinistre...

Les suppliciés du moyen âge, à qui le tortureur versait du plomb fondu dans la gorge, devaient avoir au moment de l'agonie une attitude pareille, un semblable visage.

La main chétive de Maurice Villars, cette main faible et tremblante un quart de minute auparavant, acquit dans une crispation suprême la force d'un étau et mit en pièces le verre qu'elle n'avait pas lâché.

Tout cela, — nous le répétons, — dura moins d'une seconde.

L'oncle de Valentine poussa un cri rauque où s'unissaient le râle et le gémissement...

Il ne prononça pas une parole et, perdant soudain l'équilibre, il s'abattit sur le divan dont l'élasticité le fit rebondir jusqu'au tapis, comme une masse inerte et qui ne bougea plus...

Étendu sur le dos, les paupières soulevées, les prunelles vitreuses, la langue noircie et pendante, ce corps immobile semblait atteint déjà de la rigidité cadavérique.

Un sourire de triomphe effleura les lèvres d'Hermann Vogel.

Le cri d'agonie de Maurice Villars avait arraché brusquement Bijou à son rêve de cirque nomade et d'écuyers en maillots couleur de chair.

En voyant le vieillard s'abattre, elle se leva tremblante, effarée, et se réfugia dans un angle du cabinet comme pour se soustraire à quelque péril imminent.

— Qu'avez-vous donc, ma chère?... — lui demanda Vogel.

Adah Bijou étendit la main vers le corps, et, répondant par une question, murmura :

— Que lui avez-vous fait boire?...

— Un verre de champagne frappé qu'il me demandait et pas autre chose... — dit Hermann, puis il ajouta : — Vous le savez bien, d'ailleurs... — J'ai rempli le verre sous vos yeux...

— Je ne sais rien... je n'ai rien vu... — répliqua la jeune femme, dont la violente surexcitation nerveuse grandissait, — et je crois que vous mentez!...

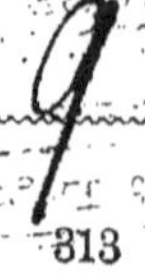

— J'ai perdu... s'écria le Poméranien, — cet argent à vous, monsieur le comte...

— Au vin de Champagne vous avez mêlé du poison!! — Ce n'était pas convenu cela!... — C'est un assassinat, c'est un crime que vous venez de commettre!... — Je refuse d'être compromise... Je ne suis pas complice... Vous me faites horreur... — Si Maurice Villars est mort, je vous dénoncerai...

Un éclair de rage froide et d'implacable haine s'alluma dans les yeux d'Hermann Vogel, mais cet éclair s'éteignit aussitôt.

Le caissier de Jacques Lefebvre haussa les épaules et répliqua d'un ton très calme :

— Voilà de méchantes paroles, chère enfant... — J'aurais le droit de vous en vouloir, mais je n'en userai point... — Au fond, vous ne pensez pas un traître mot de ce que vous venez de dire... D'ailleurs vous êtes ce soir un peu folle... cela passera... c'est nerveux... — Je ne sais si Maurice Villars est vivant ou mort, mais dans tous les cas je ne suis nullement responsable de son état... — Je vais vous en donner l'indiscutable preuve en appelant à l'aide et en réclamant les secours d'un médecin devant qui vous pourrez, si le cœur vous en dit, formuler vos soupçons... — Dénoncez-moi librement, ma chère... — Ne vous gênez pas! — Étant innocent, je n'ai rien à craindre...

— Me suis-je trompée? — pensait *la Torpille* — Ai-je accusé trop vite? — Le baron semble de bonne foi, mais tout cela est bien étrange...

Vogel, pendant ce temps, appuyait un doigt sur le bouton de la sonnette électrique dont le carillon se fit entendre aussitôt, puis, ouvrant le cabinet, il cria de toutes ses forces :

— Au secours! Vite!... vite!... — Un médecin! il y va de la vie ou de la mort d'un homme!!

Ces clameurs mirent le restaurant en révolution, et de jolies têtes curieuses se montrèrent dans l'entre-bâillement des portes des cabinets voisins.

Une demi-douzaine de garçons et de maîtres d'hôtel accoururent.

Maurice Villars était un des clients sérieux de la maison.

La vue de son corps étendu sans connaissance sur le tapis produisit une stupeur profonde.

— Il y a un médecin au n° 8... — dit un des garçons, — je cours le chercher...

XIV

Un jeune médecin, — le docteur Favier, — homme de plaisir autant que de science, fort à la mode à cette époque, surtout dans le monde des actrices et des cocottes, soupait au n° 8 en joyeuse compagnie masculine et féminine.

Il accourut en toilette de soirée, portant la cravate blanche, l'habit noir, le gilet à un seul bouton, et arborant un camélia à sa boutonnière.

Le docteur, en entrant dans le cabinet, regarda tout d'abord Adah Bijou.

— Peste! — pensa-t-il. — Voilà une belle fille!... — Je suis fort étonné de la voir aujourd'hui pour la première fois...

Il salua sommairement Hermann et, s'agenouillant sur le tapis, se pencha vers le vieux garçon.

— Ah çà! mais, — s'écria-t-il, — c'est M. Maurice Villars!!...

— En effet... — répondit Vogel très surpris.

— Que lui est-il arrivé?...

— Mon vieil ami, dont la modération à table n'est point la vertu dominante, vous le savez peut-être, monsieur, puisque vous paraissez le connaître, était un peu... comment dirai-je?..

— Dites qu'il était ivre... — interrompit le docteur.

— Il avait consommé largement sa part de plusieurs bouteilles de vins capiteux... reprit Hermann, — il avait ensuite absorbé force petits verres de diverses liqueurs... — Bref il me semblait très lancé, mais nullement souffrant... — Tout à l'heure, — (il y a de cela cinq minutes à peine), — il se plaignit de la chaleur et de la soif et me demanda du vin de Champagne frappé... — Je lui en présentai un verre qu'il vida d'un seul trait. — Après avoir bu il se leva, le visage décomposé, poussa un cri et tomba lourdement, sans connaissance... — Très effrayé, j'ouvris la porte et j'appelai à l'aide... — Vous êtes venu, et je vous remercie du fond du cœur de votre empressement...

— Il n'y a pas de quoi... — répliqua le jeune médecin. — Le devoir professionnel avant tout.

En disant ce qui précède, le docteur Favier appuyait deux doigts sur l'artère du poignet de Maurice Villars; ensuite, déboutonnant le plastron de la chemise, il posait sa main sur le côté gauche de la maigre poitrine.

— Mon ami est vivant, n'est-ce pas monsieur? — demanda Hermann avec une émotion bien jouée. — L'accident dont il vient d'être victime est sans gravité?

Le docteur ne répondit pas tout de suite...

— Je vous en supplie, monsieur, parlez!!... — poursuivit le faux baron... — Votre silence me cause une insoutenable inquiétude...

— Monsieur Villars est vivant encore... — fit le médecin en hochant la tête, — mais il n'en vaut guère mieux...

— Le croyez-vous en danger?...

— En très grand danger...

— Cependant le salut est possible encore?

— Je n'ose l'espérer beaucoup...

— Quel est donc ce mal soudain et foudroyant?...

— Une congestion cérébrale, parbleu!...

— Mais il existe des remèdes qui combattent la congestion et parfois en triomphent?

— La saignée et les sinapismes, oui.

— Hâtez-vous de les employer!...

— Impossible!

— Pourquoi?

— L'un et l'autre, agissant sur un corps gorgé d'aliments et de boissons, tueraient infailliblement et immédiatement le malade.

— Faut-il donc l'abandonner à lui-même sans rien tenter pour son salut?

— Il faut le transporter chez lui et faire appeler son médecin habituel, qui, grâce à sa connaissance approfondie du tempérament de M. Villars, pourra peut-être essayer un traitement que je n'oserais prendre sur moi d'ordonner...

— Du moins, docteur, vous nous accompagnerez jusqu'à la rue d'Amsterdam où demeure mon malheureux ami?...

— Je vous accompagnerai si vous y tenez beaucoup, mais ce sera parfaitement inutile...

— Docteur, je vous en prie...

— Soit! — Disposez de moi... — Je vais prévenir mes amis de mon brusque départ et je reviens... Mais, d'abord, soulevons à deux ce corps qui ne peut rester là...

Maurice Villars, décharné comme il l'était, ne pesait pas plus qu'un enfant. — Il fut aisé de l'étendre sur le divan dans l'attitude d'un homme endormi.

Ceci fait, le docteur quitta le cabinet.

Hermann, resté seul avec Adah Bijou, lui dit ironiquement:

— Eh bien! ma confiante amie, me prenez-vous toujours pour un empoisonneur?...

— Non... — murmura la jeune femme, d'un ton qui ne décelait point une conviction bien ardente.

— Vous avez entendu le médecin... — Une congestion cérébrale a frappé notre ami... rien au monde n'est plus naturelle...

— Oui, sans doute...

— Il ne vous reste donc, chère enfant, qu'à mettre votre chapeau coquet sur votre jolie tête, et à retourner chez vous au plus vite... — Il y a certainement des voitures sur le boulevard... — Ai-je besoin d'ajouter que si les prévisions du docteur se réalisent, et si nous avons la douleur de pleurer à bref délai notre ami, la prime convenue vous sera payée sur-le-champ... — Attendez-moi demain à cinq heures... Nous réglerons cette petite affaire...

— Je vous attendrai... — répondit la courtisane qui sortit à son tour avec une extrême hâte, après avoir jeté sur le corps du vieillard un regard empreint de terreur.

Vogel appela.

— Donnez-moi l'addition... — commanda-t-il au garçon — et voyez si le coupé de M. Villars est en bas...

— Bien, monsieur.

Le garçon disparut et revint presque aussitôt.

— L'addition demandée... — fit-il, et il ajouta: — Le coupé de ce pauvre monsieur attend depuis une heure... — C'est le cocher qui va recevoir un rude coup quand il verra son maître en cet état !!...

— Faites avancer la voiture jusqu'à la porte de la rue Laffitte...

— Bien, monsieur.

Le docteur Favier rentra, en pardessus et le chapeau à la main.

Deux garçons, à qui ce genre de service déplaisait outre mesure, mais que consolait l'espérance d'une jolie gratification, descendirent le vieillard évanoui et l'installèrent dans l'angle du coupé.

— Placez-vous près de lui, docteur... — dit Hermann...

— Et vous, monsieur?

— Moi, je monte sur le siège à côté du cocher...

La voiture se dirigea vers la rue d'Amsterdam, au pas des chevaux, comme un corbillard, mais la distance est courte, et, si lente que fût la marche, on atteignit le but en moins d'une demi-heure.

Le valet de chambre attendait comme de coutume.

— Monsieur le baron sur le siège!! — s'écria-t-il.

— Joseph, — répliqua Vogel, — votre maître vient d'avoir une attaque d'apoplexie... il est bien malade...

— Ah! mon Dieu!!

— Aussitôt que nous l'aurons déshabillé et mis au lit, vous courrez chez son médecin en titre et vous le ramènerez avec vous... — Gardez la voiture pour aller plus vite...

— Ça n'est pas la peine, monsieur le baron... — le médecin de monsieur demeure rue de Milan, tout près d'ici...

Cinq minutes après, Maurice Villars, toujours sans connaissance, était étendu sur la couche basse et large de cette chambre bizarre que nous avons décrite, et qui capitonnée, murailles et plafond, en satin couleur bouton d'or, ressemblait à l'intérieur d'un gigantesque coffret à bijoux.

La glace énorme occupant toute la largeur du lit entre les rideaux, et les trois autres glaces de même dimension encadrées de satin jaune, reflétaient et multipliaient la face violacée de l'oncle de Valentine, ses yeux ouverts, ses lèvres tordues.

C'était étrange et absolument hideux.

Le docteur appuya de nouveau ses doigts sur le poignet et fit une moue significative.

— Eh bien? — demanda Vogel.

— Les battements s'affaiblissent... — répondit le jeune homme. — J'ai la conviction absolue que notre malade s'éteindra avant l'aube du jour... — Si vous lui connaissez des principes religieux, on fera bien de prévenir un prêtre...

— Inutile... — murmura Vogel — Mon vieil ami est un homme sans préjugés... un philosophe... un libre-penseur... Si son dernier moment est proche, il mourra comme il a vécu...

— Tant pis pour lui... — pensa le docteur, qui cependant n'était pas un dévot.

Le médecin en titre du vieillard ne se fit pas attendre.

Il fut absolument du même avis que son élégant confrère, et déclara Maurice Villars perdu sans ressources.

— Ça lui pendait d'ailleurs à l'oreille... — ajouta-t-il. — Depuis longtemps déjà je lui conseillais sur tous les tons de se ménager... — Ce diable d'homme ne m'écoutait point et brûlait la chandelle par les deux bouts!! — Quel gaillard!... — N'ayant plus que le souffle, il allait toujours! — Adieu paniers, vendanges sont faites! — Il n'y a rien à tenter... — Je reviendrai ce matin, vers les huit heures... — Il sera mort...

— Je reste auprès de mon ami... — balbutia Vogel d'une voix qui semblait brisée par l'émotion... — Nous avions l'un pour l'autre une sympathie profonde et basée sur l'estime... — Je veux recevoir son dernier souffle...

Les deux médecins s'éloignèrent ensemble.

Le mari de Valentine demeura seul dans la chambre où Maurice Villars expirait...

XV

— J'arrive au but, — murmura Vogel, — et l'effroyable incertitude qui m'oppresse depuis si longtemps va cesser!!...

Ce but auquel le caissier de Jacques Lefebvre croyait toucher enfin, nous le connaissons déjà : — c'était de s'assurer que Maurice Villars n'avait pas fait de dispositions écrites et, dans le cas où contre toute prévision existerait un testament, de supprimer cet acte.

Au fond de la chambre, entre les deux fenêtres, se voyait une sorte de secrétaire en bois de rose, de forme ancienne, fort élégant et orné de plaques en porcelaine de Sèvres.

Hermann savait que ce meuble renfermait les papiers importants de l'oncle de Valentine.

Il avait vu quelques jours auparavant le vieillard l'ouvrir avec une clef microscopique qu'il portait à sa chaîne de montre. — Il était certain par conséquent que la serrure ne comportait ni secret, ni combinaisons.

La montre et le porte-monnaie se trouvaient sur la table de nuit, près du lit.

Deux flambeaux et les bougies allumées d'un candélabre éclairaient vivement la chambre.

Rien ne semblait plus facile que de courir au sécrétaire, de l'ouvrir et d'en examiner le contenu, mais la prudence défendait impérieusement à Vogel d'aller si vite en besogne.

Il fallait éviter d'être pris en flagrant délit de recherches compromettantes, malaisées à expliquer, impossibles à justifier.

Si fiévreuse que fût l'impatience, si pénible que fût l'attente, il était donc indispensable d'attendre et de patienter...

Vogel s'assit auprès du lit et il eut l'effrayant courage d'attacher ses regards sur le visage de l'homme qu'il venait de pousser dans la tombe.

Maurice Villars n'avait pas fait un mouvement depuis qu'il était étendu sur cette couche d'où il ne devait plus se relever.

La mort le marquait de son empreinte. — Le tressaillement presque imperceptible des paupières indiquait seul, par instants, qu'un misérable reste de vie habitait encore ce débris humain si semblable à un cadavre.

Hermann laissa s'écouler une demi-heure.

Au bout de ce temps il se dirigea vers une porte latérale et franchit le seuil de la pièce voisine.

Il y trouva le valet de chambre, confortablement installé sur une chauffeuse et dormant d'un profond sommeil.

— Joseph... — dit-il d'une voix très basse en lui touchant l'épaule.

Le domestique se frotta les yeux et s'empressa de se lever en balbutiant :

— Monsieur le baron a-t-il besoin de moi?... — Est-ce que le *malheur* est arrivé?...

— Pas encore... — répliqua Vogel, — mais votre pauvre maître s'éteindra d'une minute à l'autre... — Vous avez entendu l'arrêt des médecins... il est sans appel...

— Monsieur le baron désire peut-être que je veille avec lui?...

— A quoi bon? — Je suffis seul à cette tâche dont l'amitié me fait un douloureux devoir... — Vous aurez à vous occuper au point du jour de beaucoup de choses tristes qui réclameront votre lucidité tout entière... — Il est deux heures après minuit... — Allez vous jeter sur votre lit, dormez jusqu'à six heures du matin, et à six heures venez me rejoindre...

— Monsieur le baron me permet donc de me retirer?

— Non seulement je le permets, mais je l'exige...

— C'est alors pour obéir à monsieur le baron... — Si ma présence devenait nécessaire il suffirait de tirer le cordon placé au chevet du lit... — Le timbre résonne dans ma chambre... — Je descendrais à l'instant même, car je ne me déshabillerai pas.

— C'est bien, mais votre présence ne sera point utile... — Dormez sans inquiétude... — A six heures moins cinq minutes, je sonnerai.

Le valet de chambre se mit en devoir de se retirer, mais il revint sur ses pas et demanda :

— Monsieur le baron m'autorise-t-il à formuler une requête?

— Sans doute...

— M. Villars était un excellent maître... Je perds une bonne place... J'ai beaucoup de chagrin... — Si monsieur le baron voulait me prendre à son service avec les mêmes gages, ça serait pour moi une bien grande consolation...

— Ce n'est point imposible... — Nous verrons cela...

— Je remercie d'avance monsieur le baron... Je ferai tout pour le satisfaire...

Hermann Vogel attendit quelques secondes, après que le domestique se fût éloigné, puis il rentra dans la chambre mortuaire, poussa les verrous des deux portes et, à l'abri de toute surprise, se dirigea vers le lit, un flambeau à la main.

Pendant sa courte absence le tressaillement faible des paupières de l'agonisant avait complètement cessé.

Le caissier prit sur la table de nuit un petit miroir qu'il approcha de la bouche entr'ouverte.

Aucune vapeur ne ternit la glace.

L'assassin découvrit sans hésiter le haut du corps de sa victime et appuya sa main sur la poitrine.

Le cœur ne battait plus.

— Allons, c'est bien fini ! — pensa le misérable. — Il est mort et me voilà riche...

Une minute plus tard il ouvrait le secrétaire et commençait l'examen minutieux des papiers que ce meuble renfermait.

Ces papiers, en assez petit nombre d'ailleurs, ne pouvaient intéresser beaucoup Hermann, à l'exception de deux.

Le premier, portant cet en tête : — *État de ma fortune*, de l'écriture de Maurice Villars, indiquait les séries d'actions et d'obligations nominatives des chemins de fer français et étrangers, et des autres valeurs industrielles de premier ordre, dont cette fortune se composait.

Le total des sommes ainsi représentées dépassait six millions.

Le second papier était un récépissé de la Banque de France où se trouvaient déposées toutes ces valeurs.

Hermann frissonna de joie en se disant qu'une fortune si facile à liquider en quelques heures allait bientôt se trouver dans ses mains, et qu'au lieu de rouler dans l'abîme dont il effleurait déjà le bord, il serait sauvé...

Un tiroir contenait des factures acquittées et un livre de chèques.

Un autre renfermait quelques rouleaux de louis et cinq ou six billets de banque auxquels le caissier se garda bien de toucher.

Aucune trace de testament... — pas un de ces brouillons, pas une de ces notes qui semblent indiquer l'intention de donner à des volontés suprêmes une forme matérielle.

Vogel referma le secrétaire, tira les verrous, revint prendre sa place auprès du lit et, tout éveillé, fit des rêves d'or.

Un peu avant six heures du matin il agita le cordon de la sonnette indiquée par le valet de chambre.

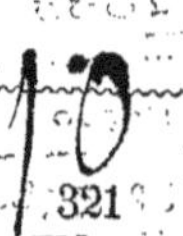

Adah Bijou, dans une pose d'un laisser-aller tout américain, les pieds sur la table, une cigarette aux lèvres...

Ce dernier arriva presque aussitôt avec une physionomie de circonstance, bien convaincu que tout devait être fini. — Il ne se trompait pas.

— Il y a longtemps déjà que mon pauvre ami a rendu son dernier souffle... — lui dit Hermann en s'essuyant les yeux. — Courez chez le juge de paix de l'arrondissement et déclarez-lui le décès de votre maître, afin que l'apposition des scellés soit faite sans retard... — J'ignore quels sont les héritiers de M. Villars, mais il faut sauvegarder leurs droits... — Ma fatigue est grande après une nuit de veille... je ne partirai cependant que lorsque le magistrat sera dans cette maison...

Un peu avant huit heures, tandis que le juge de paix, venu en compagnie de son greffier et d'un médecin, mettait les scellés sur les meubles et sur les armoires, le mari de Valentine quittait le petit hôtel de la rue d'Amsterdam et, sautant dans une voiture qui passait à vide, se faisait conduire au numéro 131 de la rue Montmartre.

Nous savons que maître Roch le recevait à n'importe quelle heure, aussi bien avant l'ouverture qu'après la fermeture de l'agence.

— Je devine à votre physionomie qu'il y a du nouveau ! — s'écria l'homme de loi en le voyant.

— Il y en a, et beaucoup ! — répliqua Vogel, — Maurice Villars est mort cette nuit...

— Vous en êtes certain?...

— J'étais là... — On met en ce moment les scellés chez feu mon oncle.

— Y a-t-il un testament?

— Non.

— Comment le savez-vous?...

— J'ai fouillé... je n'ai rien trouvé...

— A merveille... — Vous êtes un homme habile ! — Mes compliments.

— Le temps presse... — que faut-il faire?

— Je vais vous le dire...

XVI

— La situation est des plus simples, — reprit maître Roch. — Aucune discussion ne peut avoir lieu... — Ouvrez le Code civil, livre III, titre I, section IV, article 749, vous lisez :

— « Dans le cas où la personne morte sans postérité laisse des frères, sœurs, « ou des descendants d'eux, si le père ou la mère est prédécédé, la portion qui « lui aurait été dévolue conformément au précédent article, se réunit à la moitié « déférée aux frères, sœurs, ou à leurs représentants, ainsi qu'il sera expliqué à « la section V du présent chapitre...

Et, — continua l'homme de loi, — l'article 750 ajoute :

« En cas de prédécès des père et mère d'une personne morte sans postérité, « ses frères, sœurs ou leurs descendants sont appelés à la succession, à l'exclusion « des ascendants et des autres collatéraux : — ils succèdent de leur chef, ou par « représentation. »

« Or, Maurice Villars étant mort sans testament et sans postérité, après le décès de son père et de sa mère, Mme de Cernay, son unique sœur, se trouverait, si elle vivait encore, la seule héritière de sa fortune.

« Or Mme de Cernay, décédée, est représentée par ses deux filles, Valentine et Claire, à qui revient la fortune entière de leur oncle...

« Or, vous êtes le mari de Valentine, et marié sans contrat, par conséquent sous le régime de la communauté, donc vous héritez puisque votre femme hérite, et vous aurez à verser incessament, à mon honorable associé Fumel et à moi-même, la somme assez rondelette stipulée dans le petit acte sous-seing privé dont sans doute vous n'avez point oublié la teneur.

Hermann ne sourcilla pas.

— Je n'ai rien oublié, — dit-il, — mais pour payer il faut toucher, et j'attends que vous m'en indiquiez les moyens...

— C'est juste... — Vous allez vous rendre chez le notaire du défunt...

— Son nom et son adresse ?

— Me Châtelet, rue de Choiseul, n° **24**.

Vogel tira son portefeuille et prit note du renseignement.

— Vous solliciterez une entrevue immédiate pour affaire très importante et très pressée, — continua l'ex-avoué. — Vous apprendrez au notaire la mort de son client qu'il ignore sans doute encore... — Vous lui ferez connaître les droits éventuels de votre femme à la succession ; vous le chargerez des intérêts de Mme Vogel et de sa jeune sœur, et vous n'aurez plus à vous occuper de quoi que ce soit jusqu'à nouvel ordre... — Les scellés sont-ils posés ?

— Le juge de paix, que j'ai fait prévenir, les pose en ce moment...

— A merveille... — Me Chatelet demandera, selon les formes légales, leur levée immédiate, afin de procéder sans retard à la recherche d'un testament qu'on ne trouvera pas... — Dès que la non-existence de cet acte sera constatée, vous entrerez en possession...

— Par malheur, — dit Hermann, — je ne puis aller immédiatement rue de Choiseul.

— Qui vous en empêche ?

— L'heure où je dois me rendre à la maison de banque approche...

— Donnez votre démission de caissier...

— Impossible !..

— Pourquoi? — Vous êtes riche, ou du moins vous allez l'être, ce qui revient au même...

Le mari de Valentine secoua la tête et murmura :

—J'ai des raisons sérieuses pour rester sur la brèche jusqu'au dernier moment...

L'homme de loi eut un sourire d'une nature toute particulière.

— Très bien... — fit-il... — Je comprends... — Vous tenez à ce qu'on s'adresse à vous, et non à un autre, lorsque certaines traites arriveront au guichet de votre caisse... — Il y a du Charles Laurent là-dessous, hein ?...

— Non, en vérité... non, je vous assure... — balbutia Vogel avec un embarras manifeste.

— Je n'insiste pas... — reprit maître Roch en souriant de plus belle. — Mais vous avez bien tort de vous cacher de moi... — Le délit qui ne cause de préjudice à personne est une bagatelle, et qu'importe une signature un peu fantaisiste pourvu qu'on paye à présentation?... — J'en reviens au notaire... — Demandez à votre patron deux heures de congé et courez chez Me Châtelet... — C'est essentiel... — Que risquez-vous?... Il n'y a point d'échéance aujourd'hui...

— Je suivrai ce conseil... — dit Vogel. — A bientôt... — Je me sauve...

— Tenez-moi au courant, surtout!

— Soyez tranquille...

— Quand vous reverrai-je?...

— Dans la soirée, selon toute apparence...

Vers midi Jacques Lefebvre, avec son habituelle bienveillance, permit au caissier de s'absenter momentanément.

Hermann prit une voiture et se fit conduire rue de Choiseul.

L'étude occupait tout le premier étage d'une maison luxueuse.

Le mari de Valentine demanda Me Châtelet.

— Le patron est occupé, — lui fut-il répondu, — mais le maître clerc est là.

Ce maître clerc était un jeune homme qui se mit à la disposition du nouveau venu.

— Je ne puis parler qu'à Me Châtelet lui-même... — répliqua Vogel. — L'affaire qui m'amène est de haute importance, confidentielle, et très pressée.

— Voulez-vous me donner votre carte, monsieur?... — demanda le principal.

— La voici.

Le jeune homme jeta les yeux sur cette carte et reprit :

— Je vais la porter moi-même au patron... — Il a du monde en ce moment, mais dès qu'il sera libre il vous recevra...

— Cela tardera-t-il beaucoup?

— J'espère que non, mais je ne puis rien affirmer... — Les clients sont plus verbeux qu'il ne faudrait, infiniment plus, car une affaire, même compliquée, se peut expliquer presque toujours en beaucoup moins de temps qu'ils n'en mettent.

Vingt minutes s'écoulèrent...

Hermann commençait à ressentir une vive impatience.

Enfin on vint le prévenir que le *patron* était seul et l'attendait dans son cabinet.

Me Châtelet n'avait aucun rapport avec le type si connu du *tabellion* de l'ancien jeu, empruntant volontiers à l'immortel Prudhomme ses allures solennelles et son vocabulaire ampoulé. — Il offrait le type du jeune notaire, du notaire *dans le mouvement*.

Sa tenue, sérieuse mais très correcte, était celle d'un gentleman qui se sait beau garçon et ne veut perdre aucun de ses avantages. — Il ne portait point la cravate blanche avant sept heures du soir et, sans l'absence significative de moustaches, on aurait pu le prendre pour un homme du monde exclusivement occupé de chevaux et de femmes.

Son cabinet, meublé avec une richesse sobre, offrait une réunion remarquable de tableaux, de bronzes, d'objets d'arts.

Le notaire salua le caissier et lui dit en désignant du geste un fauteuil près du large bureau placé au milieu de la pièce :

— Monsieur Hermann Vogel, n'est-ce pas ?

— Oui, monsieur...

— Mon maître clerc m'a prévenu que vous aviez à me faire une communication importante...

— En effet, monsieur...

— Je suis à vos ordres... — De quoi s'agit-il?...

— Si je suis bien renseigné, et je crois l'être, — commença Vogel, — vous êtes le notaire de M. Maurice Villars...

Me Châtelet fit un geste affirmatif.

— Je vous apporte une triste nouvelle... — poursuivit le caissier, — M. Villars est mort cette nuit.

Le notaire tressaillit.

— Mort cette nuit !... — répéta-t-il.

— Foudroyé par l'apoplexie, dans un cabinet de la *Maison d'Or*... — On l'a ramené chez lui où il a rendu le dernier soupir sans avoir repris connaissance...

— Voilà véritablement une triste nouvelle... — dit le notaire. — Mon honorable client baissait de façon trop visible depuis quelque temps, néanmoins je ne croyais pas que sa fin fût si proche... — Permettez-moi de vous demander, monsieur, comment il se fait que ce soit vous qui m'appreniez cette mort imprévue ?

— C'est la chose du monde la plus simple, — répliqua Vogel... — Je suis ici à titre de parent par alliance du regretté défunt.

— Parent par alliance ! — s'écria Me Châtelet.

— Oui, monsieur.

— Vous m'étonnez beaucoup!... M. Maurice Villars, je le croyais du moins, n'avait pas de parents proches ou éloignés...

— Vous vous trompiez, monsieur; il en avait et de très proches... — Sa sœur, Clotilde Villars, mariée à Léon de Cernay, est morte ainsi que son mari, laissant deux filles, mesdemoiselles Valentine et Claire de Cernay, et j'ai l'honneur d'être le mari de l'aînée des orphelines...

XVII

La physionomie du notaire exprimait une stupeur profonde.

— Mon client, — reprit-il au bout de quelques secondes, — ne m'avait jamais dit un mot de cette sœur..

— Madame de Cernay s'étant mariée contre le gré de son frère, — répliqua Vogel, — ce dernier ne lui pardonnait point son mariage et, depuis le jour où ils se sont violemment séparés, il refusait même d'entendre prononcer le nom de sa sœur...

— Connaissait-il l'existence de ses nièces?

— C'est possible, sinon probable, mais je n'oserais l'affirmer...

— Les orphelines sont-elles riches?...

— Absolument pauvres...

— Leur mère devait, cependant, posséder quelque fortune...

— Léon de Cernay, leur père, avait dévoré tout, avant de terminer par un suicide sa déplorable vie...

— Et vous avez épousé l'aînée des jeunes filles, quoiqu'elle n'eut rien? — reprit Mᵉ Châtelet. — C'est très beau cela, monsieur!! C'est superbe!!...

— Je ne mérite aucun éloge... — répliqua Vogel.

— Pourquoi donc?

— J'ai fait ce que tout homme de cœur aurait fait à ma place... — Mademoiselle Valentine était charmante et bonne... Je l'aimais... Elle est devenue ma femme et je mets ma plus vive joie, je mets mon unique bonheur, à tâcher de la rendre heureuse...

Le notaire, remué jusqu'au fond de l'âme par ce langage simple et touchant dont il ne pouvait suspecter la franchise, saisit la main du caissier et la serra entre les siennes, en murmurant avec émotion :

— Je me félicite, monsieur, d'avoir le plaisir aujourd'hui de faire votre connaissance... — Les gens de cœur sont malheureusement trop rares...

Hermann s'inclina d'un air modeste.

Après un instant de silence, Mᵉ Chatelet reprit :

— Mais vous n'êtes pas venu, sans doute, dans le seul but de m'annoncer la mort de mon client... — Je serais désireux d'apprendre le second motif de votre visite...

— Ne l'avez-vous point deviné?..

— Non, je l'avoue...

Vogel fit un geste d'étonnement.

— Ce motif me semblait indiqué par la situation... — répondit-il. — Enfin, je m'explique. — J'aurai l'honneur de vous apporter demain, ce soir même au besoin, l'acte de naissance, l'acte de mariage et l'acte de décès de madame Clotilde de Cernay, née Villars, ma belle-mère; j'y joindrai l'acte de naissance de ma femme et mon acte de mariage.

— Pourquoi me remettre ces pièces? — demanda le notaire.

— Pour établir correctement à vos yeux que madame Vogel et sa sœur sont les propres nièces de M. Maurice Villars...

— Je n'en doute pas, je vous assure...

— Il est bon que vous en ayez dans les mains la preuve authentique avant d'accepter la mission de défendre les intérêts de madame Vogel...

— En quoi sont-ils menacés?

— Je n'ai pas dit qu'ils le fussent, mais M. Villars, selon toute apparence étant mort sans tester, il faudra faire valoir les droits des héritiers et solliciter leur envoi en possession, et c'est de cela, je l'espère, que vous voudrez bien vous charger...

Le notaire coupa la parole au mari de Valentine.

— Pardonnez-moi, — fit-il, — si je vous interromps... — Vous venez de commettre une erreur qu'il importe de rectifier au plus tôt.

— Une erreur?... laquelle?...

— Vous avez émis l'opinion que M. Villars est mort sans tester...

— Eh bien?

— Eh bien! cher monsieur, voilà l'erreur... M. Villars a fait un testament.

Ces quelques mots produisirent sur Hermann l'effet d'un coup violent reçu en pleine poitrine.

Il devint pâle.

— Un testament!... — bégaya-t-il d'une voix presque indistincte. — Un testament! Lui?... Maurice?...

— Sans doute...

— Vous en êtes sûr?...

— Autant qu'on le puisse être... — Il y a juste huit jours mon regretté client qui, sans vouloir en convenir, prévoyait peut-être sa fin prochaine, m'a remis lui-même cet acte... Je l'ai serré dans ma caisse où il est encore...

— Que contient-il? — demanda Vogel impérieusement.

— Étrange question! — murmura le notaire scandalisé. — Comment saurais-je ce qu'il contient? — Il s'agit d'un testament olographe, bien et dûment scellé de trois cachets aux initiales du défunt, qui ne m'avait point du tout consulté au sujet de sa rédaction... — Et si d'ailleurs je savais quelque chose — (ce qui n'est pas) — le devoir professionnel m'obligerait au silence.

Le visage du mari de Valentine était méconnaissable. — Les paupières avaient brusquement rougi... — Des gouttes de sueur coulaient sur le front.

— Ah çà, mais on croirait que vous allez vous trouver mal! — dit le notaire effrayé de cette décomposition soudaine. — Avez-vous besoin de quelque chose? — Voulez-vous un verre d'eau?...

Vogel fit un effort héroïque et reconquit un peu de sang-froid.

— Merci, monsieur... — répondit-il, — merci mille fois... — Un premier moment de surprise, dont je n'ai pas été maître, m'a troublé... — Ce n'est rien... Absolument rien... — Revenons à ce testament... — En ma qualité de mari d'une des héritières directes, j'ai le plus grand intérêt, vous le comprenez, à en connaître les dispositions... Ne pouvez-vous l'ouvrir sur-le-champ et m'en donner lecture?...

La physionomie de l'officier ministériel décela l'effarement le plus complet.

— Mais non! — s'écria-t-il, — non, cent fois non!.. Rien au monde n'est plus impossible!... — La loi est formelle, vous le savez bien!...

— Je ne la connais pas... — interrompit Hermann.

— Vous avez tort... Nul n'est censé ignorer la loi, c'est un axiome fondamental... — CODE CIVIL, LIVRE III, TITRE II, SECTION IV, ARTICLE 1007 :

« Tout testament olographe sera, avant d'être mis à exécution, présenté au « président du tribunal de première instance de l'arrondissement dans lequel la « succession est ouverte, s'il est cacheté. Le président dressera procès-verbal « de la présentation, de l'ouverture et de l'état du testament, dont il ordonnera « le dépôt entre les mains du notaire par lui commis. »

— Vous voyez que c'est clair et positif...

— Clair et positif en effet... — répéta Vogel d'une voix sombre, puis il ajouta : — Permettez-moi cette question : Quand présenterez-vous au président du tribunal de première instance du département de la Seine le testament de Maurice Villars?

— Aujourd'hui même... — répliqua le notaire. — Il est probable que l'éminent magistrat, aussitôt après avoir accompli les formalités légales, ordonnera le dépôt de l'acte dans mes mains, plutôt que dans celles d'un collègue... — Soyez sûr que je ne perdrai pas une minute pour vous mettre au courant de ce qui vous intéresse si vivement...

— Merci d'avance, monsieur...

— Donnez-moi votre adresse... — Mais non, c'est inutile... elle est au bas de la carte que vous m'avez fait remettre par mon maître clerc... — Ayez bon courage, monsieur... — Il est probable que M. Villars, très digne homme au fond, n'étendait point à ses nièces l'ostracisme dont il avait poursuivi leur mère... — J'ai le sérieux espoir que madame Vogel et sa sœur sont les héritières de leur oncle...

Tandis que Me Châtelet disait ces choses avec une bienveillance un peu loquace, Hermann pensait :

— Si je me jetais sur cet homme?... Si je l'étranglais sans lui laisser le

— Que lui avez-vous fait boire? répliqua la jeune femme. — Au vin de champagne vous avez mêlé du poison!!

temps de pousser un cri!... Si je prenais ses clefs dans sa poche!... Si j'ouvrais sa caisse et si j'emportais le testament?...

Pendant le quart d'une minute jamais notaire ne fut, sans le savoir, aussi près d'une mort violente que l'élégant Me Châtelet.

Vogel se soulevait déjà, prêt à bondir.

La réflexion l'arrêta.

En supposant que sa tentative de meurtre réussît, il aurait mille chances contre une de ne pouvoir ouvrir la caisse, ne connaissant pas le secret de la serrure, et d'ailleurs, la caisse une fois violée, trouverait-il le testament, enfoui sans doute au milieu de plis cachetés et se ressemblant tous?...

Risquer l'échafaud pour rien, à quoi bon ?

Il quitta son siège et prit son chapeau.

— Merci de votre excellent accueil, monsieur... — dit-il. — Je compte sur votre bonne promesse, et j'attends un mot de vous le plus tôt possible..

— Je ne vous ferai point attendre, soyez-en convaincu...

Les deux hommes se saluèrent.

Me Châtelet, très refroidi, commençait à comprendre qu'au début de l entrevue il s'était laissé prendre aux belles phrases d'un comédien habile, et que le caissier de la maison Jacques Lefebvre avait épousé mademoiselle de Cernay, non pour ses yeux, mais pour l'héritage de Maurice Villars...

Hermann traversa l'étude et descendit l'escalier d'un pas machinal et pour ainsi dire automatique.

Lorsqu'il eut atteint le trottoir de la rue de Choiseul, il chancela comme un homme ivre et dut s'appuyer à la muraille.

Un ouragan de pensées confuses, tourbillonnant dans son cerveau, l'affolait...

— Ah! — se disait-il avec un transport de rage, — tout est perdu, cette fois, bien perdu, et par ma faute! — Ce misérable vieillard ne laisse pas un sou à ses nièces dont il ignore même l'existence, et l'héritière de sa fortune, je le devine, je le sens, j'en jurerais, c'est Adah Bijou!... — Six millions à cette fille que dans mon aveuglement stupide j'ai présentée moi-même! — Si j'étais garçon seulement, je l'épouserais!... Mais non... pas même cette chance! — Triple niais que je suis! J'avais Charles Laurent sous la main... Il fallait lui commander un testament daté d'hier et cacher ce testament rue d'Amsterdam! — C'était élémentaire, et je ne l'ai pas fait!...

Puis Vogel répétait encore :

— Tout est perdu, cette fois, bien perdu et par ma faute!...

XVIII

Dans l'absolu désarroi de sa pensée, dans l'effondrement moral résultant du formidable choc qu'il venait de subir, Hermann Vogel ne se souvenait même plus qu'il avait laissé à la porte du notaire la voiture prise à l'heure.

Il s'éloignait la tête basse, en trébuchant.

— Eh! bourgeois, — lui cria le cocher de fiacre, est-ce que vous m'oubliez ici! Ça ne serait pas à faire...

Vogel revint sur ses pas d'un air égaré et ouvrit la portière.

— Où allons-nous, bourgeois? — demanda l'automédon.

— Rue Saint-Lazare, — répondit machinalement le jeune homme.

— A l'endroit où je vous ai chargé?

— Oui.

— Suffit.

Le cocher fouetta son cheval en disant *in petto* .

— On jurerait que ce gaillard-là vient de se donner une culotte... à moins qu'il ne soit devenu fou tout à coup... Pour sûr il a un hanneton dans sa boîte à musique...

Arrivé à la porte de la maison de banque, le caissier descendit, paya la voiture, et regagna son poste sans avoir d'une façon bien nette la conscience de ses actes.

Une idée fixe, ou plutôt une sorte d'hallucination obsédait sans relâche son cerveau.

Il voyait devant lui un abîme béant, et il comprenait que rien au monde, désormais, ne pourrait l'empêcher d'y tomber.

La lâcheté de sa nature triomphait au dernier moment; il ne songeait plus au suicide; il songeait à la fuite...

— Comment fuir? — se demandait-il. — Pour quitter Paris et la France, pour vivre à l'étranger, il faut de l'argent, beaucoup d'argent, et je n'en ai pas!! — Où en trouver? où en trouver?... — Les sommes contenues dans la caisse ne me mèneraient pas loin... — Jacques Lefebvre, d'ailleurs, possédant une double clef, découvrirait peut-être le vol cinq minutes après mon départ et me dénoncerait au parquet... — Les télégrammes vont vite... Je serais arrêté à la frontière...

On comprend sans peine quelle doit être la physionomie de l'homme que harcèlent de telles pensées.

Tandis qu'Hermann traversait les bureaux, deux ou trois employés furent surpris de l'altération de ses traits, de l'étrangeté de son allure.

L'un d'eux lui dit au passage, avec intérêt:

— Monsieur Vogel, est-ce que vous êtes malade?...

— Pourquoi cette question? — répliqua le caissier rappelé brusquement à lui-même.

— Parce que vous avez mauvaise mine...

— J'ai marché trop vite... — Je suis un peu fatigué... ce n'est rien... — répondit le jeune homme.

Et il franchit le seuil de la porte.

A peine était-il assis depuis cinq minutes et plongé de nouveau dans la terrible rêverie dont nous connaissons la nature, qu'il lui sembla que les murailles de l'étroite pièce, et son siège lui-même, commençaient à tourner rapidement.

Il voulut se lever pour réagir contre ce mouvement de rotation insolite, mais il retomba. — Alors de grands cercles de feu se croisèrent autour de lui, des bruits bizarres résonnèrent à ses oreilles, puis le silence et l'obscurité se firent tout à coup. — Il cessa de voir et d'entendre...

Une demi-heure plus tard un garçon de recettes, présentant des valeurs à l'encaissement, frappa deux fois de suite au guichet.

Ce guichet ne s'ouvrit pas et aucun mouvement ne se produisit derrière les rideaux de percaline verte garnissant intérieurement le grillage.

On savait cependant de façon positive que le caissier n'était point ressorti depuis son retour.

Un employé entra dans le cabinet et trouva Hermann évanoui.

— Ah! parbleu! — pensa le commis, — j'avais bien raison de dire que le pauvre garçon avait mauvaise mine!!...

On courut prévenir Jacques Lefebvre. Il descendit aussitôt et donna l'ordre d'aller chercher un médecin, qui ne se fit point attendre.

Des lotions d'eau fraîche sur les tempes, un flacon d'alcali volatil placé sous les narines, suffirent pour ranimer le jeune homme.

En rouvrant les yeux, en voyant son patron et plusieurs autres personnes, il tressaillit et crut à une arrestation immédiate, mais la figure émue et bienveillante du banquier le rassura.

— Que m'est-il arrivé? — murmura-t-il d'une voix éteinte.

— Vous avez perdu connaissance... — répondit Jacques Lefebvre. — Aviez-vous donc éprouvé, pendant la courte absence autorisée par moi, une violente émotion?... Aviez-vous appris quelque fâcheuse nouvelle?

Hermann secoua la tête.

— Ni violente émotion, ni mauvaise nouvelle... — répliqua-t-il.

— Alors, vous êtes malade?...

— Je ne sais... Je me sens très faible... il me semble que, si j'essayais de me tenir debout, je ne pourrais pas...

Le médecin, appelé à donner son avis, déclara après examen que le cas ne lui semblait point grave, mais que selon lui le caissier avait impérieusement besoin de quelque repos.

— Eh bien? mon cher Hermann, — dit Jacques Lefebvre. — reposez-vous... — Je vous donne quarante-huit heures de congé, susceptibles au besoin de prolongation... — C'est surtout à la fin du mois que vous me serez indispensable, et nous avons encore cinq jours d'ici-là...

— J'accepte avec reconnaissance, monsieur... — répliqua Vogel, heureux de cet incident qui lui permettait de quitter son poste sans éveiller de soupçons.

— J'enverrai demain prendre de vos nouvelles rue de la Pépinière... — poursuivit Jacques Lefebvre.

— Je vous en prie, monsieur, n'en faites rien... ce serait inutile...

— Pourquoi!

— Je vous demande la permission d'aller passer à la campagne, chez un ami, le temps que vous voulez bien m'accorder... — Je crois que l'air des champs me reposera mieux et plus vite que celui de Paris...

— A merveille, mais souvenez-vous qu'il faudra m'écrire après-demain ou m'envoyer une dépêche pour me rassurer, et pour me dire si, le lendemain, je puis compter sur vous...

— Je n'y manquerai pas, monsieur...

— Profitez tout de suite de votre liberté... — Je ne vous retiens plus... — On va chercher une voiture...

Hermann balbultia quelques mots de gratitude, sortit de son bureau et se fit conduire rue de la Pépinière, où la nécessité d'avoir un domicile officiel aux yeux de son patron et de ses collègues l'obligeait à conserver le logement que nous connaissons...

Le caissier ne comptait point du tout d'abord aller au Bas-Meudon.

Il avait mis en avant son projet de campagne pour se mettre à l'abri de toute démarche importune et pour garder intacte sa liberté d'action...

Mais quand il se vit seul dans ce logement triste et poudreux, où depuis plusieurs mois il mettait rarement les pieds, et que le concierge chargé de faire le ménage négligeait en conséquence; quand il se sentait fiévreux, défaillant, la tête lourde; quand les oscillations fantaisistes du parquet et des murailles lui parurent le prélude d'un nouvel évanouissement, il fut pris d'une grande terreur et l'idée de mourir abandonné, sans secours, comme un chien au fond d'un fossé, lui inspira une profonde épouvante.

En conséquence il appela le père Rémy par la fenêtre et lui donna l'ordre d'amener un fiacre, — le trajet en chemin de fer nécessitant, depuis la station, une marche assez longue que sa faiblesse momentanée ne lui permettait pas d'entreprendre.

XIX

Le père Rémy ramena un cocher dont la remise se trouvait située quelques maisons plus bas, et avec lequel il faisait *commerce d'amitié*, comme disait l'immortel *Pipelet*.

Vogel, oubliant complètement que Mlle Adah Bijou l'attendait pour toucher sa prime, et qu'il devait en outre aller chez maître Roch, s'entendit avec le cocher qui partit bon train et qui, le même soir, vers les dix heures, entrait, la pipe aux lèvres, dans la loge de la rue de la Pépinière, et tenait ce langage à son ami :

— Ohé! père Rémy, vous m'avez collé tantôt une pratique dans le grand genre et qui ne lésine pas sur les monacos... — Je vous offre une fine bouteille à seize, avec un joli morceau de gruyère sur le pouce, chez le mastroquet qui fait le coin...

— Ça n'est pas de refus, mon brave Vidal... — Ma légitime gardera la loge.

Les deux camarades s'attablèrent devant la fine bouteille à seize et le père

Rémy, après avoir dégusté sensuellement la première gorgée de son contenu demanda :

— Comme ça, mon locataire, il a bien fait les choses?...

— Ah! le brave jeune homme! — Un jaunet pour la course et cent sous de pourboire...

— Ça ne m'étonne point de sa part!... — Et l'avez-vous mené loin?...

— A sa maison de campagne.

— Mon locataire a donc une maison de campagne? — murmura le père Rémy.

— Parbleu!... La dernière du Bas-Meudon. — Une propriété qui paraît conséquente.

— Il allait peut-être là chez un ami, mon locataire?...

— Du tout, puisqu'il y laisse son épouse.

— Son épouse... — répéta le père Rémy stupéfait, — Mon locataire a donc une épouse?...

— Et même, — reprit le cocher, — que le jardinier a dit, en lui ouvrant la grille : — « *Ah! enfin voici donc monsieur!... C'est madame qui va être contente!... Madame était bien tourmentée!...*

— Compris! compris! — s'écria le concierge en riant aux éclats. La maison — du Bas-Meudon, c'est la petite *Tour-des-Nèfles* de mon locataire!... — Il y met reverdir la blonde pendant qu'il y cultive la brune à Paris. Ah! le gaillard! quelle existence de polichinelle! — S'en paye-t-il de l'agrément? Mais non, la, s'en paye-t-il? — A la santé de mon locataire... — C'est un bon enfant, pas fier du tout, et je vas l'intriguer avec sa *Tour-des-Nèfles*...

L'angélique Valentine, que les nécessités de notre récit nous ont fait perdre de vue depuis quelque temps, mais que nous retrouverons bientôt pour ne la plus quitter jusqu'au dénouement de cette histoire, attendait en effet Vogel avec une sérieuse inquiétude, bien justifiée d'ailleurs par la durée d'une absence inexplicable.

Valentine n'aimait pas, ne pouvait pas aimer cet homme qui ne se donnait plus la peine de déguiser sa nature égoïste et brutale, mais le culte du devoir, passant pour elle avant toutes choses, ne lui permettait point d'oublier qu'Hermann était son mari, et que Dieu défend à la femme de se détacher de celui dont elle porte le nom dans la joie ou dans la douleur...

Et puis elle avait à lui faire une confidence inattendue...

Elle avait à lui révéler un grand secret, doux et touchant, un secret dont elle ne soupçonnait l'existence que depuis quelques jours, et dont le souvenir furtif couvrait d'une rougeur pudique son charmant visage amaigri...

Valentine n'en doutait pas, quand elle aurait parlé Hermann redeviendrait pour elle ce qu'il était aux premiers temps du mariage, et nous savons déjà que l'orpheline se contentait d'une existence sans orages et d'un bonheur presque négatif...

Aussi, lorsque la grille du jardin eut crié sur ses gonds en se refermant, lorsque Claire qui jouait sous les marronniers fut rentrée, toute émue et toute effrayée, en balbutiant :

— Petite sœur, c'est M. Vogel... il vient... il est derrière moi...

Lorsqu'enfin le pas alourdi d'Hermann résonna sur les marches de l'escalier, ce fut presque avec joie que Valentine courut à sa rencontre..

Mais en le voyant elle recula, et la plus mortelle pâleur remplaça sans transition la teinte pourpre inaccoutumée qui colorait ses joues.

Le caissier était effrayant.

Sa taille se courbait comme celle d'un vieillard. — Il marchait d'une façon lente et pénible. — Son visage livide avait changé d'aspect. — Un large cercle bleuâtre et plombé entourait ses paupières rougies. — Ses yeux brillaient d'une flamme sombre allumée par la fièvre. — Ses regards, attachés sur Valentine, exprimaient la haine...

Oui, la haine !

Ce n'était plus seulement l'indifférence et le dédain, c'était la rage aveugle et folle résultant de la déception, qui jaillissait de ses prunelles couleur d'acier

L'innocente enfant dont un espoir cupide l'avait conduit à demander la main devait être pour lui, croyait-il, le salut et la fortune...

Et voici qu'au lieu de le sauver et de l'enrichir, cette union consommait sa perte...

Valentine était l'obstacle !

Hermann ne lui pardonnait pas d'être la nièce déshéritée de Maurice Villars...

Il ne lui pardonnait pas de rendre impossible son mariage avec Adah Bijou, devenue six fois millionnaire, — (il le croyait du moins), — par le suprême caprice du vieux libertin...

Valentine était l'ennemie !...

Si d'un geste ou d'un mot il avait pu l'anéantir, sans hésiter il aurait fait le geste ou prononcé le mot.

Beaucoup des choses que nous venons de signaler échappèrent au premier coup d'œil de la jeune femme. L'effroyable décomposition de traits de son mari, et surtout la teinte blafarde de son visage, l'épouvantèrent.

— Hermann ! — s'écria-t-elle en joignant les mains, — mon Dieu, que vous arrive-t-il !...

— Rien d'heureux, vous pouvez en jurer hardiment !... — répondit le caissier d'un ton dur.

— Êtes-vous souffrant?...

— Oui, très souffrant... Cela se voit, je pense.

— Il faudrait appeler un médecin !... Voulez-vous que Mariette courre chercher celui du Bas-Meudon?...

— Inutile! — Je ne crois pas à la science des docteurs célèbres... — Comment pourrais-je croire à celle d'un médicastre de village...

— Vous allez tenter quelque chose, cependant?

— Je vais me coucher..

— Et ensuite?

— Ensuite vous apporterez dans ma chambre un saladier, une bouteille de rhum, du sucre et des citrons... Je préparerai moi-même la tisane qu'il me faut.

— Mais vous avez déjà la fièvre... — murmura Valentine.

— Eh bien! après?...

— La boisson que vous demandez vous mettra le feu dans le sang...

— Que vous importe? — Si je me tue, vous serez veuve, voilà tout!... — Obéissez et ne discutez pas!...

Ces paroles, et surtout la manière dont elles furent accentuées, ne comportaient aucune réplique.

Valentine baissa la tête et sortit pour exécuter l'ordre qu'elle venait de recevoir.

Une demi-heure plus tard Hermann, étendu sur son lit, buvait coup sur coup de grands verres d'un punch brûlant qui mettait des taches d'un rouge sombre au milieu de sa pâleur, et faisait ruisseler sur son front la sueur en grosses gouttes.

En agissant ainsi, il avait un but...

Il voulait s'enivrer pour oublier, pendant quelques heures, la situation sans issue que la ruine de ses espérances venait de lui faire... — A tout prix il voulait dormir, et l'oubli seul pouvait lui donner le sommeil, il le savait bien...

Le résultat cherché ne se fit point attendre.

Aussitôt qu'Hermann eut tari le contenu du saladier, il se renversa en arrière, terrassé par l'ivresse. — Un engourdissement quasi léthargique s'empara de son être physique et moral, et ne lui laissa ni la faculté de penser, ni celle de souffrir, pendant toute la soirée et toute la nuit dont Valentine, s'exagérant l'étendue de ses devoirs d'épouse, passa les longues heures assise auprès du lit et veillant...

Et plus d'une fois, pendant cette veillée interminable, voyant l'immobilité rigide de ce corps étendu comme un cadavre, elle se demanda avec un frisson si son mari était vivant ou mort, et ne parvint à se rassurer qu'en touchant sa peau brûlante.

XX

Au point du jour Hermann ouvrit les yeux, se sentit la tête lourde, la racine des cheveux douloureuse et les membres courbaturés, mais la maladie qui, la veille, semblait prête à fondre sur lui, avait pris la fuite, chassée peut-être par la violence d'un de ces traitements absurdes inventés par des fous et que le succès seul justifie...

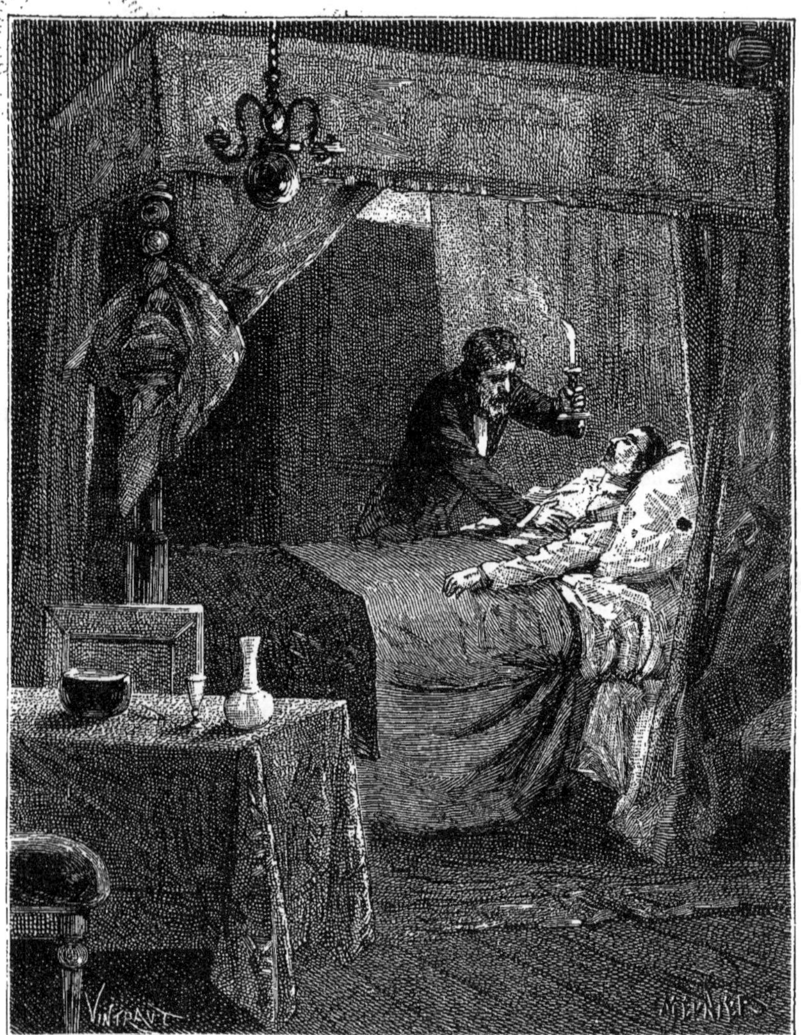

L'assassin découvrit sans hésiter le haut du corps de sa victime et appuya sa main sur la poitrine.

Le caissier de Jacques Lefebvre se leva, bien résolu à retourner immédiatement à Paris. — Une fois debout il se trouva trop faible encore pour donner suite à ce projet.

— Rien ne me presse après tout, — se dit-il, et je puis m'accorder sans risque vingt-quatre heures d'absolu repos... — Aujourd'hui je n'apprendrais rien d'essentiel et je n'agirais pas... — Mieux vaut mettre ce calme à profit pour combiner un plan que j'exécuterai demain...

En conséquence Hermann s'enferma dans sa chambre dont il défendit à

Valentine de franchir le seuil, et pendant tout le jour, sauf le moment des repas, il se mit l'esprit à la torture en cherchant un moyen de se procurer l'argent nécessaire à sa fuite.

Mais personne n'ignore que *Sa Majesté l'Argent*, le roi du monde, est d'un abord difficile et farouche pour quiconque n'a point conquis ou a perdu le droit de l'approcher familièrement...

Hermann, ayant eu ce droit jadis n'avait pas su le conserver... — Bref, il ne trouva qu'un seul expédient praticable et de réussite certaine, mais duquel devait résulter une assez maigre ressource...

Il s'agissait de s'aboucher sans retard avec un de ces tapissiers interlopes dont la spécialité est d'acquérir à des prix doux des installations complètes et coquettes, vendues ensuite par eux effroyablement cher à des cocottes débutantes qui, fort péniblement, donnent de gros acomptes et, quand elles ont soldé plus que tout, n'en sont pas moins poursuivies et saisies à la requête de l'impitoyable vendeur, pour un seul paiement retardé dans un jour de déveine...

Vogel tirerait cinq ou six mille francs, à peine, d'un mobilier acheté quinze mille à Lebel-Girard, il ne s'illusionnait point à cet égard, mais mieux valait six mille francs que rien. — Il payerait le terme dû au propriétaire, les gages du valet de chambre et de la cuisinière ; il opérerait la livraison immédiate de tout ce qui s'entassait rue de Boulogne, et il abandonnerait en même temps le pseudonyme de baron de Précy.

Il passerait ensuite rue de la Pépinière où peut-être il trouverait une lettre du notaire Châtelet, contenant l'annonce officielle qu'Adah Bijou était la légataire universelle de Maurice Villars.

Le lendemain Hermann partit pour Paris sans avoir adressé, pendant son séjour au Bas-Meudon, une bonne parole à Valentine...

— Quand faudra-t-il vous attendre, mon ami ? — lui demanda la pauvre enfant, le cœur oppressé.

— Il faudra ne point m'attendre du tout... — répondit-il. — Je ne sais quand je viendrai...

*
* *

S'éloigner de Paris, quitter la France pendant qu'il en était temps encore, cela devenait, nous le savons, l'idée fixe d'Hermann Vogel...

Tout, même la vie de détresse à l'étranger et l'existence d'aventurier besoigneux, lui semblait préférable à l'arrestation, à la cour d'assises, au bagne...

Ne s'occupant pas un instant du sort de Valentine abandonnée, ne songeant point à lui laisser une ressource quelconque, il en arrivait rapidement à se contenter, pour sa fuite, d'une somme qui d'abord lui semblait misérable, et la vente de son mobilier de la rue de Boulogne pouvait lui fournir cette somme.

En conséquence, anssitôt descendu de wagon et avant de se rendre rue de la Pépinière où il avait chance de trouver une lettre du notaire Châtelet — (lettre dont il croyait deviner le contenu) — il monta la rue de Rome et se rendit chez un tapissier qu'il connaissait un peu, et de qui il était connu sous son nom de guerre.

Ce tapissier faisait en grand et avec succès le métier lucratif signalé par nous un peu plus haut. — Il vendait aux étoiles futures des ameublements sur lesquels il gagnait environ trois cents pour cent...

Hermann, ou plutôt le baron de Précy, en une heure de libéralité galante avait soldé dans ses mains, pour le compte d'une jolie fille, quelques billets à ordre impayés. — L'industriel, le considérant à partir de ce jour comme un protecteur *sérieux* des personnes aimables dans l'embarras, faisait profession à son endroit de la plus haute estime.

Aussi, le voyant entrer à l'improviste dans son magasin, toujours amplement fourni de tentures de hasard et de sièges d'occasion, il l'accueillit avec toutes sortes de grâces commerciales et courtisanesques.

— Monsieur le baron me ferait-il la joie de venir en client? — s'écria-t-il. — Ce serait pour moi un fort grand honneur...

Hermann eut un sourire contraint.

— Oui, monsieur Rodier, je viens en client, — répondit-il ; — mais pas précisément dans le sens que vous attribuez à ce mot...

— Monsieur le baron sera le très bien venu dans tous les sens!... — fit le tapissier qui se crut spirituel. — De quoi s'agit-il?...

— Je vais entreprendre un long voyage, monsieur Rodier... — reprit Vogel. — Je serai peut-être absent plusieurs années...

— Le tour du monde, alors?

— Oui, monsieur Rodier, le tour du monde... — Je ne veux pas conserver d'appartement à Paris...

— C'est bien naturel... Les loyers sont si chers!... — Et monsieur le baron désire sans doute mettre ses meubles en garde chez moi?...

— Nullement... — Je désire me défaire de mon mobilier en bloc... c'est beaucoup plus simple...

— Ah!... ah!...

— Il me faut donc un acheteur et, comme nous avons eu de bons rapports ensemble, je vous donnerai volontiers la préférence...

— Je remercie monsieur le baron d'avoir songé à moi... — Je ferai tout pour contenter monsieur le baron... — Je n'ai vu le mobilier qu'une fois, l'année dernière... il doit être aujourd'hui terriblement fané...

— Pas du tout, monsieur Rodier, il semble d'hier...

— On croit cela quand les meubles sont en place et puis, sitôt dehors, on s'aperçoit vite que tout est fané, fripé, passé, décati... — Enfin, monsieur le baron n'a point la prétention de vendre comme neuf... et encore le neuf d'*occasion* ne vaut pas bien cher... — De qui est-il, le mobilier?...

— De Lebel-Girard, un de vos plus fameux confrères...

— Il ne fait pas mal, Lebel-Girard, j'en conviens, mais on peut faire aussi bien que lui, et même mieux... — Je suis sûr qu'il vous a vendu cela des prix fous...

— Mais non, quinze mille francs... Je tiens à votre disposition les factures acquittées...

— Quinze mille francs ! ! — les yeux de la tête ! ! — je le disais bien ! ! — s'écria Rodier. — Lebel-Girard, ayant la vogue, écorche son monde... — Monsieur le baron est-il pressé ?

— Très pressé...

— Monsieur le baron désire-t-il de l'argent comptant?...

— Bien entendu, puisque je pars...

— Quand faudrait-il traiter et enlever?...

— Aujourd'hui même...

— Ah ! diable !...

— C'est la condition *sine qua non*...

Le tapissier pensait :

— Moi, mon bonhomme, je lis dans ton jeu : Tu es décavé ! — Il te faut de l'argent n'importe comment... — On t'en donnera, mais pas beaucoup...

Il ajouta tout haut :

— L'affaire sera possible si les prétentions de monsieur le baron sont raisonnables... — Monsieur le baron dira son prix et je ferai une offre quand j'aurai vu et pris quelques notes... — Monsieur le baron demeure toujours au même endroit?

— Toujours.

— Monsieur le baron rentre-t-il chez lui présentement ?

— Oui.

— Je vais donc m'habiller et j'arriverai rue de Boulogne dix minutes après monsieur le baron...

— C'est bien, et garnissez votre portefeuille pour le cas vraisemblable où nous entendrons... Nous terminerons séance tenante...

— Que monsieur le baron soit tranquille...

Vogel se trouvait à la hauteur de la place de l'Europe. — En moins d'un quart d'heure il atteignit la maison qu'il habitait.

— Mon valet de chambre est en haut ? — demanda-t-il au concierge.

— Oui, monsieur le baron...

— Un monsieur viendra pour moi tout à l'heure... Vous laisserez monter...

— Bien, monsieur le baron...

La porte du second étage fut ouverte par le domestique incomparablement correct, qui, fort surpris de voir son maître en plein jour, se contenta de paraître ravi.

— Une lettre pour monsieur le baron est arrivée hier soir. . — fit-il. — Je l'ai mise sur le guéridon de la chambre à coucher...

— Alphonse, — dit Hermann, — j'attends quelqu'un... — Vous ferez entrer au salon et vous me préviendrez...

— Oui, monsieur le baron...

Le mari de Valentine gagna sa chambre et prit sur le guéridon une assez large enveloppe dont une main inconnue avait tracé l'adresse.

Un peu intrigué, il déchira l'enveloppe et déplia la feuille de papier portant cet en-tête gravé :

« Maitre Chatelet,
« notaire,
« Rue de Choiseul, à Paris. »

Vogel fit un geste d'étonnement.

A quel propos le notaire de Maurice Villars écrivait-il au baron de Précy dont il devait ignorer même l'existence ? — C'était étrange, inexplicable, presque inquiétant...

La lettre contenait ces quelques lignes, qui changèrent en stupeur l'étonnement du caissier :

« Monsieur le baron,

« Veuillez prendre la peine de passer sans retard à mon étude. — J'ai à vous « faire une communication de la plus haute importance et du plus grand intérêt « pour vous.

« Agréez, monsieur le baron, etc.

« Chatelet. »

XXI

La lettre s'échappa des mains d'Hermann et tomba sur le tapis. — Il la ramassa et la lut pour la seconde fois.

— Je crois rêver ! — murmura-t-il. — Une communication au baron de Précy !... Une communication *de la plus haute importance et du plus grand intérêt pour lui !...* — Que signifie cela ?... — J'ai beau chercher, je ne trouve rien.. — Demander une explication au notaire Châtelet, impossible ! Il sait que je suis le caissier Vogel... — Et pourtant il me faut la clef de cette énigme !... il me la faut à tout prix !... — Comment faire ?... C'est à en perdre la tête !...

Hermann en était là de son fiévreux monologue quand le timbre de l'appartement résonna.

Le mari de Valentine prêta l'oreille.

— Voici le tapissier... — pensa-t-il.

Le domestique d'une si remarquable correction entra presque aussitôt dans la chambre et dit :

— La personne qu'attendait monsieur le baron vient d'arriver... — Je l'ai fait entrer au salon...

— C'est bien... J'y vais.

Hermann se disposait à rejoindre le nouveau venu quand une idée soudaine lui traversa l'esprit et mit une lueur fugitive sur son visage pâle.

— J'ai trouvé... — fit-il presque à voix haute. — J'enverrai Charles Laurent rue de Choiseul... Il se présentera sous le nom de baron de Précy... — Le notaire ne le connaissant pas l'acceptera pour tel et lui expliquera ce dont il s'agit... — Je verrai ensuite à prendre un parti, mais d'abord il faut en finir avec Rodier.

Vogel ouvrit la porte qui de sa chambre donnait dans le salon, franchit le seuil, et s'arrêta brusquement, comme pétrifié...

Sa stupeur sera facile à comprendre quand on saura qu'au lieu du tapissier attendu il voyait en face de lui Me Châtelet en personne.

L'officier ministériel ne semblait pas d'ailleurs beaucoup moins surpris qu'Hermann lui-même.

— Monsieur Vogel dans cette maison !... — s'écria-t-il. — Ah çà ! mais, vous connaissez donc le baron de Précy ?...

Ces quelques mots rendirent au caissier de Jacques Lefebvre une faible dose de présence d'esprit et lui donnèrent le vague espoir de sauver la situation et de ne point trahir sa double existence.

— Je le connais beaucoup, — répliqua-t-il, — et depuis longtemps.

— Alors, — reprit Me Châtelet, — il sait déjà par vous sans doute, ce que, n'ayant point reçu sa visite, je venais lui apprendre ?... — Recevez, cher monsieur Vogel, mes compliments de condoléance bien sincères... — Vous avez tout dit au baron, n'est-ce pas ?...

L'énigme se corsait de plus en plus. — Hermann sentait l'obscurité s'épaissir autour de lui. — Littéralement il perdait pied, comme un baigneur novice qui va se noyer...

— Je vous comprends mal, — balbutia-t-il, — ou plutôt je ne vous comprends pas du tout... — Je ne sais rien...

— Comment, vous ne savez rien ?... Comment ? Comment ?... — Mais ma communication d'hier !...

— Quelle communication ? — demanda Vogel, en regardant son interlocuteur avec des yeux effarés.

— Je vous ai écrit, dans la soirée, rue de la Pépinière... à l'adresse indiquée sur votre carte... l'un de mes clercs a même porté la lettre afin qu'elle vous arrivât plus vite...

— Mon ignorance s'explique... — J'arrive à l'instant de la campagne où j'ai couché. — Je suis venu ici sans rentrer chez moi... — Que m'annonçait votre lettre ?

— Une fâcheuse nouvelle...

— M. Maurice Villars a déshérité ses nièces ?...

— Hélas !...

— Au profit d'une drôlesse qui se nomme Adah Bijou, n'est-ce pas ?...

— Erreur absolue !... — répliqua Mᵉ Chatelet. — La... *demoiselle* en question n'a qu'un legs à peu près insignifiant...

— Mais alors, — demanda Vogel, oppressé par une indéfinissable angoisse, — quel est donc le légataire universel ?...

— Ma présence ici devrait vous l'apprendre... — le légataire universel est votre ami, qui était aussi — (les termes du testament en font foi) — le plus cher ami de feu Maurice Villars... — En un mot, c'est le baron de Précy...

En entendant prononcer ce nom, Hermann attacha sur le notaire un regard effaré.

Un éclat de rire nerveux, strident, — Le rire de la démence, — s'échappa de ses lèvres ; — il recula sans le savoir et passa ses deux mains dans ses cheveux avec un geste de fou.

N'y avait-il pas, en effet, de quoi déterminer un accès de folie subite dans le cerveau le mieux pondéré ?...

Par un étrange caprice du hasard, par une effroyable raillerie de la destinée, cette fortune énorme, dont un dixième aurait suffi pour le salut, c'est à lui que Maurice Villars la léguait toute entière, et cependant il la voyait perdue, irrévocablement perdue !...

Pour hériter, il faut exister, et le baron de Précy n'existait pas !

Vogel légataire universel, sous son pseudonyme fantaisiste, de six millions faciles à réaliser en deux heures, devait, faute de quelques centaines de mille francs, prendre la fuite s'il voulait éviter le bagne !

A coup sûr il en fallait moins pour tomber foudroyé !...

Mᵉ Châtelet remarqua, non sans inquiétude, l'air hagard du jeune homme, la décomposition de ses traits et le tremblement presque convulsif qui secouait ses membres.

— Du courage, monsieur Vogel ! — s'écria-t-il, — De la fermeté !... Soyez un homme, que diable ! — Je comprends qu'il vous semble dur d'apprendre que Mᵐᵉ Vogel est absolument déshéritée, mais tout à l'heure, quand vous croyiez que la fortune tombait aux mains d'une courtisane, vous paraissiez accepter ce sinistre avec philosophie... — En somme, voyons, ne vaut-il pas mieux que le testament de Maurice Villars enrichisse un galant homme dont vous êtes l'ami ?... — Réfléchissez à cela, monsieur Vogel... réfléchissez.

Le caissier fit un suprême appel à son énergie défaillante.

— Oui... — balbutia-t-il. — Oui... vous avez raison...

— Êtes-vous plus calme?...

Vogel essaya de sourire.

— Je suis même calme tout à fait... — dit-il, — l'émotion est passée.

— J'en suis ravi! Oui, ravi, ma parole d'honneur! — Et maintenant, cher monsieur, je souhaiterais causer quelques minutes avec le baron? — Je voudrais lui donner une copie du testament, qui d'ailleurs est fort court, et me mettre à sa disposition...

Hermann, redevenu maître de lui-même, répliqua :

— Voir le baron?... Aujourd'hui, ce sera difficile...

— Pourquoi donc?

— Il est souffrant...

— Pas gravement, j'espère?

— Non, mais assez pour ne point quitter la chambre... — Ignorant le motif de votre visite, il m'avait chargé tout à l'heure de vous recevoir à sa place... — Ne pourrais-je lui donner de votre part cette copie que vous apportez?

— Mais, si... Parfaitement bien... — Je vais vous la remettre...

— La première sortie du baron sera pour vous...

— Je le désire et je l'espère...

Tout en disant ce qui précède, Mᵉ Châtelet tirait de sa poche un ample portefeuille et fouillait ses papiers pour trouver le document en question.

La porte du salon s'ouvrit.

Le domestique apparut dans l'entre-bâillement et, sans voir le geste impérieux par lequel son maître lui enjoignait de se taire et de se retirer, il dit :

— Monsieur le baron, voici le tapissier de la rue de Rome que monsieur le baron attend...

L'industriel, l'échine un peu courbée, le chapeau à la main, franchit le seuil.

— Je suis en retard d'un grand quart d'heure, — s'écria-t-il, — et je prie monsieur le baron de m'excuser... — J'allais partir... Un client est survenu et je n'ai pu m'en débarrasser aussi vite que je l'aurais souhaité. — Enfin, me voilà... — L'estimation du mobilier sera l'affaire d'une petite demi-heure tout au plus... — Par quelle pièce faut-il que je commence?... — Monsieur le baron ayant du monde au salon, je puis passer dans la chambre à coucher ou dans la salle à manger...

La physionomie de Mᵉ Châtelet eût été en ce moment bien amusante à étudier pour un observateur clairvoyant et désintéressé.

Le plus complet ahurissement se peignait sur les traits de l'élégant notaire. Ses regards allaient et venaient d'Hermann Vogel au valet de chambre, et du valet de chambre au tapissier de la rue de Rome.

Tout à coup ses sourcils se froncèrent. — Il ferma vivement son portefeuille et demanda d'une voix sèche :

Le guichet ne s'ouvrit pas et aucun mouvement ne se produisit derrière les rideaux.

— Ah ça ! mais qui donc appelle-t-on ici MONSIEUR LE BARON, s'il vous plaît ?

XXIII

Cette question du notaire : — « *Qui donc appelle-t-on ici* MONSIEUR LE BARON? » parut si surprenante au domestique et au tapissier que tous deux regardèrent le visiteur en se demandant *in petto* s'il était bien dans son bon sens.

Hermann, pris au dépourvu et ne trouvant aucun moyen de parer le coup qui le frappait à l'improviste, semblait effroyablement déconcerté.

Son trouble et son embarras n'échappèrent pas à Me Châtelet, dont l'incident que nous racontons excitait au plus haut point la défiance. — Ses soupçons naissants acquirent une force nouvelle ; il résolut de les éclaircir sur-le-champ.

Il s'adressa donc directement au valet de chambre Alphonse, et lui dit d'un ton d'autorité, en se plaçant entre lui et Vogel :

— C'est vous qui m'avez ouvert quand j'ai sonné... C'est vous qui m'avez introduit... Vous savez que je viens pour affaires... Je n'ai pas le temps d'attendre... Faites-moi parler sur-le-champ à votre maître...

— Positivement ce monsieur est fou !... — pensa le domestique qui répliqua tout haut en désignant Hermann. — Eh ! monsieur, le voilà, mon maître...

— Monsieur est bien le baron de Précy ? — reprit Me Châtelet.

— Le baron de Précy, mon maître, oui, monsieur, parfaitement.

Vogel prit la parole.

— Sortez !... — commanda-t-il au domestique d'une voix un peu tremblante. — Et vous, mon cher monsieur Rodier, commencez, je vous prie, votre expertise par la chambre à coucher... — Je vous joindrai dans un instant...

— J'obéis à monsieur le baron — fit l'industriel en jetant sur Vogel un regard singulier, — et j'estimerai tout en conscience...

Le mari de Valentine resta seul avec le notaire.

— Ah çà ! monsieur, — demanda ce dernier, — expliquons-nous !... — Qui êtes-vous en somme?...

Vogel tenta de payer d'impudence.

— Que vous importe ? — répliqua-t-il. — Et de quel droit me faites-vous cette question?...

— Comment, que m'importe?... Comment, de quel droit? — s'écria Châtelet. — En vérité, monsieur, vous avez un aplomb superbe ! ! — Quoi, vous venez il y a deux jours me trouver officiellement dans mon étude, moi personnage officiel... Vous vous donnez comme caissier d'une honorable maison de banque... Vous dites vous nommer Hermann Vogel... Vous vous prétendez marié à la nièce d'un de mes plus riches clients et, le lendemain de la mort de ce client, vous réclamez son héritage au nom de votre femme ! — Aujourd'hui, porteur d'un testament par lequel Maurice Villars lègue toute sa fortune au baron de Précy, je viens chercher dans cette maison ce légataire universel ; je trouve le baron de Précy, et le baron de Précy, c'est vous ! ! — Voilà ce qui se passe, monsieur ! Voilà ce qui me donne le droit de vous demander qui vous êtes, en attendant qu'une autre voix, plus autorisée que la mienne, et surtout plus sévère, vous adresse la même question...

La menace était directe. — Hermann ne pouvait pas ne point la comprendre et il la comprit en effet.

— Je vous en supplie, monsieur, — murmura-t-il, — parlez moins haut...

— Soit! — Mais répondez-moi!

— Je suis prêt...

— Qui êtes-vous véritablement?

— Hermann Vogel...

— Le caissier de la maison Jacques Lefebvre?

— Oui, monsieur...

— Le mari de mademoiselle de Cernay?...

— Je tiens mon acte de mariage à votre disposition...

— Mais alors ce nom de *Précy?* Ce titre de *baron?*

— Eh! monsieur, pure fantaisie... pseudonyme à effet...

— Dans quel but, ce pseudonyme?

— Dans le but de jeter de la poudre aux yeux et pas autre chose. — Où voyez-vous du mal à cela? — Ce nom, ce titre, cet appartement me procuraient de nombreuses bonnes fortunes...

— Quoi! Depuis votre mariage?

— Eh! non, monsieur! Auparavant, quand j'étais garçon...

— Logis somptueux rue de Boulogne... Nombreuses bonnes fortunes... Appartement, rue de la Pépinière... Tout cela coûte très cher! — dit Châtelet, — Vous êtes donc riche?

— J'ai mes appointements...

— Et ils suffisent?

— J'y joins quelques emprunts... — Et puis entre nous, monsieur, je comptais absolument, pour ma femme, sur l'héritage de Maurice Villars...

— Héritage que vous auriez tenté de recueillir sous le nom du baron de Précy sans doute, si le hasard ne m'avait appris la vérité!!...

— Oh! cela, non, monsieur, je le jure!! — répliqua Vogel.

— Il ne m'appartient point de sonder votre conscience, — poursuivit le notaire, — mais j'ai deux devoirs à remplir et je les remplirai...

— Deux devoirs?... — répliqua machinalement Hermann.

— Le premier est de déclarer à qui de droit que le baron de Précy, légataire universel de Maurice Villars, n'existe point, et n'a jamais existé... — Le second est de prévenir le banquier Jacques Lefebvre de la vie en partie double de son caissier...

— Vous ferez cela!! — balbutia Vogel.

— Et je n'hésiterai pas!... — Ma conscience me défend de cacher un pareil secret à l'honnête homme que ce secret intéresse au plus haut point... — Si Jacques Lefebvre, sachant que vous êtes à vos heures le baron de Précy, vous laisse la clef de sa caisse, il le fera du moins en connaissance de cause...

— Ah! monsieur, vous êtes sans pitié!... — fit Hermann en joignant hypocritement les mains.

— Sans la moindre pitié... — répliqua le notaire. — Les situations comme la vôtre ne m'en inspirent aucune, je l'avoue... — Je les ai toujours vues se dénouer en cours d'assises... — La *Gazette des Tribunaux* est pleine des exploits de ces jolis messieurs, comptables ou caissiers le jour, gentilshommes de contrebande le soir, partageant leur existence entre la tenue du grand-livre et les coûteux plaisirs du monde où l'on s'amuse !! — Ils pillent la caisse agréablement et sont de généreux seigneurs jusqu'au moment néfaste où la police arrive... — La métamorphose alors ne se fait guère attendre, et les jolis messieurs du *hig life* interlope deviennent en un tour de main gibier de maisons centrales !... — Voilà leur destinée !... — Je vous salue, monsieur le baron, avec toute la considération que je vous dois...

Et l'élégant notaire, pirouettant sur ses talons avec une parfaite désinvolture, quitta le salon dont il referma la porte derrière lui.

Vogel, — atterré dans le premier moment, — ne songea ni à le retenir ni à le suivre.

Mᵉ Châtelet, en traversant l'antichambre, vit en face de lui le domestique correct qui lui barrait respectueusement le passage.

— Monsieur le notaire, — dit Alphonse, — je me suis permis tout à l'heure d'écouter à la porte, et j'ai entendu que M. le baron de Précy n'était ni *Précy* ni *baron*... — Ma respectabilité ne me permet pas de servir plus longtemps un maître aussi douteux, et j'ai l'honneur de demander conseil à monsieur le notaire.

— A quel sujet?

— Au sujet de mes gages... — Il m'est dû plus d'un an!! — Si monsieur est à bas, comment me faire payer?...

— Je n'en sais rien et n'en ai nul souci ! — répliqua Mᵉ Châtelet en haussant les épaules; puis il sortit laissant Alphonse fort scandalisé.

Pendant ce temps, Hermann pensait :

— Ce notaire va me dénoncer à Jacques Lefebvre !!... Mais que m'importe, après tout?... L'orage peut éclater deux jours plus tôt... Quand tombera la foudre, je serai loin...

La porte de la chambre à coucher s'ouvrit doucement et le tapissier parut, avec une physionomie astucieuse et coquine.

Comme le domestique, l'industriel avait prêté l'oreille et entendu jusqu'au moindre mot de l'entretien de Mᵉ Châtelet et du baron de fantaisie.

— Ah ! c'est comme ça ! — s'était-il dit en se frottant les mains. — Parfait ! J'exploiterai la situation !...

— Où en êtes-vous de votre travail, monsieur Rodier? — lui demanda Vogel.

— Je trouve inutile de le continuer... — répondit sèchement le tapissier. — Je ne puis donner suite à l'opération commerciale qui m'amenait ici...

— Pourquoi?... murmura le caissier stupéfait.

— Je traite les affaires régulièrement... — Quand je conclus un marché j'inscris sur mes livres le nom du vendeur, ainsi d'ailleurs que le veut la loi...

— Eh bien?

— Eh bien! quel nom pourrais-je inscrire aujourd'hui?...

— Le mien, ce me semble.

— Lequel des vôtres? — Je ne sais pas du tout qui vous êtes!...

— Insolent!!

— Je conseille à monsieur de parler plus bas. — J'ai tout entendu... tout absolument...

XXIV

— Malepeste! — continua l'honnête industriel de la rue de Rome. — Le notaire qui sort d'ici ne vous ménageait point!... Mais ça ne me regarde pas... — Je vous ai dit pourquoi l'affaire ne m'allait plus... — Serviteur de tout mon cœur... je décampe...

Et Rodier, ébauchant un salut très sommaire, se dirigea vers la porte.

Un homme frappé sans relâche finit par s'engourdir et ne craint plus les coups.

Pendant son entretien avec Me Châtelet Hermann avait bu toute honte; cette nouvelle humiliation glissa sur lui comme de l'eau.

Que lui importait l'opinion d'un personnage taré qu'il méprisait lui-même?

Ce qu'il voulait, c'était une solution immédiate, c'était de l'argent comptant avec lequel il pourrait disparaître...

Il ne se sentait pas le courage de chercher un autre acquéreur et d'entamer un nouveau marché...

— Restez donc! — dit-il à Rodier. — Au fond, ça vous est bien égal que je m'appelle ou non le baron de Précy... — Ce que je propose de vous vendre est bien à moi... je l'ai payé... mes quittances en font foi... — C'est le baron de Précy qui traite avec vous... — C'est lui que vous inscrivez sur vos livres... — Rien de plus simple et rien de plus correct...

Le tapissier souleva des difficultés sans nombre, mais uniquement pour la forme, c'est-à-dire pour exploiter mieux la situation difficile de son vendeur.

Il avait apporté six mille francs en billets de banque, décidé à donner ce prix de ce qui valait plus du double.

Il se fit supplier pendant près d'une heure et finit par offrir quatre mille francs du mobilier complet, à la condition toutefois que le concierge l'autoriserait à déménager séance tenante.

Vogel, qui ne comptait plus les déceptions, accepta.

Le concierge fut appelé.

Moyennant le payement anticipé du terme près d'échoir et du terme prochain il permit d'enlever les meubles.

Les loyers dévorèrent quinze cents livres.

Les gages arriérés du valet de chambre et de la cuisinière en absorbèrent douze cents.

Bref, le caissier quitta l'ex-théâtre de ses fêtes galantes en emportant un billet de mille francs et quinze louis, — toute sa fortune ou à peu près.

Un véritable désespoir s'empara de lui quand il se trouva sur le trottoir de la rue de Boulogne avec cette misérable somme dans sa poche, et en face de ce double et terrible problème : — Où aller et que devenir?

A peine serait-il hors de France que le dénuement absolu, l'inévitable misère, fondraient sur lui comme les vautours sur un cadavre...

Mais il ne s'agissait ni d'hésiter, ni de réfléchir... — Il n'avait pas le choix des solutions. — Il fallait mettre la frontière entre lui et les limiers de la police qui seraient bientôt à ses trousses.

— Je vais retourner au Bas-Meudon... — se dit-il. — Je remplirai de vêtements une valise portative... Je reviendrai cette nuit à Paris et je partirai demain matin pour la Belgique par le premier train... — Ma comptabilité semble régulière... — Il ne manque rien dans ma caisse... — Même si le notaire parle aujourd'hui, — (ce qui n'est point certain) — le patron ne pourra soupçonner les faux avant le jour de l'échéance... — On ne m'inquiétera pas...

Brisé de fatigue au moral et au physique, Hermann Vogel descendit la rue d'Amsterdam, déjeuna sans appétit au restaurant de la gare et, se trouvant tout près de la rue de la Pépinière, alla s'informer s'il y avait des lettres pour lui.

Il en trouva deux, arrivées l'une et l'autre la veille au soir. — Elles lui furent remises, non par le père Rémy, momentanément absent, mais par la femme de ce fonctionnaire important.

La première épître était du notaire Châtelet

D'avance il en connaissait le contenu.

La deuxième portait la signature de Jacques Lefebvre. — Elle causa au caissier une poignante émotion, une de ces émotions qui pendant quelques secondes paralysent les battements du cœur.

Cette lettre, fort bienveillante, ne contenait que quelques lignes.

Les voici :

« Mon cher Vogel.

« J'espère qu'il n'existe plus trace de votre indisposition passagère, et je le « désire d'autant plus que j'ai impérieusement besoin de vous voir...

« Je viens de recevoir la visite inattendue de deux banquiers de province, nos « correspondants de Lyon et de Besançon.

« Il se passe des choses très graves.

« J'ai tout lieu de craindre d'avoir été victime d'un faussaire inconnu, prodi-« gieusement habile et travaillant sur une grande échelle. — Ma maison serait « compromise pour une somme dont je ne puis encore apprécier l'importance, « mais considérable à coup sûr...

« Vous seul pouvez me venir en aide et porter la lumière au milieu des « ténèbres...

« J'ignore quel est l'ami chez qui vous êtes à la campagne, je ne puis donc « vous télégraphier d'accourir, mais j'espère que vous aurez cette lettre demain. « — Arrivez sans perdre une minute, et comptez sur moi si, dans quelques « jours, vous avez besoin d'un plus long repos...

« Je vous attends avec impatience, mon cher Vogel, et je vous serre cordia-« lement la main.

« JACQUES LEFEBVRE. »

— Ils sont sur la piste!! — se dit le caissier. — La mine sautera plus tôt que je ne croyais... — Ça m'est égal... je serai loin... ils auront beau chercher, ils ne trouveront personne!...

Hermann entra dans un café, demanda une feuille de papier, écrivit ces mots :

« Cher ami, prenez garde à vous!... — Le feu est à la mèche... — A bon entendeur, salut. »

Il mit la feuille sous enveloppe, traça le nom de Charles Laurent, l'adresse du boulevard de Clichy, et donna vingt sous à un commissionnaire qui se chargea de porter sur le-champ cette missive laconique.

Une heure après, Vogel arrivait au Bas-Meudon.

Valentine, malgré la brutale réponse que son mari lui avait adressée la veille au soir : — « Il ne faut jamais m'attendre! je ne sais pas quand je viendrai! » l'accueillit avec une surprise presque joyeuse.

— Comment, c'est vous, mon ami!!... — s'écria-t-elle. — Je n'aurais pas osé vous espérer si tôt.

— Est-ce un reproche? — fit le caissier ironiquement.

— Un reproche? — murmura Valentine. — Je ne vous en fais jamais, vous le savez bien...

— Peut-être trouvez-vous mon absence trop courte...

— Hermann, ce que vous dites est mal!... Quand vous êtes auprès de moi je suis contente... c'est mon devoir.

Vogel haussa les épaules.

— Votre devoir! — répéta-t-il. — Toujours des grands mots à la bouche! Toujours des paroles de tendresse sur les lèvres!... Mais je n'en suis point dupe!... — J'y vois clair!! — Au fond vous me détestez...

— Pourquoi me parlez-vous ainsi ? — demanda douloureusement Valentine.

— Parce qu'étant fille d'Ève, vous êtes hypocrite, menteuse et fourbe !...

— Hermann, me jugez-vous vraiment ainsi ?

— Oui, pardieu, je vous juge ainsi...

— Vous me méprisez donc beaucoup?...

— Comme toutes les femmes... — Ni plus, ni moins... — Vous ne valez pas mieux que les autres... et les autres ne valent rien !... — Du reste, vous avez le droit de me haïr...

— Moi, grand Dieu ! ! — s'écria Valentine. — Et pourquoi?

— Je vous avais promis la fortune et je n'ai pas tenu parole !

— Eh ! que m'importe la fortune? je n'en ai ni le besoin, ni le désir... — j'ai l'habitude de la médiocrité... Et d'ailleurs que nous manque-t-il?...

Vogel eut un éclat de rire discordant et répliqua d'un ton moqueur :

— Ce qui nous manque? — Rien, en effet !... Absolument rien !...

— Si vous vous vouliez redevenir ce que vous étiez au début de notre union, — reprit Valentine, — la vie, je vous assure, me semblerait facile et douce... Je me trouverais heureuse...

L'angélique enfant s'approcha de son mari, saisit une de ses mains qu'il essaya vainement de lui retirer et continua :

— Hermann, je vous le demande, je vous en supplie, ne me froissez plus, comme vous le faites si souvent, par des mots durs qui me glacent le cœur... — Je ne vous ai jamais offensé... Je ne vous offenserai jamais... — Accordez-moi quelque tendresse et un peu d'estime... Soyez bon...

Par un geste rempli d'une grâce touchante et pudique, Valentine appuya son front et cacha son visage sur la poitrine du caissier, puis elle ajouta :

— Et si ce n'est pas pour la femme... que ce soit pour la mère ! ! — Hermann, que ce soit pour votre enfant ! !..

XXV

Vogel tressaillit visiblement.

— Mon enfant ! — s'écria-t-il. — Vous avez dit, mon enfant...

— Oui, cher Hermann... — balbutia Valentine. — Un lien de plus existe entre nous... — Je vais être mère...

Pendant un instant le caissier, muet et immobile, parut métamorphosé en statue.

La jeune femme, étonnée de son silence, avait relevé la tête et attachait sur lui des regards où déjà se lisait une vague inquiétude.

Le visage sombre d'Hermann s'éclaira soudainement d'une lueur étrange et prit cette expression d'infernal sarcasme que peintres et sculpteurs s'accordent à donner au masque de Méphistophélès.

Un éclat de rire nerveux, le rire de la démence, s'échappa de ses lèvres ; il recula avec un geste de fou.

L'associé de Charles Laurent étendit la main pour éloigner de lui sa femme, dont la main droite reposait sur son épaule.

Un accès de rire nerveux, saccadé, presque effrayant, souleva sa poitrine et fit monter un flot de sang à ses joues pâles et à son front plissé.

— Qu'avez-vous, mon ami?... — demanda Valentine dont l'inquiétude se changeait en épouvante. — Pourquoi donc riez-vous ainsi?... Ce rire n'est pas celui de la joie... — Je m'attendais à vous voir heureux de la grande nouvelle que vous venez d'apprendre...

— De la grande nouvelle de ma paternité, n'est-ce pas ? — répondit Hermann, dont l'hilarité sinistre devint presque convulsive. — Eh bien ! mais, je montre bien que je le suis, ce me semble ! ! — J'apprécie le moment que vous avez choisi pour me donner un héritier, et l'enfant dont je suis le père naîtra sous une étoile présage d'un brillant destin ! !

— Hermann, on croirait que vous raillez...

— Allons donc !... Je suis très sérieux !... — La fibre paternelle vibre chez moi de façon surprenante, et je n'échangerais pas contre un million, je vous assure, les émotions tendres et douces que je me propose de goûter près du berceau du dernier des Vogel...

Une nouvelle crise d'un rire inextinguible, qu'on aurait pu croire produit par l'inhalation du gaz *hilarant*, s'empara du caissier ; — le globe de ses yeux s'injectait de fibrilles rouges ; — il suffoquait, il ne respirait plus.

Valentine se demandait, effarée, si son mari perdait la raison.

Hermann, brusquement, redevint calme.

— J'ai besoin d'isolement pour savourer la joie qui m'inonde... — dit-il d'un ton moqueur. — Je vous laisse, ma chère... Vous m'obligerez fort en ne me suivant pas...

Il sortit de la pièce où s'était passée l'étrange scène dont nous venons d'être témoins, et Valentine l'entendit s'enfermer dans sa chambre.

L'orpheline, restée seule, cacha son visage dans ses mains et ses larmes coulèrent sur ses joues comme une pluie d'orage.

— Mon Dieu, — balbutia-t-elle, — ayez pitié de moi !... — Que vais-je devenir ?... Hermann n'a plus de cœur... — Il ne m'aime pas... il n'aimera pas son enfant...

*
* *

Neuf heures du soir venaient de sonner au clocher du Bas-Meudon.

Le caissier, nous le savons, comptait gagner Paris avant la fin de la nuit, se trouver au point du jour à la gare du Nord et profiter du premier train se dirigeant vers Bruxelles.

Après avoir placé dans une valise légère du linge et des vêtements, il s'était jeté tout habillé sur son lit, espérant dormir quelques heures ; mais ses inquiétudes éloignaient impitoyablement le sommeil.

Les ténèbres étaient profondes.

A peine si dans le cadre de la fenêtre une teinte d'un noir un peu moins compacte tranchait sur l'obscurité de la chambre.

De rares étoiles scintillaient au milieu du ciel couleur d'encre.

La maison étant isolée, un silence absolu l'enveloppait. — Pas un bruit, pas un murmure ne s'élevaient des rives de la Seine et ne montaient vers les coteaux de Meudon.

Hermann avait compté les vibrations du timbre et s'était dit :

A trois heures du matin, je partirai... — Six heures d'insomnie d'ici là... Ce sera long !...

Tout à coup il bondit et se dressa, mordu au cœur par une angoisse atroce.

La petite cloche de la grille venait de retentir.

— Qui peut sonner? — se demanda le caissier. — Qui peut se hasarder sur les berges désertes par cette nuit sans lune?...

Il sauta en bas du lit et courut à la croisée qu'il ouvrit doucement.

Le jardin se noyait dans les ténèbres. — On ne voyait rien, pas même les bancs placés sous la fenêtre, à droite et à gauche de la porte.

La cloche retentit de nouveau, plus violemment. — On devinait qu'une main impatiente secouait la chaîne qui la mettait en branle.

— Est-ce la police? — poursuivit Hermann dont les dents claquaient. — Vient-on m'arrêter déjà?...

Il se répondit :

— C'est impossible !... — Jacques Lefebvre, en admettant qu'il me soupçonne, manque de preuves matérielles... — Pour constater des faux, pour porter des plaintes, pour obtenir un mandat, pour lancer les agents, il faut du temps... il n'en a pas eu... D'ailleurs personne ne se doute que j'habite le Bas-Meudon...

Après un court silence le visiteur nocturne sonna pour la troisième fois, avec une telle énergie que la cloche fut en grand danger de se rompre.

Hermann se répéta :

— Qui peut venir?... Qui donc?... Il faut voir...

Il prit sur la table de nuit un revolver tout armé et il résolut de descendre, mais avant de mettre ce projet à exécution il revint à la fenêtre; il entendit alors grincer sur ses gonds la porte du pavillon habité par Lambert, le jardinier-concierge; il vit sous les arbres une petite lueur (celle d'une lanterne); il saisit vaguement un murmure de voix, puis quelque chose qui ressemblait à une discussion animée.

Au bout d'un moment, cette discussion cessa. Le silence se fit de nouveau, et la petite lueur glissant sous les marronniers se rapprocha de la maison.

Bientôt Hermann distingua, grâce à la lanterne, la forme massive du jardinier vêtu seulement d'un pantalon et d'une chemise, les pieds nus dans des sabots et la tête coiffée d'un bonnet de coton gigantesque, comme un homme arraché à son premier sommeil et qui ne s'est pas donné le temps de se vêtir.

Lambert était seul.

Le caissier quitta sa chambre, descendit, tenant toujours le revolver à sa main, et ouvrit la porte de la maison à la minute précise où Lambert arrivait en face de cette porte.

— Qu'y a-t-il donc? — demanda le mari de Valentine d'une voix très émue.

— Monsieur a entendu sonner? — fit le jardinier.

— Oui... trois fois de suite...

— Je n'en ai entendu que deux, moi... — Je dormais... — Je me suis levé... — Je voulais voir le brigand qui faisait ce carillon à la grille d'une maison honnête...

— Eh bien?...

— Eh bien, c'est un monsieur... Un monsieur de Paris... — Il est venu en voiture... il a laissé sa voiture à cent pas d'ici... on voit de loin le feu des lanternes...

— Que veut-il?

— Parler à monsieur...

— Il me connaît donc?

— Par nom et prénom... Il a bien demandé M. Hermann Vogel...

— Qu'avez-vous répondu ?...

— Que ce n'était pas une heure à faire des visites à la campagne... Que monsieur était couché et endormi, et que certainement je ne prendrais pas sur moi de le réveiller... Que d'ailleurs monsieur, ne recevant âme qui vive en plein jour, recevrait encore moins en pleine nuit.

— Et, alors, il est parti?...

— Ah! bien oui!! — Il a répliqué que s'il arrivait si tard, c'était par la raison d'une grosse affaire très urgente... Qu'il fallait absolument qu'il voie monsieur, et qu'il le verrait, quand même il devrait pour cela escalader les murs et casser les vitres... — Qu'en conséquence il m'intimait l'ordre impératif de déranger monsieur et de le réveiller carrément... et que d'ailleurs, quand monsieur saurait d'où il vient, il le recevrait *illico!*...

— D'où il vient?— répéta Vogel. — Il vous l'a dit?

— Oui, monsieur...

— Et c'est?

— Du boulevard Clichy...

— Charles Laurent!! — pensa le caissier, puis il ajouta tout haut : — Vite, vite, Lambert, ouvrez la grille, ne perdez pas une minute pour amener ce visiteur, et refermez soigneusement derrière lui...

— J'y vais, monsieur...

XXVI

Tandis que le jardinier-concierge exécutait l'ordre qu'il venait de recevoir, Hermann, prodigieusement surpris et inquiet de la visite de Charles Laurent, désarmait son revolver, le glissait dans sa poche, puis, franchissant le seuil du salon aux boiseries grises, allumait une lampe et les bougies de deux flambeaux.

Il achevait à peine quand le pseudo-Lorbac parut.

Vogel ne le reconnut par d'abord.

Une barbe épaisse et brune cachait aux trois quarts le visage du faussaire qui ne portait habituellement, nous le savons, que de longues moustaches noires effilées et retroussées en crocs.

D'un geste rapide, le nouveau venu arrêta l'exclamation prête à échapper des lèvres d'Hermann.

Il referma la porte par laquelle il venait d'entrer et fit tourner deux fois la clef dans la serrure.

— C'est moi... — dit-il ensuite. — C'est parfaitement moi.

En même temps il enlevait sa fausse barbe et découvrait sa figure flétrie, plus pâle encore que de coutume.

— Il me semble, — poursuivit-il avec un indéfinissable sourire, — il me semble, cher ami, que votre accueil est un peu froid... — Une poignée de main, que diable!

— Je m'attendais si peu... — commença Vogel en serrant machinalement la main que lui tendait son complice.

— A me voir arriver à cette heure nocturne? — acheva ce dernier. — Je m'explique votre étonnement...

— Je croyais que vous ignoriez, comme tout le monde, mon séjour au Bas-Meudon...

— Vous aviez eu grand soin de me le cacher; mais les petits mystères ne réussissent point avec moi...

« Dès le soir de votre mariage je savais que vous demeuriez ici, et, la semaine suivante, je faisais dans ces parages écartés un voyage d'exploration, prévoyant bien que d'un moment à l'autre je pourrais, en un cas donné, avoir un puissant intérêt à vous rejoindre sans perdre de temps... — Vous voyez que j'avais raison...

— Vous avez reçu mon billet laconique? — demanda le caissier.

— Parbleu! — Sans cela, serais-je ici? — En me prévenant du péril, vous avez fait acte d'ami véritable... — Un autre n'aurait pensé qu'à se mettre à l'abri. Vous avez songé à moi, vous! — C'est bien...

« Je suis reconnaissant... Vous en aurez la preuve avant peu...

Vogel eut quelque peine à cacher une grimace dédaigneuse.

Que lui importait la reconnaissance de Charles Laurent, cet instrument passif, inutile désormais et dont il n'attendait plus rien?

— Qu'est-il arrivé? — reprit le visiteur. — Qui donc a mis le feu à la mèche?

— Des banquiers de province, nos correspondants, dont vous avez imité la signature sur des traites d'un chiffre fort rond... — Le patron m'attend pour débrouiller tout... — Il m'attendra longtemps...

— *É finita la musica!*... — Il est temps de passer à d'autres exercices... — Qu'allez-vous faire?

— Je vais décamper... — Et vous ?

— Moi aussi... — Mais pour décamper de façon confortable, et pour vivre en gentleman, il faut des fonds... — En avez-vous?...

— Si vous venez m'en demander, — dit vivement Hermann, — vous vous adressez mal !... — Les événements ont marché plus vite que je ne croyais... — Mes précautions étaient mal prises... — A grand'peine parviendrai-je à payer mon voyage !... — Je voudrais tenter quelque chose à l'étranger... hélas ! l'argent me manque...

— Je m'en doutais, — répliqua Charles Laurent avec assurance, — et je vous en apporte...

— Vous ! — s'écria Vogel stupéfait.

— Cela vous étonne ?...

— Un peu, je l'avoue... — Depuis que nous travaillons ensemble je vous ai toujours vu besoigneux... — Où est-il, cet argent dont vous parlez?...

— Vous allez le savoir ; mais, d'abord, êtes-vous un homme de résolution?...

— Je crois l'avoir prouvé.

— Il ne s'agit point de la résolution vulgaire qui consiste à glisser dans un bordereau sérieux une demi-douzaine de mandats suspects... — Il s'agit du sang-froid d'un gaillard énergique, prêt à payer de sa personne et ne reculant point devant un coup hardi...

— Qu'entendez-vous par coup hardi ? — murmura Vogel.

— J'entends tout ce qu'on peut entendre... — L'expression est élastique... — Prenez-la dans son sens le plus large...

— Mais alors elle implique même l'assassinat... — fit le caissier avec un frisson involontaire.

— Les choses n'iront pas si loin... j'ai tout lieu de le croire.

— Eh bien, je serai l'homme que vous cherchez... — répondit Hermann. — Il me faut de l'argent... il m'en faut à tout prix... — Mettez-moi au courant...

— C'est facile et ce sera court... — Vous vous souvenez de cette soirée, rue de Boulogne, où vous avez présenté Maurice Villars à Adah Bijou?...

— Si je m'en souviens !... — dit Vogel en poussant un soupir.

— Et, soit dit entre parenthèses, — poursuivit le pseudo-Lorbac, — la mort du vieux garçon, à laquelle vous avez collaboré de façon très active par les bons soins de *la Torpille*, ne paraît pas avoir produit pour vous les beaux résultats attendus... — Mais ce ne sont point mes affaires... — Vous n'avez pas oublié non plus qu'à cette soirée fertile en incidents, un Poméranien de ma connaissance, le comte d'Angélis, jetait sur mademoiselle Bijou des regards enflammés qui vous causaient quelque inquiétude, l'aimable Adah devant marcher sans distractions vers le but qu'elle poursuivait dans votre intérêt ?

Vogel fit un signe de tête affirmatif.

— Depuis ce jour, ou plutôt depuis cette nuit, — continua Charles Laurent, — le caprice du Poméranien est devenu une passion violente.

— Eh bien! mais, avec sa fortune, il n'avait pas à craindre un échec... — interrompit le caissier. — Il est l'amant de *la Torpille*, je suppose...

— Il le serait assurément sans moi... — Mais j'avais mon plan, et j'ai conduit de main de maître cette petite affaire... — Le comte d'Angélis n'a revu que deux fois Adah Bijou, la première fois au bois de Boulogne, la seconde dans une loge des *Variétés*... — Il n'a pu lui parler.... — J'étais là... Je tenais les ficelles de mon pantin docile...

— Mais, comment?...

— Ah! voilà! — J'ai persuadé sans peine au comte d'Angélis, naïf comme un Allemand du Nord, que *la Torpille* avait pour protecteur unique un vieillard colossalement riche et effroyablement jaloux... — J'ai démontré le mieux du monde à ce Tudesque qu'il n'agirait point en gentilhomme s'il faisait perdre à son idole, d'abord une position superbe, puis les chances d'un testament qui la rendrait millionnaire... — Je lui ai fait jurer qu'il ne tenterait à mon insu aucune démarche compromettante; — j'ai promis de le rendre heureux à bref délai, s'il s'en reposait sur moi du soin de plaider sa cause, Adah Bijou daignant m'accorder une confiance sans limites. — C'était adroit, tout ça, hein? — Qu'en pensez-vous, très cher?

- J'admire... — répondit Vogel, — mais je ne devine pas encore...

— Un peu de patience, donc!... — « *Vous ne pouvez parler*, — ai-je dit au Poméranien, — *mais vous pouvez écrire, et je serai l'intermédiaire de la tendre correspondance où vous étalerez votre flamme...* » — Deux heures après il m'apportait pour la demoiselle une épître longue comme un jour sans pain ou comme une nuit sans sommeil... — Le jour suivant je lui remettais un billet de *le Torpille*, billet de galante tournure et de style encourageant... — Comprenez-vous?

— Je comprends qu'Adah Bijou avait répondu...

— Il aurait fallu, pour cela, que la lettre d'Angélis lui fût remise.

— Elle ne l'avait pas été?...

— Non certes!...

— Eh! bien, alors?...

— Eh! bien, cher ami, le comte correspondait avec moi... — J'ai toutes les écritures, vous savez, et mes pattes de mouche féminines nous ont déjà servi pour M. de Rochegude avec un plein succès... — Je supprime les détails et j'arrive au côté pratique et intéressant de la question... — Tantôt, après avoir reçu vos deux lignes, voyant que la mèche brûlait et que la mine allait sauter, j'ai senti qu'il fallait brusquer le dénouement et j'ai dit au Poméranien qu'Adah Bijou, touchée de sa passion, n'avait plus de force pour la résistance, et que demain soir à neuf heures, échappant à la surveillance qui l'obsède, elle l'attendrait dans une maison de campagne où je me chargeais de le conduire, et qui deviendrait pour lui, grâce à moi, une succursale de Cythère...

— Cette maison de campagne? — demanda Vogel haletant.

— C'est la vôtre... — répondit Charles Laurent...

— Vous amènerez ici le comte d'Angélis?...

— Naturellement.

— Vous croyez qu'il vous suivra sans défiance?

— Sans défiance, et plein d'espoir!... — Une fois dans le salon où nous sommes, au lieu de tomber ivre d'amour dans les bras charmants de mademoiselle Bijou, il trouvera deux bons garçons solides qui le débarrasseront de son superflu, et même un peu de son nécessaire...

— Aura-t-il donc sur lui de grosses sommes?... C'est invraisemblable...

— J'ai étudié notre homme et je connais ses habitudes... — Il se prépare à un long voyage... — Sa fortune est liquide, — il me semble vous l'avoir dit, — et représentée par des billets de banque et des lettres de change à vue sur des banquiers de divers pays... — Ne se fiant point, avec raison, aux serrures de pacotille de son appartement garni, il porte tout cela, ou du moins presque tout, dans une poche de côté solidement cousue et qu'il suppose à l'abri d'un coup de main!... — Nous lui démontrerons son erreur...

— Mais s'il résiste?... — murmura le mari de Valentine.

Le pseudo-Lorbac haussa les épaules en répliquant :

— On ne résiste pas, quand on a sur les tempes les canons de deux revolvers...

XXVII

Un instant de silence suivit les dernières paroles de Charles Laurent.

Hermann semblait préoccupé.

— Vous m'étonnez beaucoup, cher ami! — reprit le faussaire. — Je ne trouve pas chez vous l'enthousiasme que j'attendais... — Quelque chose vous inquiète, cela saute aux yeux... — Qu'y-a-t-il? — Avez-vous des critiques à formuler? — La réussite de mon plan vous paraît-elle douteuse? — Parlez franchement...

— Je rends toute justice à votre plan... — répliqua Vogel, — mais j'entrevois des difficultés bien graves...

— Lesquelles? — Posez vos objections... — Je tâcherai d'y répondre.

— J'admets que le comte d'Angélis, tenant à sa vie plus qu'à son argent, ne tente point une résistance inutile... — Les lettres de change que nous lui prendrons seront en nos mains des feuilles sèches...

— Pourquoi donc?

— Je ne me sentirai point l'audace, je l'avoue, de présenter aux banquiers

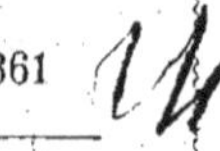

— Je ne puis donner suite à l'opération commerciale qui m'amenait ici... répondit sèchement le tapissier.

étrangers les traites enrichies par vous de fausses signatures... Je craindrais trop une arrestation immédiate...

— Les signatures ne seront pas fausses...

— Comment?

— Nous forcerons le Poméranien à endosser les mandats à vue et, dès notre arrivée à Bruxelles, nous escompterons ces mandats, sauf à sacrifier une grosse somme si l'escompteur se montre exigeant... — Je connais de réputation un israélite sans préjugés qui fera l'affaire... — Est-ce tout?...

— Ce n'est pas tout... — A peine aurons-nous tourné les talons que le comte, dépouillé par nous et délivré de nous, ira nous dénoncer... — Or, vous le savez aussi bien que moi, l'étincelle électrique marche plus vite que les trains express...

— Le comte ne se plaindra point...

— Vous connaissez un moyen de l'en empêcher?

— Parbleu...

— Voyons ce moyen.

— Je suppose que vous avez une cave, ici?

— J'en ai même deux, séparées l'une de l'autre par des portes massives...

— A merveille... — Aussitôt M. d'Angélis nettoyé comme un ponte en déveine à la suite d'une *banque rasoir*, nous le bâillonnons avec un foulard en ayant soin de laisser libre les voies respiratoires, nous lui attachons solidement les mains derrière le dos, nous l'installons dans la seconde cave sur un moelleux fauteuil que nous aurons eu la bienveillante attention d'y descendre, et nous nous éloignons paisiblement en fermant les deux portes et en emportant les deux clefs que vous cacherez en un lieu connu de vous seul...

— Mais le malheureux mourra de faim !! — répliqua Vogel.

— Nullement... — On ne meurt pas de faim en vingt-quatre heures, ni même en quarante-huit... — Une fois de l'autre côté de la frontière vous télégraphiez au brave garçon qui ce soir ne voulait pas me laisser entrer : « *Les clefs des caves sont en tel endroit. — Ouvrez les portes sans perdre une minute.* » Coup de théâtre et délivrance du comte qui, tout joyeux de revoir la lumière, oubliera presque sa mésaventure... Êtes-vous convaincu?

— A peu près...

— Plus d'objections?...

— A quoi bon? Vous avez réponse à tout.

— Alors, c'est décidé, nous agirons demain?

— Soit! agissons demain...

— Et remarquez, — continua Charles Laurent, — que le hasard nous vient en aide de façon surprenante... — La voiture qui nous amènera M. d'Angélis et moi, stationnera à deux cents pas d'ici... — Vous ressemblez vaguement au Poméranien... — Le cocher vous prendra pour lui, ceci n'est pas douteux, et nous repartirons ensemble pour Paris où, avant de gagner le chemin de fer, vous couperez votre barbe et vos cheveux, ce qui vous rendra méconnaissable... — Je tiens d'ailleurs à votre disposition un passeport absolument en règle, qui semble fait exprès pour vous... — A propos, que va devenir votre femme?...

— Ne vous inquiétez pas de ma femme... — répliqua le caissier d'une voix sombre.

— C'est juste... mais que voulez-vous?... Mme Vogel m'intéresse malgré moi... — Elle est si jolie!!

Hermann fit un geste d'impatience.

— Vous n'aimez pas qu'on s'occupe de Mme Vogel, je le sais, — continua le pseudo-Lorbac. — Il faut cependant que je vous parle d'elle, au sujet des précautions à prendre pour la réussite... — Faites en sorte qu'elle ne vienne point nous troubler... — Sa présence intempestive compromettrait tout...

— Soyez sans inquiétude... — Je lui dirai que j'attends des hommes d'affaires et que je lui défends de descendre... — Elle obéira sans discuter...

— L'obéissance passive, bravo ! — Vous devez avoir une servante ?...

— La servante sera couchée et j'aurai fermé moi-même à double tour la porte de sa chambre...

— L'homme qui m'a reçu de si mauvaise grâce, qu'en ferez-vous ?...

— Je chercherai un moyen de l'éloigner... — Il ne passera point la nuit ici...

— Il me paraîtrait fâcheux de sonner à la grille...

— Vous ne sonnerez pas... — Je serai là, dans l'ombre... — J'ouvrirai silencieusement, je refermerai derrière vous, je vous suivrai et, quand vous aurez franchi le seuil de la maison, j'entrerai à mon tour et je vous rejoindrai, avec mon revolver tout armé dans ma poche...

— C'est parfaitement compris... — il faudra que ce salon soit éclairé comme il l'est aujourd'hui...

— Il le sera...

— Vous aurez sur cette table des plumes, de l'encre et du papier, n'est-ce pas ?...

— Oui... tout y sera... et dans le tiroir de ce meuble un foulard pour le bâillon et une corde solide pour les mains... — Je n'oublierai rien, comptez-y...

— Prévoyons le cas où notre homme tenterait de s'échapper...

— Pris entre nous deux, il ne pourrait réussir...

— Enfin, où donne cette porte ? — demanda Charles Laurent en indiquant une des issues.

— Sur l'escalier qui conduit au premier étage... — Le verrou sera poussé en dehors...

— Et celle-ci ?...

— Dans un cabinet de débarras...

— Sans issue ?

— Sans autre issue qu'une fenêtre ouvrant sur le jardin... — Pour essayer de la franchir, il faudrait la connaître...

— Voyons un peu...

Charles Laurent saisit un flambeau, entra dans le cabinet encombré de meubles hors de service, et en ressortit rassuré.

— Tout est pour le mieux... — dit-il. — Je vais reprendre le chemin de Paris mais, d'abord, laissez-moi restituer à mon visage sa parure d'emprunt.

Il seplaça devant la glace entre le feu des bougies, et rajusta la fausse barbe qui le rendait méconnaissable.

— A quoi bon ce déguisement? — fit Vogel. — Vous n'avez, quant à présent, rien à craindre... — La mine n'éclatera qu'après notre départ...

— Je l'espère, mais toute précaution me paraît utile et je suis fanatique du vieux proverbe : « *Prudence est mère de sûreté!...* » — A demain soir, cher ami... — Nous arriverons à neuf heures moins cinq minutes, le comte et moi...

— Je vous reconduis jusqu'à la grille...

Les deux hommes traversèrent le jardin sans prononcer une parole, échangèrent une poignée de main silencieuse, puis Charles Laurent se dirigea vers la voiture qui l'avait amené, et dont les lanternes éclairaient la berge.

Hermann regagna la maison, verrouilla la porte derrière lui, éteignit les lampes et les bougies du salon et remonta au premier étage.

Sur le carré auquel aboutissait l'escalier il aperçut Valentine, debout, en peignoir de nuit, le visage bouleversé, les cheveux épars.

— Que diable faites-vous là ? — lui demanda-t-il d'un ton dur.

— Je vous attendais, mon ami, — répondit-elle.

— Pourquoi m'attendre?...

— J'étais inquiète...

— A quel propos?

— J'ai entendu sonner avec une étrange insistance... — Vous êtes descendu et vous avez introduit quelqu'un... Cela n'est pas dans vos habitudes... — J'ai craint que ce visiteur nocturne ne fût chargé pour vous de fâcheuses nouvelles... Un pressentiment sombre, involontaire et irraisonné, m'agitait... j'avais peur...

Le caissier haussa les épaules.

— Enfantillage que tout cela! — répliqua-t-il. — Enfantillage absurde, et je veux bien vous dire — (puisque désormais, paraît-il, il faudra vous rendre des comptes) — qu'il s'agissait d'un travail pressé dont mon patron me charge... — Ce travail me retiendra ici demain toute la journée, et le soir, à peu près à la même heure qu'aujourd'hui, des gens d'affaires viendront traiter avec moi des questions importantes... — Si nous ne sommes pas du même avis, la discussion sera longue et vive... — Dans tout cela, vous le voyez, ma chère, il n'y a rien qui puisse vous causer le moindre souci... — Bonsoir... Allez dormir... — Je vais tâcher d'en faire autant, car je serai debout au point du jour...

Et Vogel, ne s'occupant plus de Valentine, rentra dans sa chambre où il s'enferma.

XXVIII

La journée du lendemain parut interminable à Vogel.

Une angoisse sourde, grandissant d'heure en heure et presque de minute en minute, ne lui laissait aucun moment de trêve.

Il ne se dissimulait point que son absence prolongée de la maison de banque, et surtout le fait de ne pas donner de ses nouvelles malgré la lettre pressante et bienveillante de Jacques Lefebvre, devaient fatalement tourner vers lui les soupçons de ce dernier...

Par instants il se demandait s'il n'avait pas eu tort de renoncer à son plan primitif et de prolonger de vingt-quatre heures son séjour au Bas Meudon...

S'il s'était abandonné passivement à sa première inspiration, il serait loin; — à peu près sans argent, il est vrai, mais en sûreté, et n'ayant jusqu'à nouvel ordre rien à craindre des agents de la police française.

Et qui sait si Charles Laurent n'allait pas, — volontairement ou involontairement, — manquer à la parole donnée?...

Peut-être le faussaire émérite aurait-il pris le parti d'agir seul...

Peut-être le Poméranien, à la dernière minute, éclairé par une lueur instinctive, se défierait du piège et n'y tomberait pas...

Ni l'une ni l'autre de ces suppositions n'était inadmissible...

Et alors lui, Vogel, aurait perdu follement un temps précieux dans l'inaction la plus dangereuse.

On comprend que ces pensées, et beaucoup d'autres du même genre, brûlaient son sang, crispaient ses nerfs, et lui donnaient une fièvre ardente...

Enfin, vers cinq heures du soir, un calme relatif succéda brusquement à sa prodigieuse agitation.

Le moment de l'action approchait; — l'attente serait courte désormais...

Le mari de Valentine reprit possession d'une bonne partie de son sang-froid habituel...

Charles Laurent avait recommandé tout spécialement d'éloigner le jardinier.

Vogel alla trouver celui-ci.

— Apprêtez-vous, Lambert, — lui dit-il, — vous allez faire pour moi un petit voyage...

— Monsieur m'envoie à Paris?...

— Je vous envoie à Étampes...

— A Étampes! — s'écria Lambert — Mais c'est loin, cela, monsieur!!...

— A cinquante-six kilomètres de Notre-Dame... — Vous partirez par le chemin de fer d'Orléans, vous prendrez un billet de seconde classe pour le train de neuf heures et demie, et vous arriverez à Étampes à onze heures et quelques minutes...

— J'y coucherai donc?...

— Vous y coucherez, bien entendu, et vous y souperez... — Voici cinquante francs et une lettre... — Les cinquante francs sont pour vous défrayer de vos dépenses... — La lettre est à l'adresse d'un banquier de la ville... — Vous la lui porterez demain matin, vers les neuf heures... — Il vous remettra des papiers d'une importance capitale, sur lesquels je vous recommande de veiller avec sollicitude... — Ceci fait, vous déjeunerez à l'auberge où vous aurez couché, et vous reviendrez par un train quelconque... Pourvu que les papiers en question soient dans mes mains avant cinq heures du soir, c'est tout ce qu'il me faut.

— Bien, monsieur! — répondit le jardinier enchanté, car un tel déplacement dans de telles conditions était pour lui une véritable partie de plaisir. — Je m'habille et je pars...

Dix minutes plus tard il était en route.

Vogel dîna en compagnie de Valentine et de sa sœur.

Il n'avait pas d'appétit et ne mangea guère, mais il fit des frais pour paraître aimable, il ne se montra point dur et dédaigneux comme de coutume, et la jeune femme se sentit presque heureuse en attribuant à sa confidence de la veille ce changement d'humeur manifeste et inattendu.

— Je l'avais mal jugé... — pensa-t-elle. — Il est meilleur que je ne croyais... il me reviendra.

Vers huit heures, Hermann reconduisit les deux sœurs au premier étage.

— Avez-vous terminé ce travail pressant dont vous m'aviez parlé, mon ami? — demanda Valentine.

Le caissier répondit affirmativement.

Valentine reprit :

— J'ai cru comprendre que des hommes de loi devaient venir ce soir... — Me suis-je trompée?

— Non pas... Vous avez bien compris...

— Quand arriveront-ils?

— Dans une heure à peu près...

— Voulez-vous que Mariette éclaire le salon?...

— Inutile... je me charge de ce soin.

Après un silence, Vogel ajouta :

— Les intérêts que je représente et ceux que ces messieurs ont mission de défendre sont diamétralement opposés... — Je vous l'ai dit hier et je vous le répète, la controverse sera vive, et très chaude, peut-être... — Quand on s'anime, le diapason des voix s'élève à l'insu de ceux qui parlent... — Donc, si vous entendez quelque bruit, ne vous inquiétez pas... — il s'agira d'une discussion et non d'une dispute...

— Je ne m'inquiéterai pas... — Bonsoir, mon ami, à demain...

— A demain... — répéta le caissier...

Il donna l'ordre à Mariette de regagner sa mansarde, où il l'enferma; — puis, en redescendant, il fit tourner sans bruit et à deux reprises la clef dans la serrure de la chambre de Valentine.

Désormais il était absolument sûr qu'aucune intervention importune ne viendrait le gêner.

Il alluma, comme la veille, la lampe et les bougies du salon, dont il avait eu soin de clore les volets.

Ceci fait, il disposa sur une petite table un encrier, du papier, des plumes... — Il s'assura que les six cartouches de son revolver étaient à leur place, et il regarda sa montre.

Elle indiquait neuf heures moins un quart.

— Si Charles Laurent a réussi, — se dit le mari de Valentine, — et s'il amène le Poméranien, ils seront ici dans dix minutes...

Il sortit, laissant les portes entrebâillées derrière lui.

Le brillant éclairage du salon envoyait une nappe de lumière sur le sable devant la porte du vestibule.

On n'avait, depuis la grille, qu'à suivre l'allée droite passant sous les marronniers; la traînée lumineuse indiquait le but.

Vogel traversa le jardin dans toute sa longueur, franchit la grille, fit quelques pas sur la berge et, les yeux tournés vers le chemin qui longeait le Bas-Meudon, attendit. Son attente fut courte.

Bientôt le roulement d'une voiture se fit entendre, lointain d'abord et se rapprochant très vite, puis deux lanternes apparurent à l'angle de la dernière maison du village, avancèrent encore un peu, et s'immobilisèrent à deux cents mètres environ de la propriété de maître Roch.

Le claquement sec d'une portière que l'on referme arriva jusqu'à Vogel, puis des pas d'homme résonnèrent sur la route caillouteuse.

— Ce sont eux! — pensa le caissier, — Charles Laurent a tenu sa parole... — J'ai bien fait de ne point partir...

Après ce bref monologue il rentra dans le jardin, laissa la grille entr'ouverte et se dissimula derrière un des piliers de briques et de maçonnerie, précaution d'ailleurs superflue, tant les ténèbres étaient profondes.

Les deux hommes marchaient rapidement et silencieusement. — Ils arrivèrent au mur d'enceinte.

Le pseudo-Lorbac s'arrêta.

— Nous sommes arrivés, cher comte... — dit-il à demi-voix en appuyant sa main sur le battant qui céda. — Je connais les êtres... — Venez, je vais vous guider...

Le faussaire et son compagnon entrèrent dans l'enclos.

— Il fait noir comme dans un four, — reprit le complice de Vogel. — Mais on ne peut se tromper... c'est toujours tout droit.

Hermann referma la grille — Le fer, en heurtant le fer, résonna faiblement. — La clef massive cria dans la lourde serrure.

Le Poméranien se retourna.

— Il y a donc quelqu'un derrière nous? — demanda-t-il.

— Oui... le jardinier... — répondit Laurent. — Soyez sans inquiétude, il sait ce qui se passe et nous est tout acquis...

XXIX

Le Poméranien et Charles Laurent s'engagèrent dans l'allée droite, sous le couvert des marronniers.

Hermann les suivit de près, en ayant soin d'étouffer le bruit de ses pas sur le sable.

Chemin faisant il entendit le pseudo-Lorbac dire à son compagnon :

— La route est un peu triste, hein, cher comte?... Qu'en pensez-vous?...

M. d'Angélis répliqua :

— Une route ne semble jamais triste quand on sait que le bonheur vous attend au bout.

— Si mademoiselle Bijou vous entendait, elle aurait le droit d'être fière !!

— Ce n'est pas de mon amour que pourrait venir son orgueil... c'est de sa beauté...

— Ah! vous êtes solidement mordu !

— Vous ne comprenez guère cela, Français légers, épris de toutes les femmes!! — Nous autres gens du Nord, quand nous donnons notre âme, c'est sérieux... — Avant de rencontrer Adah, je n'avais jamais aimé!... — Je l'adore!... — Elle peut me demander tout, — sauf mon nom, — elle obtiendra tout.

— Je crois que ça lui suffira... — fit le faussaire en riant.

— Sommes-nous encore loin de la maison?... — reprit le comte.

— Non, tout près... — Cette traînée lumineuse que vous voyez d'ici s'échappe de la porte ouverte...

— Et vous êtes sûr qu'Adah est venue?...

— Autant que je le suis d'être votre ami...

— Si vous saviez comme mon cœur bat!!

— Il battra bien plus tout à l'heure...

Ce furent les dernières paroles échangées jusqu'au moment où les deux hommes atteignirent le seuil...

— Je vous montre le chemin... — dit Charles Laurent en entrant le premier dans le vestibule et en ouvrant tout à fait la porte entrebâillée du salon.

Le brusque passage des ténèbres profondes du dehors à la lumière relativement éclatante de l'intérieur éblouit d'abord le Poméranien, mais au bout de

Hermann distingua, grâce à la lanterne, la forme massive du jardinier.

moins d'une seconde ses yeux s'habituèrent à cette clarté vive et il regarda autour de lui.

— Vous trouvez que ça manque de luxe? — fit le faux Lorbac avec un sourire.

— A la beauté radieuse de Bijou, la bien nommée, il faudrait un écrin éblouissant, — répliqua le Poméranien, — et celui-ci me semble indigne du diamant sans tache qu'il renferme...

— Adah ne vient ici que de loin en loin... et d'ailleurs elle a des goûts simples...

— Quand la verrai-je ?

— Mais, tout de suite... — Je vais la prévenir que nous sommes arrivés...

— Me recevra-t-elle dans cette pièce ?

— Oui, d'abord... — Vous tâcherez d'obtenir ensuite qu'elle vous conduise ailleurs.

— Me laisserez-vous seul avec elle?...

— Bien entendu...

— Vous êtes un incomparable ami ! ! — murmura M. d'Angélis.

— Parbleu ! je le sais bien !... — fit Laurent, et il se dirigea vers la porte comme pour sortir, mais en réalité pour indiquer du geste à Vogel, immobile et attentif dans la pénombre du vestibule, que le moment d'apparaître était venu.

Le caissier attendait le signal de son complice.

Il entra et ferma derrière lui la porte à double tour.

Sa figure mortellement pâle exprimait une de ces résolutios brutales que rien n'arrête, que rien n'ébranle...

Il suffisait de le regarder pour comprendre qu'il était prêt à tout.

— Monsieur le comte, — dit-il d'une voix sourde, — j'ai l'honneur de vous souhaiter la bienvenue céans...

Au bruit inattendu de cette voix le Poméranien tressaillit, se retourna vivement, et jeta sur Vogel un coup d'œil empreint d'étonnement, mais non d'inquiétude.

L'idée qu'il était pris dans un traquenard effroyable ne lui venait point encore.

— Ah çà ! mais je ne me trompe pas ! ! — s'écria-t-il au bout d'un instant. — Vous êtes bien le baron de Précy...

Hermann s'inclina en répondant :

— Lui-même...

— Enchanté de vous voir, assurément, monsieur le baron, — reprit le comte, — mais permettez-moi de vous demander par quel hasard je vous rencontre ici ?...

— Ce n'est point par hasard... — Ma présence est toute naturelle, quoiqu'elle semble vous surprendre... — Je suis chez moi...

— Chez vous ! ! — répéta l'étranger avec stupeur.

— Chez moi, oui, monsieur, parfaitement.

Le comte d'Angélis posa la main sur l'épaule de son guide, et dit en le regardant bien en face :

— C'est vous qui m'avez amené... — C'est donc à vous que je demande le mot de cette énigme, et c'est à vous de me le donner...

— Je vais le faire, — répliqua le faux Lorbac, — et pour peu que vous y mettiez du bon vouloir, quand vous connaîtrez par le menu la situation, les choses se passeront de façon très courtoise...

— J'attends...

— « *Oh! mon Dieu, c'est bien simple !* » comme dit Gil-Pérez dans les pièces du Palais-Royal... — reprit Charles Laurent, en imitant les intonations de l'acteur dont il venait de prononcer le nom. — Je vous ai persuadé, cher comte, que je vous conduisais chez une jolie personne dont vous êtes *toqué!* — C'était un innocent mensonge... — J'avais besoin d'un prétexte ingénieux pour vous décider à me suivre dans ce logis... — J'ai pris celui-là... — Il était bon, puisque vous voici.

M. d'Angélis ne comprenait pas encore.

— Ainsi, — fit-il avec un commencement de colère, — vous vous êtes moqué de moi, et vous en convenez!...

— Allons donc!! — répliqua le Lorbac. — Me moquer de vous, cher comte!!... Par exemple!! — Jamais de la vie!! — Vous dénaturez mes intentions!!... — Je m'inscris en faux contre toute tentative de raillerie déplacée!...

— Mais alors pourquoi ce mensonge? Pourquoi ce prétexte? Pourquoi m'amener dans cette maison où personne ne m'attend?...

— Ah! voilà!... — L'explication est de nature délicate et je fais un sérieux appel à votre esprit de conciliation... — Figurez-vous, cher comte, que vous êtes céans entre deux gentlemen fort maltraités par la fortune adverse... — Le mauvais sort s'entête à nous persécuter!! — Nous avons lutté contre lui de toutes nos forces, avec un courage et une persévérance dignes du plus grand succès!... — Nous avons été vaincus, et vaincus de façon si complète et si lamentable qu'il nous faut aujourd'hui quitter Paris et la France au plus vite, pour éviter les conséquences de certains actes irréfléchis dont le détail serait un peu long...

— Pourquoi me racontez-vous ces choses? — interrompit le Poméranien. — Vos affaires intimes et celles de M. le baron de Précy ne me regardent pas...

Charles Laurent leva les yeux et les mains vers le plafond, par un geste très pathétique.

— Quelle erreur est la vôtre!! — dit-il ensuite. — Nos affaires vous regardent énormément, au contraire, puisque vous pouvez seul nous soustraire aux conséquences susmentionnées, et que c'est sur vous que nous comptons pour cela...

— Sur moi!! — répéta M. d'Angélis. — Je me demande si je rêve!!

— Non... non... vous êtes bien éveillé... — Je continue : — L'argent est le nerf de la guerre... — Il en faut pour se replier en bon ordre après la défaite, comme pour se porter en avant après la victoire... — il en faut même davantage en cas de défaite... — Or, nous en manquons et vous en avez!! — Est-ce équitable cela? — Non! non! et cent fois non!... — Il y a là une injustice flagrante!

Votre rôle est tout indiqué, je vous assure, et je n'en connais pas de plus beau !... Substituez votre intelligence libérale au hasard aveugle qui régit le monde, et réparez pour nous l'injustice du sort ! — Est-ce entendu ?

Le Poméranien regarda successivement Hermann Vogel et son complice.

— Il m'a semblé comprendre que vous demandiez de l'argent... — murmura-t-il.

— Vous avez bien compris... — répliqua le faussaire.

— Est-ce une centaine de louis que vous voulez?...

— Fi donc ! — Pour qui nous prenez-vous ? — Que ferions-nous de quelques louis, bon Dieu ?... — Il nous faut une grosse somme... une très grosse somme...

— Cette grosse somme, je ne l'ai pas sur moi.

Charles Laurent toucha du bout du doigt le côté gauche du torse d'Angélis.

— Pardon, cher comte, — répondit-il, — vous l'avez là, en billets de banque, en chèques et en mandats, dans une poche de côté soigneusement cousue, mais facile à découdre... — Le contenu de cette poche nous est indispensable, et nous vous saurons gré de le mettre à notre disposition.

— Et, si je refuse ?...

— Vous ne refuserez pas... — Vous êtes trop intelligent pour refuser quoi que ce soit à vos bons amis, quand vos bons amis sont plus forts que vous...

Le comte croisa ses bras sur sa poitrine et s'écria d'un ton d'écrasant mépris :

— Ah çà ! mais, vous êtes des voleurs, et je suis dans un coupe-gorge ! !...

XXX

— *Nous sommes des voleurs et vous êtes dans un coupe-gorge !* — répéta le pseudo-Lorbac en riant. — Ah ! cher comte, voilà des expressions de bien mauvais goût ! ! — Nous pourrions certainement nous en formaliser, mais votre qualité de Poméranien vous donne le droit incontestable de méconnaître les nuances et d'ignorer les finesses de la langue... Nous userons donc d'indulgence à votre égard... — Seulement, je vous conseille en ami de ne pas nous faire attendre plus longtemps l'acte de complaisance que nous sollicitons... — Exécutez-vous, croyez-moi, c'est dans votre intérêt...

— C'est-à-dire, — répliqua M. d'Angélis à qui l'indignation n'ôtait rien de son sang-froid, — c'est-à-dire que, me tenant dans un piége où ma naïve confiance m'a fait donner tête basse, vous prétendez me dépouiller et me bafouer en même temps !... Il vous plaît d'exercer l'honnête industrie de détrousseurs de grandes routes, avec des airs de gens du monde... ! — Vous demandez la bourse ou la vie, et vous trouvez original d'y mettre des formes !... — Faites votre métier, gredins, mais du moins faites-le franchement !... — Si vous êtes les plus forts, usez de votre force... — Je ne veux pas être ridicule !... Je ne céderai qu'à la violence !...

Charles Laurent fit un signe à Vogel et reprit :

— S'il ne faut que cela, cher comte, soyez satisfait.

Et les deux hommes, exhibant à la fois leurs revolvers, en braquèrent les canons sur le Poméranien.

— Vous exécuterez-vous maintenant de bonne grâce, — demanda le faussaire, — ou nous mettrez-vous dans la nécessité fâcheuse de vous brûler un peu la cervelle ?...

M. d'Angélis regarda d'un air impassible les deux canons tournés contre lui et haussa les épaules.

A coup sûr, cet Allemand avait quelque bravoure ; mais nous devons ajouter — (au risque d'amoindrir son apparent héroïsme) — qu'il prenait médiocrement au sérieux les menaces du prétendu Lorbac, et qu'il ne croyait point du tout à la possibilité d'un assassinat.

Charles Laurent frappa du pied avec impatience et sécria :

— Tonnerre du diable... vous déciderez-vous ?

— Qu'exigez-vous de moi ? — fit le Poméranien.

— Nous exigeons les billets de banque, les chèques et les mandats dont vous êtes porteur, et, comme mandats et chèques nous seraient inutiles sans votre signature — (nous ne sommes point des faussaires !) — vous allez vous asseoir à cette table où vous voyez de l'encre et des plumes, et endosser *pour acquit* ces chiffons de papier.

— Que me restera-t-il, alors ?

— Ceci, cher comte, ne nous regarde pas... — Nous sommes gens trop discrets pour nous mêler de vos affaires d'argent...

— Et quand j'aurai cédé, que ferez-vous de moi ?...

— Je pourrais vous répondre que nous vous donnerons tout de suite la clef des champs... — Je mentirais... — La tentation de nous dénoncer n'aurait qu'à vous traverser l'esprit, et nous tenons à vous éviter cette regrettable démarche... — Il ne vous arrivera d'ailleurs rien de fâcheux... — Nous vous enfermerons simplement dans une cave où vous trouverez un bon fauteuil préparé tout exprès pour vous... — A peine aurez-vous le temps de vous ennuyer... — Demain, vers cinq heures de l'après-midi, on viendra vous ouvrir, vous serez libre et vous pourrez, si le cœur vous en dit, aller dialoguer à notre sujet avec M. le procureur impérial ou avec son substitut... — Ça n'aura pas d'inconvénient... Nous serons en sûreté ! ! — Vous savez présentement à quoi vous en tenir... — Ce ne sont plus des paroles qu'il nous faut, ce sont des actes... — Décidez-vous donc, et vite ! ! — Il nous serait pénible d'agir nous-mêmes, et nous le ferions cependant sans hésiter... — Vous comprenez-ça ?...

— Oseriez-vous porter la main sur moi? — demanda le comte.

— Parfaitement! oh! parfaitement!...

— *Der Teufel!* — fit le Poméranien d'une voix rauque qui passait en sifflant entre ses dents serrées. — *Der Teufel!* je suis bien dans le cas de légitime défense, et nous allons rire!...

En même temps sa main droite, qui depuis quelques instants caressait un objet invisible au fond d'une de ses poches, reparut armée d'un petit revolver à crosse d'ébène et à canon d'acier poli.

M. d'Angélis ajusta successivement Charles Laurent et Hermann avec la rapidité de l'éclair, et deux fois de suite pressa la détente.

Deux détonations retentirent.

La première balle traça un sillon brûlant, mais sans profondeur, sur l'épaule du faussaire.

La seconde coupa une mèche de la chevelure blonde de Vogel, en effleurant à peine l'épiderme.

— Ah! scélérat, tu nous prends en traître!! — cria Laurent avec un soudain accès de rage. — Tu nous canardes comme des chiens enragés! — Ton compte est bon!! — Feu! Hermann! Feu!!

Quatre coups de revolver, tirés presque à bout portant, éclatèrent à la fois.

Le Poméranien, atteint en plein visage, la barbe et l'épiderme brûlés par la poudre, les joues et les yeux troués par les balles, ne poussa ni un cri, ni un soupir...

Il lâcha son arme, tomba de toute sa hauteur, à la renverse et ne bougea plus. — Une des olives de métal l'avait foudroyé en traversant le cerveau.

Hermann recula.

— Mort! — murmura-t-il sourdement. — Il est mort!... Nous l'avons tué!...

— Parbleu! — répondit le faussaire. — Il est mort et nous sommes vivants, mais ce n'est pas sa faute!... — J'ai de son plomb dans l'aile et, s'il avait visé deux millimètres plus bas, c'est vous, mon très bon, qui seriez étendu là, à sa place... — Donc ne vous apitoyez point, et ménagez des pleurs inutiles!!

— Qu'allons-nous faire? repris Vogel.

— Exactement ce que nous aurions fait si cet événement dramatique ne s'était pas produit... — La fin prématurée du comte d'Angélis ne modifie quoi que ce soit à nos projets... — Nous allons découdre sa poche et nous en extrairons billets de banque et valeurs... — Je me charge d'endosser les traites à sa place... — Il ne réclamera point...

— Mais ce cadavre?...

— Nous le descendrons à la cave où nous le mettrons sous clef... On ne le retrouvera pas de sitôt...

— Voyez donc, — balbutia Vogel, — le sang coule... Le cercle rouge s'élargit sur le parquet...

Laurent ne put contenir un mouvement d'impatience, et répliqua :

— Eh! mon cher, de quoi diable vous occupez-vous?... On ne fait pas d'omelette sans casser des œufs! — Au lieu de perdre la tête, comme vous en prenez le chemin, aidez-moi!... Soutenez par les épaules notre défunt ami, s'il vous plaît...

Vogel obéit machinalement.

Le pseudo-Lorbac, un canif à la main se pencha, explorant la redingote et le pardessus et cherchant cette fameuse poche cousue qui devait centenir une fortune.

Elle n'existait pas...

En revanche une poche parfaitement visible renfermait un portefeuille de cuir de Russie, encadré d'argent niellé et portant en relief les initiales et la couronne du comte d'Angélis.

Charles Laurent pris ce portefeuille avec une hâte fiévreuse et l'ouvrit.

Il y trouva quatre billets de banque de mille francs, une demi-douzaine de photographies féminines dans des costumes plus que galants; mais nul vestige des lettres de crédit sur lesquelles il comptait.

— Tonnerre du diable! — murmura-t-il. — Nous serions-nous donné tant de mal pour une misérable somme de quatre mille francs? — C'est ça qui serait de la déveine, car présentement nous risquons l'échafaud!! — Angélis n'avait-il pas de valeurs? — Mais, non... c'est impossible! — Croyant venir en bonne fortune, il aura laissé les traites chez lui, dans un meuble!... — Eh! bien, nous irons les prendre chez lui et, si bien cachées qu'elles soient, nous les trouverons!!

Le pseudo-Lorbac visita les poches du pantalon comme il avait visité celles des autres vêtements. — Il en tira un porte-monnaie, une clef d'appartement et un anneau d'acier auquel pendaient cinq ou six autres clefs de plus petite taille.

— Partageons... — dit-il alors à Vogel. — Le porte-monnaie contient vingt louis... en voici dix, et deux billets de banque. — Je prends la montre dont je vous tiendrai compte. — Elle est armoriée et fera très bien dans mon gousset... — Maintenant, aidez-moi... Supprimons ce cadavre en le portant dans le sous-sol, et filons...

Les deux hommes soulevèrent le corps, l'un par les pieds, l'autre par les épaules, et s'apprêtèrent à sortir.

Mais, avant d'avoir fait un pas vers la porte, ils laissèrent retomber sur le plancher leur lugubre fardeau et se regardèrent pâles d'épouvante.

Une main inconnue sonnait à toute volée la cloche du jardin...

XXXI

La situation était effroyable!! — Se figure-t-on ces meurtriers emportant le cadavre chaud et saignant de leur victime, et surpris au début de cette funèbre besogne par un coup de cloche retentissant dans le silence et dans les ténèbres?

Une si formidable émotion suffirait assurément pour blanchir en une seconde les cheveux des plus résolus...

Charles Laurent se pencha vers Hermann :

— Attendiez-vous quelqu'un? — lui demanda-t-il tout bas.

— Personne... — répondit le caissier.

— Avez-vous dans le village ou dans les environs des gens de connaissance qui parfois, le soir, arrivent à l'improviste, soit pour votre femme, soit pour vous?

— Personne... — répéta Vogel.

— Mais, alors,..

Le faux Lorbac n'acheva point sa phrase.

La cloche du jardin résonnait pour la seconde fois.

Un nouveau regard échangé par les assassins leur prouva que tous deux avaient même pensée.

— La peur est mauvaise conseillère... — murmura Charles Laurent. — Nous nous trompons peut-être, attendez, je vais voir...

Il éteignit toutes les lumières, sauf une bougie placé près des plumes et de l'encrier sur la table où le comte d'Angélis devait endosser les traites dont on le croyait porteur.

Ceci fait, il ouvrit sans bruit la porte du salon, puis celle du vestibule d'où nulle clarté ne s'échappait désormais, il s'enfonça résolûment dans l'obscurité et, suivant l'allée de marronniers, se dirigea vers la grille.

Lorsqu'il ne fut plus séparé de cette grille que par une distance d'environ cinquante pas,il s'arrêta et prêta l'oreille.

Un murmure confus arriva jusqu'à lui.

Il entendait parler, mais il ne pouvait distinguer aucune phrase.

Tout à coup, et pour la troisième fois, une main vigoureuse agita pendant quelques secondes la chaînette qui mettait la cloche en branle.

Quand la dernière vibration s'éteignit, le feu de deux lanternes sourdes de fort calibre fut démasqué à l'improviste et, grâce à la puissance des réflecteurs, un double rayon lumineux enfila l'allée droite.

Charles Laurent, qui ne s'attendait à rien de semblable, devint instantanément visible.

Il se jeta derrière un tronc d'arbre, mais sa présence était signalée.

— Ouvrez, au nom de la loi! — dit une voix sonore. — Nous sommes por-

Les deux hommes traversèrent le jardin sans prononcer une parole, échangèrent une poignée de main, silencieux.

teurs d'un mandat bien en règle... — Un serrurier nous accompagne... — Si vous n'obéissez de bonne volonté, nous allons forcer la serrure...

Le faussaire n'en écouta pas davantage et, tournant sur lui-même, prit sa course dans la direction du logis.

Il franchit le seuil comme une trombe, en refermant à clef les portes derrière lui.

Hermann, dont la prostration dépassait toute croyance, s'était laissé tomber sur un siège.

En voyant entrer son complice haletant, il se dressa.

— Eh bien? — demanda-t-il effaré.

— Eh bien! c'est la police...

— Alors nous sommes perdus!... balbutia le misérable.

— Nous sommes sauvés, au contraire!! — répondit le pseudo-Lorbac.

— Comment?...

— Une inspiration... un trait de génie...

— Parlez!... Au nom du ciel, expliquez-vous!...

Charles Laurent désigna du geste le mort, étendu sur le dos dans une mare de sang.

— Regardez ce cadavre... — dit-il,

Vogel obéit en frissonnant.

— Les coups de feu l'ont défiguré... — reprit le faussaire. — Le visage est broyé... la barbe et les cheveux sont blonds comme les vôtres... Qui pourrait affirmer que ce corps est celui du comte d'Angélis et non celui du caissier Vogel... — Avez-vous votre portefeuille?...

— Oui...

— Contient-il des lettres à votre adresse?...

— Sans doute...

— Donnez... — Donnez aussi votre montre et votre anneau de mariage..

— Les voilà... — Qu'allez vous en faire?...

— Assurer notre salut à tous deux.

Charles Laurent, s'agenouillant, glissa le portefeuille dans une des poches du cadavre, la montre dans son gilet, la bague nuptiale à son doigt, et dit, quand il eut achevé :

— Maintenant, asseyez-vous à cette table... Prenez une feuille de papier... Trempez une plume dans l'encre... Écrivez...

— Quoi?

— Je vais dicter...

Et il dicta les lignes suivantes, que le caissier traça machinalement.

— « Dieu est juste!... Tout s'expie! — J'ai commis des fautes honteuses que « ma conscience me reproche et que la loi doit punir... — L'heure de l'expiation « vient de sonner. — Au moment où j'écris, la police force mes portes et le bagne « ouvre les siennes... — Entre la mort et le déshonneur public, il faut choisir... « — Je choisis la mort. »

— *La mort...* — murmura le caissier, répétant le dernier mot :

— Signez : HERMANN VOGEL, et datez...

— C'est fini...

— Tonnerre du diable! il était temps!... — Les voici...

On entendait en effet, depuis une seconde, les instruments du serrurier ébranler la serrure du vestibule.

Charles Laurent prit son revolver, ramassa celui du comte d'Angélis, fit feu quatre fois de suite, poussa un cri aigu et renversa un meuble.

Puis, sans prononcer une parole, il enfonça le chapeau du Poméranien sur la tête de Vogel, saisit ce dernier par la main, l'entraîna dans le cabinet aux débarras, ouvrit la fenêtre et le volet, bondit sur le bord de la croisée et sauta dehors.

Hermann le suivit.

Tous deux se trouvèrent dans l'enclos, sans qu'aucun agent de police eût signalé leur fuite.

Le faussaire repoussa les volets, et prenant de nouveau la main de Vogel, car les ténèbres étaient si profondes qu'en se touchant on ne se voyait pas, il s'éloigna de la maison avec lui.

Quand ils furent à quelque distance Charles Laurent, d'une voix aussi faible qu'un souffle, dit à l'oreille de son compagnon.

— Existe-t-il dans le mur d'enceinte une porte donnant sur la campagne?...

— Oui... — fit le caissier.

— Où se trouve cette porte?

— En haut, derrière le taillis.

— En avez-vous la clef?

— Ellle est à la serrure... on ne l'enlève jamais.

— Tout va bien... — Conduisez-moi.

La porte indiquée par Hermann servait très rarement. — La rouille opposa quelque résistance, mais le pène finit par devenir docile et les complices eurent le droit de se croire tout à fait sauvés quand ils mirent le pied sur un terrain vague, bordé d'une clôture en planches pourries est descendant jusqu'à la berge.

Cinq minutes plus tard ils rejoignaient la voiture de louage qui avait amené au Bas-Meudon le comte d'Angélis et le faux Lorbac.

Cette voiture stationnait, nous l'avons dit, à plus de deux cents mètres de la propriété de maître Roch.

Le cocher, dormant sur son siège, n'avait entendu ni les détonations, ni les coups de cloche.

Charles Laurent le secoua pour le réveiller.

— C'est vous, bourgeois... — fit l'automédon. — Est-ce que nous retournons à Paris?...

— Oui.

— Où faudra-t-il vous conduire.

— A l'angle du faubourg Montmartre et de la rue Geoffroy-Marie...

Il était tout près de minuit quand la voiture fit halte à l'endroit désigné.

A l'époque où se passèrent les faits que nous racontons, se trouvait vers le milieu de la rue Geoffroy-Marie un établissement assez mal famé dont la police tolérait l'existence, car on ne peut guère supposer qu'elle l'ignorait.

Une allée noire longeait une boutique de pâtissier-rôtisseur-marchand de vins, et restait ouverte toute la nuit.

Au bout de cette allée un petit escalier sombre conduisait à une demi-douzaine de cabinets meublés d'une table boiteuse et d'un vieux divan.

Les viveurs de la plus infime catégorie, en compagnie de Vénus de carrefour, pouvaient, à n'importe quelle heure nocturne, se faire ouvrir ces cabinets, et le pâtissier-rôtisseur-marchand de vins leur y servait des soupers dont l'addition ne se soldait point en or [1].

Charles Laurent introduisit Vogel par l'allée noire dans un des cabinets en question, et commanda une volaille froide et deux bouteilles de vin de Bordeaux.

— Les émotions m'ont creusé... — dit-il, — j'ai besoin de me refaire... — D'ailleurs il faut tuer le temps, car nous n'irons rue Basse-du-Rempart que vers deux heures du matin...

XXXII

Aux deux premières bouteilles de vin de Bordeaux Charles Laurent en fit succéder deux autres, — *pour se donner du ton, et pour remonter le moral de son compagnon.*

Il avait la tête trop solide, et d'ailleurs une trop grande habitude des excès de table, pour se griser à si peu de frais, mais le Saint-Emilion lui fit oublier momentanément le drame terrible dont la villa du Bas-Meudon venait d'être le théâtre, et le rendit joyeux, loquace et questionneur.

— Voyons, cher ami, — dit-il, tout en découpant de larges tranches roses sur un jambon d'York à peine entamé qu'on venait de servir après la volaille, — laisserez-vous enfin de côté vos éternelles cachotteries, et maintenant que vous n'avez plus rien à attendre de qui que ce soit au monde, sauf de vous-même et peut-être de moi, m'expliquerez-vous le mobile de votre étrange conduite depuis pas mal de temps?

— Qu'ai-je à expliquer? — murmura Vogel d'une voix sourde.

— Ce que mon intelligence ne m'a pas jusqu'à présent permis de comprendre... — En vous mariant comme vous l'avez fait, en épousant une orpheline sans un sou de dot, vous aviez un but... — En devenant le très intime ami de Maurice Villars, en donnant à ce moribond *la Torpille* pour l'achever, vous suiviez un plan...

1. L'établissement dont nous parlons existait réellement. Bon nombre de nos lecteurs parisiens se souviendront d'en avoir entendu parler, avec certains détails impossibles à reproduire ici.

— Parlez à cœur ouvert une fois dans votre vie!! Quel était le but? Où tendait le plan?

— Qu'avez-vous fait de votre mémoire? — répondit avec amertume le caissier que le vin rendait de plus en plus sombre. — Ce but qui vous paraît obscur aujourd'hui, vous l'aviez pressenti le jour de mon mariage!... Il paraît que mes dénégations ont eu le pouvoir de vous convaincre!! — Valentine de Cernay, l'orpheline que tout le monde croyait sans famille, avait un parent riche. — Elle devait, à courte échéance, recueillir un gros héritage, et ne s'en doutait pas... — Voilà pourquoi Valentine est devenue madame Vogel...

Charles Laurent frappa dans ses mains.

— Je parie que je devine le reste! — s'écria-t-il. — Le parent à succession était un oncle?

— C'est vrai...

— Et cet oncle se nommait Maurice Villars?...

— C'est toujours vrai.

— Très bien combiné, tout cela!! — reprit le Lorbac. — L'enjeu était éblouissant et les atouts ne manquaient pas!... Comment avez-vous perdu la partie?

— Maurice Villars a fait un testament...

— Ah! diable! — Et à qui lègue-t-il sa fortune?...

— A qui? — répéta Vogel avec une croissante amertume. — Ah! cela, par exemple, je vous mets bien au défi de le deviner!!... Son légataire universel... l'unique héritier de ses millions, de ses six millions, c'est moi!... Entendez-vous?... Comprenez-vous?... C'est moi!!

Laurent bondit sur son siège et se demanda, non sans quelque inquiétude, si son compagnon était frappé de folie soudaine.

Il le regarda et ne vit sur son visage que l'expression d'un découragement immense et d'une rage concentrée.

— Voyons... voyons... — reprit-il alors, — ne vous moquez pas de moi! — Si vous héritiez véritablement de six millions, nous n'en serions point où nous en sommes et vous auriez pris de sérieuses mesures pour éviter une catastrophe!... — L'argent arrange tout quand il est seul en cause...

— Je vous ai dit la vérité, — répliqua le caissier, — seulement je n'ai pas tout dit... Ce n'est point en faveur d'Hermann Vogel qu'est fait le testament de Maurice Villars, c'est en faveur du baron de Précy...

— Quoi! — s'écria le faux Lorbac. — Vous héritez sous votre pseudonyme!!...

— Hélas!

Un éclat de rire involontaire répondit à cette exclamation douloureuse.

— Pardonnez-moi cette hilarité malséante dont je ne suis pas maître!... — fit Charles Laurent. — Je compatis à votre situation, et je conviens qu'elle est fort navrante, mais en même temps elle est si drôle!... Jamais, à coup sûr, romancier en quête d'effets *neufs*, n'inventa rien de plus original !... Six millions à un nom de guerre et pas un sou au porteur de ce nom ! ! — Le voilà, le supplice de Tantale !... le vrai supplice !... le voilà !... — Ah ! ça, mais, le testament est nul.

— Hélas ! — répéta Vogel.

— Et les choses, — continua Laurent, — se trouvent exatement dans le même état que si Maurice Villars n'avait point testé... — Les héritières naturelles restent dans tous leurs droits, et ces héritières étant les nièces du défunt, votre femme et sa sœur sont millionnaires...

Hermann, plus livide qu'un noyé, se dressa comme mû par un ressort.

— Millionnaires... — s'écria-t-il. — Valentine est millionnaire ! !

— Parfaitement... — Vous n'avez pas pensé à cela ! !

— Mais il est encore temps... je peux...

— Il est trop tard, et vous ne pouvez rien... — interrompit le pseudo-Lorbac. — Point de chance, mon pauvre Vogel !... Vous êtes mort à l'heure qu'il est... aussi mort que possible... — C'est écrit par vous... C'est signé par vous... — Votre femme est veuve et bien veuve...

— Non, cent fois non, si je me présente et si je prouve que j'existe...

Charles Laurent haussa les épaules, en répliquant :

— Et que faites-vous du comte d'Angélis, je vous prie ? — La police qui vous cherchait a trouvé ce soir un cadavre au Bas-Meudon... — Si ce cadavre n'est pas le vôtre, c'est donc celui d'un homme assassiné par vous ? — Tirez-vous de ce dilemme ! — Essayez de reparaître et niez votre mort !... — Valentine n'en aura pas moins à commander son deuil !... — A défaut du suicide, l'échafaud la rendra veuve ! ! — Croyez-moi, cher ami, estimez-vous heureux de sauver votre peau, et ne donnez point signe de vie...

Hermann, sans répondre, baissa la tête.

L'évidence l'écrasait.

Tout ce qu'il avait entrepris tournait contre lui !... — Jamais lutteur ne fut plus complètement vaincu.

L'ex-comte de Lorbac remplit le verre du ci-devant baron de Précy.

— Allons, buvez, — lui dit-il, — soyez homme et chassez les pensées noires ! — Il viendra des jours meilleurs...

Hermann vida son verre, en murmurant d'une voix indistincte :

— Celui qui dort là bas du sommeil éternel... Celui que nous avons tué est plus heureux que moi ! !

Vers une heure et demie du matin, Charles Laurent paya le souper, descendit l'étroit escalier, longea l'allée noire toujours ouverte et se trouva sur le trottoir de la rue Geoffroy-Marie avec son compagnon.

Le temps avait changé. — Il tombait une petite pluie fine. — Les rues étaient presque désertes.

Les deux hommes gagnèrent l'angle du faubourg Montmartre. — Un fiacre passait à vide, ils le prirent à l'heure et se firent mener rue Basse-du-Rempart à la porte de la maison où le Poméranien occupait un appartenant à l'entre-sol.

Cette maison — (nous l'avons dit) — avait plusieurs corps de logis, séparés par de vastes cours. — Un marchand de chevaux et un loueur de voitures de grande remise exerçaient leur industrie dans la dernière de ces cours. — Les cochers, les grooms, les palefreniers, entraient et sortaient pendant toute la nuit.

En de telles conditions la surveillance du concierge se trouvait absolument nulle, et c'est pour cela surtout — (nous le savons) — que M. d'Angélis s'était installé dans cette ruche immense.

Charles Laurent sonna.

Le portier, qu'une longue habitude rendait à peu près somnambule, tira le cordon tout en dormant, et ne s'inquiéta même point de savoir à qui il venait d'ouvrir.

— Suivez-moi... — murmura le faussaire à l'oreille de Vogel, en s'engageant dans un escalier voisin de la loge.

On éteignait le gaz à minuit, l'escalier était sombre. — Une allumette-bougie donna la clarté suffisante pour atteindre l'entre-sol et pour présenter à la serrure la clef de l'appartement prise dans la poche d'Angélis.

Cette clef ouvrit sans difficulté.

Les deux hommes entrèrent.

Un bougeoir attendait sur la table de l'antichambre. — Laurent l'alluma et conduisit Vogel droit à la chambre à coucher du Poméranien.

Cette chambre, un cabinet de toilette, au salon et une salle à manger fort exiguë, composaient tout le logement.

Les meubles, fournis en location par un tapissier, se donnaient des airs de richesse et d'élégance, mais ne dépassaient pas le niveau d'une prétentieuse vulgarité.

L'ex-Lorbac étendit la mains vers une armoire à glace en thuya et palissandre placée en face du lit.

— C'est là qu'il mettait ses papiers, — dit-il. — C'est là que doivent être les billets de banque et les valeurs... — Dans cinq minutes nous serons riches...

XXXIII

Parmi les clefs suspendues à l'anneau brisé pris dans la poche du comte d'Angélis se trouvait celle de l'armoire à glace.

Charles Laurent s'empressa d'en faire usage.

Le meuble renfermait, étalés en bon ordre sur les rayons, des vêtements d'hommes; des chemises d'une coquetterie transcendante, mais un peu tudesque, car leurs devants bouillonnés et brodés se recommandaient plus par la richesse que par le goût; quelques bijoux sans grande importance dans leurs petits écrins de velours; des objets de toilette; des flacons de parfums, et enfin un portefeuille de chagrin noir, d'assez grande dimension et qui paraissait bien garni.

C'est de ce dernier objet que le pseudo-Lorbac s'occupa tout d'abord.

— Ce que nous cherchons doit être là-dedans!! — fit-il en saisissant le portefeuille.

Et il ouvrit d'une main fiévreuse.

Sa déception sera plus facile à comprendre qu'à décrire quand on saura qu'au lieu des billets de banque et des lettres de crédit convoités, il ne trouva que des papiers de famille, des titres de noblesse, un arbre généalogique, un carnet de chèques, et enfin quelques lignes, sur papier à en-tête gravé, par lesquelles Me Chatelet, notaire à Paris, rue de Choiseul, déclarait avoir reçu en dépôt de M. d'Angélis un petit paquet sous enveloppe scellée de cinq cachets de cire rouge aux armes du comte, dépôt qu'il s'obligeait à ne remettre qu'au comte lui-même, en mains propres.

Ce laconique écrit démolissait de fond en comble les cupides espérances des deux gredins.

Toute recherche ultérieure devenait inutile.

Les lettres de crédit se trouvaient déposées chez un notaire qui connaissait personnellement Hermann Vogel et le comte d'Angélis, il n'existait donc aucun moyen de s'emparer de ce dépôt par la ruse et, à moins d'être complètement absurde, on ne pouvait songer à une tentative de violence.

— Affaire manquée!! — murmura Charles Laurent. — Ma parole d'honneur, ce n'était pas la peine de supprimer ce pauvre diable de Poméranien pour la misérable somme de quatre mille quatre cents francs!...— Il me croyait fort à mon aise, ce cher comte, et m'en aurait prêté le double de bon cœur. — Enfin, ce qui est fait est fait... — N'y pensons plus...

L'ex-Lorbac fit claquer ses doigts et reprit, en s'adressant à son compagnon dont ce dernier mécompte redoublait l'abattement :

— Passez dans le cabinet de toilette, mon excellent bon... — La porte à gauche, à côté du lit. — Je le connais, ce cabinet, il est confortable... — Allumez des bougies, choisissez un rasoir dans la trousse et fauchez cette épaisse toison qui constitue à elle seule un signalement complet... — Voilà deux valises fort élégantes... — Pendant que vous vous barbifierez avec soin, je ferai à votre intention et à la mienne un triage intelligent du linge et des vêtements de feu notre ami et je garnirai les valises... — Il était fort exactement de la même taille que nous, notre ami... — Tout ira le mieux du monde...

Hermann suivit passivement le conseil donné par Charles Laurent.

Il franchit le seuil du cabinet, alluma les bougies placées, comme dans une loge d'actrice, à la droite et à la gauche de la glace biseautée d'une toilette-du-

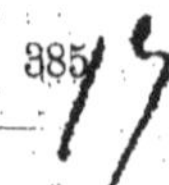

Quatre coups de revolver, tirés presqu'à bout portant, éclatèrent à la fois.

chesse, fit mousser le savon, prit un rasoir et abattit les favoris touffus et la barbe luxuriante qu'il portait en éventail.

Il ne garda que les moustaches.

Cette opération modifiait l'ensemble de ses traits au point de le rendre méconnaissable, mais l'enlaidissait d'une façon surprenante en mettant à nu sa mâchoire inférieure épaisse, ses joues tombantes, son menton lourd et carré.

Avec sa barbe, Hermann Vogel était joli homme et suffisamment distingué.

Sans sa barbe il devenait commun, et son visage découvert offrait un type de force brutale et de bestial entêtement.

Quand il rentra dans la chambre à coucher Charles Laurent fit un geste de surprise et s'écria, en mettant néanmoins une sourdine à sa voix :

— Comment, c'est vous ! ! — Je vous aurais rencontré dix fois de suite sur le boulevard sans vous reconnaître... — Mes compliments de la métamorphose, mais de cela seulement, car entre nous ce déboisement ne vous embellit pas... — Les valises sont prêtes... — J'ai placé dans celle que je vous destine le gros portefeuille et son contenu... — Vous voilà possesseur de tous les papiers de famille du Poméranien... — Étant d'origine prussienne vous parlez l'allemand à merveille... — Rien ne vous empêchera donc, si vous y trouvez quelque avantage, de vous glisser dans la peau d'Angélis qui, vous le savez, était sans parents... — Vous réfléchirez à cela quand nous aurons passé la frontière, et je vous mettrai à même, au besoin, en moins de quinze leçons, d'imiter l'écriture et la signature du défunt...

Si gracieuse que fût cette offre, Vogel n'y répondit point.

Peut-être n'avait-il pas entendu...

Une demi-heure plus tard les deux hommes, porteurs chacun d'une valise amplement garnie, quittaient l'entre-sol après avoir clos l'armoire à glace, et refermaient derrière eux la porte de l'appartement.

— Si le concierge allait refuser de nous ouvrir !... — pensait Hermann en descendant les escaliers. — Nous serions pris ici comme des rats dans une ratière... — On nous demanderait qui nous sommes... On voudrait savoir d'où nous venons... La vérité se ferait jour, et ce ne serait plus le bagne, alors, ce serait l'échafaud...

Le mari de Valentine se disait ces choses et, en proie à une épouvante irraisonnée, tremblait de tout son corps en suivant son complice.

Ils arrivèrent en face de la loge.

— Cordon, s'il vous plaît ! — cria Laurent.

Le petit bruit sec du ressort détendu se fit entendre ; — la porte tourna sur ses gonds et l'épouvante d'Hermann se dissipa comme par enchantement.

Il était trois heures du matin.

La pluie continuait à tomber.

L'ex-Lorbac fit monter Vogel dans la voiture et prit place à côté de lui.

— Où allons-nous, bourgeois ? — demanda le cocher.

— Au chemin de fer d'Orléans... — répondit Laurent.

Le cocher fouetta son cheval.

— Vous perdez la tête, je pense ! — murmura Vogel.

— Pourquoi cela ?...

— Ce n'est point à Orléans que nous allons... c'est à Bruxelles.... vous le savez bien...

— Oui, parbleu! je le sais... mais soyez tranquille... Nous reviendrons à la gare du Nord pour le premier départ... — Si je donne ordre de nous conduire à l'autre bout de Paris, c'est afin de tuer le temps, de garder notre fiacre où nous sommes en sûreté, et d'y rester jusqu'au moment de prendre paisiblement nos billets, comme de bons bourgeois allant à leurs affaires en Belgique...

— Et, — reprit Hermann, — si la police surveille les gares et nous met la main au collet?

— Que voulez-vous, c'est une chance à courir, mais je ne la crois pas à craindre... — A l'heure qu'il est la police ne doute point de la mort du caissier Vogel, donc elle ne saurait donner l'ordre d'arrêter le susdit Vogel se disposant à quitter la France... — Ce raisonnement est inattaquable...

Il l'était positivement, et les faits se chargèrent de le démontrer.

Aucune surveillance particulière ne s'exerçait auprès des bureaux de distribution des billets à la gare du Nord.

Les deux fugitifs prirent des *tickets* de première classe, montèrent dans le train sans que personne fît attention à eux, et quelques heures plus tard respiraient librement.

Ils avaient passé la frontière!!

Abandonnons momentanément ces misérables, retournons en arrière jusqu'à la veille au soir, et prions nos lecteurs de nous accompagner de nouveau à la villa du Bas-Meudon.

La petite troupe de représentants de la loi que nous avons entendue sonner à la grille du jardin se composait d'un commissaire aux délégations judiciaires, d'un agent de la sûreté dont le nom de Jobin commençait à être connu (*), et de deux agents en sous-ordre.

Le banquier Jacques Lefebvre les acompagnait.

En traversant le Bas-Meudon, le commissaire aux délégations avait réquisitionné un serrurier dont le concours pouvait devenir indispensable d'une minute à l'autre.

Comment la police s'était-elle trouvé si vite et si bien renseignée au sujet d'une demeure qu'Hermann Vogel croyait ignorée de tout le monde?..

Rien de plus simple et de plus facile à expliquer en peu de lignes.

Jacques Lefebvre, très surpris de ne pas voir accourir son caissier, surtout après la lettre pressante que nous avons mise sous les yeux de nos lecteurs, avait envoyé aux informations rue de la Pépinière.

La concierge s'était empressée de répondre que la lettre expédiée par le banquier se trouvait depuis la veille dans les mains de M. Vogel.

Donc Hermann se savait attendu dans certaines circonstances d'une gravité

(*) *Les Tragédies de Paris*. Roy, éditeur. — *Le Ventriloque*, Dentu, éditeur.

exceptionnelle! Et il ne venait pas!... et il ne donnait point signe de vie!!...

C'était au moins étrange!!... — Jacques Lefebvre sentit sa défiance s'éveiller.

Sur ces entrefaites il reçut la visite de Mᵉ Chatelet, l'élégant notaire, qui le mit au fait de la double existence du caissier Vogel, menant rue de Boulogne un train d'homme très riche sous le pseudonyme bien sonnant de baron de Précy, et méditant sans doute une fugue puisqu'il cherchait à vendre son mobilier luxueux...

Cette révélation suffit, et au delà, pour métamorphoser les soupçons en certitude.

Le banquier, parfaitement convaincu que son caissier était, sinon faussaire lui-même, du moins complice du faussaire, courut au parquet et porta plainte.

Avant tout chose il fallait arrêter Vogel.

Où le prendre?

Jobin, désigné pour trouver la piste, n'eut pas beaucoup de peine à faire causer le concierge de la rue de la Pépinière, mis au courant la veille par son ami le cocher de remise, et ce cocher eut l'ordre de se tenir à huit heures du soir, avec sa voiture, à la disposition des gens de justice...

XXXIV

Nous savons en quel moment terrible le banquier, le commissaire, Jobin et les deux agents en sous-ordre, amenés par le cocher qui, connaissant déjà la maison ne pouvait commettre aucune erreur, arrivèrent à la grille du jardin.

Nous savons aussi l'effet produit par les coups de cloche de la police sur Hermann Vogel et Charles Laurent.

Nous avons vu ce dernier s'aventurer à la découverte dans les ténèbres et devenir à son insu l'objectif des lanternes sourdes brusquement démasquées.

L'ordre d'ouvrir au nom de la loi n'ayant produit aucun résultat, le serrurier se mit à l'œuvre.

En moins de trois ou quatre minutes la grille tourna sur ses gonds.

Les représentants de la justice se trouvèrent dans le jardin, mais la moitié seulement de leur tâche était accomplie... — Il fallait maintenant franchir le seuil de la maison...

Le serrurier se remit au travail.

Ses outils attaquaient à peine la serrure du vestibule lorsque quatre détonations retentirent coup sur coup à l'intérieur du logis, suivie d'un cri rauque et du bruit d'un corps lourd tombant sur le parquet.

Le commissaire et les agents tressailllirent.

— Que se passe-t-il? — murmura Jacques Lefebvre. — On assassine quelqu'un là-dedans!!...

Jobin secoua la tête.

— Je ne crois pas, monsieur... — répondit-il.

— Mais, alors, qu'est-ce donc?...

— Ou je me trompe beaucoup, — reprit l'agent de la sûreté, — ou le coupable que nous cherchons vient d'éviter la cour d'assises en se faisant justice lui-même...

Jobin se trompait, mais tout autre à sa place serait tombé dans la même erreur, tant était merveilleusement habile la manœuvre de Charles Laurent pour simuler un suicide.

— Le malheureux ! — dit Jacques Lefebvre, — Dieu m'est témoin que je ne voulais pas sa mort...

— Eh ! monsieur, ne le plaignez point... — répliqua philosophiquement Jobin. — Il a fait un bon choix, je vous assure !! — Son avenir manquait de charme, et la tombe vaut mieux que le bagne...

Tandis que s'échangeaient ces paroles les deux complices prenaient la fuite en sautant par la fenêtre du cabinet voisin.

La porte du vestibule céda.

Il ne restait plus à ouvrir que celle du salon.

Ce fut l'affaire de quelques minutes et le petit groupe pénétra dans la pièce aux boiseries grises, encore pleine de la fumée des coups de feu.

La flamme vacillante de l'unique bougie éclairait le cadavre étendu sur le dos, les bras en croix, à côté d'un revolver dont quatre cartouches étaient brûlées.

— Vous voyez que je ne me trompais pas ! — fit Jobin. — Cet homme était seul ici, donc un meurtre est inadmissible...

Puis, s'adressant au banquier, il ajouta :

— Reconnaissez-vous votre caissier, monsieur ?

Jacques Lefebvre se pencha vers le corps, non sans une répugnance manifeste, et l'examina pendant un instant.

— Les coups de feu l'ont étrangement défiguré, — répondit-il ensuite, — mais néanmoins je le reconnais... — La nuance toute particulière des cheveux et de la barbe ne me permet pas d'hésiter... — Oui, c'est lui... c'est bien lui...

L'un des agents fouilla les vêtements du cadavre et en tira un portefeuille aux initiales : H. V.

— Je reconnais aussi le portefeuille... — s'écria le banquier. — Il appartenait à Vogel et doit renfermer des lettres à son adresse.

Une vérification immédiate confirma l'assertion de Jacques Lefebvre.

Jobin promenait ses regards autour de la pièce.

La feuille de papier placée bien en évidence sur la petite table, près de la bougie, attira son attention.

Il prit cette feuille et dit vivement, après avoir jeté les yeux sur les quelques lignes tracées par le caissier :

— S'il avait pu nous rester un doute à propos du genre de mort et au sujet de l'identité du cadavre, voici une preuve surabondante qui détruirait de fond en comble ce doute...

— Qu'est-ce donc? — demanda le commissaire.

— C'est tout bonnement la déclaration de suicide, écrite et signée par le suicidé.

Et il lut à haute voix :

« Dieu est juste! — Tout s'expie!... — J'ai commis des fautes honteuses que « ma conscience me reproche et que la loi doit punir. — L'heure de l'expiation « vient de sonner... — Au moment où j'écris, la justice force mes portes et le « bagne ouvre les siennes... — Entre la mort et le déshonneur public, il faut « choisir... — Je choisis la mort. » » HERMANN VOGEL. »

Quelques secondes d'un profond silence succédèrent à cette lecture, puis le commissaire prit la parole :

— L'action criminelle est éteinte contre cet homme... — dit-il, — mais, sans doute, il avait des complices...

— Nous les chercherons... — répliqua Jobin, — et nous les trouverons.

— Quant à présent, — continua le magistrat, — il ne nous reste qu'à dresser procès-verbal du suicide accompli...

Jacques Lefebvre intervint.

— J'ai appris avec une grande surprise aujourd'hui par un notaire de Paris, — fit-il, — que mon caissier s'était marié il y a quelques mois, en cachant son mariage à tout le monde, et que sa femme et sa belle-sœur se trouvaient depuis trois ou quatre jours héritières d'une fortune considérable...

— Connaissait-il cette circonstance? — demanda Jobin.

— Je l'ignore... — L'héritage en question est entouré de circonstances singulières et romanesques dont mes préoccupations actuelles ne m'ont point permis de me rendre compte bien exactement... — Peu importe d'ailleurs... — Si je vous ai parlé de madame Vogel, c'est qu'elle doit être ici...

— Ici!! — répéta le commissaire. — Vous croyez qu'elle est ici?...

— Sans doute, puisqu'elle habitait cette maison avec son mari...

— Mais alors, pourquoi ne se montre-t-elle pas?...

— Nous allons le savoir... — fit Jobin.

Il ralluma les bougies éteintes par Charles Laurent, prit un flambeau, sortit du salon, traversa le vestibule et gagna l'escalier qui conduisait au premier étage.

Ses instincts de policier émérite lui permettaient de se rendre compte, *au jugé* en quelque sorte, de la distribution intérieure d'une maison où il venait pour la première fois.

Un des agents demeura au salon, près du cadavre. — Les autres personnages suivirent le *détective*.

Arrivé au premier étage, sur le palier, Jobin s'arrêta

— Regardez... — dit-il. — On n'a pas retiré la clef, mais on l'a fait tourner deux fois dans la serrure... — La porte est donc solidement close, et quiconque se trouve de l'autre côté est momentanément captif...

Le policier fit tourner à deux reprises la clef en sens inverse et ouvrit.

Dans le cadre de la porte apparut Valentine, plus morte que vive, folle d'épouvante, les joues livides et baignées de larmes, les mains jointes.

Claire, suffoquée par la frayeur, se tenait derrière elle et se cramponnait à sa robe.

En voyant en face d'elle des inconnus, la jeune femme recula tout effarée, et balbutia :

— Qui êtes-vous? que me voulez-vous? — N'approchez-pas!!...

Le commissaire de police entr'ouvrit son pardessus pour laisser voir l'écharpe tricolore insigne de ses fonctions.

— Rassurez-vous, madame... — répondit-il. — Vous n'avez rien à craindre et nous vous apportons aide et protection... — Je suis magistrat... Ces messieurs appartiennent à la police de sûreté.

Le banquier s'avança.

— Et moi, madame, — ajouta-t-il respectueusement, — je me nomme Jacques Lefebvre et j'étais le patron de votre mari....

— Monsieur Lefebvre ici!! en compagnie d'un magistrat et d'agents de la police!! — s'écria Valentine qui n'avait plus peur pour elle-même, mais dont l'effroi grandissant prenait une autre direction. — Que se passe-t-il donc?... — Pourquoi ces coups de feu qui m'ont glacée de terreur?... — Où est mon mari?...

— Armez-vous de courage, madame... — dit le commissaire très ému. — Nous avons à vous apprendre une nouvelle inattendue et profondément douloureuse... — Faites appel à toute votre force... — Préparez-vous à recevoir un coup terrible...

— Ah! — cria Valentine, — Hermann est mort!!...

Le commissaire garda le silence, et ce silence était une réponse.

— Mort!! — répéta la jeune femme avec une expression effrayante. — Il est mort!... Hermann est mort! — Un assassinat, n'est-ce pas?...

— Vous vous trompez, madame... un suicide...

— Un suicide!! — non!... c'est impossible... Je vous dis que c'est impossible!

— Lisez, madame...

Le commissaire mit sous les yeux de la malheureuse enfant la déclaration écrite et signée par son mari.

Elle y jeta les yeux, poussa un long soupir et tomba sans connaissance...

XXXV

Cet évanouissement se produisait à la suite de si poignantes angoisses et de si mortelles terreurs que les forces morales et physiques de Valentine étaient brisées. — En conséquence il se prolongea bien au delà des bornes d'une syncope ordinaire.

Quand la jeune femme reprit connaissance, au bout de plus de deux heures, elle se trouvait étendue tout habillée sur son lit.

Claire, assise auprès d'elle, tenait une de ses mains qu'elle couvrait de baisers en pleurant silencieusement.

La servante Mariette, — bonne fille au fond, et très dévouée, — mouillait sans relâche les tempes de sa maîtresse avec un linge imbibé d'eau fraiche.

Le commissaire, Jacques Lefebvre, Jobin et l'un des agents, ayant achevé leur tâche dans cette lugubre demeure, avaient repris le chemin de Paris.

Le second agent restait seul au rez-de-chaussée, dans le salon, près du cadavre.

Jobin devait revenir le lendemain, de bonne heure, pour faire à la mairie du Bas-Meudon la déclaration du décès et pour éviter à la veuve une foule de formalités pénibles.

Valentine, en reprenant possession d'elle-même, reconquit instantanément la plénitude de ses souvenirs. — Elle attira Claire sur sa poitrine, elle la serra dans ses bras et ses sanglots éclatèrent.

Cette crise de douleur peut sembler improbable. — Elle était, au fond, toute naturelle.

Certes la jeune femme n'éprouvait pour Vogel aucun amour et, si l'amour avait existé, la conduite et les brutalités du caissier auraient amplement suffi pour l'anéantir.

Mais Valentine, créature d'élite, offrait l'incarnation touchante de ces vertus qui se nomment l'abnégation, le dévouement, l'indulgence...

Son âme angélique et toujours prête au pardon ne connaissait point la rancune.

Elle oublia ce qu'elle avait souffert par Vogel pour se souvenir seulement que ce malheureux était son mari et le père de l'enfant prêt à naître...

L'expiation d'ailleurs rachète les fautes, et Vogel, se condamnant et exécutant la sentence terrible, venait de laver dans le sang les hontes de sa vie!...

Valentine se souleva malgré sa faiblesse, quitta son lit, se laissa tomber à genoux, joignit les mains, éleva son âme, et du fond du cœur, avec une foi ardente, implora le Dieu de miséricorde pour l'homme dont elle portait le nom...

. . . .

Tous deux se trouvèrent dans l'enclos, sans qu'aucun agent de police eût signalé leur fuite.

Le lendemain matin, vers neuf heures, Mariette entra dans la chambre de sa maîtresse qu'elle trouva pâle, mais très calme.

— Madame, — lui dit-elle, — un des Messieurs qui sont venus hier au soir est en bas...

— Que veut-il ? — murmura Valentine avec un frisson. — A-t-il besoin de me parler?...

— Non, madame... — C'est un monsieur tout à fait poli... Il tient beaucoup à ne pas importuner madame... — Il m'a chargée de demander à madame, soit l'acte de naissance de feu monsieur, soit l'acte de mariage de madame... C'est afin d'avoir les noms et les dates très exactes pour la déclaration à monsieur le maire.

— C'est bien... attendez...

La chambre de Vogel — (nous croyons l'avoir dit) — était contiguë à celle de sa femme.

Une porte de communication existait entre les deux pièces et l'on pouvait aller de l'une à l'autre sans passer par le carré.

Valentine, très émue, franchit le seuil de la chambre que son mari occupait habituellement.

Elle se dirigea vers un secrétaire à l'ancienne mode, acheté d'occasion comme tout le reste du mobilier par maître Roch.

Ce secrétaire ne contenant aucun papier compromettant, Hermann n'en enlevait jamais la clef.

La jeune femme ouvrit le vieux meuble.

Une liasse assez mince, nouée d'une ficelle rouge et étiquetée : *papiers de famille,* se trouvait sur une tablette.

Valentine dénoua la ficelle, éparpilla les feuilles timbrées, et vit que la liasse se composait de tous les actes relatifs à son mari, à la famille de ce dernier, à elle-même et à sa propre famille.

Elle constata machinalement le soin avec lequel Hermann s'était procuré les actes concernant sa belle-mère, Clotilde de Cernay, née Villars, et les ascendants de celle-ci.

— Voici ce que ce monsieur demande... — reprit Valentine. — Vous me rapporterez ces papiers, Mariette, aussitôt qu'ils ne lui seront plus utiles...

— Oui, madame...

Et la jeune bonne sortit, emportant l'acte de naissance et l'acte de mariage d'Hermann Vogel, qui reprirent d'ailleurs leur place dans le secrétaire au bout de cinq minutes.

Vers midi, une voiture s'arrêta sur le quai du Bas-Meudon ; on entendit sonner, et la grille, en l'absence de Lambert expédié la veille à Etampes, fut ouverte par Mariette.

Le visiteur était Me Châtelet, l'élégant notaire de la rue de Choiseul.

La petite bonne le conduisit jusqu'à la porte du vestibule, le pria d'attendre un moment dans le jardin, — l'agent de police interdisant l'entrée du salon, — et monta porter à Valentine la carte du nouveau venu.

— Ce monsieur est tout à fait désolé de déranger madame dans des circonstances si tristes, — dit la petite bonne, — mais il vient pour des affaires d'importance et il désire beaucoup être reçu... — C'est un monsieur très comme il faut, et dans le grand genre...

Valentine regarda la carte.

— Un notaire... — murmura-t-elle. — Que peut-il me vouloir?

— Faut-il amener ce monsieur? — reprit Mariette.

— Oui, amenez-le... — répondit la veuve du caissier, et, se tournant vers la petite Claire, elle ajouta : — Reste auprès de moi, ma mignonne...

Un instant après, Me Châtelet faisait son entrée.

Il fut surpris de l'extrême jeunesse de Valentine, de sa beauté pure et sympathique, de son apparence tout à la fois si simple et si patricienne, et il pensa :

— Raillerie de la destinée !... Cette adorable enfant mariée à un tel misérable, que peut-être elle aimait et qu'elle pleure ! !... — Enfin le drôle s'est fait justice et j'apporte une consolation que j'ai tout lieu de croire infaillible...

Après ce court monologue, Me Châtelet répéta en termes choisis les excuses préliminaires qu'il avait fait présenter déjà par la jeune servante.

— Il s'agissait d'affaires importantes, aviez-vous dit, monsieur, — répliqua Valentine, — et j'ai dû vous recevoir... — J'attends ce que vous allez m'apprendre, ou me demander...

— Me permettez-vous, madame, d'avoir l'honneur de vous adresser deux ou trois questions?

— Assurément, et j'y répondrai de mon mieux...

— Quel était, avant votre mariage, votre nom de jeune fille?

— Valentine de Cernay...

— Comment s'appelait madame votre mère avant d'épouser M. de Cernay?...

— Clotilde Villars...

— Avait-elle de proches parents?...

— Oui, un frère...

— Connaissez-vous ce frère de votre mère... votre oncle, par conséquent?

— Non, monsieur... je ne l'ai jamais vu... Je sais qu'il s'appelait Maurice, voilà tout, et j'ignore s'il existe encore... — Ma mère m'a parlé de lui à l'époque de la mort de mon père... J'étais une enfant toute jeune. — Depuis ce temps elle n'a plus prononcé son nom... — Un jour, je la questionnai au sujet de mon oncle... — Elle ne répondit pas et m'imposa silence...

— Avez-vous en votre possession les actes établissant l'origine commune de madame votre mère et de M. Maurice Villars? — continua Me Châtelet.

Valentine rouvrit le secrétaire, reprit la liasse et la présenta au notaire en lui disant :

— Tous mes papiers de famille sont là... — Voyez vous-même, monsieur, si vous y trouvez les actes dont il s'agit.

Le notaire feuilleta les papiers et ne tarda guère à donner des signes non équivoques de satisfaction.

— Parfait! — s'écria-t-il au bout d'un instant. — Tout cela est admirablement en règle ! — Qui donc a pris la peine de rassembler un dossier où rien ne manque, pas même l'acte de mariage de votre grand-père, Jérôme Villars, et l'acte de naissance de son fils, Maurice Villars?

— Mon mari s'en est occupé, un peu avant notre mariage, mais je ne savais pas le dossier si complet...

— Je comprends... — pensa Mᵉ Châtelet, puis, désignant la petite fille qui, fort intimidée par la présence d'un inconnu, tenait Valentine par la main, il ajouta tout haut : — Je suppose, madame, que cette jolie enfant est votre sœur, mademoiselle Claire de Cernay...

— Vous ne vous trompez pas... — répliqua Valentine. — Et maintenant. monsieur, ai-je répondu à toutes vos questions?

— Oui, madame...

— Vous n'avez plus rien à me demander?

— Non, madame... mais il me reste quelque chose à vous apprendre...

— Quoi donc?...

— Une nouvelle.... une grande nouvelle... bien inattendue... bien surprenante... Mettez-vous donc en garde contre une émotion trop vive...

Valentine sourit avec un peu d'amertume.

— Ah! monsieur, — dit-elle ensuite, — j'ai subi des chocs si terribles et si nombreux que rien, je crois, ne peut plus m'émouvoir... — Parlez sans crainte, — Je ne sais d'où me viendrait une joie, surtout dans un pareil moment, mais la joie comme la douleur glisserait sur moi sans m'agiter...

— Madame, — reprit Mᵉ Châtelet, — M. Maurice Villars, votre oncle vient de mourir...

— Que Dieu donne la paix à son âme... je prierai pour lui...

— Maurice Villars était très riche... il avait six millions...

— C'est une grande fortune en effet, avec laquelle on peut faire beaucoup de bien...

— Cette fortune est à vous, madame... à vous et à mademoiselle votre sœur... — Chacune de vous possède aujourd'hui cent cinquante mille livres de rente...

XXXVI

Valentine venait d'affirmer que rien désormais ne pouvait l'émouvoir.

Elle le prouva bien.

Ces mots prestigieux : *Cent cinquante mille livres de rente* ne firent sur elle aucune impression, même la plus faible, et nulle rougeur fugitive ne vint colorer ses joues pâles.

— Le frère de ma mère avait fait un testament? — demanda-t-elle après un silence.

— Oui, madame, M. Villars avait fait un testament... — répondit Mᵉ Châtelet.

— Il connaissait donc notre existence? — reprit la jeune femme. — De loin, sans nous donner jamais signe de vie, il se souvenait des liens du sang qui nous unissaient à lui?... Qu'il soit béni, non pour cet argent qu'il nous laisse, mais pour cette suprême et bienveillante pensée...

Le notaire secoua la tête.

— Hélas! madame, — murmura-t-il avec un peu d'embarras, — il m'en coûte de détruire une touchante illusion, mais je vous dois la vérité... — Votre oncle avait oublié sa sœur et les filles de sa sœur. — Le testament dont je viens de parler n'était point en votre faveur...

— Et nous héritons, cependant?

— Oui, madame...

— Malgré le testament?

— Oui, madame, malgré lui...

— Je ne comprends pas, je l'avoue...

— Le testament de Maurice Villars étant nul, la fortune revient à vous et à votre sœur, héritières directes.

— Le testament de mon oncle est nul!!! — répéta Valentine.

— Absolument...

— Pourquoi? — M. Villars n'avait ni femme ni enfants, je pense... — n'était-il pas libre de disposer de ses millions à sa guise?

— Entièrement libre, si madame...

— Il pouvait donner tout à un étranger?... au premier venu?...

— Il le pouvait incontestablement...

— Eh bien?

— Eh bien! madame, nous nous trouvons en présence d'un cas singulier, très rare, et qui peut-être même ne s'était jamais produit avant ce jour... — Pour avoir droit à l'héritage, le légataire universel de votre oncle n'avait à remplir qu'une seule condition...

— Quelle condition?

— Celle d'exister...

— Et il ne la remplit pas?

— Non.

— Je comprends de moins en moins... — murmura Valentine. — Comment ce que vous dites peut-il être possible?...

— Maurice Villars avait un ami dont il ignorait le nom véritable... — reprit le notaire. — Il a légué sa fortune à cet ami désigné dans le testament sous son nom de fantaisie, le seul qu'il connût... — De là, nullité absolue, indiscutable, je le répète...

En écoutant cette explication, la jeune femme avait la tête penchée sur sa poitrine.

Quand le notaire eut achevé, elle la releva.

— Vous avez raison à votre point de vue, monsieur... — dit-elle. — Il est certain pour vous que le testament est sans valeur, mais il est non moins certain pour moi que la dernière volonté de mon oncle doit être respectée et accomplie, quelle qu'elle soit, même si la loi permet de méconnaître et de transgresser cette volonté... — Je renonce à l'héritage en ce qui me concerne, et je prétends que ma part aille tout entière à l'héritier que mon oncle a voulu désigner... — S'il existe à cela un empêchement légal, je toucherai les trois millions, mais ces millions ne feront que passer dans mes mains pour aller à leur destination primitive...

Mᵉ Chatelet s'inclina avec une sympathie profonde devant cette jeune femme dont le désintéressement touchait à l'héroïsme, et qui parlait avec tant de simplicité d'une action si grande.

— Permettez-moi, — dit-il, — permettez-moi, madame, de rendre un hommage sincère à votre abnégation sublime... mais le généreux sacrifice auquel je vous vois prête ne saurait avoir lieu.

— Pourquoi?

— Pour la meilleure de toutes les raisons. — Le légataire de votre oncle n'existe plus.

— Il est mort! — s'écria Valentine.

Mᵉ Chatelet répondit par un signe affirmatif.

— C'est la vérité, cela, monsieur?

— Je vous en donne ma parole d'honneur, madame.

La jeune femme réfléchit pendant une seconde, puis elle murmura :

— Et quand est-il mort?

— Il y a quelques heures à peine.

— Étrange coïncidence!!! — s'écria Valentine, et regardant le notaire bien en face, les yeux dans les yeux, elle demanda :

— Mon mari était-il l'ami de mon oncle Maurice Villars?...

— Oui, madame...

— Il me l'avait caché!!!... — Mon oncle savait-il le nom de mon mari?

— Non, madame... Il ne connaissait de lui que son nom de guerre... il croyait qu'Hermann Vogel s'appelait véritablement le baron de Précy...

— Et c'est au baron de Précy que M. Villars?...

Valentine n'acheva pas, mais elle en avait dit assez.

— C'est à lui que M. Villars a laissé tout... — répliqua le notaire.

— Et mon mari connaissait le testament et savait qu'il était nul?...

— Oui, madame...

— Vous en êtes sûr?

— On ne saurait l'être davantage... — C'est moi qui lui en ai appris l'existence et la nullité...

— Et sans doute cette déception terrible l'a poussé à un acte de désespoir...

— Peut-être, en effet, mais d'autres raisons, plus terribles et plus impérieuses encore, l'y poussaient en même temps...

— D'autres raisons?... Lesquelles?...

Mᵉ Chatelet garda le silence...

— Lesquelles? — répéta Valentine. — J'ai droit de tout savoir... — Parlez, monsieur, je vous en supplie... parlez et ne me cachez rien... — Ces actes punissables dont Hermann s'accusait dans le billet suprême qu'on a mis sous mes yeux... Ces actes qui, disait-il, ouvraient devant lui les portes du bagne et le contraignaient à choisir entre la mort et le déshonneur public... Ces actes, vous les connaissez, et je veux les connaître...

— A quoi bon? — murmura le notaire.

— Comment, à quoi bon? — répéta la jeune femme. — Mais à tout réparer, si la réparation est possible!!! — Qu'avait fait mon mari? — Pourquoi les gens de la police venaient-ils le traquer ici? — Pourquoi m'a-t-il abandonnée en se tuant?

— Vous m'ordonnez de ne rien vous taire?

— Je n'ordonne pas... je conjure...

— Eh bien, madame, l'infortuné dont vous êtes la veuve avait, paraît-il, de grands besoins, des fantaisies folles, des goûts de plaisir capiteux et de luxe effréné. — Pour subvenir à de si coûteuses passions, il fallait de l'argent, il en fallait beaucoup, il en fallait à tout prix... — Hermann Vogel eut recours à des ressources criminelles que sa position de caissier d'une maison de banque mettait à sa portée... — Il devint faussaire, ou complice de faussaire, ce qui revient au même...

Valentine cacha dans ses mains son beau visage empourpré.

— Ainsi, — demanda-t-elle ensuite, — ainsi, le banquier Jacques Lefebvre a été vitime de sa confiance en mon mari?

— Oui, madame...

— Les sommes... détournées de cette façon, sont-elles considérables?...

— On ne sait pas encore le chiffre positif, mais on suppose que le total doit approcher de cent mille écus...

— Eh bien! monsieur, en me quittant, — je vous demande cela comme une grâce, — allez trouver Jacques Lefebvre et annoncez-lui que, quelle que soit l'importance des détournements commis à son préjudice, il sera remboursé par moi d'une façon intégrale, le jour même où je pourrai disposer de cette fortune, qui, dites-vous, m'appartient... — Ce jour est-il proche?

— Oui, madame... Il s'agit de prouver que le testament est nul et que vous êtes héritière; or, tous les éléments se trouvant dans nos mains, cette preuve aura lieu sans retard... Le tribunal ordonnera aussitôt l'envoi en possession, et vous serez millionnaire...

— Et Jacques Lefebvre sera payé! — s'écria Valentine — et personne au monde n'aura le droit de dire qu'Hermann Vogel était un voleur!!!...

XXXVII

Le comte Lionel de Rochegude, à l'expiration de son congé de semestre, avait été prêt à donner sa démission.

Un profond dégoût de toutes choses s'était emparé de lui. — Ses projets d'avenir, ses rêves d'ambition n'existaient même plus à l'état de souvenir. — Le *spleen* lui rendait l'existence odieuse.

Ses principes, ses croyances, le respect de son nom, le culte filial surtout que lui inspirait sa mère, ne lui permettaient point de songer au suicide ; il subissait la vie comme un condamné subit sa peine, avec une résignation pleine de révoltes.

Un état si déplorable ne pouvait échapper à la tendresse clairvoyante de madame de Rochegude, mais elle se reconnaissait impuissante à y porter un remède immédiat et comptait sur le temps, ce grand guérisseur de tous les maux de l'âme et du corps.

Lorqu'elle vit Lionel bien résolu à quitter le service, elle eut un moment de désespoir, n'admettant point que le jeune homme brisât sans motif une carrière honorable entre toutes, où le comte son père s'était illustré.

D'ailleurs, que ferait-il une fois rentré dans la vie civile, lui qui ne s'intéressait à rien désormais, et que le plaisir même laissait indifférent ?...

L'inaction absolue aggraverait fatalement le spleen, et tout deviendrait à craindre...

Mme de Rochegude combattit avec une éloquence entraînante la résolution de Lionel, et celui-ci, incapable de résister aux prières et aux larmes de sa mère, céda quoique fort à contre cœur ; il déchira sa démission écrite et prête à partir, et rejoignit son régiment en garnison dans une petite ville d'un département de l'Est.

Ses camarades, ne sachant rien de ce qui était arrivé pendant son absence, eurent quelque peine à le reconnaître et s'étonnèrent du prodigieux changement survenu dans ses allures et dans ses habitudes.

Lionel faisait son devoir d'une manière consciencieuse et machinale, mais on ne retrouvait plus en lui le brillant officier et surtout le joyeux compagnon, le viveur à outrance qu'il était autrefois, alors que ses excentricités de haut goût et ses galantes aventures défrayaient les conversations du régiment.

On s'étonnait de l'attitude morne et passive, de l'air sombre et découragé d'un gentleman merveilleusement doué sous tous les rapports, réunissant les privilèges enviables de la naissance et de la fortune, aux avantages naturels d'une apparence séduisante, d'une santé à toute épreuve et d'une intelligence remarquable.

Une métamorphose si radicale et tellement inexplicable devait cacher quelque mystère...

Il franchit le seuil du cabinet, alluma les bougies placées comme dans une loge d'actrice.

Poussés par une curiosité très vive, en même temps que par un intérêt très sincère, les intimes de Lionel firent diverses tentatives — (non couronnées de succès) — pour connaître le mot de l'énigme.

M. de Rochegude ne s'irrita point des investigations à peines déguisées auxquelles il se vit en butte.

Il se contenta de ne pas répondre.

Les camarades du lieutenant, — il nous semble à peu près superflu de le dire, — étaient gens de trop bonne compagnie pour insister.

On laissa Lionel vivre à sa guise, et l'on ne chercha plus à découvrir un secret qu'il voulait garder.

De ce qui précède il ne faudrait pas conclure que M. de Rochegude s'isolât de ses frères d'armes avec affectation.

Rien de semblable ne se produisait

Le comte vivait de la vie commune, prenait ses repas au *mess* des officiers de son grade et ne s'abstenait point de fréquenter leurs lieux de réunion; seulement, si son corps était là, sa pensée était ailleurs ; — il s'absorbait dans ses souvenirs et presque toujours, quand on lui adressait la parole à l'improviste, il tressaillait comme un homme qui s'éveille.

Nous savons où allait la pensée de Lionel...

Nous connaissons les souvenirs dans lesquels il se plongeait incessamment avec une sorte de volupté douloureuse...

Une après-midi le jeune comte, retenu toute la matinée par son service, puis par une longue promenade à cheval, était au café des officiers, assis seul à une petite table, s'appuyant au dossier de moleskine rouge du divan, fumant sans en avoir conscience un excellent cigare, ayant devant lui un verre d'absinthe qu'il ne buvait point, et tenant déployé un journal parisien qu'il ne lisait pas.

Autour de lui bon nombre de ses camarades jouaient ou causaient.

Ni le murmure des conversations particulières, coupées d'éclats de voix et de rires sonores, ni le choc des billes se heurtant sur le tapis vert du billard, ni le bruit *sui generis* produit par les échecs, les dames ou les dés, ne parvenaient à causer au lieutenant la moindre distraction.

La tête un peu renversée en arrière il suivait des yeux la fumée de son cigare montant en spirales bleuâtres vers le plafond jauni, ou plutôt, ainsi qu'un Chinois fumeur d'opium, dans cette fumée il suivait son rêve...

Chaque spirale encadrait pour lui le chalet de la rue Mozart, et sur le seuil de ce chalet, sous les fleurs embaumées du rosier grimpant, apparaissait la tête blonde de Mlle de Cernay...

Une sensation inattendue interrompit brusquement ce rêve.

Le cigare, consumé jusqu'au bout, brûla les lèvres de Lionel.

Il le jeta; mais pour en allumer aussitôt un autre. — Il fumait sans cesse, et beaucoup plus encore qu'autrefois, cherchant dans l'usage et dans l'abus de la plante magique de Jean Nicot, une sorte de torpeur morale où il se plaisait.

En ce moment son regard tomba sur une colonne du journal qu'il tenait tout ouvert à la main.

Il lut machinalement quelques lignes, sans chercher à en comprendre le sens, et il ne le comprit pas plus en effet que si ces lignes eussent été écrites dans une langue inconnue.

Soudain il tressaillit, et son cœur se mit à battre très fort

Un nom, — celui de VALENTINE, — venait de frapper ses yeux, et il ne pouvait entendre prononcer ce nom ou le voir imprimé, sans ressentir une émotion violente.

A coup sûr, la *Valentine* dont parlait le journal n'était pas l'orpheline à laquelle il appartenait tout entier ; mais il suffisait de s'appeler comme elle pour avoir droit au plus ardent intérêt de M. de Rochegude.

Il relut le passage, avec attention cette fois, et à la quatrième ligne il tressaillit de nouveau, devint mortellement pâle, et se demanda s'il était le jouet d'une étrange hallucination...

Un autre nom, un nom détesté, — celui de Vogel, — semblait se dessiner en lettres de feu sur le papier grisâtre du journal.

Isolé, l'un de ces noms pouvait ne signifier rien ; mais tous deux, presque accolés l'un à l'autre, prenaient un sens dont la netteté s'imposait

Le comte n'eut pas un instant de doute.

— Il s'agit d'elle ! — murmura-t-il.

Et il remonta avec une angoisse fiévreuse jusqu'au commencement de l'article.

Ce *fait divers* avait paru au rédacteur assez important, et surtout assez curieux, pour mériter les honneurs de la première page et d'un en-tête spécial ; — aussi ce titre à effet : UN DRAME DE LA VIE RÉELLE, imprimé en lettres grasses, attirait invinciblement l'attention.

Nous allons reproduire l'article, et le reproduire de façon textuelle, car nous avons sous les yeux le journal de 1859 auquel nous l'empruntons, mais nous sommes impuissants à décrire ce qui se passait dans l'esprit et dans le cœur de Lionel, tandis qu'il lisait les lignes suivantes, dont nous laissons la responsabilité littéraire à leur auteur anonyme :

« Tout Paris s'occupe en ce moment d'un drame de la vie réelle, si corsé, si romanesque, si plein de combinaisons surprenantes, d'incidents imprévus, qu'il laisse loin derrière lui les inventions les plus compliquées des conteurs à la mode et des dramaturges en vogue...

« Et nous affirmons cependant, sans avoir la crainte d'être démentis, que le fond et les détails sont rigoureusement vrais.

« Il y a là un sujet tout trouvé de récit en vingt volumes et de pièce en dix tableaux.

« Nous recommandons le roman à Ponson du Terrail, la pièce à d'Ennery ; nous ne leur demandons d'autres droits d'auteur qu'un exemplaire du livre et un fauteuil d'orchestre pour la première représentation, et nous prédisons au roman dix éditions, et cent représentations au drame.

« Ceci posé, entrons en matière et racontons sommairement les faits. »

. . . .

Lionel interrompit sa lecture pendant une seconde et passa son mouchoir sur ses tempes où perlaient des gouttes de sueur...

XXXVIII

M. de Rochegude reprit sa lecture.

L'article continuait ainsi :

« Une importante maison de banque, dont le siège se trouve rue Saint-Lazare, possédait un caissier d'origine allemande répondant au nom d'Hermann Vogel.

« Ce Vogel, appointé fort largement, passait pour un modèle du genre. — Sa scrupuleuse probité, son zèle infatigable, son amour du travail, la régularité de ses mœurs, la simplicité de ses goûts, l'édifiante ardeur avec laquelle il défendait les intérêts de la maison, lui conciliaient la haute estime de ses collègues et les vives sympathies de son patron, l'honorable M. Jacques Lefebvre.

« Hermann Vogel occupait rue de la Pépinière un petit logement d'un prix modeste et ne se permettait que les dépenses strictement nécessaires.

« Tandis que cet Allemand, jeune encore et fort beau garçon, s'imposait par ses qualités solides à l'admiration des honnêtes gens, un gentleman riche et titré, le baron de Précy, organisait rue de Boulogne un appartement merveilleux de luxe et d'élégance, où d'ailleurs il ne faisait que des apparitions fort irrégulières et seulement pour y donner des dîners fins et des fêtes galantes. — Le dessus du panier du Paris viveur, et les jolis pêches à quinze sous du demi-monde, s'honoraient des invitations de M. de Précy.

« A ces fêtes assistait régulièrement un vieux célibataire qui possédait une grande fortune et qui passait pour être sans parents, M. Maurice Villars.

« Tandis que le caissier se livrait à son travail et le gentleman à ses plaisirs, deux sœurs, deux orphelines, dont l'une était une toute jeune fille et l'autre un enfant encore, vivaient dans une sorte d'ermitage, à Passy, des faibles revenus d'un petit capital. — L'aînée des orphelines y joignait le produit d'un travail artistique. — Elle peignait à l'aquarelle.

« Ces sœurs, dignes d'inspirer un grand intérêt, appartenaient à une excellente famille déchue.

« Elles se nommaient Valentine et Claire de C..

« Comment Hermann Vogel découvrit-il l'ermitage de Passy et réussit-il à s'y faire admettre? — Peut-être pourrions-nous le dire, mais ce serait trop long, et l'espace nous est mesuré.

« L'Allemand fit la cour à Mlle Valentine, dont la beauté est incomparable. — Il parvint à lui plaire, s'il en faut croire la logique des faits, et l'épousa...

« Jusque-là rien de plus simple ; mais, chose singulière, Hermann, au lieu de se montrer orgueilleux de l'union si honorable, et en apparence si désintéressée, qu'il venait de conclure, dissimula son mariage à tout le monde et cacha littéralement sa femme dans une villa du Bas-Meudon où il ne recevait âme qui vive, et d'où la jolie Mme Vogel ne sortait sous aucun prétexte.

« Les collègues et le patron du caissier le croyaient plus célibataire que jamais, et il ne négligeait rien pour les maintenir dans cette croyance.

« Plusieurs mois s'écoulèrent.

« Un beau jour, une découverte funeste vint troubler la quiétude de M. Jacques Lefebvre.

« Ce banquier, dont le crédit est européen, apprit que nombre de traites fausses se trouvaient en circulation et que ces traites, créées en apparence par ses correspondants de province, portaient soit sa signature, soit celles de ses fondés de pouvoir.

« La situation était grave.

« Le déficit, dont à l'heure qu'il est on ne sait pas encore exactement le chiffre, pouvait être énorme.

« M. Lefebvre saisit la justice de cette grave affaire. — Une enquête fut commencée.

« Le caissier dut se rendre comme témoin chez le juge d'instruction, mais ce magistrat, — pas plus d'ailleurs que le banquier lui-même, — ne songeait à le soupçonner d'être le faussaire inconnu, ou le complice de ce faussaire...

« Sur ces entrefaites se produisit un événement qui semblait ne toucher de façon directe aucun des personnages dont nous avons parlé, et qui les intéressait tous au premier chef.

« Maurice Villars, le vieux garçon millionnaire, habitué des fêtes galantes de la rue de Boulogne, passa subitement de vie à trépas dans le cabinet particulier d'un cabaret à la mode où il soupait en compagnie d'une demoiselle à chignon rouge, et l'on put dire de lui ce qu'on disait jadis de Philippe d'Orléans, régent de France : — *Il est mort dans les bras de son confesseur ordinaire !...*

« Le jour suivant, Hermann Vogel se présentait rue de Choiseul chez Me Chatelet, notaire de feu Maurice Villars, lui déclarait son union avec Mlle *Valentine de C...*, propre nièce du célibataire et, dans le cas où ce dernier se serait éteint sans tester, réclamait l'héritage au nom de sa femme et de la sœur de sa femme...

« Il s'agissait d'une somme énorme ! !

« Grande fut la déception du caissier ! — Me Chatelet, depuis une semaine, était dépositaire d'un testament de l'oncle défunt, et, pour connaître la teneur de cet acte, il fallait attendre...

« On devine qu'Hermann Vogel, dont le beau désintéressement n'existait qu'en apparence, ayant découvert quels liens de sang unissaient Maurice Villars aux deux jeunes sœurs, n'avait épousé Valentine que pour se ménager la chance d'un gros héritage à courte échéance.

« Le testament fut ouvert avec les formalités légales. — Il ne faisait point mention des orphelines et donnait au baron de Précy toute sa fortune. — Six millions!!...

« Me Chatelet voulut prévenir lui-même, — sans le moindre retard, — l'heureux légataire universel...

« Il se rendit à la rue de Boulogne, où le baron de Précy l'avait précédé de quelques minutes.

« On l'introduisit... — On le mit en présence du maître du logis.

« Coup de théâtre et stupeur mutuelle!!

« Le locataire aristocratique, l'ami de Maurice Villars, le prétendu baron de Précy, n'était autre qu'Hermann Vogel, caissier de Jacques Lefebvre.

« Une explication devenait indispensable. — L'Allemand fut contraint à des aveux complets. — Il menait depuis longtemps déjà la vie en partie double, employé le jour, viveur le soir, et sous son pseudonyme aristocratique tranchait du grand seigneur et de l'homme à bonnes fortunes.

« Le testament se trouvait nul, archi-nul, et Me Chatelet dit nettement au gentilhomme de fantaisie que sa conscience lui défendait de cacher à M. Jacques Lefebvre ce qu'il venait d'apprendre.

« Vogel, une heure après, vendit son riche mobilier et ne reparut plus à la maison de banque.

« Cette absence, aussi bien que les révélations du notaire, criaient bien haut la culpabilité du caissier dans l'affaire des fausses traites.

« Un examen sommaire changea les prévisions en certitudes.

« Un mandat fut lancé et deux agents se mirent en campagne, guidés par le fameux Jobin.

« En quelques heures la police eut découvert la villa du Bas-Meudon.

« C'est là que Vogel se cachait sans doute, — c'est là qu'il fallait lui mettre la main au collet.

« En conséquence, avant-hier, entre neuf et dix heures du soir, les agents, accompagnés d'un magistrat, d'un serrurier et du banquier Jacques Lefebvre, arrivèrent au Bas-Meudon.

« Les appels réitérés de la cloche et les sommations successives n'obtenant aucune réponse, le serrurier dut forcer la grille...

« On traversa le jardin dans les ténèbres, et le serrurier se remit à l'œuvre pour ouvrir les portes de la maison.

« Tandis qu'il s'aquittait de cette besogne, des coups de feu retentirent dans l'intérieur.

« Une minute plus tard on trouvait le corps de Vogel étendu sans vie sur le parquet du salon. — Le malheureux venait de se brûler la cervelle avec un revolver, mais, avant de se tuer, il avait tracé quelques lignes proclamant son repentir et disant la cause de sa fin tragique... — Il ne se sentait pas le courage de survivre à son honneur, et sa mort rachetait sa vie...

« Au lieu de procéder à une arrestation immédiate, il ne restait qu'à dresser un procès-verbal, ce qui fut fait.

« Etrange caprice de la destinée!... Cet homme ayant voulu de l'argent à tout prix et par tous les moyens, n'évitait le bagne qu'en se réfugiant dans la mort, et, maintenant que tout était dit, Valentine épousée pour sa fortune éventuelle, Valentine réintégrée dans la plénitude de ses droits par la nullité du testament de son oncle fait en faveur de cet homme, Valentine se trouvait veuve à dix-sept ans et trois fois millionnaire!

« N'est-ce pas que l'histoire est curieuse? »

Le journal s'échappa des mains du comte de Rochegude.

— Veuve! — murmura-t-il avec une expression délirante. — Elle est veuve!!...

XXXIX

Le même jour M. de Rochegude, prétextant des affaires de famille d'une extrême importance, sollicitait de son colonel une permission, l'obtenait et partait pour Paris.

Sa mère, en le voyant paraître à l'improviste, ne put retenir un mouvement de surprise joyeuse.

L'arrivée soudaine du comte justifiait la surprise; — le changement survenu dans son apparence expliquait la joie.

Lionel, en s'éloignant de Paris à l'expiration de son congé de semestre, était déjà ce que nous l'avons vu la veille de ce jour au café des officiers, un homme profondément triste, dominé par un noir chagrin, subissant l'existence, mais n'éprouvant que dégoût et lassitude; bref, un corps sans âme, ou plutôt un corps affligé d'une âme malade qui ne voulait point guérir de son mal...

Mme de Rochegude avait conservé la désolante impression résultant pour elle de l'état moral de son fils au moment où il la quittait.

Et brusquement, à l'improviste, elle le retrouvait tel qu'autrefois, plein d'une surabondance de vie, animé, joyeux, la lèvre souriante, l'œil brillant d'espoir et de confiance.

— Mère bien-aimée, — demanda le jeune homme en rendant à la comtesse ses baisers, — m'en voulez-vous de vous surprendre ainsi?

— Ah! cher enfant, tu sais bien que non! — répliqua Mme de Rochegude.

— J'aurais dû vous prévenir par une dépêche de mon retour soudain... pardonnez-moi de ne point l'avoir fait...

— La pensée de te voir m'aurait rendue heureuse quelques heures plus tôt, voilà tout...

— Et vous aurait évité une émotion trop vive...

— Ceci importe peu !... Une mère attend toujours son fils, même quand elle sait qu'il ne viendra pas, et puis la joie ne fait jamais de mal !... — Il me semble que, si j'étais aux portes de la mort, ta présence suffirait pour me guérir... — Viens-tu pour longtemps, cher Lionel ?...

— Ma permission n'est que de huit jours, mais je pourrai sans doute obtenir une prolongation.

— Prévoyais-tu ce voyage?..

— En aucune façon... — Je me suis décidé tout à coup.

— Et, le motif de cette décision soudaine ?...

— Le désir de vous voir, mère bien-aimée...

Mme de Rochegude eut un bon sourire et reprit :

— Le désir de me voir ?... — Bien vrai? — Pas autre chose ?...

— Peut-être y a-t-il autre chose encore... — murmura le jeune homme qui ne savait pas mentir.

— Eh bien, cet « *autre chose* », ne peux-tu me l'apprendre ?...

— Non, pas en ce moment, mère chérie... et je vous demande avec instance de ne point m'interroger...

— Que ta volonté soit faite! mais tu me diras plus tard ce que me caches aujourd'hui ?...

— Je vous le promets... et ce sera bientôt...

— Pourquoi serai-je inquiète, d'ailleurs ? — continua Mme de Rochegude. — Je dois être heureuse, puisqu'il t'arrive quelque chose d'heureux...

— A quoi voyez-vous cela ? — demanda Lionel étonné.

— A l'expression de ton visage... Est-ce que je me trompe ?

— Non, ma bonne mère, vous ne vous trompez pas... — Il m'arrive en effet quelque chose d'heureux...

— Ou qui du moins te semble tel... — Et Dieu veuille, cher enfant, que ce bonheur ne soit point une illusion...

La comtesse prononça ces dernier mots d'une voix presque mélancolique.

Elle venait de songer à cette jeune fille qu'elle ne connaissait pas, mais à propos de qui Lionel, blessé en duel, avait failli mourir, et qu'en conséquence elle regardait comme un mauvais génie.

Le lieutenant embrassa de nouveau sa mère, et son baiser suffit pour chasser les pensées sombres de Mme de Rochegude, ainsi qu'un rayon de soleil dissipe les brouillards du matin.

*
* *

L'article de journal, qu'il nous a semblé utile de reproduire en entier, indiquait Me Chatelet comme étant administrateur de la fortune de Maurice Villars.

Or, un hasard qui n'a rien d'invraisemblable permettait que Me Chatelet fût précisément le notaire de la famille de Rochegude.

Le notaire feuilleta les papiers et ne tarda guère à donner des signes de satisfactions.

Lionel ne prit que le temps de quitter son costume de voyage et se fit conduire rue de Choiseul.

L'officier ministériel se trouvait dans son cabinet.

Il n'eut garde de faire attendre un de ses plus considérables clients.

— Je croyais monsieur le comte à son régiment... — dit-il en introduisant le jeune homme.

— Je suis à Paris, cher monsieur Chatelet, comme vous voyez... — répliqua Lionel.

— Depuis plusieurs jours?...

— Depuis deux heures... — J'ai embrassé ma mère, et vous avez ma première visite...

— C'est infiniment d'honneur pour moi, monsieur le comte... Mais...

Le notaire s'interrompit.

— Mais vous comprenez mal une si grande hâte? — acheva Lionel en souriant.

— Il est certain que, tout en m'en réjouissant fort, je m'en étonne un peu et n'en devine guère le motif.

— Ne le cherchez pas, il vous serait impossible de le découvrir... — J'aime mieux vous l'apprendre tout de suite... — C'est la curiosité.

— La curiosité? — répéta Mᵉ Chatelet.

— Positivement.

— Permettez-moi, monsieur le comte, de solliciter le mot de l'énigme...

— Le voici : — Vous êtes en ce moment le lion du notariat... — Les journaux sont remplis de votre nom...

Mᵉ Chatelet prit une attitude qui voulait être modeste et n'y réussissait qu'à moitié.

— A propos de l'affaire Vogel, je suppose? — murmura-t-il.

— Précisément.

— Ainsi, vous avez lu?

— Avec le plus vif intérêt, je vous assure!... — Les journaux vous mettent en scène comme le *Deus ex machina* du drame dénoué au Bas-Meudon. — A les entendre, c'est grâce à vous que tout s'est découvert, et vous seul avez démasqué le misérable qui s'est rendu justice en se faisant sauter le crâne.

L'élégant notaire se rengorgeait. — Lionel continua :

— N'ont-ils point exagéré quelque peu votre rôle en cette affaire?

Le léger doute ainsi formulé piqua Mᵉ Chatelet au vif.

— Exagéré! — s'écria-t-il. — Ah! monsieur le comte, ne croyez point cela!! — Non seulement ils n'ont aucunement exagéré mon rôle, mais encore — (et je ne songe pas à les accuser de mauvais vouloir, croyez-le bien) — ils en ont singulièrement diminué l'importance... — Je dois convenir du reste que la place leur manquait pour offrir au public de plus amples détails...

— Eh bien! cher monsieur, — répliqua Lionel, — ce sont précisément ces détails que je brûle de connaître... — Voyez-vous quelque inconvénient à me les donner?

— Pas le moindre, monsieur le comte... — Au contraire, je serai ravi... vraiment ravi...

— C'est que, — continua l'officier, — jamais un roman, jamais un drame, œuvres d'une imagination puissante, jamais non plus un récit de la vie réelle, ne m'ont paru contenir de si nombreux éléments d'intérêt!! — Êtes-vous de mon avis, cher maître?

— Certes, j'en suis! cent fois plutôt qu'une!!... et ce qui vous intéresse vivement déjà, monsieur le comte, vous intéresserait bien davantage encore si vous connaissiez l'héroïne de ce qu'on peut véritablement appeler un drame ou un roman de la vie réelle... Dans tous les cas, c'est un drame du mariage dans toute la force du terme...

Lionel malgré lui changea de visage, et ce fut d'une voix altérée par une profonde émotion qu'il balbutia :

— Vous parlez sans doute de la jeune femme?...

— Je parle de Mlle Valentine de Cernay, nièce et héritière de Maurice Villars et veuve du caissier suicidé, Hermann Vogel...

— Si je la connaissais, dites-vous, l'intérêt du récit serait centuplé... — reprit le lieutenant. — Cette personne est donc particulièrement intéressante?...

Me Chatelet prit la physionomie béate d'un gourmet savourant un mets exquis. Il leva les yeux vers le plafond de son cabinet, arrondit ses mains jointes, et s'écria avec une exaltation sincère :

— C'est un ange, monsieur le comte!... absolument un ange... — Ah! l'adorable enfant! l'admirable créature!! — Il n'existe rien de pareil au monde!! — Si je n'étais marié et père de famille, et si la jeune femme y consentait, à l'expiration des délais fixés par la loi elle cesserait d'être veuve, je vous en réponds, pour devenir madame Chatelet.

Lionel éprouva la plus folle envie de se jeter au cou du notaire et de l'embrasser, mais il se contenta de lui serrer la main avec une effusion dont le digne officier ministériel ne comprit point la cause...

XL

Me Chatelet raconta par le menu tout ce que nos lecteurs connaissent déjà.

Lionel, qui ne se lassait point de l'entendre, éprouva surtout un indicible enthousiasme quand le notaire lui redit presque mot pour mot son entretien avec la jeune veuve, dont il exaltait en termes émus le désintéressement admirable et la touchante simplicité.

M. de Rochegude avait les yeux mouillés.

— Quel cœur et quelle âme! — pensait-il. — Ah! je le savais bien, Valentine est un ange! — Ce Vogel l'avait certainement attirée dans un piège!... — Il est impossible que, livrée à elle-même, une créature si parfaite se soit détournée de moi pour aller à un pareil drôle!!... — Quel était ce piège?... Je le saurai...

— Les sceptiques parleraient du hasard! — conclut Me Chatelet en achevant son récit; — moi qui ne suis point de leur école, et qui m'en vante, je vois clairement en tout ceci l'intervention d'un pouvoir supérieur qu'il me plaît de nommer la Providence!... — Je ne sais rien au monde de plus ingénieux que le châtiment de Vogel, et que la nature particulière de ce châtiment... — Ce malheureux, devenu criminel par cupidité, voulant être riche à tout prix, et contraint de se brûler la cervelle à la minute précise où des millions lui tombent dans la main !! — Voilà la vraie morale !! — Quel exemple et quelle leçon pour les caissiers de l'avenir !! — Puissent-ils en profiter !! — S'ils négligent de le faire, ils seront bien coupables !! — Ne le pensez-vous pas comme moi, monsieur le comte?...

Lionel répondit affirmativement, mais d'une façon un peu distraite, les caissiers de l'avenir n'étant point du tout en ce moment le sujet de ses préoccupations.

Il reprit au bout d'une seconde :

— Je partage, cher maître, votre profonde sympathie pour cette jeune femme... — Elle est incomparable de courage et de résignation dans son malheur...

— Son malheur, — répliqua le notaire, — il est fini, grâce au ciel, puisque la voilà veuve et très riche... — On peut modifier à son sujet le vieux proverbe, et dire qu'*elle aura mangé son pain noir le premier*... — Le pain blanc va venir, et même la brioche...

— A-t-elle pris un parti déjà?

— Relativement à quoi?

— A son genre de vie... à sa future résidence...

— Comment l'aurait-elle fait si vite?...

— Quoi ! — s'écria Lionel. — Elle ne quitte point le Bas-Meudon??

Mᵉ Chatelet secoua la tête.

— Elle ne pouvait rester, — dit-il, — dans cette maison sinistre où le sang de son mari souille encore les parquets. — Je ne l'aurais pas souffert... — Un de mes clients, parti pour un voyage de longue durée, possède rue de Babylone, au milieu de vastes jardins, un petit hôtel qu'il m'a chargé de louer tout meublé pendant son absence, si je trouvais un locataire sûr et tranquille... — J'ai installé là, il y a deux jours, la jeune veuve, en lui donnant des domestiques de confiance et en lui ouvrant sur ma caisse un crédit illimité, car non seulement son scélérat de mari la laissait sans un sou, mais il avait eu l'infamie de lui arracher sa signature et de vendre tout dernièrement, afin d'en vaporiser le capital, une petite rente provenant de l'héritage maternel... — Ma parole d'honneur, la gredinerie de certaines gens dépasse toute croyance ! — Voler à sa propre femme son dernier morceau de pain me paraît le nec plus ultra de la turpitude...

— Le misérable !! — murmura M. de Rochegude avec un indicible accent de haine et de mépris.

— Du reste, — continua le notaire, — l'incomparable veuve, sans décliner positivement mes offres de service, n'a consenti à accepter qu'une avance insignifiante, et quand elle touchera les millions de feu Villars, ce qui ne tardera guère, elle sera, je crois, fort embarrassée d'une si grosse fortune, n'ayant, m'a-t-elle dit, ni besoins, ni désirs...

— Cher monsieur, — fit Lionel non sans une hésitation manifeste, — tout ce que je viens d'entendre a centuplé mon intérêt et ma curiosité...

— J'ai fait ce qui dépendait de moi pour les satisfaire... — répliqua Me Chatelet.

— Sans doute, mais vous pouvez mieux encore et je deviens insatiable... — Me permettrez-vous de vous adresser une requête?...

— Certes, et j'y ferai droit avec empressement si la chose est en mon pouvoir!... — De quoi s'agit-il?...

— La jeune veuve est devenue votre cliente?...

— Naturellement, puisque le parent dont elle hérite était mon client.

— Vous irez souvent la visiter rue de Babylone, et traiter avec elle les affaires de la succession?...

— Sans doute...

— Eh bien! procurez-moi le moyen de la voir... ne fût-ce qu'une minute...

— Et, comment?...

— En m'emmenant avec vous et en me présentant...

Me Chatelet fit un mouvement brusque.

— Je suis désolé, monsieur le comte, — répliqua-t-il, — désolé... désolé... Mais ce que vous me faites l'honneur de me demander n'est pas possible..

— Pourquoi?

— Songez donc que les plus simples convenances défendent à Mme Vogel de recevoir qui que ce soit pendant les premiers temps de son deuil! — Et d'ailleurs sous quel prétexte me permettrais-je de lui présenter le brillant comte de Rochegude, qui doit rester toujours un étranger pour elle et dont un abîme la sépare?... — Vous comprenez cela, n'est-il pas vrai, monsieur le comte?

Lionel fit un signe affirmatif.

Me Chatelet poussa un soupir d'allègement.

Pendant une ou deux secondes il avait eu grand'peur de blesser le jeune homme par son refus, si bien motivé que lui semblât ce refus.

Après un instant de silence, le lieutenant prit les deux mains de son interlocuteur étonné.

— Cher monsieur, — lui dit-il avec émotion, — vous êtes non seulement le notaire, mais encore l'ami de ma famille...

— L'ami et le serviteur dévoué, oui, monsieur le comte... de père en fils...

— Un notaire est un confesseur, n'est-ce pas, qui doit tout entendre et tout taire? On peut lui confier non seulement sa fortune, mais ses plus intimes pensées?... — murmura Lionel.

— Oui, — répliqua Me Chatelet, — et cela arrive tous les jours. — Nous sommes les dépositaires des secrets de bien des familles... — Le devoir professionnel et notre conscience nous astreignent, comme le prêtre, au silence absolu... — Si l'un de nous trahissait la confiance d'un seul de ses clients, il serait aussi infâme que s'il dilapidait un dépôt remis en ses mains... — Avez-vous à me faire une confidence qui doive mourir entre nous? — Je suis prêt à vous entendre... — Parlez, monsieur le comte... parlez sans crainte...

— Je veux et je dois vous ouvrir mon cœur, — poursuivit M. de Rochegude, — car j'ai besoin que vous me veniez en aide, et vous refuseriez de le faire si vous ne saviez d'abord la vérité tout entière... — En affirmant que la curiosité m'amenait chez vous, je n'ai point menti, mais je n'ai pas tout dit... — Il y a autre chose encore...

— Quoi donc?

— Vingt fois, depuis le début de cette entrevue, j'ai cru que mon trouble et le tremblement de ma voix allaient vous révéler ce qui se passait en moi...

Me Chatelet, dont la spécialité n'était point de deviner les énigmes, regardait avec étonnement M. de Rochegude. Ce dernier continua :

— Je connais Mlle Valentine de Cernay... Je la connais depuis longtemps... Comment ne l'avez-vous pas deviné?

— Vous connaissez Mme Vogel!! — s'écria le notaire stupéfait.

— Je la connais, et je l'adore...

— Vous l'adorez, monsieur le comte!! — répéta Me Chatelet. — Eh bien, je comprends cela, car elle est adorable, mais je suppose que vous ne le lui avez jamais dit?...

— Je le lui ai dit, au contraire...

— Depuis son mariage!

— Avant son mariage...

— Vous ne vous proposiez pas de la séduire, j'espère!

— Je me proposais de l'épouser...

— Sérieusement?

— Oui, sur mon honneur!...

— Mais madame votre mère ignorait ce projet d'union qui, dans la sphère où vous vivez, constituait bel et bien une mésalliance?

— Ma mère savait tout...

— Et elle approuvait?...

— Elle ne résistait pas... — Elle poussait même la bonté jusqu'à consentir à faire une démarche personnelle auprès de Mlle de Cernay...

— Cette démarche n'a pas eu lieu?

— Non, et voici pourquoi : — Mlle de Cernay, qui paraissait d'abord accepter avec joie le splendide avenir que j'ouvrais devant elle, a tout à coup et brusquement décliné l'offre de mon nom...

— La cause de ce refus?...

— Je l'ignore...

— Et c'est alors que cette jeune fille est devenue Mme Vogel?

— Oui, tandis que blessé en duel, et très gravement, par Hermann Vogel, j'étais entre la vie et la mort sur mon lit de douleur...

XLI

L'élégant notaire éleva les deux mains vers le plafond de son cabinet, et ce geste très pathétique exprimait un étonnement sans bornes.

— Vous vous êtes battu avec le caissier de Jacques Lefebvre, vous, monsieur le comte ! — s'écria-t-il.

— Au pistolet, parfaitement bien, — répondit Lionel, — et si sa balle m'avait atteint un millimètre plus bas, j'étais tué raide...

— Mais à quel propos ce duel, grand Dieu?...

— A propos de Mlle Valentine...

— Hermann Vogel savait donc que vous étiez son rival?

— Il le savait.

— Comment?...

— Mlle de Cernay lui avait tout dit. — Il venait à moi chargé par elle d'une lettre de rupture dont sa visite était l'insolent commentaire... — Mais laissez-moi vous mettre au fait de ce qui s'est passé... — Vous jugerez ensuite la situation avec un calme que je ne puis avoir, et peut-être vous sera-t-il possible d'apporter la lumière dans les ténèbres qui m'environnent...

Lionel, à son tour, raconta, et nous nous garderons de reproduire ce long récit qui n'apprendrait rien de nouveau à nos lecteurs.

— Eh bien ! — fit-il en terminant, — que concluez-vous de tout cela?

Le notaire répondit, après avoir réfléchi pendant une minute :

— Ou je me trompe fort, ou ce mariage qui devait finir par un crime a débuté par une infamie...

— Vous croyez, n'est-ce pas, que Mlle de Cernay est tombée dans un piège habilement tendu? — demanda vivement Lionel.

— A mon point de vue, cela ne fait pas l'ombre d'un doute ! ! — Le caissier avait découvert qu'un jour ou l'autre un gros héritage pourrait échoir à la jeune fille; en conséquence il voulait épouser, non par tendresse pour l'orpheline, mais par amour pour l'héritage... — Votre intervention inattendue dérangeait tout... — Vous étiez un rival bien dangereux... — La lutte contre vous, en la supposant loyale, devait aboutir fatalement à la défaite... — Le caissier, pour égaliser les chances, a fait appel à quelque ruse abominable que je ne devine pas encore, mais que nous découvrirons... — Cette lutte inattendue, cette lettre que rien ne motivait et que rien n'explique, m'est au plus haut point suspecte... — Depuis le jour où Vogel est venu chez vous, et où vous l'avez provoqué, vous êtes vous trouvé en face de Mlle de Cernay?

— Jamais...

— Donc, aucune explication avec elle !... — Connaissiez-vous son écriture?

— Non, je ne la connaissais pas...

— A merveille, et d'ailleurs, si vous l'aviez connue, cela ne prouverait absolument rien. — N'oubliez pas que le caissier était un faussaire émérite, ou le complice d'un faussaire, ce qui revient au même.

— Quelle conclusion tirez-vous de cela ? — fit le comte.

— Tout simplement celle-ci : — Mlle de Cernay ne vous a point écrit...

— Ah ! vous avez raison, je le sens, — s'écria Lionel, — et vous dissipez mon aveuglement ! — J'étais insensé !... J'accusais Valentine de mensonge et de trahison, tandis qu'elle seule au contraire était en droit de me juger oublieux et menteur !... — C'est ma faute ! c'est ma très grande faute ! ! Je devais refuser de croire au témoignage de mes sens ! !... — Oh ! lettre maudite !

— L'avez-vous conservée, cette lettre ? — demanda le notaire.

— Oui, certes ! Dans ma folie je la portais sur moi comme une relique douloureuse, et je la relisais sans cesse pour aviver encore ma cuisante blessure...

— Donnez-la-moi, je vous prie, monsieur le comte...

— Que voulez-vous en faire ?

— Je veux la montrer à celle dont elle porte la signature, et m'assurer si mon doute est fondé...

— Vous montrerez cette lettre à Valentine ?... — balbutia Lionel. — Vous lui parlerez donc de moi ?...

— Pourquoi non ?... — Vous êtes toujours épris, n'est-ce pas ?...

— Toujours, et pour toujours ! !...

— Et, aujourd'hui, comme il y a un an, vous songez au mariage ?...

— Épouser Valentine est l'unique chose de ce monde que je souhaite avec ardeur...

— Eh bien ! je plaiderai votre cause !... — A l'époque où nous vivons, une veuve de dix-sept ans, jolie comme les amours, bonne comme les anges, et joignant à cela trois millions, est un parti sérieux à tous les points de vue ! ! — Le chiffre de la dot rend la mésalliance acceptable, même pour un comte de Rochegude...

Lionel fronça le sourcil ; une expression d'orgueil blessé se peignit sur son visage.

— Que m'importent ces millions ? — s'écria-t-il. — Je suis riche, vous le savez bien...

— On ne l'est jamais trop ! — murmura philosophiquement Me Chatelet.

— En me voyant donner mon nom à Valentine, — poursuivit M. de Rochegude, — osera-t-on croire que je songe à l'argent et que j'épouse pour la dot ?

— On osera le croire, et même on osera le dire, gardez-vous d'en douter ! ! — répliqua le notaire.

— Ce sera une calomnie odieuse ! !

Le jeune comte était au café des officiers, assis seul à une table.

— Vous m'en voyez tout à fait convaincu, mais que vous font de vaines rumeurs qui n'arriveront pas jusqu'à vous ?... — Ceux qui vous taxeront bien haut de pensées cupides, souhaiteraient fort être à votre place... — S'ils semblent vous blâmer, ce sera par envie. — Laissez dire, soyez heureux, et s'il vous plaît, monsieur le comte, remettez-moi la lettre en question...

— La voici... — répondit Lionel en ouvrant son portefeuille et en en tirant l'épître apocryphe, produit de la collaboration de maître Roch, de Fumel, d'Hermann et de Charles Laurent.

Il la tendit au notaire, et continua d'un ton insinuant :

— Mais, cher monsieur, puisque vous voulez bien parler pour moi et plaider ma cause, pourquoi ne consentez-vous pas à me conduire rue de Babylone, ce qui simplifierait toutes choses ?...

— Ce qui les simplifierait même un peu trop... — répondit le notaire en souriant. — La gravité de mes fonctions officielles me permet bien de servir d'intermédiaire à une loyale explication, ayant pour but le mariage, et pouvant donner lieu à un contrat de toute beauté ; mais elle m'interdit d'opérer le rapprochement d'une jeune femme veuve depuis moins de huit jours, placée en outre sous ma tutelle officieuse, et d'un bouillant amoureux comme vous ! ! — Oh ! je sais à merveille que rien ne serait à craindre, pas plus d'un côté que l'autre, mais les convenances avant tout, et, comme disait Brid'oison : — « *la Fo-or-me... la fo-or-me!...*

Me Châtelet avait absolument raison.

Lionel le comprit et n'insista point.

Il venait d'ailleurs de faire un pas immense en avant.

Un trait d'union sur lequel il pouvait absolument compter existait désormais entre lui et Valentine ; — il allait connaître enfin les causes mystérieuses de cette rupture qui depuis si longtemps restait pour lui une énigme insoluble.

— Cher monsieur, — demanda-t-il, — quand irez-vous là-bas ?...

— Vous êtes très pressé ? — fit le notaire avec un nouveau sourire.

— Je suis sur des charbons ardents.

— Que Dieu me garde de vous y laisser ! — Je comptais visiter demain l'adorable Mme Vogel...

— Demain, c'est bien loin... — interrompit M. de Rochegude.

— Aussi, — continua Me Chatelet, — la verrai-je dès aujourd'hui.

— Tout de suite, n'est-ce pas ?...

— Pourquoi non ?... — Le temps de faire atteler...

— Inutile ! Ne dérangez pas vos chevaux... — J'ai ma voiture à la porte... — Je vais vous conduire rue du Bac, à l'angle de la rue de Babylone...

— Et vous m'attendrez là ?

— Naturellement...

— Ce qui fait, — reprit le notaire avec un troisième sourire, — que vous saurez plus vite à quoi vous en tenir sur le résultat de ma mission diplomatique... — C'est très bien calculé !... Monsieur le comte, je suis à vos ordres.

Une demi-heure plus tard le coupé de Lionel faisait halte à l'endroit désigné.

Me Chatelet quittait le jeune homme en l'invitant à la patience, s'engageait dans la rue de Babylone, longeait une muraille couronnée par les branchages vigoureux de tilleuls plus que centenaires, et sonnait à une porte cochère à panneaux pleins qui trouait la muraille à son point central.

Cette porte fut ouverte aussitôt.

Le notaire en franchit le seuil.

XLII

L'hôtel mis à la disposition de Valentine par Me Châtelet se trouvait à l'extrémité d'un de ces vastes jardins qui deviennent de plus en plus rares à Paris, où le prix toujours croissant des terrains rend impossibles les grands espaces improductifs.

C'était une élégante construction du style Louis XVI le plus pur

On accédait au vestibule par un perron de six marches, à rampes sculptées et ornées de pots à feu en pierre polie.

La porte vitrée de ce vestibule fut ouverte par un vieux valet de chambre que le notaire connaissait de longue date et qu'il avait attaché provisoirement au service de la jeune veuve.

Ce domestique, une cuisinière de confiance et Mariette, la petite bonne du Bas-Meudon, composaient l'état de maison de Valentine

— Bonjour, Edouard,.. — dit le visiteur en entrant... — Demandez, je vous prie, à madame Vogel si elle veut bien me recevoir...

— Madame est au salon, en compagnie de sa jeune sœur... — répliqua le valet de chambre. — Elle m'a donné la consigne, une fois pour toutes, de ne jamais faire attendre monsieur le notaire et de l'introduire sur-le-champ quand il viendrait...

— C'est à merveille... — Introduisez-moi donc.

Edouard annonça le nouveau venu et Me Chatelet fit son entrée.

Valentine, assise dans l'embrasure d'une fenêtre, faisait à haute voix une lecture à Claire qui, debout à côté d'elle, l'écoutait avec une attention prodigieuse.

La jeune femme ferma son livre, quitta son siège, vint à la rencontre du visiteur et lui tendit la main en accompagnant d'un sourire mélancolique ce geste amical.

La blonde enfant, blanche comme un lis et pâle comme une morte dans sa longue robe de crêpe noir, était d'une surprenante beauté.

Sa pâleur marmoréenne, un léger sillon d'azur estompant le contour des paupières, la tristesse vague du regard, une sorte de fatigue empreinte sur les traits, ajoutaient encore à la distinction habituelle de son adorable visage,

— Soyez le bienvenu, monsieur... — dit-elle. — Venez-vous me parler d'affaires, ou dois-je attribuer votre visite à ce bienveillant intérêt dont vous m'avez donné déjà tant de preuves ?...

— Les motifs de ma visite d'aujourd'hui sont de plus d'une nature... — répliqua Me Chatelet en prenant le fauteuil que lui désignait Valentine.

— Vous ne m'apportez point de mauvaises nouvelles?...

— Je refuserais de m'en charger... — Je ne vois pas, d'ailleurs, ce qui pourrait maintenant vous arriver de fâcheux... — Rien ne menace votre repos... — Aucun collatéral n'est en droit de vous disputer l'héritage de feu votre oncle... — On a la certitude matérielle qu'il n'existe aucun acte testamentaire postérieur au testament nul... — L'envoi en possession sera très prochain...

— Ceci ne me semble important qu'à un point de vue, — vous savez lequel... — reprit la jeune femme. — Vous êtes-vous entendu avec M. Jacques Lefebvre?...

— Oui, madame... — Je l'ai prévenu, d'après vos désirs exprimés formellement, que vous preniez à votre charge le remboursement de toutes les traites revêtues de signatures qu'elles ne devaient pas porter et provenant d'une source regrettable... — Le chiffre de ces traites ne pouvant être fixé jusqu'ici que d'une façon approximative, M. Lefebvre avancera lui-même les sommes nécessaires, et vous le couvrirez de tous ses déboursés, j'en ai pris l'engagement en votre nom... Il m'a prié d'être son interprète auprès de vous, et de vous témoigner l'admiration sans bornes qu'il éprouve pour votre conduite...

— Eh! monsieur il n'y a rien à admirer, je vous assure... — murmura Valentine. — Je ne fais que mon devoir...

— Soit, madame, mais l'accomplissement volontaire et spontané d'un devoir de cette sorte, accomplissement auquel on ne saurait vous contraindre et qui va vous coûter quelques centaines de mille francs, s'impose et s'imposera toujours à l'admiration et au respect, permettez-moi de vous le dire!

— Et, — continua Mme Vogel — nul poursuite n'aura lieu?...

— Non, — madame... — L'action criminelle est éteinte par la mort contre le principal coupable... — Le remboursement opéré par vous empêchera de rechercher ses complices... — Les traites fausses seront comme si elles n'avaient pas existé. — On vous les remettra et vous les brûlerez de votre main.

— C'est bien... — Et maintenant, monsieur, nous avons parlé d'affaires... — Que vous reste-t-il à m'apprendre?...

— Il me reste à traiter un sujet difficile...

— Difficile? — répéta la jeune veuve.

— Oui.

— Pour quelle raison?...

— Parce que, au mépris apparent de toutes les convenances, il me faudra m'immiscer dans votre vie de jeune fille, dans vos plus intimes pensées, ce qu'assurément je n'oserais faire si l'intérêt respectueux que je ressens pour vous, et auquel vous voulez bien rendre justice, ne m'en donnait presque le droit...

Valentine attacha sur Me Chatelet son beau regard à la fois lumineux et candide, et lui dit

— Je ne vous comprends pas du tout, monsieur, je vous assure!! — Expliquez-vous, je vous en prie...

— Je vais le faire de mon mieux... — Vous me permettez d'aller droit au but?

— Oui certes!

— Eh, bien! madame, on m'a parlé de vous aujourd'hui très longuement...

— Vous m'étonnez beaucoup!... — J'ai passé ma vie entière dans une retraite absolue... — Je ne connais personne... Donc personne ne peut me connaître...

— Rappelez vos souvenirs... — Il s'agit de quelqu'un dont l'affection pour vous est profonde...

Valentine secoua la tête.

— Vous vous trompez, monsieur... — fit-elle au bout d'une minute. — Je ne suis ni ingrate, ni oublieuse... Si véritablement quelqu'un avait éprouvé de l'affection pour moi, je m'en souviendrais, j'en serais reconnaissante... — Or, ma mémoire est muette... il y a donc là soit une erreur, soit un malentendu... — On vous a parlé d'une autre femme en croyant vous parler de moi...

— Il n'y a point d'erreur, madame!... Il s'agit de Mlle Valentine de Cernay qui vivait avec sa sœur à Passy, dans l'enclos de la rue Mozart... — C'était bien vous, n'est-ce pas?...

— C'était bien moi... — Mais qui donc?...

— Avez-vous oublié Lionel de Rochegude? — demanda brusquement le notaire.

La jeune femme ressentit dans tout son être une commotion violente. — Un frisson courut son épiderme. — Ses dents s'entrechoquèrent.

Sa pâleur semblait ne pouvoir augmenter... — Elle augmenta pourtant.

Son visage devint livide et prit les tons verts de l'ivoire. — Le cercle tracé sous ses paupières s'élargit.

— Ah! monsieur, — s'écria-t-elle d'une voix tremblante brisée par l'émotion. — vous qui êtes un galant homme, ne prononcez pas ce nom!... — Ne le répétez pas!!

— Pourquoi?

— C'est celui d'un fourbe et d'un lâche.

— Un fourbe!... Un lâche!! — balbutia Me Chatelet avec stupeur. — Lui!! le comte de Rochegude!!

— Oui! cent fois oui!...

— Qu'a-t-il donc fait?

Valentine s'était levée.

Une métamorphose complète et soudaine se produisait dans sa personne et dans son attitude...

Les flots de sang chassés de son cœur à ses joues empourpraient son visage, livide une seconde auparavant.

Un accès de fiévreuse indignation mettait des éclairs dans ses yeux.

— Ce qu'il a fait? — s'écria-t-elle d'une voix qui ne tremblait plus. — Il est mon ennemi mortel, implacable!... il est mon mauvais génie!! la cause de mes malheurs!... et c'est à lui seul que je dois toutes les larmes que j'ai versées!!

— Comment cela? — balbutia le notaire. — Mon Dieu... comment cela?...

— Vous voulez le savoir? — continua Valentine impétueusement. — Ecoutez donc et vous jugerez ensuite!! — M. de Rochegude, après m'avoir d'abord insultée sans me connaître, semblait désespéré et repentant de sa faute... — Il avait trouvé moyen de franchir une fois le seuil de ma demeure!! — Il disait m'aimer!! — Il me parlait de mariage!! Il m'annonçait la visite de sa mère, qui m'ouvrirait ses bras et m'appellerait sa fille!! — J'étais folle, sans doute, car j'avais foi en lui... Je le croyais, j'allais l'aimer... Je l'aimais presque déjà!! — Il a payé ma confiance et mon naissant amour par la plus lâche de toutes les infamies!! — Il a tenté de me faire arracher de ma maison, la nuit, par des misérables à sa solde! Ils m'ont attachée, ils m'ont bâillonnée, ils m'emportaient, quand le caissier Vogel, qui veillait sur moi sans cesse, m'a tirée de leurs mains au péril de sa vie! — Voilà pourquoi j'ai consenti à devenir la femme du caissier Vogel... — Le comte de Rochegude m'a jetée dans les bras de l'homme dont je suis la veuve!!... — Me demanderez-vous encore ce qu'il a fait?...

XLIII

Me Chatelet ne répondit pas tout de suite.

Il sentait gronder l'orage sous le front blanc de Valentine; — il voyait les éclairs de l'indignation jaillir de ses yeux bleus, et dans sa prudence de notaire il voulait laisser au sang-froid le temps de revenir.

Enfin, au bout d'une ou deux minutes, la jeune veuve lui parut un peu calmée et il reprit la parole.

— Non, madame, — dit-il, — je ne vous demanderai plus ce que le comte de Rochegude a fait, car à coup sûr vous ne le savez pas, et, loin de vous interroger encore, c'est moi qui vais vous instruire...

Me Chatelet prononça ces paroles avec une si grande assurance que Valentine, instinctivement, frissonna.

Elle avait vu son mari à l'œuvre et ne gardait aucune illusion sur le compte du misérable dont elle s'efforçait, par un sublime dévouement, de sauvegarder l'honneur posthume.

Il allait être question de lui, elle le pressentait; — la révélation de quelque nouvelle infamie était au moment de se produire.

Elle attacha sur son interlocuteur un regard où se lisait une angoisse indicible et murmura:

— Parlez, monsieur !... — La justification de M. de Rochegude me semble impossible, mais je suis prête à vous entendre, et, si mauvaise que soit la cause dont vous vous constituez l'avocat, je ne doute pas, je ne douterais jamais de votre sincérité... Vous êtes convaincu, j'en suis certaine, seulement vous pouvez être dupe d'une illusion ou d'un mensonge...

— Non, madame... — reprit le notaire, — pas plus d'un mensonge que d'une illusion ! — Ce ne sont ni des raisonnements ni des preuves morales que je vais mettre sous vos yeux, ce sont des faits matériels... — On ne discute point l'évidence... Si l'un de nous est abusé, c'est vous et non pas moi... Vous en aurez bientôt la preuve...

— J'attends, — fit Valentine d'une voix faible comme un souffle.

— Vous formulez contre le comte Lionel des accusations bien graves... — poursuivit Me Chatelet. — Vous lui reprochez d'avoir abusé de votre bonne foi en vous parlant de mariage, en affirmant que sa mère était prête à venir au chalet de Passy, à vous nommer sa fille... — Comment aurait-il tenu sa parole, comment la comtesse aurait-elle fait la visite annoncée, puisque brutalement, irrévocablement, sans motif appréciable, vous fermiez votre porte au fils et à la mère, vous déclarant bien résolue à ne recevoir ni l'un, ni l'autre?..

— J'ai dit cela? — s'écria la jeune femme stupéfaite, — Moi?... Moi?... J'ai dit cela !

— Vous avez fait mieux que le dire, vous l'avez écrit au comte Lionel...

— Moi? — répéta pour la troisième fois Valentine affolée. — Mais c'est faux cela, monsieur !! — Non, je n'ai pas écrit au comte de Rochegude, et s'il affirme avoir reçu de moi une lettre, un billet, ne fût-ce qu'une ligne, ne fût-ce qu'un mot, il ment ! Vous entendez ! monsieur, il ment !

— Voici la lettre... — répliqua Me Chatelet en ouvrant son portefeuille et en tendant à la jeune femme l'épître rédigée dans l'officine de la rue Montmartre, et calligraphiée par le pseudo-Lorbac.

Valentine la saisit d'une main frémissante, y jeta les yeux et reprit impétueusement :

— Eh ! monsieur, que prétendiez-vous donc !... Je ne connais pas cette lettre...

— Elle est signée de vous, cependant...

— C'est-à-dire elle est signée de mon nom, mais le faussaire dont vous me montrez l'œuvre n'a pas même essayé d'imiter mon écriture...

— Lisez, je vous prie, madame...

— A quoi bon?...

— Lisez... c'est indispensable, et j'ajouterai : Lisez tout haut...

— Soit... vous le voulez, monsieur, j'y consens...

Et la jeune veuve lut en effet à haute voix les lignes suivantes, qu'il nous semble nécessaire de reproduire.

« Monsieur le comte,

« J'ai hâte de répondre à votre lettre, étant trop franche pour ne pas détruire « des espérances que mon silence paraît encourager.

« L'entretien auquel vous faites allusion n'a été de part et d'autre qu'un long « malentendu; car, je dois vous l'avouer, connaissant mon peu de mérite, je « me gardais de prendre vos paroles au sérieux et je n'y voulais voir que ces « banales galanteries dont les hommes, paraît-il, sont prodigues avec toutes les « femmes.

« Je suis vivement affligée que ce malentendu ait été pour madame votre « mère la cause d'un inutile chagrin... — Dites à madame la comtesse de « Rochegude, je vous en prie, de se rassurer bien vite... — Je ne serai pas un « obstacle à la réalisation de ses projets caressés longuement... — La doulou- « reuse nécessité de m'appeler sa fille ne lui sera point imposée...

« Vous vous trompez vous-même, monsieur le comte, j'en suis convaincue, « sur la nature du sentiment que je vous inspire... — Vous avez pris pour de « l'amour une sympathie dont, en toute autre circonstance je m'enorgueillirais, « mais qu'en ce moment je n'accepte pas, ne pouvant le payer de retour... — « D'ailleurs je ne m'appartiens plus... — Je suis depuis une heure la fiancée du « *personnage ambigu* — (ce sont vos expressions) — à qui vous me donniez « le conseil de fermer ma porte...

« M. Vogel est le plus loyal des hommes... — Il lui a suffi d'un mot pour « réduire à néant vos injustes accusations... — Je l'estime; dans quelques jours « je serai sa femme, et c'est lui que je charge de vous faire parvenir ce billet, « car il sait tout... — J'ai rempli mon devoir d'honnête fille en lui communi- « quant votre lettre, en lui racontant notre entrevue.

« Je n'ai pas besoin d'ajouter qu'il serait inutile de m'écrire ou de chercher « à obtenir de moi un nouvel entretien. — Je ne recevrais point les lettres et « ma maison resterait close.

« Croyez, monsieur le comte, que mon plus vif désir est de vous voir oublier la « personne et même le nom.

« De votre très humble servante,

« Valentine de Cernay. »

A mesure que la jeune femme avançait dans sa lecture, une grandissante émotion faisait trembler sa voix, qui bientôt ne fut plus qu'un murmure à peine distinct.

Quand elle eut achevé, la lettre s'échappa de ses mains et tomba sur le tapis.

Me Chatelet se baissa pour la ramasser et demanda :

— Eh bien! madame, comprenez-vous?

Le notaire raconta par le menu tout ce que nos lecteurs connaissent déjà.

— Oui, — balbutia Valentine; — M. de Rochegude, trompé par un faussaire, a dû croire en effet que ma porte, à l'avenir, serait fermée pour lui...

— Avec une telle conviction, et en face d'une défense formelle, devait-il et pouvait-il se présenter de nouveau chez vous?

— Non, j'en conviens...

— Alors, — s'écria le notaire triomphant, — vous reconnaissez l'injustice absolue de vos accusations.

— Non, monsieur.

— Comment, non! — répéta Me Chatelet avec un haut-le-corps. — C'est à mon tour de ne pas comprendre!!

— Cette lettre, — répondit Valentine, — même en la supposant émanée de moi, n'explique point et ne justifie pas la tentative infâme ordonnée par M. de Rochegude...

Au grand étonnement de Valentine, le notaire se frotta les mains.

— Très bien! — répliqua-t-il ensuite. — Je ne pensais plus à cela!! — Nous disons donc que le comte Lionel a voulu vous faire enlever la nuit, à l'aide de violence et d'escalade, par une bande de gredins à sa solde...

— Oui, monsieur, et s'il a échoué, je vous le répète, c'est uniquement grâce à l'intervention inattendue et courageuse de M. Vogel...

— De mieux en mieux! — reprit Me Chatelet en dépliant de nouveau la lettre. — Permettez-moi, madame, d'appeler votre attention sur la phrase suivante de cette curieuse épître signée de votre nom : « *M. Vogel est le plus loyal des hommes. — Il lui a suffi d'un mot pour réduire à néant vos injustes accusations... — Je l'estime... — Dans quelques jours je serai sa femme*, ET C'EST LUI QUE JE CHARGE DE VOUS FAIRE PARVENIR CE BILLET, *car il sait tout.* »

— Eh bien! monsieur?

— Eh bien! madame, sachez donc qu'Hermann Vogel porta lui-même à son adresse la lettre rédigée sur commande par un de ses complices, et la remit en personne au comte Lionel. — Sachez que ce dernier, jugeant le procédé de mauvais goût et l'outrecuidance un peu forte, exprima carrément sa manière de voir à cet égard et provoqua son visiteur...

— Ah! mon Dieu! — balbutia Valentine en frissonnant :

— Le duel eut lieu le lendemain, au pistolet... — poursuivit le notaire. — M. de Rochegude fut blessé d'une façon si grave que pendant bien des jours on désespéra de le sauver, et, à l'heure même où s'accomplissait dans l'enclos de la rue Mozart la tentative d'enlèvement dont on vous a persuadé qu'il était l'instigateur, il délirait sur son lit de souffrance en luttant contre la mort...

« Le lendemain, glacée d'effroi par le péril imaginaire que vous aviez couru et croyant fermement au retour possible d'un péril du même genre, vous consentiez à devenir la femme de votre prétendu sauveur, — lequel, je dois vous l'avouer, connaissait de longue date vos droits à l'héritage de mon client Maurice Villars et faisait, en vous épousant, une spéculation odieuse...

« Quand, au bout de quelques semaines, Lionel de Rochegude enfin guéri, mais bien faible encore et vous adorant malgré tout et plus que jamais, accourut à Passy pour vous retrouver, vous étiez madame Vogel et vous aviez disparu...

XLIV

Valentine écoutait depuis un instant avec une morne stupeur.

— Et maintenant doutez-vous encore ? — demanda Me Chatelet. — Accusez-vous toujours ?

Elle baissa la tête, cacha son visage dans ses mains et ses sanglots éclatèrent.

Pendant quelques secondes son interlocuteur, profondément ému, vit les larmes de la pauvre enfant ruisseler comme une pluie d'orage entre ses doigts délicats, et tomber sur sa poitrine.

Ce notaire était un digne homme.

Il sentit ses paupières se mouiller et il s'écria :

— Au nom du ciel, madame, calmez-vous !... — Pourquoi ce désespoir ? Pourquoi ces pleurs ? Soyez forte, je vous en conjure... — Rien n'est perdu... Tout peut se réparer encore...

En entendant ces consolations banales, impuissantes à soulager son indicible souffrance, la jeune veuve releva la tête, et tournant vers le notaire un regard d'une expression navrante, elle balbutia :

— Le bonheur s'offrait à moi... Je ne l'ai pas compris !... — Malheureuse folle, aveugle et dupe, entre les sommets et l'abîme je pouvais choisir... j'ai choisi l'abîme, sans écouter l'instinct de mon cœur qui m'avertissait du péril...

— L'instinct de votre cœur ?... — fit vivement Me Chatelet. — Aimiez-vous donc le comte Lionel ?...

— Eh ! monsieur, — répliqua Valentine dont les larmes ne tarissaient pas, — je n'étais qu'une enfant... Je ne savais rien de l'amour... mais aujourd'hui que quelques mois m'ont vieillie de dix années... aujourd'hui que l'expérience de la vie m'est venue avec la douleur, je comprends bien que j'allais l'aimer... que je l'aimais presque déjà... — Puis je l'ai cru coupable de lâcheté, de mensonge, de trahison, et le mépris a tué la tendresse naissante... — D'ailleurs j'appartenais à un autre... Je n'avais plus le droit de me souvenir, et je chassais de ma pensée M. de Rochegude...

— Mais, à présent ? — demanda le notaire.

— A présent ? — répéta Valentine.

— Vous êtes libre, vous pouvez donner votre cœur...

La jeune femme sourit avec amertume.

— Vous parlez de mon cœur ! — dit-elle. — Eh ! monsieur, triste cadeau qu'un cœur brisé ! qui donc l'accepterait ?...

— Celui qui vous aime plus que tout... Le comte Lionel...

— Ainsi, c'est vrai ?... C'est bien vrai ? Il m'aime toujours ?

— Toujours et pour toujours ! Ce sont ses expressions...

— Sans espoir, alors?...

— Comment, sans espoir! — N'êtes-vous pas veuve, par conséquent maîtresse de disposer de votre personne à l'expiration du délai fixé par la loi... — Aujourd'hui, comme il y a un an, le rêve du comte est de vous nommer sa femme...

— Sa femme? — s'écria Valentine.

— Assurément!... Et croyez-vous, madame, que je serais son interprète s'il ne s'agissait point de mariage??...

— Ce mariage est impossible... — murmura l'orpheline. — Je n'y consentirai jamais... je ne dois pas y consentir...

— Vous ne devez pas?...

— Non! Cent fois non!!...

— Mais, pourquoi? — interrogea le notaire, prodigieusement surpris.

— Par respect pour celui qui m'aime...

— Expliquez-vous, madame. — Je ne puis vous comprendre!... Êtes-vous donc indigne du comte?...

— J'en suis indigne, oui, monsieur... non par ma faute personnelle, car, grâce à Dieu, je n'ai rien à me reprocher, mais par la faute des faits accomplis... — Lionel de Rochegude pouvait devenir le mari de Valentine de Cernay... il ne peut épouser la veuve d'Hermann Vogel...

— Encore une fois, pourquoi?

— Parce que l'infortuné dont je porte le deuil a commis une action honteuse! — Or, — et vous le savez aussi bien que moi, — les conséquences de cette action auront beau disparaître, il restera toujours une tache sur le nom qui est aujourd'hui le mien...

— Au coupable seul la honte!... — Comment seriez-vous solidaire d'un crime dont vous êtes innocente?

— J'étais la femme du coupable, et le nom souillé de Vogel ne peut pas s'accoler au nom éclatant de Rochegude... — Interrogez votre conscience, monsieur, et dites-moi si je suis dans l'erreur...

Le notaire hésita.

Au fond il était un peu de l'avis de Valentine, mais il lui déplaisait d'en convenir.

— Délicatesse que j'apprécie... — répondit-il enfin, — très honorable, mais excessive!... — Le monde, à notre époque, est singulièrement oublieux... — Qu'y a-t-il dans le passé, s'il vous plaît? — Un suicide... — Ni arrestation, ni procès... — Au bout de moins d'une année, âme qui vive ne se souviendra de la mort tragique du caissier, et personne ne se doutera que la comtesse de Rochegude s'est appelée madame Vogel...

— Soit, monsieur, et j'admets qu'en me parlant ainsi vous soyez convaincu... J'admets, comme vous semblez le croire, que l'obstacle dont il s'agit n'est pas insurmontable... Mais attendez!... ce n'est pas tout...

— Bon Dieu! — fit Mᵉ Chatelet en joignant les mains. — Ce n'est pas tout!! qu'y a-t-il encore?...

Valentine poursuivit en baissant les yeux, tandis que son visage se couvrait d'une vive rougeur.

— Il y a ceci : — Le nom funeste de Vogel sera vite oublié, dites-vous... — Eh bien! vous vous trompez, car ce nom va renaître...

Le notaire tressaillit et regarda d'un air effaré la jeune femme.

— Oui... — continua-t-elle, — je vais être mère... et cette maternité prochaine, loin de m'enorgueillir, m'épouvante... — Comprenez-vous maintenant, monsieur, comprenez-vous que je refuse d'apporter au comte de Rochegude une flétrissure et l'enfant d'un homme qui s'est réfugié dans la mort pour éviter la cour d'assises? — En vérité, ce serait trop!!...

Mᵉ Chatelet s'inclina.

— Du fond de mon âme, — dit-il, — je vous admire, madame, et le respect que déjà vous m'inspiriez grandit encore!... — Je ne puis ni vous donner raison, ni vous désapprouver... — Je me récuse absolument dans une question si grave... — Je rapporterai fidèlement vos paroles à M. de Rochegude... Mais, ou je me trompe fort, ou ces preuves nouvelles de la grandeur d'une âme d'élite, ne changeront rien à la nature de ses sentiments pour vous et ne modifieront point ses projets d'avenir...

— Quoi, — balbutia Valentine presque tremblante, — vous croyez qu'il voudrait toujours...

Elle s'interrompit.

— Vous épouser? — acheva le notaire. — Oui, madame, il le voudra plus que jamais... — Et je ne l'en détournerai point, je l'avoue, s'il me fait l'honneur de me consulter. — Que voulez-vous, madame, quand il s'agit d'acheter le bonheur de sa vie on ne regarde pas au prix, et je pense qu'on agit sagement en agissant ainsi...

— Mais moi je refuse, monsieur... — reprit la jeune femme avec une agitation fébrile, — et je refuserai toujours...

Mᵉ Chatelet sourit d'un air vaguement incrédule.

— Ceci, — répliqua-t-il, — ne me regarde pas du tout!... — Ce sera au comte Lionel de triompher de votre résistance, s'il persiste, comme je le crois.

Un entretien si grave ne pouvait dégénérer en conversation banale.

Tout ce qui devait se dire entre l'ambassadeur de Lionel et la jeune veuve avait été dit.

Le notaire prit congé de Valentine, qu'il laissa très pâle et très émue; il quitta l'hôtel, traversa le jardin et regagna la rue de Babylone. — Le coupé attendait à l'angle de la rue du Bac.

M. de Rochegude, dévoré d'impatience, incapable de rester dans la voiture fumait, ou plutôt mâchait un cigare, en arpentant le trottoir, de long en large, à pas pressés.

Il alla vivement à la rencontre du notaire.

— Comme votre visite a été longue, cher monsieur ! ! — fit-il en l'abordant.

— Le temps m'a paru court... répliqua Mᵉ Chatelet.

— Y a-t-il du nouveau?...

— Beaucoup, et j'ai le mot de toutes les énigmes.

— Parlez vite ! !

— J'avais deviné juste... La pauvre enfant est tombée dans un piège odieux... — On lui a démontré jusqu'à l'évidence que vous organisiez contre elle des tentatives violentes... — Elle n'a consenti à épouser Hermann Vogel que pour se défendre contre vous...

— Infamie ! — murmura Lionel.

— Du reste, voici les faits... — Écoutez-moi, je vous en prie, sans m'interrompre...

Et Mᵉ Chatelet répéta, avec une exactitude de sténographe, l'entretien que nous venons de mettre sous les yeux de nos lecteurs.

En entendant parler de l'enfant prêt à naître le comte devint pâle, mais il se remit presque aussitôt et, lorsque le récit fut achevé, il s'écria :

— Eh! que m'importe tout cela?... Valentine a souffert et n'a jamais failli !... Vogel était un misérable, mais pas une éclaboussure de sa honte n'a jailli sur le front pur de sa veuve !... J'accepte l'enfant du suicidé, je l'aimerai comme mon propre enfant, pour l'amour de sa mère, dont je veux plus que jamais faire une comtesse de Rochegude...

— Mais, elle refuse, je vous le répète...

— Elle acceptera, je vous le jure...

XLV

Vers quatre heures de l'après-midi, le lendemain, le coupé de Lionel s'arrêtait rue de Babylone devant la porte à panneaux pleins donnant accès dans le petit parc que nous connaissons.

Cette porte s'ouvrit au premier coup de timbre pour laisser entrer le jeune homme, très pâle, mais calme et résolu; il suivit rapidement la longue allée traversant le jardin de part en part, et il arriva au perron.

Le vieux valet de chambre, Edouard, prévenu par l'appel du timbre, attendait sur la plus haute marche.

— Que désire monsieur? — demanda-t-il en s'inclinant.

Une invincible répugnance empêchait M. de Rochegude de prononcer le nom de Vogel.

Il répondit par cette question.

— Votre maîtresse est-elle visible?...

— Madame ne reçoit personne, — répliqua le valet de chambre.

— Elle fera sans doute une exception en ma faveur, — reprit Lionel, — quand elle saura que je me présente de la part de Me Chatelet, son notaire, et que je suis chargé d'une communication importante!...

— Alors, monsieur vient pour affaires?...

— Oui. — Veuillez le faire savoir à votre maîtresse...

— Monsieur veut-il me dire son nom?...

— C'est absolument inutile... Mon nom n'apprendrait rien à la cliente de Me Chatelet...

— Je prie monsieur d'attendre un instant au vestibule et je vais avertir madame...

Lionel, en proie à la plus vive anxiété, se laissa tomber sur une banquette.

La ruse si simple, qu'il venait de mettre en usage avec un sang-froid dont il s'étonnait-lui même, allait-elle réussir?...

Valentine sans défiance consentirait-elle à recevoir un inconnu qu'elle croirait envoyé par son notaire pour lui parler de la succession Villars?

Trouverait-elle suspecte au contraire cette visite inattendue? défendrait-elle sa porte? et dans ce cas comment arriver jusqu'à elle?

Double et insoluble problème!...

L'absence du valet de chambre dura deux minutes, qui semblèrent interminables au jeune homme.

Enfin le vieil Edouard reparut.

— Madame attend monsieur... — dit-il.

Le cœur de Lionel bondit tandis que le domestique marchant devant lui, d'un air très digne, ouvrait la porte du salon et annonçait :

— La personne envoyée à madame par Me Chatelet...

Le comte de Rochegude franchit le seuil, la porte se referma derrière lui...

Valentine était seule, debout auprès d'une jardinière dans laquelle sa main distraite arrangeait quelques fleurs.

Elle fit machinalement un pas dans la direction du visiteur qu'elle s'apprêtait à interroger; mais, au moment de lui adresser la parole, elle leva les yeux sur lui, reconnut Lionel, et stupéfaite, effarée, tremblante, recula en balbutiant :

— Vous!... c'est vous!... Oh! mon Dieu!

— Est-ce que je vous fais peur, madame? — murmura Lionel, aussi tremblant que la jeune femme.

— Pourquoi êtes-vous ici? — reprit Valentine. — Qu'y venez-vous chercher?...

— Je suis ici parce que je vous aime, et ce que j'y viens chercher, vous le savez bien, c'est vous... — Ecoutez-moi, madame ..

— Je ne veux pas vous écouter! — interrompit Mme Vogel. — Je ne veux pas vous voir! — Je vous en prie, monsieur... je vous en supplie... je vous le demande à mains jointes... retirez-vous...

— Que craignez-vous de moi? — poursuivit le comte. — J'aurais compris cette étrange terreur quand, abusée par la calomnie, vous me preniez pour un misérable... mais aujourd'hui vous savez tout, et votre accueil est injuste et cruel... — Qu'ai-je donc fait pour être ainsi chassé?...

— Regardez-moi, monsieur! — répliqua Valentine, réagissant de toutes ses forces contre sa première et foudroyante émotion. — Ces vêtements noirs vous répondront avec éloquence!.... Ils vous diront qu'un deuil presque d'hier m'impose une retraite absolue... — La solitude est un devoir étroit, auquel ma volonté n'est pas de me soustraire. — Encore une fois, monsieur, retirez-vous... Je veux être seule...

— Je vous obéirai, madame, je vous le promets, je vous le jure... Mais ne soyez pas sans pitié... Accordez-moi quelques secondes... Laissez-moi vous dire...

— Je ne veux rien entendre... — interrompit de nouveau la jeune femme.

— Il faut que je parle cependant... — continua Lionel, et je parlerai...

— Même malgré moi! — s'écria Valentine.

— Oui, madame, même malgré vous... — Qui sait quand je me trouverai comme aujourd'hui, seul avec vous?... — L'occasion envolée reviendra-t-elle jamais?... — Si vous aviez été moins impérieuse, il y a un an, et si j'avais été moins docile, que de malheurs nous aurions évités! Votre bonheur et le mien doivent primer les convenances!... C'est pour cela que je veux parler... C'est pour cela qu'il faut m'entendre...

— Eh bien! soit... mais plus tard... — balbutia la jeune femme.

— Non, madame, à l'instant... — Oh! soyez tranquille, je serai bref... Toute explication serait d'ailleurs superflue, puisque après votre entretien d'hier avec le notaire Chatelet il ne reste entre nous aucune obscurité... — Le passé a vécu... qu'il soit oublié... — L'avenir va naître... songeons à lui... — Je vous aimais il y a un an, Valentine, je vous aimais de toutes les forces de mon cœur, de toutes les puisssances de mon âme... — L'absence et la douleur ont grandi cet amour... Il est devenu de l'adoration... — Sans vous, rien n'existe pour moi! —N'espérant plus, je mourais lentement... La vie m'est revenue en même temps que l'espérance... — Il y a un an, vous m'avez presque aimé... — Vous n'avez qu'à vouloir pour m'aimer tout à fait... — Dans quelques minutes je vais vous quitter, mais je veux, en m'éloignant, emporter une certitude... Je veux qu'un serment de vous rende à jamais indissoluble la chaîne qui nous lie!... — Quand sonnera l'heure où la loi vous rendra maîtresse de vous-même, jurez que vous serez ma femme!...

— Votre femme! — répéta Valentine. — Vous me demandez d'être votre femme, et vous dites que vous savez tout...

— Avez-vous oublié Lionel de Rochegude ? demanda brusquement le notaire.

— Je le dis et c'est vrai!... — Me Chatelet ne m'a rien caché... — Vous en êtes plus sainte et plus grande à mes yeux, et le martyre que vous avez subi vous met une auréole au front!

— Quoi, ce nom flétri?

— La comtesse de Rochegude ne se souviendra même pas de l'avoir porté...

— Mais, l'enfant qui va naître et qui n'a plus de père?

— Pauvre innocente créature!... Je suis prêt à l'aimer...

— Ah! — s'écria Valentine en joignant les mains, — une si sublime abnégation... un pareil dévouement... c'est trop grand... c'est trop beau! — Pour être à la hauteur du sacrifice que vous voulez me faire, je n'ai qu'un seul moyen, c'est de le refuser...

— Le refuser! — répéta Lionel.

— C'est un devoir cruel, je le sens bien, mais c'est un devoir, et je trouverai dans mon respect pour vous le courage de l'accomplir...

— Vous ne porterez pas mon nom?

— Jamais! — Si vous veniez à vous repentir un jour de me l'avoir donné, je serais trop à plaindre...

Un moment de silence suivit ces derniers mots.

La contraction des sourcils de Lionel, la dilatation de ses narines indiquaient qu'un violent orage grondait en lui et que cet orage allait éclater.

Il n'en fut rien.

L'orage s'apaisa brusquement.

— Soit! — dit le jeune homme d'un ton froid.—Vous êtes libre de me sacrifier aujourd'hui pour éviter dans l'avenir un malheur imaginaire... — J'accepte votre arrêt... — Mais je suis libre aussi, moi, de disposer d'une existence que vous ne voulez point partager!... — J'ai trop désespéré depuis un an!... trop lutté... trop souffert... — Je suis à bout de force... — Le voyageur épuisé de fatigue, avançant d'un pas lourd sur la route poudreuse, décharge son épaule du fardeau qui l'écrase, s'étend dans un fossé du chemin et s'endort... — J'imiterai le voyageur!... — Je suis las comme lui... Je jetterai mon fardeau et je m'endormirai d'un sommeil sans rêves, et surtout sans réveil...

Valentine frissonna :

— Mon Dieu, — balbutia-t-elle, — que signifie cela?...

— La vie ne me garde plus rien, — poursuivit Lionel, — je déserte la vie... — Mon seul espoir était en vous... Vous le supprimez... Tout est dit! — Je vais me brûler la cervelle en rentrant chez moi... et Dieu me pardonnera, je le crois fermement, car il est la justice même, et ma souffrance, en vérité, dépasse les forces d'un homme!

XLVI

En entendant Lionel parler de suicide, Valentine tressaillit violemment.

— Vous feriez cela!!... — balbutia-t-elle avec épouvante.

— Sans hésiter, — répliqua le comte.

— Ce serait un crime.

— Croyez-vous que je l'ignore?...

— Et c'est moi qui vous aurais poussé à ce crime...

— Assurément, mais que vous importe? — Pour me rattacher à la vie il suffirait d'un mot, et vous refusez de le dire!!...

— Vous êtes bien injuste et bien cruel!!... — Si je repousse le grand honneur que vous m'offrez, c'est pour vous... pour vous seul...

— Vain prétexte et paroles fausses!...

— Vous ne me croyez pas?...

— Non, je ne vous crois pas!...

— Comment vous convaincre?... Comment vous prouver ma franchise?...

— L'essayer même serait inutile... — Je vous défie de réussir...

— Que faire, mon Dieu? Que faire?...

— Me laisser mourir, puisque c'est vous qui me condamnez... — Adieu, madame... Soyez heureuse... voilà mon vœu suprême.

Lionel se dirigea vers la porte.

Valentine s'élança pour le retenir.

— Vous partez ainsi!! — s'écria-t-elle.

— Je pars... — Entre nous tout est dit... — j'ai hâte d'en finir...

— Lionel... — murmura la jeune femme d'une voix presque éteinte.

— Madame?

— Restez, je vous en conjure...

— A quoi bon?... — Je vous répète que j'ai trop souffert... — Mon courage est à bout... — Je refuse de prolonger un supplice inutile...

— Comprenez donc qu'en vous tuant vous me tuerez aussi!... Comprenez donc que je vous aime!!...

— Vous m'aimez? — répéta le comte.

— Ah! de toute mon âme...

— Si vous m'aimiez, refuseriez-vous de devenir ma femme?... — Non, vous ne m'aimez pas!...

Valentine, défaillante et brisée, se soutenait à peine. — Elle posa sa tête sur l'épaule de M. de Rochegude et lui jeta ses bras autour du cou en balbutiant :

— Est-ce que je refuse encore?... Je n'ai plus ni force ni volonté... Commandez et j'obéirai, puisqu'à ce prix est votre salut... Disposez de moi... Mais vivez...

— Chère enfant adorée, — s'écria Lionel en serrant Valentine contre son cœur avec une violence à la fois passionnée et chaste, — voilà une minute qui rachète tout, et fait tout oublier!! — Oh! non, je ne veux plus mourir... Le bonheur désormais est au bout du chemin... Nous aurons pris le plus long pour l'atteindre, mais il ne nous échappera pas!!

L'entretien était arrivé à son point culminant.

Il est des sensations si puissantes qu'aucunes paroles ne seraient capables de les exprimer, et que des phrases, même éloquentes, ne pourraient que les affaiblir.

Quelques instants de silence succédèrent à l'étreinte de Lionel et de Valentine...

Pour la première fois le comte appuyait ses lèvres sur le front pur de la jeune femme...

Une oreille attentive aurait entendu ces deux nobles cœurs battre rapidement à l'unisson.

Valentine pleurait sans le savoir. — De grosses larmes se détachaient une à une de ses longs cils, mais ces larmes n'avaient plus d'amertume.

M. de Rochegude rompit le silence.

— Enfin, — dit-il, — enfin vous avez consenti!... — Vous voilà ma fiancée!...

L'angélique enfant, souriante et confuse en même temps, se dégagea par un mouvement lent et doux de l'étreinte qui l'enlaçait, et répliqua :

— J'ai consenti, et je ne reprendrai point ma parole, mais à ce consentement je mets, sinon des conditions, du moins des restrictions...

— Lesquelles? — demanda Lionel avec un peu d'inquiétude.

— Vous voulez, n'est-ce pas, — reprit Valentine, — que celle qui sera votre femme soit entourée du respect de tous?...

— Si je veux le respect de tous!!... — s'écria le comte. — Certes, oui!! — Personne au monde n'en est digne autant que vous, et je saurai bien l'imposer!!...

— Le respect ne s'impose pas, mon ami... — Pour l'obtenir, il faut le mériter... — Une fausse démarche l'effarouche... une imprudence l'éloigne à jamais...

— Où voulez-vous en venir, chère enfant? — fit Lionel.

— A ceci : La future comtesse de Rochegude ne doit pas être compromise...

— Par qui le seriez-vous, grand Dieu?...

— Par vous-même...

— Je vous compromettrais? Moi? Et comment?

— Par vos visites...

— Prétendez-vous m'interdire votre présence?

— Je prétends cela... — Ma situation fausse et difficile, aussi bien que les plus strictes convenances, nous ordonnent impérieusement de vivre éloignés l'un de l'autre pendant plusieurs mois... — Où étiez-vous quand vous avez appris mon veuvage?

— Dans une petite ville de province, en garnison avec mon régiment...

— Eh bien, il faut retourner dans cette ville.

— Le courage me manquera!... Je ne pourrai jamais!!

— On peut tout ce qu'on veut!... Et d'ailleurs serez-vous si fort à plaindre?... — Physiquement nous serons séparés, mais nos âmes resteront ensemble!... — Vous saurez que je vous aime, que je pense à vous, rien qu'à vous, et que chaque minute qui s'écoule rapproche l'heure d'une réunion que Dieu lui-même bénira!... — Je ne vous défendrai pas de m'écrire, vos lettres apporteront dans ma solitude un rayon de soleil, et les réponses que vous recevrez ne seront point cette fois l'œuvre d'un faussaire...

Après avoir murmuré ces derniers mots, Valentine devint pourpre...

Elle venait d'évoquer par une parole irréfléchie les plus mauvais souvenirs du passé, en rappelant le crime commis par Hermann pour la séparer de Lionel.

Aussi, pour détruire vite toute impression pénible, elle se hâta d'ajouter :

— Ai-je eu le don de persuasion?... ferez-vous ce que je demande?

— Eh! vous le savez bien! — répliqua le comte. — Suis-je capable de vous résister? — Vous commandez et j'obéis...

— Vous me promettez de partir?...

— Sans doute, puisque vous voulez ce départ...

— Et vous partirez bientôt?...

— Quand il vous plaira que je parte...

— Alors vous quitterez Paris dès que vous aurez fait une démarche que j'attends de vous...

— Quelle que soit cette démarche, je suis prêt... — De quoi s'agit-il?...

— Il y a un an, — reprit Valentine, — madame de Rochegude, votre mère, quoiqu'elle eût fait pour vous d'autres rêves d'avenir, consentait à notre union, n'est-ce pas?

— Elle y consentait sans vous connaître... — Vous connaissant, elle vous eût aimée et choisie entre toutes...

— Sait-elle ce qui s'est passé depuis un an?

— Elle ne sait rien, sauf qu'une déception immense avait brisé ma vie... — Je me taisais... — Je cachais la blessure de mon cœur... et ma mère, discrète jusqu'à l'héroïsme, ne m'interrogeait point...

Valentine reprit :

— Pas plus aujourd'hui qu'autrefois, je ne voudrais subir l'humiliation d'entrer dans une famille malgré cette famille... — C'est mon unique orgueil... C'est ma seule fierté... Je les crois légitimes...

— Mais, — s'écria Lionel, — puisque ma mère consentait...

— Ma position est bien changée... — interrompit la jeune femme. — Il y a un an j'étais mademoiselle de Cernay, fille pauvre d'une race déchue mais sans souillure... — Je suis veuve aujourd'hui, veuve d'un mari coupable et je vais être mère... La comtesse de Rochegude acceptera-t-elle sans une immense douleur ces conditions nouvelles et déplorables auxquelles je ne puis penser qu'avec effroi?... — Je n'aurais garde de faire entrer en ligne de compte les millions que je possède... — Ils ne rétablissent pas l'équilibre... — Pour les femmes de votre caste, l'argent dans la balance pèse moins que l'honneur...

Lionel allait parler.

Valentine ne lui en laissa pas le temps.

— Ne me répondez pas, — fit-elle, — et confessez loyalement à madame de

Rochegude la vérité tout entière... — Ne lui cachez point mes scrupules... elle les comprendra mieux que vous... — Revenez m'apprendre qu'aujourd'hui, comme il y a un an, elle m'accepte pour fille... — Nous échangerons un serment et vous partirez, emportant mon image au fond de votre cœur, et me laissant dans la solitude avec votre pensée...

XLVII

En quittant la rue de Babylone pour retourner à l'hôtel des Champs-Elysées, après son entrevue avec la jeune veuve, M. de Rochegude se trouvait dans un état moral difficile à analyser et presque impossible à décrire.

La joie, l'inquiétude et l'angoisse se partageaient son âme, et tour à tour y régnaient en souveraines.

Certes, Lionel se sentait heureux de son triomphe. — Valentine ne résistait plus et consentait au mariage qu'il souhaitait si passionnément.

Le bonheur rêvé devenait donc à peu près certain, quoique l'échéance en fût lointaine encore...

De ce côté, tout était bien, mais le lieutenant ne pouvait songer sans épouvante à l'explication décisive prête à intervenir entre lui et sa mère.

Quelle impression produiraient sur Mme de Rochegude les choses qu'elle allait apprendre?

Accepterait-elle ce qu'il acceptait lui-même?

Lionel s'efforçait de le croire, mais le doute et l'angoisse, nous le répétons, se mêlaient à son espérance...

Or, si la comtesse ne pouvait se résoudre à tendre ses bras à la veuve du caissier Vogol, à lui ouvrir son cœur, à la nommer sa fille, qu'adviendrait-il?

Le lieutenant se posait en tremblant cette question insoluble.

Il savait trop bien qu'aucune considération humaine ne déciderait Valentine à entrer dans une famille qui rougirait de son alliance...

Rester en cet état de poignante indécision, ne fût-ce que pendant quelques heures, semblait impossible à Lionel...

Aussi, tout en descendant de voiture, il se fit annoncer chez sa mère.

Mme de Rochegude, qui travaillait dans un petit salon à un ouvrage de tapisserie, quitta sa chaise longue et, souriante, fit un pas au-devant de son fils...

Mais au moment de l'embrasser elle tressaillit, et le sourire disparut de ses lèvres.

— Que t'arrive-t-il, cher enfant? — s'écria-t-elle.

— Pourquoi me demandez-vous cela, ma mère? — répliqua le comte

— Parce que tu n'es plus le même que ce matin... — Je vois sur ton visage les traces d'une profonde émotion... — Quelque chose de sérieux vient de se passer dans ta vie... — Est-ce que je me trompe?...

— Non, mère bien-aimée, vous ne vous trompez pas... et si je suis ému, c'est à cause du grave entretien que je vais avoir avec vous...

— Je suis prête à t'écouter avec toute mon attention, à te répondre avec toute ma tendresse...

Lionel reconduisit la comtesse jusqu'à la chaise longue, la fit asseoir, s'assit lui-même à côté d'elle, lui prit les mains qu'il pressa contre ses lèvres, et dit d'une voix douce et caressante :

— Songez que le bonheur de ma vie va dépendre de votre réponse...

— Le bonheur de ta vie!! — répéta Mme de Rochegude en secouant la tête. — Ah! s'il ne dépendait que de moi!... Mais, mon pauvre Lionel, l'homme, surtout quand il est jeune encore, s'illusionne bien souvent, passe à côté du bonheur sans le voir, et le cherche où il n'est pas..

— Je sais où il est, moi! — reprit le comte.

— En es-tu sûr?...

— Oui, ma bonne mère, absolument sûr!...

— Tu disais déjà cela il y a un an... Tu le disais avec assurance, comme aujourd'hui, et cependant tu te trompais...

Ces paroles de la comtesse fournissaient une entrée en matière.

Lionel la saisit.

— Eh bien! non, — s'écria-t-il, — je ne me trompais pas!...

Mme de Rochegude le regarda avec une indicible surprise.

— Comment?... — murmura-t-elle... — Que veux-tu dire?...

— Celle que j'aimais était perdue pour moi... Dieu vient de me la rendre...

La comtesse soupira.

Ses pressentiments de la veille se réalisaient.

Il allait être question de nouveau de cette créature funeste, pour laquelle son fils avait failli mourir...

Il lui sembla revoir Lionel, — comme elle l'avait vu après sa rencontre avec Hermann, — pâle, inanimé, sanglant, étendu sur ce lit de douleur qui pouvait devenir une couche d'agonie.

Elle ne prononça pas un mot, elle ne fit pas un geste, et concentra en elle-même la douloureuse impression qu'elle ressentait...

Lionel, feignant de ne point s'apercevoir de ce qui se passait dans l'esprit de sa mère, continua, ou pour mieux dire commença son récit.

Nous nous garderons de le suivre dans une longue narration dont les détails, ainsi que d'autres qu'il ignorait lui-même, sont connus de nos lecteurs.

Il dit à la comtesse tout ce que le notaire Chatelet lui avait appris la veille, et il répéta de façon presque textuelle l'entretien qu'il venait d'avoir avec Valentine.

— Et maintenant, — s'écria-t-il en terminant, — comprenez-vous que cette pure et malheureuse enfant est une perle sans tache?... — Comprenez-vous à quel point l'adoration qu'elle m'inspire est une adoration légitime?... — Comprenez-vous enfin que sans elle il ne peut exister pour moi de bonheur en ce monde, et consentez-vous à devenir la mère de ma bien-aimée Valentine?...

Mme de Rochegude, oppressée mais calme, le front incliné, les yeux baissés, les mains jointes, impassible en apparence, avait écouté silencieusement.

A cette interrogation de Lionel elle releva la tête.

Ses paupières étaient humides. — Une faible rougeur colora ses joues.

— Pardonne-moi, cher enfant, — répondit-elle d'une voix parfaitement distincte quoique très basse, — pardonne-moi le grand chagrin que je vais te causer... — Tu me demandes si je consens à devenir la mère de celle à qui ton cœur appartient tout entier, et je me vois forcée de te répondre : — Non, je ne consens pas !!...

Lionel devint livide.

— Vous refusez!... — balbutia-t-il.

— Je refuse...

— N'ai-je donc pas su vous convaincre? — Trouvez-vous quelque chose d'inexpliqué, d'obscur, de suspect, dans l'existence de Valentine?... — La douce enfant vous paraît-elle indigne de respect?...

— Que Dieu me garde de penser cela!! — s'écria Mme de Rochegude. — En accusant ainsi je serais bien coupable... — Je crois au contraire que ton amour n'a rien exagéré, et que Mme Vogel possède bien réellement toutes les vertus que tu lui prêtes...

— Et, malgré cela, vous refusez!!...

— Je le dois...

— Mais pourquoi?... — Vous consentiez il y a un an!!... — Quelle raison puissante milite aujourd'hui contre Valentine?...

— La plus puissante de toute : *l'honneur du nom!...* et tu le sais bien, puisque cette jeune femme, dans son entretien avec toi, a pris soin de te fournir elle-même des arguments contre elle... — Le comte de Rochegude pouvait épouser Mlle de Cernay, une enfant orpheline, obscure et pauvre, et travaillant pour vivre... — Il ne peut prendre pour femme la veuve millionnaire d'un caissier infidèle dont tous les journaux de France et du monde ont raconté l'étrange existence et le suicide!... — Il ne peut accoupler le nom de Rochegude à ce nom flétri!!... — Il ne peut pas donner pour frère à ses fils l'enfant posthume d'un faussaire!!... — Mme Vogel t'a dit tout cela... — Je ne consens pas...

— Ma mère, — demanda le comte d'une voix brisée, — cet arrêt est-il sans appel?

— Oui, mon pauvre enfant, sans appel... — Tu es le maître de passer outre

— Je ne veux pas vous écouter, interrompit Mme Vogel, je vous en prie, monsieur, retirez-vous.

et ton âge t'en donne le droit, mais je ne me rendrai point complice, par un lâche consentement, d'un outrage au nom pur et respecté transmis à ton père par une longue suite d'aïeux, et dont tu es aujourd'hui le dernier représentant...

Lionel quitta son siège.

Comme au début de l'entretien, il prit la main de la comtesse et l'effleura de ses lèvres...

— Je suis un fils respectueux... — balbutia-t-il. — Je ne passerai pas outre... — Adieu, ma mère...

En prononçant le mot : *Adieu*, la voix du comte était si étrange que madame de Rochegude tressaillit et se leva vivement.

— Où vas-tu? — s'écria-t-elle.

XLVIII

Lionel garda le silence.

— Où vas-tu? — répéta madame de Rochegude.

— Je pars... — murmura le jeune homme.

— Tu quittes Paris?

— Oui.

— Aujourd'hui?

— Ce soir même.

— Pourquoi ce brusque départ? — Ne peux-tu me consacrer quelques jours?... Je l'avais espéré.

— Cela m'est impossible... — Je dois rejoindre mon régiment...

— Tu me jures, — reprit la comtesse, dont la physionomie de son fils redoublait l'épouvante, — tu me jures que tu n'as pas de pensées funestes.

Interrogé d'une façon presque identique par Valentine, Lionel avait répondu : — *Je vais me brûler la cervelle...* — et en disant cela il était de bonne foi.

Mais il ne se sentait pas le courage de briser le cœur de sa mère par l'aveu brutal d'un suicide imminent.

D'ailleurs, il venait de réfléchir...

A quoi bon se tuer?

Ne suffisait-il pas de se laisser mourir?

— Vous m'avez imposé votre volonté... — répliqua-t-il; — je vous prouve mon respect par mon obéissance... — Que pouvez-vous exiger de plus? — Vous êtes sans pitié, ma mère... — Vous sacrifiez impitoyablement le bonheur de votre fils à un préjugé... oui, un préjugé, car je n'admets pas, je n'admettrai jamais, que l'alliance d'une femme irréprochable puisse entacher l'honneur du grand nom que je porte, et que j'ai conscience de porter dignement... — Vous croyez le contraire, vous me défendez de passer outre, et je me soumets sans discussion...

— Mais non pas sans révolte... — interrompit Mme de Rochegude.

— Non, pas sans révolte, c'est vrai, — reprit Lionel, — mais si cette révolte ne se manifeste ni par des actes, ni par des paroles, mon devoir filial est largement rempli... Embrassez-moi donc une dernière fois, ma mère, et laissez-moi partir...

— Je ne veux pas que tu partes, — s'écria la comtesse. — Je veux connaître ta pensée tout entière...

— Vous m'ordonnez de parler?...

— J'ordonne et je supplie...

— Vous voulez savoir ce que l'avenir me garde désormais?...

— Je le veux.

— Eh bien! soit... voici la vérité... — Valentine est si bien ma vie, que sans elle je ne puis vivre... — Depuis un an, ne conservant aucune espérance, miné par un chagrin dont je ne voulais pas guérir, et qui d'ailleurs était inguérissable, absorbé jour et nuit dans une pensée unique, n'ayant qu'indifférence pour le travail et que dégoût pour le plaisir, n'aimant plus rien au monde, excepté vous, ma mère, je sentais chaque jour me rapprocher du terme où je trouverais le calme, à défaut du bonheur!!... — Au seuil du cimetière de la ville où mon régiment tient garnison j'avais lu par hasard des mots latins dont voici le sens : *Les morts sont heureux parce qu'ils reposent...* — A toute heure je me répétais : — Moi aussi je serai bientôt heureux à leur manière, j'aurai le repos de la tombe!... et ce cimetière m'attirait comme un asile...

— Malheureux enfant!! — murmura la comtesse d'une voix si basse que Lionel l'entendit à peine.

Il poursuivit :

— Tout à coup... brusquement... il y a deux jours... une joie foudroyante vint galvaniser mon corps et mon âme... — Valentine était veuve... — L'espoir m'était de nouveau permis... — Ce fut une résurrection... — Le suaire de glace et de plomb que je traînais comme un fantôme, tomba de mes épaules... — Je me sentis renaître... — Je reconquis ma jeunesse disparue... — Je me rattachai à la vie avec d'autant plus d'ardeur que ma haine de la vie avait été plus profonde... — Je partis... J'arrivai... — Vous savez le reste... — Dieu lui-même s'était chargé d'anéantir l'obstacle qui me séparait de Valentine... — Mais à la place où s'élevait la barrière disparue vous en dressez une autre, infranchissable cette fois, puisque la volonté maternelle, même quand elle est injuste, doit être sacrée pour un fils... — Je suis condamné sans appel... C'est vous qui l'avez dit... — Tout est fini pour moi.. Je retourne mourir... Embrassez-moi donc... et adieu...

Depuis un instant madame de Rochegude ne parvenait à dominer son émotion qu'en faisant appel à toute la force d'âme dont elle était amplement pourvue.

Cette force d'âme lui manqua lorsqu'elle entendit Lionel prononcer pour la seconde fois le mot : *Adieu!...* avec une expression déchirante.

Sa poitrine se souleva convulsivement; des pleurs brûlants jaillirent de ses yeux, ses sanglots éclatèrent.

— Si je vous ai fait de la peine, — murmura le comte, — pardonnez-moi, ma mère... — J'aurais voulu m'éloigner en silence et vous m'avez ordonné de parler... — Je ne suis coupable que d'obéissance... pardonnez-moi!... pardonnez-moi!...

Mme de Rochegude ouvrit ses bras où Lionel se laissa tomber. — Elle le pressa contre sa poitrine avec une violence convulsive. — Elle couvrit de baisers ses joues et ses cheveux, en balbutiant des mots interrompus.

Le lieutenant, à son tour, sentit son cœur se fondre. — La mère et le fils mêlèrent leurs larmes.

— Et je te condamnerais à mort!... — s'écria la comtesse quand cette crise d'attendrissement se fut un peu calmée. — Je serais le bourreau de mon enfant!! — Allons donc! Est-ce que c'est possible?... — Non!... cent fois non!!... — Je ne résiste plus... — Quoi qu'il advienne, je veux que tu vives, mon Lionel, et que tu sois heureux...

Le jeune homme venait de gagner sa cause à l'hôtel des Champs-Élysées, comme il l'avait gagnée une heure auparavant à l'hôtel de la rue de Babylone.

Nous n'essayerons même pas de décrire ce qui se passait dans son âme tandis que madame de Rochegude prononçait les paroles que nous venons de reproduire.

En certaines circonstances, — et celle-ci est du nombre, — l'analyse doit faire acte d'humilité et reconnaître son impuissance.

— Mère chérie, — dit Lionel avec simplicité, — vous m'aurez donné deux fois la vie!!...

Et ce furent de nouvelles étreintes et de nouvelles larmes, mais des larmes qui, maintenant, n'avaient plus d'amertume.

— Mon enfant, — reprit la comtesse après un silence, cette jeune femme que tu aimes d'un si grand amour, et que je dois aimer aussi, que j'aimerai, j'en suis certaine, puisqu'elle sera ma fille, t'a donné le plus sage de tous les conseils... — Jusqu'au moment où deviendra possible le mariage que la loi défend aujourd'hui, madame Vogel et toi vous devez vivre éloignés l'un de l'autre... Si pénible que te semble ce sacrifice, les convenances l'exigent...

— Je n'ai point, je n'ai jamais eu la pensée de m'y soustraire... — répliqua Lionel. — Je suis sûr de l'avenir...

— Dis à ta fiancée, — continua madame de Rochegude, — qu'elle trouvera bientôt en moi, non point une marâtre subissant avec résignation une alliance imposée, mais une véritable mère lui tendant les bras, lui ouvrant son cœur, sans restriction, sans arrière-pensée... — Annonce-lui ma visite prochaine... — Je veux qu'il me soit possible de lui donner, avec connaissance de cause, l'affection qu'elle mérite, car la passion ne saurait te rendre aveugle et, si Valentine était moins parfaite, tu l'aimerais moins...

— Oh! ma mère, que vous êtes bonne! — s'écria Lionel ivre de joie.

— Je tâche d'être juste, et je t'aime, voilà tout... — répondit la comtesse, puis elle ajouta : — Quand la fiancée saura les consolantes nouvelles que je te charge de lui porter, quitte Paris sans perdre une heure, pars aujourd'hui plutôt que demain, rejoins ton régiment et ne reviens que dans quelques mois... L'insouciance et l'oubli du monde auront accompli leur œuvre... le nom de Vogel aura perdu sa triste notoriété... — Les publications légales se feront à petit bruit... — Nous obtiendrons le silence des journaux... — Ton mariage sera célébré sans pompe, à minuit, et aussitôt après la cérémonie nous partirons pour le Loiret avec ta jeune femme et nous passerons une année dans nos terres... — Quand nous reparaîtrons à Paris, nos amis, trouvant charmante la nouvelle madame de Rochegude, ne s'inquiéteront guère du nom qu'elle portait avant d'être comtesse... — Approuves-tu ces arrangements?...

— Je les applaudis de toutes mes forces!... C'est votre tendresse qui vous les inspire...

— Eh bien! embrasse-moi encore... — Retourne rue de Babylone... Reviens me dire adieu, et pars...

— Le train express de huit heures cinq minutes m'emportera ce soir...

. . . .

Nous ne raconterons point le court entretien de Lionel et de Valentine.

Nos lecteurs suppléeront à notre silence, et devineront sans peine ce qui fut dit entre l'officier de hussards et la veuve du caissier.

Lionel tint la parole donnée et partit le soir même.

La semaine suivante il recevait de sa mère une lettre contenant ces lignes :

« *Cher enfant, j'ai vu Valentine... — Je l'aime de toute mon âme et tu as bien raison de l'aimer : — C'est un ange!!...*

XLIX

Quatre mois après le départ de Lionel, Valentine mit au monde un fils.

Madame de Rochegude, qui s'était prise pour sa future belle-fille de la plus tendre affection, avait voulu s'installer à l'hôtel de la rue de Babylone quelques jours avant l'époque présumée de l'accouchement, afin de prodiguer à Valentine des soins maternels quand arriverait le moment terrible.

Ce moment venu, madame Vogel se montra courageuse et forte.

L'accoucheur déclara qu'il n'avait jamais assisté de jeune mère plus vaillante; la comtesse reçut dans ses bras le fils du caissier et ne put s'empêcher de pousser un soupir en embrassant la chétive créature.

Les circonstances ne permettaient point à madame Vogel de nourrir elle-même son enfant.

Une plantureuse normande de vingt-cinq ans, expédiée tout exprès du pays de Caux, fut chargée de la suppléer.

Le notaire Chatelet consentit à être parrain en compagnie de la petite Claire, toute fière de se voir marraine.

Le nouveau-né reçut au baptême le nom d'Armand.

Une correspondance suivie était engagée entre Lionel et Valentine.

Trois fois par semaine ils échangeaient des lettres où leur cœur débordait, et tous les matins, chacun de leur côté, ils effaçaient un jour sur le calendrier, et il leur semblait rapprocher ainsi l'heure ardemment souhaitée de la réunion.

Enfin, dix mois environ après la nuit terrible du Bas-Meudon, le rêve des fiancés reçut la double consécration de la religion et de la loi.

Lionel et Valentine furent unis devant Dieu et devant les hommes.

Les sages conseils de la comtesse douairière avaient été suivis de point en point.

Les publications s'étaient faites sans bruit.

Immédiatement après la bénédiction nuptiale, donnée à minuit dans la chapelle des Missions Étrangères, le jeune couple, montant dans une berline aux armes des Rochegude et des Cernay, avait pris le chemin du château de Rochegude, voisin d'Orléans.

Depuis que les voies ferrées sillonnent la France, le service de la poste aux chevaux est devenu à peu près illusoire.

Des relais appartenant à Lionel et à sa mère, et placés à des distances égales, avaient permis à la berline de brûler les cent trente kilomètres séparant Paris de Rochetaille.

Deux jours plus tard madame de Rochegude, accompagnant Claire et la nourrice, était arrivée par le chemin de fer.

La lune de miel des nouveaux époux tenait toutes ses promesses...

*
* *

Franchissons un intervalle de dix ans.

Au mois de novembre 1869, le gérant du Grand-Hôtel reçut d'un de ses collègues de Cologne une dépêche le priant de tenir un appartement de trois pièces à la disposition d'un personnage considérable, le comte d'Angélis, devant arriver à Paris le même jour par le train de neuf heures du soir, avec son valet de chambre.

A dix heures moins un quart, un fiacre chargé de malles faisait son entrée dans la cour du grand caravansérail parisien.

Un domestique à cheveux d'un blond pâle et à favoris couleur de lin, se trouvait sur le siège, à côté du cocher.

Il quitta ce poste sans se hâter, avec une gravité tudesque, et respectueusement ouvrit la portière du fiacre.

Le maître descendit de voiture.

Un employé de la maison s'avança.

— Monsieur est-il attendu? — demanda-t-il.

— Oui... je le crois du moins... — répondit le nouveau venu avec un notable accent allemand. — Vous avez dû recevoir une dépêche.

— A qui ai-je l'honneur de parler?...

— Je suis le comte d'Angélis...

— Parfaitement, monsieur le comte... — L'appartement est prêt... — Le feu est allumé... — Monsieur le comte veut-il me suivre? — Le valet de chambre surveillera le transport des bagages...

— Je vous préviens que mon domestique ne sait pas un mot de français...

— Ça ne fait rien du tout... — Ici nous parlons toutes les langues... — Monsieur le comte soupera-t-il ?

— Très légèrement... je suis fatigué... — Faites-moi monter un bouillon, un perdreau froid et une bouteille de vin de champagne... cela suffira...

Un feu clair pétillait dans le salon du petit appartement destiné au voyageur annoncé par dépêche.

Deux bougies brûlaient sur la cheminée, faisant miroiter les rideaux de lampas d'un rouge vif.

Le nouveau venu franchit le seuil.

— Monsieur le comte trouve-t-il cette installation suffisante?... — demanda l'employé.

— Je la trouve parfaite... — Je ne suis pas exigeant.

— Monsieur le comte désire-t-il que son domestique loge près de lui ?

— Essentiellement.

— Il y a dans l'antichambre un canapé-lit sur lequel ce garçon pourra coucher...

— C'est au mieux...

— Je vais envoyer le souper... — Si monsieur le comte a besoin de quelque chose, voilà le bouton de la sonnerie électrique...

Le personnage dont nous venons de voir l'arrivée au Grand-Hôtel, et qui portait le nom du Poméranien assassiné au Bas-Meudon par Hermann Vogel et Charles Laurent, était un homme mince, assez grand, d'une apparence distinguée, mais vaguement inquiétante, et d'un âge indéfinissable.

Il pouvait n'avoir que trente-six ou trente-huit ans. — Il pouvait en avoir plus de cinquante.

Ses cheveux jadis dorés, maintenant presque blancs, laissaient à découvert tout le sommet du crâne, et tombaient sur le cou en mèches frisottantes, rejetées derrière les oreilles.

Des fils d'argent nombreux se mêlaient aux longs favoris et à la barbe taillée en éventail, autrefois d'un blond rutilant.

Les tempes étaient rayées de petites rides innombrables qui se retrouvaient, plus pressées encore et plus profonde, à l'angle des paupières.

Un large cercle d'une teinte bleuâtre entourait les yeux, presque toujours cachés sous les doubles vertes d'un pince-nez.

Quand par hasard M. d'Angélis ôtait ce binocle, ses prunelles couleur d'acier étonnaient par leur rigidité métallique et par l'acuité presque insoutenable du regard qui s'en échappait. — L'ensemble de la figure restait jeune à distance ; de près les détails la vieillissaient beaucoup.

La tenue de voyage du comte était celle d'un homme riche.

Sa grande pelisse, doublée et garnie de fourrures précieuses, valait une somme importante.

Une toque de fourrure semblable protégeait son crâne dépouillé et pouvait au besoin se rabattre sur les oreilles.

Les hautes bottes molles, également fourrées, montaient jusqu'aux genoux par dessus le pantalon.

La pelisse entr'ouverte laissait voir un veston de velours noir, un gilet pareil, une cravate longue d'un vert d'émeraude attachée par une épingle à tête de diamant, une lourde chaîne de montre curieusement travaillée, et la courroie d'un sac de voyage en maroquin rouge à garniture d'argent porté en bandoulière.

Le comte d'Angélis, resté seul dans le petit salon, se débarrassa de sa toque, de son pardessus, laissa tomber son binocle, passa dans ses mèches grisonnantes les dents d'un peigne d'écaille qu'il tira de sa poche et, se plaçant entre les deux bougies, se regarda dans la glace.

Après une demi-minute d'examen attentif, il sourit et se frotta les mains joyeusement.

Ce geste et ce sourire témoignaient-ils, chez le voyageur, d'un excessif contentement de sa personne ?...

L'expression générale de la physionomie donnait un démenti à une supposition de ce genre.

A coup sûr M. d'Angélis était satisfait de son visage, mais à coup sûr aussi ce n'était pas au point de vue de la pureté des lignes et de la séduisante pâleur du teint.

L'étranger devait avoir un médiocre souci des conquêtes galantes ; — il ne songeait nullement à plaire en étudiant sa figure, et la preuve c'est qu'il murmura presque à voix basse :

— Méconnaissable, ma parole d'honneur ! — Oui, tout à fait méconnaissable... — Le plus malin y serait pris ! !...

L

M. d'Angélis achevait ce court monologue lorsque son domestique arriva, escorté des garçons de l'hôtel portant les bagages.

En prononçant le mot : Adieu, la voie du comte était si étrange que Mme de Rochegude tressaillit.

Malles et valises, munies des plombs de la douane, furent placées en bon ordre dans la chambre à coucher.

— Fritz, — fit le comte en allemand, — vous avez pris soin de vérifier le nombre des colis? — Tout est bien là?

— Ya Herr Graff... — répondit Fritz.

Les garçons se retirèrent.

L'étranger resta seul avec son valet.

Ce dernier, nous l'avons dit, avait les cheveux et les favoris d'un blond tirant sur le jaune, mais sa figure pâle et fatiguée n'offrait aucun des caractères facilement reconnaissables du type germanique.

Aussitôt que les gens du Grand-Hôtel eurent quitté la chambre, la physionomie solennelle, l'allure compassée, l'air endormi de Fritz, disparurent comme par enchantement; il se dirigea vers la porte d'un pas leste, fit tourner deux fois la clef dans la serrure, revint s'installer sans façon dans un fauteuil —(ce dont le comte ne parut ni scandalisé, ni même surpris) — et dit d'un ton maussade, mais en français cette fois :

— Pourquoi diable, mon cher, avez-vous raconté tout à l'heure à cette façon de majordome que je ne parlais et ne comprenais que l'allemand?... — Ce sera très gênant pour moi qui n'ai pas du tout le don des langues !!... — Malgré mes efforts et les vôtres, vous le savez bien, je n'ai pu m'assimiler qu'un baragouin tudesque de haute fantaisie, n'offrant avec le pur idiome de Schiller et de Gœthe que des rapports vagues et lointains.

— Je sais cela, en effet... — répondit le comte.

— Eh bien, alors?...

— Eh bien! mon cher, j'ai fait en sorte de vous éviter des conversations embarrassantes et périlleuses... — Les polyglottes de l'hôtel, soyez-en convaincu, ne parlent pas un allemand plus correct que le vôtre... — s'ils tentent de causer avec vous, et s'ils vous comprennent mal ou pas du tout, ils croiront certainement que c'est leur faute et non la vôtre... Vous passerez pour taciturne et vous ferez du monosyllabe un usage assidu... — En vous voyant si revêche et si peu communicatif, on ne songera pas à vous questionner sur mon compte; c'est ce qu'il faut!... — Il était d'ailleurs utile et même indispensable qu'on ne vous entendît point parler français.

— Pourquoi donc?

— Parce qu'en dépit de votre long séjour en Allemagne, vous n'avez pu vous défaire de l'accent parisien et d'une sorte de grasseyement qui trahissent votre nationalité à première audition... — Il ne suffit pas de modifier avec une teinture anglaise la nuance de ses cheveux et de ses favoris, mon très cher... il faut encore, quand on se pose en étranger, se bien garder de laisser voir le bout de l'oreille du Français, ce qui semblerait à bon droit éminemment suspect... — Ai-je raison, oui ou non?...

— Vous avez raison, j'en conviens, seulement tout cela est fort ennuyeux...

— Ennuyeux, soit! mais inévitable...

— Sans compter, — reprit le prétendu Fritz, — que mon rôle de valet de chambre me place vis-à-vis de vous dans une situation d'apparente infériorité peu flatteuse pour mon amour propre...

— Que vous importe cette apparence puisque dans le tête-à-tête l'égalité se réalise ?... — Vous n'êtes astreint, d'ailleurs, qu'à un simulacre de service...

— Ah! parbleu, je voudrais bien voir qu'il en fût autrement! ! — Je n'ai pas du tout la vocation de cirer vos bottes... — Je suppose qu'on ne va point m'envoyer coucher aux mansardes.,.

— J'ai prévu le cas... — Vous avez, dans l'antichambre, un canapé-lit très confortable...

— Va pour l'antichambre... — Et mes repas?... — Où prendrai-je mes repas ?

— Où bon vous semblera... — Tous les restaurants de Paris sont à votre disposition, et ce soir, pour vous éviter de sortir, vous partagerez sans façon mon modeste souper.

— Fort bien, mais il fallait alors commander deux perdreaux et deux bouteilles de vin de Champagne...

— Cela n'eût point paru vraisemblable...

— Je regrette fort, je vous assure, d'avoir accepté bénévolement l'emploi que je tiens auprès de vous... — Ce rôle me déplaît au delà du possible...

M. d'Angélis haussa les épaules.

— Ma parole d'honneur, — répliqua-t-il, — je ne vous reconnais plus!... — Jadis vous aviez de la décision, de l'énergie, une intelligence toujours en éveil... — Dix années d'exil et de vicissitudes, dix années noires pendant lesquelles notre étoile a rarement brillé, ont fait de vous un homme impossible... — Tout vous inquiète, tout vous choque, tout vous formalise... — Vous ne savez plus rien prévoir et plus rien calculer. — Pouvions-nous reparaître à Paris, je vous le demande, moi sous le nom d'Hermann Vogel, baron de Précy, vous sous celui de Charles Laurent, comte de Lorbac? — Le passé y mettait bon ordre!... — Nous bénéficions, me direz-vous, de la prescription décennale... — Pour ma part, j'y compte bien; mais avant de chanter victoire nous devons nous informer... — Nous ignorons si des poursuites faites contre nous, à notre insu, n'empêchent pas la prescription de courir!... — Il faut savoir... — Est-ce vrai?...

— C'est vrai... — murmura Charles Laurent en poussant un soupir.

— A l'époque où vous étiez ingénieux, — reprit Hermann, — vous m'avez donné l'idée triomphante d'entrer tout vif dans la peau du comte d'Angélis mort et enterré au Bas-Meudon sous le nom de Vogel... — Je l'ai fait, et présentement tous les piliers des tripots d'Allemagne, et même quelques dupes honorables, affirmeraient sous la foi du serment que je suis le Poméranien en chair et en os, et qu'ils me connaissent depuis dix ans... — Est-ce encore vrai?

— Je ne conteste pas...

— Or, — continua l'ex-caissier, — le comte d'Angélis revenant à Paris, d'où il est parti jadis de façon brusque et bizarre, doit avoir tout au moins un valet de chambre attaché à sa personne, à défaut d'une suite plus nombreuse... — Pouvais-je ne pas vous offrir ce rôle qui vous met à l'abri du soupçon et même de la curiosité... — Si vous n'étiez Fritz, mon valet, avec quel nom et à quel titre seriez-vous ici ?... — Vous ne répondez pas... — Donc les choses sont pour le mieux... — Est-ce toujours vrai ?...

— Toujours...

— Bravo !... voilà de la bonne foi !... — Redevenez donc mon collaborateur de jadis, perspicace et hardi... — Que les temps sont changés !... Vous m'éperonniez alors, et c'est moi qui vous éperonne aujourd'hui. — Soyez homme de décision et ne récriminez plus contre une nécessité qui, d'ailleurs, sera courte... — Aussitôt nos renseignements complets, aussitôt la certitude acquise qu'aucun danger rétroactif ne peut nous atteindre, vous reprendrez les apparences d'une situation plus conforme à vos instincts vaniteux... rien ne vous empêchera même, si le cœur vous en dit, de ne pas attacher davantage votre fortune à la mienne et de vous séparer de moi...

Charles Laurent fit un haut-le-corps.

— Me séparer de vous !! — répéta-t-il, — Me séparer de vous au moment où vous vous rapprochez de votre femme légitime, ou plutôt de ses millions... car elle a des millions, votre femme légitime ! !... — Oh ! que non pas, cher ami, jamais de la vie !!... — Je me cramponne à vous ! Je fais ma destinée de votre destinée !... — Nous avons partagé la détresse, nous avons vécu des mêmes expédients, nous avons ensemble ébréché nos dents sur le même morceau de pain dur !... — Nous partagerons la fortune si les millions arrivent !... — Comment arriveront-ils ? je n'en sais rien, et ne le comprends guère, car étant mort indiscutablement vous me faites un peu l'effet de n'avoir rien à réclamer ; mais enfin ils peuvent venir, je crois qu'ils viendront, et j'en veux ma part.

Le pseudo-Fritz aurait frissonné s'il avait vu quel mauvais sourire crispait en ce moment les lèvres d'Hermann Vogel et quel feu brillait sous ses paupières, mais tout à son idée, tout à ses convoitises incessantes, qu'il avait peur de ne point assouvir, il ne vit rien.

— Ne craignez quoi que ce soit, très cher, — répondit le premier mari de Valentine. — Je suis un homme d'honneur, un allié loyal, et vos convictions sont les miennes... Oui, quand on a partagé pendant dix ans les rafales, la grêle et la neige, on doit, lorsque le soleil brille, en partager aussi les rayons...

— Bien parlé, mon excellent bon ! — s'écria Charles Laurent avec enthousiasme. — Vous êtes positivement le parangon des amis sincères ! !... — Je n'ai d'ailleurs jamais douté de vous !... — Votre main...

— La voici...

Et les deux gredins fraternisèrent affectueusement.

A cette minute précise on frappa doucement à la porte.

— Fritz, allez ouvrir... — commanda Vogel en allemand.

— Ya Herr Graf... — répliqua le prétendu serviteur, en reprenant une physionomie phlegmatique.

Un maître d'hôtel apparut, portant le souper.

— Je me sens plus d'appétit que je ne croyais d'abord... — dit Hermann. — Décidément le menu est maigre!... Joignez-y, je vous prie, un demi poulet froid et une bouteille de vin de Bordeaux...

Charles Laurent, à qui ce supplément de vivres était destiné, témoigna sa reconnaissance à Vogel en lui lançant un regard attendri.

Graf von Angelis poursuivit :

— Inutile de vous déranger ensuite .. mon valet de chambre me servira...

LI

Un quart d'heure plus tard le maître et le valet, attablés à huis clos, fraternisaient le verre en main et portaient des toasts à la prompte réussite de leurs projets d'avenir.

Le lendemain, vers midi, après un déjeuner plantureux servi dans son petit salon, Hermann Vogel donna des soins particuliers à sa toilette, chaussa des bottines éblouissantes, fixa sur sa cravate longue de couleur bleue saphir une épingle à couronne comtale, ornée de neuf petites perles, revêtit un pantalon gris poussière, un gilet blanc, une redingote noire étroitement ajustée dont la boutonnière étalait certaine rosette multicolore rivalisant d'ampleur et d'éclat avec celle que le pseudo-Lorbac arborait triomphalement autrefois.

Il endossa sur ce costume une pelisse de nuance tendre et de coupe allemande. — Il s'assura qu'un second exemplaire de la rosette multicolore fleurissait au revers gauche de cette pelisse ; il mit dans l'une de ses poches un portefeuille armorié et divers autres objets, puis, ganté de gris, coiffé d'un chapeau de soie très brillant, mais d'une mode exotique, et tenant de la main droite un jonc à pomme d'or incrustée de turquoises, il quitta son appartement, gagna le boulevard et se dirigea vers la rue de Choiseul.

Le cachet tout particulier de sa tenue, élégante d'ailleurs, le faisait reconnaître du premier coup d'œil pour un riche étranger venant, comme le légendaire baron de Gondremarck, mener à Paris joyeuse vie.

Arrivé rue de Choiseul en face du numéro 24, il fit halte sur le trottoir et parut hésiter.

Mais son indécision ne dura que quelques secondes.

Il entra dans la maison et demanda au concierge, avec un accent tudesque fortement prononcé :

— M. le notaire Chatelet est-il chez lui?...

— M. Chatelet a vendu son étude depuis cinq ans, — répondit le concierge. — Son successeur s'appelle M. Barrois d'Arcet. — Si vous avez affaire à l'étude, vous pouvez monter... Si c'est M. Chatelet personnellement que vous voulez voir, ça sera plus difficile...

— Pourquoi donc? — J'espère bien qu'il n'est pas mort?...

— Non, monsieur, il n'est pas mort, mais il avait, paraît-il, le goût des voyages et, n'ayant pu le passer dans sa jeunesse, il le passe à présent... — il est en Italie...

— J'aurais souhaité m'entretenir avec lui, mais sans doute son successeur pourra le suppléer...

— Montez alors... — L'étude n'a point changé de place et M. Barrois d'Arcet est là haut.

Hermann gravit l'escalier, ouvrit la porte du premier étage, entra dans l'étude, et retrouva toutes choses — (sauf les figures des clercs) — exactement pareilles à ce qu'elles étaient dix années auparavant.

Le dialogue lui-même fut presque identique.

Vogel demanda Me Barrois d'Arcet et reçut cette réponse :

— Le patron est occupé, mais le principal est là.

Ce principal se mit aux ordres du nouveau venu.

— Je désirerais parler au notaire en personne... — répliqua l'ex-caissier, — il s'agit d'une affaire confidentielle...

— Très bien, monsieur... — Voulez-vous me donner votre carte?

Vogel exhiba le portefeuille armorié, il y prit un carré de carton porcelaine portant, au-dessous d'un écusson timbré de la couronne de comte, ce titre et ce nom :

« Graf von Angelis »

Il écrivit au crayon ces trois mots : *Paris*, — *Grand-Hôtel*, et il tendit la carte au maître clerc qui, après l'avoir regardée curieusement, répondit ;

— Je vais la porter au patron... — Il vous recevra dès qu'il sera libre, et je crois que ça ne tardera guère...

Au bout de cinq minutes, en effet, on vint prévenir le visiteur que le *patron* l'attendait dans son cabinet.

Me Barrois d'Arcet avait acheté le mobilier de ce cabinet avec l'étude.

Hermann reconnut les tableaux, les bronzes, les objets d'art qu'il connaissait déjà, mais le nouveau notaire semblait l'antithèse vivante de son prédécesseur.

Chatelet était un gentleman correct, fort beau garçon et d'une élégance recherchée quoique sévère.

Barrois d'Arcet, petit homme malingre à l'air sérieux et formaliste, paraissait prendre un médiocre souci de sa personne et de sa toilette.

Il atteignait à peine sa quarante-cinquième année, mais une calvitie presque complète le faisait paraître beaucoup moins jeune.

Après avoir salué, il indiqua du geste le vaste fauteuil dans lequel dix ans plus tôt, Vogel avait pris place, et jetant les yeux sur la carte qu'il tenait à la main, il dit :

— C'est à monsieur le comte d'Angélis que j'ai l'honneur de parler?...

— Oui, monsieur...

— Je suis certain, monsieur le comte, que votre nom ne m'est point inconnu, mais il m'est impossible de me rappeler en quelles circonstances il a frappé mes oreilles ou mes yeux...

— Je vais venir en aide à votre mémoire, monsieur... — J'avais des relations suivies avec votre prédécesseur, Mᵉ Chatelet... — Absent de Paris depuis longtemps, j'y suis revenu hier au soir, et tout à l'heure, en me présentant ici, j'ignorais que Mᵉ Chatelet eût cessé d'être titulaire de cette étude... — Vous avez certainement trouvé mon nom dans les notes de votre prédécesseur...

— Rien de plus probable en effet... — Permettez-moi de vous demander, monsieur le comte, à quel motif je dois attribuer l'honneur de votre visite, et d'ajouter que vous me trouverez tout à votre disposition, dans la mesure du possible?

— Le motif de ma visite est bien simple... — Pendant mon séjour à Paris j'ai confié à Mᵉ Chatelet un dépôt que je viens réclamer aujourd'hui...

Mᵉ Barrois d'Arcet prit une physionomie de plus en plus grave.

— Vous ne sauriez voir une défiance injurieuse, monsieur le comte, — fit-il, — dans certaines précautions qui me sont imposées par le devoir professionnel... — La délicatesse de mes fonctions me commande une extrême réserve... — Vous comprenez cela ?...

— Parfaitement bien, et je m'étonnerais qu'il n'en fût point ainsi.

Le notaire salua.

— De quelle nature est ce dépôt? — reprit-il. — S'agit-il d'espèces ou de bijoux précieux?

— Pas du tout... — C'est un petit paquet sous enveloppe scellée de cinq cachets à mes armes et contre-signée par moi.

— Mon prédécesseur connaissait-il le contenu de cette enveloppe?

— Il savait seulement qu'elle renfermait des papiers de grande importance...

— Quelle est la date du dépôt?

Vogel consulta une lettre tirée de son portefeuille et répliqua ;

— Le 4 avril 1859.

— Fort bien...

Mᵉ Barrois d'Arcet se leva, prit dans un casier fermant à clef un volume in-quarto relié en basane verte avec des coins et des fermoirs de cuivre.

Il posa ce volume sur son bureau, le feuilleta pendant quelques secondes et dit :

— Nous y voilà...

Puis il lut à haute voix :

« Le 4 avril 1859, reçu en dépôt de M. le comte d'Angélis, gentilhomme « poméranien, demeurant en ce moment à Paris, rue Basse-du-Rempart, n°***, « un petit paquet scellé de cinq cachets de cire rouge à ses armes, et contre- « signé par lui sur l'enveloppe. — Je ne dois rendre ce paquet qu'à lui-même. — « Remis au comte une déclaration du dépôt, à la date d'aujourd'hui. »

— Vous voyez, monsieur, que tout est bien en règle... — fit Hermann.

— Il y a en marge une note à l'encre rouge... — reprit le notaire.

— Une note? — répéta le prétendu comte avec un peu d'inquiétude.

— Oui... — Je vais vous en donner lecture : — « Le 20 avril de la même « année, M. d'Angélis a disparu, abandonnant ses effets personnels dans le « logement garni qu'il occupait rue Basse-du-Rempart. — Les recherches faites « par la police pour retrouver sa trace ont été sans résultat. — On ignore abso- « lument ce qu'il est devenu, et depuis cette époque on n'a plus entendu parler « de lui. — Le comte était un galant homme et n'avait pas de dettes, on ne peut « donc supposer qu'il ait pris la fuite pour se soustraire à ses créanciers, ou pour « éviter les conséquences d'une action coupable. — On ne saurait admettre « davantage qu'il soit tombé victime de quelque guet-apens. — La police, mise « en éveil, n'a signalé aucun assassinat commis soit à Paris, soit dans la banlieue, « à la date de la disparition du comte. — Le mystère reste impénétrable. — « M. d'Angélis seul, s'il reparaît jamais, pourrait en donner la clef, mais re- « paraîtra-t-il ? »

Le notaire s'arrêta.

— Est-ce tout? — demanda Vogel.

— C'est tout.

— Eh bien, monsieur, — reprit l'ex-caissier en souriant, — me voici, et j'apporte en effet la clef dont parle M. Chatelet dans sa note à l'encre rouge...

LII

Le notaire prit une physionomie attentive...

— Voici cette clef, — continua le prétendu comte d'Angélis, — et je suis fort surpris que votre prédécesseur, Mᵉ Chatelet, qui était non seulement un galant homme, mais encore un homme galant, n'ait pas deviné le mot d'une énigme si simple...

La figure mince et parcheminée de M. Barrois d'Arcet exprima l'étonnement.

Vogel poursuivit :

— Il s'agissait d'une affaire de femme... — Vous comprenez, je pense?...

— Pas du tout...

— Je vais donc vous mettre les points sur les I. — Un mari jaloux comme un tigre, et qui certainement avait le droit de l'être, découvrit par hasard l'asile

— Monsieur le comte trouve-t-il cette installation suffisante ? demanda l'employé.

coquet où je recevais sa femme quand ses affaires l'éloignaient de Paris... — C'était une petite villa située aux portes du bois de Boulogne... — Ce jaloux revint à l'improviste et mystérieusement, tandis qu'on le croyait bien loin. — Il arriva tout au milieu de la nuit, armé jusqu'aux dents, muni de doubles clefs qu'il avait trouvé moyen de se procurer et, sans la résistance d'un verrou providentiel que j'avais eu l'heureuse inspiration de pousser la veille au soir, il nous aurait, ma foi, surpris en plein sommeil.

« Heureusement le verrou fut un obstacle assez solide pour arrêter un moment le brutal...

« Il nous criait à travers la porte qu'il allait tuer sa femme d'abord, et se battre ensuite avec moi...

« Ai-je besoin de vous affirmer que je n'avais pas peur? — Ah! que j'eusse trouvé de plaisir à répondre sur le terrain, et l'épée à la main, aux rodomontades de ce quidam, à qui j'aurais fait beaucoup d'honneur en l'acceptant pour adversaire... Mais j'avais sur les bras une jeune femme éplorée, folle d'épouvante, se cramponnant à moi, et balbutiant : « *Vous m'avez perdue.* »

La pauvre enfant courait un danger très sérieux... — Il fallait donc la sauver à tout prix, et je tenais d'autant plus à la voir hors de péril que j'étais, ma parole, amoureux d'elle à en perdre la tête... — Or, pour une femme aimée, je suis d'avis qu'on peut accepter tous les sacrifices, même celui de son honneur... — Que pensez-vous de ce sentiment, monsieur?...

— J'en apprécie la délicatesse, — répliqua le notaire, — quoique l'amour qu'inspire et partage une femme en puissance de mari, soit d'une immoralité révoltante.

— Affaire d'appréciation... — dit Vogel en riant, et il poursuivit : — J'abrège le récit de l'aventure... — Pendant que l'Othello furieux s'escrimait contre le verrou fidèle, j'entraînai par un escalier de service et par une porte dérobée ma tremblante amie et je gagnai Paris avec elle... — A cent pas de la barrière de l'Étoile un fiacre attardé passait... — Nous en prîmes possession, mais il me fut impossible de répondre au cocher s'informant du but de la course...

« Où aller en effet?

« Ramener la jeune femme au domicile conjugal était impossible...

« Impossible de la conduire chez moi, le mari sachant où je demeurais et devant infailliblement venir me chercher à mon logis.

« Les hôtels garnis offraient un danger du même genre, un peu moins immédiat, mais inévitable...

« Bref, la situation n'avait qu'une issue, celle-ci : — Passer la frontière sans retard!... — Une fois à l'étranger il deviendrait facile de cacher nos traces; le mari ne nous suivrait pas, et, s'il nous suivait, nous aurions du moins quelque chance d'échapper à ses recherches...

« Mon parti fut pris aussitôt...

« Aucune affaire sérieuse ne me retenait à Paris...

« J'avais des billets de banque et des lettres de crédit dans mon portefeuille, donc rien de plus facile que de remédier à Bruxelles à l'absence complète de bagages.

« Nous passâmes le reste de la nuit en fiacre, réfléchissant chacun de notre côté aux péripéties désobligeantes qui résultent de la présence inattendue d'un mari en un lieu où il n'a que faire, et le premier train du matin nous emporta vers la Belgique..

« Je ne vous raconterai ni la suite, ni le dénouement de mes amours... — Ce récit n'aurait aucune chance de vous intéresser.

« Vous savez maintenant, monsieur, pourquoi j'ai disparu d'une façon si brusque et sans donner de mes nouvelles...

« Mieux valait abandonner divers objets de médiocre valeur, que d'écrire rue Basse-du-Rempart au propriétaire de mon appartement meublé... — Le mari farouche pouvait avoir mis dans ses intérêts ce propriétaire et obtenir de lui mon adresse à l'étranger...

« Je gardai donc un silence prudent et passai dix années sans reparaître à Paris et sans mettre les pieds en France...

« L'énigme, cher monsieur, vous semble-t-elle expliquée de façon suffisante ? »

— Assurément, — répondit Mᵉ Barrois.

— Alors revenons-en, s'il vous plaît, au dépôt que je vous réclame.

Le notaire toussa légèrement.

— Y aurait-il difficulté, par hasard? — demanda Vogel.

— Il n'y en aura point, monsieur le comte, quand vous m'aurez fait l'honneur de me communiquer une pièce quelconque attestant votre identité, pièce dont vraisemblablement vous êtes muni...

— Prévoyant votre requête... — (qui me semble fort naturelle) — j'ai apporté non pas une pièce, mais tout un dossier...

Et l'ex-caissier, exhibant pour la seconde fois le portefeuille armorié, étala sous les yeux de Mᵉ Barrois d'Arcet une partie des papiers de famille volés dix ans auparavant, et de plus un passe-port de date toute récente au nom du comte d'Angélis.

— Cela suffira, je pense?... — dit-il.

— Beaucoup moins eût suffi de même... — Il s'agit d'une simple formalité... — répliqua le notaire en quittant son siège.

Il ouvrit une vaste caisse à combinaisons et à secret.

Cette caisse, déguisée sous des panneaux d'ébène incrustés de cuivre, offrait l'apparence d'un meuble artistique.

La massive porte d'acier, tournant sans bruit sur ses gonds, laissa voir des compartiments intérieurs rempli de paquets cachetés de toutes les dimensions, auxquels attenaient de minces étiquettes de parchemin portant un numéro, un nom et une date.

C'étaient les dépôts et les testaments.

Ces divers objets se trouvant rangés dans leur ordre chronologique, et, chacun correspondant à un numéro inscrit sur le registre que Mᵉ Barrois consultait un quart d'heure auparavant, les recherches étaient faciles.

L'officier ministériel revint à son bureau au bout d'une ou deux minutes.

Il tenait à la main une épaisse et large enveloppe dont la vue fit tressaillir de joie le complice de Charles Laurent.

Cette enveloppe était en papier grisâtre très fort.

Une ficelle rose en faisait deux fois le tour.

Cinq cachets de cire rouge la scellaient ainsi qu'une lettre chargée, et ne permettaient point de dénouer la ficelle, prise dans l'épaisseur de la cire.

Sur l'enveloppe on lisait ces mots :

« *Remis en dépôt à monsieur Chatelet, notaire, le 4 avril 1859, par moi, comte d'Angélis.* »

Puis la signature du Poméranien et son paraphe.

— Constatez, monsieur, je vous prie, — dit le notaire, — en quel état se trouve le dépôt... — Les cinq empreintes de vos armes sont absolument intactes...

— Je le constate, — répondit Vogel; puis, tirant de sa poche un objet qu'il présenta à M. Barrois, il ajouta : — Et voilà le cachet avec lequel j'ai fait ces empreintes...

— Il ne vous reste plus, monsieur le comte, — reprit l'officier ministériel, — qu'à me remettre le récépissé de mon prédécesseur et à me donner reçu pour ma décharge personnelle.

— Voici la déclaration de Me Chatelet : — Quant au reçu, je vous prie de vouloir bien m'en dicter la teneur... — Je vais écrire...

Le notaire dicta.

Hermann Vogel, sous la direction de Charles Laurent, avait *travaillé* l'écriture et la signature du comte d'Angélis et fait des progrès rapides grâce à ses aptitudes personnelles, et surtout grâce au talent de son professeur.

Il écrivit, il signa et parapha d'une main ferme, sans la moindre hésitation, et les *experts assermentés près les cours et tribunaux* — (pour employer le langage du légendaire M. Prud'homme) — auraient eu peine à soupçonner le faux, si même ils n'en avaient catégoriquement nié l'existence.

— Monsieur le comte, — dit alors M. Barois d'Arcet en serrant le reçu, — je vous restitue votre dépôt et je suis heureux et fier d'avoir eu l'honneur de faire votre connaissance aujourd'hui...

Hermann Vogel glissa l'enveloppe dans sa poche de côté, remercia le notaire par une phrase polie, et quitta l'étude où rien ne le retenait plus.

LIII

Hermann Vogel, enchanté d'un premier succès qui lui semblait d'heureux augure, regagna rapidement le Grand-Hôtel...

Il avait hâte de savoir si les résultats matériels de la partie hasardeuse, jouée et gagnée si habilement, étaient proportionnés à la hardiesse et au talent de comédien déployés par lui.

— Avez-vous vu mon valet de chambre? — demanda-t-il au garçon de service qui lui remit la clef de son appartement.

— Non, monsieur le comte... — répondit l'employé. — Peut-être est-il en haut, mais je n'en sais rien,..

L'ex-caissier monta au second étage, ouvrit sa porte, poussa le verrou derrière lui afin d'éviter toute surprise, traversa le salon, entra dans la chambre à coucher, puis, se laissant tomber sur un large fauteuil placé au pied du lit, tira de sa poche le petit paquet et un canif, et se mit en devoir de couper la ficelle et de fendre l'enveloppe.

Cette enveloppe en renfermait trois autres, d'épaisseurs inégales et simplement fermées avec de la gomme.

Le faux comte d'Angélis ouvrit la plus mince.

Elle contenait une dizaine de lettres de crédit sur diverses maisons de banque d'Europe et d'Amérique.

Ces lettres — représentant des sommes importantes — avaient été remises au Poméranien, en 1859, par un des principaux banquiers de Berlin.

Hermann fronça les sourcils.

Pour la seconde fois de sa vie il avait dans les mains une fortune, et — (comme à l'époque du testament de Maurice Villars) — sa mauvaise étoile ne lui permettait pas d'en prendre possession.

En effet, des lettres de crédit dont on n'a point fait usage pendant un laps de dix ans sont plus que périmées...

Comment, d'ailleurs, faire comprendre à des gens d'argent qu'on ait omis d'une façon si persistante de toucher des capitaux rendus fatalement improductifs par leur inaction?

S'adresser directement au banquier de Berlin lui-même serait un acte tout à la fois imprudent et dangereux.

Peut-être ce banquier, jadis, avait-il connu le comte d'une façon particulière, et dans ce cas il ne serait point dupe d'une vague ressemblance, suffisante tout au plus pour tromper à première vue des indifférents n'ayant fait autrefois que rencontrer le Poméranien.

Hermann, à aucun prix, ne voulait risquer de s'entendre dire:

— Vous n'êtes pas M. Angélis, et vous essayez de prendre sa place!! — Où donc est-il et qu'avez-vous fait de lui?...

Le premier mari de Valentine soupira, mit de côté les lettres de crédit, et d'un coup de canif éventra la deuxième enveloppe, agréablement rebondie.

Il eut quelque peine à retenir un cri de joie en la voyant pleine de billets de banque, tous de mille francs.

D'une main fiévreuse il fit glisser ces billets l'un sur l'autre en les comptant.

— Quarante!! — murmura-t-il assez bas, mais de façon distincte, en se parlant à lui-même. — Il y en a quarante ! ! — C'est une obole à côté de ce que je rêve, mais enfin cette obole me permettra d'attendre...

Il avait à peine achevé qu'un tressaillement de surprise et d'effroi secoua son corps.

Une voix moqueuse disait derrière lui :

— Pardon, cher ami, vous employez fort mal à propos le singulier au lieu du pluriel ! ! — Cette obole, qui *nous* permettra d'attendre la réalisation de *nos* rêves, est à moi comme à vous. — Part à deux, mon très bon ! !

Hermann se retourna d'un mouvement brusque.

Fritz, ou plutôt le pseudo-Lorbac, enveloppé jusqu'à ce moment dans les rideaux du lit, venait d'en sortir, et sa face pâle et cynique, encadrée de favoris teints, se détachait de façon bizarre sur le fond rouge du lampas.

— Vous étiez là ! — fit Vogel stupéfait.

— Comme vous voyez...

— Pour espionner mes actions ?...

— Parbleu ! !...

— Vous défiez-vous de moi, par hasard ?

— Infiniment, mon cher.

— Vous connaissez pourtant mon amitié pour vous ! !

— Dans l'univers entier, vous n'aimez que vous-même ! Vous êtes l'ange de l'égoïsme !... La main sur la conscience, entre nous, si je n'avais été là tout à l'heure, auriez-vous songé seulement à me donner mes vingt mille francs...

Hermann se cabra.

— Vos vingt mille francs ! — répéta-t-il.

— Sans doute.

— Vous n'y avez pas le moindre droit ! !

— Ah bah ! croyez-vous cela ?

— Ils sont au comte d'Angélis, et le comte c'est moi.

Charles Laurent haussa les épaules.

— Vous êtes oublieux ! — fit il. — Est-ce que le comte d'Angélis existerait si je n'avais pris la peine de vous fourrer dans la peau du mort ?... Est-ce que, sans mes leçons, vous auriez été capable de donner une signature assez vraisemblable pour tromper le notaire ?... — Je devrais réclamer les trois quarts, mais je suis coulant en affaires, je me contente de la moitié !... Allons, mon excellent ami, exécutez-vous de bonne grâce...

Vogel poussa un second soupir et compta vingt billets de banque à son prétendu valet de chambre.

— Grand merci ! — dit ce dernier. — Explorons un peu maintenant la dernière enveloppe et divisons son contenu en deux parts bien égales.

— Quoi, vous voulez... — commença Vogel... — Vous prétendez encore...

— Encore et toujours!... — interrompit le ci-devant Lorbac, — je vous l'ai dit hier et je vous le répète : Je me cramponne à vous. — Entre nous tout sera commun... — Nous avons partagé la *débine*, nous partagerons la fortune!... Voilà mon dernier mot...

Il n'y avait rien à répondre, sous peine de provoquer une discussion bruyante et compromettante, dans laquelle d'ailleurs le faussaire émérite aurait certainement conservé l'avantage...

En conséquence Hermann se résigna, et, poussant un troisième soupir, fendit la troisième enveloppe.

— Mauvaise affaire ! ! — s'écria Charles Laurent avec un rire qui sonnait faux. — Nous sommes volés comme dans un bois ! ! — Je vous laisse tout de grand cœur et ne réclame rien ! !

L'enveloppe ne renfermait que des lettres de femmes, des photographies érotiques, et des mèches de cheveux de diverses nuances.

Ces reliques d'amour de l'homme assassiné par les deux complices furent immédiatement jetées au feu où elles se tordirent, se consumèrent et disparurent, comme avait disparu le Poméranien.

— Maintenant, — reprit l'ex-Lorbac, — une question...

— Faites.

— Avez-vous découvert ce qu'est devenue madame Vogel?

— Assurément non!!... — Je n'ai même interrogé personne à ce sujet...

— Quand commencerez-vous vos recherches?...

— Aujourd'hui même...

— Et, par où?

— Par le Bas-Meudon...

— Il est peu vraisemblable que votre femme, se croyant votre veuve, soit restée dans une maison où son mari s'est brûlé la cervelle...

— Je suis certain, comme vous, qu'elle a dû la quitter au plus vite, mais on pourra sans doute me dire où elle est allée en abandonnant cette maison, et, de proche en proche, de logis en logis, je suivrai sa trace. — Que je tienne seulement le bout du fil conducteur et je me charge d'arriver vite au but...

— Bonne chance, alors, et prompte réussite... Depuis que je suis au monde j'ai juré d'être millionnaire, et je ne puis compter que sur vous pour m'aider à tenir parole...

Hermann fronça le sourcil comme il le faisait chaque fois que Charles Laurent exprimait la volonté ferme de prendre la moitié des trois millions de Valentine, si jamais ces millions tombaient aux mains de son associé.

Mais il ne dit rien et, quittant de nouveau le Grand-Hôtel, il se dirigea vers le chemin de fer de la rue Saint-Lazare.

LIV

Hermann Vogel, arrivé au Bas-Meudon, suivit la berge de la Seine en fumant un cigare.

Il retrouvait toutes les choses, sur sa route, dans l'état où il les avait vues dix ans auparavant, mais une déception l'attendait au but de sa course.

A travers les barreaux rouillés de la grille si souvent franchie par lui jadis, il aperçut le clos encombré de hautes herbes desséchées, témoignages non équivoques d'un abandon complet.

Le pavillon qu'occupait autrefois le jardinier Lambert avait sa porte et ses volets fermés, et son toit menaçait ruine.

A la grille pendait un écriteau collé sur une planchette, et portant ces mots imprimés en grosses lettres :

MAISON MEUBLÉE A LOUER

AVEC VASTE JARDIN

S'adresser...

L'ex-caissier saisit la chaînette de cette cloche qu'il avait entendue retentir autrefois dans un moment terrible, et la mit en branle.

Le bruit se perdit au loin, n'éveillant qu'un plaintif écho.

Personne ne répondit à l'appel.

La maison était déserte.

— Diable ! — se dit Hermann. — Le fil d'Ariane me manque au début de mes recherches ! — Ce sera peu commode ! !...

Il revint sur ses pas.

L'habitation la plus proche se trouvait, nous le savons, à une distance d'au moins deux cents mètres.

Elle était occupée par un de ces blanchisseurs de gros qui viennent deux deux fois par semaine à Paris prendre le linge de leurs pratiques et le rapporter.

Vogel se souvint du nom inscrit sur l'enseigne. Ce nom n'avait point changé, donc le blanchisseur, demeurant en cet endroit depuis longues années, pouvait savoir quelque chose.

Justement le patron de l'établissement, gros homme à figure large et joviale, se trouvait sur le seuil de sa demeure.

Hermann l'aborda.

— Monsieur, — lui dit-il, — peut-être vous serait-il possible de me renseigner?...

Vogel consulta une lettre tirée de son portefeuille et répliqua :

— Ma foi, si ça se peut, je ne demande pas mieux... — répliqua le gros homme en riant.

— Il y a là-bas une maison meublée à louer, avec un jardin... — reprit Hermann en étendant la main dans la direction de l'immeuble dont il parlait.

— Oui, monsieur... — Est-ce que vous auriez dans l'idée que ça pourrait vous convenir?...

— Peut-être, mais d'abord il faudrait visiter, et l'écriteau n'indique point la manière de s'y prendre.

— Savez-vous l'adresse du propriétaire !...

— Ma foi non... — Je sais que c'est un monsieur de Paris qui fait des affaires, voilà tout, et, saperlipopette, il en a fait une bien mauvaise en achetant ici...

— Pourquoi donc?

— Parce que je parierais cent sous contre deux liards qu'il ne louera jamais...

— La maison paraît bien bâtie cependant, et le jardin est grand...

— Oh ! c'est une propriété conséquente... — Ça n'empêche pas qu'elle est vide depuis l'événement...

— Quel événement?...

— Une descente de police... Un gredin qu'on venait arrêter et qui s'est fait sauter le caisson... — Même qu'on n'a jamais pu enlever les taches de sang... — On a lavé le plancher à l'eau de potasse... Ça a fait l'effet d'un cautère sur une jambe de bois... — Les marques rouges y sont toujours... et dame, vous comprenez, il y a des gens qui trouvent que ça n'est point gai...

— Je comprends très bien... — Mais dites-moi, je vous prie, le tragique événement dont vous parlez est-il de date récente?

— Pour ça, non !... — Je ne pourrais pas dire positivement la date, mais ça remonte à plus de dix ans... Dix ans de loyers perdus pour le propriétaire... sans compter que les locataires futurs n'ont point l'air de montrer le bout de leur nez... — Il ferait aussi bien de vendre, cet homme... — Seulement il ne trouverait pas d'acheteur...

— Ce malheureux qui s'est suicidé, — reprit Hermann — avait une famille?

— Oui, monsieur... Il était marié à une petite femme bien gentille, à ce que disait leur servante, car la jeune dame ne sortait jamais... — Il y avait aussi une gamine, sœur de la femme ou du mari, je ne sais pas au juste...

— Que sont devenues ces personnes après... après l'événement?...

— Elles ont quitté le pays tout de suite, comme bien vous pensez, et on n'en a plus entendu parler...

— Merci de vos renseignements, monsieur... — dit Hermann, — ils me décident...

— A chercher le propriétaire?...

— A m'en abstenir avec soin... — Je ne louerais à aucun prix...

Et Vogel, après avoir salué le complaisant et loquace blanchisseur, regagna la station.

Sa physionomie, sur laquelle il ne veillait plus, exprimait un profond découragement.

L'énigme dont il voulait découvrir le mot devenait presque insoluble.

Comment retrouver, en effet, la trace perdue depuis si longtemps?...

L'ex-caissier connaissait l'extrême modestie des goûts de Valentine et son amour pour l'obscurité.

Il avait l'absolue conviction que, malgré l'héritage énorme tombé dans ses mains à l'improviste, elle vivait simplement avec sa jeune sœur et s'efforçait de cacher sa vie...

De quel côté devait-il diriger ses investigations pour avoir chance de réussir?

Toute recherche à laquelle un solide point de départ fait défaut est à peu près condamnée d'avance, il ne l'ignorait pas...

Une voie cependant s'ouvrait devant lui et pouvait le conduire à la découverte de la vérité, mais pour rien au monde il ne se serait engagé dans cette voie.

Nos lecteurs ont compris déjà qu'il s'agissait de l'agence Roch et Fumel.

A coup sûr maître Roch était toujours, à son corps défendant, propriétaire de l'immeuble improductif du Bas-Meudon et, selon toute apparence, cet honnête associé du policier Fumel savait ce que Valentine était devenue

Seulement, pour l'interroger à ce sujet, il fallait se montrer à lui; il fallait lui révéler le secret du passé; se mettre à sa discrétion par conséquent, et subir ses exigences en cas de succès.

Hermann n'acceptait rien de tout cela et, plutôt que d'initier l'ancien avoué au mystère de sa résurrection, il aurait renoncé complètement et sans arrière-pensée à son entreprise.

— J'ai devant moi l'argent suffisant pour attendre... — se dit-il. — Je chercherai avec persévérance et le hasard me viendra sans doute en aide... — Une jeune femme et une jeune fille, très jolies l'une et l'autre et réunissant trois cent mille livres de rente, ne peuvent être absolument inconnues dans le milieu où elles vivent... — En outre le nom de *Vogel*, quoique n'attirant point l'attention, est mille fois moins commun que *Durand*, *Leblanc*, *Bernard* ou *Leroux*... — Avant trois jours j'aurai la liste de tous les Vogel échoués dans l'océan Parisien...

Chose singulière, Hermann, quoique sachant à merveille que Valentine devait se croire veuve, et qu'elle était veuve légalement et maîtresse absolue de sa personne, n'admettait pas un instant qu'elle pût être remariée...

Pourquoi?

Questionné à cet égard, il eût été fort embarrassé pour répondre. — L'idée d'un second mariage possible ne se présentait point à son esprit, voilà tout, et et il se croyait absolument sûr, s'il retrouvait un jour Valentine, de la retrouver s'appelant, comme autrefois, madame Vogel...

***

Quelques mots échangés entre le faux Graf von Angélis et l'ex-comte de Lorbac ont fait comprendre à nos lecteurs de quelle façon les deux gredins avaient tantôt vécu et tantôt végété pendant dix ans en Allemagne.

Nous croyons inutile d'entrer à ce sujet dans une foule de détails, curieux et pittoresques sans doute, mais pour lesquels le temps et l'espace nous font défaut.

Des résultats de certaines chances heureuses, rencontrées de temps à autre dans les tripots avoués ou clandestins, il ne restait guère à Vogel, au moment de son retour à Paris, qu'une garde-robe bien fournie, quelques bijoux sans grande valeur destinés à éblouir le public des badauds, et une demi douzaine de billets de banque...

Ces six mille francs, joints aux vingt mille dont nous connaissons l'origine, ne permettaient un *statu quo* de quelques mois qu'à la condition de régler ses dépenses avec une stricte économie.

Hermann abandonna donc le Grand-Hôtel et loua, rue Caumartin, un petit entre-sol meublé, d'un prix modeste.

Charles Laurent, quittant le rôle de valet, conserva le nom de Fritz et fut élevé à la dignité d'ami intime, quoique un peu subalterne et faisant au besoin les commissions...

LV

L'espoir de l'ex-caissier fut déçu.

Vainement il étudia l'almanach des vingt-cinq mille adresses...

Vainement il paya fort cher des gens chargés d'explorer pour son compte tous les arrondissements de Paris...

Il n'apprit point ce qu'il voulait savoir...

Un jour, cependant, une lueur d'espérance vint briller au milieu des recherches infructueuses auxquelles il se livrait.

L'un de ses émissaires découvrit rue du Pas-de-la-Mule, au Marais, une certaine *madame veuve Vogel.*

La rue et le quartier semblaient bizarrement choisis pour une millionnaire, mais, étant donnés les goûts simples de Valentine et son désir constant de s'isoler du monde, l'improbable devenait possible.

Hermann courut à l'endroit indiqué.

Le renseignement fourni par son émissaire était absolument véridique.

Il existait une dame Vogel aussi veuve qu'on le puisse être.

Seulement cette matrone honorable, âgée de soixante automnes, pleurait depuis quinze années son mari, lequel, de son vivant, exerçait un métier modeste. — Il vendait des lorgnettes sur les boulevards...

La déception fut d'autant plus pénible que l'espoir avait été plus vif.

Le faux comte d'Angélis sentait le découragement s'emparer de lui.

Il se disait que sans doute Valentine s'était retirée à la campagne en quelque retraite inconnue, qu'il ne parviendrait point à retrouver ses traces, et que, par conséquent, son projet de métamorphoser la jeune millionnaire en poule aux œufs d'or ne se réaliserait jamais.

En face de cette perspective, ses inquiétudes grandissaient.

A quoi lui servirait d'être revenu en France? à Paris?...

Que deviendrait-il lorsque seraient épuisées ses ressources, trop restreintes d'ailleurs pour durer longtemps?

L'existence boueuse des chevaliers d'industrie de bas étage lui causait un immense dégoût...

Echouer sur les bancs de la police correctionnelle, ainsi qu'un habitué des *Carrières d'Amérique;* voir la police fouiller dans sa vie, reconstituer son passé, et lui jeter au visage son véritable nom, le glaçait d'effroi...

Il était homme à ne point reculer devant un coup hardi, mais à condition que l'enjeu valût la peine de risquer la partie...

Bref il voyait les choses en grand, et préférait cent fois un crime productif à un simple délit sans résultats sérieux.

Ne craignant plus d'être exploité par Charles Laurent, il rendit à ce dernier sa confiance, ses sympathies, et se soulagea en lui confiant ses angoisses.

L'ex-comte de Lorbac continuait à nourrir certain projet dont nous l'avons entendu parler plus d'une fois quand il habitait le boulevard de Clichy.

On se souvient peut-être qu'à cette époque il demandait un an à Vogel, alors caissier de Jacques Lefebvre, pour graver trois planches de cuivre, grâce auxquelles la France, l'Angleterre et la Russie seraient inondées par lui de faux billets de banque.

Il remit ce projet sur le tapis.

— C'est grandiose et ce serait superbe, — répondit Hermann, — mais, aujourd'hui comme autrefois, cela me semble bien dangereux...

Charles Laurent haussa les épaules.

— Pardieu, mon cher, — répliqua-t-il, — hors de la stricte légalité tout est dangereux, je le sais aussi bien que vous... — Je trouverais assurément fort commode et très gai de vivre de nos revenus, si nous avions des revenus et s'ils brillaient par leur ampleur... Mais, hélas! ils nous font défaut... — Suppléons-y de notre mieux, que diable, et ne songeons point au péril!! — Nous n'avons pas le choix des moyens, et qui ne risque rien n'a rien!!

— Soit! — répliqua Vogel. — Mais au moins les bonnes chances sont-elles en nombre suffisant? — Le succès est-il probable?...

— Il est sûr...

— Mettez-vous donc à l'œuvre au plus vite... Travaillez... et réussissez...

— Vous dites cela sans conviction...

— Je suis mal convaincu, je l'avoue, et fort imparfaitement rassuré, c'est vrai, mais en somme je peux me tromper et vous avez peut-être raison...

— J'ai raison certainement... — Vous en aurez bientôt la preuve...

Dès le lendemain Charles Laurent s'attelait, avec une merveilleuse persévérance, au métier de graveur...

Tandis que son infatigable burin mordait les planches de cuivre, Vogel désœuvré courait la ville et, sûr désormais de son incognito, se montrait volontiers dans tous les lieux publics.

*
* *

Un jour, trois semaines environ après l'arrivée à Paris des deux complices, le ciel radieux invitait à la promenade.

C'était une de ces admirables après-midi qui parfois, mais rarement, se produisent au commencement de l'hiver, comme un verdoyant oasis apparaissant dans un désert glacé.

Les rayons à peine voilés d'un soleil quasi printanier rendaient l'atmosphère tiède.

Les feuilles jaunies ou teintées de violet et de pourpre que les rafales de décembre allaient bientôt balayer donnaient aux délicieux paysages du bois de Boulogne cette riche variété de tons si chère aux coloristes.

Les élégantes de la grande ville se pressaient dans les Champs-Élysées, dans l'avenue de l'Impératrice, autour des lacs et dans l'allée des Acacias, pour jouir de cette journée splendide, la dernière peut-être de l'année.

Personne n'ignore ce qu'était le luxe, le vrai luxe de bon aloi, à cette époque heureuse et regrettée qui précéda de si lamentables catastrophes et de si lâches trahisons.

Les équipages de tous les genres et de tous les styles, depuis la simple victoria à un cheval, jusqu'au mail-coach attelé à quatre et conduit par un gentleman ; depuis le dog-cart jusqu'à la calèche à huit ressorts ; depuis le phaéton jusqu'au grand coupé de gala, prenaient la file à l'entrée des Champs-Élysées et se suivaient à peu près au pas jusqu'à la butte Mortemart.

Les files n'étaient pas plus compactes le jour du *grand prix* de Longchamps.

Graf von Angélis, contraint de vivre avec une stricte économie pour se donner la possibilité de voir venir les événements, se trouvait, de temps à autre, pris d'un accès de cette fièvre singulière que nous pourrions appeler la *fièvre du luxe*, comme en Australie on nomme *golden fever* la fièvre de l'or qui s'empare des chercheurs de fortune.

Quand venaient ces crises, Hermann s'offrait à lui-même pendant quelques heures le simulacre du luxe convoité, se persuadait qu'il menait la haute vie, comme au temps des petites fêtes de la rue de Boulogne, et dépensait sans trop compter...

Ajoutons vite, pour rester dans le vrai, que ses aspirations étaient presque naïves, et qu'il se contentait de fort peu de chose.

Une voiture de grande remise à la demi-journée, un dîner d'un louis et demi dans un restaurant à la mode, un fauteuil d'orchestre dans un théâtre de genre, et les sourires à prix débattu d'une Vénus de hasard, suffisaient pour lui prodiguer la douce illusion du high-life...

Ce jour-là, précisément, un des accès dont nous parlions un peu plus haut s'empara de lui.

Il alla louer, rue Basse-du-Rempart, une petite victoria fraîchement revernie et fort coquette, qui véritablement jouait assez bien la voiture de maître.

Le cheval avait bonne apparence. — Le cocher, correctement tenu, portait le chapeau à cocarde, le col anglais très haut, et les gants rouges de peau de chien.

Vogel exigea que le cheval eût, en outre, au frontail des boutons de roses artificiels, ce qui, — tous les gommeux le savent, — est d'un *chic épatant.*

Il s'installa sur les coussins de la victoria, dans l'attitude nonchalante et blasée d'un homme qui ne va jamais à pied, et il donna l'ordre de le conduire au Bois.

Le cocher gagna rapidement la place de la Concorde, mais à la hauteur des chevaux de Marly il dut ralentir, prendre la file, et monter au pas les Champs-Élysées.

Hermann, un excellent cigare aux lèvres, le binocle sur le nez, regardait les jolies femmes dont les voitures croisaient la sienne et, tout absorbé dans cette occupation agréable, ne pressentait pas qu'un incident de haute importance fût près de se produire, et que cet incident dût changer sa vie et décider de sa destinée...

Il ne sentait point passer sur sa chair un souffle de bon augure ou de mauvais présage...

LVI

La victoria d'Hermann Vogel, emboîtée dans une file interminable qui subissait des temps d'arrêt fréquents, mit près d'une heure à parcourir, par l'avenue de l'Impératrice et la route des Lacs, l'espace compris entre les chevaux de Marly et la butte Mortemart.

Le faux comte d'Angélis trouvait des charmes à cette locomotion si lente.

Il lui plaisait de tenir son rang, du moins en apparence, parmi les privilégiés de la fortune.

Il aimait à croire qu'un ouvrier, un employé, un petit bourgeois, debout dans la poussière de la contre-allée, se dirait en le regardant :

— Sont-ils heureux, ces millionnaires !!

Et il souriait.

Une réflexion soudaine traversa son esprit et mit une ombre sur son visage.

— Millionnaire! — murmura-t-il. — Je devrais l'être! — Je le serais depuis longtemps si la fatalité, déjouant mes combinaisons savantes, n'avait fait tourner contre moi tout ce qui devait me servir. — Si je n'étais devenu, pour mon malheur, l'intime ami de Maurice Villars, les millions de Valentine seraient aujourd'hui dans mes mains!!

On ne lutte pas contre les faits accomplis.

Hermann s'efforça de chasser ses idées noires, et il y réussit à moitié.

Arrivée entre les deux lacs, à l'endroit que la mode ne permet de dépasser que pour prendre le chemin conduisant au restaurant de la Cascade, la voiture de l'ex-caissier suivit l'évolution tournante des autres équipages et reprit, toujours au pas et en rasant la piste des cavaliers, la même route qu'elle venait de parcourir en sens inverse.

Après avoir atteint la pointe du lac, et au moment où le cocher de la victoria se préparait à pivoter de nouveau pour recommencer le trajet, Vogel ressentit une émotion si violente qu'il eut littéralement la respiration coupée.

Une grande calèche à huit ressorts, attelée de deux steppers bai brun de haute taille et d'une indiscutable pureté de sang, allait croiser sa modeste voiture.

Sur le siège un cocher et un valet de pied poudrés, portant le chapeau-lampion galonné, l'habit à la française, les aiguillettes et les culottes courtes, rivalisaient de morgue britannique.

Au fond de la calèche, une jeune femme et une jeune fille.

Sur le devant; deux petits garçons presque du même âge.

La jeune femme, très blonde, d'une beauté sérieuse et patricienne, et parfaitement élégante dans sa simplicité, paraissait avoir vingt-cinq ou vingt-six ans à peine.

La jeune fille, jolie comme un ange et blanche comme un lis sous la couronne épaisse de sa chevelure d'un brun fauve, en avait tout au plus dix-huit.

Les deux enfants pouvaient atteindre, le premier sa dixième et le second sa huitième année.

Nos lecteurs ont déjà compris, ou plutôt deviné, la cause du foudroyant émoi de Vogel.

La jeune femme blonde était Valentine, — ou du moins la vivante image de Valentine, car c'est tout au plus si l'ex-caissier osait s'en rapporter au témoignage de ses yeux, et il se demandait si quelque illusion décevante, — ou quelque prodigieuse ressemblance, — ne le troublaient pas jusqu'à la folie.

— Dans une seconde, les voitures en se croisant seront côte à côte... — se dit-il. — Je la verrai de trop près alors pour qu'une erreur reste possible...

Mais sans doute la maîtresse aristocratique du huit-ressorts ne se souciait point de s'immobiliser indéfiniment, sur la rive gauche du lac, dans la cohue des équipages de comédiennes et de cocottes.

— Vous étiez là, fit Vogel stupéfait, pour espionner mes actions ?

Elle dit un mot, pendant qu'il était temps encore. — Aussitôt son attelage, quittant la file, tourna brusquement à droite dans l'espace libre qui s'étend du lac au nouveau chalet, et prit au grand trot la direction du Pré-Catelan.

Hermann, désappointé jusqu'à l'exaspération, se dressa presque dans sa voiture.

— Cinq louis pour vous, — dit-il à son cocher, — si vous rejoignez cette calèche qui s'éloigne, et si vous ne la perdez plus de vue.

Mais la file s'était reformée déjà...

Malgré son vif désir de gagner les cinq louis promis, le cocher de la victoria dut parlementer pendant près d'une demi-minute pour obtenir qu'un de ses collègues arrêtât son attelage et le laissât passer.

Dès qu'il fut libre de ses mouvements il rendit la main à son cheval — une bête vaillante et vigoureuse, — et, au risque de le voir s'emballer, il le lança à fond de train sur la piste du huit-ressorts.

Mais les steppers de pure race avaient beaucoup d'avance, et d'ailleurs la poursuite s'opérait *au jugé*, la calèche étant hors de vue, — comment savoir dans laquelle des allées latérales elle venait de s'engager?

Le cocher arrêta son cheval en face de deux bourgeois qui passaient en causant.

— Excusez-moi, messieurs, s'il vous plaît... — leur dit-il. — Avez-vous vu, il y a une minute, une voiture dans le grand chic filant comme le vent?

— Nous l'avons vue... — répliquèrent les promeneurs.

— Par où a-t-elle passé?

— Par là... — — fit le premier bourgeois.

— Non, par là... — rectifia le second.

L'un désignait sa droite. — L'autre indiquait sa gauche.

Tous deux étaient de bonne foi. — L'un se trompait. — Lequel des deux?

A tout hasard le cocher prit à droite, et pendant plus d'une heure explora le Bois dans tous les sens, du lac à la porte Maillot; de la porte Maillot au Jardin d'acclimatation; du Jardin d'acclimatation à Madrid, et de Madrid au Pré-Catelan.

Ce fut en vain

Parmi les équipages sans nombre qu'on croisait ou qu'on dépassait, la calèche cherchée ne se trouvait pas.

— Retournons, — commanda Vogel, — et prenez position à l'endroit où l'avenue des Champs-Élysées se greffe sur la place de l'Étoile... Toutes les voitures revenant du Bois passeront devant nous...

L'idée, assurément, était bonne; — elle ne tint point cependant ce qu'elle semblait promettre.

Le flot pressé des véhicules roula pendant deux heures sous les yeux attentifs de l'ex-caissier.

Vingt fois il tressaillit en voyant de jeunes femmes blondes et jolies dans des huit-ressorts d'un grand style, mais un examen attentif le désabusait vite. — Aucune de ces femmes n'était Valentine, ou même ne lui ressemblait. — Vogel avait la tête en feu. — La fièvre brûlait dans ses veines.

— Ou je touche au but, — se disait-il, — ou j'ai rêvé... — Si Valentine est à Paris, je la retrouverai certainement... — Mais j'ai rêvé peut-être..

Et son esprit s'égarait dans un calcul sans fin de probabilités.

Certes la fortune de madame Vogel lui permettait, lui enjoignait même d'avoir des chevaux et des gens, mais la simplicité de ses goûts s'accordait mal avec l'éclat princier de l'équipage que nous avons décrit.

Ces valets poudrés, ces chapeaux bordés, ces galons, ces aiguillettes, tout cet ensemble d'un luxe patricien, loin de séduire la jeune femme devait lui causer certainement une sorte d'épouvante.

Un tel changement dans ses instincts, dans ses habitudes, était-il probable et possible?

Hermann se répondait négativement.

Une ressemblance, alors, l'aurait donc abusé?...

Par moments il le croyait presque, puis, de nouveau, l'incertitude revenait.

Cette adorable jeune fille, aux cheveux d'un brun fauve, était-elle l'enfant que dix ans plus tôt on appelait la petite Claire?

Pourquoi non? — Aujourd'hui Claire aurait dix-huit ans!...

Et les jeunes garçons, assis sur le devant de la calèche?...

L'un des deux serait-il son fils, à lui?— Son fils?

A cela, rien d'impossible. — A l'heure où il jouait au Bas-Meudon la hideuse comédie du suicide, Valentine était grosse, et bien avancée dans sa grossesse...

Il pouvait être père!!

Mais le second enfant? — Quel était le second enfant?

Toutes ces questions et beaucoup d'autres tourbillonnaient dans son cerveau, apportant avec elles le désordre, la confusion, le chaos...

Quand les dernières voitures, chassées du Bois par l'approche de la nuit, eurent descendu les Champs-Elysées presque déserts, le mari de Valentine se fit ramener au boulevard des Italiens où il quitta sa victoria de louage.

— Voici deux louis, — dit-il au cocher, — vous gagnerez une autre fois les cent francs.

Il fit quelques pas, puis, s'arrêtant, murmura presque à voix haute :

— Non, je ne me suis point trompé! — Ma femme est à Paris... — Je me remettrai en quête... — Avant huit jours j'aurai trouvé...

LVII

En se promettant de retrouver à bref délai Valentine, ou du moins la personne qui lui ressemblait d'une façon si frappante, Hermann ne prenait pas en somme un engagement trop téméraire.

Depuis plusieurs semaines il cherchait en vain, mais la situation venait de se modifier tout à coup d'une manière favorable.

A coup sûr la jeune femme rencontrée au bord du Lac ne se cachait point.

Le luxe princier de son équipage semblait démontrer jusqu'à l'évidence qu'elle aimait à briller.

Pour se trouver de nouveau sur son passage, Vogel n'avait donc qu'à hanter assidûment les quelques endroits où le high-life parisien se montre volontiers, et particulièrement le bois de Boulogne.

C'était simple et facile.

Le faux comte d'Angélis se dit en outre que, pour augmenter ses chances de réussite, il fallait ne rien abandonner au hasard et ne point courir le risque de se trouver, comme la veille, à la merci d'un embarras de voitures, le séparant fort mal à propos de la calèche à huit ressorts.

En conséquence, renonçant prudemment aux moyens de locomotion à deux ou à quatre roues, il loua au manège Pellier un cheval de bonne mine, pouvant être monté par un gentleman soucieux de ne commettre aucun crime de lèse-élégance, et il donna l'ordre de lui amener ce cheval chaque jour à deux heures, lorsque l'état du temps permettrait la promenade.

Le lendemain il parcourut le bois de Boulogne jusqu'à la nuit tombante, sans obtenir le moindre résultat.

Le surlendemain, il en fut de même.

Hâtons-nous d'ajouter qu'il ne s'en étonna pas beaucoup.

Le ciel, chargé de gros nuages qu'aucun rayon de soleil ne pouvait traverser, le vent froid sifflant à travers les branchages et roulant des tourbillons de feuilles sèches, n'invitaient guère à la promenade les jolies frileuses.

Les voitures étaient clair semées, surtout les voitures découvertes.

Les landaus et les berlines bien clos remplaçaient les calèches.

Mais, dès le matin du troisième jour, le soleil parut. — L'atmosphère redevint tiède, et l'après-midi fut radieuse comme celle que nous avons précédemment décrite.

Les équipages, les cavaliers et les amazones affluèrent naturellement au Bois.

Hermann s'y montra des premiers et choisit pour poste d'observation la piste longeant l'avenue qui conduit de la porte Dauphine à la pointe du Lac.

De là il était sûr de voir passer devant lui toutes, ou du moins presque toutes les voitures, car le nombre de celles qui viennent par la Muette ou par la porte Maillot est bien limité.

Il parcourait au pas de son cheval l'espace assez restreint dont nous venons d'indiquer la situation, épiant chaque véhicule, et surtout les calèches, avec une sûreté de coup d'œil et une rapidité d'investigation que le policier *Jobin* aurait pu lui envier.

Soudain il tressaillit.

Une main venait de se poser sur son épaule.

Il pâlit d'abord, mais il se remit aussitôt et il se retourna, le sourire aux lèvres, en entendant une voix franche et bien timbrée s'écrier d'un ton joyeux :

— Ah çà ! je ne me trompe pas ! ! — C'est bien le comte d'Angélis !

— Lui-même, baron... — répondit Vogel en donnant une poignée de main au cavalier qui venait de l'accoster.

Ce cavalier était un gros garçon de trente ans, assez laid, mais dont la laideur n'avait rien de désagréable et ne manquait point de distinction.

Il portait le deuil et montait un admirable cheval irlandais de cinq cents louis au moins.

— Vous êtes donc à Paris, cher comte ! — reprit-il.

— Comme vous voyez... — répliqua Vogel.

— Depuis quand?

— Depuis quelques semaines...

— Pour longtemps ?...

— Qui pourrait le dire ? — Sais-je jamais, la veille, ce que je ferai le lendemain? Je vis au jour le jour, au gré de mon caprice. Tant qu'une ville me plaît, j'y reste... — Aussitôt qu'elle m'ennuie, je pars. — Je crois d'ailleurs vous avoir fait jadis ma profession de foi à ce sujet...

— Heureux homme ! libre comme l'oiseau ! Ah çà ! vous ne vous ennuyez pas encore ici, j'espère ?...

— Nullement...

— Vous ne songez point à quitter Paris de sitôt?

— En aucune façon...

— A la bonne heure ! — Je suis ravi de vous retrouver, cher comte, et je vous prie de disposer de moi... Peut-être, en ma qualité de viveur parisien, pourrai-je mettre dans votre existence quelques éléments de distraction...

— J'accepte de grand cœur... Vous êtes un aimable gentleman...

— Je suis votre obligé, voilà tout... Je ne l'oublie pas...

— Je l'ai oublié, moi, tant le service était peu de chose ! — Êtes-vous content de la destinée?

— Mais, oui...

— Que faites-vous en ce moment?

— Je mange mon troisième héritage... — Un oncle sur lequel je ne comptais point, parole d'honneur ! et qui, de son vivant, m'aurait très bien refusé cent louis en un cas de pressante nécessité ! — Le digne homme m'a légué cent mille écus. — J'en ai juste pour trois ans...

— Vous allez donc manger les trois cent mille livres ?

— J'en laisserai manger beaucoup... J'en mangerai moi-même un peu, et la volatilisation des espèces sera complète au dernier jour de la troisième année.

— Et, ensuite?

— Dame ! — Ensuite ? — il m'arrivera certainement un quatrième héritage, puis un cinquième, et toujours ainsi... — Je me suis fait de l'héritage une carrière... — Ah çà! qui regardez-vous donc, avec tant d'attention, sur la chaussée?

— Je ne regarde personne... Je cherche...

— Attendez-vous quelqu'un?

— Oui...

— Un homme ou une femme?... — Pardonnez-moi si je suis indiscret...

— Vous ne sauriez l'être avec moi... — J'attends une femme...

— Jolie?

— Elle me semble telle...

— Vous me la montrerez quand elle passera et, avant de me quitter pour aller la rejoindre, vous me donnerez votre adresse, car je veux absolument vous revoir...

— Voici ma carte... — répondit Vogel.

— Et voici la mienne... — reprit le gros garçon en tendant à son interlocuteur une carte blasonnée portant ce nom et cette adresse :

BARON LOUIS DE BEUZEVAL

17, *Boulevard des Capucines*

Il ajouta, après avoir jeté un coup d'œil sur la carte d'Hermann :

— Nous sommes voisins... — Ce sera charmant...

Les relations entre le baron de Beuzeval, gentilhomme authentique, et le prétendu comte d'Angélis, s'étaient nouées dans des circonstances particulières, qui d'ailleurs n'avaient rien que de très simple.

Deux ans auparavant M. de Beuzeval, brave et loyal garçon, mais incorrigible prodigue, se trouvait à Hombourg en même temps que Vogel.

Le jeune Français, en compagnie d'une petite chanteuse des Bouffes, aussi sotte que jolie, achevait de croquer son second héritage.

Il habitait le même hôtel que le faux Poméranien. — Ils dînaient à la même table, et de temps en temps ils échangeaient quelques phrases polies.

Le baron jouait gros jeu, avec une mauvaise chance persistante.

Un beau soir il se trouva décavé, ayant une femme sur les bras et ne sachant plus, littéralement, où donner de la tête.

Vogel s'aperçut de son embarras.

En ce moment, contre son habitude, l'ex-caissier gagnait de fortes sommes et, jouant contre M. de Beuzeval, profitait de sa déveine.

Obéissant à une sorte de sympathie assez fréquente entre joueurs, il offrit discrètement ses services au décavé qui les accepta sans façon, s'empressa de le rembourser quand il reçut de l'argent de France, mais garda du bon procédé une vive gratitude.

Il est superflu d'ajouter que M. de Beuzeval prenait Vogel au sérieux comme gentilhomme et comme galant homme, et le croyait fort riche, lui ayant vu manier beaucoup d'or...

LVIII

Hermann et M. de Beuzeval, tout en causant, laissaient leurs chevaux marcher l'un à côté de l'autre, très lentement.

Le faux Angélis ne perdait pas de vue la chaussée, et d'un regard rapide explorait les voitures dont la file s'allongeait, interminable.

Les deux cavaliers arrivèrent au Lac.

Le baron allait continuer.

— Vous plairait-il de revenir sur nos pas? — lui demanda Vogel.

— Parfaitement, mais pourquoi ?

— Autour du Lac l'encombrement des équipages est énorme... La personne qui m'intéresse passerait peut-être inaperçue...

— Très bien... — Retournons donc... — répondit M. de Beuzeval en faisant pivoter sa monture.

La conversation s'engagea de nouveau.

A mi-chemin environ entre le Lac et la porte Dauphine, Vogel tressaillit tout à coup et arrêta brusquement son cheval.

— Que vous arrive-t-il ? — s'écria le baron.

L'ex-caissier ne répondit pas.

Il voyait venir, dans la file des voitures qui se dirigeaient vers le Lac, et tenaient par conséquent la droite de la chaussée, la grande calèche vainement poursuivie trois jours auparavant.

La jeune femme et la jeune fille en occupaient encore le fond, mais cette fois les deux enfants ne se trouvaient point sur le devant.

De minute en minute, et pendant une ou deux secondes, la file toute entière s'immobilisait sous un joyeux rayon de soleil qui faisait étinceler le cristal des lanternes, le vernis des panneaux, l'acier des mors et les cuivres ou les argentures des harnais.

Un de ces temps d'arrêt se produisit juste au moment où la calèche se trouvait en face d'Hermann et de M. de Beuzeval, dont la file beaucoup moins compacte des équipages regagnant Paris la séparait seule.

Hermann pensait :

— Je vais trouver un prétexte, bon ou mauvais, pour quitter le baron... — Je lancerai mon cheval entre les voitures, et je veux bien cette fois que le diable m'emporte si je ne suis la piste jusqu'au bout!

Cette résolution prise, il allait l'exécuter.

Un incident imprévu rendit sa démarche inutile.

La jeune femme tourna par hasard les yeux du côté des cavaliers, et son regard distrait s'arrêta sur M. de Beuzeval.

Le baron la salua respectueusement.

Elle rendit le salut par un léger mouvement de tête, accompagné d'un vague sourire, puis ses yeux prirent une autre direction.

La file s'ébranla de nouveau, et des éclairs rapides se croisèrent sur les jantes des roues rechampies de jaune vif ou de rouge éclatan'

Hermann était stupéfait.

— Vous connaissez cette dame? — balbutia-t-il.

— J'ai cet honneur... — répondit M. de Beuzeval. — Une bien belle personne, n'est-ce pas, et merveilleusement distinguée...

— Oui, charmante. . Mais qui est-elle?...

— La comtesse de Rochegude.

Certes, la foudre éclatant à cette minute aux pieds de Vogel aurait produit sur lui une impression moins profonde.

— Suis-je bien éveillé?... — se demanda-t-il.

Puis, tout haut, il répéta :

— La comtesse de Rochegude...

— Sans doute

— Mariée! — s'écria Vogel. — Cette dame est mariée?

— Comment, si elle est mariée? — fit le Parisien d'un ton presque moqueur. — L'aviez-vous prise pour une cocotte, par hasard? — Cela me surprendrait, mon cher comte, car jamais femme plus honnête n'eut un plus angélique et plus chaste visage... Donc je ne comprends rien à votre étonnement. — C'est la première fois sans doute que vous voyez la comtesse?

L'ex-caissier avait eu le temps de se remettre, et ne se dissimulait pas combien son trouble devait sembler inexplicable au baron...

— Oui, — répliqua-t-il, — c'est la première fois, et cet étonnement vous paraîtra naturel lorsque je vous dirai que j'ai connu jadis, ou du moins rencontré une jeune femme qui ressemblait d'une façon prodigieuse à Mme de Rochegude.

— Y a-t-il longtemps de cela? — demanda M. de Beuzeval

— Une dizaine d'années.

— Et, cette rencontre, où a-t-elle eu lieu?

— Ici même. — J'ai passé quelques mois à Paris, en 1859.

— C'était peut-être la comtesse que vous avez vue à cette époque?

— Impossible...

— Pourquoi?

— La personne de qui je vous parle était mariée, et son mari, dont j'ai oublié le nom, n'appartenait point au monde aristocratique...

— Cela ne prouve rien, sinon que ce mari est mort, et justement le comte a épousé une veuve... une jeune veuve de dix-huit ans à peine...

Le cocher arrêta son cheval en face de deux bourgeois qui passaient en causant.

— Peut-être, alors, était-ce en effet la même personne...

— Je le parierais, et dans ce cas la ressemblance n'aurait plus rien qui doive vous surprendre...

— Qu'est-ce que M. de Rochegude, je vous prie?...

— Un grand seigneur dans toute la force du terme... Un homme charmant... Un officier du plus rare mérite, colonel d'un régiment de hussards en ce moment à Provins...

— Le comte n'est point à Paris?

— Non, mais vous pensez bien qu'il y fait de fréquents voyages... — La comtesse ne peut l'accompagner dans ses garnisons, à cause de sa jeune sœur qui vit avec elle, et de ses deux fils...

— M. de Rochegude a deux fils? — s'écria Vogel.

— Un seulement, — répliqua le baron. — Le fils aîné de la comtesse est né du premier mariage... — Le comte paraît l'aimer, d'ailleurs, autant que s'il était à lui...

— Ah ! murmura l'ex-caissier.

Puis, après un instant de silence, il reprit :

— La tenue hors ligne de l'équipage que nous venons de voir annonce une grande fortune...

— Rochegude est très riche, et sa femme aussi, du reste...,— Les deux sœurs ont hérité d'un parent sept ou huit fois millionnaire... Ce qui n'empêche pas le mariage du comte d'avoir été un mariage d'amour... un vrai roman, fort touchant, paraît-il, mais dont on parle peu et dont je n'ai jamais su les détails... — Avez-vous remarqué la jeune fille assise à côté de la comtesse?

— Non... Je ne l'ai pas regardée...

— Elle s'appelle Claire de Cernay... Elle a dix-huit ans tout au plus... Elle est jolie comme les amours... C'est un parti superbe.

— Épousez-la, — dit Hermann avec un rire un peu contraint.

Le baron haussa les épaules.

— Je ne suis pas du bois dont on fait les maris... — répliqua-t-il. — Je me rends pleine justice... —Quelle fille sensée voudrait d'un gaillard qui croque les héritages avec une incorrigible désinvolture?... — Beaucoup trop vieux d'ailleurs pour une enfant si jeune, je me garderai bien de me mettre sur les rangs... — Je serais black boulé et je l'aurais mérité cent fois pour une... — Claire de Cernay, délicieusement jolie et possédant cent cinquante ou cent soixante mille livres de rentes, a le droit de choisir et d'être difficile... Elle est si heureuse chez sa sœur...

— Êtes-vous dans les termes d'intimité avec les Rochegude?... Voyez-vous souvent la comtesse?...

— Je suis dans les termes d'excellente camaraderie avec le comte Lionel... — Quand il est à Paris je vais aux réceptions du jeudi de l'hôtel Rochegude. — En son absence la comtesse ne reçoit que des femmes, mais je la rencontre de temps en temps dans des salons amis... — Elle n'est pas mondaine, la comtesse... — Elle aime son intérieur plus que tout... — Elle ne va dans le monde que pour être agréable à sa sœur... Elle vit dans un luxe commandé par sa grande position et sa grande fortune ; elle a les plus beaux attelages de Paris et tous les diamants de famille des Rochegude... Eh bien! elle préférerait une vie simple, un train modeste... — C'est une femme exceptionnelle en toutes choses, et je doute qu'il ait existé jamais de créature aussi parfaite...

— Avec quel enthousiasme vous en parlez ! — fit Vogel, en accompagnant ses paroles de son même rire qui sonnait faux.

— Ce n'est pas de l'enthousiasme, — répliqua M. de Beuzeval, — c'est une admiration sincère ! — Si vous connaissiez la comtesse, vous diriez comme moi que l'homme à qui elle appartient possède un incomparable trésor, et que Dieu a trop fait pour lui !

L'ex-caissier baissa la tête.

Il avait été l'homme dont parlait le baron, et n'avait ni compris, ni gardé son trésor !

LIX

Hermann Vogel avait atteint son but.

Il venait de retrouver Valentine, et, — chose à laquelle il ne pouvait songer sans stupeur, — de la retrouver mariée !... De la retrouver comtesse de Rochegude !...

Ainsi donc le destin de celle qui jadis portait son nom s'était accompli malgré tout !...

En vain, dans un duel déloyal, il avait blessé presque mortellement l'homme dont l'amour se dressait comme un obstacle entre lui et mademoiselle de Cernay...

En vain il avait employé le mensonge et la trahison pour creuser un abîme entre cet homme et Valentine...

Lui-même, par un simulacre de suicide qui brisait la chaîne de la malheureuse enfant, avait pris soin de combler l'abîme, — et Valentine était la femme de Lionel...

Hermann ne s'attarda point à commenter ces choses ; il entrevit en quelques secondes les conséquences des faits accomplis et le parti qu'il en pourrait tirer, et, ne voulant pas laisser à M. de Beuzeval le temps de remarquer son silence et de s'en étonner, il renoua l'entretien :

— Cher baron, — reprit-il, — tout à l'heure, avec une bienveillance dont je suis touché, vous m'avez dit que vous mettriez volontiers à ma disposition votre expérience de Parisien, pour me rendre agréable le séjour de la grande ville où je compte passer quelques mois...

— Je l'ai dit et je le pensais, mon cher comte ! — répliqua M. de Beuzeval. — Qu'il vous plaise d'oublier le service rendu, soit ; mais moi, l'obligé, je me souviens, et vous me causerez une joie vive en me donnant l'occasion de vous payer ma dette de reconnaissance... — Disposez absolument de moi, je vous en prie... — Ma façon très expéditive et bien connue de volatiliser les héritages successifs que m'envoie mon étoile, m'a donné pas mal de crédit auprès des aimables personnes dont la beauté est le seul capital, et qui font rapporter à ce capital de jolis intérêts... — Vous êtes fort riche, je crois?...

— Oui, fort riche... — répondit Vogel.

— Et naturellement. — continua le baron, — vous voulez dépenser beaucoup, mais vous tenez, comme un homme d'esprit que vous êtes, à n'être dévalisé par ces demoiselles que dans une juste mesure... — Personne ne saurait vous renseigner mieux que moi sur ce qu'il est convenable de subir, et vous montrer le point précis où commence l'abus... Je puis vous donner accès dans certains boudoirs qui, quoique assez mal verrouillés, ne s'ouvrent pas cependant pour tout le monde. — Êtes-vous attiré par les galants aspects du monde où l'on s'amuse? — Désirez-vous que je vous serve de guide parmi les labyrinthes des cythères parisiennes?...

Le faux Angélis secoua la tête.

— Non... — répliqua-t-il en souriant... — pas cela...

— Que voulez-vous, alors? Faites votre carte vous-même!... comme dit Marguerite Gauthier dans la *Dame aux camélias*...

— Le demi-monde est le même un peu partout... — reprit Vogel. — J'ai mis au service de ces dames les plus belles années de ma jeunesse et deux ou trois millions, que je ne regrette point d'ailleurs, mais les joyeuses folies, selon moi, doivent avoir un terme et, si j'osais faire usage d'un mot qui, je crois, n'est plus de mode, je dirais que je suis *blasé*...

— À votre âge! — s'écria M. de Beuzeval.

— D'abord, j'ai tout près de quarante ans... et puis les campagnes comptent double, dans la galanterie comme dans l'armée...

— C'est une affaire de tempérament, — répliqua le baron. — Je ne me blaserai jamais, moi, cher comte, même dans ma plus extrême vieillesse. — Les héritages se lasseront de venir, avant que je me lasse de les dépenser avec les croqueuses de perles...

— Cela prouve que vous serez toujours jeune... — Moi je ne le suis plus, sinon de corps, du moins d'esprit... — Je désire me créer à Paris des relations sérieuses dans un monde élégant qui n'ait rien d'interlope... — J'ai visité hier l'ambassadeur d'Allemagne, très bienveillant pour moi et prêt à m'ouvrir les portes des salons officiels... — Je vous demande de me patronner dans les salons aristocratiques dont votre nom et vos alliances vous donnent l'accès.

— Rien de plus facile... — Je vous préviens seulement que ces salons-là ne sont pas bien gais... — Je n'y vais que par convenance...

— Je ne cherche point la gaieté, je vous le répète, mais la bonne compagnie...

— Eh! bien, c'est entendu... — Si Lionel de Rochegude était à Paris, je vous mènerais chez lui tout d'abord... je vous mènerai ailleurs... — Êtes-vous un célibataire endurci, cher comte?

— Je ne suis point l'ennemi du mariage... — Pourquoi cette question?

— Avec votre position et votre fortune vous pourriez vous mettre sur les rangs pour épouser Mlle Claire de Cernay, la sœur de la comtesse... — reprit M. de Beuzeval.

— Moi? un étranger!!... s'écria Vogel

— Qu'importe? — Vous parlez le français mieux que moi... Vous avez l'air Parisien...

— Oubliez-vous mon âge? — Tout à l'heure, cher baron, vous vous disiez trop vieux pour songer à une jeune fille... et je suis votre aîné...

— Je n'en ai pas la preuve!! — Vous êtes élégant et beau garçon... A votre place je tâcherais de plaire...

— Trêve de folies, baron!...

— Comme vous voudrez, mais mes folies ne sont pas si folles!... — Enfin, dans les maisons où je vous présenterai, vous rencontrerez certainement Mlle de Cernay... — Suivez un bon conseil et prenez garde à votre cœur!... Mlle Claire est bien séduisante...

— Ne craignez rien pour moi... — répondit Vogel en souriant. — Depuis longtemps mon cœur est mort...

— On croit cela, et tout à coup, brusquement, sous un regard de femme, le mort ressuscite... Le charbon mal éteint se rallume et la flamme inattendue jaillit des cendres froides... — Cela s'est vu souvent... — Je n'ai rien de semblable à redouter, moi, grâce au ciel...

— Et pourquoi?

— Je flambe sans cesse...

Hermann accueillit ces paroles par un éclat de rire et la conversation prit un ton léger qu'elle n'avait pas eu jusqu'à ce moment.

Nous n'accompagnerons pas les deux cavaliers dont l'intimité semblait devenir de minute en minute plus étroite, et qui ne quittèrent le bois de Boulogne que pour dîner ensemble dans un restaurant du boulevard.

*
* *

Au point de ce récit où nous sommes parvenus, tout détail ne s'imposant point comme indispensable serait une longueur.

Contentons-nous donc de quelques lignes pour apprendre à nos lecteurs ce qui s'était passé depuis le mariage de Lionel et de Valentine.

Cette tâche, d'ailleurs, sera facile.

« *Heureux les peuples qui n'ont pas d'histoire!!...* » dit un vieux et sage aphorisme qu'on peut appliquer aux familles aussi bien qu'aux nations.

Le bonheur du comte et de la comtesse de Rochegude ne saurait se raconter, car il fut calme autant qu'il fut complet.

Au bout d'une année de mariage un enfant vint au monde ; un fils, qui reçut au baptême le nom de Georges.

Valentine, obéissant à une délicatesse exagérée peut-être, avait offert d'envoyer le petit Armand à la campagne, et de le faire élever au château de Rochetaille...

Lionel n'y voulut pas consentir.

— J'ai promis d'aimer cet enfant autant que s'il était à moi... — répondit-il. — Ce n'étaient point là de vaines paroles... — Je tiendrai ma promesse...

— Ah ! vous êtes bon comme Dieu lui-même ! ! — murmura Valentine avec attendrissement.

Les deux petits garçons grandirent donc côte à côte, sachant qu'ils étaient frères, mais ignorant qu'ils ne portaient point le même nom...

Armand, aussi bien que Georges, appelaient le comte de Rochegude : — *Papa !*

Lionel ne mettait aucune différence dans les baisers qu'il leur donnait, et peut-être l'enfant de Vogel tenait-il dans son cœur presque autant de place que son propre fils...

Il nous paraît superflu d'affirmer que Claire les chérissait également l'un et l'autre.

N'étaient-ils pas tout deux les enfants de sa sœur bien-aimée ?

Pendant ce long espace de dix ans, un seul nuage passa sur le bleu pur du ciel des jeunes époux, une seule douleur vint mouiller leurs yeux.

La comtesse douairière s'éteignit, à la suite d'une courte maladie, dans un âge relativement peu avancé.

Nous savons ce qu'était cette femme si parfaite sous tous les rapports, cette mère incomparable... C'est assez dire combien les larmes données à sa mémoire furent sincères ; mais tout s'efface avec le temps dans la vie, et au bout de trois ans le chagrin profond était devenu une douce et rêveuse mélancolie...

Peut-être quelques-uns de nos lecteurs s'étonnent-ils que Lionel, réunissant à sa fortune énorme la grande fortune de sa femme, n'eut pas donné sa démission et quitté le service...

Sa conduite nous paraît absolument naturelle.

Descendant d'une famille d'épée, ayant des maréchaux de France parmi ses ancêtres, fils d'un père général, Lionel adorait son état, il espérait la guerre et rêvait d'ajouter une illustration nouvelle à la gloire militaire de sa race...

Et, pour réaliser ce rêve, il acceptait tous les sacrifices, même celui de vivre pendant des mois entiers séparé de Valentine...

LX

Tant que la comtesse douairière avait vécu, le jeune ménage s'était contenté du pavillon où nous avons à plus d'une reprise introduit nos lecteurs.

Deux ans après la mort de sa mère, le comte, trouvant Valentine, Claire et les enfants logés trop à l'étroit, avait exigé leur installation dans les grands appartements de l'hôtel. — Valentine, toujours docile, s'était soumise quoique à regret, car elle professait un culte respectueux pour la mémoire de Mme de Rochegude, et la chambre si longtemps habitée par la noble femme lui semblait un sanctuaire dont on ne devait franchir le seuil qu'avec une sorte de pieux recueillement.

Cette chambre était une pièce très vaste, décorée et meublée dans le style Louis XVI avec un luxe quasi royal.

Deux grands tableaux ornaient les boiseries sculptées comme des objets d'art : *La résurrection du Christ*, par Eustache Le Sueur, et un admirable portrait de la comtesse à vingt-cinq ans, par Paul Delaroche.

Aux pieds de l'œuvre de Le Sueur on voyait un prie-Dieu.

En face du portrait se trouvait un immense fauteuil.

Valentine s'agenouillait d'abord pour élever son âme et, s'asseyant ensuite, contemplait longuement l'image presque vivante de la sainte créature qu'elle avait tant aimée.

La chambre à coucher faisait partie d'un appartement complet.

On y arrivait en traversant un grand vestibule et un petit salon. — L'une de ses portes latérales donnait accès dans un immense cabinet de toilette. — Une autre s'ouvrait sur la chambre des enfants, communiquant elle-même avec le petit appartement de Mlle Claire de Cernay.

Le fils d'Hermann et celui de Lionel dormaient ainsi entre leur jeune mère et leur jeune tante...

Ils étaient bien gardés !...

Au moment où nous franchissons le seuil de la chambre Louis XVI, un feu clair pétillait dans la cheminée de marbre blanc digne d'un boudoir de Trianon

Neuf heures sonnaient à la merveilleuse pendule placée sur cette cheminée et dont un éléphant de porcelaine de Saxe supportait le cadran d'émail.

Toutes les bougies de deux candélabres de Frakental soutenus par des amours étaient allumées.

Valentine en toilette de soirée très simple : — une robe de faille d'un bleu pâle, à peine décolletée, — ne portait d'autres bijoux que des boucles d'oreilles de saphir.

Une guirlande de liserons et de volubilis s'enlaçait dans les torsades épaisses de ses cheveux blonds.

Elle agrafait un collier de perles autour du cou nacré de sa sœur.

Claire avait amplement tenu toutes les promesses de son enfance.

La ravissante petite fille de la rue Mozart et du Bas-Meudon était devenue une adorable jeune fille.

Nous avons entendu M. de Beuzeval exalter sa beauté charmante.

Le baron n'exagérait point.

Les qualités morales de Claire ne le cédaient en rien à ses perfections plastiques.

Douce et bonne, simple et modeste, unissant l'intelligence la plus vive à la candeur la plus angélique, elle adorait sa sœur et ses neveux, elle aimait tendrement Lionel, elle avait le fanatisme de la charité.

— Je ne te connais qu'un défaut, ma chérie, — lui disait parfois la comtesse en souriant, — c'est l'amour de la danse... — Si le bal te tournait un peu moins la tête, tu serais parfaite!...

— Que veux-tu, petite sœur, — répondait Claire avec un rire argentin, — la perfection n'est pas de ce monde... et c'est si amusant, le bal...

Mlle de Cernay, ce soir-là, portait une robe de crêpe rose aussi chastement décolletée que celle de Valentine, mais laissant nus jusqu'au-dessus des coudes ses bras blancs, encore un peu grêles quoique d'une irréprochable pureté de forme.

Un double rang de perles noué autour de ses poignets délicats, et le collier dont nous avons parlé, — présent du comte de Rochegude, — lui faisaient une parure d'une sérieuse valeur, mais absolument virginale.

Trois roses mousseuses de la même nuance que sa robe, piquées dans sa chevelure d'un brun fauve, donnaient à son visage de madone une expression piquante.

Les gants, les éventails et les bouquets des deux sœurs étaient placés à portée de leurs mains sur un guéridon en vieux laque du Coromandel.

Les amples pelisses garnies de fourrures attendaient sur le bras d'un fauteuil.

Valentine acheva d'agrafer le collier de perles.

— C'est fini, mignonne, — dit-elle. — Te voilà prête..

— Suis-je jolie ce soir? — demanda Claire naïvement.

— Comme toujours, et tu le sais bien, petite coquette... — répliqua la comtesse.

Puis elle s'assit, ou plutôt se laissa tomber sur un siège, prise d'une sorte de lassitude.

L'expression soucieuse de sa figure était en ce moment fort peu d'accord avec la nuance gaie de sa toilette.

Claire, rectifiant devant la glace un détail minuscule de sa coiffure, ne s'en aperçut pas tout de suite...

Mais, quand elle eut ramené vers la tempe gauche une des roses mousseuses qui s'en éloignait trop, elle regarda sa sœur, et du premier coup d'œil constata l'expression que nous venons de signaler.

Pour l'inquiéter il en fallait moins.

— Valentine, ma chérie, — s'écria-t-elle, — qu'y a-t-il? Es-tu souffrante?...

— Ah ça ! je ne me trompe pas, c'est bien le comte d'Angelis ? — Lui-même, baron.

La comtesse secoua la tête.

— Il y a quelque chose, cependant, c'est positif... — reprit Claire. — Te voilà sombre... — As-tu du chagrin ?...

— Eh ! mignonne, quel chagrin pourrais-je avoir ? — murmura Valentine. — Ne suis-je pas heureuse entre toutes les femmes ?... — Dieu m'a comblée en me donnant mes fils... une sœur comme toi... et un mari comme le mien... — Ah ! si Lionel était ici...

— S'il y était, tu serais joyeuse... — répliqua vivement la jeune fille; —

mais il n'y est pas... et voilà le mal ! — Sois franche avec moi... Lionel, qui te manque sans cesse, te manque aujourd'hui plus encore que de coutume...

— Peut-être... — fit la comtesse. — C'est possible.

— Tu as pourtant reçu ce matin une lettre de lui ?...

— Tu sais bien qu'il m'écrit chaque jour...

— Il ne t'annonçait point de fâcheuse nouvelle ?...

— Te l'aurais-je cachée, ma chérie ?... — Non, Lionel me disait, ce dont grâce à Dieu je ne doute pas... ce dont je ne douterai jamais... qu'il m'aime uniquement et plus que tout au monde...

Bravo ! — s'écria Claire en frappant l'une contre l'autre ses deux petites mains. — Voilà ce qu'un mari doit écrire... voilà ce que m'écrira le mién... quand nous serons séparés, ce qui n'arrivera guère, car je ne le laisserai sous aucun prétexte s'éloigner de moi... — Mais, puisque rien ne va mal, à quel propos cette tristesse soudaine ?...

— Je t'affirme, mignonne, que je ne suis pas triste...

— Chère menteuse, explique-moi donc cette larme qui se suspend comme une perle blonde au bord de tes cils et qui va mouiller ton corsage... — Je veux la sécher avec mes lèvres..

Et mademoiselle de Cernay, s'agenouillant devant sa sœur sur le tapis d'Orient, but la perle prête à tomber.

Valentine lui jeta les bras autour du cou et la pressa contre sa poitrine en bulbutiant :

— Tu as raison... à quoi bon mentir ? — Eh bien ! oui, c'est vrai, je suis triste, mais triste sans motif, et je ne sais pas ce que j'ai... — Instinctivement mon cœur se serre comme à l'approche d'un péril.... — De funestes pressentiments agitent mon esprit... Il me semble qu'un malheur va m'arriver cette nuit...

— Fais dételer ! — s'écria Claire. — Je renonce à mon bal... — Restons ici...

— Et pourquoi rester, chère folle ? — répliqua la comtesse. — Pourquoi te priver d'un plaisir, parce que d'absurdes vapeurs me montent au cerveau ?... — Non, mignonne, je n'accepte pas ton sacrifice... — La marquise de Simeuse et sa fille comptent sur nous... Notre absence, la tienne surtout, les affligerait beaucoup et les blesserait un peu... — La solitude, d'ailleurs, serait un mauvais remède contre les idées noires que la musique, le mouvement des salons et la gaieté d'un bal auront chassées bien vite...

— Quoi, tu veux... — commença Claire.

— Je veux partir... — interrompit Valentine. — Il est temps...

Elle se leva et frappa sur un timbre.

Une femme de chambre parut aussitôt.

— Donnez-nous nos pelisses... — lui dit la comtesse, — et commandez à un valet de pied de faire avancer la voiture,..

LXI

Quelques minutes plus tard les ordres de la comtesse étaient exécutés, et les toilettes disparaissaient sous les fourrures.

La femme de chambre, un flambeau à la main, se tenait prête à précéder dans l'escalier la jeune femme et la jeune fille.

— Je vais embrasser les enfants avant de partir... — dit Valentine.

— Madame la comtesse veut-elle que je l'éclaire?... — demanda la caméριste.

— C'est inutile... une lumière trop vive pourrait éveiller les chéris...

Madame de Rochegude, traversant la vaste pièce, ouvrit avec des précautions infinies la porte de la chambre voisine, que les bougies des candélabres éclairèrent alors d'une lueur douce.

C'était un réduit charmant, tendu, murailles et plafond, d'une cretonne gris perle semée de grandes fleurs aux tons joyeux.

Les deux petits garçons reposaient côte à côte dans des lits jumeaux.

Beaux comme des anges, l'un et l'autre, ils ne se ressemblaient point.

Armand, l'aîné, dont la blonde chevelure bouclait sur l'oreiller comme une auréole, rappelait d'une façon frappante le visage de Valentine.

Georges, beaucoup plus brun que son frère, était le vivant portrait de Lionel.

Endormis dans ces poses gracieuses qui sont naturelles à l'enfance, ils souriaient, les yeux fermés, comme si quelque songe couleur de rose avait visité leur sommeil.

Valentine pendant une seconde se tint immobile en face d'eux, les enveloppant d'un regard charmé que rendait humide une indicible tendresse...

Ensuite, se penchant un peu, elle effleura leurs fronts de ses lèvres, mais si légèrement que l'aile d'un papillon, prise dans ce baiser, n'aurait pas perdu son duvet.

— Au revoir, mes amours... au revoir mes trésors... — murmura-t-elle en revenant sur ses pas, puis s'adressant à Claire, et du geste plutôt que de la voix, elle ajouta : — Viens maintenant...

La voiture, — un grand landau fermé, — attendait dans la cour devant les marches du perron.

Le valet de pied ouvrit la portière et demanda :

— Où va madame la comtesse ?

— Chez madame la marquise de Simeuse... — répondit Valentine.

La marquise de Simeuse, simple comparse de ce récit, était fort grande dame et très riche.

Elle avait une fille unique, à peu près de l'âge de Claire, et non moins charmante que mademoiselle de Cernay.

Les deux jeunes filles s'aimaient tendrement.

Madame de Simeuse habitait, rue de Varennes, un magnifique hôtel appartenant à la famille de son mari depuis des siècles.

Elle recevait beaucoup, avec une grâce parfaite, mais ne donnait jamais ou presque jamais de grandes fêtes où l'on s'étouffe comme dans les raouts officiels.

La soirée à laquelle se rendaient Valentine et sa sœur était, non pas un bal, mais une de ces sauteries presque intimes où quelque fruit sec du Conservatoire fait danser au piano les vierges blasonnées et les belles patriciennes du faubourg Saint-Germain.

Les appartements de réception pouvaient contenir sept ou nuit cents personnes.

La marquise en réunissait rarement plus de cent cinquante ou deux cents.

On avait ses coudées franches, et un souper sans prétention, composé de viandes froides, de terrines de foie gras, de pâtisseries et de vin de Champagne frappé, terminait vers deux heures du matin ces petites fêtes.

Quand la comtesse et Claire firent leur entrée, un peu avant dix heures, une grande animation régnait dans les salons.

Presque tout le monde était arrivé et l'on dansait depuis longtemps déjà.

Mademoiselle de Simeuse, quittant son cavalier fort désappointé et abandonnant le quadrille où elle figurait, courut au devant de son amie pour l'embrasser plus vite.

La marquise, plus grave et plus lente, vint à madame de Rochegude qu'elle tenait en haute estime, lui prit les mains et la fit asseoir auprès d'elle à une place d'honneur.

Le quadrille s'acheva et Valentine fut aussitôt fort entourée.

Tous les jeunes gens sollicitaient l'honneur d'être inscrits sur son carnet de bal pour une valse ou pour une polka.

La comtesse refusait en souriant, mais avec une inébranlable fermeté, en prétextant un peu de fatigue.

Le vrai motif de ses refus, — celui qu'elle ne donnait pas, — c'est qu'en l'absence de son mari elle ne dansait jamais.

L'éclat des lumières et des toilettes, le bruit et le mouvement, produisaient d'ailleurs sur elle l'effet attendu. — Sa tristesse vague et sans cause appréciable se dissipait comme une fumée que le vent emporte. — Les noirs pressentiments ne l'oppressaient plus.

Elle causait gaiement avec Mme de Simeuse.

— Ah! — pensait-elle, — comme j'ai bien fait de venir!

Tout à coup elle reçut dans l'entendement ce coup de cloche mystérieux dont parle Balzac, qui sonne le glas de quelque catastrophe imminente.

Un quadrille venait de finir.

Le piano se taisait.

Les valets de pied circulaient portant des plateaux chargés de rafraîchissements.

La porte du salon s'ouvrit.

L'huissier, — superbe et solennel avec son habit à la française, ses culottes courtes, ses bas de soie, et ses souliers à boucles d'argent, — parut sur le seuil et d'une voix sonore annonça :

— Monsieur le baron de Beuzeval... Monsieur le comte d'Angélis...

Valentine sentit un frisson courir sur sa chair. — Il lui sembla qu'un brouillard passait devant ses yeux.

La marquise se pencha vers la jeune femme.

— Ce nom de comte d'Angélis vous est inconnu, je le parierais? — lui demanda-t-elle.

Mme de Rochegude fit un signe affirmatif.

— Cela ne m'étonne pas, — poursuivit Mme de Simeuse. — M. d'Angélis est un étranger, un gentilhomme poméranien, parfaitement distingué sous tous les rapports, que le baron de Beuzeval, lié avec lui de longue date, m'a présenté l'autre jour et m'a demandé la permission d'amener ce soir... — J'admets difficilement chez moi les nouveaux visages, vous le savez, mais j'ai cru devoir faire une exception en faveur du comte dont le baron répond absolument.

Valentine gardait le silence.

Elle entendait à peine.

Son regard plein d'effarement, rivé sur les nouveaux venus, croyait, comme à travers un nuage, entrevoir un fantôme...

Une effrayante apparition la faisait trembler et pâlir...

Le spectre d'Hermann Vogel, d'Hermann très changé à coup sûr, mais reconnaissable pour elle, lui apparaissait à l'improviste et se dirigeait de son côté.

Graf von Angélis, cependant, n'avait point du tout l'air d'un spectre...

Il était mis avec une excessive recherche et sa physionomie reposée et souriante annonçait un homme bien vivant et très heureux de vivre.

Son habit noir, sorti des mains du premier tailleur de Paris, dessinait sa taille souple. — Le plastron éblouissant de sa chemise se bombait sur sa poitrine découverte par un gilet à un seul bouton. — Son pantalon ajusté moulait ses jambes élégantes.

Toute une brochette de petites croix scintillait à sa boutonnière, et sa main finement gantée jetait avec désinvolture son chapeau claque sous son bras gauche; — un geste emprunté à Bressant, qui faisait encore à cette époque les beaux soirs du Théâtre-Français.

M. de Beuzeval, — gentilhomme de race pure, celui-là, — semblait lourd et presque commun à côté de l'ex-caissier de Jacques Lefebvre.

Les deux hommes traversaient lentement le salon pour se rapprocher de la marquise.

Le baron donnait des poignées de mains à droite et à gauche, et présentait à tous ses amis son Poméranien dont l'aisance parfaite prouvait une grande habitude du monde aristocratique.

— Cher baron, — dit Vogel à son introducteur, en le prenant par le bras pour l'immobiliser un instant, — il me semble reconnaître cette belle personne assise à côté de la marquise de Simeuse... — Mais ma vue est médiocre et je ne puis ici me servir d'un lorgnon... — Je me trompe peut-être...

— Eh! non, pardieu, vous ne vous trompez pas... — Cette personne est, en effet, la comtesse de Rochegude. — Ravissante ce soir, la comtesse, mais étrangement pâle... — On la croirait souffrante.

— Vous me présenterez, n'est-ce pas?...

— Très volontiers, seulement, je vous ai prévenu, la comtesse ne reçoit aucun homme quand le comte n'est point à Paris.

— Peu importe... — Je la rencontrerai dans le monde... — Présentez-moi, j'y tiens beaucoup...

— C'est entendu... — Mais gardez-vous bien, au moins, de vous éprendre de la comtesse... — Ce serait une folie... — Il n'y a rien à faire... rien... rien rien... — C'est une honnête femme dans toute la force du terme... — Pas même coquette, donc imprenable...

— Soyez tranquille! — répliqua Vogel avec un singulier sourire, — je ne deviendrai pas amoureux... — Mon cœur, je vous l'ai dit, est mort depuis longtemps.

Le comte et le baron s'étaient remis en marche.

Une faible distance, désormais, les séparait de Mme de Simeuse, et par conséquent de Valentine...

La jeune femme, prête à défaillir, chancelait sur son fauteuil...

Le professeur de solfège venait de se remettre au piano et commençait une valse langoureuse...

LXII

Il aurait été impossible à Valentine de cacher son trouble. — Elle n'était plus maîtresse d'elle-même et son écrasante émotion grandissait à vue d'œil.

— Mon Dieu, qu'avez-vous?... — lui demanda Mme de Simeuse très inquiète.

— Je ne sais... — murmura la comtesse d'une voix éteinte.

— Vous êtes devenue pâle tout à coup, et maintenant vous semblez près de perdre connaissance...

— Je ne me sens pas bien...

— La chaleur peut-être...

— Oui, peut-être?...

— Voulez-vous quitter ce salon pendant quelques minutes?...

— Je ne pourrais marcher...

La marquise tira de sa poche un petit flacon de cristal bouché à l'émeri.

— Voici des sels anglais très violents, — reprit-elle, — il faut les respirer... C'est souverain contre les défaillances...

Valentine fit un signe affirmatif, approcha le flacon de ses narines, et aspira fortement les émanations de l'alcali volatil.

L'effet produit fut presque immédiat.

La jeune femme poussa un soupir d'allègement. — Un peu de sang revint à ses joues. — Elle reprit la faculté de penser et se dit :

— Je suis folle... — Pourquoi cette épouvante insensée? — Ai-je donc la tête assez faible pour qu'une ressemblance vague, qui n'existe sans doute que dans mon imagination, me fasse autant de mal?... — Si ce n'était triste et douloureux, ce serait ridicule... J'ai honte de moi-même...

Mme de Simeuse suivait avec un intérêt sincère et très vif le rétablissement de la comtesse.

— Cela va mieux, n'est-ce pas? — fit-elle.

Valentine lui sourit en répondant :

— Oui, beaucoup mieux... — Ce n'était point grave... Dans un instant toute trace de ce malaise aura disparu...

— Vous m'avez fait grand'peur, savez-vous...

— Ah! chère madame, pardonnez-moi!... Je ne connais rien de plus absurde que d'être ainsi souffrante au milieu d'une fête...

Mme de Simeuse protesta.

— Oui, — reprit Valentine, — je maintiens le mot... c'est absurde... — Heureusement cette demi-syncope a passé tout à fait inaperçue.

La comtesse se trompait.

Deux personnes au moins, le baron de Beuzeval et Graf von Angélis, avaient parfaitement remarqué la défaillance de la jeune femme.

Naturellement le premier n'en pouvait deviner la cause.

Le second pensait :

— Ma présence inattendue ravive des souvenirs mal éteints... — Le résultat de mon air de famille avec feu de Vogel dépasse toute prévision... Feu Vogel doit être content, il n'est pas oublié!

Les deux hommes avaient fait halte, laissant à Mme de Rochegude le temps de se remettre.

Quand ils la virent, ravivée et souriante, renouer la conversation avec la marquise et lui rendre le petit flacon, ils reprirent leur marche à travers les groupes et, franchissant l'espace qui les séparait de la maîtresse du logis, s'inclinèrent devant elle, puis devant Valentine.

Cette dernière, quoique bien convaincue désormais qu'elle n'avait rien à craindre, éprouvait de nouveau une sensation étrange et pénible.

Son cœur recommençait à battre à coups pressés; elle n'osait regarder en face le compagnon de M. de Beuzeval et, sentant les yeux de cet étranger fixés sur elle, elle frissonnait de tout son corps.

— Madame la comtesse, — lui demanda le baron après avoir échangé quelques mots avec Mme de Simeuse, — avez-vous des nouvelles récentes de Lionel?

- J'en ai tous les matins... — balbutia Valentine.

— C'est juste, j'aurais dû me souvenir que le comte vous écrit chaque jour... — Et les nouvelles sont bonnes, sans cela vous ne seriez pas ici...

— Excellentes... — dit la jeune femme en essayant de sourire.

— Doit-il bientôt venir à Paris?...

— Je l'attends après-demain...

— Pour longtemps?...

— Pour quarante-huit heures...

— C'est bien peu... c'est trop peu... A sa place j'aurais depuis longtemps donné ma démission, mais je suis un désœuvré, moi, un oisif, n'ayant d'autre souci que de passer la vie le plus gaiement possible, tandis que ce cher comte veut être général, ce qui ne tardera pas, puis, qui sait, maréchal de France un jour...

— Pour cela, il faudrait la guerre, — fit vivement Mme de Rochegude, — et que le ciel nous en préserve!

— Ah! — répliqua le baron, — la guerre n'est point à craindre... — Contre qui nous battrions-nous, je vous le demande? — Nous n'avons que des amis en Europe...

— Dieu vous entende! — murmura Valentine. — Si je savais Lionel en péril, je deviendrais folle...

Un silence suivit ces derniers mots.

M. de Beuzeval le rompit.

— Madame la comtesse, — reprit-il, — je vous demande la permission de vous présenter le comte d'Angélis, un vieil ami dont je suis l'obligé...

Surprise de cette présentation brusque à laquelle elle ne s'attendait pas, Valentine ne répondit que par un faible mouvement de tête.

— Je crains que mon ami Beuzeval ne soit indiscret, madame la comtesse, — fit le pseudo-Poméranien, — et je crains surtout de l'être moi-même, mais je lui ai entendu parler de vous et du comte de Rochegude en des termes si enthousiastes, que mon plus vif désir était d'avoir l'honneur de vous être présenté... Voilà notre excuse à tous deux...

Valentine respira plus librement qu'elle ne l'avait fait depuis un quart d'heure.

— Madame la comtesse, je vous demande la permission de vous présenter le comte d'Angelis.

Graf von Angélis venait de prononcer les phrases qui précèdent d'une voix gutturale et avec un notable accent allemand.

Or, feu Vogel avait la voix sonore, bien timbrée, et l'accent parisien, ce qui équivaut à peu près à l'absence de tout accent.

La comtesse s'enhardit jusqu'à lever les yeux sur son front à demi chauve encadré de cheveux argentés, et sans réfléchir qu'un laps de dix ans peut vieillir et presque métamorphoser un homme, elle se dit qu'elle avait été dupe d'une bizarre illusion, où que le Poméranien ne ressemblait en rien à son premier mari.

Le regard n'était point le même...

L'organe différait essentiellement...

Il n'en fallait pas davantage pour la rassurer de façon complète et lui rendre toute sa liberté d'esprit.

— Le baron de Beuzeval est de nos bons amis, monsieur le comte, — dit-elle. — Présenté par lui, vous êtes certain d'avance d'être bien accueilli à l'hôtel de Rochegude, quand mon mari sera là pour vous en faire les honneurs...

Graf von Angélis formulait en termes choisis une phrase de vive gratitude, lorsque Claire, hors d'haleine et un peu étourdie après avoir valsé pendant dix minutes, vint prendre auprès de sa sœur la place que Mme de Simeuse laissait libre en se levant.

M. de Beuzeval présenta le Poméranien à la jeune fille.

Mlle de Cernay attacha sur lui pendant une seconde le regard calme et franc de ses grands yeux limpides, puis elle lui rendit un salut sommaire, accompagné d'une petite moue presque imperceptible et, sans s'occuper davantage de cet étranger, elle se mit à causer à demi voix à Valentine.

L'attitude inconsciemment, mais évidemment dédaigneuse de Claire, ne pouvait échapper à un observateur aussi perspicace que Vogel.

Il fronça le sourcil, s'inclina devant les deux sœurs et, prenant le bras du baron, se perdit avec lui dans les groupes.

— Eh bien! vous l'avez vue? — lui demanda M. de Beuzeval. — Comment la trouvez-vous?

— De qui parlez-vous, cher baron?

— De Mlle de Cernay, la jeune sœur...

— Elle est jolie, mais semble impertinente...

— Bah! laissez donc... C'est une enfant et le plaisir la grise... Elle vous a tourné le dos un peu cavalièrement, parce que vous n'êtes point un danseur et que pour elle, et dans un bal, hors de la danse point de salut...

En même temps Valentine murmurait à l'oreille de Claire :

— Tu viens d'être presque impolie, mignonne, avec cet étranger, sais-tu...

— Quel étranger? le comte d'Angélis?...

— Oui...

— Ai-je été impolie? vraiment, je ne m'en doutais pas, mais c'est à peine si je le regrette... — Ce comte me déplaît au delà du possible...

— Pourquoi?

— Il a le regard fuyant et la mine hypocrite... — Je ne m'y connais guère, mais je crois fermement que c'est un homme dangereux...

— Tu es bien jeune pour juger ainsi...

— Oh! je ne juge pas... — Mon instinct parle, et je l'écoute, et je répète ce qu'il me dit...

LXIII

En quittant, vers une heure du matin, l'hôtel de la marquise de Simeuse, Valentine, quoiqu'elle prît à tâche de se rassurer par une foule de raisonnements très logiques, restait sous une impression pénible.

Elle se sentait fiévreuse et brisée de fatigue, au moral aussi bien qu'au physique.

Pour la première fois de sa vie peut-être elle embrassa Claire presque distraitement; elle se déshabilla seule et, après avoir effleuré de ses lèvres, comme au moment du départ, le front des deux enfants dont rien en son absence n'avait troublé le profond repos, elle se mit au lit et s'endormit d'un lourd sommeil.

Quand elle se réveilla, il faisait grand jour.

Son angoisse vague avait disparu. — Le cauchemar qui l'oppressait s'était éloigné avec les ténèbres... — Elle eut presque un sourire en songeant à sa faiblesse de la nuit précédente.

Dans l'après-midi, le valet de chambre lui présenta sur un plateau de vermeil trois cartes cornées.

— Pour madame la comtesse, pour monsieur le comte et pour mademoiselle Claire... — dit-il. — Ces cartes viennent d'être apportées par la personne elle-même...

Valentine y jeta les yeux et lut :

« Le comte d'Angélis »

Elle prit les cartes et les posa sur la cheminée.

M. de Rochegude, nous le savons déjà, devait venir passer quarante-huit heures à Paris.

Il arriva le lendemain.

Personne n'ignore combien sont impérieuses les exigences du service militaire.

Lionel était un excellent officier dans toute la force du terme. — Ni son grade élevé, ni sa haute situation personnelle, ne lui servaient de prétextes pour se soustraire aux devoirs rigoureux de son état.

Ses visites à Valentine ne se prolongeaient guère et semblaient aux deux époux d'autant plus courtes que les joies de la réunion étaient plus enivrantes et plus rares.

Le soir même, comme il se trouvait en tête à tête avec la comtesse dans sa chambre à coucher, et qu'il causait en s'accoudant à la cheminée, il regarda par hasard les cartes apportées la veille.

— Je ne connais pas ce nom... — fit-il, — qu'est-ce que le comte d'Angélis?

— Un étranger, un Allemand, un Poméranien, je crois... — répondit Valentine. — Il m'a été présenté avant-hier, chez Mme de Simeuse, par son ami intime le baron de Beuzeval qui doit vous le présenter aussi... — L'une de ces cartes est pour vous...

— Ce Poméranien est-il un jeune homme?

— Ni un jeune homme, ni un vieillard...

— Comment cela?

— Age indéfinissable... — M. d'Angélis a des cheveux blancs.

— En somme, l'avez-vous trouvé bien?

— Nous n'avons pas échangé quatre paroles et je n'ai pu me former aucune opinion sur son compte... — C'est évidemment un homme du monde, voilà tout ce qu'il m'est possible de vous dire... — Si vous voulez en savoir davantage, questionnez M. de Beuzeval...

— A quoi bon? — Ces présentations banales amènent rarement des relations suivies... — Il est probable que je ne verrai jamais cet ami du baron, mais je mettrai demain une carte chez lui... c'est mon strict devoir...

M. d'Angélis était venu lui-même à l'hôtel de Rochegude. — Lionel, très formaliste en matière d'étiquette, se rendit en personne au numéro indiqué de la rue Caumartin et déposa sa carte chez le concierge qui lui dit :

— Monsieur le comte est absent pour quelques jours...

Hermann Vogel se trouvait parfaitement chez lui, mais, en prévision de la visite de Lionel, il avait donné la consigne que le concierge exécutait fidèlement.

Les quarante-huit heures écoulées, M. de Rochegude eut la force de résister aux tendres supplications de Valentine et aux entraînements de son propre cœur...

La discipline lui commandait de regagner son poste ; il obéissait sans murmure, sinon sans amertume.

La comtesse, — ainsi qu'elle le faisait à chacun des voyages de Lionel, — voulut l'accompagner à la gare de l'Est.

Il partit pour Provins par le train de huit heures cinq minutes du soir, et Valentine, que cette séparation attristait plus encore que de coutume, regagna seule l'hôtel des Champs-Élysées.

Claire l'attendait avec les enfants.

La présence et les caresses de ces êtres chéris ne parvinrent point à chasser les idées noires de la jeune femme.

— J'aurais dû suivre mon mari... — murmura-t-elle ; — il me semble qu'un malheur menace l'un de nous...

— Rassure-toi, petite sœur, — répondit Claire, — rien n'est menteur comme un pressentiment, et, entre nous, c'est fort heureux... — Si toutes les catastrophes qu'on redoute quand on a mal aux nerfs se réalisaient, où en serait-on, grand Dieu?...

Le lendemain se passa sans amener d'incident fâcheux.

Un télégramme de Lionel annonça que son voyage s'était accompli dans les meilleures conditions.

Le surlendemain fut non moins paisible.

Valentine commençait à se rassurer, et comme Claire elle répétait : — *Rien n'est menteur comme un pressentiment!...*

Chaque jour, vers les deux heures de l'après-midi, lorsque le temps n'était pas trop mauvais, on attelait une paire de chevaux choisis parmi les plus sages de l'écurie, soit à un landau, soit à une grande calèche découverte, et Mme de Rochegude, accompagnée de Claire, conduisait les enfants au bois de Boulogne.

La voiture suivait au pas l'allée des Acacias ou contournait l'hippodrome de Longchamps ; les petits garçons descendaient, et rien n'était charmant comme de les voir jouer, courir et lutter joyeusement, les joues empourprées par l'air vif et pur.

La promenade, presque toujours se prolongeait jusqu'à la tombée de la nuit.

Lorsque Valentine recevait, ou lorsqu'elle était retenue à l'hôtel par quelque autre motif, Claire prenait la physionomie sérieuse d'un mentor auquel incombe une grave responsabilité, et sortait seule avec ses neveux.

Nous avons cru nécessaire de mettre nos lecteurs au courant de ces détails; — ils comprendront bientôt pourquoi.

Le matin du troisième jour qui suivit le départ de Lionel, Mme de Rochegude trouva dans sa correspondance une lettre qui n'arrivait point par la poste et dont l'apparence la frappa.

Ce n'est pas que cette lettre eût mauvaise mine. — Au contraire.

Elle dégageait un parfum léger et tout à fait aristocratique.

Son enveloppe large et carrée était d'un papier anglais satiné, très épais et d'un ton gris perle.

Les caractères évidemment masculins de la suscription se signalaient par de longs jambages un peu raides, d'une physionomie patricienne.

L'ample cachet de cire rouge, aussi correct que s'il sortait des bureaux d'une chancellerie, offrait l'empreinte profonde d'un écusson timbré de la couronne de comte.

Aucune de ces choses ne semblait suspecte, nous le répétons, mais Valentine ne connaissait ni l'écriture de l'adresse, ni les armoiries du cachet...

Or elle se trouvait dans une disposition d'esprit à s'inquiéter de tout ce qu'elle ne comprenait pas... — La chose inconnue, quelle qu'elle fût, devenait pour elle une source d'alarmes combattues vainement.

— Qui peut m'écrire ? — se demanda-t-elle.

Rien n'était plus facile que de sortir d'incertitude à cet égard.

Elle hésita cependant pendant le quart d'une seconde, comme un enfant que trouble la pensée d'ouvrir une porte qui cache peut-être quelque chose d'effrayant, puis, se décidant tout à coup, elle prit sur un petit meuble un stylet mignon, véritable joujou de femme, dont le pommeau d'or était constellé de pierres précieuses, et se servit de la lame d'acier bleuâtre pour trancher la partie supérieure de l'enveloppe.

Cette opération préliminaire accomplie, elle retira de cette enveloppe la feuille de papier épaisse et satinée qu'elle contenait, la déplia d'une main tremblante, et, avant de lire une seule ligne, alla droit à la signature.

Cette signature lui brûla les yeux comme la flamme soudaine d'un éclair incendiant les ténèbres.

Elle tressaillit violemment et ses paupières s'abaissèrent.

Au bas de la lettre, — après une formule respectueuse, — était tracé ce nom :

« LE COMTE D'ANGÉLIS. »

LXIV

Une minute auparavant Valentine se demandait, en face d'une écriture inconnue :

— Qui peut m'écrire ?...

Maintenant elle savait, et c'est avec angoisse que son interrogation muette prenait cette forme nouvelle :

— Que peut-il m'écrire?

La lettre ouverte lui faisait peur...

Un infaillible instinct l'avertissait que quelque chose de terrible allait s'échapper de cette lettre...

Elle souhaitait ardemment en dévorer le contenu...

Elle n'osait pas...

Son irrésolution, d'ailleurs, ne dura que quelques secondes...

Triomphant tout à coup de la frayeur qui la dominait, elle contraignit ses yeux à se fixer sur les lignes régulières de l'inquiétante épître.

Voici ce qu'elle lut :

« Madame la comtesse,

« Si vous avez oublié le nom du plus humble de vos serviteurs, — (ce qui « me semblerait d'ailleurs tout naturel), — permettez-moi de rappeler à votre

« souvenir que j'ai eu l'honneur de vous être présenté il y a cinq jours, chez la « marquise de Simeuse, par mon ami le baron de Beuzeval; ce n'est donc pas « absolument un inconnu qui prend la liberté de vous écrire...

« Je n'ignore point, madame, qu'en l'absence de M. de Rochegude, vous ne « recevez que des femmes.

« C'est là, m'a-t-on dit, une règle absolue et qui ne comporte pas d'excep- « tion.

« J'ai la hardiesse, cependant, de solliciter une audience...

« La plus impérieuse nécessité peut seule expliquer mon audace...

« Cette nécessité existe, et je l'invoque à titre de circonstance atténuante.

« J'ai à vous faire une communication de la plus haute importance au sujet « d'un passé déjà lointain.....

« J'ai à vous révéler un secret d'où dépendent votre repos, votre avenir, « celui du comte de Rochegude et celui de vos deux enfants...

« Daignez donc, madame la comtesse, m'accorder aujourd'hui même un « indispensable entretien, et veuillez faire en sorte que cet entretien ne puisse « avoir de témoins indiscrets...

« Rien de plus facile...

« Je sais que chaque jour, en compagnie de Mlle de Cernay, vous conduisez « vos fils au bois de Boulogne, où je vous ai rencontrée souvent.

« Laissez votre sœur sortir sans vous cette après-midi. — Cela est arrivé « plus d'une fois, donc cela paraîtra tout simple.

« Une demi-heure après le départ de la jeune fille et des enfants, je me pré- « senterai à votre hôtel... — J'ose espérer que vos gens auront reçu les ordres « nécessaires et que je ne trouverai pas porte close... — Non seulement je « l'espère, mais je le crois... Je dirai presque que j'en suis sûr, tant je compte « sur votre bienveillance...

« Si, par aventure, je me trompais, si vous refusiez de m'accueillir, ce serait « une faute grave dont vous regretteriez bien vite et très amèrement les consé- « quences, mais je ne veux rien prévoir de semblable...

« A bientôt donc, madame la comtesse, et permettez-moi de me dire avec « un profond respect et un inaltérable dévouement,

« Le plus humble et le plus soumis de vos admirateurs,

« COMTE D'ANGÉLIS. »

Madame de Rochegude avait lu jusqu'au bout, rapidement, sans s'arrêter, sans sauter un mot.

Quand elle eut achevé, la lettre tomba sur ses genoux.

Ses deux mains éparpillèrent ses cheveux sur son front, par ce geste naturel et tout machinal devenu de tradition au théâtre pour exprimer le désordre absolu de la pensée, et même la folie naissante.

Elle était horriblement pâle. — Elle avait le regard fixe et le visage décomposé.

Pendant quelques instants son immobilité fut complète. — Plus blanche qu'une morte et respirant à peine, elle semblait atteinte de catalepsie.

Le vide se produisait dans son cerveau.

Elle se répétait :

— Je dors, et je fais un rêve affreux !...

Une soudaine contraction de ses traits annonça son retour à la vie réelle.

Deux larmes détachées de ses longs cils roulèrent sur ses joues...

Elle releva la tête et, reprenant la lettre, elle la relut avec lenteur, pesant chaque expression, étudiant le sens de ces phrases venimeuses et polies où la menace se cachait sous le respect comme le stylet d'un assassin sous les plis d'un manteau.

Oui, le comte d'Angélis, imposant une entrevue qu'il prétendait solliciter, menaçait Valentine. — C'était clair, lumineux, indiscutable.

Mais quelle portée avait la menace ? — Que pouvait-il ? — D'où viendrait le danger ? — Sur quelle base reposerait la tentative de chantage à laquelle il allait évidemment se livrer?...

Voilà ce que madame de Rochegude ne pouvait ni comprendre, ni pressentir, et, comme le mystère est toujours effrayant, voilà ce qui lui faisait peur.

Cet homme parlait du passé de Valentine...

La jeune femme n'avait rien à cacher... — Son existence était aussi limpide que le cristal, et Lionel la connaissait tout entière.

De quel secret pouvait dépendre son repos, son avenir, l'avenir de son mari et celui de ses deux fils ?

Il n'y avait aucun secret dans sa vie.

M. d'Angélis mentait donc, et cependant Valentine, sachant qu'il mentait, ne mettait pas en doute l'existence d'un sérieux péril... — Elle sentait ce péril flotter autour d'elle et autour des siens, comme on sent l'électricité répandue dans l'air, sans la voir, par un temps d'orage.

— Il ne faut plus penser... Il ne faut plus chercher... — se dit-elle en se dressant brusquement, — je deviendrais folle... Il faut agir... — Je ne suis plus une enfant craintive qu'on intimide avec des mots... — Je suis femme, je suis épouse et mère, mon devoir est d'être forte, et mon droit est de me défendre... — Je serai forte et je me défendrai...

L'attente et l'incertitude sont d'intolérables supplices.

Valentine résolut d'en finir au plus vite, et décida que ce jour même elle recevrait le Poméranien.

En conséquence, elle chargea sa sœur d'accompagner au bois de Boulogne Armand et Georges et, dès que la jeune fille eût quitté l'hôtel avec les enfants, elle donna l'ordre au valet de chambre d'introduire au salon le comte d'Angélis quand il se présenterait.

Le valet de chambre lui présenta sur un plateau de vermeil trois cartes cornées.

Cette dérogation à la consigne habituelle causa certainement une assez vive surprise au valet, mais il n'en laissa rien paraître et se contenta de demander :

— S'il vient d'autres personnes pendant cette visite, que devrai-je faire?

La comtesse hésita.

M. d'Angélis réclamait une solitude absolue ; mais n'ouvrir la porte qu'à lui semblerait à coup sûr étrange et compromettant.

Aussi répondit-elle presque aussitôt :

— Je recevrai tout le monde...

Le valet de chambre sortit.

Valentine se regarda dans une glace.

— Comme je suis pâle!... — murmura-t-elle. — Cet homme va venir... je ne veux pas qu'il croie que sa présence me fait peur...

Passant alors dans son cabinet de toilette elle étala un peu de rouge sur ses joues, mais en plein épanouissement de fraîcheur et de jeunesse et n'ayant point l'habitude d'employer des fards inutiles, elle outra la dose et ne réussit qu'à donner à son visage une expression fébrile.

Ensuite elle se rendit au salon.

Elle y entrait à peine lorsque résonna le timbre de l'hôtel annonçant un visiteur.

— C'est lui... — se dit la jeune femme.

Pendant quelques secondes son cœur cessa de battre et sa respiration s'arrêta.

Au bout d'un temps très court, mais qui lui suffit pour se remettre, le valet de chambre parut sur le seuil et annonça :

— Monsieur le comte d'Angélis....

Puis il se retira en fermant la porte derrière lui.

LXV

Debout auprès de la cheminée, absolument calme et maîtresse d'elle-même, Valentine attendait.

Hermann Vogel, tenant de la main gauche sa petite canne à pomme d'or et son chapeau à coiffe blanche, fit quelques pas, s'inclina profondément, avec la correction respectueuse d'un diplomate en visite chez la femme d'un ambassadeur, et franchit la distance qui le séparait de Mme de Rochegude.

Il souriait, mais l'expression de son sourire était singulière.

Valentine, d'un geste vague, sembla l'inviter à prendre un siège.

Il salua pour la seconde fois et s'assit sans prononcer une parole.

Mme de Rochegude fit appel de nouveau à toute son énergie.

— Vous m'avez écrit, monsieur, — dit-elle, — et quoique votre demande me parût insolite, je n'ai pas cru devoir l'accueillir par un refus... — Les termes de votre lettre étaient si pressants et si mystérieux qu'ils ont piqué ma curiosité, je l'avoue... — Je suis prête à vous écouter, mais, vous le comprenez aussi bien que moi, cet entretien ne saurait être long... — Parlez donc... — Qu'avez-vous à m'apprendre?...

— Madame la comtesse, — répliqua Vogel, — permettez-moi de vous témoigner d'abord ma vive reconnaissance... — Je vous remercie mille fois d'avoir agréé ma requête, et surtout d'avoir écarté les témoins indiscrets d'un entretien que nul ne doit entendre...

Valentine prêtait l'oreille en frémissant. — A mesure que parlait son interlocuteur elle sentait renaître l'angoisse effroyable éprouvée par elle quelques jours auparavant chez la marquise de Simeuse.

Il suffira d'un mot pour expliquer cette angoisse

Le visiteur n'avait plus l'organe guttural et l'accent tudesque qui donnaient au personnage du comte d'Angélis un cachet tout particulier.

Il venait de s'exprimer comme un Parisien pur sang.

— Cette voix... — balbutia la comtesse, — cette voix, mon Dieu !... cette voix...

Les lèvres de Vogel ébauchèrent un sourire.

— Ce n'est pas la première fois que vous l'entendez, n'est-ce pas? — demanda-t-il ensuite.

— C'est celle d'un homme qui n'existe plus... — murmura la comtesse avec égarement.

— Un homme à qui, peut-être, vous daigniez vous intéresser? — reprit Hermann.

— Toujours... toujours cette voix... — s'écria Valentine... — Vous me faites peur, monsieur !... — Je rêve ou je deviens folle... — Les morts sortent-ils du tombeau ?

— Entre nous, j'en doute un peu, madame la comtesse ; — répliqua le faux Angélis en riant, — et d'ailleurs, s'il faut en croire les légendes de tous les temps et de tous les pays, les trépassés qui reviennent sur la terre sont des êtres immatériels, de purs esprits, des larves, des fantômes... — Or, je me crois vivant, très vivant, et l'on m'étonnerait beaucoup en m'affirmant que j'ai l'air d'un spectre...

— Cette incertitude est horrible, — pensait Mme de Rochegude. — Il faut en sortir à tout prix... — Je veux savoir, je veux être sûre...

Puis, levant les yeux sur Hermann à demi renversé sur son fauteuil et souriant, elle reprit avec une apparente fermeté qui cachait une immense défaillance :

— Vous m'avez écrit au nom des souvenirs d'un passé odieux... — Vous m'avez parlé d'un secret menaçant l'avenir de ceux qui me sont chers... — Que savez-vous de ce passé? — Que vous importe cet avenir? — Qui êtes-vous, enfin ?

— Eh ! madame la comtesse,— répliqua Vogel,— depuis notre rencontre chez la marquise de Simeuse, vous luttez de toutes vos forces contre votre mémoire, et vous luttez en vain !! — Le soir de cette rencontre, malgré dix ans passés, dix ans qui n'ont fait que glisser sur vous, mais dont je porte la rude empreinte, vous m'avez reconnu... — Votre défaillance soudaine en était la preuve irrécusable... — M'a-t-il suffit de modifier ma voix, de changer mon accent, pour ébranler votre certitude?... — Permettez-moi de n'en rien croire... — Regardez-moi donc bien en face, de près et les yeux dans les yeux, et je vous défie, Valentine, de me demander encore qui je suis !

En même temps la figure d'Hermann reprenait cette expression de fatigue, d'ennui, de brutalité, si souvent et si douloureusement remarquée par la jeune femme, au Bas-Meudon, pendant les terribles derniers mois de l'existence commune.

— C'est lui! — balbutia Mme de Rochegude en joignant ses mains tremblantes. — Seigneur... Seigneur mon Dieu, prenez pitié de moi!... C'est lui!...

— Oui, chère madame, c'est parfaitement moi, — répondit Vogel, — et je constate que vous ne paraissez pas le moins du monde enchantée de me revoir...

Valentine entendait à peine.

Elle était foudroyée, littéralement. — Elle se sentait perdue. — Un anéantissement presque complet ne laissait de place en son âme que pour la souffrance, une souffrance aiguë, poignante, inexprimable, et elle répétait à demi-voix, sans même savoir que ses lèvres articulaient des sons :

— Vivant!... il est vivant!...

— Oui, mordieu! — reprit Vogel. — Bien vivant, je vous assure, et fort disposé à vivre longtemps... Je n'ai jamais songé sérieusement à mourir...

— Mais cette déclaration de suicide, écrite et signée de votre main!... — murmura Valentine...

— Une simple comédie... ou plutôt tragi-comédie...

— Ce cadavre qu'on a pris pour le vôtre?...

— Celui d'un homme avec qui je venais d'avoir une discussion très orageuse...

— Et que vous avez assassiné!... — fit la comtesse glacée d'horreur.

— Ah! chère madame, le vilain mot et l'abominable pensée!... — répliqua vivement Hermann. — Il n'y eut point assassinat, il y eut duel...

— Duel sans témoins, alors?...

— Avec un témoin, et ce témoin existe ; il est à Paris tout à ma disposition, et il affirmera quand je le voudrai la loyauté parfaite du combat en question...

Après un silence d'un instant, l'ex-caissier continua :

— Au moment de notre séparation, les circonstances étaient critiques pour moi... singulièrement critiques... — La justice me recherchait par erreur... (ces coquins de gens de loi n'en font jamais d'autres!...) Une si fâcheuse erreur me mettait en péril...

— Une erreur, dites-vous!! — interrompit Valentine...

— Oui, certes!

— Osez-vous donc prétendre qu'en vous poursuivant comme faussaire on vous calomniait?...

— Assurément, je l'ose!!! — J'étais dupe du faussaire... sa première dupe...

— Vous étiez son complice! — C'est vous, monsieur, vous seul, qui mettiez en circulation les traites fausses... — Je le sais bien, moi qui les ai payées...

Vogel s'inclina.

— Ah! — dit-il, — vous avez payé?...

— Il fallait à tout prix sauver l'honneur de votre nom...

— J'en suis reconnaissant... — C'est un compte à régler entre nous... — Nous le réglerons, n'en doutez pas, et au mieux de vos intérêts!... Je reprends : — Pour me soustraire à des poursuites désobligeantes, je fus contraint de m'expatrier... — Au bout de quelques mois j'envoyai aux informations... — J'appris que la justice ne songeait plus à moi... — Ignorant que vous aviez désintéressé le banquier Jacques Lefebvre, je dus croire et je crus que messieurs les gens de loi avaient reconnu, quoique un peu tard, qu'en s'attaquant à moi ils faisaient fausse route. — Je rentrai en France, je revins à Paris, et je courus au Bas-Meudon...

Hermann, en grand comédien qu'il était, sut donner à son visage mobile une expression sentimentale et poursuivit d'une voix attendrie :

— Mon cœur battait d'espoir et d'amour... J'allais vous retrouver... quelle ivresse!... — Ah! je vous aimais bien...

— Non, vous ne m'aimiez pas! — interrompit de nouveau Valentine en haussant les épaules. — Vous ne m'aviez jamais aimée!...

— Pourquoi donc vous ai-je épousée?

— Parce que j'étais la nièce de Maurice Villars, que vous saviez millionnaire, et que vous comptiez sur son héritage! C'est pour cela, et pour cela seulement, que vous avez fait de moi votre femme!...

Hermann ébaucha un geste de découragement.

— Ainsi, — murmura-t-il, — en moi tout vous semble suspect! Mes actes, mes paroles, et jusqu'à mes pensées, vous incriminez tout!! — A présent comme jadis, je me heurte contre un parti pris de défiance aveugle!! — C'est profondément triste!... Dieu sait que vous me jugez mal, mais je vous le pardonne!... — Oui, Valentine, je vous aimais, et d'ailleurs, au moment de ma fuite, n'alliez-vous pas me donner un enfant!... — Je jouissais d'avance de votre surprise et j'osais croire à votre joie...

Hermann baissa la tête, et d'une voix lente et comme brisée continua :

— Hélas! au lieu de la joie rêvée, une cruelle déception m'attendait!... — Je reçus un coup si rude que je faillis y succomber... — Vous aviez quitté brusquement le Bas-Meudon le lendemain de mon départ, et c'est en vain que je cherchai vos traces!... — Je versai des larmes amères ; je maudis l'existence où désormais j'allais me trouver seul, et j'appelai de toutes mes forces la mort qui ne m'obéit pas! Pendant dix ans j'ai vécu comme une âme en peine, continuant mes vaines recherches, vous attendant sans cesse et vous espérant toujours...

LXVI

Hermann Vogel avait prononcé d'un ton mélancolique et passionné les dernières phrases que nous venons de reproduire.

Il fit semblant d'essuyer une larme et poursuivit:

— Oui, les souffrances que j'ai subies attendriraient un cœur de rocher... Mais à quoi bon parler de ces choses?... — Le passé n'est qu'un mauvais rêve... J'oublie les chagrins évanouis... mon étoile brille au ciel de nouveau et l'avenir redevient radieux pour moi, puisque je vous aime toujours et que je vous ai retrouvée...

Ayant ainsi parlé l'ex-caissier se tut et fixa sur Valentine un regard étincelant.

La jeune femme demeurait muette. — Elle semblait changée en statue.

— Chère madame, — reprit Hermann avec un accent presque railleur, — le silence a son éloquence, du moins les chansons l'affirment, mais je craindrais fort de tomber en quelque grave erreur si j'essayais d'interpréter le vôtre... Est-ce la joie de me revoir qui vous immobilise ainsi?...

Le cynisme inouï de cette question arracha violemment Valentine à sa torpeur douloureuse.

— Cessez, — balbutia-t-elle, — cessez une comédie odieuse qui ne saurait nous tromper une minute... — Vous avez tendu volontairement le piège dans lequel je suis tombée il y a dix ans!... — Ce n'est pas seulement la justice que vous vouliez abuser, c'est moi, et vous avez combiné tout pour me faire croire à votre mort!!

— Quand cela serait? — demanda Vogel avec impudence.

— Cela est. — Osez-vous le nier?

— Eh bien! oui, cela est, et vous me devez des actions de grâces, après tout, car vous rendre veuve c'était vous rendre heureuse, et les larmes versées sur moi n'ont pas terni l'éclat de vos yeux! Vous faisiez profession à mon endroit d'une tendresse modérée!...

— Je connaissais mes devoirs d'honnête femme... — je m'efforçais de les remplir... — je souffrais sans me plaindre, vous le savez bien... — Votre retour est un coup de tonnerre... il me brise... il me tue...

— A la bonne heure! — s'écria Vogel avec un ricanement, — à la bonne heure! voilà de la franchise!...

— Eh! monsieur, — répliqua Valentine emportée par son indignation, — puis-je éprouver pour vous autre chose aujourd'hui qu'une haine sans bornes et qu'un profond mépris?... — Vous me faites horreur!... — Votre existence n'est qu'un long tissu de mensonges et d'infamies! — Un crime nous avait unis, un crime nous a séparés... — Pourquoi êtes-vous ici? — Que voulez-vous? qu'attendez-vous de moi?

— Je vous ai dit que je vous aimais ! ! ! — Ce que j'attends, ce que j'espère, ce que j'exige, c'est un rapprochement...

La comtesse frissonna.

— Un rapprochement ! — répéta-t-elle. — Un rapprochement entre nous !... — Vous savez bien que c'est impossible !...

— Impossible? — Allons donc ! — Nous sommes unis devant Dieu et devant les hommes par des liens indestructibles...

— Ces liens maudits n'existent plus!... Vous les avez brisés vous-même en vous faisant passer pour mort...

— Vous parlez comme une enfant, ma chère, et vous prenez vos rêves pour des réalités. — Le mariage est indissoluble aussi longtemps que les époux vivent, la loi le veut ainsi. — Or, vous avez la preuve que je suis bien vivant.

— Je possède votre acte mortuaire et j'ai dû le produire pour la célébration d'un second mariage.

— Erreur ne fait pas compte, et mon acte mortuaire ne prouve pas que je sois mort... — Certes vous étiez de bonne foi, je ne prétends point le contraire, mais vous n'en êtes pas moins ma femme...

Valentine cacha dans ses mains son visage plus blanc qu'un marbre une seconde auparavant, et que maintenant le feu de la honte empourprait.

— Votre femme... — balbutia-t-elle. — Non ! cent fois non !... — je suis la comtesse de Rochegude...

— Vous êtes madame Vogel, et rien que madame Vogel... — Votre second mariage est nul... Vous avez deux enfants, mais vous n'avez qu'un fils légitime, e mien, celui qui doit porter mon nom... l'autre n'est qu'un bâtard...

Les sanglots de la pauvre femme éclatèrent.

Son cœur bondissait dans sa poitrine comme un oiseau captif qui veut briser sa cage. — Elle se tordait les mains.

Hermann laissa pendant quelques minutes un libre cours à cet effrayant désespoir, puis, lorsqu'il lui sembla que la crise diminuait d'intensité, il reprit :

— A quoi bon ces gémissements et ces larmes ? — On ne lutte pas contre les faits accomplis... — Soumettez-vous à ce qui est irrévocable... — Maudissez ma résurrection, je le veux bien, mais acceptez-la...

— Eh, bien ! non ! — répliqua Valentine en relevant la tête. — Je ne l'accepte pas !

— En vérité?... — fit Vogel ironiquement.

— Vous mentez à présent comme vous avez menti toujours ! — Vous tentez de vous imposer à moi par l'épouvante !... — Je nie vos droits ! j'engage la lutte !... Je ne vous connais pas et je vous ordonne de sortir ! !

— Et si je refuse? — demanda l'ex-caissier.

— Je sonnerai mes valets et je leur dirai : « *Cet homme m'insulte! Délivrez-moi de lui!* » Que ferez-vous alors?...

— Je céderai à la force aujourd'hui, pardieu! c'est tout simple... Mais ne triomphez pas trop vite. — Demain, j'aurai ma revanche...

— Et comment?

— Je pourrais vous le taire... je veux bien vous l'apprendre... — Je m'adresserai à la justice...

— A la justice, vous!

— Parfaitement.

— Vous avez tout à craindre d'elle, vous le savez bien...

— Je n'ai rien à craindre... — En admettant l'existence de certaines peccadilles au sujet desquelles on aurait pu m'inquiéter jadis, — (peccadilles que je nie de toutes mes forces!) — dix ans et plus se sont écoulés... Il y a prescription... Je suis blanc comme neige et je puis déposer ma carte de visite chez le procureur impérial sans le moindre danger... — J'entame un procès... — Je mets en cause M. de Rochegude et vous-même... — Je m'inscris en faux contre l'acte de décès porté mal à propos sur les registres de l'état-civil du Bas-Meudon, je prouve mon existence, je réclame ma femme et mon fils, et, comme la loi est la loi, on ne peut refuser de me les rendre...

— La loi serait donc bien infâme!! — s'écria Valentine.

— Infâme? — répéta Vogel en riant. — Et pourquoi cela, s'il vous plaît? — Elle se montrera juste, au contraire, en restituant à César ce qui est à César...

— Je ne veux pas vous croire! — Si vous aviez l'audace d'intenter cet abominable procès, ce serait pour le perdre...

— Soit! — Modifions le dénouement puisque cela vous est agréable, et supposons que contre toute vraisemblance, contre toute équité, les juges vous donnant gain de cause et, annulant la première union, vous laissent au second époux... — Vous admettez cela, je pense?

— Certes!..

— Quel immense tapage fera cette affaire, reproduite et commentée par des journaux sans nombre, et destinée à tenir sa place dans les recueils des causes célèbres! — Traduit en toutes les langues, ce procès retentira dans l'Europe entière! — Que dis-je, l'Europe? — Il ira plus loin encore, il accomplira le tour du monde et deviendra légendaire...

— Mon Dieu... mon Dieu!... — balbutia Valentine.

Hermann continua :

— Que pensez-vous de l'éclat ajouté par ce bruit infernal au beau nom de Rochegude? — Que pensez-vous de la joie du comte, possesseur, à la face de l'univers, d'une femme dont le premier mari se porte à merveille?... — Sup-

— Que diable faites-vous du matin au soir, vêtu comme un prince et courant la ville?

posez-vous que son amour, dont vous vous sentez si sûre, et dont sans doute vous êtes si fière, puisse survivre longtemps à cette catastrophe?... — Vous ne répondez point, chère madame, et bien vous faites, car vous sentez que j'ai cent fois raison et qu'entre M. de Rochegude et vous tout sera fini sans retour. — Quant à mon fils, je n'en parle pas... — La question, en ce qui le touche, est indiscutable... — La loi, les hommes et Dieu lui-même, seraient impuissants à me l'enlever... Rien ne peut m'empêcher de le prendre, puisqu'il est à moi, de l'élever à mon école, de le former à mon image ; en un mot de le rendre digne de son père...

Dans l'état où se trouvait Valentine, il semblait qu'aucune souffrance ne pût s'ajouter à son immense douleur.

Et pourtant la dernière menace d'Hermann lui fit une nouvelle blessure, la plus cuisante peut-être de toutes.

Un frisson courut sur sa chair... — Son âme se révolta. — Un flot d'énergie ravivée lui permit de relever la tête, de regarder Vogel en face et de lui dire avec une suprême énergie :

— Vous croyez avoir tout prévu, monsieur !... — Vous vous trompez...

— Ai-je donc par hasard oublié quelque chose ? — demanda le misérable

— Oui...

— Alors poussez la courtoisie jusqu'à me venir en aide, chère madame, car j'ai beau chercher... — Parole d'honneur, je ne trouve rien...

— Vous avez oublié que je pouvais mourir !... — Moi morte, vous êtes vaincu !

LXVII

— Moi morte, vous êtes vaincu !... — avait dit Valentine avec l'accent d'une résolution farouche à laquelle il fallait ajouter foi.

Pendant quelques secondes Hermann sembla déconcerté, et le fut en effet, mais un sourire sceptique ne tarda point à crisper ses lèvres.

— Chère madame, — répliqua-t-il, — voilà d'inutiles paroles... — Vous ne me persuaderez jamais que vous songiez sérieusement à vous réfugier dans la tombe.

— Pourquoi donc ? — demanda la jeune femme. — Vous qui me connaissez, croyez-vous par hasard que j'ai peur de la mort ?

— Oh ! je vous crois tous les courages ! mais, comme vous le dites, je vous connais, je vous sais chrétienne, et j'ai la certitude qu'au moment d'attenter à votre vie vous réfléchirez que le suicide est un crime, et vous n'irez pas jusqu'au bout...

— Vous vous trompez ! — s'écria Valentine dont l'exaltation grandissait. — Il est des crimes que leur but rend presque sacrés, et je compte sur l'infinie miséricorde de Dieu, qui est un père en même temps qu'il est un juge... — Je ne reculerai point et je n'hésiterai pas... — Je suis prête à faire non seulement le sacrifice de ma vie, mais celui de mon salut, au repos de ceux que j'aime ! !

— C'est du fanatisme, cela ! !

— Non, monsieur, c'est du dévouement...

Les yeux de Valentine étincelaient. — Les rayonnements d'une flamme intérieure illuminaient son visage pâle et le rendaient splendide.

Elle avait l'air d'une jeune martyre allant d'un pas ferme au supplice en proclamant sa foi.

Hermann n'était pas homme à se laisser détourner du but, mais il sentit que, loin de marcher à ce but, en ce moment il faisait fausse route.

Aussitôt, avec la prodigieuse souplesse d'un esprit fertile en expédients, le misérable changea ses batteries.

Il sut donner à son visage mobile une expression douloureuse.

— Ainsi, — murmura-t-il, — entre la mort et moi, vous choisiriez la mort?

— J'espère que vous n'en doutez pas!...

— Et vous me supposez capable de prononcer l'arrêt et de vous contraindre à l'exécuter?...

— L'expérience du passé éclaire de tristes lueurs le présent et l'avenir... — Je vous crois capable de tout, vous l'avez trop prouvé!...

— Valentine, vous me jugez mal! — reprit Hermann, après un silence, d'une voix lente et mélancolique. — Certes, je ne vaux pas grand'chose, mais je vaux cependant mieux que vous ne pensez... — En sollicitant cette entrevue j'avais, il est vrai, l'intention formelle de vous contraindre par tous les moyens à revenir à moi... — Cette intention n'existe plus... — Votre désespoir m'a touché, en même temps que votre résolution terrible m'épouvantait... — Je vois que vous arracher au bonheur présent serait littéralement vous tuer... — A quoi me servirait d'être votre bourreau? — Vivez donc, Valentine, vivez heureuse, vivez tranquille... — Vous n'avez, désormais, rien à craindre de moi...

Mme de Rochegude regardait Vogel avec des yeux agrandis par la stupeur.

Elle entendait bien ses paroles, mais elle ne pouvait y croire, tant un si grand et si brusque changement lui semblait incompréhensible.

— Est-ce vrai, cela? — balbutia-t-elle, — est-ce bien vrai?

— Je vous le jure.

— Si vous êtes sincère, je vous pardonne du fond du cœur tout ce que j'ai souffert par vous, et je demande à Dieu de vous pardonner comme je le fais...

— Je suis sincère... vous en aurez la preuve...

— Et mon fils aîné... — murmura la jeune femme, reprise tout à coup d'une grande angoisse, — mon fils aîné... le vôtre... vous me le laisserez, n'est-ce pas?

— Que ferais-je de cet enfant? — répondit vivement Hermann. — Pour lui je ne suis rien... — Il ignore mon existence... — Il ne saurait m'aimer... — Il est mille fois mieux dans vos mains que dans les miennes... — Gardez-le donc et ne tremblez plus... — Non seulement je vous le laisse, mais encore je renonce pour l'avenir à tous mes droits sur lui... — A partir de cette heure l'ex-caissier Vogel est bien mort... — La comtesse de Rochegude peut dormir en paix ! — Vous le voyez, madame, le sacrifice est absolu et vous pouvez être contente de moi...

Valentine, dans sa détresse, avait un tel besoin de croire et d'espérer, qu'en écoutant Hermann parler ainsi elle ne conserva ni doute, ni défiance.

Elle se sentit revivre.

Un flot de reconnaissance inonda son âme.

— Ah ! je vous crois ! — s'écria-t-elle. — Je vous crois et je vous bénis ! — Dieu vous avait fait bon... — Votre cœur redevient ce qu'il était jadis !... — Vous venez de chasser mes terreurs et de rendre le repos de mon âme... — Cela vous sera compté ! — Une noble action efface bien des fautes... — Votre avenir, je l'espère de toute mon âme, rachètera votre passé...

— Je l'espère comme vous, madame, et j'y compte...

— Jusqu'à mon dernier souffle, — reprit Valentine, — je me souviendrai qu'il a dépendu de vous de briser mon bonheur, et que vous ne l'avez pas fait... — Je prierai chaque jour pour vous, et, si Dieu daigne exaucer mes prières, vous serez heureux...

— Votre voix est celle d'un ange. — Comment Dieu ne l'écouterait-t-il pas ?

Puis Hermann, quittant son fauteuil, reprit avec un redoublement d'hypocrisie :

— Nous sommes au moment de nous séparer de nouveau, madame la comtesse, ET POUR TOUJOURS ! — il appuya sur ces trois mots. — Refuserez-vous de me tendre la main en signe de pardon et d'oubli ?

— Oui, monsieur... — répondit fermement Valentine, — je refuserai.

— Et pourquoi, puisque nous ne sommes point ennemis ?... — murmura l'ex-caissier.

— J'ai pardonné, vous le savez bien, et l'oubli du passé est déjà dans mon âme... — Mais ma main ne m'appartient plus et ne doit point toucher la vôtre...

— Que votre volonté soit faite... — murmura Vogel en feignant d'étouffer un soupir. — Adieu, madame !... que Dieu vous protège ! ! — Ah ! je possédais un inestimable trésor et je l'ai follement perdu !... — J'ai commis de grandes fautes et j'en suis puni, c'est justice !... L'expiation est cruelle, mais elle est méritée... — Adieu encore... adieu pour toujours...

— Adieu, monsieur... — fit la comtesse d'une voix faible.

Après s'être incliné respectueusement, le faux comte d'Angélis quitta le salon en jouant, pour la seconde fois, la comédie d'essuyer ses yeux.

A peine avait-il refermé la porte derrière lui que Mme de Rochegude, profondément émue, gagna son oratoire et, se laissant tomber à genoux devant le grand christ d'ivoire, éleva son âme en un cantique d'actions de grâces, tandis que d'abondantes larmes, qui n'étaient point sans douceur, inondaient son visage.

Pendant ce temps, Vogel rejoignant la voiture qui l'avait amené, pensait :

— Ce n'est pas un *adieu* qu'il fallait nous dire, madame la comtesse, car le jour est proche où nous nous reverrons... — Ce jour-là nous ferons ensemble un marché... — Je vous vendrai le repos qu'aujourd'hui vous croyez follement que je vous donne ; je vous le vendrai ce qu'il vaut, par conséquent fort cher, et vous payerez sans marchander !... — J'ai fait tout à l'heure un coup de maître... — Mon désintéressement superbe, mon apparente générosité, changent pour vous en paroles d'évangile mes premières menaces dont la réalisation serait impossible... — Je puis désormais parler en maître absolu... — Vous croirez tout et ne discuterez rien...

*
* *

Laissons s'écouler un intervalle de quelques semaines et prions nos lecteurs de franchir avec nous le seuil du petit entresol meublé qu'occupaient, rue Caumartin, Graf von Angélis et son fidèle Fritz, c'est-à-dire Hermann Vogel et Charles Laurent.

Cet entresol se composait d'une antichambre microscopique, d'une salle à manger grande comme la main, d'un salon et d'une chambre à coucher.

Le salon étant la plus belle pièce de l'appartement et la moins utile, puisqu'on ne recevait personne, Hermann en avait fait sa chambre en y mettant le lit.

L'ex-Lorbac couchait sur un canapé.

Les deux hommes ne dînaient jamais chez eux.

Un restaurateur du voisinage leur envoyait chaque matin un déjeuner modeste, qu'ils expédiaient en cinq minutes sur la table ronde du salon.

Charles Laurent avait métamorphosé la salle à manger en atelier. — C'est là qu'il gravait avec une infatigable persévérance les plaques de cuivre destinées à inonder de faux billets la France, l'Europe et le monde.

Le travail était long et difficile, car il s'agissait d'arriver, non à une imitation plus ou moins réussie, mais à la perfection absolue...

Charles Laurent se prétendait sûr d'obtenir un résultat si complet que la Banque elle-même, trompée la première, échangerait sans défiance à ses guichets des rouleaux de bon or contre les billets de mauvais aloi.

Il comprenait bien qu'il lui faudrait dépenser beaucoup de temps et beaucoup de travail avant d'atteindre son *desideratum*, mais, soutenu par l'espoir du succès, il ne se décourageait pas et maniait le burin dix heures par jour, tandis qu'Hermann Vogel allait à ses affaires ou à ses plaisirs.

— Savez-vous, cher ami, — lui dit-il un jour en riant, — que, lorsque j'aurai réussi, vous deviendrez millionnaire sans vous être donné beaucoup de mal pour cela ! ! — *Vous vous la passez douce !...* — Que diable faites-vous du matin au soir, vêtu comme un prince et courant la ville ?

— Vous le savez bien... — répondit Hermann. — Je cherche ma femme...

— Et vous ne la trouvez pas?

— Non...

— Êtes-vous au moins sur la trace

— En aucune façon... — Nul indice ne vient me guider dans le labyrinthe, et je commence à désespérer.

— Tant pis! Il y avait là des capitaux sérieux dont j'aurais eu ma part...

— Oui, certes! — s'écria Vogel, — et je vous l'aurais faite très ample!! — — Nous ne sommes pas seulement des intimes, nous sommes des frères!!... C'est en frères que nous aurions partagé!!...

LXVIII

Hermann Vogel et Charles Laurent n'avaient point de domestiques.

Le concierge de la maison se chargeait de mettre en ordre leur appartement et les deux hommes le payaient de façon très large afin de bien lui prouver que, s'ils se passaient de serviteurs, c'était pour être plus libres et non dans le but de réaliser une mesquine et insignifiante économie.

Aussi ce digne fonctionnaire faisait-il profession d'un dévouement sans bornes à l'endroit de M. le comte d'Angélis et de son ami Fritz.

Il s'étonnait seulement un peu de ne pouvoir mettre les pieds dans la salle à manger quand les locataires étaient sortis, et de trouver en leur absence la porte de cette pièce fermée à double tour, et défendue en outre par un solide cadenas, à combinaisons et à secret comme une serrure de coffre-fort.

Cela lui semblait singulier, — nous le répétons, — inexplicable, mais point suspect.

Des étrangers si généreux ne pouvaient être, selon lui, que les plus honnêtes gens du monde...

On était à la fin de la première quinzaine du mois de décembre.

Deux heures de l'après-midi venaient de sonner à la pendule du petit salon, transformé en chambre à coucher par Hermann Vogel.

Charles Laurent se livrait à huis clos, dans la salle à manger, à ses travaux habituels de gravure.

L'ex-caissier de Jacques Lefebvre, assis dans le salon près de la table ronde, écrivait sur ce papier gris perle, épais et satiné, que nous connaissons déjà.

Le pouvoir discrétionnaire dont nous sommes investis en notre qualité de romancier, nous donne le droit de lire par dessus son épaule.

Nous allons en user.

Voici la lettre :

« Madame la comtesse,

« En vous disant : *Adieu pour toujours!* lors de notre unique entrevue, « j'avais trop compté sur mes forces. — Je me suis aperçu bien vite que j'éprou- « vais le besoin impérieux de vous revoir, mais de loin, silencieusement, et de « manière à ne vous causer ni trouble ni défiance.

« J'espérais vous rencontrer dans le monde, je le désirais avec ardeur, et « j'avais pris des mesures pour me faire ouvrir la plupart des maisons que vous « fréquentez habituellement.

« Une prompte déception m'attendait...

« Autant je mettais d'empressement à vous rechercher, autant vous mettiez « d'obstination à me fuir... — Depuis le jour où vous m'avez fait la grâce de « me recevoir, vous n'avez pas quitté votre hôtel dans la crainte de me rencon- « trer sur votre passage !!

« Je pourrais m'étonner d'un procédé semblable...

« J'aurais le droit de vous dire que c'est mal reconnaître l'abnégation et le « dévouement dont je vous ai donné de si éclatantes preuves... — Je me gar- « derai de le faire... — Ce n'est pas pour me plaindre que je vous écris...

« Je vais droit au but...

« L'homme propose et les nécessités de la vie disposent! — J'avais pris « l'engagement, vis-à-vis de vous et de moi-même, de ne plus vous importuner « de ma présence, et je ne puis tenir la parole donnée...

« Des circonstances inattendues et fort graves me contraignent à solliciter « de vous un nouvel entretien.

« Cet entretien, plus sérieux encore que le premier, doit être aussi de plus longue durée...

« Je comprends à merveille que vous ne pourrez pas cette fois me recevoir « chez vous... — Une telle dérogation à vos habitudes étonnerait votre entou- « rage...

« J'ai cherché quelque bon moyen de concilier vos intérêts et les miens. — « Je crois l'avoir trouvé, et voici ce que je vous propose : — Cette lettre, arri- « vant dans vos mains ce soir vendredi, ne pourra tomber sous les yeux du « comte, reparti pour Provins il y a quarante-huit heures après vous avoir fait « une visite de deux jours... — Je suis certain de ce que j'avance, car, en bon « capitaine j'entretiens des intelligences dans la place assiégée... — Demain « samedi, il y a bal à l'Opéra... — Or, le bal de l'Opéra est un terrain neutre « sur lequel amis et ennemis se rencontrent et se coudoyent...

« Entre minuit et deux heures du matin enveloppez-vous dans les plis d'un « domino noir, attachez sur votre épaule droite un nœud mi-partie de rubans « roses et bleus, montez dans un fiacre si vous ne voulez point vous servir de « votre voiture et de vos gens, et venez à l'Opéra.

« Point d'objections, je vous en supplie!! Ce que je demande vous sera, « sinon facile, du moins possible, puique vous êtes absolument libre.

« Une fois rue Lepelletier, vous monterez au premier étage et vous vous « dirigerez vers la loge de la galerie portant le numéro 19, et toute voisine de « celle que vous occupez habituellement.

« Vous frapperez trois coups à la porte; — c'est moi qui vous ouvrirai.

« Je crois pouvoir compter d'une manière absolue, madame la comtesse, sur « l'empressement que vous voudrez bien mettre à m'accorder la faveur attendue. « — Vous savez à merveille que cette entrevue sera sans danger pour vous, « tandis qu'un refus de votre part entraînerait fatalement de fâcheuses consé- « quences.

« Et d'abord, si dans la nuit de samedi vous n'aviez point paru, je dois vous « prévenir que j'irais dimanche vous rendre visite en votre hôtel des Champs- « Élysées...

« Me consigneriez-vous à la porte?

« Valentine me permettra d'en douter.

« A samedi donc, chère madame... — Je suis heureux d'avance d'un tête- « à-tête que vous ne regretterez certainement pas, car je vous promets des « révélations du plus vif intérêt, et la conclusion de l'entretien sera de nature « à vous satisfaire...

« En attendant, madame la comtesse, croyez au respect profond et à l'obéis- « sance absolue de votre humble et passionné serviteur,

« COMTE D'ANGÉLIS. »

Quand Hermann Vogel eut achevé, il relut avec lenteur les lignes qu'il venait de tracer rapidement, et sans doute il en fut satisfait car une sorte de pâle sourire éclaira son visage.

Il avait dit juste ce qu'il voulait dire, et la forme de l'épître lui semblait irréprochable.

Content de son œuvre il prit une enveloppe carrée, et de cette écriture longue et ferme, devenue la sienne ou du moins l'une des siennes, il traça l'adresse :

« MADAME LA COMTESSE DE ROCHEGUDE. »

En son hôtel

Avenue des Champs-Élysées, *n°* 70.

Puis, en travers, il écrivit le mot : PERSONNELLE, souligné trois fois.

Au moment précis où il terminait, et avant qu'il ait eu le temps de plier la lettre et de la glisser dans son enveloppe, la sonnette de la porte d'entrée, secouée par une main impatiente, se mit à carillonner bruyamment.

Vogel fit un bond sur sa chaise.

— Que vous faut-il? interrompit brusquement Valentine.

Certes il croyait n'avoir rien à craindre de la police, mais les gens possédant un passé pittoresque et accidenté comme le sien ont en même temps, et presque sans exception, le système nerveux très sensible.

Pour ces gens-là toute chose inexpliquée est une chose inquiétante! — Que voulez-vous, la police a parfois des idées singulières, et ces messieurs de la sûreté ne professent souvent qu'une assez mince estime pour les gentlemen exotiques d'une authenticité douteuse...

Tandis qu'Hermann songeait à ces choses, la sonnette remplissait de son tapage le petit logis de l'entresol.

— Il faut savoir... — murmura l'ex-caissier; puis, laissant sur la table l'épître et l'enveloppe, il quitta la chambre et se dirigea vers le vestibule.

A peine venait-il de sortir que la porte qui communiquait de la salle à manger au salon s'ouvrît, et laissa passer la tête de Charles Laurent.

Lui aussi avait entendu et voulait savoir...

Trouvant la pièce vide il en franchit le seuil, et s'approcha de la lettre ouverte qui semblait l'attirer.

Il prit sans façon cette lettre et la parcourut du regard en accompagnant sa lecture d'une grimace significative.

Ensuite il examina l'enveloppe.

— Bon à savoir!! — dit-il alors en se frottant les mains après avoir lu l'adresse et, sans se préoccuper davantage des coups de sonnette, il regagna vivement la salle à manger dont il refermait la porte à l'instant où Vogel rentrait dans le salon, de fort mauvaise humeur.

Le carillonneur indiscret était tout simplement un commissionnaire un peu gris qui se trompait d'étage...

Hermann mit sa lettre sous enveloppe et sortit pour la jeter lui-même à la poste...

LXIX

Nous n'entreprendrons point de décrire le trouble et l'effroi de Valentine quand elle reconnut cette écriture longue et raide et ce large cachet rouge armorié qu'elle espérait ne jamais revoir.

— Quel coup inattendu va me frapper encore? — se demanda la pauvre femme. — Cet homme avait juré qu'entre lui et moi tout était fini désormais!... Sa promesse était-elle trompeuse? — A tous les mensonges de sa vie va-t-il ajouter un nouveau mensonge? — Suis-je perdue, cette fois, sans espoir?...

Mme de Rochegude s'était laissée tomber sur un siège.

Plus d'une demi-heure s'écoula avant qu'elle pût recouvrer assez de sang-froid pour dévorer le billet fatal et pour en comprendre le sens.

Après avoir lu jusqu'à la dernière ligne elle éleva ses mains au-dessus de sa tête, puis les pressa contre sa poitrine avec un geste désespéré.

— Mon Dieu, — balbutia-t-elle ensuite, — j'avais crié vers vous, et vous ne m'avez point entendue!... je ne pouvais trouver de protecteur qu'en vous, et vous m'abandonnez! — Je suis à bout de forces, Seigneur, et la souffrance a lassé mon courage!... L'heure de mourir est-elle venue?... Je suis prête...

Valentine pendant quelques secondes demeura comme anéantie, puis elle répéta :

— Mourir?... — Qu'ai-je dit! — Une mère qui déserte son poste, quand ses enfants ont besoin d'elle, est une mère lâche et coupable!... — Non, je n'abandonnerai point mes fils!... Est-ce que je m'appartiens, pour disposer de moi?... — Je n'ai pas le droit de mourir, je le comprends; mais puis-je vivre? — Mon effroyable situation offre-t-elle une issue?... Que faire? quel parti prendre?... — Inspirez-moi, mon Dieu...

Le rayonnement d'une flamme intérieure éclaira soudain le visage de la comtesse, qui crut sa prière exaucée.

Il lui sembla que l'inspiration sollicitée avec tant d'ardeur descendait du ciel.

Une voix mystérieuse murmurait à son oreille :

— Le protecteur que tu demandes à Dieu existe et tu le connais bien!... — Va trouver Lionel... — Le salut est auprès de lui... — Qu'il sache enfin ce qui se passe... — Apprends-lui la vérité toute entière... — C'est un aveu terrible sans doute... — Il te faudra, pour le faire, un courage surhumain, mais ensuite tu seras sauvée, car en présence d'un défenseur légitime et fort, le lâche qui t'attaque reculera... — Le comte de Rochegude est le plus noble et le plus généreux des hommes... — Il n'a rien à te pardonner, d'ailleurs, car il n'a rien à te reprocher... — La fatalité seule est coupable!...

Valentine s'abandonna d'abord à cette bienfaisante inspiration.

Elle entrevit le terme de l'existence de mystère et d'apparente duplicité qui la torturait, et elle résolut de partir le lendemain par le premier train pour rejoindre son mari et pour se mettre sous son égide...

Mais bientôt une irrésolution nouvelle s'empara de son âme et sa volonté faiblit.

Elle se demanda :

— Que fera Lionel!... — Dans cette situation suprême quel parti prendra-t-il?...

— Il prendra le seul parti digne d'un gentilhomme... — se répondit-elle. — Il provoquera ce misérable Hermann sous le nouveau nom qui lui sert de masque!... — Il se battra avec lui... et, comme Dieu est juste, il le tuera...

Jusque-là tout allait bien, et la comtesse s'affermissait de plus en plus dans sa résolution, lorsqu'une réflexion incidente, qui naturellement devait se présenter à son esprit, détermina le retour de cette hésitation dont nous avons parlé quelques lignes plus haut.

— Le sort des armes est toujours douteux... — balbutia la jeune femme en pâlissant. — Le temps n'est plus où le duel s'appelait *le jugement de Dieu*... — Qui me prouve que le succès sera pour le bon droit? Qui m'affirme que Lionel sortira vainqueur du combat?...

Cette idée inquiétante grandit avec rapidité.

— Hermann Vogel, — continua Valentine, — ne reculera devant aucune trahison... — Une fois déjà il s'est trouvé face à face avec Lionel et l'a laissé pour mort sur le terrain... — S'ils se battent de nouveau il achèvera son œuvre en tuant mon mari, et j'aurai provoqué par mes révélations cette rencontre maudite!... Je serai le véritable meurtrier de celui que j'aime et pour qui je donnerais ma vie!... Ah! qu'il ignore tout, aussi longtemps que cette ignorance pourra se prolonger... — Ma destinée s'accomplira librement, et si quelque malheur vient frapper Lionel, j'en serai du moins innocente!...

C'en était fait.

L'idée qu'un aveu sorti de sa bouche attirerait sur la tête du comte de Rochegude un péril mortel et inévitable, s'emparait fatalement de l'intelligence de Valentine et la dominait.

Désormais, quoi qu'il pût advenir de son silence, l'infortunée ne parlerait plus...

Qui sait d'ailleurs si l'entrevue nouvelle imposée par le prétendu comte d'Angélis devait avoir les conséquences funestes qui l'épouvantaient?

Peut-être voyait-elle les choses trop en noir et se forgeait-elle des chimères...

Elle décida qu'elle obéirait et qu'elle se rendrait le lendemain au bal de l'Opéra.

Le hasard sembla prendre à tâche d'aplanir les obstacles, presque insurmontables en semblable occurrence pour une femme du monde, dont la liberté d'action est d'autant plus restreinte que sa situation est plus élevée.

Une grande dame amie de Valentine, la duchesse de San-Maximo, donnait la nuit suivante une fête costumée dans son hôtel du boulevard Haussmann, dont l'immense jardin d'hiver, devenant une annexe des salons d'apparat, lui permettait de recevoir le *tout Paris* aristocratique.

Depuis quinze jours, Claire de Cernay s'occupait de son déguisement, et le faisait exécuter sous ses yeux avec une joie quasi enfantine.

C'était un costume de Japonaise, composé des étoffes les plus authentiques et les plus exquises.

La comtesse, voulant faire plaisir à sa sœur, avait choisi pour elle-même un travestissement historique inspiré par son nom.

Elle devait être vêtue en *Valentine de Milan*.

Presque à la dernière heure elle parut changer d'avis, au grand mécontentement de Claire; elle déclara qu'elle renonçait à se déguiser, qu'elle se contenterait, pour se conformer à la règle générale, de revêtir un domino noir sur une toilette de bal, et de cacher son visage sous un loup de velours.

Claire plaida vainement la cause du costume princier dont l'éclat lui tournait la tête.

Mme de Rochegude fut inflexible dans son refus; nos lecteurs n'ont aucune peine à deviner pourquoi.

A minuit les deux sœurs firent entrée chez la duchesse de San-Maximo.

Naturellement Valentine, sous son domino noir très simple, ne produisit aucun effet.

Elle y comptait absolument.

Claire, délicieusement fine et jolie en Japonaise, obtint au contraire un succès énorme.

Elle fut entourée, fêtée, admirée, complimentée et sollicitée.

Les marquis Louis XV, les pêcheurs napolitains, les incroyables du Directoire, les Espagnols de haute fantaisie, etc., etc., sollicitèrent l'honneur d'être inscrits sur son carnet de bal, et la jeune fille, avec une joyeuse insouciance, prit des engagements si nombreux qu'il lui devait être impossible d'en tenir la moitié.

Entraînée par ses danseurs elle oublia le reste du monde et ne s'occupa plus de *Valentine de Milan.*

Mme de Rochegude s'attendait à cet oubli qui servait ses projets.

A minuit et demi il lui fut possible et facile de se glisser inaperçue dans la foule toujours grossissante et de quitter les salons sans être remarquée.

Personne d'ailleurs n'aurait pu la reconnaître, car depuis son arrivée elle gardait le loup de velours qui cachait son visage.

Sur le boulevard Haussmann, à la suite des voitures de maîtres, stationnait une longue file de fiacres.

Valentine s'approcha de l'un de ces fiacres et dit au cocher, en lui mettant un louis dans la main :

— Je vous prends à l'heure... Vous allez me conduire à l'Opéra et vous m'attendrez au coin de la rue de Provence et de la rue Chauchat...

— Suffit, ma petite dame... Voici mon numéro...

Mme de Rochegude monta dans la voiture. — Dix minutes plus tard elle mettait pied à terre sous la marquise de zinc de la rue Lepelletier, et franchissait le seuil de ce vestibule qu'elle avait traversé si souvent au bras de son mari, quand elle gagnait sa loge pour entendre la *Juive*, *les Huguenots*, *le Prophète* ou *Robert le diable...*

Il nous semble superflu d'ajouter qu'elle venait pour la première fois de sa vie au bal de l'Opéra.

Aussi, dès qu'elle eut gravi l'escalier, elle fut saisie et comme asphyxiée par l'athmosphère surchauffée, par la lumière aveuglante, et surtout par le tumulte assourdissant formé des mille clameurs de la foule mêlées à la puissante voix de l'orchestre.

Le plus vif désir d'une honnête femme fourvoyée au milieu de cet inexprimable tohu-bohu, devait être de s'en échapper bien vite.

Valentine se dit que lorsqu'elle pourrait quitter la salle de l'Opéra il lui semblerait sortir de l'enfer, et résolut de ne pas retarder d'une minute son entretien avec Hermann Vogel.

La situation exacte de la loge portant le n° 19 et voisine de la sienne lui était connue.

Elle n'eut point de peine à s'orienter dans les couloirs, et frappa de sa main gantée, non sans un grand battement de cœur, trois coups contre la porte qui s'ouvrit presque aussitôt.

LXX

Depuis une demi-heure à peu près Hermann Vogel, en tenue de bal d'une correction parfaite, assis au premier rang de la loge et tenant de la main droite une jumelle de fort calibre qu'il braquait sur la salle, semblait prendre un plaisir extrême à voir la cohue des pompiers de Nanterre, des chicards, des Espagnols, des pierrettes, et des arlequins, se démener dans un pandémonium fantastique comme des gens atteints du *delirium tremens*.

Immédiatement au-dessous de lui un personnage dont il était impossible de deviner le sexe sous le capuchon rabattu et sous les plis de son domino noir, occupait un des fauteuils d'amphithéâtre adossés à la loge, et, dacs un état de mutisme absolu et d'immobilité complète, semblait attendre quelque chose ou quelqu'un.

Au moment où Valentine frappait trois coups contre la porte, l'ex-caissier quitta vivement son siège, traversa la loge, souleva les rideaux qui la séparaient du petit salon, et s'empressa d'ouvrir à la jeune femme.

A peine avait-il tourné le dos que le personnage muet et masqué se leva, franchit le rebord de la loge avec une agilité singulière, fit le plongeon entre les fauteuils et disparut.

L'attention du public était ailleurs. — Personne ne remarqua ce manège qu'on n'eût point manqué de prendre pour la manœuvre ingénieuse d'un mari jaloux voulant savoir à quoi s'en tenir.

— Entrez, chère madame, — dit Vogel, — et soyez la bienvenue... — Je vous attendais avec impatience, mais sans inquiétude, car j'étais certain d'avance que vous me feriez la joie et l'honneur de vous rendre à mon invitation...

Valentine franchit le seuil, et la porte se referma derrière elle.

Vogel avait laissé retomber les rideaux de velours. — L'épaisseur de leur tissu entretenait dans le petit salon une demi-obscurité, en même temps qu'ils assourdissaient le bruit de la bacchanale carnavalesque faisant rage au dehors, et qu'ils rendaient possible une conversation suivie.

Les yeux de Valentine, aveuglés ou plutôt éblouis par le brusque passage de la lumière éclatante du couloir au clair-obscur de l'intérieur, ne distinguèrent d'abord aucun objet, mais bientôt ils se familiarisèrent avec la pénombre et se fixèrent sur Hermann qui restait debout, dans une attitude à la fois respectueuse et familière.

Mme de Rochegude ne fût pas maîtresse de son émotion et se laissa tomber sur un des divans qui garnissaient le pourtour du petit salon.

— Pas de faiblesse, je vous prie, chère madame... — dit Vogel d'un ton presque impérieux. — Vous êtes venue de votre plein gré, sachant que vous alliez me trouver ici. — Aucun danger ne vous menace. — Rassurez-vous donc et causons, puisque nous ne sommes réunis que pour causer. — Mais peut-être la chaleur suffocante cause-t-elle votre malaise... — Voulez-vous que je demande quelque boisson glacée qui vous remettra sans doute ?

La jeune femme avait déjà repris son empire sur elle-même.

— Je n'ai besoin de rien... — répondit-elle avec hauteur. — Je ne désire rien, si ce n'est d'en finir au plus vite et pour toujours avec vous...

— Mordieu, madame, — s'écria le faux Angélis en riant, — on ne vous accusera point de manquer de franchise ! — L'expression de vos sentiments à mon égard est d'une netteté merveilleuse ! !

— Eh ! monsieur, — répliqua Valentine, — il ne s'agit point de mes sentiments. — Ils sont ce qu'ils peuvent être, ce qu'ils doivent être... — C'est de toute autre chose qu'il faut que je vous parle... — Savez-vous pourquoi je suis venue?

— Mais, je suppose, — répondit Hermann, — pour recevoir les communications importantes dont il était question dans ma lettre... — Aucun autre motif ne me semble probable...

— Je suis ici, — reprit Valentine, — pour vous déclarer ma volonté...

— Votre volonté! — répéta Vogel d'un ton railleur. — Vous avez donc une volonté maintenant, chère madame?? — Je ne m'en doutais pas, et je souhaite très fort la connaître.

— Vous la connaîtrez à l'instant... — La voici : — Je me révolte contre des tortures imméritées ! — Je suis lasse d'une existence pire que la mort ! — Je veux en finir avec la situation odieuse qui fait de chacun de mes jours une longue agonie !... — Je suis prête enfin à demander à la tombe la paix que je ne puis trouver dans la vie !

— En d'autres termes, — répliqua Vogel, — ne pouvant être veuve, vous me rendez veuf... — Ne pouvant ou ne voulant me tuer, vous vous tuerez... — Vous avez déjà dit cela, et je vous ai déjà répondu...

— Vous m'avez répondu qu'étant chrétienne je reculerai devant le suicide; vous oubliez qu'aujourd'hui ma mort ne sera plus un crime, mais un sacrifice nécessaire au repos de tous ceux que j'aime...

— Ainsi votre résolution est prise ?

— Irrévocablement.

— Je le regrette, tout en reconnaissant mon impuissance à vous empêcher de l'accomplir, et je vous avertis seulement qu'aussitôt après votre mort je ferai valoir mes droits et je réclamerai mon fils...

— Mon enfant entre vos mains! — balbutia Valentine avec horreur. — Ah! jamais! non, jamais! C'est impossible!...

— Et pourquoi cela? — répondit Hermann en souriant. — Où donc un fils peut-être mieux que dans les bras de son père?

— Un père, vous? allons donc! — s'écria Valentine indignée.

— La colère vous égare, chère madame, et vous me contraignez à des redites... — poursuivit l'ex-caissier. — Votre fils aîné m'appartient de par la nature et de par la loi! — Mes droits sur lui sont sacrés et incontestables... — Le jour où je les ferai valoir, Armand devra me suivre...

— C'est faux! — répliqua la comtesse. — Vous avez abdiqué ces droits en vous faisant passer pour mort afin de vous soustraire aux poursuites criminelles dont vous étiez l'objet!... En me laissant croire que j'étais veuve... — Mais avant de mourir je vous démasquerai!... — J'écrirai mon testament, je raconterai votre vie, vos trahisons, vos lâchetés, vos crimes, et, dans ma prière suprême, je demanderai à l'homme loyal et généreux dont je porte aujourd'hui le nom, de se placer entre vous et le malheureux enfant que vous voulez perdre... mais que vous ne perdrez pas, je le jure!...

Hermann haussa les épaules.

— Le comte de Rochegude ne peut se placer en aucune façon entre mon fils et moi... — reprit-il, — et je le lui ferais cruellement sentir, s'il avait le malheur de l'essayer...

Un silence suivit ces derniers mots.

Quand le pseudo-comte d'Angélis reprit la parole, il avait changé de ton.

Sa voix ironique, impérieuse et menaçante tout à l'heure, était devenue caressante et douce. — Sa figure aux traits mobiles offrait une métamorphose non moins complète. — Ses yeux ne lançaient plus d'éclairs. — Un sourire plein de bonhomie remplaçait sur ses lèvres le rictus dont elles avaient l'habitude.

— En vérité, chère madame, — murmura-t-il, — c'est ma mauvaise étoile qui s'en mêle!! — J'ai beau me sentir animé des intentions les plus conciliantes, je joue quand même et malgré tout le rôle du méchant ogre des contes de fée!... — Je ne suis point votre ennemi cependant, je vous l'affirme...

— Vous n'êtes point mon ennemi!! — s'écria Valentine.

— Non, certes! et vous en aurez la preuve.

— Je refuse de vous croire.

— Pourquoi?

— Parce que vous m'avez menti sans cesse, et que le plus mortel ennemi ne se conduirait pas autrement que vous ne le faites!

— Injustice des jugements humains!! — reprit mélancoliquement Vogel. — Vous m'accusez au moment précis où je vous apporte le bonheur...

— Allons, bois ! dit Vogel, en lui présentant le verre.

— Le bonheur à moi ? Et venant de vous ? — répliqua Valentine. — Ah ! monsieur !!...

— Vous doutez ?

— Je fais plus que douter... Je nie !!...

— Et cependant, rien n'est plus vrai... — Le bonheur, pour vous, c'est la liberté... et je viens vous rendre libre...

La comtesse attacha sur son interlocuteur un regard chargé de défiance

— Quel mensonge nouveau prépare cet homme? — murmura-t-elle d'une voix très basse et comme se parlant à elle-même.

Hermann entendit néanmoins ou plutôt devina.

— Vous avez de moi, chère madame, une opinion déplorable, — dit-il, — et je ne saurais vous en blâmer, car j'ai sur la conscience bien des torts, mais peut-être serez-vous disposée à mieux accueillir l'assurance du bon vouloir qui m'anime, quand vous saurez que mon intérêt personnel se trouve en jeu comme le vôtre dans la transaction qu'il me reste à vous proposer...

— Il s'agit d'un marché? — s'écria Valentine.

Hermann s'inclina.

— Un marché! — répondit-il, — le mot est dur,... Mais comme il a le mérite d'être exact, je l'accepte faute de mieux...

— Parlez donc! — reprit vivement la jeune femme. — Et, si ce marché est déshonorant pour celui qui le propose et pour celle qui l'accepterait, je croirai sans doute à votre franchise...

— A quoi bon ces vaines injures? — fit Vogel. — Je vous préviens qu'elles glissent sur moi sans me blesser... — Je les dédaigne et vais droit au but...

— Je viens vous proposer un échange...

— Un échange entre nous?

— Oui...

— Je ne vous comprends pas..

— Je me ferai comprendre... — Mon absence peut vous rendre libre aussi bien que ma mort, et je consens à m'expatrier pour toujours... Mais la vie coûte cher et j'ai des goûts de luxe... Or, vous êtes riche... Je ne le suis pas... Et je veux le devenir.

LXXI

— De l'argent! — s'écria Valentine avec un écrasant mépris. — C'est de l'argent qu'il vous faut!...

— Que voulez-vous?... Quand on en manque!... — répliqua philosophiquement le misérable. — Ah! cela vous étonne parce que j'ai l'apparence du luxe et de la fortune. — Par malheur je n'en ai que l'*apparence...* — Ma fortune n'a rien de sérieux. — Mon luxe ne supporterait pas l'examen... — Mon titre et ma bonne mine éblouissent mes fournisseurs, mais c'est à peine s'ils savent la couleur de mon argent comptant. — D'un jour à l'autre la situation peut devenir pour moi difficile... impossible même... — Je suis arrivé à Paris avec quelques rouleaux d'or amassés à grand'peine... — J'ai voulu sottement décupler ces humbles capitaux par la toute-puissante vertu du roi de cœur et de la dame de pique... — J'ai joué... j'ai perdu... je suis à sec... Vous voyez un décavé...

position anormale, ridicule et triste pour moi, humiliante pour vous-même et que vous devez avoir à cœur de faire cesser au plus vite...

— Que vous faut-il? — interrompit brusquement Valentine.

Hermann répondit en souriant :

— Une bagatelle... — Quinze cent mille francs...

— Quinze cent mille francs! — s'écria Mme de Rochegude.

— Mon Dieu, oui... pas davantage.

— Mais vous êtes insensé!

— Permettez-moi de n'en rien croire... — reprit Vogel. — Et notez bien, je vous prie, chère madame, que je ne demande point une aumône... — Je réclame mon dû...

— Votre dû... — répéta la comtesse avec stupeur.

— Positivement, et je m'étonne de votre apparente surprise... — La chose est toute simple, ainsi que je vais avoir le plaisir de vous le démontrer en fort peu de mots... — Vous avez hérité, conjointement avec votre sœur, de mon ami Maurice Villars qui laissait six millions. — Cela constituait bien, n'est-ce pas, trois millions pour chacune de vous!... — Or, nous sommes mariés sans contrat, donc sous le régime de la communauté, donc la moitié de vos trois millions m'appartient, soit quinze cent mille francs... — Un enfant comprendrait cela... — Vous vous dites peut-être que vous avez payé peur moi cent mille écus jadis entre les mains de mon ex-patron Jacques Lefebvre, et que ma créance sur vous se trouve réduite, par cela même, à douze cent mille livres... — Ce raisonnement semble logique, mais pèche par la base... — Vous devez me tenir compte des intérêts touchés depuis dix ans... — Ces intérêts représentent beaucoup plus de cent mille écus... par conséquent, en ne réclamant de vous que quinze cent mille francs, je fais preuve de modération... — Exécutez-vous de bonne grâce, je vous le conseille; — payez la bagatelle dont il sagit et, en échange de cette bagatelle, je vous rends votre liberté, je m'engage par les serments les plus solennels à ne reparaître de ma vie, non seulement à Paris, mais en France, et, dussé-je exister cent ans encore, à ne jamais vous donner de mes nouvelles... — Cette transaction, vous le voyez, est à votre avantage...

— Mais, — balbutia Valentine, — la somme énorme que vous revendiquez ne m'appartient qu'à titre de dépôt... — Elle est tout entière à mes enfants...

Hermann fit un geste d'impatience.

— Vos enfants n'ont pas besoin de cette goutte d'eau pour être millionnaires! — répliqua-t-il. — La fortune du comte est énorme... — D'ailleurs il ne s'agit pas de discuter, mais de consentir... — Consentez-vous?

— Je refuse...

— C'est votre dernier mot!...

— C'est mon dernier mot.

— Très bien... — Le cas était prévu... — Je vous offrais les moyens de sortir d'une situation ambiguë qui doit vous être singulièrement à charge... — Vous les repoussez. — Tant pis pour vous! — Ne vous en prenez désormais qu'à vous seule des conséquences de votre refus... — Je vais traiter directement avec M. de Rochegude la petite affaire que, malgré tout mon bon vouloir, je n'aurai pu traiter avec vous...

Valentine devint livide.

— Vous parlez de M. de Rochegude... — balbutia-t-elle. — Ai-je bien entendu?...

Hermann fit un signe affirmatif.

— Auriez-vous véritablement l'audace de vous adresser à lui? — continua la malheureuse femme.

— Eh! je suis l'homme de toutes les audaces... — Vous devriez le savoir depuis longtemps, chère madame... — Le comte de Rochegude aura ma visite... — Il l'aura dès demain ou plutôt dès aujourd'hui... — Je partirai pour Provins par l'express de sept heures cinq minutes et j'irai droit chez ce cher colonel...

— Et que lui direz-vous, grand Dieu?...

L'ex-caissier hésita pendant la dixième partie d'une minute, puis il prit brusquement son parti et, jugeant sans doute inutile de se contraindre plus longtemps, il répliqua avec une complète désinvolture :

— Je lui dirai tout simplement ceci : — « Monsieur le comte, vous devez me reconnaître, car j'ai eu l'honneur de me battre avec vous, il y a dix ans, et de vous accommoder fort mal. — Je suis Hermann Vogel, votre très empressé serviteur, parfaitement vivant et bien portant, comme vous voyez, quoiqu'on ait fait courir le bruit de ma mort... — Votre femme est ma femme... l'aîné de ses fils est mon fils... — Je revendique mon bien et je vous somme de me le rendre, à moins que vous ne teniez particulièrement à le conserver... — Dans ce cas je pourrai m'entendre avec vous et me désister en votre faveur de tous mes droits, moyennant une transaction honorable et convenable, dont nous allons causer si vous le voulez bien... »

— Ah! — s'écria Valentine que l'indignation et le mépris envahissaient au point de lui faire oublier l'imminence du péril, — ah! je vous savais bien lâche et bien misérable, et cependant vous êtes encore plus lâche et plus misérable que je ne le croyais...

Hermann ne sourcilla point...

— Des injures, — fit-il — ne sont pas des raisons. Il m'est pénible de vous irriter, mais, je vous le répète, je veux quitter Paris... — J'ai besoin de mes capitaux... — Vous me les refusez... — Je m'adresse ailleurs... — C'est tout simple... — Nous n'avons plus rien à nous dire, chère madame, et je vais avoir l'honneur de vous offrir mon bras pour traverser la foule et rejoindre votre voiture. — Vous plaît-il de me suivre?...

Mme de Rochegude resta immobile...

Elle venait, à force d'énergie, de reconquérir un peu de sang-froid.

— Mais, — dit-elle d'une voix brisée, — cet argent n'est pas dans mes mains...

— Partie gagnée, — pensa Vogel, puis, tout haut, il reprit : — J'en suis bien convaincu... — On a peu l'habitude de serrer des millions dans son armoire à glace... — Vos fonds se trouvent à la Banque ou chez quelque notaire... — J'ignore absolument les clauses de votre contrat de mariage, mais je crois le comte de Rochegude trop gentilhomme pour ne vous avoir pas laissé la disposition absolue et sans contrôle de votre fortune personnelle... — Est-ce que je me trompe?

— Vous ne vous trompez pas... — Celui dont vous osez prononcer le nom a toutes les noblesses...

— Si j'étais né millionnaire, j'aurais été parfait! — répliqua Vogel — Mais un poète a dit :

> L'argent! l'argent! morbleu! sans lui tout est stérile,
> La vertu sans argent n'est qu'un meuble inutile!!

« Voilà pourquoi je me permets de renouer l'entretien interrompu tout à l'heure par un malentendu. — Sommes-nous d'accord, présentement, chère madame?

— Oui... — fit Valentine d'une voix faible comme un souffle. — Vous me vendez le repos quinze cent mille francs... — Je l'achète à ce prix...

— C'est au mieux... — J'étais certain d'avance que nous finirions par nous entendre... — Mais il ne suffit pas de consentir, il faut s'exécuter... — Occupons-nous des voies et moyens... — Comment allez-vous faire pour réaliser à bref délai un million et demi?

— Je ne sais pas...

— Je vais donc vous l'apprendre...

Et Vogel, d'une façon nette et rapide, renseigna Mme de Rochegude sur les instructions à donner soit à son agent de change, s'il s'agissait de vendre de la rente ou des valeurs, soit à son notaire, s'il fallait déplacer des capitaux.

— Vos démarches auront abouti certainement au bout de trois ou quatre jours... — dit-il en achevant. — Mettons-en cinq ou six pour avoir de la marge... — Samedi prochain vous pourrez me remettre un mandat au porteur et à vue sur la Banque de France, car c'est ainsi que je désire être payé... — A quelle heure vous convient-il que je me présente samedi à l'hôtel de Rochegude?...

— A l'hôtel de Rochegude!! — répéta Valentine avec un geste d'épouvante. — Dans la maison de mon mari!! — Vous n'en franchirez plus le seuil...

— Préférez-vous venir chez moi?...

— Chez vous!! jamais!

— Où donc, alors?

— Trouvez un terrain neutre, où sans me compromettre je puisse vous aborder.

— Il me vint une idée... Faites-vous conduire samedi prochain, à deux heures de l'après-midi, au bois de Boulogne... — Mettez pied à terre auprès de la Cascade et engagez-vous seule, comme par curiosité, dans le petit sentier pittoresque et rocailleux qui passe sous la chute d'eau... — Vous me trouverez là... — Ce sera l'affaire d'une minute et vous rejoindrez votre voiture... — Est-ce convenu?

Mme de Rochegude fit un signe affirmatif, puis attachant son masque sans ajouter un mot, et refusant d'accepter le bras d'Hermann, elle ouvrit la porte de la loge et se perdit dans la cohue...

LXXII

Hermann Vogel eut d'abord l'idée de suivre Valentine, mais elle avait disparu déjà dans la cohue des habits noirs, des dominos de toutes les couleurs, des costumes de toutes les époques.

Il était difficile, presque impossible de la rejoindre, et l'ex-caissier dut renoncer à son projet.

— Mon affaire est faite... — pensa-t-il, — et, puisque je suis au bal de l'Opéra, rien ne m'empêche d'y rester une heure ou deux, pour mon plaisir...

Refermant alors la porte ouverte sur le couloir, il traversa le petit salon et souleva les rideaux de velours afin de rentrer dans la loge...

Il est aisé de comprendre sa surprise quand il vit un personnage noir, masqué et encapuchonné, assis sur le fauteuil que lui-même occcupait un quart d'heure auparavant.

— Qui êtes-vous? — demanda-t-il avec un commencement de colère.

— Qui je suis? — répéta l'inconnu d'une voix contrefaite. — Il me semble que cela saute aux yeux... — Je suis un domino...

— Comment êtes-vous entré dans cette loge?

— Pas par la porte, assurément... — Sans effraction, mais avec escalade...

— Je vous trouve bien hardi!!

— Je me pique en effet de hardiesse...

— Vous la poussez jusqu'à l'impudence! — Cette loge est à moi et je vous somme d'en sortir...

— Je me trouve à merveille ici, et j'y reste...

— Prenez garde! — Je vais appeler un agent de service qui vous mettra dehors et pourra bien vous conduire au poste...

L'inconnu haussa les épaules.

— Vous n'appellerez aucun agent, mon cher comte, — répliqua-t-il, — je vous en défie !

— Vous me connaissez? — s'écria Vogel stupéfait.

— Parbleu !

— Encore une fois, qui êtes-vous?

Le personnage noir souleva son capuchon, détacha son masque, et montra le visage moqueur de Charles Laurent.

— Vous? — murmura le faux Angélis en cachant son inquiétude.

— En personne véritable et naturelle... — Il y a dix ans et plus que je n'ai vu le bal de l'Opéra... L'idée m'est venue, cette nuit, de me donner un peu de bon temps...

— Pourquoi ne pas m'avoir prévenu?...

— Vous auriez négligé peut-être de m'offrir une place dans votre loge... — J'ai trouvé plus simple de prendre cette place sans rien dire, ce qui vous évitait un mauvais procédé à mon endroit.

— Depuis quand êtes-vous là?

— Depuis l'arrivée de certaine dame dont je ne veux pas prononcer tout haut le nom, de crainte des oreilles indiscrètes...

— Vous avez entendu?...

— Oui, certes ! ! De A jusqu'à Z !... Perdre un seul mot d'un entretien si palpitant eût été maladroit ! — Mes compliments, cher comte !... Je vous savais très fort, mais vous avez dépassé mon attente !... — Je prenais un plaisir d'artiste à vous écouter... — Ah ! vous êtes un maître ! — Aussi quel résultat superbe ! — Adieu l'existence d'aventures ! — Nous voilà riches ! !... Rien ne nous empêchera d'être honnêtes, si le cœur nous en dit...

Hermann Vogel ne sourcilla point et parut accepter la conclusion de son interlocuteur comme toute naturelle.

— J'ai réussi pleinement en effet, — répliqua-t-il, — et je ne regrette qu'une chose...

— Laquelle ?

— C'est que votre présence inattendue m'ait privé de la joie de vous apprendre moi-même cet heureux résultat...

— Bien vrai? Vous comptiez me mettre au courant de ce qui se passe?...

— Dès ma rentrée au logis... — En doutez-vous?...

— Un peu, je l'avoue... — Je vous connais, mon cher, et vous sais égoïste... — Vous m'aviez d'ailleurs, jusqu'à cette nuit, caché soigneusement vos démarches...

— Je craignais de vous donner un faux espoir, et ne voulais vous parler de rien avant le succès définitif.

— Ainsi, nous partagerons ?

— Je vous l'ai dit l'autre jour, nous partagerons en frères... — Votre part et la mienne seront égales... Sept cent cinquante mille francs pour chacun de nous.

— Trente-sept mille cinq cents livres de rente !... — murmura l'ex-Lorbac. — On peut vivre avec ça tout à fait à son aise... — Je m'en contenterai. — J'ai des goûts simples. — Je renonce à certains projets grandioses mais périlleux, et je vais, aujourd'hui même, anéantir un outillage compromettant...

— Et moi, — reprit Hermann Vogel, — vous sachant de nature défiante, je veux ne laisser aucun prétexte à de nouveaux soupçons qui froisseraient ma loyauté... A partir de cette minute jusqu'à l'heure où, samedi prochain, vous aurez touché votre part, nous ne nous quitterons plus, ni le jour, ni la nuit... Nous sortirons ensemble... nous rentrerons ensemble... nous prendrons nos repas de compagnie... — Je veux absolument qu'il en soit ainsi, mon très cher, et toute objection de votre part serait inutile...

— Mais je n'en fais aucune... — répliqua Charles Laurent. — Il s'agit de vous obéir, mon excellent bon, et rien ne me paraîtra gênant...

Tandis que s'échangeaient ces paroles amicales, le faux Angélis pensait :

— Ah ! tu crois, pauvre dupe, que j'irai comme un sot me dépouiller pour toi de la moitié d'une fortune si laborieusement conquise !! — En vérité, cela fait pitié !... — C'est ta mauvaise étoile qui t'a mis en tête de m'espionner cette nuit !! — Tu ne seras plus là, dans huit jours, pour réclamer l'argent qui n'appartient qu'à moi !!...

De son côté le ci-devant Lorbac se disait :

— Ce maître fourbe veut m'amadouer en prenant l'air bonhomme, et je lui rends la monnaie de sa pièce en semblant convaincu... — Hermann Vogel est incapable d'abandonner une somme énorme, sans tenter au moins de la défendre... — Il va me tendre quelque piège, mais je me défie... Je veillerai...

Le programme formulé par l'ex-caissier se réalisa de point en point.

Pendant la semaine qui suivit le bal de l'Opéra les deux hommes furent inséparables et, quoique ne se quittant jamais, vécurent en bonne intelligence.

— Nous allons être riches, — disait joyeusement Hermann, — donc, au diable l'économie !!

Et ils dépensèrent sans compter, chacun payant à tour de rôle dans les cabarets à la mode des additions qui se soldaient en billets de banque.

Ils gaspillaient comme à plaisir, ne mangeant que des primeurs, ne buvant que de très grands vins et les buvant sans modération ; — la tarentule de la prodigalité les piquait ; — ils semblaient désireux de jeter l'argent par les fenêtres, beaucoup plus encore que de bien vivre.

Nulle circonstance d'ailleurs ne venait confirmer les soupçons de Charles Laurent qui, voyant les jours s'écouler et ne constatant rien de suspect, commençait à sentir diminuer sa défiance.

Il convient d'ajouter que Vogel prenait soin d'entretenir son compagnon dans

— Assassin ! — balbutia-t-il, d'une voix sifflante — Assassin !

une demi ivresse continuelle. — Les fumées du vin et des alcools absorbés le matin, se mêlaient fraternellement aux fumées des boissons du soir.

Enfin arriva le vendredi.

Hermann avait décidé d'en finir ce jour-là avec son complice importun.

— Nous dînerons aux Champs-Élysées, chez Ledoyen, — lui dit-il. — Aujourd'hui c'est moi qui paye, et je rêve un menu à rendre Brillat-Savarin rêveur...

— Bravo ! — s'écria Charles Laurent.

Le plan de Vogel était simple. — Il s'agissait d'une nouvelle édition de la catastrophe de Maurice Villars.

Nos lecteurs se souviennent du souper au café Anglais, où le prétendu baron de Précy avait *aidé* l'oncle de Valentine à mourir en lui faisant boire, au lieu d'eau claire, un grand verre de kirsch.

Hermann comptait user à l'endroit de son compagnon d'un procédé pareil, avec cette différence que, l'ex-Lorbac étant un homme jeune encore et relativement fort, il faudrait lui verser un poison capable de déterminer, à la suite d'un repas copieux, une congestion foudroyante.

Vogel choisit l'acide prussique.

Le choix était bon, mais l'empoisonneur, jugeant qu'il aurait d'autant plus facilement raison de son convive que ce convive serait plus ivre, commit la maladresse de le pousser à l'intempérance dès le commencement du dîner, avec une obstination qui réveilla de façon soudaine les soupçons endormis de Charles Laurent.

Son ivresse naissante s'évanouit comme un brouillard ; il se tint sur ses gardes, en ayant soin toutefois de simuler les progrès d'un alcoolisme rapide.

Au milieu du repas il bégayait délà, tutoyait Hermann, chancelait à chaque mouvement et inondait le plastron de sa chemise du contenu de tous ses verres.

Le dessert arriva, puis le café, les liqueurs et les cigares.

Charles Laurent fit alors, pour se lever, diverses tentatives que le succès ne couronnait point.

Enfin il réussit à se mettre sur ses jambes, mais à peine debout il sembla perdre l'équilibre, s'abattit sur le divan et se mit à ronfler.

Toute cette comédie fut jouée avec un talent si merveilleux qu'Hermann n'eut pas l'ombre d'un doute, et sourit d'une façon étrange en contemplant son convive endormi d'un profond sommeil...

Le faux ivrogne n'avait garde de dormir...

Un imperceptible entre-bâillement de ses paupières lui permettait de suivre du regard tout ce qui se passait dans le cabinet...

Il vit Hermann remplir de fine champagne deux verres mousseline, tirer de sa poche un tout petit flacon enveloppé de papier bleu, déboucher ce flacon en détournant la tête, et laisser tomber dix ou douze gouttes de son contenu dans un des deux verres.

— La farce est finie... — pensa Charles Laurent... — La tragédie commence... — Attention ! !

Et il ronfla plus fort que jamais.

LXXIII

Hermann prit celui des deux verres au contenu duquel il avait mêlé quelques gouttes du flacon bleu.

Ensuite il s'approcha du divan et frappa sur l'épaule de Charles Laurent.

Ce dernier fit entendre le grognement sourd de l'ivrogne interrompu dans son lourd sommeil, ouvrit les yeux et balbutia :

— C'est toi... Qu'est-ce que tu veux ? je la trouve mauvaise... — Tu es mon ami, n'est-ce pas ? — Si tu es mon ami, laisse-moi dormir...

— Tu dormiras dans ton lit ! — répliqua Vogel. — Je n'ai point l'intention de passer la nuit ici, ni toi non plus, je pense... Donc, un dernier verre de ce vieux cognac, et allons nous coucher...

— Le vieux cognac... — répéta Charles Laurent. — Ça me va... ça me va toujours... — C'est mon ami le vieux cognac... — Je veux bien m'en aller quand j'aurai bu... je veux bien me coucher... Seulement, pour me coucher, il faut d'abord que je me lève... et c'est drôle... je ne peux pas me lever tout seul...

Hermann lui tendit la main. — L'ex-Lorbac s'y cramponna, se dressa tant bien que mal et fit deux pas en titubant.

— Très drôle... — poursuivit-il avec un rire bestial. — Excessivement drôle ! ! Le parquet est en caoutchouc... Je suis plus léger qu'un ballon rouge... Il me semble que je vais monter au plafond...

— Allons, bois ! — dit Vogel en lui présentant le verre.

— Je veux bien boire... mais nous trinquerons...

— C'est entendu... — A ta santé...

Charles Laurent saisit d'une main tremblante le frêle récipient ; — il le heurta contre le verre du faux Angélis et, tout en le portant à ses lèvres, sembla pivoter malgré lui de manière à tourner presque le dos à son compagnon, puis il renversa la tête en arrière, leva le coude très haut, et l'on entendit ce *glou-glou* que produit dans le gosier un breuvage absorbé d'un seul trait.

Hermann attendait, haletant.

Son attente fut courte.

Charles Laurent poussa un gémissement rauque, agita les bras comme un homme frappé à mort, tomba sur le ventre, le visage enfoui dans les oreillers du divan, et ne remua plus.

— L'affaire est faite ! — pensa Vogel avec un sourire de triomphe, en ramassant le verre tombé sur le tapis et en l'essuyant soigneusement, puis il se pencha ; retourna le corps qui dans cinq minutes, croyait-il, serait un cadavre ; lui glissa des oreillers sous les épaules ; abaissa les paupières sur les yeux étrangement fixes ; endossa son pardessus ; mit son chapeau ; alluma un cigare ;

sortit du cabinet ; appela le maître d'hôtel ; solda l'addition ; ajouta deux louis de pourboire et dit :

— Mon ami est effroyablement ivre... Il dort les poings fermés... — laissez-le ronfler en paix... — Il s'éveillera dans deux heures, selon son invariable habitude, et vous irez lui chercher un fiacre.

— Monsieur peut être tranquille... — Personne n'entrera dans le cabinet avant que l'ami de monsieur ne soit réveillé... — Monsieur veut-il une voiture ?

— Inutile... — J'ai besoin de marcher.

Le maître d'hôtel salua très bas le client inconnu qui venait de se montrer si généreux, et Vogel s'éloigna par les Champs-Élysées, avec la joyeuse conviction que désormais il ne rencontrerait plus sur sa route de pierre d'échoppement.

Il était environ neuf heures du soir.

Dix minutes plus tard, la sonnette du cabinet retentit.

Le maître d'hôtel accourut, et grande fut sa surprise en voyant le gentleman dont il avait promis de respecter le sommeil, debout, tout aussi calme qu'au moment de son arrivée, le chapeau sur la tête et boutonnant ses gants.

— Sapristi, — pensa-t-il, — le gaillard est solide ! — puis, tout haut, il demanda : — Monsieur désire quelque chose ?

— Je désire savoir si l'addition est payée ?

— Oui, monsieur, et l'ami de monsieur est parti...

— Très bien... — Un indicateur des chemins de fer, je vous prie... et une voiture...

— Il y en a une à la porte, aux ordres de monsieur, et je vais apporter l'indicateur...

Charles Laurent feuilleta le moderne guide des voyageurs, trouva ce qu'il cherchait, fit une grimace de satisfaction et monta dans un coupé de régie en disant au cocher :

— Gare de l'Est... Dix francs la course. — Brûlez le pavé !...

Le lendemain, il faisait très froid.

Le thermomètre de l'ingénieur Chevalier était descendu pendant la nuit jusqu'à huit degrés au-dessous de zéro, ce qui constitue pour Paris une température quasi sibérienne.

Pas un rayon de soleil ne filtrait à travers la coupole nuageuse, épaisse et couleur d'étain, annonçant la chute prochaine d'une neige abondante.

Les Parisiens, les Parisiennes surtout, restent volontiers au logis par ces temps tristes et glacés.

Les voitures étaient rares au bois de Boulogne.

Cependant à deux heures moins quelques minutes un coupé de maître, attelé d'un seul cheval, descendit au grand trot l'allée qui conduit du Lac à la plaine de Longchamps et au pont de Suresne.

Le cocher avait des ordres sans doute car, au niveau du bassin arrondi dans lequel tombent les eaux de la cascade, il fit halte.

La portière s'ouvrit aussitôt et Valentine quitta la voiture.

La jeune femme était vêtue de noir. — Une pelisse garnie et doublée de fourrures l'enveloppait tout entière. — Sa voilette de dentelle épaisse cachait la pâleur de son visage.

Elle promena ses regards autour d'elle. — La solitude était absolue. — Une bande de corbeaux, égayés par le froid, croassaient sur les branches nues des grands arbres du voisinage.

Mme de Rochegude, retournant un peu en arrière, prit à gauche l'étroit sentier qui se glisse sous l'amoncellement des blocs granitiques, se bifurque, et, par des courbes habilement ménagées et des marches taillées dans la pierre, conduit les amateurs de pittoresque au sommet de l'Alpe en miniature que tout Paris connaît. — A mesure qu'on descend ce sentier devient plus obscur, ne recevant une lumière verdâtre, une clarté d'aquarium, qu'à travers l'épaisse nappe liquide qui tombe sans cesse à grand fracas et voile l'ouverture de la grotte.

La cascade, ce jour-là, n'était pas bruyante. — La gelée comprimait son essor habituel. — De nombreuses stalactites de glace remplaçaient presque la chute d'eau et formaient un décor bizarre dont l'effet au théâtre serait considérable.

La comtesse, quoique dévorée par la fièvre, marchait résolûment.

Elle fit une vingtaine de pas sans rencontrer celui qu'elle cherchait, puis tout à coup, au premier tournant, Hermann apparut venant à sa rencontre, le sourire aux lèvres et le chapeau à la main.

— Exacte comme un chronomètre, chère madame! — s'écria-t-il. — Je ne vous ai pas attendue plus de cinq minutes !... — Mes compliments. — Soyez la très bien venue. — Inutile de vous demander si vous apportez le mandat...

Mme de Rochegude tira de son manchon un petit portefeuille d'écaille.

Elle y prit un carré de papier ayant pour en-tête ces mots magiques : BANQUE DE FRANCE, et qui, par la puissance des signatures dont il était revêtu, valait un million et demi.

— Je subis le marché infâme que vous m'imposez! — dit-elle. — Voici ma rançon!...

Et elle tendit le mandat à Vogel, ivre de joie.

Le misérable fit un mouvement pour s'en emparer.

Il n'en eut pas le temps.

Une main rude lui saisit le bras par derrière, tandis qu'une voix tremblante d'indignation disait à son oreille :

— Ceci est une affaire honteuse que je me charge de régler avec ce gredin... — Gardez votre argent, Valentine... — Avec ces quinze cent mille francs vous fonderez un asile pour les orphelines pauvres...

Hermann, effaré, se retourna brusquement.

M. de Rochegude était là, le dominant de sa haute taille.

— Lionel !... — balbutia Valentine, en reconnaissant son mari et en tendant les bras vers lui.

Mais elle ne put supporter le coup de foudre d'une telle émotion.

Elle chancela et elle allait tomber à la renverse si le comte, lâchant le poignet du faux Angélis, ne s'était élancé vers elle.

Il la reçut dans ses bras et il l'étendit sur un bloc de rocher où elle perdit connaissance.

Sans s'effrayer de cet évanouissement, tout naturel en cette situation imprévue et terrible, M. de Rochegude revint à Vogel.

— Maintenant — lui dit-il, — à nous deux !

— Pardon, monsieur le comte, — répliqua l'ex-caissier, reprenant avec son sang-froid son cynisme habituel, — nous n'avons rien à démêler ensemble... absolument rien...

— Croyez-vous ?...

— J'en suis sûr.

— Eh bien, vous vous trompez, bandit ! — Nous avons à régler un double compte : Votre infâme chantage d'à présent... votre assassinat d'il y a dix ans...

— De quel assassinat parlez-vous, s'il vous plaît ? — demanda très impudemment Vogel.

— De celui dont j'ai failli être la victime...

— Est-ce ma faute si les chances ont tourné contre vous dans ce duel ?

— Ce n'était pas un duel, vous le savez bien !... C'était un assassinat...

— Je nie...

— Et moi j'affirme... — Je me battais loyalement, et vous faisiez sauter la coupe au combat comme au jeu !... — Égorgeur doublé d'un grec, vous m'escroquiez ma vie en vous servant d'armes biseautées ! Mais Dieu est juste et je veux ma revanche, à cette heure où vous n'avez plus les pistolets de Charles Laurent ! !...

Hermann tressaillit malgré lui, en se demandant :

— Comment diable sait-il cela ?

Lionel, en disant ce qui précède, tirait des poches de son pardessus deux pistolets de tir ; — il les saisit par les canons et présenta leurs crosses à Vogel.

— Choisissez ! — reprit-il. — Nous allons nous battre tout de suite, ici même, à vingt pas... — Vivant, il faudrait vous livrer à la police... — J'aime mieux vous tuer...

Au lieu de s'emparer d'une des armes, l'ex-caissier fit deux pas en arrière,

— Me tuer ! — répéta-il avec un éclat de rire singulier. — Peste ! monsieur le comte, vous arrangez la chose à votre fantaisie ; mais, je vous en préviens, point du tout à ma guise ! ! — Ma situation est nette ! — Je me moque du passé et la prescription couvre tout ! — J'invoquerais votre témoignage au besoin pour prouver à qui de droit que je suis bien Hermann Vogel !!... — Jadis vous m'avez pris ma femme, vous tentez aujourd'hui de me prendre quinze cent mille francs qui sont mon bien légitime, et vous me dites des gros mots par dessus le marché !! — Cela me semble raide !! — Me battre avec vous !! Quelle sottise !! — N'y comptez point !! — J'ai beaucoup mieux à faire ! — Ah ! je vous promets un scandale dont le monde entier parlera !... — Vous essayerez alors d'acheter mon silence, mais il sera trop tard ! — Je ne vous dis pas : *Adieu*, monsieur le comte ! je vous dis : AU REVOIR !!

Et Vogel, tournant sur ses talons, bondit pour s'échapper par l'une des issues du sentier souterrain.

Il allait atteindre le premier tournant et disparaître.

Un homme, se dressant à l'improviste devant lui, lui barra le passage, le saisit au collet et lui cria d'une voix moqueuse :

— On ne passe pas, compère !!

Hermann, devenu livide, balbutia : — Charles Laurent !!

— En personne ! — répliqua l'ex-Lorbac, — et tu dois voir, ou plutôt sentir à la vigueur de mon poignet, que je ne suis point un fantôme... — Triple sot ! — Tu me croyais ivre et tu m'empoisonnais en douceur sans t'apercevoir que je te guignais du coin de l'œil et que je *débinais ton truc*, comme on dit dans le meilleur monde !! — Je n'ai pas bu ta fine champagne agrémentée de mort-aux-rats, et quand tu as bêtement filé, convaincu que j'étais défunt, j'ai pris, sans me presser, ma canne et mon chapeau, et je suis parti pour Provins par le train de dix heures cinquante... Ça t'apprendra, mon excellent bon, à intoxiquer tes amis d'abord, pour les filouter ensuite... — Que dis-tu de la leçon !...

Vogel, anéanti, écoutait comme dans un rêve ces paroles vengeresses.

Tout s'effondrait sous lui... — Il se sentait perdu...

— Monsieur le comte, — poursuivit Charles Laurent en s'adressant à Lionel, — vous faisiez mille fois trop d'honneur à ce misérable en risquant votre vie contre la sienne !... Donnez-moi les pistolets... — Je vais lui payer argent comptant ma dette d'hier au soir et, s'il refuse de se battre, aussi vrai qu'il est là tremblant de couardise et suant de peur, je lui brûlerai la cervelle...

— Ah ! je veux bien me battre ! — cria l'ex-caissier, entrevoyant une chance de salut et reprenant un peu d'énergie.

Lionel tendit avec un geste de dégoût les armes au pseudo-Lorbac.

— Merci, monsieur le comte... — reprit ce dernier. — Vous nous servirez de témoin... — Toi, canaille, prends ce joujou, et point de farces surtout, sinon je t'abats comme un chien... — Reste où tu es, je vais reculer de vingt pas et je compterai jusqu'à TROIS... — Lorsque je dirais trois, nous tirerons ensemble...

Au bout d'une seconde les adversaires se trouvaient en face l'un de l'autre, aux deux extrémités de la voûte rocheuse ouverte sur le bassin glacé.

Le comte, prenant dans ses bras Valentine toujours évanouie, s'effaça derrière un bloc de granit.

— Un ! — dit Charles Laurent.

— Si je le tue, — pensa Vogel, — la fuite deviendra possible...

Et sans même attendre que son ex-complice eût prononcé le chiffre DEUX, il mit en joue et pressa la détente.

Charles Laurent chancela.

— Assassin ! — balbutia-t-il d'une voix sifflante. — Assassin ! ! assassin ! !...

La balle venait de l'atteindre en pleine poitrine, — près de l'épaule gauche. — Le sang jaillissait de sa blessure et l'écume montait à ses lèvres...

C'était un homme mort, mais ce mort, galvanisé par la haine, trouva la force de lever le bras, de faire feu au hasard, et le hasard put changer de nom et s'appeler momentanément providence.

Hermann Vogel, le crâne brisé, tomba sans pousser un soupir.

— Cette fois, monsieur le comte, — murmura Charles Laurent, — je vous réponds que votre femme est veuve...

Ce dernier mot s'éteignit dans un dernier râle, et le faussaire s'abattit à son tour...

. . . .

Quand Valentine rouvrit les yeux elle était dans sa chambre, étendue sur son lit, et Lionel, agenouillé près d'elle, tenait ses deux mains dans les siennes.

— Chère bien-aimée, — lui dit-il à demi-voix, — tu as fait un rêve affreux, mais ce rêve est fini et tu peux t'éveiller sans crainte...

Et comme la jeune femme, tremblante encore, l'interrogeait du regard, il ajouta en la pressant contre son cœur :

— Le passé est bien mort...

. . . .

Dans un précédent chapitre nous avons reproduit ce vieil adage : *Le bonheur ne se raconte pas.*

Notre récit est donc terminé, car Lionel et Valentine sont heureux, — absolument heureux, — heureux comme ils méritent de l'être, — et ce n'est pas peu dire...

Claire de Cernay a épousé, en 1873, le fils aîné du duc de San-Maximo.

Son bonheur est non moins complet que celui de sa sœur aînée. — et personne n'ignore qu'elle passe à bon droit pour la plus jolie petite duchesse de Paris.

FIN

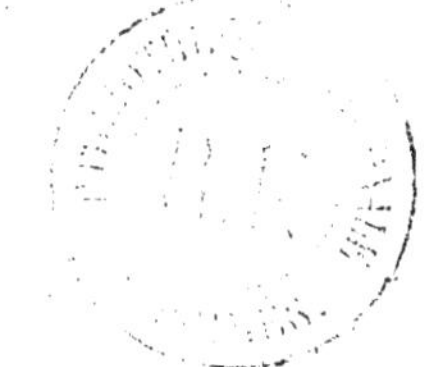

www.ingramcontent.com/pod-product-compliance
Lightning Source LLC
LaVergne TN
LVHW011252110826
845149LV00001B/109